NOUVELLE SÉRIE

MÉLANGES
DE LA CASA DE VELÁZQUEZ

Tome 54 (2)

CASA DE VELÁZQVEZ
2024

Publiés depuis 1965 par la Casa de Velázquez, les *Mélanges de la Casa de Velázquez* couvrent la recherche scientifique en sciences humaines et sociales sur la péninsule Ibérique, le Maghreb et l'espace atlantique ibérique. La revue, semestrielle, promeut des approches diachroniques, multiscalaires ou interdisciplinaires inédites pour explorer des dynamiques nouvelles et confronter différentes visions. Les articles publiés dans la revue sont résumés et indexés dans Latindex® (catálogo), Arts and Humanities Citation Index® et SCOPUS®. Répondant aux exigences formelles des agences de notation européennes, elle bénéficie depuis 2013 du label « *Revista Excelente* » de la FECYT et a été qualifiée par le CNRS de « revue de référence », d'une « indéniable qualité scientifique » (évaluation Comité National, session d'automne 2013).

L'ensemble de ce numéro, avec les illustrations publiées en couleur, est consultable en accès libre sur <**http://journals.openedition.org/mcv**>. Il a été réalisé avec Métopes, méthodes et outils pour l'édition structurée XML-TEI développés par le pôle Document numérique de la Maison de la Recherche en Sciences Humaines de l'université de Caen.

Secrétariat de rédaction : Soledad Durán et Luis González Fernández. *Maquette de couverture* : Olivier Delubac. *Mise en pages* : Marion Hummel.
Révisions de l'anglais : Luis González Fernández.

ISSN : 0076-230X. ISBN : 978-84-9096-457-6. © Casa de Velázquez 2024.
Dépôt légal : M-18831-1965.
Imprimé pour la première fois en novembre 2024 par Libri Plureos GmbH, à Hambourg, Allemagne.
Printed in Germany – Impreso en Alemania
Distribution : DILISCO – *Diffusion* : AFPU-D

Casa de Velázquez, c/ de Paul Guinard, 3 - Ciudad Universitaria - 28040 Madrid - Espagne.
Tél. (+34) 91 455 15 80 — Fax. (+34) 91 455 15 97 — www.casadevelazquez.org — http://journals.openedition.org/mcv/ — melanges@casadevelazquez.org

Les opinions émises dans les Mélanges de la Casa de Velázquez. Nouvelle Série *n'engagent que leurs auteurs.*

Déclaration de pratiques d'égalité de genre

La revue *Mélanges de la Casa de Velázquez* déclare son engagement en faveur de l'égalité de genre à travers les mesures suivantes :

- La revue s'engage à respecter la parité dans la composition de ses composantes éditoriales : Comité éditorial ; Comité scientifique.
- La revue est sensible aux études de genre et plus largement aux études qui prennent en considération des questionnements relatifs au genre pour affiner leurs recherches.

Declaración de política en igualdad de género

La revista *Mélanges de la Casa de Velázquez* declara su compromiso con la igualdad de género a través de las siguientes medidas:

- La revista está comprometida con la paridad en la composición de sus órganos editoriales: Consejo de Redacción; Comité Científico.
- La revista valorará los estudios de género y, en general, los trabajos que tienen en cuenta las cuestiones de género en sus planteamientos para matizar sus investigaciones.

Declaração de práticas de igualdade de género

A revista *Mélanges de la Casa de Velázquez* declara o seu compromisso para com a igualdade de género através das seguintes medidas:

- A revista está empenhada na paridade na composição das suas componentes editoriais: Conselho Editorial; Comité Científico.
- A revista é sensível aos estudos de género e, mais amplamente, aos estudos que consideram as questões de género nas suas abordagens, a fim de aperfeiçoar a sua investigação.

Declaration as regards gender equality

The journal *Mélanges de la Casa de Velázquez* declares its commitment to gender equality through the following measures:

- The journal is committed to parity in the composition of its editorial components: Editorial Board ; Scientific Committee.
- The journal is sensitive to gender studies and, more broadly, to studies that consider gender issues in their approaches in order to refine their research.

Mélanges de la Casa de Velázquez. Nouvelle série, 54-2, 2024 (novembre), 442 p. ISSN : 0076-230X

Sommaire

Dossier

Marginales y minorías: una mirada poliédrica a textos olvidados (ss. xv-xvii)

Marginaux et minorités : un regard polyédrique sur des textes oubliés (xv-xvii siècle)

Mélanges de la Casa de Velázquez. Nouvelle série, 54-2, 2024 (novembre), 442 p. ISSN : 0076-230X

Miscellanées

Mélanges de la Casa de Velázquez. Nouvelle série, 54-2, 2024 (novembre), 442 p. ISSN : 0076-230X

Centenaire

Actualité de la recherche

Debate
Monumentos, identidades colectivas y memorias incómodas

DOSSIER

Marginales y minorías: una mirada poliédrica a textos olvidados (ss. XV-XVII)

Coordinación : Vicent Josep Escartí y Alejandro Llinares Planells

Repensar los márgenes de la Historia Medieval y Moderna

Vicent Josep Escartí
Universitat de València - IIFV / IEC

Alejandro Llinares Planells
Universitat de les Illes Balears

En las sociedades preindustriales, una parte significativa de la población fue marginada, perseguida o estigmatizada debido a su género, identidad religiosa, orientación sexual o condiciones de vida. Entre los grupos más afectados por esta discriminación destacan las mujeres, a pesar de movimientos e iniciativas como la querella de las mujeres del siglo xv o la proliferación de escritoras, lectoras e intelectuales durante el Siglo de las Luces. Las mujeres pertenecientes a las capas populares, aunque no constituían una minoría, sufrían una posición de inferioridad impuesta a través del dogma católico y sus moralistas. En este sentido, los archivos y dietarios de la época contienen valiosos testimonios de estas injusticias. Estos memorialistas, desde su posición privilegiada, formaban también una minoría: la de aquellos que sabían escribir y podían plasmar la realidad en documentos privados, donde se expresaban con mayor libertad. Un ejemplo de ello son las opiniones sobre los bandoleros, quienes simbolizaban el mal encarnado en las sociedades de la temprana modernidad y eran perseguidos con dureza.

En segundo lugar, los grupos religiosos que no se ajustaban a la doctrina dominante no solo fueron marginados, sino perseguidos hasta su extinción. Su representación plástica, derivada de escritos doctrinales y literarios, ha perdurado en numerosos retablos y lienzos. Los judíos hispánicos, por ejemplo, se asentaron en otras tierras, dando lugar a la conocida «cultura sefardí». Sin embargo, la realidad de las minorías religiosas se refleja de manera más cruel en los procesos inquisitoriales y de justicia criminal ordinaria. Asimismo, en este tipo de documentación se encuentran evidencias claras de la persecución de aquellos que se apartaban de las normas sexuales establecidas, como los «sodomitas». A pesar de esto, la documentación que

Vicent Josep Escartí y Alejandro Llinares Planells, (coord.), « Repensar los márgenes de la Historia Medieval y Moderna », Introducción a *Marginales y minorías: una mirada poliédrica a textos olvidados (ss. xv-xvii)*, Dossier des *Mélanges de la Casa de Velázquez*. Nouvelle série, 54 (2), 2024, pp. 11-15. ISSN : 0076-230X.

llega a los historiadores sobre la marginación, estigmatización y represión no deja de ser, utilizando las palabras de Carlo Ginzburg, indicios reveladores de aquellos casos conservados que alcanzaron la judicialización, mostrando tan solo la «punta del iceberg» de un proceso multidimensional.

En el ámbito historiográfico, los temas tratados en este monográfico han sido analizados desde una perspectiva de historia social cuantitativa. En el caso del Reino de Valencia, los estudios de autores como Rafael Narbona, Pablo Pérez, Rafael Benítez y Eugenio Ciscar, entre otros, han aportado respuestas reveladoras sobre las causas y consecuencias, así como sobre los picos de violencia y represión dirigidos a distintos colectivos sociales. A pesar de ello, consideramos que existe una notable escasez de estudios que aborden la violencia y la marginalidad en la Edad Media y la Edad Moderna desde una perspectiva de historia sociocultural con un enfoque cualitativo. Así pues, los diferentes artículos que conforman este número de la revista *Mélanges de la Casa de Velázquez* no pretenden llenar este vacío, lo cual requeriría años de investigación sistemática, sino dar a conocer el potencial de esta metodología histórica para explorar aspectos relacionados con el bandolerismo, la sodomía, los musulmanes, los conversos o la violencia contra las mujeres. Siete artículos de diversos especialistas abordan textos y personajes poco conocidos de manera rigurosa e interdisciplinar, desde la Historia, la Historia del Arte y la Literatura, proporcionando una mirada poliédrica de la marginalidad y las minorías desde el siglo XV hasta el siglo XVII.

*

Estos temas y algunos más forman parte de los trabajos que, desde la Universitat de València principalmente, diferentes investigadores agrupados en diversos proyectos financiados por el Ministerio de Ciencia, Innovación y Universidades del Gobierno de España (PGC2018-097011-B-I00) y la Conselleria d'Innovació, Universitats, Ciència i Societat Digital de la Generalitat Valenciana (AICO 2019/120 i AICO2021/099), así como de la propia Universitat de València (GIUV-2013/062 - 172483/LLICVALSOR), llevamos a cabo con la intención de contribuir al conocimiento de las voces silenciadas de aquellos personajes, generalmente anónimos, que se situaron en los márgenes de la historia y que, sin embargo, constituyen, ahora —gracias a los rastros de su actividad detectables en dietarios, libros de memorias y documentación de archivo—, claves para la construcción de los relatos de vida de quienes, en su tiempo, fueron silenciados. Fruto de esta investigación han sido artículos publicados en revistas de prestigio y volúmenes en diversas editoriales nacionales y extranjeras.

*

Ahora, en el presente dossier, aportamos un grupo de trabajos que forman parte de nuestra línea de investigación y que ofrecen trabajos monográficos específicos y dedicados a buena parte de los objetos de estudio que nos venimos proponiendo desde hace más de un lustro.

Así, en primer lugar, encontramos el trabajo de Rafael Roca Ricart (Universitat de València - IIFV / IEC), bajo el título «Violencia contra las mujeres en el *Dietari* de Jeroni Sòria (1503-1559)», basado en el conocido *Dietari de Jeroni Sòria,* que recoge todo tipo de noticias de carácter público y privado relativas a la primera mitad del siglo XVI valenciano (y, más concretamente, a los años 1503-1559). Roca identifica y analiza la presencia de la mujer en aquel texto y se detiene en los casos de violencia contra esta. Ello nos permite continuar profundizando en el perfil de sociedad patriarcal que presidió la Edad Moderna; una época en la que las mujeres, que solo gozaban de un protagonismo marginal, se convirtieron en víctimas propiciatorias de la violencia estructural.

En segundo lugar, tenemos el trabajo de María Luz Mandingorra (Universitat de València), que bajo el título «La minoría que escribe: el *Libro de memorias* de Miquel Gómez Miedes (1547)», se acerca a un género poco estudiado aún, pero que puede aportarnos gran cantidad de información. Se trata de ver cómo, a pesar del triunfo de la información escrita a que se asiste en época moderna, el libro de memorias seguía siendo un producto minoritario, ya que no solo exigía determinadas competencias de escritura, sino también una conciencia de la importancia del escrito como elemento de fijación del recuerdo, tanto en el ámbito público como privado. El libro de memorias del jurista Miquel Gómez Miedes constituye, por lo tanto, un testimonio de gran valor que ayuda a la reconstrucción del proceso que conduce desde el libro de cuentas hasta la definición del diario personal. Un tipo de escritura, pues, que, a pesar de ser marginal, se convierte en central para la definición del individuo.

El tercer trabajo corresponde a Alejandro Llinares Planells (Universitat de les Illes Balears), y lleva por título «"Gente sin Dios ni razón": El bandolerismo valenciano del barroco a través los dietarios personales del siglo XVII». En el artículo se analiza la visión que aportan los diferentes diarios personales del barroco valenciano sobre un fenómeno tan importante para en Reino de Valencia del siglo XVII como fue el bandolerismo. La literatura memorialística conservada ofrece a menudo datos diferentes, o al menos complementarios, de los que podemos encontrar en la documentación institucional. Los dietaristas, desde su óptica personal, reflejan una realidad sobre la que opinan con frecuencia. Sus textos —considerados marginales generalmente para la construcción de la historia—, se convierten, así, en escritos de gran valor.

 ISSN : 0076-230X.

Seguidamente, Francesc Granell (Universitat de València) aporta su trabajo «¿Judío, musulmán o pagano? La imagen interconectada del *otro* en la Corona de Aragón (*ca.* 1390-*ca.* 1450)». Este estudio se detiene en el análisis de la representación de los musulmanes, los judíos o los paganos en el arte bajomedieval de la Corona de Aragón, que no siempre sigue estereotipos figurativos propios de su respectiva identidad. Así, un judío puede portar una adarga, un musulmán puede profanar hostias y un romano pagano puede tener la piel negra. Estas imágenes del *otro* son ambiguas a ojos de los espectadores del siglo XXI. ¿Lo eran también en la época? El propósito de esta investigación es examinar la permeabilidad de las caracterizaciones de estos personajes mediante un análisis de la cultura visual del siglo XV en el contexto geográfico propuesto. Las imágenes, además, se comparan con determinados testimonios literarios que evidencian el hecho de que, en el ámbito de denostación de la alteridad, los estereotipos son ambivalentes.

A continuación, encontraremos el texto de Jacob Mompó (Universidad Complutense de Madrid), que con el título «Tejiendo la red inquisitorial. Las confesiones del converso Francesc Joan como instrumento para la incoación procesal de un amplio grupo de conversos valencianos», se centra en un caso concreto contra un converso a principios del siglo XVI. Así, en 1521, el converso de judío Francesc Joan se enfrentaba a un proceso inquisitorial, acusado de judaizante. Los hechos de los que se le acusaba se remontaban casi veinte años atrás, durante el ayuno del Perdón. A juzgar por sus confesiones, aquella celebración del Yom Kippur en Valencia debió de ser multitudinaria, puesto que, recurriendo a su portentosa memoria, pero sobre todo inducido por las duras sesiones de tortura, el procesado logró involucrar en torno a trescientas personas en sus declaraciones. Ciertas o no, sus confesiones fueron utilizadas para abrir numerosos procesos inquisitoriales contra muchas de las personas que delató. En el artículo de Mompó se analiza el proceso contra Francesc Joan, así como las interconexiones existentes en otros procesos contra conversos, incoados a raíz de las confesiones del acusado.

De Paola Bellomi (Università degli Studi di Siena) es la siguiente aportación que bajo el título «La identidad ítalo-sefardí: una existencia por desvelar», se acerca a las comunidades sefardíes que se constituyeron en el territorio italiano a raíz de los edictos de expulsión de los Reyes Católicos, y que, a pesar de las dificultades del exilio en una patria nueva y desconocida, no renunciaron a producir su propia literatura. Se trataba de una producción minoritaria dentro del canon de la literatura italiana y, sin embargo, nos habla de aquellos «nuevos italianos» *ante litteram*. Al estudiar los textos que se han conservado —lamentablemente escasos—, es posible delinear la identidad ítalo-sefardí de un grupo al margen de la sociedad y que durante mucho tiempo tuvo que vivir disimulando esa identidad por miedo a las persecuciones.

Finalmente, Vicent Josep Escartí (Universitat de València - IIFV / IEC), con el trabajo «La azarosa vida y la cruel muerte del morisco sodomita Gregorio Xeus (1583)» se acerca a otro grupo de perseguidos durante la Edad Media y la Edad Moderna: los sodomitas. De hecho, la sodomía fue considerada un pecado gravísimo: el pecado «nefando» e innombrable por excelencia. Y quienes fueron acusados de ello, fueron vistos también como el chivo expiatorio de los males que azotaban el mundo en aquellos siglos. A los sodomitas se les acusaba de ser el origen de casi todas las desgracias que afligían a la sociedad. Un caso de sodomía en el cual, además, se unía la marginación religiosa —pues el acusado era morisco—es el protagonizado por Gregori Xeus, quien murió en la hoguera, en 1583. A descubrir las claves de aquel proceso se dedica este artículo en que, a través de la documentación inquisitorial conservada, se puede escuchar claramente la voz del acusado y de los que participaron en el proceso.

Siete trabajos, pues, que se acercan, desde prismas diferentes, a diversos colectivos marginados, muchas veces perseguidos, que, a través de las miradas poliédricas aportadas por los diferentes investigadores presentes en este dosier, nos permiten conocer fragmentos de biografías pretéritas, retazos de relatos de vidas no siempre fáciles que forman parte de la historia y que muy pocas veces han tenido un protagonismo central en la investigación actual.

Violencia contra las mujeres en el *Dietari de Jeroni Sòria* (1503-1559)

Rafael Roca
Universitat de València - IIFV- IEC

El rico y extenso documento conocido con el título de *Dietari de Jeroni Sòria* recoge todo tipo de noticias de carácter público y privado relativas a la primera mitad del siglo XVI valenciano (y, más concretamente, a los años 1503-1559). De este modo, el estudio que presentamos identifica y analiza los casos de violencia contra las mujeres que ofrece el texto histórico. Con ello continuamos profundizando en el perfil de sociedad patriarcal que presidió la edad moderna (y que ya tenemos iniciado con el estudio de los dietarios de Pere Joan Porcar y Joaquim Aierdi), una época en la que las mujeres, que únicamente gozaban de un protagonismo subalterno, se convirtieron en víctimas propiciatorias de una violencia estructural.

PALABRAS CLAVE: VIOLENCIA, MUJERES, EDAD MODERNA, DIETARIOS, JERONI SÒRIA

Violences faites aux femmes dans le *Dietari de Jeroni Sòria* (1503-1559)

Le document riche et étendu connu sous le nom de *Dietari de Jeroni Sòria* rassemble toutes sortes de nouvelles publiques et privées liées à la première moitié du XVIe siècle valencien (et, plus précisément, aux années 1503-1559). De cette manière, l'étude identifie et analyse les cas de violence contre les femmes que propose le texte. Avec cela, nous continuons à approfondir le profil de la société patriarcale qui a présidé l'âge moderne (et que nous avons déjà commencé avec l'étude des journaux de Pere Joan Porcar et Joaquim Aierdi), une époque où les femmes, qui ne jouissaient un rôle subalterne de premier plan, ils sont devenus les victimes propitiatoires du violence structurel.

MOTS-CLÉS : VIOLENCE, FEMMES, ÉPOQUE MODERNE, JOURNAUX INTIMES, JERONI SÒRIA

POUR CITER CET ARTICLE / PARA CITAR ESTE ARTÍCULO / TO QUOTE THIS ARTICLE

Rafael Roca, « Violencia contra las mujeres en el *Dietari de Jeroni Sòria* (1503-1559) », Vicent Josep Escartí y Alejandro Llinares Planells, (coord.), *Marginales y minorías: una mirada poliédrica a textos olvidados (ss. xv-xvii)*, Dossier des *Mélanges de la Casa de Velázquez*. Nouvelle série, 54 (2), 2024, pp. 17-33.

 ISSN : 0076-230X.

Violence against women in the *Dietari de Jeroni Sòria* (1503-1559)

The significant and extensive document known by the title of *Dietari de Jeroni Sòria* collects all kinds of news of a public and private nature relating to the first half of the Valencian 16th century (and, more specifically, to the years 1503-1559). In this way, the study identifies and analyzes the cases of violence against women that the text offers. We continue here to delve into the profile of the patriarchal society that presided over the modern age (and that we had already begun with the study of the diaries of Pere Joan Porcar and Joaquim Aierdi), a time in which women, who only enjoyed a very secondary leading role in society, became propitiatory victims of structural violence.

KEYWORDS: VIOLENCE, WOMEN, MODERN ERA, DIARIES, JERONI SÒRIA

Un dietario valenciano de importancia capital

Uno de los textos más palpitantes y elocuentes que nos ofrece la historiografía valenciana de la edad moderna es el titulado *Dietari de Jeroni Sòria*, un diario de memorias que fue redactado en catalán y que contiene un buen número de noticias —tanto públicas como privadas— alrededor de numerosos hechos que acaecieron en la ciudad de València durante las seis primeras décadas del siglo XVI (más concretamente, entre los años 1503 y 1559). De este modo, fue el erudito Francisco Almarche el primero en dar noticia extensa, en 1919, de la existencia de un dietario que, cuatro décadas después, en 1960, fue editado bajo la batuta de Francisco de P. Momblanch Gonzálbez y el sello de la sociedad Acción Bibliográfica Valenciana[1].

De este modo, en el prólogo que encabeza la obra, Momblanch señaló que

> [...] el largo lapso de tiempo que comprende el dietario de Jerónimo Soria, más de medio siglo y precisamente de la primera mitad del XVI, tan fecunda en ocurrencias de mucha trascendencia histórica, es causa del gran interés que tienen las notas íntimas consignadas para sí por el autor, cuando no podía imaginar siquiera que cuatro siglos después de terminado el manuscrito fuera dado a la publicidad por medio de la imprenta, invención todavía en mantillas cuando comenzó a escribirlo[2].

Por otra parte, más recientemente, el profesor Vicent J. Escartí, uno de los mayores especialistas en el período, ha apuntado que, aunque Sòria dedicó gran parte de su texto al relato de las Germanías y a la represión que se sucedió —y también a la revuelta de los moriscos de la sierra de Espadán (1526)—, lo bien cierto es que, mayoritariamente, el cronista se ocupó de detalles personales y familiares, como por ejemplo las numerosas transacciones económicas y contratos de toda índole que tanto él, comerciante de telas, como los miembros de su familia llevaron a cabo[3].

Asimismo, siguiendo a Momblanch, cabe también destacar que las «abundantes» noticias «de carácter particular y doméstico» que contiene el dietario «permiten la realización de un esbozo» de la personalidad de su autor[4]. Un personaje de quien se puede afirmar que, prácticamente, toda la información biográfica que poseemos proviene del propio dietario.

[1] Para una aproximación a la dietarística de la edad moderna valenciana, véase Escartí, 1998. En 2024 ha visto la luz una nueva edición del *Dietari de Jeroni Sòria*. Véase Sòria, 2024.

[2] Momblanch, 1960, pp. XVIII-XIX.

[3] Escartí, 2010a, p. 188.

[4] Momblanch, 1960, p. XII.

Un esbozo biográfico

De este modo, sabemos que Sòria era «hijo del genovés Simó de Sori y de su esposa Margarita Langlés», y que nació en València alrededor del año 1483. También, que «a la gente de aquí le dio por añadirle al final de su apellido una "a", que aceptó»[5], posiblemente para adaptar su patronímico a la pronuncia local[6]. Como dato biográfico sintomático, cabe todavía apuntar que, siendo joven —en diciembre de 1507, con mucha probabilidad—, su padre lo animó a realizar un viaje al norte de Italia «para que conociera a sus parientes y se convenciera de que todos eran ciudadanos y mercaderes de Génova, gente honrada, sin una gota de sangre semita»[7].

Con posterioridad, Sòria contrajo matrimonio con Isabel Gosalbo, «a cuya hermana castigaron los inquisidores por judaizante»[8]. Con ella tuvo dos hijos: Francesc Honorat y Joana Àngela, «que casó con el mercader Pedro Munterde»[9]. Plenamente dedicado al comercio, todo parece indicar que los negocios de Sòria no se limitaban, tal como se hace patente a lo largo del dietario,

> [...] a los derivados de la *botiga de draps*, aunque fueran éstos la base de muchos otros, y así le vemos adquirir fincas y censos y mantener relaciones financieras y mercantiles con importantes personajes, diputados de la Generalidad del Reino, varios nobles y hasta con un prelado, el obispo de Segorbe don Gaspar de Borja, y desempeñar el cargo de cobrador de arrendamiento de los diezmos de Gandía en 1524[10].

En 1535, «muerta su primera mujer, contrajo segundo matrimonio con la magnífica Isabel Çaburgada», que era hija de Joan Çaburgada, «caballero, *jurat en cap* que había sido en 1528». Y, como consecuencia de este nuevo enlace, nacieron dos hijos más: Pere Jeroni e Isabel[11]. Isabel Çaburgada, por cierto, murió sólo tres años después de haber casado con Sòria: en 1538 y como consecuencia de la epidemia que aquel año contristó al territorio valenciano[12].

Por lo que respecta al más de medio siglo que abarca el *Dietari de Jeroni Sòria*, Momblanch señaló que se trataba de una época «fecunda en ocurrencias de mucha trascendencia histórica»[13]; y que esa es la «causa del gran interés que tienen las notas íntimas consignadas para sí por el autor».

---

[5] Momblanch, 1960, p. xii.

[6] Escartí, 2010b.

[7] Momblanch, 1960, p. xii.

[8] Almarche, 1919, p. 100.

[9] Momblanch, 1960, p. xiii.

[10] Momblanch, 1960, p. xiii.

[11] Momblanch, 1960, p. xiii.

[12] Momblanch, 1960, p. xix.

[13] Momblanch, 1960, p. xix.

Anotaciones domésticas, mayoritariamente, como por ejemplo los contratos de las personas que trabajaron en su casa[14]. Pero también de carácter público, como «las grandes epidemias que afligían a la ciudad y al Reino», «las inundaciones», «sucesos locales como el devastador incendio del Trench» y «las entradas de grandes personajes en la ciudad, como actos espectaculares poco corrientes»[15].

Por su relevancia y significación política, cabe destacar el protagonismo que, sobre todo en la parte inicial del dietario, adquiere el relato que el autor realizó de «los hechos de la Germanía, de la que Soria era enemigo declarado, así como el castigo de sus partidarios»; y también, de acontecimientos «de carácter internacional, como el Concilio de Trento»[16].

Finalmente, cabe apuntar que Sòria debió fallecer con posterioridad a junio de 1559, fecha de su último apunte, cuando «contaría setenta y seis [años], edad para entonces muy avanzada»[17]. Al respecto, Vicent J. Escartí ha conjeturado que quizás nuestro cronista terminó su dietario el mismo día en qué murió, puesto que un hombre que escribía con tanta constancia únicamente redactó una sola noticia el último año y dos el anterior, tal vez como indicio de una ya precaria salud[18].

Violencia contra mujeres

Siguiendo la línea analítica que en los últimos años hemos aplicado a los dos principales dietarios valencianos del barroco —los de Pere Joan Porcar[19] y Joaquim Aierdi[20]—, al analizar los casos de violencia contra las mujeres que explicitan aquellos dos textos, en el presente trabajo nuestro interés se ha centrado en aplicar nuevamente la perspectiva de género al *Dietari de Jeroni Sòria*. Y ello con el objetivo de identificar y analizar las noticias donde se cita o alude a mujeres que se vieron afectadas, de manera directa o indirecta, por la violencia estructural que regía la sociedad valenciana del quinientos. Es decir, con la voluntad de identificar a las mujeres que, según el relato que realizó el dietarista, fueron víctimas de acciones violentas.

Así, pues, dejando a un lado las anotaciones en que se citan mujeres con referencia a celebraciones y festividades (bodas, nacimientos, bailes, visitas a la ciudad...), y también a herencias o transacciones comerciales, las noticias referentes a situaciones de violencia nos permitirán constatar que las mujeres

[14] Escartí, 2010b.

[15] Momblanch, 1960, p. xix.

[16] Momblanch, 1960, p. xix.

[17] Momblanch, 1960, p. xx.

[18] Escartí, 2010b.

[19] Véase Roca, 2021a.

[20] Véase Roca, 2021b.

 ISSN : 0076-230X.

constituían un grupo social muy periférico, en el relato de los acontecimientos que Sòria consideraba dignos de ser consignados por escrito. Y también, comprobar de qué manera las mujeres, consideradas como un colectivo inferior —al igual, por cierto, que los niños y los ancianos—, muy a menudo eran víctimas de violencia de género y conflictividad social[21].

Por ello, en atención a su naturaleza y características, hemos identificado y analizado los casos de violencia contra las mujeres a los que se refiere Jeroni Sòria. En consecuencia, el conjunto de anotaciones del *Dietari de Jeroni Sòria* en las que se consignan hechos o situaciones que implican una evidente consideración marginal para las mujeres —que, en numerosas ocasiones, son también receptoras de violencia machista— se pueden agrupar y catalogar en seis bloques o grupos que, de mayor a menor, hemos denominado: «Mujeres secuestradas o forzadas sexualmente», «Mujeres asesinadas o ajusticiadas», «Trata de mujeres y niños», «Testimonios de asesinatos», «Violencia fortuita» y «Mujeres sometidas». Vamos, pues, a repasar y comentar cada uno de estos casos.

Mujeres secuestradas o forzadas sexualmente

En primer lugar, examinaremos siete noticias sobre mujeres que fueron secuestradas o forzadas sexualmente. De este modo, una anotación del año 1521 referente a un personaje llamado Joan Sisó nos informa, de manera indirecta, de la práctica de la prostitución en la València de la época[22]; y, más concretamente, de la existencia de un burdel. El 16 de julio de aquel año, con motivo del asesinato cometido por «los moros de Gilet» —que habían degollado a dos chicos de unos 15 años de edad[23]—, el dietarista relató que, al conocer los hechos, gran parte del pueblo se alborotó. Y que, en vista de ello, los jurados determinaron armar algunos ciudadanos preeminentes, entre los cuales figuraba Joan Sisó, que era el hostalero del referido burdel[24].

Una década después, el 19 de junio de 1531, el dietario recoge —también de manera indirecta— la más que probable violación de una joven. Así, aunque la noticia está motivada por el asesinato del hijo de mosén Cetina, que fue degollado en su casa, el dietarista apuntó que el crimen se había producido porque mosén Cetina habría abusado sexualmente de la hija del vicecanciller de València[25].

[21] Al respecto, véanse los siguientes trabajos: Córdoba (2006), Garés (2013), Calvo (2012) y Roca (2023).

[22] Vease Guillot, 2015.

[23] Sòria, 1960, p. 58.

[24] Sòria, 1960, p. 59.

[25] Sòria, 1960, p. 147.

Por otro lado, al cabo de catorce meses nuestro cronista se refirió al ataque barbaresco que tuvo lugar durante la noche del 15 de agosto de 1532, cuando numerosos moros de Argelia desembarcaron frente al valle de Alfandec, y se llevaron trescientos hombres y mujeres y mucha ropa. Tanto la embestida como la toma masiva de rehenes fueron respondidos por doscientos hombres a pie y veinticinco a caballo que, encabezados por el Duque de Gandía, salieron tras de los atacantes; y los alcanzaron y mantuvieron con ellos una gran pelea, como consecuencia de la cual murieron diez moros y tres cristianos y hubo muchos heridos[26]. Vemos, pues, que el secuestro de una gran cantidad de mujeres formaba parte del botín del asalto que practicaron los magrebíes.

La cuarta noticia, que toma todo otro cariz, remite al 29 de junio de 1545, festividad de san Pedro, cuando Francesc Joan Trilles, notario de València, secuestró a la hija de Joan Perelló, tendero de trapos. Y a continuación se detalla el plan que el notario orquestó para secuestrar a la doncella: Trilles, que era procurador de Perelló, invitó a la familia de su cliente a comer y cenar en la casa que tenía en un huerto de Ruzafa. Y cuando, a las ocho de la noche, regresaban todos juntos y regocijados hacia València, al llegar a la altura del abrevadero del portal de Ruzafa, salieron unos arcabuceros a caballo y armaron una gran brega que provocó que todos quedaran esparcidos y apabullados. Una situación que Trilles aprovechó para raptar a la hija de Perelló. Y fue así como, según anotó Sòria, hizo lo que quiso de ella[27]. De donde se desprende que Trilles abusó sexualmente de la joven.

Sea como fuere, lo bien cierto es que el notario no salió indemne de aquella despreciable acción, ya que, una semana después, el 7 de julio de 1545, el gobernador de València, Joan Vilarasa, prendió a Trilles y a un compinche suyo llamado Fonfria en el barranco de Bétera, los llevó hasta Benisanó y allí mismo colgó a Fonfria en un olivo, mientras que a Trilles le dio garrote y lo llevó ahogado a València. De manera que no solo lo ejecutó, sino que, con finalidad ejemplarizante, hizo publicidad de ello, ya que, una vez en la capital, exhibieron durante todo el día el cuerpo de Trilles en el banco de la corte del gobernador[28].

La quinta noticia es todavía más compleja. Así, el dietarista empezó narrando la fuga que tuvo lugar a principios de junio de 1547, cuando escaparon de la prisión del castillo de Xàtiva Diego Lladró y Francesc Joan Martí; y, junto a ellos, un tal Gonbau, vicealcaide de la fortaleza. Con lo cual llama la atención comprobar que uno de los responsables de la mazmorra estuviera involucrado en la treta. De hecho, la clave está en la cuarta implicada, o colaboradora necesaria, que también participó en la huida, ya que, según refirió Sòria, la fuga fue propiciada por una esclava que servía a Francesc Joan

[26] Sòria, 1960, p. 149.

[27] Sòria, 1960, p. 219.

[28] Sòria, 1960, pp. 219-220.

Martí y yacía con el tal Gonbau[29]. Así, como podemos comprobar, se trataba de la esclava de uno de los presos, que compartía alcoba con el responsable de la prisión.

De esta manera, aunque, en un momento determinado, Martí se enojó con Gonbau —no sabemos por qué motivo—, esto lo solucionó el otro preso, Diego Lladró, comprando a la esclava y ofreciéndola a Gonbau; sin duda para que el responsable de la prisión pudiera yacer nuevamente y siempre que quisiera con la cautiva. De tal modo que, agradecido sin duda a Lladró, que se había mostrado tan amable y generoso con él, aquella noche Gonbau no sólo les debió facilitar la salida de la prisión, sino que huyó con ellos y con su concubina. Por eso Sòria explicó que los tres tuvieron a bien irse juntos con la esclava y sin que lo supieran los guardias, que no descubrieron el engaño hasta que se hizo de día[30].

Finalmente, una nueva noticia dos años posterior, de 1549, señala que los tres prófugos fueron apresados y devueltos al castillo de Xàtiva. Aunque por poco tiempo, ya que el 7 de diciembre de aquel año, víspera de la Concepción, sacaron a los prisioneros del castillo y se les aplicó el arresto domiciliario[31]. Por lo que respecta a la esclava, nada se refiere sobre ella (ni tan siquiera el nombre).

Del siguiente secuestro, el dietario nos informa de manera indirecta. Así, se narra que el 14 de abril de 1557, Miércoles Santo, degollaron a Francesc Gras mientras estaba en su alquería del municipio de Picanya. Sòria también explicó que, según los comentarios que circularon, fue asesinado, como venganza, por unos labradores de Vistabella y de Picanya llamados los Garcies, ya que Gras había raptado a la mujer de uno de ellos[32].

Para terminar, el último secuestro que recoge el *Dietari de Jeroni Sòria* queda fuera de los límites cronológicos del documento, pues lleva fecha del 20 de febrero de 1577. De hecho, y tal como apuntó Momblanch[33], la letra de esta noticia es diferente a la del resto del dietario. En consecuencia, es casi seguro que no fue redactada por Sòria. Así las cosas, ¿quién fue el autor de la anotación? Pues, muy probablemente, un descendiente suyo —nieto, quizás—, ya que el dietario de Miquel Jeroni Llopis, que se conserva encuadernado junto al de Sòria[34] —y se extiende entre los años 1573 y 1588—, también recoge esta misma noticia, aunque de manera más escueta y con fecha ligeramente anterior: del 21 de enero de 1577[35].

---

[29] Sòria, 1960, p. 224.

[30] Sòria, 1960, p. 224.

[31] Sòria, 1960, pp. 233-234.

[32] Sòria, 1960, p. 256.

[33] Sòria, 1960, p. 255.

[34] Martí, 1995, p. 20.

[35] Martí, 1995, p. 31.

De esta forma, y siguiendo el relato que figura en el dietario de Sòria, el 20 de febrero de 1577, primer día de cuaresma, decapitaron a Juan de Cardona porque se llevó a una monja del monasterio de la Concepción de València[36]. Es decir, porque la secuestró. Por otra parte, la nota también recoge que publicaron sentencia contra el almirante Cristòfol de Cardona, hermano de don Juan, porque acogió al hermano y a la monja en su casa. Y la pena que fue impuesta al pariente del secuestrador, en tanto que colaborador y ocultador del delito, fue el destierro de València por tres años y el pago de una determinada cantidad de dinero. Finalmente, el dietarista también informó que la monja fue restituida al monasterio de la Puridad y Concepción[37].

Mujeres asesinadas o ajusticiadas

En referencia a la media docena de casos de mujeres asesinadas o ajusticiadas que recoge el *Dietari de Jeroni Sòria*, cabe destacar que la primera de las noticias remite a la revuelta popular que, en el contexto de la Germanía, tuvo lugar el 15 de junio de 1521 en el municipio de Morvedre, actual Sagunto. Así, aquel día, una buena parte del pueblo se alzó en armas contra el alcalde y muchos otros hombres que se habían refugiado en el castillo de la población. Y a consecuencia del combate, múltiples personas huyeron de la fortaleza dejándose caer por la muralla. Fue así como murieron veinte hombres y una mujer; y los partidarios de la Germanía prendieron al alcalde y a su esposa e hijos y los encerraron en el templo parroquial[38].

Al cabo de nueve meses, el 4 de marzo de 1522 —y nuevamente en el contexto de la insurrección agermanada—, Sòria hizo constar que el marqués Rodrigo de Mendoça ordenó ahorcar, en el mercado de València, a nueve hombres y una mujer que, según la descripción[39], tenía una mata de pelo que le llegaba hasta los talones. Por otra parte, una anotación fechada el 13 de agosto de 1527 nos revela, nuevamente de manera indirecta, el asesinato de otra mujer, ya que el motivo de la noticia era la ejecución de un hombre, no el homicidio de la señora. De esta manera, se hace constar que, aquel día,

[36] Sòria, 1960, p. 255.

[37] Sòria, 1960, p. 255. El relato de la misma noticia que recoge el dietario de Miquel Jeroni Llopis dice así: «A vint-i-u de Giner de mil ci[n]c-sens setanta-y-set, segon dia de Cuaresma, descapsaren a don Juan de Cardona, fill de don Sancho de Cardona, almiran de Arragó [*sic*], bastart, perquè tragé una moncha del Monestir de la Consepsió, y la tingé dia y mig. Li llevaren lo cap en la plaza de la Seu, a les dodse ores de michorn. Morí com un san. A 21 de giner 1577» [A 21 de enero de mil quinientos setenta y siete, segundo día de cuaresma, decapitaron a don Juan de Cardona, hijo de don Sancho de Cardona, almirante de Aragón, bastardo, porque sacó una monja del monasterio de la Concepción, y la tuvo día y medio. Le quitaron la cabeza en la plaza de la Seo, a las doce del mediodía. Murió como un santo. A 21 de enero de 1577]. Véase, Martí, 1995, p. 31.

[38] Sòria, 1960, p. 56.

[39] Sòria, 1960, p. 56.

ajusticiaron a un tabernero porque había matado a su mujer, sin que se detallen o expliciten las razones del crimen. Lo que sí que se explica es la ceremonia un tanto macabra que la justicia organizó para que el asesino pidiera perdón a su víctima. Así, antes de ejecutarlo, desenterraron a la esposa del lugar donde tres o cuatro días antes había sido sepultada, y la pusieron extendida en tierra y con la cara descubierta. Posteriormente, acostaron al marido encima de ella, boca con boca. Y después lo tumbaron a él en el suelo y a ella la pusieron encima, de resultas de lo cual el tabernero profería muchos y grandes gritos implorando clemencia. Y aunque terminó pidiendo perdón a su mujer y a todos los que estaban a su alrededor, finalmente no pudo evitar que lo ahorcaran[40].

Al cabo de nueve meses, el 14 de mayo de 1528, Sòria dejó constancia de la quema masiva de judíos conversos que se produjo en las calles de València, cuando sacaron a treinta y siete personas en penitencia. Así mismo, calcinaron catorce efigies que representaban a diversas personas, entre las cuales mercaderes y ciudadanos. Y también, a Àngela Maçip, esposa de Jofré Cavaller y tía de Bernat Maçip, mercader y cuñado de Sòria[41]. Por lo tanto, comprobamos como, al menos, fue ajusticiada una mujer, de la cual seguramente se consignó la identidad por ser familia del dietarista.

No fue la única quema de conversos de la cual se hizo eco nuestro cronista, ya que, al cabo de tres años y medio, relató que, el 11 de noviembre de 1531, día de san Martín, sacaron en penitencia a cuarenta personas, entre hombres y mujeres; y calcinaron a doce, entre las cuales había hechiceras y magrebíes[42]. En este sentido, cabe recordar que, tal como es posible comprobar en los dietarios de Porcar (2012) y Aierdi (1999), en el siglo XVII uno de los motivos más habituales de condena contra las mujeres fue la acusación de hechicería[43].

En último lugar, encontramos una noticia que narra una quema pública por condena, en este caso de una única mujer. Así, en dos anotaciones consecutivas, Sòria explicó que el 31 de julio de 1542 descuartizaron a Viçent Ferrer Alapont porqué, quince días atrás, había apuñalado a Joan Dolç[44]. Y que, veinticuatro horas después, el primero de agosto de aquel año, arrastraron y quemaron a la esposa del notario Joan Dolç, la cual se llamaba Beneta Remires y de Dolç, porque se demostró que fue ella quien había ordenado a Vicent Ferrer Alapont que matara al marido[45]. Es decir, que ajusticiaron a Beneta —que popularmente debía ser conocida como «Na Dolça», tal como se indica en el título de la noticia: «Cremaren a Na Dolça, muller del dit

[40] Sòria, 1960, p. 116.
[41] Sòria, 1960, p. 121.
[42] Sòria, 1960, p. 148.
[43] Véase Roca, 2021a, p. 119.
[44] Sòria, 1960, p. 207.
[45] Sòria, 1960, p. 208.

Joan Dolç»— por ser la inductora del asesinato. Al respecto, cabe señalar que ambas noticias están ilustradas con sendos dibujos simples y deficientes en su ejecución, pero bastante expresivos: la de la defunción de Vicent Ferrer, con una especie de escalera recostada sobre un artilugio que debía representar una horca o sitio de tormento; y la de la quema de Na Dolça, con un muñeco que simula a la protagonista siendo pasto de las llamas.

Trata de mujeres y niños

A continuación, repasaremos las cuatro anotaciones en qué se relatan casos relacionados con el mercadeo o tráfico de personas. El dietario explica que el 20 de septiembre de 1526, entre las cinco y las seis horas, los Jurados de València recibieron un correo en el cual se explicaba que la sierra de Espadán había sido tomada por los cristianos junto con cuatro mil alemanes que se habían desplazado desde Perpiñán; y que, como consecuencia, se produjo una gran matanza de magrebíes y se aprehendieron muchas mujeres y criaturas[46].

Pero es que, además, la noticia también indica que los cristianos vendieron, por todo el reino de València, a los magrebíes, tanto hombres como mujeres, que habían sido apresados. Es decir, que, una vez hechos cautivos, hombres, niños y mujeres fueron mercadeados como esclavos. Por otro lado, los cristianos también recuperaron las cinco formas consagradas que habían tomado los musulmanes de la iglesia de Chilches. Así que todo fue interpretado como una gran victoria para la cristiandad, y por ello repicaron las campanas de la Seo de València y de todas las iglesias. Y al día siguiente, festividad de San Mateo, se organizó una procesión en honor de la gloriosa Virgen María de Gracia en agradecimiento por la victoria[47].

En referencia a la esclavitud, Momblanch apuntó —siguiendo a Juan Beneyto y Pérez— que «durante mucho tiempo las esclavas fueron utilizadas como criadas»; que «en todas las casas que mantenían un mínimo *confort* había esclavas»; y que «la esclavitud estuvo bastante desarrollada en Europa, pero tuvo un especial recrudecimiento cuando, en los albores del quinientos, una proficua vida mercantil hace fácil adquirir esclavos a bajo precio»[48]. En este mismo sentido, la siguiente anotación explica que, el 29 de enero de 1536, Jeroni Sòria firmó un ápoca de 90 libras con su cuñado, Bernat Luis Macip, por el precio de dos esclavas blancas de Túnez: una de ellas, de unos 35 años de edad, se llamaba Fátima y tenía un hijo de siete años llamado Perot; y la otra, de 16 años, poco más o menos, se llamaba Soleta[49]. Una noticia que fue

[46] Sòria, 1960, p. 105.
[47] Sòria, 1960, p. 105.
[48] Momblanch, 1960, p. xvi.
[49] Sòria, 1960, p. 169.

destacada y glosada por Momblanch, quien calificó aquella transacción de «negocio»[50].

De hecho, Túnez debía erigirse en aquel tiempo como una de las mayores canteras de esclavitud, ya que un año y medio después, el 20 de agosto de 1537, Jeroni Sòria y su hijo, Francesc Honorat, pagaron 100 libras a un tal Geroni Granulles a cambio de un «cautivito» blanco de Túnez de entre 10 y 12 años. Es decir, por un niño que, veinte días después, el 9 de septiembre, vendieron a micer Joan Batiste Paredes[51]. De donde se deduce que la compra-venta de esclavos debía de ser una actividad bastante generalizada y lucrativa.

Así lo indica también la siguiente noticia, fechada el 23 de agosto de 1539, día en qué Sòria y su hijo pagaron a Vicent Far, maestro en Teología, 15 libras por una mulata que sirvió al hijo del dietarista. Hasta aquí, nada extraño, porque ya hemos visto que las familias pudientes utilizaban esclavas como criadas. Ahora bien, lo curioso del caso llega en la parte final, cuando nuestro cronista constata que su hijo la volvió a vender a espaldas suyas[52]. Es decir, que el vástago del dietarista ocultó a su padre la reventa, por así decir, de la mulata que habían comprado juntos. ¿Por qué motivo? Pues, seguramente, para no tener que pedirle permiso. O para no compartir los beneficios del negocio con su progenitor.

Testimonios de asesinatos

En algunas ocasiones, diversas mujeres sufrieron episodios de violencia indirectamente, e incluso estuvieron muy cerca de perecer a causa de la proximidad que las unía a las víctimas. Así, cuatro noticias del dietario nos hablan de mujeres que presenciaron asesinatos y, como consecuencia, corrieron un gran peligro para sus vidas. La primera remite a la «batalla campal» que, en el contexto de la guerra de la Germanía, tuvo lugar en Gandía el 25 de julio de 1521. Sòria explicó que los agermanados, capitaneados por Vicent Peris, entraron en el municipio y lo saquearon. Posteriormente, fueron a Oliva y también lo saquearon[53]. Con lo cual, la madre del Duque de Gandía con sus hijos e hijas, y la condesa de Oliva y la hija de don Jerobi y su hijo, y muchos otros caballeros y damas, huyeron hasta Denia y embarcaron en la nave de un genovés llamado Bertoroto. Y fue así como se salvaron de la Germanía «mala y perversa», según los calificativos de Sòria[54].

---

50 Momblanch, 1960, p. xviii.

51 Sòria, 1960, p. 179.

52 Sòria, 1960, p. 197.

53 Sòria, 1960, p. 60.

54 Sòria, 1960, p. 61.

 ISSN : 0076-230X.

Dos décadas después, nuestro cronista explicó que el 11 de noviembre de 1540 mataron a un genovés llamado Làzaro Múrçio. Y que acabaron con su vida cuando iba por el camino de Picassent, cerca del molino de Agostí Albert. Con todo, lo más significativo del caso es que el genovés no caminaba sólo, sino junto a tres personas más: su esposa, un vellutero llamado Joan Gassent y un cautivo negro y chico. Y el dietarista comentó que si el tal Gassent no llega a huir, lo hubieran matado también[55]. De la suerte que corrieron la esposa y el cautivo negro y chico —¿un niño, quizás?—, que muy probablemente debieron presenciar el asesinato, no se explica nada.

Por otra parte, sabemos también que, al cabo de ocho años, durante la madrugada del 10 de marzo de 1548, cosieron a puñaladas a Pere Gomis, hijo de Joan Gomis. Y que lo asesinaron dentro de su casa, mientras dormía con su mujer y con una parienta llamada Maria Anna, que era esposa de Joan Martines. De donde se deduce que las dos mujeres aludidas yacían en la cama junto a la víctima del apuñalamiento. Y por eso, llenas de espanto, huyeron de la casa a toda velocidad[56].

En último lugar, encontramos la toma de una nueva población, en este caso Cullera, por parte de un grupo de magrebíes que desembarcaron a las cuatro de la madrugada del Domingo de Pascua de 1550. El dietarista explicó que saquearon toda la villa, incluso la iglesia. Y que degollaron muchos toros y cerdos, y prendieron unas cinco o seis personas[57]. Entre las cuales es muy probable que se contaran algunas mujeres; que, en cualquier caso y como mínimo, debieron sufrir el saqueo.

Violencia fortuita

Entre las agresiones que, según constató Sòria, sufrieron las mujeres, no todas fueron intencionadas o deliberadas; también se produjeron algunas de manera fortuita o accidental, según parece. Es el caso, por ejemplo, de la muerte que tuvo lugar el 8 de octubre de 1526, cuando, de madrugada, ardió de una punta a otra la calle del Trench de València, de manera que no quedó ningún inmueble sin quemar[58]. De este modo, el dietarista detalló que el fuego empezó en casa de un especiero llamado Joan Fuster. Y que se quemaron la esposa y su nuera, además del hijo, un nieto, la *dida* que lo criaba, dos esclavas y un joven. Vemos, pues, que, sintomáticamente, el único que no se vio afectado por el fuego fue el propietario de la casa donde se originó, ya que el tal Fuster saltó por la ventana del estudio que da a la calle y se refugió en el

[55] Sòria, 1960, p. 200.
[56] Sòria, 1960, pp. 227-228.
[57] Sòria, 1960, pp. 235-236.
[58] Sòria, 1960, p. 106.

domicilio de un amigo suyo llamado Figuerola[59]. ¿Casualidad? Lo cierto es que las personas que, según el relato de Sòria, perecieron a consecuencia del fuego fueron cinco mujeres, un niño y un joven. Ningún hombre de edad adulta.

Diecisiete años después, un nuevo incendio afectó —no sabemos si con resultado de muerte— a una niña de nueve años. Así, nuestro cronista explicó que, a las tres de la madrugada del 10 de marzo de 1543, se quemaron siete casas próximas al Mercado. El fuego duró más de doce horas, y quemó ropas, vidrios, especias... y también a la niña aludida[60].

La última constancia del fallecimiento de una mujer por accidente, podríamos decir, que nos ofrece el dietario remite al 4 de julio de 1556, cuando dispararon con un arcabuz a un tal Lloret, panadero, en el momento en que, entrada la noche, volvía del horno junto a su esposa. Y fue el caso que, en vez de impactar sobre el objetivo, el tiro alcanzó a la mujer, y no a Lloret. Por lo que, al cabo de unos días, ella murió. De esta manera, resulta bastante evidente que la esposa (de quien, por cierto, no se hace constar el nombre) fue asesinada por accidente, ya que la intención del malhechor —llamado Torrella— era matar al panadero. Por eso, un tiempo después, Torrella volvió a repetir la acción criminal; y, esta vez sí, terminó con la vida de Lloret de un arcabuzazo[61].

Mujeres sometidas

Finalmente, el dietario de Sòria nos ofrece tres nuevos ejemplos de la posición subordinada o gregaria que, durante la primera mitad del siglo XVI, ocupaban las mujeres. Como en otras ocasiones, del primero de estos casos tenemos conocimiento de manera indirecta. Así, mientras el dietarista explicaba el asesinato de micer Jeroni Nació, que era uno de los doctores de la Real Audiencia de la virreina de València —y que tuvo lugar el 7 de agosto de 1525[62]—, comentaba también quienes eran los responsables del crimen y el motivo por el cual se había producido. Y refería que, según diversos rumores, lo habían asesinado Miquel de la Torre y un primo suyo, ya que micer Nació había raptado a una doncella que estaba prometida con Miquel de la Torre y la había casado con micer Gaspar Ferrer, sobrino suyo[63], como si de un botín o mercancía se tratara.

Por otra parte, nueve años después, en 1534, en su preocupación por los testamentos que se hacían sin notario, Sòria escribió que si moría alguna persona sin haber llegado a tiempo de dictar testamento ante notario, era necesario interrogar al confesor y a cinco testimonios hombres[64]. De donde se

[59] Sòria, 1960, p. 106.
[60] Sòria, 1960, p. 204.
[61] Sòria, 1960, p. 252.
[62] Sòria, 1960, p. 93.
[63] Sòria, 1960, p.p 93-94.
[64] Sòria, 1960, p. 155.

deduce que las mujeres estaban excluidas de la posibilidad de dar testimonio válido desde un punto de vista jurídico.

En último lugar, el dietario de Sòria nos ofrece un ejemplo de sometimiento femenino que está relacionado con un caso de bigamia. De este modo, en junio de 1539, los reverendos inquisidores de València acusaron a Gaspar Borell de haberse casado con dos mujeres. De la segunda, se explica que era originaria de Medina del Campo, y que se encontraba en València porque el tal Borell la había traído para que se casara con otro marido a cambio de 100 ducados. Es decir, que Borell había conducido a la mujer castellana hasta València con excusa de casarla con otro hombre. La narración continúa asegurando que tanto a Borell, como a la mujer castellana, como al supuesto marido, a los tres, los sacaron al patíbulo. Y la justicia declaró que era la primera mujer de Borell, y no la segunda —la de Medina del Campo—, la oficial. Ocho días después, primero lo condenaron a prisión y después, a arresto domiciliario[65].

Pero fue el caso que Borell, que no debía estar nada satisfecho con la sentencia, incumplió el arresto, viajó hasta Roma y trajo consigo un breve y una declaración del Papa que revocaba la sentencia que le había sido impuesta en València; y también, que declaraba que el matrimonio válido era el segundo, el que contrajo con la mujer de Medina del Campo[66]. De la cual, por cierto, en ningún momento se nos indican ni el nombre ni los apellidos.

Conclusiones

Tal y como tiempo atrás pudimos comprobar al analizar los dietarios de Porcar y Aierdi, el texto de Sòria pone nuevamente en evidencia que durante los siglos de la edad moderna las mujeres y los niños fueron, con diferencia, los dos grupos sociales más vulnerables. Y que su visibilidad pública fue muy reducida, en comparación con la que gozaban los hombres de edad adulta.

De este modo, el dietario examinado ahora deviene en claro exponente de la sociedad patriarcal y violenta que hegemonizó la primera mitad del siglo XVI. Una sociedad en la cual los hombres adultos concentraban prácticamente todo el protagonismo público. Y en la que las mujeres únicamente hacían su aparición en escena de manera subalterna y dependiente: en primer lugar, de los padres; y, posteriormente, de los maridos. Una circunstancia que, de hecho, las desprotegía, ya que las convertía en personas carentes de autonomía.

Es así como la obra de Jeroni Sòria en general, y las noticias que hemos glosado en particular, traslada la imagen que las mujeres eran personas extremadamente débiles. Y no sólo desde un punto de vista físico, sino también psicológico e incluso jurídico. No de otra manera se puede entender

[65] Sòria, 1960, p. 195.
[66] Sòria, 1960, pp. 195-196.

que, a menudo, fueran víctimas de secuestros y agresiones sexuales. Y que su testimonio tuviera una validez jurídica inferior a la de los hombres.

Por otra parte, también hemos podido comprobar como a menudo se desconocía o ignoraba el nombre de las mujeres que se citan en el dietario, que acostumbran a ser identificadas o bien a través del padre o marido, o bien mediante determinados rasgos físicos. Así, parece fuera de toda duda que la falta de interés a la hora de consignar su nombre formaba parte del proceso de invisibilización social al cual estaban sometidas. Una estrategia de ocultación que, recientemente, ha sido teorizada por dos profesores de la Universitat de València y bautizada con la etiqueta de «criptoginia»[67].

Finalmente, cabe destacar la importancia de aplicar la perspectiva de género al estudio de textos que, como el de Sòria, transmiten de una manera diáfana la cotidianidad de nuestros antepasados. Y que, justamente por ello, ayudan a entender y a superar determinadas injusticias sociales, entre las cuales, y a pesar de los siglos transcurridos, continúan figurando el machismo y la misoginia. De este modo, no hay duda que la marginación femenina que es posible percibir a través de la crónica de Sòria es el reflejo no solo de una voluntad de control social, sino de las miserias y las debilidades que caracterizaban a la parte dominante de la sociedad. De donde se deduce que sin el trabajo de concienciación que en las últimas décadas han llevado a cabo numerosas entidades e instituciones, es prácticamente seguro que nuestra sociedad continuaría mayoritariamente anclada en los comportamientos que desprenden la mayor parte de las noticias del dietario de Sòria que hemos repasado y comentado en las páginas precedentes.

Bibliografía

Aierdi, Joaquim (1999), *Dietari. Notícies de València i son regne, de 1661 a 1664 i de 1667 a 1679*, a cura de Vicent Josep Escartí, Barcelona, Barcino.

Almarche, Francisco (1919), «Diario de Gerónimo Soria», *Historiografía valenciana*, València, La Voz Valenciana, pp. 98-106.

Calvo, Antonio (2012), «Las autoridades civiles y eclesiásticas ante la violencia contra la mujer a finales del antiguo régimen español (1770-1834)», en Antonio Jiménez & Julián J. Lozano (eds.), *Conflictividad y violencia en la Edad Moderna. Actas de la xi reunión científica de la fundación española de historia moderna. Comunicaciones (vol. II)*, Granada, Universidad de Granada, pp. 361-372.

Córdoba, Ricardo (2006), «Mujer, marginación y violencia entre la Edad Media y los tiempos modernos», en Ricardo Córdoba (ed.), *Mujer, marginación y violencia entre la Edad Media y los tiempos modernos*, Córdoba, Universidad de Córdoba, pp. 7-27.

[67] Véase Pozo & Padilla, 2021.

 ISSN : 0076-230X.

Escartí, Vicent Josep (1998), *Memòria privada. Literatura memorialística valenciana dels segles xv al xviii*, València, Tres i Quatre.

Escartí, Vicent Josep (2010a), «Notícia sobre la literatura memorialística al País Valencià, del segle xiv al xix», *Manuscrits*, 28, pp. 181-205.

Escartí, Vicent Josep (2010b), «Jeroni Sòria», *Levante-EMV*, 22 de setiembre de 2010.

Garés, Vicent M. (2013), «Conflictividad social y violencia de género en la nobleza valenciana del siglo xvi. El intento fracasado de unión de los señoríos de Carlet y l'Alcúdia», en Eliseo Serrano (ed.), *De la tierra al cielo. Líneas recientes de investigación en historia moderna*, Zaragoza, Institución Fernando el Católico, pp. 713-729.

Guillot, Dolores (2015), «Mujer y marginación: prostitutas, alcahuetas y concubinas en la ciudad de València (xiv-xvii)», en Juan José Iglesias, Rafael M. Pérez & Manuel F. Fernández (eds.), *Comercio y cultura en la Edad Moderna*, Sevilla, Universidad de Sevilla, pp. 2.025-2.037.

Martí, Joaquim (1995), «El dietari del ciutadà valencià Miquel Jeroni Llopis (s. xvi). Edició i estudi», *L'Aiguadolç*, 21, pp. 19-36.

Momblanch, Francisco de Paula (1960), «Prólogo», *Dietari de Jeroni Sòria*, a cura de Francisco de Paula Momblanch, València, Acción Bibliográfica Valenciana, pp. vii-xx.

Porcar, Pere Joan (2012), *Coses evengudes en la ciutat y regne de València. Dietari (1585-1629)*, 2 vols., ed. de Josep Lozano, València, PUV.

Pozo-Sánchez, Begonya & Carles Padilla-Carmona (2021), «Criptoginia: una palabra nueva, un concepto para investigar», *Quaderns de Filologia. Estudis Lingüístics*, 26, pp. 175-192.

Roca, Rafael (2021a), «Violència contra les dones al dietari de Porcar (segles xvi- xvii)», en Vicent Josep Escartí & Rafael Roca (eds.), *Identitats i violències. Documentació i literatura*, Catarroja-Barcelona, Afers, pp. 189-208.

Roca, Rafael (2021b), «Violència contra les dones al dietari d'Aierdi (segle xvii)», en Vicent Josep Escartí (ed.), *Vides marginals i documentació*, Barcelona, PAM, pp. 115-135.

Roca, Rafael (2023), «Deixar de ser invisible. Marginalitat infantil femenina a la València vuitcentista», en Rafael Roca (ed.), *Ser invisible. Testimonis literaris i documentals femenins*, Catarroja-Barcelona, Afers, pp. 271-290.

Sòria, Jeroni (1960), *Dietari de Jeroni Sòria*, ed. de Francisco de Paula Momblanch, València, Acción Bibliográfica Valenciana.

Sòria, Jeroni (2024), *Dietari (1503-1559)*, ed. de Vicent Josep Escartí Soriano & Emilio Callado Estela, València, Publicacions de la Universitat de València.

La minoría que escribe: el *Libro de memorias* de Miguel Gómez Miedes (1547-1589)

María Luz Mandingorra Llavata
Universitat de València

Aunque el mundo moderno constituye el momento en el que las sociedades occidentales se incorporan plenamente a la cultura del escrito, este ingreso no es homogéneo, sino que está marcado por factores de índole geográfica, social, religiosa, cultural y sexual. De hecho, la fuerza de la oralidad llega a generar un rechazo hacia la escritura en cuanto instrumento que incrementa la desigualdad social y la opresión de los más débiles. Por otro lado, su conocimiento no implica necesariamente su uso habitual más allá de las exigencias de la vida cotidiana. Se puede afirmar, por lo tanto, que, al menos en el siglo XVI, escribir, en especial, escribir la memoria, es aún el privilegio de una minoría. El objetivo del presente artículo es analizar el libro de memorias de un individuo perteneciente a esa minoría, el jurista valenciano Miguel Gómez Miedes (1547-1589), que, entre otras cosas, nos proporciona interesante información sobre su estilo de vida y, en particular, sobre el consumo suntuario.

PALABRAS CLAVE: CONSUMO SUNTUARIO, EDAD MODERNA, HISTORIA DE LA CULTURA ESCRITA, LIBROS DE MEMORIAS, MIGUEL GÓMEZ MIEDES

POUR CITER CET ARTICLE / PARA CITAR ESTE ARTÍCULO / TO QUOTE THIS ARTICLE

María Luz MANDINGORRA LLAVATA, « La minoría que escribe: el *Libro de memorias* de Miguel Gómez Miedes (1547-1589) », Vicent Josep Escartí y Alejandro Llinares Planells, (coord.), *Marginales y minorías: una mirada poliédrica a textos olvidados (ss. XV-XVII)*, Dossier des *Mélanges de la Casa de Velázquez*. Nouvelle série, 54 (2), 2024, pp. 35-53.

 ISSN : 0076-230X.

La minorité qui écrit : le *Livre des mémoires* de Miguel Gómez Miedes (1547-1589)

Bien que l'époque moderne constitue le moment où les sociétés occidentales s'intègrent pleinement à la culture de l'écrit, cette entrée n'est pas homogène, parce qu'elle est définie par des différences géographiques, sociales, religieuses, culturelles et sexuelles. Ces différences génèrent même un rejet de l'écriture comme instrument qui accroît la distance sociale et l'oppression des plus faibles. D'autre part, la connaissance de l'écrit n'implique pas nécessairement son usage habituel, au-delà des exigences de la vie quotidienne. On peut donc dire que, au moins au XVIe siècle, l'écriture, surtout l'écriture de la mémoire, est encore l'apanage d'une minorité. L'objectif de cet article est d'analyser le livre de mémoires d'un individu appartenant à cette minorité, le juriste valencien Miguel Gómez Miedes (1547-1589), qui nous fournit des intéressantes informations sur son style de vie, spécialement sur la consommation de luxe.

MOTS-CLÉS : ÂGE MODERNE, CONSOMMATION DE LUXE, HISTOIRE DE LA CULTURE ÉCRITE, LIVRES DE MÉMOIRES, MIGUEL GÓMEZ MIEDES

The Writing Minority: Miguel Gómez Miedes' *Book of memories* (1547-1589)

During the Modern Era, Western societies fully entered literacy. However, this process was not homogeneous, since it was determined by many geographical, social, religious, cultural and gender factors. Actually, the strength of the orality even generated a rejection of writing as an instrument that increased social inequality as well as the oppression of the weakest. Moreover, literate people did not usually write except to satisfy the demands of everyday life. It can therefore be said that, at least in the 16th century, writing and, in particular, writing memoirs, was still the privilege of a minority. The aim of this paper is to analyse the diary of an individual who belonged to that minority, the Valencian jurist Miguel Gómez Miedes (1547-1589), which, among other things, provides us with many interesting facts about his lifestyle and, specially, about the luxury consumption.

KEYWORDS: HISTORY OF WRITTEN CULTURE, LUXURY CONSUMPTION, MIGUEL GÓMEZ MIEDES, MODERN ERA, PERSONAL DIARIES

La minoría que escribe

No cabe duda de que la Edad Moderna representa el momento en que se produce de un modo pleno «la entrada de las sociedades occidentales en la cultura de lo escrito», que se manifiesta en un incremento en las tasas de alfabetización, en una mayor circulación de los productos escritos de toda índole, en la extensión de la lectura en silencio y en el desarrollo de prácticas de escritura que «construyen entre los siglos XVI y XVIII una esfera de la intimidad»[1]. Con todo, debemos tener en consideración una serie de factores que matizan esta afirmación. En primer lugar, el crecimiento de la difusión social de la escritura no constituye un progreso lineal y continuo, sino que se producen avances y retrocesos, con claras distinciones, además, marcadas por el sexo, el oficio y la posición social, así como por la dicotomía ciudad-campo, y todo ello en un contexto general de diferenciación entre la Europa católica y la protestante. En segundo lugar, el indicador utilizado para medir la alfabetización en épocas preestadísticas, la firma, aunque supone unas competencias de lectura por parte del firmante, no garantiza un conocimiento de la escritura más allá de la capacidad de suscribir de manera autógrafa[2]. Finalmente, no se debe olvidar que el hecho de disponer de habilidades suficientes como para construir un texto de mayor o menor complejidad, no comporta necesariamente un uso de las mismas fuera de las exigencias inmediatas de la vida cotidiana.

De hecho, en relación a esta cuestión y en el seno de un análisis sobre la alfabetización en la España moderna, afirmaba Antonio Viñao:

> Si […] las reformas protestantes no pusieron en entredicho, al menos, durante los siglos XVI y XVII, la preponderancia de la oralidad en las sociedades en las que se produjeron, mucho menos lo hicieron allí donde se mantuvo el predominio de la Iglesia Católica, y, mucho menos aún, allí donde esta alcanzó, por otros medios, una situación de control y adoctrinamiento exclusivos[3].

La fuerza de la oralidad explica la existencia, aún en este período, de una «representación colectiva hostil a la escritura, a su dominio y a su diseminación»[4], fruto de una tensión cultural que oponía, por un lado, el uso creciente de la escritura al servicio del poder —que generaba una creciente desigualdad social y una indefensión de quienes desconocían esta tecnología, los analfabetos, vinculados a los mecanismos de comunicación y transmisión cultural basados en la palabra oral— y, por otro, la «valoración nostálgica y utópica de una sociedad sin escritura,

---

[1] Chartier, 1991, p. 113.

[2] Sobre esta cuestión, véase, para el caso español, Viñao Frago, 1999, pp. 43-46.

[3] Viñao Frago, 1999, p. 73.

[4] Chartier, 1991, p. 123.

regulada por palabras que todos pueden oír, por signos que todos pueden entender»[5].

Podemos afirmar en consecuencia que, por lo que se refiere al siglo XVI y, en particular, en el caso hispano, escribir seguía siendo el privilegio de una minoría. Y, dentro de esa minoría, aún fueron menos los que decidieron dejar por escrito su actividad, recuerdos e intereses, en lo que sería el inicio de una literatura memorialística[6]. No obstante, debemos tener presente que la elaboración de textos de esta naturaleza no se circunscribía a aquellos escribientes que habían recibido una instrucción superior o una formación gráfica de carácter profesional, sino que se extendía al conjunto de los alfabetizados. El resultado de esta diversidad de perfiles se traduce en obras que van desde los dietarios de marcado carácter cronístico, confeccionados en muchos casos por eclesiásticos[7], a las autobiografías de artesanos[8], pasando por los testimonios de miembros de la nobleza[9], ciudadanos o profesionales de la escritura como los notarios, quienes utilizaron los espacios en blanco de sus protocolos para dejar constancia de noticias de toda índole[10].

La variedad en la autoría y en la finalidad de estos testimonios supone que, aunque a efectos de la investigación se hayan tratado de categorizar y englobar en denominaciones como, por ejemplo, escritos del ámbito privado o ego-documentos[11], cada uno de ellos es único y presenta unos rasgos específicos que deben ser valorados desde esa singularidad, sin perjuicio de los elementos comunes que comparten. Y así, como el producto único que es, nos proponemos analizar el libro de memorias del jurista valenciano del siglo XVI Miguel Gómez Miedes, conservado actualmente en el Archivo de la Catedral de Valencia (ACV)[12].

Micer Miguel Gómez de Miedes

«Gómez de Miedes, Micer Miguel. Doctor en ambos derechos, hermano de D. Bernardino», así figura nuestro personaje en el *Índice* de Roque Chabás[13], que destaca dos de los pocos datos que conocemos sobre su biografía: su

---

[5] Chartier, 1991, p. 124.

[6] Sobre este concepto, véase Escartí Soriano, 1998, pp. 7-14.

[7] Véase, a modo de ejemplo, el caso de la literatura memorialística valenciana medieval y moderna, Escartí Soriano, 1998, pp. 14-42.

[8] Que han sido estudiadas en profundidad por Amelang, 2003.

[9] Como el de Guillem Català de Valeriola, véase Escartí Soriano, 1998, pp. 26-29 y 139-195, o el del conde de Harrach; véase Oliván Santaliestra, 2006.

[10] Ver, por ejemplo, el caso de los notarios de Vilafranca del Penedés, analizado por Giralt i Raventós & Vidal i Pla, 2003.

[11] Véanse al respecto las reflexiones planteadas en Amelang (coord.), 2005.

[12] ACV, Legajos 2625. Actualmente está en preparación la edición del texto íntegro del libro.

[13] Chabás Llorens, 1997, p. 249.

 ISSN : 0076-230X.

condición de jurista y su conexión familiar con un personaje de renombre tanto en el contexto eclesiástico como intelectual de la Valencia del siglo XVI, Bernardino Gómez Miedes. La familia de Miguel Gómez Miedes procedía de Alcañiz, donde nació su tío, Miguel Pérez Miedes (†1553), que fue canónigo de la Catedral de Valencia y arcediano de Sagunto[14]. Sin duda fue él, quien, al instalarse en Valencia, llevó a sus sobrinos consigo y, de hecho, los hermanos de Miguel, Bernardino y Miguel Tomás Gómez Miedes, seguirían la carrera eclesiástica, aunque sus trayectorias vitales fueron muy distintas. Bernardino sucedió a su tío en su doble cargo como canónigo en Valencia y arcediano de Sagunto y, como es bien conocido, fue un destacado predicador, humanista y literato, autor de obras sobre temas muy diversos, algunas de las cuales fueron objeto de más de una edición, lo que revela su difusión y el interés que suscitaron en su época[15]. Por su parte, Miguel Tomás, doctor en ambos derechos, tomó posesión como canónigo en la sede valentina en 1583, en la que residió hasta su muerte, acaecida el 18 de julio de 1589[16].

Miguel cursó estudios de derecho canónico y civil en Bolonia, donde obtuvo el título de doctor. Según se relata en el libro, llegó a Valencia el 16 de enero de 1547 y, unos meses más tarde, el 15 de abril, llevó a cabo su *repetitio* («repetición») pública, en presencia del Duque de Calabria y otros representantes del estamento nobiliario (fº 3r.º). Su vinculación con la corte se mantuvo en el tiempo, lo que resulta lógico, considerando las conexiones con la misma de su hermano Bernardino[17]. El 9 de noviembre de 1550 se convirtió en abogado ordinario del cabildo (fº 215r.º) y el 19 de marzo de 1558 fue nombrado consultor del Santo Oficio, en sustitución del fallecido Pere Lluís Sanç «con cédula firmada por el illustrísimo y reverendísimo don Ferrando Valdés, arçobispo de Sevilla y Inquisidor general» (fº 205r.º)[18].

Por otro lado, en el ámbito personal, se casó con María de Miedes, con quien tuvo una hija, Francisca Honorata Buenaventura, que nació en 1555 (fº 7r.º). A través del índice del libro tenemos noticia de la existencia de una segunda hija, Petronila, pero la pérdida del folio correspondiente nos impide conocer más detalles. Además de diversas obras de caridad y limosnas de las que hay constancia en el libro, sabemos que fundó en 1577 un beneficio

[14] CHABÁS LLORENS, 1997, p. 408. Sobre los Miedes en la Catedral de Valencia, véase PONS ALÓS, 2022, pp. 57-58, 66 y 72.

[15] Para una valoración de la vida y obra de Bernardino Gómez Miedes, véase el estudio introductorio de Sandra RAMOS MALDONADO a la edición de los *Comentarios sobre la sal*, GÓMEZ MIEDES, 2003, pp. XIX-LXXI.

[16] Testamento y codicilo de Miguel Tomás Gómez Miedes de 17 de diciembre de 1588 y 19 de junio de 1589 respectivamente, ACV, Legajos 649:3. El ACV conserva, además, diversa documentación relativa a este personaje y a su actuación como canónigo de la Catedral, véase CHABÁS LLORENS, 1997, p. 249.

[17] GÓMEZ MIEDES, 2003, p. XIX.

[18] Fernando de Valdés, nombrado el 27 de agosto de 1546, EUBEL, 1923, p. 211.

 ISSN : 0076-230X.

en la capilla de San Pedro de la Catedral de Valencia y pagó el tabernáculo[19]. Desconocemos la fecha de su muerte, aunque las entradas más tardías en el libro de memorias están datadas el 23 de agosto de 1589 (f°s 71v.º y 92r.º).

Su doble vínculo con la Catedral, en el terreno familiar, como sobrino y hermano de canónigos, y en el profesional, en cuanto abogado del cabildo, explica la conservación de su libro de memorias en el archivo de la institución.

Un libro de memorias

Dentro de las posibles denominaciones que se aplican a este tipo de productos, hemos elegido la de libro de memorias atendiendo al hecho de que, en el fº 2r.º, el libro se autocalifica como «*Libre de memòries e calendaris de actes e altres fets propis del magnífich micer Miquel Gómez de Miedes, doctor en quascun dret, començant en lo any MDXXXXVIIº*» («Libro de memorias y calendarios de actos y otros hechos propios del magnífico micer Miguel Gómez de Miedes, doctor en ambos derechos, que comienza el año 1547»).

Es cierto que, en el recto de la hoja que precede al índice, hallamos un largo título encabezado por las palabas «Libro de cuentas», pero la escritura utilizada en la redacción del mismo nos indica que fue incorporado con posterioridad, tal vez por la mano de un archivero[20].

En el plano material, se trata de un volumen en papel, con un total de 265 hojas de unas dimensiones de 310 x 217 mm. Las cubiertas, de pergamino, tienen unas medidas de 322 x 220 mm y disponen de un cierre con lazada y botón. Su estado de conservación es bueno, si exceptuamos la oxidación de la tinta en algunos puntos y la amputación total o parcial de una cantidad importante de hojas, especialmente, en su parte final[21]. Así mismo, el libro cuenta con un índice alfabético, que facilita la búsqueda de la información y, adicionalmente, en la actualidad arroja algo de luz sobre los contenidos de los folios desaparecidos. Se complementa con una foliación coetánea al momento de producción, realizada en números arábigos, que figura en el margen superior derecho de cada folio y que comienza a la finalización de aquel.

Por lo que respecta a su confección, aunque son diversas las manos que intervienen en la misma, salvo algunas excepciones[22], los registros se presentan como autógrafos del propietario del libro, anulando la identidad del autor real de los mismos[23]. Entre todas ellas destacan tres por la importancia

[19] ACV, Legajos 2629.

[20] «Libro de cuentas de micer Miguel Gómez de Miedes. Comiença el primero de noviembre del año de 1547, en el qual año dicho micer Miguel Gómez de Miedes, a los 16 de enero, vino de Bolonia para residir en la presente çiudad de Valencia y repitió públicamente en la Sala de dicha çiudad a 15 días del mes de abril de dicho año 1547».

[21] En concreto, f°s 4, 6, 8, 11, 13, 18, 20, 23, 25, 27, 29, 30, 33, 57, 59-68, 72, 80-82, 85-90, 100, 110, 119, 200, 201, 203, 204, 206-214, 216-264. Los f°s 84 y 113-199 están en blanco.

[22] Por ejemplo, en f°s 5r.º y 12r.º

[23] Para la importancia del análisis directo de los originales como único medio de comprender los mecanismos de elaboración del texto, véanse las reflexiones de Gimeno Blay, 2012, pp. 303-306.

cuantitativa y cualitativa de su participación en el texto. Una, la mayoritaria, que escribe siempre en castellano, es una cursiva de nivel usual, con trazos ascendentes y descendentes muy marcados y con un eje inclinado ligeramente hacia la derecha. Pese a que carecemos de elementos para la comparación, podría tratarse de la escritura autógrafa de Miguel Gómez Miedes. A esta conclusión contribuye la constatación de que el trazado va deteriorándose con el paso del tiempo, a medida que crece la edad del escribiente[24]. Junto a ella hallamos una segunda mano, caracterizada por su trazado fluido, la abundancia de ligaduras y las formas redondeadas. Esta segunda mano, que escribe igualmente en castellano, es la responsable de las entradas más tardías, sobre todo, las datadas a partir de 1580[25], y podría ser la de un amanuense que trabajase para el jurista, cuya intervención se incrementó a medida que Miguel Gómez Miedes encontraba más dificultosa la tarea de escribir. Finalmente, se identifica una tercera mano, que utiliza el valenciano y que redactó el título en el fº 2r.º y los asientos iniciales en el fº 3 con una ejecución que se aproxima a la de los profesionales de la escritura de la época[26]. Cabe la posibilidad de que Miguel confiase el inicio del libro a un escribano y, posteriormente, decidiera elaborarlo él mismo, con puntuales delegaciones de escritura. También es posible que el título y los asientos de este fº 3 se añadiesen al libro en un tiempo posterior, ya que la rúbrica que antecede al título está escrita sobre un texto previo: «A 22 de diciembre di al dicho Miguel Sánchez 1 l., s.».

Estas noticias del fº 3 corresponden a su llegada a Valencia el 16 de enero de 1547, tras su estancia en Bolonia, y a su instalación en la ciudad con la intención de ejercer su profesión. De hecho, como se ha dicho, su *repetitio* tuvo lugar el 9 de abril de ese mismo año, en la Sala de Valencia, en presencia del Duque de Calabria «*e multitut copiosa de cavalleria*» («y gran número de caballeros»). Fueron sus asistentes los doctores en ambos derechos Pedro de Moncada y Jaume Filibert, regente de la Cancillería real[27]. Este acto nos muestra ya la fuerza de las conexiones sociales de micer Miguel Gómez Miedes, que se codea con la aristocracia local. Finalmente, se consigna la compra, el 19 de noviembre, de una casa en la Plaza del Campanar de la Seu, por un precio de 14.000 sueldos[28].

---

[24] Se advierte con total claridad, por ejemplo, en el fº 82r.º

[25] Entre otras, en fºs 37v.º, 70v.º, 71v.º, 76v.º, 82v.º, 83r.º-v.º, 92r.º

[26] Por ejemplo, la que hallamos en los protocolos del notario Joan Alamany, Archivo del Real Colegio Seminario de Corpus Christi (ACCV), 5822 (1534), 5837 (1548), 29043 (1555).

[27] Sobre el papel de Jaume Filibert en el proceso a los agermanados, véase Pérez García & Catalá Sanz, 2000. Para las circunstancias que favorecieron su promoción, véase Canet Aparisi, 1990, pp. 279-281.

[28] Casi doce años después, el 8 de agosto de 1559, adquirió la casa contigua, la «casa chica», que había sido de maestre Tomás Real (fº 12r.º). Con toda probabilidad también poseía una casa en Albal, lugar donde los Gómez Miedes tenían intereses (ACV, Legajos 2629) y a donde, como se verá, se retiró junto a su familia con motivo de la epidemia de 1557.

El comienzo del libro constituye, por lo tanto, una evidente declaración de intenciones al aunar en un mismo espacio sus estudios en una universidad tan prestigiosa como la de Bolonia, su habilitación profesional, su relación con la corte y la adquisición de una casa en un lugar privilegiado de la ciudad. No sorprende, en consecuencia, que la parte inferior del recto de este folio inicial, especialmente importante en la jerarquía del libro, acogiese, años más tarde, la defunción de su tío Miguel Pérez Miedes. La mano que la escribió no es la misma que redactó los registros anteriores, sino la principal, que suponemos de nuestro jurista: «El arcediano Miedes, mi tío, murió el día de sant Miguel de septiembre 1553 y fue enterrado el día de santo Iherónimo siguiente».

A partir de ese momento y a lo largo de 42 años, en el libro de Miguel se suceden informaciones en las que se advierte un predominio absoluto de la materia económica y que nos proporcionan interesantes detalles sobre su modo de vida, si bien con una muy estricta selección de contenidos. De un lado, quedan excluidos todos los relativos al ámbito profesional, con excepción de su actividad como consultor del Santo Oficio, de la que da cuenta entre 1558 y 1581 (fº 215r.º), y como abogado del cabildo, que documenta entre 1550 y 1552 (fº 205r.º). De otro, tampoco contempla toda la administración de su hacienda. Además, la distribución de los datos no es aleatoria, sino que parece responder a un patrón. Con excepción de los asientos iniciales y de los relativos al nacimiento de su hija y a la visita de unos familiares, hasta el fº 83[29] hallamos, fundamentalmente, los relacionados con actividades del día a día. Por lo que se refiere a los ingresos, se registran préstamos, censales, operaciones financieras con bancos y con la Tabla de Valencia, así como algunas compraventas, mientras que los gastos se refieren mayoritariamente al personal doméstico. Fuera de este concepto tan solo figuran la cuenta con el boticario Amat correspondiente a los años 1559 y 1560 (fº 51r.º) y la compra de unas mulas (fºs 40r.º, 74r.º y 79r.º). Finalmente, da razón del modo en que gestionó, en el año 1561, la herencia de Felipe Gil de Palomar, sobre la que, tras restituir y vender algunos bienes y pagar las deudas del difunto, escribió: «de todo lo restante hize dezir missas en San Francisco y di a pobres limosnas y assí estoy del todo descargado» (fº 55r.º).

En cambio, a partir del fº 91 se registran asuntos concretos que van más allá del funcionamiento cotidiano de su casa y de sus finanzas[30]. Junto a las mencionadas noticias de su nombramiento como abogado ordinario del cabildo de Valencia y como consultor del Santo Oficio, encontramos la indicación de gastos extraordinarios como, por ejemplo, los derivados de la adquisición de un coche, así como lo que podríamos calificar de informes de situación, en forma de inventarios de algunos objetos de valor. Desafortunadamente, la

[29] Recuérdese que el fº 84 está en blanco y los fºs 85-90 fueron cortados.

[30] Con la salvedad de las referencias a cuatro contratos de personal, una compra de trigo (fº 96r.º), el cobro de tres rentas (fºs 105r.º, 206r.º y 265r.º) y el episodio de Berenguera, que trataremos más adelante.

pérdida de una gran cantidad de hojas nos impide determinar la naturaleza de la mayor parte de los contenidos que integraban esta segunda parte del libro, a lo que contribuye el hecho de que el índice no los recoge. Es más, de los que se hallaban en folios que fueron cortados, tan solo figuran en el mismo los siguientes: «*Advocacions*» («Advocaciones»), «Juan Pérez de Miedes y Herrera, mi sobrino», «Marzilla, señor de La Torre», «*Maria de Miedes, muller mia*» («María de Miedes, mi mujer»), «Petronilla, mi hija», «Sorell, hijo del notario de la Inquisición», «Verdancha, notario». ¿Guardaban los restantes algún tipo de relación con su actividad como jurista y estaban sometidos al secreto profesional? ¿Fue la extrema privacidad de los temas allí tratados la que llevó a su supresión? ¿Fue el propio Miguel antes de su defunción o fueron sus herederos y albaceas quienes los eliminaron *post mortem*? ¿Fueron eliminados por el archivero de la Catedral cuando el libro se incorporó a la institución? Se trata de preguntas a las que no podemos dar respuesta con la información disponible, pero, en todo caso, parece que la segunda parte del libro estaba destinada, en gran medida, a cuestiones especiales, algunas de las cuales, por motivos aún indeterminados, no debían figurar en el índice y cuyo recuerdo no tendría sentido más allá de la muerte de su autor[31].

A diferencia de otros, el libro de Miguel Gómez Miedes no incorpora ninguno de los documentos que sustentan la información que registra[32], pero hace mención de los mismos, tanto si son obra de notarios, como si se trata de albaranes autógrafos u otro tipo de testimonios: «consta con albalán de mi mano» (fº 41r.º), «recibió las cartas y actos Joan Cabrerizo, notario» (fº 56r.º), «y esto lo confirmó mi hermano y me lo escrivió» (fº 58r.º). En algunos casos, sin embargo, es difícil establecer a qué fuente se remite. Así, el último asiento del libro, referido a un cobro de 20 libras del año 1570, concluye: «y no tengo en memoria que haya recebido más» (fº 265r.º). ¿No recuerda o no dispone de los documentos justificativos?

La no inclusión de comprobantes se explica, en parte, por la existencia de un libro de albaranes: «Esta cuenta y todas las demás hasta por todo el año 65 fueron ya rematadas, como de ello hay albalán de Juan de Miedes en mi libro de albalanes» (fº 53r.º)[33]. Tenemos, así mismo, noticia de un libro de censales: «*Vide in libro censualium*» («Véase en el libro de censales») (fº 40v.º). La distribución

---

[31] En general, sorprende la ausencia en el libro de apuntes relativos al mundo exterior —noticias de acontecimientos políticos, anécdotas vecinales o fenómenos meteorológicos—, muy frecuentes en otros libros de memorias coetáneos, véase Mandingorra Llavata, 2015a, pp. 158-160.

[32] Los restos de escritura visibles en los márgenes interiores de los folios cortados coinciden con las mismas manos que escriben en el libro, por lo que, probablemente, no se trataba de albaranes firmados por otras personas. Con todo, puede que la información que contenían fuera utilizada como justificante y ello explicaría su extracción del libro.

[33] También es posible que, siguiendo prácticas de la época, albaranes y ápocas se conservasen de manera independiente, en cajas, sacos u otros lugares de almacenamiento. Véase al respecto Pons Alós, 2021.

en diversos volúmenes de la información de la que se desea dejar constancia constituye una prueba no solo de la complejidad de las actividades desempeñadas, sino de la capacidad, por parte del escribiente, de diferenciar la tipología de los datos registrados, así como de su intención de crear unidades de información coherentes e independientes —aunque estén relacionadas entre sí—, cada una de las cuales está destinada a cumplir una función. Sin embargo, en última instancia, desde su pluralidad, el libro conforma una entidad unitaria que nos muestra una imagen concreta de su autor. En este sentido, podemos afirmar que, en su estado actual, el libro de memorias de Miguel Gómez Miedes nos habla, fundamentalmente, del estilo de vida de su propietario.

El estilo de vida

La familia

Pese a que no se ofrecen informaciones particularmente detalladas al respecto, la familia es uno de los puntos relevantes del libro de memorias de Miguel Gómez Miedes, no tanto por la cantidad de registros que le dedica, sino por la calidad de los mismos. Ya hemos dicho que la noticia del fallecimiento de su tío Miguel Pérez de Miedes en 1553 figura en el folio inicial, pese a que los restantes asientos de la misma corresponden al año 1547. Si bien se trata de una nota lacónica, su ubicación en ese lugar preeminente del libro revela la importancia que el jurista dio al hecho. Cabe señalar también que se trata de la única referencia a miembros de su familia pertenecientes a una generación anterior a la suya[34].

Destaca igualmente el nacimiento de su hija Francisca Honorata Buenaventura el 7 de octubre de 1555. En este caso, alejándose un tanto del estilo formular y aséptico que con frecuencia caracteriza este tipo de anotaciones[35], Miguel da cuenta de las circunstancias del acontecimiento y expresa un deseo piadoso:

> A siete días del mes de octubre del año 1555, que fue lunes, entre las diez y las onze de la noche, fue servido Nuestro Señor darme una hija y de ella tuvo María de Miedes, mi muger, muy trabajado parto. Plegue a Nuestro Señor por su infinita bondad y misericordia hazerla sierva suya (fº 7r.º).

El texto sigue con la referencia del bautizo y los nombres de los compadres, tres clérigos —mosén Espejo, rector de Carpesa, mosén Muñoz, beneficiado

[34] En el índice, una entrada reza: «Miquel de Miedes, mon sogre, fo. 28» («Miguel de Miedes, mi suegro, fo. 28»), pero en dicho folio tan solo aparece, en el margen, la nota «Miguel de Miedes», tachada.

[35] Para esta cuestión, véase Mandingorra Llavata, 2015b, pp. 510 y 513.

en San Juan del Mercado[36], y mosén Cosida, beneficiado en San Salvador[37]—, y de la comadre, una pariente, a tenor de su nombre, María de Miedes y Gamir, viuda. A continuación, da el nombre de la niña y formula un nuevo anhelo: «Plegue a estos santos como sus advogados interceder por ella para que sea buena christiana y sierva de Dios» (fº 7r.º). Finaliza dejando constancia de cómo ese mismo día contrató un ama de cría, a quien pagaba 22 libras anuales. Más tarde, añadiría la compra, entre otras cosas, de una saboyana morada y otras cantidades que le pagó. Lo apretado de la escritura muestra la voluntad de mantener unida en un único punto del libro la información relativa al ama.

Como es frecuente en los libros de memorias de la época, el único lugar en el que se identifica a la esposa es el registro del nacimiento de los hijos, en cuanto que es madre de los mismos, ya que, por lo demás, suele quedar reducida a un ente económico[38]. También en este caso, salvo como madre de Francisca, María de Miedes aparece mencionada simplemente como «mi mujer» y siempre en relación a pagos que ha realizado en ausencia de su marido o a gastos que ha generado[39]. Con todo, dispone de una entrada propia en el índice, aunque también en esta ocasión fue cortado el folio correspondiente, el 200. Ahora bien, si atendemos a los contenidos de otros libros coetáneos, probablemente incluía datos relativos a su dote y/o a su herencia[40].

El carácter vertical y descendente de los libros de memorias[41] explica, del mismo modo, la presencia mínima de los hermanos. En ningún momento se cita a Miguel Tomás[42] y las referencias a Bernardino se limitan al cobro en su nombre, entre 1546 y 1550, de una pensión que pagaba Francesc Moragues (fº 58r.º)[43].

Dentro de la esfera familiar, resultan de gran interés los párrafos dedicados a su sobrina Berenguera, quien entró en el Monasterio de San Julián el 10 de abril de 1557. A pesar de que en el margen izquierdo aparece la acotación «monja», en ningún momento se habla de su profesión, tan solo se indica el préstamo que le hizo de 25 libras, 4 sueldos y 6 dineros con el fin de que pagase a las monjas, cantidad a la que se sumaban los tres sueldos que le proporcionó para una camisa[44]. Meses después escribió:

---

[36] Tal vez Joan Muñoz, beneficiado en la capilla de los pobres de dicha parroquia, ACCV, Protocolos 29043 (20 de julio de 1555).

[37] Podría tratarse de Jaume Artés Cosida, quien recibió un beneficio en Torres Torres, ACCV, Protocolos 29043 (12 de octubre de 1555).

[38] Mandingorra Llavata, 2015b, pp. 509-512.

[39] Por ejemplo, en fºs 7r.º, 15r.º-v.º, 17r.º, 37r.º, 51r.º

[40] Así sucede, por ejemplo, en el libro del abaniquero Miquel Ferrer, véase Mandingorra Llavata, 2007, pp. 16-17.

[41] Mandingorra Llavata, 2015b, p. 509.

[42] Por su parte, Miguel Tomás no mencionó a Miguel en su testamento, ACV, Legajos 649:3.

[43] En el fº 69v.º se dice que Bárbara, alias Julia, viuda de F. Xulbi entró «en casa del canónigo Miedes» como mujer de soldada el 9 de octubre de 1583, pero no sabemos de cuál de los dos hermanos se trata.

[44] En su codicilo, Miguel Tomás se refiere a Berenguera como «la señora sor Caterina Berenguera, mi sobrina, monja en el Monasterio de la Concepción de Nuestra Señora desta

> Más, hago memoria que a 7 de agosto salió de Sant Julián y la truxe a mi casa para sallir de Valencia por las muertes, como de hecho nos salimos todos a 8 de agosto 1557 y fuymos a Albal. Y su hermano lo hizo tan mal con ella que no le dio dinero alguno y ansí gasto yo en ella de mi hazienda y quiero que me lo pague hasta un dinero lo que por ella gastaré ansí en comer como alias (fº 101r.º).

La cantidad invertida en la manutención de Berenguera fue recuperada, pues en el margen izquierdo figura «Ya fui pagado». Es llamativa la indignación de Miguel Gómez Miedes, habida cuenta de que veló por su sobrina Beatriz, a quien dotó con 200 libras para que profesase en el Monasterio de Santa Tecla en 1557, y a la que pagó todo su ajuar, incluidos un Breviario, un Diurnal, un «librito del Officio de santo Agustín» y unas Horas. El monto total ascendió a 226 libras, 8 sueldos y 9 dineros (f°s 9r.º-v.º). Del mismo modo, se ocupó del bienestar de Margarita «de mossén Nofre», una joven que mantenía una estrecha relación con los Miedes. En una anotación que figura bajo el epígrafe «señora Cuevas»[45], se recoge la llegada y estancia, desde el 8 de abril de 1556 hasta julio de 1557[46], de la dicha señora Cuevas, de Jerónimo, hijo de Pedro de Miedes, de su cuñada Beatriz de Miedes, «mujer de Juan de Horihuela», de Margarita («truxo la señora Cuevas a Margaritica, hija de mossén Nofre de Miedes, para su servicio») y de Isabel de Santa Olalla, de la que se precisa que es criada de Beatriz. La indicación «Concertose que se me pagaría el comer por todos» no tiene su correlato con una nota relativa al cobro de las cantidades invertidas (fº 5.º). Beatriz de Miedes regresaría desde Segorbe en julio de 1559, de nuevo junto con la joven Margarita, y los gastos de su manutención continuarían hasta 1565, cuando se remataron las cuentas (f°s 53r.º y 69r.º). Ese año 1565, Margarita entró en el Convento de Nuestra Señora de los pecadores[47], de donde salió en 1571 para contraer matrimonio con «un moço catalán», Francesc Joguet. Por este motivo, Miguel le dio 100 libras «para ayuda de su casamiento, en paga de los servicios y por charidad» (fº 56r.º). Margarita murió al año siguiente y el jurista escribió: «*Requiescat in pace*. Cobré lo que me tocava», uno de los escasos puntos del libro en los que los hechos económicos se funden con sentimientos de otra índole.

---

ciudad» y le lega el crucifijo que se hallaba en la cabecera de su cama y una imagen de la Sagrada Familia con san Juan, ACV, Legajos 649:3.

[45] La señora Cuevas aparece en el testamento de Miguel Tomás Gómez Miedes como «señora sor Cuevas, monja del Monasterio de la Concepción», y es beneficiaria, al igual que sus sobrinas, la citada sor Caterina Berenguera, también monja en la Concepción, y sor Beatriz de Miedes, monja en Santa Tecla, de ciertas cantidades, al objeto de que se recen siete salmos penitenciales por el alma del difunto canónigo, ACV, Legajos 649:3.

[46] Nótese que, en los asientos concernientes a Berenguera, se indica que la familia dejó Valencia el 8 de agosto de 1557 huyendo de la epidemia de gripe.

[47] Miguel Gómez Miedes acordó con la abadesa una cantidad diaria para su manutención, además de darle 20 sueldos para velos.

El personal de la casa

La mayor parte de la información conservada hoy en el libro se refiere a la contratación de personal de servicio: amas de cría, mujeres de soldada, criados, mozos de espuela, despenseros, lacayos, compradores, cocheros, incluso un «acompañador» para su mujer, pero, curiosamente, ningún secretario o escribano. De todos ellos especifica el nombre, la fecha del contrato y las circunstancias del mismo, incluida su conclusión —en muchas ocasiones en forma de despido—, cuidadosamente consignada en el margen izquierdo del asiento. Destacaremos, por su singularidad, el caso de Juanillo (o Juanito) de la Fuente, que entró en la casa en 1569 a la edad de 10 años. Tal vez por su corta edad, el jurista fue un poco más allá del parco registro de fechas y cantidades y añadió «Dios lo haga su siervo» (fº 14r.º), un deseo similar al expresado por su hija Francisca. En el índice, Juanillo figura como «paje».

El libro pone de manifiesto, de un lado, la cantidad de sirvientes que atendían las necesidades de Miguel Gómez Miedes y de su familia, en un flujo constante de personas que entraban y salían de la casa[48]. De otro, tenemos detalles precisos sobre los gastos ordinarios y extraordinarios que generaban, incluso cuando ya había finalizado su relación contractual[49]. Algunos eran imprevistos, en forma de accidentes o dolencias, ya fueran propias o de sus familiares. Así, con motivo de su enfermedad, a Martín de Chinchilla, comprador, se le dio la comunión y se gastaron once dineros en candelas, cuatro sueldos y medio en clérigos y cinco más en un jarabe (fº 69r.º).

Finalmente, aunque no forman parte de los gastos de personal, señalaremos el abandono de dos niñas en la puerta de Miguel. El 21 de octubre de 1559, en su ausencia («estando yo en la corte»), dejaron a Eusebia Tristancia, que fue confiada a la mujer de Noguera, quien recibió 13 libras anuales por la crianza (fº 14r.º). Unos meses después, el 30 de mayo de 1560, anotó la noticia de su fallecimiento. Idéntico proceder siguió con Anna Serafina, «bastardilla», hallada en octubre de 1563, que moriría a finales de agosto de 1566 (fº 54r.º).

El lujo

Hemos visto que la segunda parte del libro —o cuanto menos, lo que queda de ella en la actualidad— no está dedicada a asuntos que responden al día a día, sino a cuestiones puntuales, algunas de las cuales tienen una relación directa con el nivel de vida de Miguel Gómez Miedes y, más en particular, con el lujo[50].

---

[48] La movilidad de los asalariados se advierte igualmente en el coetáneo dietario de Gaspar Gasset, si bien en este caso se trata del personal contratado por el maestro de obras Joan Mançano, véase Mandingorra Llavata & García Porcar (eds.), 2011, pp. 17-18.

[49] Como en el caso de Luisica, a quien, en 1572, María de Miedes dio una corona «para que se comprase algunas cosas» (fº 37r.º).

[50] Para una valoración de la idea del lujo y del gasto suntuario en el tiempo, véase García Marsilla, 2019.

Todas estas noticias se concentran entre los f°s 93 y 112 y corresponden, cronológicamente, al período comprendido entre 1561 y 1577, si bien no siempre las entradas son coetáneas a los hechos que en ellas se relatan. El primero de lo que hemos dado en llamar informes de situación, titulado «Tapicería», consiste en un elenco de los tapices y cortinas de la casa, con una breve descripción de los mismos y su precio puntualmente indicado en el margen derecho; su valor total ascendía a 243 libras y 4 sueldos. En seis de los diez casos, una mano posterior añadió en el margen izquierdo: «Vendiosse». Esta circunstancia no se da en ningún otro objeto relacionado en el libro y no se hizo constar el precio de la venta.

Los registros no están datados, no obstante, en el margen izquierdo del primero escribió: «Pagose con ápoca recebida por Pedro Torres, a 24 de septiembre 1561» (fº 93r.º)[51]. Esta pieza, la más cara, que costó 90 libras, reproducía escenas del mito de Troya: «un paño grande, usado, de la historia de Príamo». Junto a ella hallamos otras de temática costumbrista: «una cortina nueva […] con unos borrachos y mujeres y unos flascos a enfriar» o «un paño viejo de salvajes». Tampoco faltaban las piezas con motivos heráldicos: «Ítem, dos reposteros con mis armas», que eran particularmente valoradas desde el punto de vista de la construcción de la imagen personal[52]. El escudo de los Miedes figuraba igualmente en algunos objetos de plata (fº 98rº)[53].

De otro lado, el año 1561 se adquirieron los guadamecíes para lo que, presumiblemente, era su estudio y biblioteca. Con toda probabilidad, se trataba de una estancia amplia, ya que, además de dos piezas para la mesa y entresuelo de los libros, que costaron 8 libras, encargó:

> […] para guarnecer toda la sala guadamaziles de brocados de oro, plata y negro, y son ocho paños y dos sobrepuertas y tres sobreventanas. Costaron a dos reales castellanos cada piel, que montan 70 libras (fº 95r.º)[54].

Sin duda, era este el lugar en el que se ocupaba de sus negocios —asuntos profesionales en sentido estricto u otros— y en el que, por consiguiente, recibiría a potenciales clientes. No cabe duda de que la presencia de tapices, paños y reposteros en el espacio doméstico constituía un elemento suntuario y de distinción[55], por lo que es evidente que Miguel Gómez Miedes pretendía mostrar una imagen de poderío económico mediante la inclusión en la sala de elementos decorativos de gran riqueza.

---

[51] Se conserva copia del documento de compra a Úrsula Parent, heredera del canónigo de la Catedral valentina Bertomeu Parent, de 16 de julio de 1561, ACV, Legajos 2629.

[52] Sobre esta cuestión, véase Aznar Recuenco, 2013, pp. 409 y 414.

[53] La importancia atribuida al escudo en la familia se advierte en el hecho de que Miguel Tomás legó en su testamento a su hermano Bernardino «la fuente de plata que tengo con el escudo de armas de Miedes», ACV, Legajos 649:3.

[54] «70 libras» fue añadido con posterioridad.

[55] Véase al respecto Hoyos Alonso, 2018, pp. 175-176.

También ese mismo año decidió hacer constar la plata del servicio de mesa (fº 98r.º). El listado se efectuó en dos tiempos, como muestran las diferencias en la coloración de la tinta. En la segunda fase, no solo se añadió nueva información, sino que se corrigió parte de la ya registrada. La relación incluye platos de diversos tamaños, escudillas, cucharas, saleros de diferentes tipos, tazas, jarros y candelabros, aunque, en este caso, no se detallan sus precios ni se refiere su procedencia o su posible venta. Como sucedía con los tapices y otras piezas decorativas, a lo largo del siglo XVI se incrementó la presencia de objetos de plata de uso cotidiano como instrumento de representación[56], fenómeno que posiblemente influyó en la lucha de los plateros para que no se les considerase artesanos sino artistas[57].

Igualmente nos habla del nivel de vida de la familia Gómez Miedes el consumo de vino. Pese a que formaba parte de los hábitos cotidianos, puesto que integraba la base del sistema alimentario de la época, el vino constituía un elemento de prestigio cuando era de calidad[58]. Por un motivo u otro, a finales de enero de 1567 Miguel Gómez Miedes instaló tres botas en su bodega, con una capacidad de 43, 30 y 23 cántaros respectivamente (fº 104r.º). Al mes siguiente compró 100 cántaros de vino tinto y 20 de vino blanco, de Foyos, a través del tabernero Onofre Sancho. Más tarde, también adquirió clarete y blanco de Albal, si bien en cantidades inferiores. Este vino era, según sus palabras, «para la gente», expresión genérica con la que posiblemente se refería a su familia e invitados, puesto que había una «bota de los criados», que proveyó con vino tinto y blanco en 1569.

Pasando a los objetos de uso personal, vemos cómo una de las entradas que tiene mayor continuidad es la dedicada al vestido, ya que se extiende a lo largo de diez años. Entre 1561 y 1571 se hizo con dos capas, dos ropas, dos jubones, dos sayos, unos muslos, un herreruelo y un pasapié para capa y sayo, todo ello de la mayor calidad. Las descripciones son detalladas y precisan el tipo y cantidad de tejido utilizado, así como su precio. El 20 de junio de 1561, entre otras cosas, compró una «ropa de chamelote con aguas morado [...]. Guarnecila de faxas de terciopelo [...] puse alamares de la misma seda» (fº 101r.º). Diez años después, el 3 de diciembre de 1571 anotó: «me hize un vestido de 24º Contray, que fue un herreruelo y una ropilla» (fº 102r.º). El vestido, uno de los signos más evidentes del lujo, constituye un auténtico «comunicador de estatus»[59], por lo que no resulta sorprendente el deseo del jurista, no solo de disponer de prendas de calidad, sino de dejar constancia de las mismas en su libro, como un modo más de exhibir su riqueza[60]. Es

[56] Para esta cuestión, véase López-Yarto Elizalde, 2001.

[57] López-Yarto Elizalde, 2008, p. 171.

[58] Rodrigo-Estevan, 2013, pp. 101-102 y 113.

[59] García Marsilla, 2019, pp. 16-17.

[60] Acerca de la necesidad de mostrar opulencia a través del vestido, véase García Marsilla, 2017, en particular, p. 74.

significativo el hecho de que solo da cuenta de aquellas que encargó para sí mismo, no hay referencias a compras para su mujer o sus hijas. Cabe la posibilidad de que esos gastos (al igual que otros que no figuran en el libro, como, por ejemplo, los referentes a la comida) se consignaran en otro registro del que no tenemos noticia[61].

Un complemento del vestido eran las joyas, de las que menciona dos, ambas para su propio uso: «un diamante engastado para sortija», adquirido en 1547 (el año en que se instaló en Valencia), cuyo precio ascendía a treinta y seis ducados, junto a otra sortija con un rubí, que costó veinte. En los dos casos las obtuvo de un platero llamado León (fº 97v.º).

Por último, referiremos la adquisición de un coche en 1572 (fº 112r.º). Contamos con la lista de las diferentes piezas que lo integraban, con indicación de sus materiales y su precio. El coche era de hierro y madera —en concreto, las ruedas eran de carrasca—, y disponía de dos timones. La capa tenía celosías y en la cubierta se colocaron alamares y una clavazón dorada; en el interior, se dispusieron unos banquillos. Para los guardapolvos se utilizó piel de cordobán. También incluyó los gastos derivados de la compra de una mula y su guarnición. El total ascendió a 162 libras, 4 sueldos y 2 dineros, más el gasto de pintar la capa, que quedó sin anotar. Finalmente, añadió: «En el año 1577 compré dos mulatas como está atrás, folio 79»[62]. Puesto que el asiento se redactó en un único tiempo de escritura, tuvo que escribirse en 1577 o en una fecha posterior, aunque la mayor parte de los gastos se realizaron en 1572, lo que prueba la intención de Miguel Gómez Miedes de plasmar en esta segunda parte del libro la información que manifiesta su posición social y conforma su imagen como persona acomodada[63].

El lujo de la escritura

Como hemos visto, el libro de memorias de Miguel Gómez Miedes nos habla, fundamentalmente, de su estilo de vida. Su valor reside, entre otras cosas, en el hecho de que, a diferencia de otros testimonios como, por ejemplo, los inventarios de bienes, no nos informa sobre aquello que queda al final de la existencia, sino sobre lo que se posee y se utiliza a lo largo de la

[61] Sobre las diferencias entre hombres y mujeres en el consumo del vestido, véase García Marsilla, 2019, p. 13.

[62] Las mulas se adquirieron en la feria de Onda el 18 de octubre de 1577 (fº 79r.º).

[63] En este sentido, resulta imprescindible señalar que Miguel Gómez Miedes en ningún momento se refiere a los potenciales lectores del libro, ya se trate de él mismo, de sus descendientes o de otras personas que pudieran estar interesadas en los hechos allí relatados, fuera por motivos personales o profesionales. Esta característica lo diferencia de otros libros coetáneos, en los que son frecuentes expresiones en las que los términos «memoria» o «recuerdo» se vinculan al propio escribiente o a una posteridad a la que se dirige, Mandingorra Llavata, 2015a, pp. 150-152.

misma. Se trata, por consiguiente, de un producto vivo, no fosilizado por la muerte. Lógicamente, sus registros carecen de la objetividad del documento notarial, sin embargo, tienen la calidez de la subjetividad, del valor que el propietario otorga a sus bienes, del modo en que los percibe y los considera.

Bajo el filtro de esta percepción, vemos cómo Miguel Gómez Miedes se representa a sí mismo: un profesional de alto nivel, vinculado con la corte[64], con una amplia red de relaciones familiares, capaz de mantener un elevado nivel de vida, que se manifiesta en el abundante personal de servicio que trabaja para él y en la adquisición de productos de lujo como tapices, guadamecíes, joyas, vestidos o un coche. Debemos tener presente en este punto que el lujo no solo constituía un elemento de distinción que permitía a un individuo destacar de los demás, sino que daba la medida de lo que podía gastar y, en consecuencia, del crédito que podía generar[65].

Para concluir, no podemos olvidar otra cuestión fundamental: sin duda, Miguel Gómez Miedes tenía una confianza plena en la escritura como instrumento de gestión que facilitaba el desenvolvimiento de sus actividades diarias, pero también era consciente de que mantener el registro escrito de sus actos y propiedades, de su manera de vivir, suponía un factor diferencial, que le distanciaba de otros individuos, en la medida en que no estaba al alcance de todos, ni siquiera de todos los alfabetizados. Por ello, podemos afirmar que el libro es parte integrante de la imagen que desea transmitir de sí mismo, junto a los vestidos, los tapices o las joyas: es una pieza más del lujo del que se rodea, constituye, en suma, un objeto suntuario.

Bibliografía

AMELANG, James S. (2003), *El vuelo de Ícaro: la autobiografía popular en la Europa moderna*, Madrid, Siglo XXI.

AMELANG, James S. (2005, coord.), «De la autobiografía a los ego-documentos: un fórum abierto», *Cultura escrita y sociedad*, 1, pp. 11-122.

AZNAR RECUENCO, Ana (2013), «Arte y ostentación en el Renacimiento: Los tapices flamencos del Inquisidor y Arzobispo de Zaragoza Andrés Santos (1529-1585)», *Anales de Historia del Arte*, 23, pp. 407-417.

CANET APARISI, Teresa (1990), *La Magistratura valenciana (s. XVI-XVII)*, Valencia, Universitat de València.

[64] Además de en las ya mencionadas, el libro se hace eco de este hecho, si bien de un modo indirecto, en un par de ocasiones. La primera cuando, con motivo del citado abandono de una niña a la puerta de su casa, escribió: «A XXI de octubre 1559, estando yo en la corte, me hecharon a la puerta una niña» (fº 14r.º). La segunda, cuando anota el cobro, de manos de la condesa de Oliva, de cierta cantidad «por la ida de la corte» (fº 28r.º). Tal vez los datos relativos a sus conexiones palaciegas se hallaban en algunos de los folios desaparecidos.

[65] GARCÍA MARSILLA, 2019, p. 8.

Chabás Llorens, Roque (1997), *Índice del Archivo de la Catedral de Valencia*, Valencia, Conselleria de Cultura, Educació i Ciència.

Chartier, Roger (1991), «Las prácticas de lo escrito», en Philippe Ariès & Georges Duby (dirs.), *Historia de la vida privada, t. V, El proceso de cambio en la sociedad de los siglos xvi-xviii*, Madrid, Taurus, pp. 113-161.

Escartí Soriano, Vicent Josep (1998), *Memòria privada. Literatura memorialística valenciana dels segles xv al xviii*, Valencia, 3 i 4.

Eubel, Conrad (1923), *Hierarchia catholica Medii et Recentioris Aevi sive summorum pontificum, S.R.E. cardinalium, ecclesiarum antistitum series volumen tertium saeculum XVI ab anno 1503 complectens, quod cum Societatis Goerresiana subsidio inchoavit Guilelmus van Gulik, absolvit Conradus Eubel*, Münster, Sumptibus et Typis Librariae Regensbergianae (2ª ed.).

García Marsilla, Juan Vicente (2017), «La moda no es capricho. Mensajes y funciones del vestido en la Edad Media», *Vínculos de Historia*, 6, pp. 71-88.

García Marsilla, Juan Vicente (2019), «El lujo: ¿motor del crecimiento o camino hacia la ruina? Percepciones y actitudes ante el gasto suntuario en la Historia», *Ars & Renovatio*, 7, pp. 6-26.

Gimeno Blay, Francisco Miguel (2012), «Escritos privados, textos públicos», *Studia Philologica Valentina*, 14, pp. 287-308.

Giralt i Raventós, Emili & Jordi Vidal i Pla (2003), «"Notes" i "anyades" en els protocols de Vilafranca del Penedès. Segles xiv-xviii», *Estudis Històrics i Documents dels Arxius de Protocols*, 21, pp. 103-180.

Gómez Miedes, Bernardino (2003), *Comentarios sobre la sal*. Introducción, edición crítica, traducción anotada e índices a cargo de Sandra Inés Ramos Maldonado; prólogo de Antonio Malpica Cuello, Alcañiz-Madrid, Instituto de Estudios Humanísticos-Ed. Laberinto-Consejo Superior de Investigaciones Científicas, 3 vols.

Hoyos Alonso, Julián (2018), «La presencia y uso de tapices en la Palencia del siglo xvi», *BSAA arte*, 84, pp. 173-195. DOI: https://doi.org/10.24197/bsaaa.84.2018.173-195.

López-Yarto Elizalde, Amelia (2001), «Nuevas vías de investigación en la Historia de la platería española: La importancia social de la plata civil en la España del s. xvi», *Estudios de platería. San Eloy 2001*, Murcia, Universidad de Murcia, pp. 131-147.

López-Yarto Elizalde, Amelia (2008), «Aproximación al arte de la platería española», *Ars Longa*, 17, pp. 169-179.

Mandingorra Llavata, María Luz (2007), *Llibre de Miquel Ferrer, palmiter (1612-1634)*, Castellón, Sociedad Castellonense de Cultura.

Mandingorra Llavata, María Luz (2015a), «"Comensí a escriure en lo present libre per mamoriegar". Escrituras del recuerdo entre la Edad Media y el Renacimiento», en Antonio Castillo Gómez (ed.), *Culturas del escrito en el mundo occidental. Del Renacimiento a la contemporaneidad*, Madrid, Casa de Velázquez, pp. 149-160.

Mandingorra Llavata, María Luz (2015b), «Mujeres en los libros de memorias», en Ester Alba Pagán & Luís Pérez Ochando (eds.), *Me veo luego existo. Mujeres que representan, mujeres representadas*, Madrid, Consejo Superior de Investigaciones Científicas, pp. 507-522.

Mandingorra Llavata, María Luz & Joaquim García Porcar (2011, eds.), *Memòria familiar i projecció personal. El "Dietari de Gaspar Gasset, paraire" (1513-1586)*, Castellón, Sociedad Castellonense de Cultura.

Oliván Santaliestra, Laura (2006), «Pinceladas políticas, marcos cortesanos: el diario del conde de Harrach, embajador imperial en la Corte de Madrid (1673-1677)», *Cultura escrita y sociedad*, 3, pp. 113-132.

Pérez García, Pablo & Jorge Catalá Sanz (2000), *Epígonos del encubertismo. Proceso contra los agermanados de 1541*, Valencia, Biblioteca Valenciana.

Pons Alós, Vicente (2021), «La materialidad de los archivos nobiliarios valencianos. Del arca al armario», en Véronique Lamazou-Duplan (ed.), *Les archives familiales dans l'Occident médiéval et moderne. Trésor, arsenal, mémorial*, Madrid, Casa de Velázquez, pp. 93-104.

Pons Alós, Vicente (2022), «La sede de los notables: canónigos, pavordes y dignidades de la catedral de Valencia en el siglo xvi», en Emilio Callado Estela (dir.), *La catedral de València en el siglo xvi. Humanismo y reforma de la Iglesia*, Valencia, Institució Alfons el Magnànim, Centre valencià d'estudis i d'investigació, pp. 49-82.

Rodrigo-Estevan, María Luz (2013), «El consumo de vino en la Baja Edad Media. Consideraciones socioculturales», en Manuel Santiago García Guatas, Elena Piedrafita Pérez & Juan Barbacil (coords.), *La alimentación en la Corona de Aragón (siglos xiv-xv): actas del simposio organizado por la Academia Aragonesa de Gastronomía ..., que tuvo lugar en el antiguo salón de plenos de la Diputación de Zaragoza, durante los días 23 y 24 de marzo de 2012*, Zaragoza, Institución Fernando el Católico, pp. 101-133.

Viñao Frago, Antonio (1999), «Alfabetización y primeras letras (siglos xvi-xvii)», en Antonio Castillo Gómez (comp.), *Escribir y leer en el siglo de Cervantes*, Barcelona, Gedisa, pp. 39-84.

 ISSN : 0076-230X.

«Hombres sin Dios ni razón»: El bandolerismo valenciano durante los reinados de Felipe IV y Carlos II según los dietarios de la época

Alejandro Llinares Planells
Universitat de les Illes Balears

Los bandoleros y las facciones dominaron el Reino de València en el siglo XVII, generando una violencia estructural que se manifestaba de manera prácticamente cotidiana en la sociedad valenciana del Barroco . En este trabajo analizamos este fenómeno a través de los diarios personales que se elaboraron durante los reinados de Felipe IV y, sobre todo, de Carlos II, coincidiendo con un momento de auge de este crimen organizado. De esta manera, estudiaremos qué elementos les interesaron más a los escritores, qué bandidos aparecen con mayor frecuencia, cómo vivió la sociedad de la época este fenómeno, cómo se representaron las ejecuciones públicas o qué opinión tenían los dietaristas sobre el bandidaje.

PALABRAS CLAVE: BANDOLERISMO, VALÈNCIA, DIARIOS PERSONALES, VIOLENCIA, SIGLO XVII

POUR CITER CET ARTICLE / PARA CITAR ESTE ARTÍCULO / TO QUOTE THIS ARTICLE

Alejandro LLINARES PLANELLS, « «Hombres sin Dios ni razón»: El bandolerismo valenciano durante los reinados de Felipe IV y Carlos II según los dietarios de la época », Vicent Josep Escartí y Alejandro Llinares Planells, (coord.), *Marginales y minorías: una mirada poliédrica a textos olvidados (ss. XV-XVII)*, Dossier des *Mélanges de la Casa de Velázquez*. Nouvelle série, 54 (2), 2024, pp. 55-79.

 ISSN : 0076-230X.

« Hommes sans Dieu ni raison » : le banditisme valencien sous les règnes de Philippe IV et de Charles II d'après les journaux personnels de l'époque

Les bandits et les factions oligarchiques ont dominé le royaume de Valence au XVIIe siècle, générant une violence structurelle et quasi quotidienne dans la société valencienne pendant la période baroque. Dans cet article, nous analysons ce phénomène à travers les journaux personnels qui ont été tenus pendant les règnes de Philippe IV et, surtout, de Charles II, coïncidant avec une période où ce crime organisé était à son apogée. Nous étudierons ainsi quels sont les éléments qui ont le plus intéressé les écrivains, quels sont les bandits qui apparaissent le plus fréquemment, comment la société de l'époque a vécu ce phénomène, comment les exécutions publiques étaient représentées et quelle opinion les diaristes avaient du banditisme.

MOTS CLÉS : BANDITISME, VALÈNCIA, VIOLENCE, JOURNAUX INTIMES, XVIIe SIÈCLE

"Men without God or reason": Valencian banditry during the reigns of Philip IV and Charles II according to the diaries of the time

Bandits and oligarchic factions dominated the Kingdom of Valencia in the 17th century, generating a structural, almost daily violence in Valencian society during the Baroque period. In this paper we analyse this phenomenon through the personal diaries that were kept during the reigns of Philip IV and, above all, of Charles II, coinciding with a period when this organised crime was at its peak. In this way, we will study which elements most interested the writers, which bandits appeared most frequently, how the society of the time experienced this phenomenon, how public executions were depicted and what opinion the diarists had about banditry.

KEYWORDS: BANDITRY, VALÈNCIA, PERSONAL DIARIES, VIOLENCE, 17th CENTURY

Introducción

EL BANDOLERISMO valenciano del siglo XVII[1], sobre todo a partir de la segunda mitad de la centuria, se convirtió en un fenómeno de gran importancia dentro y fuera del Reino. Por un lado, en este territorio se vivía un clima de violencia continua propiciada, entre otros factores, por las importantes cuadrillas de bandidos capitaneadas por personajes de renombre como Josep Artús, mosén Vicent Senent, Macià Oltra, Lluís Peiró, Pere Xolvi o Mateu Vicent Benet, entre muchos otros. Solamente de Benet, la documentación dice que era «de los más sangrientos y perjudiciales que ha havido en aquel Reyno, pues según está averiguado tiene perpetradas solo por su mano treinta y siete muertes [...]»[2]. Muertes, robos, extorsiones o amenazas eran parte de la vida cotidiana de los vecinos del País Valenciano del Barroco.

Por otro lado, este fenómeno también se extendió más allá de las fronteras del reino. En primer lugar, los bandoleros actuaron en territorios de Aragón —como Jaume de Castellblanc o Mateu Benet— y en el sur de Cataluña —donde operaron Llorens Roig y Miquel Palomares, entre otros—, así como en el norte de de Murcia —donde se encuentran casos como los de Diego Alcayna y Benito Navarro—, en Madrid —con el conocido caso de Senent[3] como buen ejemplo—, e incluso en territorios más alejados, como Granada, Sierra Morena o Extremadura, donde se documenta la cuadrilla del malhechor Josep Artús en 1666[4]. En segundo lugar, las hazañas de algunos de estos forajidos inspiraron romances populares y comedias que fueron impresos y representados en diversas ciudades de la monarquía española[5]. Por último, el bandolerismo valenciano también aparece reflejado en documentos castellanos como los *Avisos* de Pellicer[6], e incluso traspasó las fronteras de la Monarquía Hispánica a través de diferentes crónicas de viajeros franceses como Madame d'Aulnoy o Des Essarts. Este último dijo de València que:

> Hay aquí muchos bandoleros y todo este Reino generalmente está dividido en varias partidas [...] Son aquí muy severos para los que llevan armas de fuego; y a menos de que vayan en compañía más fuerte

[1] Este trabajo se enmarca en el proyecto de investigación: «Las barricadas del recuerdo. Historia y memoria de la Era de las revoluciones en España e Hispanoamérica (1776-1848)» (PID2020-120048GB) financiado por el Ministerio de Economía y Competitividad del gobierno de España.

[2] Arxiu de la Corona d'Aragó [ACA], Consejo de Aragón, Leg 0582, nº 030.

[3] Estamos elaborando un trabajo sobre la vida de este malhechor.

[4] ACA, Consejo de Aragón, Leg,0913,nº 042.

[5] En mi tesis doctoral desarrollo de manera pormenorizada este tema y actualmente estamos trabajando en la elaboración de una monografía sobre este asunto.

[6] PELLICER, 1965, pp. 223-224.

> que la de los alguaciles, se ven sometidos a buenas multas. Los jefes de las partidas son de tal modo temidos, que entran a menudo en las ciudades y hacen en ellas lo que quieren. Han atentado a menudo a las personas de los virreyes[7].

El bandolerismo valenciano ha sido estudiado por autores como Sebastián García Martínez[8], en referencia a la época de Carlos II, o por Henry Kamen[9]. Sin embargo, fue el historiador irlandés James Casey[10] quien eliminó el componente económico vinculado a la miseria, destacando que la pervivencia del fenómeno solo era explicable por el apoyo que las cuadrillas recibían del poder aristocrático. Casey también aclaró que algunos miembros de las instituciones políticas valencianas eran cómplices de muchos de los crímenes que se perpetraban casi a diario en el territorio. Posteriormente, otros historiadores como Lluís Guia[11], Jorge Catalá[12] o Sergio Urzainqui[13], entre otros, han aportado nuevas evidencias sobre cuestiones poco estudiadas como el bandolerismo morisco, analizado por estos dos últimos[14].

En este trabajo, nuestro objetivo es analizar el bandolerismo valenciano durante los reinados de Felipe IV y Carlos II, principalmente a través de los diarios personales. Es cierto que, desde García Martínez hasta Urzainqui, los distintos historiadores que se han aproximado al tema de los bandos y los bandidos han utilizado algunos dietarios de la época para explicar ciertos acontecimientos descritos en sus páginas. Sin embargo, hasta el momento, no existe —exceptuando una aportación nuestra sobre el diario de Aierdi[15]— ningún trabajo que aborde el fenómeno del bandidaje de manera integral a través de estos documentos. En este artículo analizamos en profundidad cuatro manuscritos, dos en catalán y dos en castellano: el diario del clérigo valenciano Joaquím Aierdi, *Notícies de València i son regne*[16], de 1661 a 1664 y de 1667 a 1679; la obra de mosén Vicent Torralba, *Les memòries curioses (1609-1651)*[17]; y la de Ignasi Benavent *Cosas más notables sucedidas en València desde el año 1657 a 1783*[18], que se centra en la segunda mitad del siglo XVII y abarca hasta la Guerra de Sucesión —aunque contiene breves noticias posteriores, hasta 1783, de otra mano—. Finalmente, estudiamos el diario de Josep Agramunt, *Libro de casos sucedidos en la ciudad de València,*

---

[7] Citado en García Mercadal, 1952-1962, vol. II, pp. 690-691.
[8] García Martínez, 1991.
[9] Kamen, 1974, pp. 654-687.
[10] Casey, 1986, pp.212-229.
[11] Guia, 2003, pp. 287-315.
[12] Catalá, 1996, pp. 155-172.
[13] Urzainqui, 2016.
[14] Catalá & Urzainqui, 2016.
[15] Llinares, 2021, pp. 535-561.
[16] aierdi, 1999.
[17] Torralba, 1995, pp. 37-64.
[18] Benavent, 2004.

tanto antiguos como modernos, en donde se hallarán muchas cosas curiosas y noticias de muchas fundaciones antiguas y noticia de todos los vireyes, obispos y arzobispos desde el primero hasta el día de oy[19], cuya primera parte es una crónica de diferentes acontecimientos de la Edad Media en la ciudad de València, convirtiéndose después en un diario personal sobre la València desde mediados del siglo XVII hasta 1672. A pesar de que los diarios que se examinarán en profundidad serán principalmente los de Aierdi, Benavent y Agramunt —ya que relatan numerosas noticias sobre bandidos—, en algunos casos también se utilizarán otros textos, como el de Francesc Gavaldà, *Memoria de los sucesos particulares de València y su reino. En los años mil setecientos quarenta y siete y quarenta y ocho, tiempo de peste*[20] o el de Onofre Esquerdo, *Memoria valenciana*[21].

Los diarios seleccionados nos permiten observar el bandolerismo valenciano de la segunda mitad del siglo XVII, ya que cada autor se centra en décadas concretas. Sin embargo, como veremos, algunas fases cronológicas y narraciones se repiten, lo que nos posibilita examinar las diferentes formas de relatar un acontecimiento específico. Así, las obras de Josep Agramunt y Vicent Torralba abarcan los hechos ocurridos entre 1630 y 1652, mientras que Aierdi cubre los años 1661 y 1679, y finalmente Benavent relata los acontecimientos de las últimas décadas de la centuria. En conjunto, estos textos nos permiten un acercamiento de primera mano a este fenómeno durante su mayor apogeo en el Reino de València, después de la expulsión de los moriscos y la caída o disminución de lo que Joan Reglà llamó bandolerismo catalán del Barroco[22].

Bandoleros famosos en toda la monarquía, como Vicent Mateu Benet, Josep Artús, Macià Oltra o Pere Andrés, vivieron y delinquieron a mediados y durante la segunda mitad de siglo diecisiete. De este modo, por ejemplo, los dos volúmenes conservados del dietario del clérigo Joaquim Aierdi abarcan cronológicamente los periodos en los cuales Sebastián García Martínez dividió el bandolerismo valenciano durante el reinado de Carlos II. Por un lado, el *Segón libre* (1661-1664) se inserta en lo que García Martínez definió como etapa de auge y plenitud, y, por otro lado, el *Sissé libre* (1667-1679) se enmarca en la fase de ocaso y extinción[23]. A pesar de que esta cronología se encuentra actualmente superada historiográficamente y el bandolerismo valenciano, como se entendía en este siglo, continuó, con algunas diferencias, durante y después de la Guerra de Sucesión[24], podemos decir que obras como las de Aierdi o Benavent, entre otras, aglutinan unos de los periodos

[19] Agramunt, 2004.

[20] Gavaldá, 1651.

[21] Esquerdo, Arxiu del Reial Convent de Predicadors de València (ARCPV), Ms. 32.

[22] Reglà, 1962.

[23] García Martínez, 1991.

[24] Catalá & Urzainqui, 2011, pp. 253-273.

más relevantes para el bandolerismo en tierras valencianas. Por ello, hemos decidido analizar este fenómeno durante los reinados de Felipe IV y, especialmente, de Carlos II.

Estos escritos forman parte de la literatura memorialística, un cajón de sastre donde estarían los *papiers de famille*, *livres de raison*, *livres de maison*, *scritti del foro privato*, *registros de compte i raó*, memorias, autobiografías y un largo etcétera[25]. Los diarios personales, que, teóricamente, tenían una carácter privado e íntimo, están redactados en primera persona y se encuentran cercanos a lo que la historiografía francesa denominó *historie de vie privée*[26]. *A priori*, los manuscritos no parecen haber estado destinados a la imprenta ni a la difusión pública, sino que formarían parte de la «escritura del yo» o «tecnología del yo» —como la denominaba Foucault—, es decir, un tipo de redacción que permite a un hipotético lector, ya sean los allegados del autor/a o nosotros mismos, siglos después, realizar una reflexión más profunda e interior sobre los hechos y vivencias narrados en estos escritos[27]. En este sentido, la parte catalanoparlante de la antigua Corona de Aragón dispone de un rico repertorio de este tipo de obras. Los manuscritos que aquí tratamos se inscriben en la etapa dorada de la dietarística valenciana del Barroco, con importantes obras que constituyen una valiosa fuente para conocer la mentalidad colectiva e individual de los siglos XVI y XVII en el Reino de València[28]. Sin embargo, a pesar de tratarse de textos de carácter íntimo, surge la pregunta: ¿para quién o para qué escribieron estas personas? Es una cuestión difícil de responder, ya que las obras no proporcionan una respuesta clara, y es posible que algunos autores escribieran por razones personales que nunca llegaremos a conocer. No obstante, en ocasiones el autor incluye un prólogo en el que explica sus motivaciones, como es el caso de Josep Agramunt, quien afirma en dicho texto que:

> Humano letor: Cada loco con su tema, dice el adagio. Confieso en toda verdad que por mí se puede decir porqué haver escrito y dejar memoria en este libro de las cosas que han sucedido en esta ciudad de Valencia y van sucediendo. Algunos pocos leydos en historias lo tendrán a locura lo que a mí parece curiosidad. Pero sé decirles una cosa, que los genios de las gentes son diferentes unos de otros, algunos gustarán de leerlo y otros no [...]. Conocí un guantero en la Lonja, Noé, de edad de más de ochenta años, que también iba escribiendo las cosas que iban sucediendo en Valencia. Y sin este, conocí dos clérigos, el uno de San Juan y el otro de San Martín, que hacían lo mesmo, aunque no escribían conforme yo escrivo, porque ellos no hacían más que apuntar la cosa sucedida, como digamos tal año sucedió esto, y

---

[25] Véase a CIAPPELLI, 2007 para Italia, SIMON, 2000 para Cataluña y a ESCARTÍ, 1998 para el País Valènciano.

[26] ARIÈS & DUBY (eds.), 1986.

[27] FOUCAULT, 1990. Véase también BOLUFER, 2014, pp. 85-116 y AMELANG, 2002.

[28] ESCARTÍ, 1995, pp. 65-70.

> esto con dos palabras no más; y a veces, decían tal año se hizo tal castigo, y no decían por qué se hizo, pero yo, mudando estilo, quando escrivo algunos rigores de vireyes, doy razón muy por lo largo de todo el caso[29].

Dicho de otro modo, Agramunt escribe para dejar un recuerdo o memoria de los acontecimientos para un hipotético lector del futuro interesado en su época. Además, menciona que conocía a muchas personas de València que hacían lo mismo. Sin embargo, él argumenta que su estilo es particular y diferente, lo que lo hace distintivo respecto a los demás, con el fin de dar valor a su escritura.

Por ende, consideramos que estos documentos deben estudiarse como lo que son: una fuente personal, a medio camino entre una obra literaria y una fuente «histórica»[30], con una función y un discurso distintos a los que se encuentran en un libro de cuentas, en un proceso judicial o en las misivas entre las autoridades. Pues, en contraste, estos últimos escritos están vinculados directamente con la praxis administrativa y los quehaceres institucionales. Creemos que los diarios personales se pueden analizar desde diferentes vertientes: por un lado, es posible hacer un análisis del conjunto de una obra, de la biografía del autor, de las motivaciones que lo llevaron a escribir, etc.; por otro lado, también se puede elaborar un estudio lingüístico o utilizar el texto como una fuente complementaria para hablar de un proceso o hecho concreto. Además, existe la posibilidad de estudiar un tema determinado por medio de este tipo de fuente como se ha hecho en los últimos tiempos con la violencia contra las mujeres[31], las fiestas[32], la visión de los ciudadanos[33], los fenómenos meteorológicos[34] o el bandolerismo, tal y como haremos en este trabajo.

El hecho de querer estudiar un fenómeno analizando los dietarios, tiene la limitación de no poder cuantificar con exactitud aquello que dice y que todo lo que expresa está sujeto al criterio personal del que escribe. Sin embargo, consideramos que este tipo de textos nos ofrecen un universo de posibilidades diferente al que nos brinda el documento institucional, al menos en lo que respecta a nuestro objeto de estudio. De este modo, valoramos que a estos documentos memorialísticos podemos plantearles preguntas sobre qué temas relacionados con el bandolerismo interesaron más a los autores y, en cierta medida, cómo concebían la población, este fenómeno. También podemos investigar cuál era la opinión de estos autores sobre el tema, y si

---

[29] Agramunt, 2004, pp. 131-132.

[30] A pesar de la expresión utilizada, el término literatura, hasta el romanticismo, se utiliza para hablar genéricamente de cultura escrita.

[31] Roca, 2021, pp. 57-72.

[32] Llacer, 2018, pp. 99-116

[33] Miralles, 2003, pp. 207-232.

[34] Alberola-Romà, 2016, pp. 41-66.

los que escribían —quienes generalmente lo hacían con un tono de supuesta imparcialidad u objetividad— eran políticamente correctos en su redacción o si, por el contrario, ofrecían algún tipo de crítica a la oligarquía y a las autoridades de la época.

El bandolerismo del siglo xvii en los dietarios valencianos

Es poco habitual que en un dietario valenciano del Barroco, por breve y sintético que sea, no aparezca alguna anotación sobre el bandolerismo. Así, por un lado tenemos a Vicent Torralba, cuyo escrito corto solo contiene cuatro referencias sobre el tema, y a Josep Agramunt, que anota siete, explicando con detalle los hechos importantes. Por otro lado, están las obras de Joaquim Aierdi, que incluyen 165 referencias directas sobre nuestro objeto de estudio, siendo este último considerado por Vicent Josep Escartí como «el mejor exponente de la literatura memorialística de la segunda mitad del siglo xvii valenciano»—[35] y la de Ignasi Benavent, con 68 aportaciones. Por consiguiente, podemos decir que estos dos últimos textos son los que más atención dedican al tema en este periodo cronológico, siendo dietarios donde los hechos sobre bandoleros y parcialidades suponen uno de los principales temas, junto con episodios de carácter eclesiástico[36]. Por lo tanto, hablamos de una presencia clara del fenómeno del bandolerismo en los diarios personales, que ya, a principios del siglo xx, Francisco Almarche, cuando explica la trayectoria personal de Ignasi Benavent, remarca que:

> [...] sus andanzas por el Mercado, su trato con la gente maleante y su afición a escribir, hacen que su cuaderno sea un espejo de aquella sociedad retratada al vivo con sus grandes fiestas aparatosas y únicas por su esplendor, su falta de autoridad digna y elevada, que se impusiera entre tantos bandos favorecedores de *roders* y quadrilleros, siempre dispuestos a la venganza y que solo eran castigados a la venida y llegada de los Virreyes, pero que luego volvían a retoñar [...] Tanto este dietario de Benavent como el de Ayerdi se distinguen por el gran número de ajusticiados cuyos crímenes relatan, pero al lado de éstas, incluye muchas otras noticias interesantes que no señalan ni se pueden conocer por los documentos oficiales de los despachos curialescos, envueltos en la soporífera prosa formulista[37].

[35] «el millor exponent de la literatura memorialística de la segona meitat del segle xvii valencià [...]» (Escartí, 1988, p. 35). Todas las traducciones del catalán al castellano son nuestras.

[36] En los diarios de Aierdi o Benavent el bandolerismo tiene un mayor protagonismo que otros temas como, por ejemplo, los fenómenos meteorológicos. Alberola-Romà, 2016, p. 45. Tenemos que excluir la parte cronística del dietario de Agramunt, debido a que no es propiamente un diario.

[37] Almarche, 1919, p. 272.

Sin embargo, más allá del número de referencias, debemos analizar los pormenores de lo que anotan para intentar responder a los interrogantes planteados en la introducción de este estudio.

Puñaladas, estocadas o trabucazos: la violencia ejercida por los bandoleros

El erudito Joan Fuster dijo sobre el dietario de Pere Joan Porcar que este sentía «una afició obsessiva a les notícies macabres» remarcando que «el percentatge d'apuntaments relatius a assassinats, execucions, altercats cruents, incendis, accident» que recoge la obra es «acaparador»[38]. Esta visión se puede extrapolar a los diarios que aquí tratamos, con algunas matizaciones. Aierdi, Benavent, Torralba y Agramunt mostraron un enorme interés por los delitos cometidos por los bandidos en la ciudad de València y sus alrededores. Es decir, robos, extorsiones, muertes, violaciones y una infinidad de delitos despertaron la curiosidad de estos autores.

En la obra de Joaquim Aierdi, la mayoría de las anotaciones sobre los delitos perpetrados suelen ser breves, es decir, normalmente aparece la acción realizada y si hubo algún herido o muerto en el incidente. Las noticias concisas llegan hasta tal punto que el clérigo no anota, en diferentes ocasiones, ni la identidad del delincuente[39]. Pero a pesar de eso, podemos observar también cómo el autor intenta identificar, en casi todas sus referencias, a los salteadores y a las víctimas de estos[40]. Por su parte, Ignasi Benavent muestra un especial interés en el bandolerismo, aunque no tanto en las acciones delictivas cometidas por estos. A pesar de ello, relata algunos de estos hechos, prestando atención a diversos robos sacrílegos en iglesias, aparentemente cometidos por bandidos, como el del «martes a 16 de deziembre 1698, a las siete horas de la mañana, sucedió que robaron el Santíssimo Sacramento de la capilla del Christo en el convento de Predicadores, [...] hallaron enterrado en el huerto, al pie de un olivo, el globo con unas partículas de las sagradas formas y que los sacrílegos ladrones la havían sumido»[41].

A Josep Agramunt, con pocas referencias al bandolerismo en su obra, le interesaban las acciones criminales de los bandidos y los encuentros violentos entre diferentes cuadrillas, relatando pormenorizadamente lo que había ocurrido. Este autor describe, por ejemplo, la fuga de 240 presos en 1663 de

---

[38] «una afición obsesiva por las noticias macabras», «el porcentaje de apuntes relativos a asesinatos, ejecuciones, altercados cruentos, incendios, accidentes» (Fuster, 1962, p. 136).

[39] Aierdi, 1999, noticia [not], 552. Las referencias de Aierdi están divididas por el número de noticias, por eso, cuando apuntemos alguna cita de este autor lo haremos referenciando el número de la noticia exacta, mientras que para los otros anotaremos la página concreta de su edición o de su manuscrito.

[40] Estamos elaborando un trabajo sobre la vida de este famoso bandolero valenciano, el cual, en breve verá la luz, y, por esa razón, no nos explayamos explicando las anotaciones que aparecen sobre este personaje. Aierdi, 1999, not. 1031.

[41] Benavent, 2004, p. 103.

la cárcel de Sant Narcís «los quales estaban para galeotes», anotando que maltrataron al alcaide «pues le dieron tres puñaladas y le quitaron las llaves» apoderándose de la prisión y saliendo posteriormente de esta, señalando las acciones judiciales posteriores[42]. Esta forma de narrar este hecho contrasta con la empleada por Joaquim Aierdi, pues este solo dijo que «a 5 de dits, a la nit, se n'anaren de la presó de Sent Arcís deu galeots, y nafraren a l'alcait»[43].

Uno de los delitos que más despertó la curiosidad de los dietarios fue el robo de las sagradas formas del convento de Sant Joaquim de Paiporta en 1648, momento en el que València empezaba a salir de un fuerte brote de peste[44]. Torralba se centra en los detalles escabrosos del acto, aportando el nombre de algunos caballeros ejecutados y explicando cómo se aplicaba la pena capital. Por su parte, Josep Agramunt prescinde de aportar este tipo de información y se enfoca en la investigación iniciada por la justicia para esclarecer el caso, incluso después de la ejecución de los bandoleros comentada por el otro dietarista. Agramunt también explica que la justicia arrestó a un hombre «que havía hurtado un cáliz de la parroquial de San Juan, de la villa de Onteniente», siendo ejecutado, aunque antes se intentó exculpar, que «después se supo, por vía de confesión, como las formas consagradas no havían recibido otra indecencia que haverlas sumido un pecador»[45]. Es decir, estos dos memorialistas presentan un mismo hecho, el robo de unas formas sagradas de un convento, teóricamente perpetrado por unos bandoleros. Sin embargo, uno se enfoca en detalles que el otro apenas menciona o directamente omite. Esto podría ser resultado de diferentes flujos de información o del interés personal de cada uno de los autores.

En los dietarios también se registran delitos cometidos por bandidos que actúan como «sicarios» en la terminología actual, es decir, personas que matan, roban o extorsionan por encargo de una tercera persona o para resolver un conflicto del jefe de la cuadrilla. Un buen ejemplo de esto fue la muerte de un «gavaig» que protagonizaron el fraile Cotanda, de Sant Agustí, y Antonio Vinyes, al cual «el mataren y li tallaren la llengua y les vergonyes, y el deixaren penchat de un albre»[46] y, seguidamente le pusieron al cadáver un cartel donde decía que lo habían matado porque había enfadado al bandolero Aguilar[47]. Por otro lado, y aunque este tipo de hechos era bastante habitual en la práctica, Joaquim Aierdi refleja de manera casi anecdótica un caso de

---

[42] Agramunt, 2004, p. 202.

[43] Aierdi, 1999, not. 677: «a 5 de dicho día, en la noche, se fueron de la prisión de Sant Narcís diez galeotes e hirieron al alcaide.»

[44] Llinares, 2022, pp. 111-126.

[45] Agramunt, 2004, p. 173.

[46] Para este bandido véase: Urzainqui, 2016, pp. 635-636: «lo mataron y le cortaron la lengua y las vergüenzas y lo dejaron colgado de un árbol».

[47] Aierdi, 1999, not. 220. Para Aguilar véase Urzainqui, 2016, p. 381.

violencia de género, narrando una violación grupal de una mujer cometida por bandidos. Nos referimos a una violación grupal de una mujer protagonizada por unos bandoleros:

> A 3 de maig 1662, venint una doncelleta molt polida y honrrada, de Paiporta, en dit camí, de un forment ixqueren quatre hòmens —segons se digué, bandolers— y la entraren en lo forment y allí la forçaren, y pasaren per ella tots los quatre. Y la tingueren tot lo dia y a la nit la deixaren anar. Y sen'anà a sa casa y, contant a sos pares lo que li havia sucsehit, de pur sentiment se caigué morta[48].

A pesar de los diferentes estilos de redacción, del interés por ciertas noticias y de los delitos descritos, cabe preguntarse dónde solían actuar los bandoleros, es decir, en qué lugares geográficos perpetraban sus fechoría según los diarios personales de la época. Lo cierto es que este tipo de documentos nos muestran a unos bandoleros alejados del ideal romántico y mitificado de los típicos salteadores que solamente actúan en montañas, caminos y despoblados. El bandolerismo valenciano del Barroco actuó tanto en las zonas rurales[49] como en las principales ciudades del reino y así dan testimonio las diferentes noticias de los diarios que analizamos.

Estas obras muestran a una ciudad de València que padeció la violencia de los bandoleros y los bandos en primera persona casi de manera cotidiana. Muertes, extorsiones y tiroteos eran espectáculos habituales en los lugares más importantes de la capital del Turia. Un ejemplo de esto son los hechos protagonizados en octubre de 1662 por el bandolero Cristóbal Simó, alias «lo Cabrero»[50] en la plaza de la Seu, donde hirió a un alguacil[51]. También encontramos refriegas en la plaza del Mercat, uno de los lugares más transcurridos de la urbe, siendo este un sitio de comercio y sociabilidad[52]. De hecho, encontramos episodios de violencia directa o indirecta por parte de bandoleros en casi todos los lugares emblemáticos de València, como las plazas de Santa Caterina Màrtir, Sant Francesc, Sant Bertomeu, de l'Arbre y de Calatrava, así como en calles como Morvedre, Alboraia, Sant Vicent, Barques, Comú de Pescadors, Ample de Russafa, de la Nau, de Serrans, de les Garrigues, de Barcelona, de la Valladigna, de Sant Tomàs, de la Llanterna, dels Eixarcs,

[48] Aierdi, 1999, not. 228. «A 3 de marzo de 1662, viniendo una doncella muy bella y honrada, de Paiporta, en dicho camino, de un campo de trigo salieron cuatro hombres, según dijo, bandoleros, y la metieron en el campo de trigo y allí la forzaron y pasaron por ella los cuatro. La tuvieron todo el día y por la noche la dejaron irse y se fue a su casa y, contando a sus pares lo que le había pasado, de pena se cayó muerta».

[49] Las referencies de tiroteos en alquerías de la huerta valenciana entre bandoleros son abundantes, véase: Aierdi, 1999, not. 490.

[50] Para este bandido véase: Urzainqui, 2016, p. 614.

[51] Aierdi, 1999, not. 480.

[52] Aierdi, 1999, not. 577.

Quart, Cavallers, Corda, Valleriola, Sant Jordi y de Saragossa, entre otras[53]. Además, los portales de entrada y salida de la ciudad, como los de Serrans, Quart, del Real, del Mar o de Russafa[54], también fueron lugares donde los bandoleros hicieron de las suyas[55].

Los diarios se centran, en el caso del bandolerismo, en los acontecimientos que pasan en València ciudad, pero también aportan información de lo que hoy llamaríamos su área metropolitana. Por mucho que las obras apuntan en sus respectivos títulos o introducciones que van a aportar las noticias más destacadas del Reino de València, exceptuando algunas aportaciones puntuales, se limitan a escribir las cuestiones que ellos consideraban más relevantes de la capital y sus inmediaciones. El que abarca una mayor amplitud geográfica es Joaquim Aierdi. Él menciona noticias con detalles concretos sobre hechos ocurridos en localidades de la Horta de València, la Ribera, el Camp de Morvedre y el Camp de Túria. Esto sugiere que, además de su gran interés por las acciones de los bandoleros, Aierdi contaba con información de primera mano sobre acontecimientos en localidades como Meliana, Sagunt, Carcaixent y Llíria, entre otras[56].

A lo largo de las páginas de los diarios desfilan nombres de importantes malhechores como Vicent Senent o Mateu Benet. Sin embargo, es especialmente interesante que Aierdi mostraba un gran interés en las actividades del jefe de cuadrilla Lluís Peiró, originario de la villa de Alaquàs. De hecho, la obra del clérigo valenciano permite trazar casi toda la trayectoria criminal de Peiró. Este autor escribe un total de 16 noticias que se refieren directamente a Lluís Peiró o a su gavilla. Aierdi no solo documenta sus actividades delictivas, sino que también aborda aspectos de la vida privada del bandolero, incluyendo un episodio de violencia de género. En particular, relata un incidente en el que Peiró, tras la separación de su esposa, la visitó por la noche en su casa de la calle de los Barques en València y la agredió con una escopeta[57].

Tanto en la obra de Aierdi como en la de Benavent, se encuentran diversas referencias a las parcialidades valencianas, como la familia Vallterra, los Crespí de Valldaura o los Cerveres de Alzira, en relación con sus destierros o penas. Sin embargo, aunque se refleja la violencia dentro de la oligarquía valenciana y de la Iglesia, los autores no suelen vincular directamente estos crímenes con las parcialidades de la época. Así, cuando se ejecuta a Josep Vallterra, el motivo no se explica en ningún momento, a diferencia de lo que

[53] Aierdi, 1999, not. 486.

[54] Portal dels Serrans, Portal de la Trinitat, Portal del Reial, Portal de la Mar, Portal dels Jueus, Portal de Russafa, Portal de Sant Vicent, Portal dels Innocents, Portal del Coixo, Portal de Quart y Portal dels Tints.

[55] Agramunt, 2004, pp. 203-204.

[56] Aierdi, 1999, not. 542.

[57] Aierdi, 1999, not. 13.

ocurre con Tomàs de Anglesola en la obra de Torralba, quien sí anota que era protector de bandoleros. Es probable que esta omisión se deba a la incertidumbre de los dietaristas sobre quién había matado o agredido a un noble en plena calle de València, y por ello evitaran hacer conjeturas. No obstante, también es posible que haya habido una especie de autocensura por parte de los autores, quienes podrían haber evitado vincular el crimen organizado con las personalidades que controlaban el territorio y las instituciones por temor a posibles consecuencias si alguien leía el manuscrito.

El final del bandolero: el patíbulo

Aunque en los diarios se presentan diferentes indultos en Nápoles, Milán, Maó, Eivissa o los presidios del norte de África, el final de la mayoría de estos bandidos y de algunos de sus protectores, como Josep Vallterra o Tomàs de Anglesola, fue el patíbulo. Por un lado, Joaquim Aierdi no muestra un especial interés por las ejecuciones públicas. Pasa por alto muchas de las que ocurrieron durante el periodo en el que escribe, y la mayoría de las que menciona las anota de manera sintética[58]. Casi todas las referencias a la pena capital a un bandolero suelen ser breves. En ellas se escribe el nombre del reo, el lugar de procedencia, la sentencia, los motivos y la fecha de aplicación de la pena. Seguramente a Aierdi no le interesaban en exceso los detalles de los actos relacionados con la pena de muerte que se solían hacerse con asiduidad en la plaza del Mercat, probablemente por la cotidianidad de este tipo de eventos, aunque solían despertar mucho interés entre la población[59]. En el caso de los bandoleros, solo se suele explayar en algunos detalles cuando algún acontecimiento atípico o fuera del guion previsto ocurría, como cuando se tenía que mover la horca de sitio o se perdonaba, in extremis, a un inculpado[60].

Por su parte, Josep Agramunt muestra un desinterés total por la pena de muerte, debido a que solo menciona algunas referencias al respecto cuando describe el final de bandoleros que habían cometido delitos específicos que él destaca en sus anotaciones. Esta desatención la confirma el propio escritor en el prólogo de su obra, reseñando que: «Noé el guantero, en su libro, escribía todos los que ahorcaban, fuesen por ladrones o fuesen por otra cosa. Eso es lo que yo no hago, porque ahorcado no pongo ninguno, y si hay alguno en este libro será por alguna cosa particular o por rigor de virreyes»[61].

Las preferencias de Aierdi o Agramunt contrastan con las de Ignasi Benavent, puesto que de entre todas las noticias sobre bandoleros, destacan sobremanera las de bandidos capturados y ejecutados. Hemos contabilizado

---

[58] Aierdi, 1999, not. 771.

[59] Para las ejecuciones públicas en el siglo xvii véase: Llinares, 2017, pp. 108-125; Catalá & Pérez, 1998, pp. 203-246; Llinares, 2023a; pp. 39-63 y Llinares, 2023b.

[60] Aierdi, 1999, not. 785.

[61] Agramunt, 2004, p. 132.

un total de 35 referencias sobre ejecuciones públicas de malhechores. A pesar de esto, Benavent suele mantener un estilo narrativo sintético en la mayoría de los casos, limitándose a anotar la fecha del acto, el nombre del reo y el delito por el que fue condenado[62]. Sin embargo, al igual que Aierdi, Benavent menciona en su obra aquellos casos que le resultan especialmente interesantes. Por ejemplo, relata que el 11 de junio de 1696, Jaime Cristóbal, alias «Angelot», recibió la comunión antes de ser ahorcado. Benavent anota que: «cogió la forma en la mano y con mucha dificultad se la sacaron, pensado que de este modo se escaparía de la muerte»[63]. Asimismo, destaca que Jaume Català, alias «el Catalanet», de Sueca, fue ahorcado el 21 de enero de 1701. Según Benavent, Català «hizo una muerte muy ejemplar, con gran arrepentimiento». Esto sugiere que se esperaba que un reo, al subir al cadalso, mostrara arrepentimiento y valor a la hora de afrontar su final. Cuando esto ocurría, el reo era alabado por los asistentes y, en particular, por los clérigos[64]. Por último, Benavent también menciona un motín popular ocurrido el 4 de febrero de 1694, durante la ejecución del malhechor Joan González. En el momento en que González quedó suspendido en el aire, los dogales se rompieron. Ante esta situación, la muchedumbre que se había congregado para presenciar el trágico final de este bandido:

> [...] cargó a socorrerle tanta multitud de gente, religiosos y clérigos, que le sacaron de manos de la justicia y le defendieron, de modo que quantos ministros havía huyeron de temor de tantas armas y piedras que les llovían encima. Por último, entrárονle en el convento de Madalenas y las monjas le dieron escape y el señor arçobispo le alcançó el perdón y le tomó a su cargo[65].

Esto ocurría porque se creía que la horca representaba una metáfora entre el cielo y la tierra. Cuando se rompían las cuerdas, se consideraba una señal providencial, que manifestaba la intención de salvar al condenado[66]. Aun así, lo que nos interesa destacar aquí es que Benavent mostró un claro interés por las ejecuciones. Aunque Aierdi también anota algunas, estas no tienen tanto protagonismo en comparación con otras noticias sobre bandoleros. Por otro lado, Agramunt demuestra un total desinterés por la pena de muerte, aunque cuando relata alguna, proporciona detalles interesantes sobre el evento.

---

[62] Benavent, 2004, p. 65.

[63] Benavent, p. 93.

[64] Benavent, p. 102.

[65] Benavent, p. 84.

[66] Véase Agramunt, 2004, pp. 225-226.

 ISSN : 0076-230X.

El bandolerismo como fenómeno cotidiano en la València del siglo XVII

El bandolerismo valenciano del siglo XVII generó una violencia estructural prácticamente cotidiana. En este contexto, resulta difícil conocer con certeza la opinión de la población que, aunque no pertenecía a las parcialidades de la época, sufría directa o indirectamente las consecuencias de esta situación. A pesar de eso, el análisis de todas las noticias sobre los bandoleros aportadas en los diarios nos permite hacernos una idea del papel que jugaron los malhechores y los bandos en la sociedad de su época. El diario de Joaquim Aierdi, en particular, nos permite observar con mayor precisión hasta qué punto el bandolerismo se convirtió en un fenómeno normalizado para gran parte de la población de la época. Por ejemplo, Aierdi narra cómo la cuadrilla de Josep Artús, de unos 25 hombres, se encontró en el camino de Moncada con «Guasch, de Nàquera, y lo altre tal Cortina». En este encuentro, el primero intentó atacar a los bandoleros, pero el segundo lo detuvo, explicando que estos hombres eran muy amigos de su padre[67]. Esta simple anécdota demuestra cómo las relaciones afectivas y de parentesco influyeron en la dinámica del bandolerismo. Los bandoleros solían actuar cerca de sus residencias, donde tenían familia y lazos de amistad que a menudo sabían aprovechar para protegerse y facilitar sus actividades ilícitas.

Incluso en anotaciones de carácter religioso también podemos observar la presencia del bandido. Por ejemplo, durante la procesión de la Purísima Concepción de los notarios de València en el convento de Sant Francesc, en mayo de 1662, Aierdi dedica especial atención a los detalles litúrgicos y festivos del evento, enumerando los cargos religiosos, políticos, gremios e imágenes que participaban ese día. Sin embargo, no deja de anotar también:

> […] que entre els que anaven com a negres, com anaven en les cares tapades y desfresats, anaven molts bandolers y chent de mala vida, y cavallers de àbits y capellans y frares, per poder gozar de la llibertat y soltura; y era tan gran la multitut de negres desfresats que pasaven de més de setanta o huitanta[68].

Entendemos que era conocido y aceptado por gran parte de la población que los bandoleros participaran en la vida pública de la ciudad. Estos malhechores, de alguna manera, adquirieron un «estatus» social en ese tiempo. Esto podría ser consecuencia de varios factores: algunos bandoleros contaban con la protección de miembros de la alta sociedad valenciana, lo que les confería cierto respeto basado en el temor; o bien, la literatura popular y el teatro

[67] AIERDI, 1999, not. 720.

[68] AIERDI, 1999, not. 229: «que entre los que iban de negro, como iban los de cara tapada y disfrazados, iban muchos bandoleros y gente de mala vida, y caballeros de habito y curas y frailes, para poder gozar de libertad y soltura. Y era tanta la multitud de negros disfrazados que pasaban de más se setenta u ochenta».

contribuyeron a moldear su imagen, transformándolos en «guapos y valientes perdonavidas», como le ocurrió a Mateu Vicent Benet[69]. Lo cierto es que a pesar de que en la documentación judicial y en los diarios muchas veces se utilizaba el término «ladrón» como sinónimo de bandolero, la población tenía clara la distinción entre un simple «ratero», que robaba para sobrevivir o hacía pequeños hurtos y un salteador famoso que iba en cuadrilla y formaba parte del crimen organizado de los bandos. Con respecto a esto, Aierdi también anota una noticia bastante ilustrativa sobre el bandolerismo. En julio de 1663, se produce un altercado entre unos malhechores cuando los bandidos de la comisión —es decir, aquellos contratados por la justicia para perseguir a otros delincuentes— intentan extorsionar a un joven diciéndole que les trajera 100 libras y que si no lo hacía lo matarían. Acto seguido, la víctima relató lo sucedido: «comensà la chent a avalotar-se, dient que allò no eren bandolers sinó lladres»[70].

El diario del clérigo también nos muestra un territorio dominado por la violencia, cómo cuando describe con gran detalle la revuelta de los *llauradors* de 1663[71], explicando que que cada individuo procuraba velar por su propia seguridad para intentar seguir vivo:

> [...] perquè, encara que és veritat que molta cosa es podia remediar regoneixent als portals, però trobant-se València y son regne en lo estat tan desdichat com se trobava, en tants de bandolers y tantes morts com cada dia es feien per molt poca causa, ningú gosava atrevir-se aregonéixer als portals a ningú, ni a ningun coche ni galera ni càrrega, ni home ni dona, ni frare ni cappellà, perquè de contat era tenir, a la nit, una caravinada. Y així, cada hu procurava guardar la sua vida y no posar-se en qüentos, ab què tot redundava en perjuhí de la pobra ciutat [...][72].

De este modo, no debemos entender el bandolerismo valenciano de la época simplemente como un fenómeno de personas que operaban en despoblados y caminos, robando y matando para pasar desapercibidos, viviendo en zonas montañosas de difícil acceso. En realidad, muchos de estos bandoleros buscaban hacerse respetar y ser reconocidos por la población a través de actos de desafío constante contra las normas y la justicia. Por ese motivo, muchos malhechores optaron por dejar carteles y pasquines, anunciando

[69] Llinares, 2018, pp. 243-267. Llinares, 2024.

[70] Aierdi, 1999, not. 668: «comenzó la gente a amotinarse, diciendo que no eran bandoleros, si no ladrones».

[71] Guia, 1982, pp. 305-326.

[72] Aierdi, 1999, not. 646: «Porqué, aunque es verdad que gran parte del problema que hubiera podido solucionar guardando los portales, se encontraba València y su reino en un estado muy desdichado, por los bandoleros y muertes que cada día se hacían por motivos banales, nadie osaba atreverse a reconocer en los portales a ninguna persona, ni a ningún coche, galera o carga, ni hombre ni mujer, ni fraile ni cura, porqué si esto pasaba, por la noche, tendría un carabinazo. Y así, cada persona guardaba por su vida y procuraba no meterse en problemas, con lo que todo redundaba en perjuicio de la pobre ciudad».

sus acciones delictivas o buscando intimidar a rivales y autoridades. Aierdi documenta algunos de estos escritos en sus anotaciones. Por ejemplo, tras el asesinato del fraile Cotanda, se colocó un cartel que indicaba que su muerte se debía a que había enfadado al fraile Aguilar. Además, en la plaza del Mercat, la cuadrilla de Caragol colocó un pasquín dirigido a las autoridades, en el que se advertía que no era necesario buscar más al responsable de la muerte de «Brasdeferro y el otro, en Picanya», ya que el propio bandolero se atribuía el crimen, explicando que las víctimas intentaron traicionarlo y delatarlo a él y a sus compañeros[73]. Otros papeles colocados en lugares transitados de la ciudad, escritos seguramente por alguna parcialidad o cuadrilla contraria, intentaban presionar al virrey para que ejecutara a un determinado bandolero que tenía preso en ese momento, tal y como pasó con «lo Cabrero»[74].

Por ende, el bandolerismo, no solo a través de sus muertes y robos, sino también mediante sus desafíos públicos y amenazas, estuvo intrínsecamente presente en la vida cotidiana del Barroco valenciano. Incluso, penetró de lleno en los juegos de los más jóvenes, los cuales suelen reproducir lo que oyen o ven. A veces, con un final dramático, como este caso: «A 21 de dits, a migdia, dos fadrinets de la casa de Cathalà, el ferrer de defora al portal de Sent Vicent, jugant los dos, lo hu feia el bandoler y lo altre lo agusil. Y dient 'Tinga's al rey!' en la escopeta encarada, es desparà y el matà, a l'altre»[75].

«Lo poder estava de part dels delinqüents»: La opinión de los dietaristas sobre el bandolerismo

Como muchos expertos en esta literatura apuntan[76], y nosotros remarcábamos en la introducción, los autores de los diarios intentan dar en sus obras un enfoque impersonal, es decir, relatar lo que pasaba, pero sin entrar a valorar los hechos. Aun así, como apunta Carme Simó:

> Sota l'aparença d'una narració objectiva dels fets, s'hi amaga la particular concepció del món de l'autor; la importància rau, doncs, no ja en l'exposició més o menys exacta d'uns esdeveniments històrics, sinó en el fet d'oferir-nos una oportunitat de conèixer la manera com els interpretaven, com els vivien, en definitiva, els homes de l'època[77].

[73] Aierdi, 1999, not. 1117.

[74] Aierdi, 1999, not. 479.

[75] Aierdi, 1999, not. 690: «El 21 del dicho, a mediodía, dos jovencitos de la casa de Català, el herrero de fuera del portal de Sant Vicent, jugando los dos, uno hacía de bandolero y el otro de alguacil, diciendo 'deténgase en nombre del rey' encarándole con la escopeta, disparó y mató al otro».

[76] Vicent Josep Escartí, Carme Simó o Eulàlia Miralles, entre otros. Véase la bibliografía final.

[77] «Bajo la apariencia de una narración objetiva de los hechos, se esconde la particular concepción del mundo del autor; la importancia radica, entonces, no ya en la exposición

Los diferentes dietaristas aportan noticias sobre robos, muertes, capturas o ejecuciones que tuvieron a los bandidos como protagonistas o en su defecto a las parcialidades, pero raras veces nos dejan entrever sus opiniones acerca del bandolerismo. Por ejemplo, aunque Pere Joan Porcar, para un periodo cronológico anterior, escribe acerca de los bandoleros de su época, no hemos podido encontrar en ninguna de ellas su opinión sobre los acontecimientos que narra. A pesar de esto, entre los cuatro dietarios analizados en este trabajo, hemos encontrado referencias que nos permiten afirmar que los autores rechazan por completo el mundo del bandolerismo que les tocó vivir. Ya hemos apuntado la referencia de Aierdi donde dice que se lamenta del estado en que se encontraba València y su reino «en tants de bandolers y tantes morts com cada dia es feien per molt poca causa»[78]. Por su parte, Vicent Torralba dice que la sociedad valenciana se encontraba infestada de bandoleros, los cuales tenía atemorizada a la población pues, según explica:

> [...] no podíem viure en València, pues los bandolers se avien apoderat del tot lo Reyne y se atrevien ha entrar en la ciutat y anaven a la Almoyna y traïen los pressos; y no avia qui se'ls atrevís a dir paraula ni encara a preguntar qui hu a fet. Patíem grans treballs, y més los que vivien de sa hizienda, perquè no avia que executar a ningú, perquè, si enviava la execució, li tiraven una escopetada y avia de dexar de cobrar perquè no el matassen, y tots estaven atemorizats[79].

Torralba es bastante claro en su opinión acerca de los bandoleros y acaba afirmando que: «Déu vullga que no vejam més bandolers en lo Reyne perquè es feyen grans vellaqueries y maldats, y moltes morts, tan dins de la ciutat de València com fora de la ciutat»[80]. Por su parte, Ignasi Benavent también expresa su parecer con claridad respecto al bandolerismo. Señala que, cuando el marqués de Astorga (1664-1666) asumió el cargo de virrey de València, este se encontró con un escenario de desorden y violencia, y se dio cuenta de que: «el reyno [estaba] tan perdido» argumentando que este «empeçó el castigo por los valedores de bandidos en las personas y haziendas desterrándoles a

más o menos exacta de unos acontecimientos históricos, si no en el hecho de ofrecernos una oportunidad de conocer la manera de como los interpretaban, como los vivían, en definitiva, los hombres de la época» (Simó, 1995, p. 11).

[78] Aierdi, 1999, not. 646: «con tantos bandoleros y tantas muertes que cada día se hacían por causas triviales».

[79] Torralba, 1995, p. 40: «no podían vivir en València, pues los bandoleros se avían apoderada de todo el Reyno y se atrevían a entrar en las ciudades e iban a la Almoina y sacaban a los presos; y no había quién se atreviera a decir ninguna palabra ni tampoco a preguntar quién lo ha hecho. Todos padecían estos hechos, y más los que vivían de la hacienda porque no avía quién ejecutara a nadie, porque si se ordenaba ejecutar, le tiraban un escopetazo y tenía que dejar de cobrar para que no lo matasen y todos vivían atemorizados».

[80] Torralba, 1995, p. 62. «Dios quiere que no veamos más bandoleros en el Reino porque se hacían muchas bellaquerías y maldades y muchas muertes, tanto dentro de la ciudad de València como fuera de ella».

diferentes presidios. Ahorcó muchíssimos, tanto que huvo semana de nueve, que bien fue menester tanto rigor para atajar tanto mal». De esta manera, se muestra claramente a favor de las técnicas y métodos empleados por el *alter ego* del rey, añadiendo que este «fue el virrey más querido y aplaudido de quantos se han conoscido, pues hasta los mismos reos le vitoreavan y davanalabanças a su gobierno»[81]. Además, cuando Benavent hace balance del virreinato de Alfonso Pérez de Guzmán (1696-1700) remarca que este «desterró jurados, condes, marquezes y hizo diferentes vezes embarcasiones de gente de mala vida. Y sobre todo este modo de gobierno no le miravan bien todos. Fue muy desgraciado con tantos bandidos que perturbaron su gobierno»[82].

Por su parte, Benavent o Aierdi presentan un País Valènciano desolado, donde reinaba la violencia y la inseguridad. El primero llega a decir en 1692 que «por estos días reynavan muchos ladrones bandidos en diferentes cuadrillas, que no se podía ir por los caminos de día ni de noche»[83]. De otro lado, Josep Agramunt también intenta exponer las noticias con un tono «imparcial», pero cuando narra el robo de las sagradas formas de Paiporta afirma que «se hallaba este reyno oprimido con tanto vandido que iban por esas huertas aquadrillados de ciento en ciento, haciendo muchas tiranías y ruindades para sustentarse»[84], llegando a calificar a los bandoleros como «*hombres sin Dios ni razón*» cuando describe la escamaruza en Aldaia entre los hombres de Peiró y la justicia en 1663[85].

Tanto Aierdi como Benavent también muestran su descontento con la falta de justicia que, según ellos, existía en el país, ya que muchos jueces, alguaciles o virreyes favorecían a los bandoleros y a las parcialidades. En cuanto a Aierdi, esta opinión se puede observar en algunas anotaciones breves dentro de su obra. *Verbi gratia*, cuando se cerró el portal de Serrans para capturar a unos bandoleros que supuestamente se encontraban dentro de la ciudad, y la operación finalmente fracasó, añade el autor que esto ocurrió «perquè els mateixos ministres de justícia els avisaren»[86]. En términos similares se expresa cuando relata la violación grupal de unos bandoleros a una mujer cerca de Paiporta, la cual hemos citado ya, reseñando que este crimen «també quedà sinse càstich, com totes les demés coses que es fan; ni la justícia féu dilichència ninguna»[87]. Aierdi es sumamente explicito con este tema y afirma literalmente que «lo poder estava de part dels delinqüents y contra ell,

[81] Benavent, 2004, p. 42.

[82] Benavent, 2004, p. 95.

[83] Benavent, 2004, p. 78.

[84] Benavent, 2004, p. 171.

[85] Agramunt, 2004, p. 200.

[86] Aierdi, 1999, not. 712.

[87] Aierdi, 1999, not. 712: «También quedó sin castigo, como las demás cosas que se hacen, ni la justicia hizo diligencia alguna».

no sols se consertaren en traure'ls de traball y que no es castigàs un delicte tan grave com matar a un home amich seu»[88]. De igual modo, Aierdi critica que se premie con un hábito al bandolero Caragol, a pesar de los numerosos delitos que perpetró tanto en València como en Madrid. Alude a que esta recompensa, totalmente injusta desde su perspectiva, se concedió debido a la intervención del virrey, el duque de Veragua, quien favoreció al malhechor[89].

Aierdi también se queja de la falta de justicia, pero es cuidadoso al vincular las acciones delictivas con los virreyes. Aunque deja entrever su opinión en el caso de Caragol, intenta ser cauteloso para que su crítica no recaiga de manera explícita sobre esta figura institucional. Este estilo contrasta con el de Ignasi Benavent, quien no tiene reparos en criticar abiertamente la gestión de Manuel de los Cobos y Luna, marqués de Camarasa (1659-1663), afirmando que

> En el año 1660 se hallava esta ciudad y reyno tan aniquilada y oprimida por falta de justicia que todo era robos y muertes. Tanto que, en ser de noche, no havía quién, sin mucho peligro, se atreviere a salir de su casa [por]que entra van esquadras de bandidos, y esto de día mu[chas] vezes, y hazían mil desacatos a los ministros del re[y] [y] rondas, todo por culpa del virrey marquez de Camaraça[90].

Dicho de otro modo, el dietarista llega de decir que si el bandolerismo se había apoderado del territorio era por culpa del virrey, el marqués de Camarasa. Tanta es la animadversión de este escritor hacía la máxima autoridad del reino, después del propio monarca, que llega a escribir que en 1659 «este virrey se mostró m[uy] apasionado por los comisarios que ha[c]ían mil insolencia[s] [a] su favor» y que ayudaba a bandoleros como Benet, al cual «le [abore]cía en estremo» y que «al *Cabrero* no le pudo librar de la horc[a], [con to]do lo que le amava»[91]. Es decir, vincula directamente a los bandoleros con el propio virrey, ya que este último, según la opinión del autor de la obra, tenía una relación de amistad estrecha con algunos de estos. La opinión de Benavent es compartida con otros personajes de la época, como Francesc Gavaldà, el cual dice que las parcialidades «y sequito de los bandos» había matado más gente que la peste y además había enfurecido a la providencia[92]. Esto va en sintonía con lo que expresan otros autores como Onofre Esquerdo, ya que en su diario vincula la muerte de fray Facundo Ribera en 1680[93] con este virrey, señalando que:

---

[88] Aierdi, 1999, not. 914.

[89] Aierdi, 1999, not. 1201.

[90] Benavent, 2004, p. 40.

[91] Benavent, 2004, p. 38.

[92] Gavaldá, 1651, s. f. (introducción).

[93] Callado, 2003, pp. 203-246.

> [...] este pago le dió el dicho virrey al dicho frayle, después que por su orden le hiso haser diferentes muertes; y porque no quiso executar dicho frayle una que le mandó el virrey que hiciera en la villa de Madrid, matando al duque de Pastrana, le llamó por una carta suya y el pobre vino llamado por el virrey al Real, como otras veses. Y viniendo vendido con dos que le acompañavan, le coxieron y el virrey mandó executar lo sobredicho en la persona de fray Facundo Ribera[94].

Esquerdo muestra, con esta descripción, cómo funcionaba el bandolerismo valenciano de la época y confirma la opinión de Benavent de la implicación del propio virrey en esta forma de violencia organizada.

Así, los dietaristas como Torralba, Aierdi, Benavent y Agramunt expresan claramente su rechazo hacia el mundo de los bandidos y las parcialidades. Si alguno de estos autores hubiera estado alineado con algún bando o tuviera una relación directa con un importante malhechor, es improbable que se hubiera manifestado con la misma contundencia. En otras palabras, resulta difícil imaginar que eclesiásticos como Ventura Ferrer, Jeroni Vallterra o Pasqual de Cardona, o nobles como don Josep Salvador Crespí de Valldaura o don Jeroni Brizuela, miembros prominentes de los bandos de la época, hubieran hecho afirmaciones tan críticas contra el bandolerismo, especialmente en un tipo de escritura de carácter privado e íntimo.

Conclusiones

Como conclusiones finales, es esencial destacar que el bandolerismo se presenta como un tema recurrente en la mayoría de los diarios personales de la época, aunque su tratamiento varía notablemente entre los diferentes autores. La obra de Joaquim Aierdi destaca por su exhaustividad en la cobertura del fenómeno bandolero, proporcionando una visión detallada y extensa que lo convierte en una fuente invaluable para el estudio del tema. Por otro lado, Ignasi Benavent también otorga un protagonismo significativo al bandolerismo, aunque con un enfoque menos exhaustivo. En contraste, los diarios de Josep Agramunt y Vicent Torralba presentan un número reducido de referencias al bandolerismo, lo que puede atribuirse a la brevedad del diario de Torralba y al carácter híbrido entre dietario y crónica del de Agramunt.

Además, se observa una notable variación en los estilos narrativos entre los autores. Mientras Agramunt se enfoca en ofrecer detalles extensos y minuciosos, Benavent adopta un estilo más sintético. Joaquim Aierdi, por su parte, presenta un enfoque intermedio, combinando concisión en algunas noticias con una rica descripción en otras. Esta diversidad en la forma de

[94] Esquerdo, ARCPV. Ms. 32, fols. 29-30.

relato resalta las distintas perspectivas y prioridades de los autores al abordar el bandolerismo, ofreciendo una panorámica variada del fenómeno en el contexto del Barroco valenciano.

También varían las noticias que aportan sobre el bandolerismo de la época, pudiendo afirmar que a Aierdi y a Agramunt, y en cierta medida también a Torralba, les interesaban los temas «morbosos» o «sanguinarios» vinculados a crímenes cometidos por bandidos. Por su parte, Benavent muestra un claro desinterés por la mayoría de los delitos perpetrados por los bandidos y se centra en relatar las capturas y ejecuciones de estos, sin renunciar a su estilo sintético. En los diarios personales, los autores reflejan lo que consideran más significativo, lo que lleva a una notable variabilidad en la cobertura del bandolerismo. Así, en la obra de Ignasi Benavent, se encuentran numerosas descripciones de ejecuciones públicas de bandidos, mientras que Josep Agramunt, como él mismo indica en su prólogo, evita abordar la pena capital. Joaquim Aierdi, en cambio, menciona algunas ejecuciones, pero lo hace con moderación, sugiriendo que la pena capital era percibida como un evento rutinario, cuya relevancia se limitaba a incidentes fuera de lo ordinario.

Los diarios examinados evidencian cómo la violencia, las muertes y las extorsiones se habían integrado en la vida cotidiana y la estructura social del siglo XVII en València. El diario de Joaquim Aierdi destaca que el bandolerismo no solo estaba presente, sino que era aceptado por amplios sectores de la población. Los bandidos operaban cerca de sus residencias, participaban en la vida pública de las villas y utilizaban pasquines para intimidar. La omnipresencia del bandolerismo en la vida diaria es tal que incluso los niños solían recrear las acciones de los malhechores, reflejando la profunda influencia que el fenómeno ejercía en la sociedad de la época.

A pesar del esfuerzo de los autores de los diarios por adoptar un estilo impersonal e imparcial, con la intención de conferir mayor credibilidad a sus narraciones, una lectura minuciosa de sus textos revela, de manera sutil, sus opiniones personales. En efecto, los dietaristas que hemos examinado demuestran un rechazo contundente hacia las acciones de los bandoleros y las parcialidades, manifestando en numerosas ocasiones su descontento con el clima de violencia y criminalidad que prevalecía en el Reino.

Particularmente, figuras como Aierdi y Benavent no vacilan en señalar la complicidad de la justicia y de personajes influyentes, como el virrey, en el sostenimiento de los bandoleros. Por ende, los diarios personales del siglo XVII y de la segunda mitad del siglo se erigen como documentos excepcionales para el estudio del bandolerismo valenciano del Barroco, ofreciendo información y detalles que raramente se encuentran en los textos institucionales.

Fuentes

AIERDI, Joaquim (1999), *Dietari. Notícies de València i son regne, de 1661 a 1664 i de 1667 a 1679*, Vicent J. ESCARTÍ (ed.), Barcelona, Barcino.

AGRAMUNT, Josep (2004), «Libro de casos sucedidos en la ciudad de València, tanto antiguos como modernos, en donde se hallarán muchas cosas curiosas y noticias de muchas fundaciones antiguas y noticia de todos los vireyes, obispos y arzobispos desde el primero hasta el día de oy», en Emilio CALLADO & Alfonso ESPONERA (ed.), *Memoria escrita, historia viva. Dos dietarios valencianos del seiscientos*, València, Ajuntament de València, pp. 129-251.

BENAVENT, Ignasi (2004), «Cosas más notables sucedidas en València desde el año 1657 a 1783», en Emilio CALLADO & Alfonso ESPONERA (ed.), *Memoria escrita, historia viva. Dos dietarios valencianos del seiscientos*, València, Ajuntament de València, pp. 36-129.

TORRALBA, Vicent (1995), «Les memòries curioses (1609-1651) de mossèn Vicent Torralba», Antoni FERRANDO (ed.), *L'Aiguadolç*, 21, pp. 37-64.

ESQUERDO, Onofre (s. XVII), *Memoria valenciana*, ARCPV, Ms. 32.

GAVALDÀ, Francesc (1651), *Memoria de los sucesos particulares de València y su reino en estos años mil seiscientos quarenta y siete y quarenta y ocho, tiempo de peste*, València, Silvestre Esparsa Imp.

Bibliografía

ALBEROLA-ROMÀ, Armando (2016), «Clima, desastre y religiosidad en los dietaristas valencianos de los siglos XVI y XVII», *Ohm: Obradoiro de historia moderna. Ohm: obradoiro de historia moderna,* 25, pp. 41-66.

AMELANG, James (2002), *El vuelo de Ícaro: La autobiografía popular en la Europa moderna*, Madrid, Siglo XXI de España Editores.

ARIÈS, Philippe & Georges DUBY (1986), «Histoire de la vie privée», en *De la renaissance aux Lumières*, París, Éditions Seuil, vol. III.

CASEY, James (1983), *El reino de València en el siglo XVII*, Madrid, Siglo XXI.

BOLUFER, Mónica (2014), «Multitudes del yo: biografía e historia de las mujeres», *Ayer. Revista de Historia Contemporánea*, 93, 1, pp. 85-116

CATALÁ, JORGE (1996), «Consideraciones sobre el desenlace del proceso de pacificación de la nobleza valenciana», *Studia Historica*, 14, pp. 155-172.

CATALÁ, JORGE & Pablo PÉREZ (1998), «La pena capital en la Valencia del XVII», *Estudis*, 24, pp. 203-246.

CATALÁ, Jorge & Sergio URZAINQUI (2011), «Delincuencia y orden público en la Valencia de Felipe V. Una visión general y dos aproximaciones selectivas a partir de una fuente poco conocida: los registros de la Real Audiencia borbónica», *Estudis*, 37, pp. 253-272.

Catalá, Jorge & Sergio Urzainqui (2016), *El bandolerismo morisco valenciano (1563-1609)*, València, Universitat de València.

Ciapelli, Giovanni (2007), «L'Evoluzione dei modelli di memorio familiare: i libro di familia toscani (secoli xvi-xvii)», en *Memoria, famigli, identitàtra Italia ed Europa nell'età moderna*, Boloña, Edizione del Mulino, pp. 201-233.

Escartí, Vicent Josep (1995), «Presentació del monogràfic», *L'Aiguadolç*, 21, pp. 9-10.

Escartí, Vicent Josep (1998), *Memòria privada. Literatura memorialista valenciana dels segles xv al xviii*, València, Tres i Quatre.

Escartí, Vicent Josep (2001), «Joaquim Aierdi i les Notícies de València i son Regne (1661-1679)», *Caplletra*, 31, pp.75-88.

Foucault, Michel (1990), *Tecnologías del yo: y otros textos afines*, Madrid, Ediciones Paidós.

Fuster, Joan (1962), «La València del segle xvii a través d'un dietarista eclesiàstic », en *Poetes, moriscos i capellans*, València, Tres i Quatre, pp. 123-200.

García Martínez, Sebastián (1991), *València bajo Carlos II. Bandolerismo, reivindicaciones agrarias y servicios a la monarquía*, Villena, Ajuntament de Villena.

Guia, Lluís (1982), «La revolta dels llauradors de l'horta de 1663», en *Estudios dedicados a Juan Peset Aleixandre*, València, Universitat de València, pp. 305-326.

Guia, Lluís (2003), «Dona, honor i bandolerisme: els 'Desordres' de l'almirall d'Aragó en la València del segle xvii», *Estudis*, 28, pp. 287-315.

Kamen, Henry (1947), «Banditry in Valencia», *Journal of European Economic History*, 3, pp. 654-687.

Llàcer, Arantxa (2018), «Festa pública i memorialística a la Barcelona barroca», *Manuscrits. Revista d'Història Moderna*, 37, pp. 99-116.

Llinares, Alejandro (2017), «El final del bandoler: aproximació a la literatura de patíbul de la Corona d'Aragó», *Scripta. Revista internacional de literatura i cultura medieval i moderna*, 10, pp. 108-125.

Llinares, Alejandro (2018), «Mateu Vicent Benet: la importancia d'un bandoler valencià en la literatura popular impresa (segles xvii-xviii)», *Revista valenciana de filologia*, 2, pp. 243-267.

Llinares, Alejandro (2021), «"Tantes morts com cada dia es feien". El bandolerisme valencià del barroc en el dietari de Mossèn Joaquim Aierdi», en Vicent Josep Escartí & Rafael Roca (eds.), *Identitats i violències. Documentació i literatura*, València-Catarroja, Afers, pp. 535-564.

LLINARES, Alejandro (2022), «Els marginats socials com a "culpables" de "lo mal contagiós" en la València del segle XVII», *Studia Iberica et Americana*, 8, pp. 111-126.

LLINARES, Alejandro (2023a), «"El solo recurso que queda a estos pobres ciegos": una aproximación histórica a los testamentos de ajusticiados en la literatura popular impresa española (ss. XVI-XIX)», *Boletín de Literatura Oral*, extr. 6, pp. 39-63.

LLINARES, Alejandro (2023b), «The Songs of the Scaffold: Characteristics, Creation, and Diffusion of Execution Ballads in Sixteenth- and Seventeenth-Century Catalonia», *Acta Histriae*, 31 (4), pp. 647-672.

LLINARES, Alejandro (2024), «"Cuando un valenciano va a Madrid es tenido por un bandolero": memoria y mitificación del bandolerismo del Reino de València (ss. XVII-XVIII)», *Annales, series historia et sociologia*, 34 (3).

MIRALLES, Eulàlia (2003), «La visió dels ciutadans: els dietaris personals», en Eulàlia DURAN & Eulàlia MIRALLES (coords.), *La Barcelona ideal i la Barcelona real en la cultura literària de l'Edat Moderna*, Barcelona, Ajuntament de Barcelona, pp. 207-232.

PELLICER, José (1965), *Avisos históricos*, Madrid, Taurus.

REGLÀ, Joan (1966), *El bandolerisme català del Barroc*, Barcelona, Guió d'or.

ROCA, Rafael (2021), «Violence Against Women in Pere Joan Porcar's Dietari (16th-17th Centuries)», en Vicent Josep ESCARTÍ (coord.), *Invisible biographies: marginates and marginals*, Amsterdam, John Benjamins Publishing, pp. 57-72.

SIMÓ, Carme (1998), «La dietarística a Mallorca», *L'Aiguadolç*, 21, pp. 11-18.

SIMON, Antoni (1988), «Memorias y diarios personales de la Cataluña moderna», *Historia Social*, 2, pp. 119-134.

URZAINQUI, Sergio (2016), *Bandidos y bandolerismo en la València del siglo XVII: nuevas fuentes, nuevas perspectivas*, tesis doctoral inédita, València, Universitat de València.

¿Musulmán o judío? La imagen interconectada del «otro» en la Corona de Aragón (*ca.* 1390-*ca.* 1450)

Francesc Granell Sales
Universitat de València

Los estudios sobre alteridad religiosa en el arte han distinguido el análisis de los signos del musulmán de los del judío, como si esta diferenciación obedeciera a una clasificación iconográfica que ya concebían las sociedades medievales. Sin embargo, es sabido que determinadas obras plantean demasiados interrogantes al investigador del siglo XXI que quiere ajustarse estrictamente a la taxonomía de la producción figurativa. Este artículo selecciona un número significativo de pinturas que combinan, indistintamente y en una misma escena, símbolos asociados al islam y al judaísmo para indagar en la interrelación que lo visual proponía de estas dos culturas. Enmarca las imágenes en su contexto histórico y las analiza como una proyección de la coexistencia interreligiosa en cada uno de los cuatro principales territorios que conformaron la Corona de Aragón entre 1390 y 1450.

PALABRAS CLAVE: OTREDAD, JUDÍO, MUSULMÁN, CORONA DE ARAGÓN

POUR CITER CET ARTICLE / PARA CITAR ESTE ARTÍCULO / TO QUOTE THIS ARTICLE

Francesc GRANELL SALES, « ¿Musulmán o judío? La imagen interconectada del "otro" en la Corona de Aragón (*ca.* 1390-*ca.* 1450) », Vicent Josep Escartí y Alejandro Llinares Planells, (coord.), *Marginales y minorías: una mirada poliédrica a textos olvidados (ss. xv-xvii)*, Dossier des *Mélanges de la Casa de Velázquez*. Nouvelle série, 54 (2), 2024, pp. 81-110.

 ISSN : 0076-230X.

Musulman ou juif ? L'image interconnecté de « l'autre » dans la Couronne d'Aragon

Les études sur l'altérité religieuse dans l'art ont distingué l'analyse des signes du musulman de ceux du juif, comme si cette différenciation obéissait à une classification iconographique déjà conçue par les sociétés médiévales. Cependant, il est bien connu que certaines œuvres ne peuvent pas se conformer strictement à la taxonomie de la production figurative. Cet article sélectionne un nombre important de peintures qui combinent, indistinctement et dans la même scène, des symboles associés à l'Islam et au Judaïsme afin d'examiner l'interrelation visuelle proposée entre ces deux cultures. Il replace les images dans leur contexte historique et les analyse comme une projection de la coexistence interreligieuse dans chacun des quatre principaux royaumes qui composaient la couronne d'Aragon entre 1390 et 1450.

MOTS CLÉ : ALTÉRITÉ, JUIFS, MUSULMANS, COURONNE D'ARAGON

Muslim or Jew? The interconnected image of "the other" in the Crown of Aragon (*c.* 1390-*c.* 1450)

The historiography on religious otherness in art has analysed separately the Muslim signs and those of the Jew, as if this differentiation was due to an iconographical classification already conceived by medieval societies. However, it is known that certain artworks cannot adapt to an epistemological framework created by a taxonomy of figurative production. This paper selects a significant group of images that combine equally Muslim and Jewish symbols in order to look at the visual interrelation proposed between these two cultures. It frames the images in their own historical context and it analyses them as a projection of interreligious coexistence in the four main realms which belonged to the Crown of Aragon between 1390 and 1450.

KEYWORDS: OTHERNESS, JEWS, MUSLIMS, CROWN OF ARAGÓN

La asociación de lo musulmán y lo judío en contexto

Empecemos con una imagen. En la tabla de la batalla del Puig del retablo de san Jorge del Centenar de la Ploma puede verse un soldado musulmán portando una adarga sobre la que hay representado un escorpión (Fig. 1). La escena muestra el enfrentamiento, acaecido en agosto de 1237 en la población valenciana del Puig, entre el ejército del emir de Balansiyya y las tropas del rey de Aragón, que aquí, siguiendo un pasaje de la Crónica de San Juan de la Peña, están siendo auxiliadas por san Jorge[1]. El escorpión era un símbolo del judío, de su perfidia[2]; por tanto, su representación en la escena no se ajusta al relato en que se enmarca la conquista cristiana del reino de Valencia. La referencia figurativa al hebreo puede desconcertar al espectador del siglo XXI. No fue así para el público de la época. El hecho histórico se reinterpretaba desde su presente y, concretamente, a partir de los valores de una sociedad compuesta por cristianos, musulmanes y judíos. El escorpión aludía a unos «otros» con los que los cristianos viejos coexistían diariamente.

Fig. 1. – Marçal de Sas, Detalle de la batalla del Puig del retablo de san Jorge del Centenar de la Ploma, *ca.* 1400-1405, Victoria & Albert Museum, Londres.
© Victoria & Albert Museum, Londres. Foto: Institut Valencià de la Conservació i la Restauració

La acomodación de un signo de alteridad ajeno no era una manera de proceder excepcional en las artes visuales. Victor Stoichita definió este fenómeno como la «alteridad interconectada»[3]. En el detalle de la tabla de la batalla del Puig, el pintor —o su mentor— conectó dos culturas no-cristianas, la judía y la musulmana, pero, aun así, el portador del símbolo del escorpión no

[1] Serra Desfilis, 2002, pp. 25-30. Serrano Coll, 2011, pp. 205-208. Miquel Juan, 2011, pp. 187, 196-201.

[2] Bulard, 1935. Capriotti, 2014. Szpiech, 2017. La metáfora antijudía del escorpión ya aparece en el tratado *Pugio fidei* (*ca.* 1280) de Ramon Martí: «*sed quia judaei velut scorpius armati sunt magis semper animo nocendi*». Martí, 1687, pars. III, dist. III, cap. XI, § XIV, p. 782.

[3] Stoichita, 2016, pp. 40-46.

ve modificada su identidad cultural. Sigue siendo uno de los soldados vencidos en una de las guerras claves del proceso de conquista debido a su piel oscura, caracterización que lo presenta como andalusí de la misma manera que a sus aliados en el combate. Entonces, ¿por qué está representado un escorpión en el centro de su escudo? Quizás la nota expresiva más evidente de la batalla del Puig sea su dramatismo: en el choque violento entre las dos huestes, la sangre brota de heridas y de miembros mutilados de la caballería musulmana[4]. La escena se elaboró con la intención de proponer una visión de sometimiento cruento de los sarracenos. Destaca cuál es su destino como enemigos del cristianismo. Como la connotación negativa del escorpión era inequívoca —era un símbolo denostador de los judíos como traidores de Jesús— su representación sobre la adarga en este escenario servía para acentuar, junto al tono violento de la contienda, la cualidad de los musulmanes como rivales de la verdadera fe. ¿La intención de incluir un signo ajeno al personaje representado estuvo siempre tan clara como en la batalla del Puig?

La asociación que los cristianos proponían entre lo judío y lo musulmán con la voluntad de señalar al «otro» ha sido una constante histórica. Allan H. Cutler y Hellen E. Cutler han retrotraído el antecedente de esta tradición a los siglos VII y VIII, cuando los cristianos del imperio bizantino y los visigodos de la Península Ibérica consideraron que los judíos eran aliados de los musulmanes durante las conquistas del imperio omeya[5]. No es fácil determinar en qué momento la idea de esta alianza deviene una tradición convencionalizada en la Cristiandad occidental. Por una parte, cabe tener en cuenta que la base teológica y apologética que relacionaba las dos confesiones, a veces intercambiando sus roles, fue razonada por distintos pensadores de la Iglesia, quienes las agruparon, a través de la hermenéutica, en una única clase de infieles que socavaba la unidad de la fe cristiana[6]. Y, por otra, que el desarrollo de las cruzadas desde finales del siglo XI hasta el 1500 evidencia que el ideal de guerra santa contra el islam legitimó y motivó la polémica que acusaba a los judíos de estar asociados con los musulmanes[7]. Un ejemplo de esta polémica en la Corona de Aragón es el relato del robo de las hostias de la población valenciana de Torreblanca: se creía que el asalto fue posible gracias a un sastre judío que estaba aliado con los piratas bereberes[8]. Además, es

[4] Serra Desfilis, 2007, pp. 338-339. Granell Sales, en prensa.

[5] Cutler & Cutler, 1986, pp. 90-93. El mismo tipo de inculpación estuvo vigente en la época en que los abasíes atacaron determinadas zonas de la Francia de los merovingios y del imperio carolingio. También en el año 1010 se entendió que los judíos se asociaron con al-Hakim, el califa fatimí de Egipto que destruyó el Santo Sepulcro de Jerusalén.

[6] Cohen, 1999.

[7] Jaspert, 2021, p. 39, nota 6, con abundante bibliografía citada.

[8] Díaz Borrás, 1993, pp. 149-151. Por más que fuera un tópico antijudío ampliamente extendido, el ejemplo nos parece elocuente porque fue este relato del robo de las hostias el que motivó el posterior contraataque cristiano. Sobre el tópico de la profanación de hostias, véase, por ejemplo, Glazer-Eytan, 2019.

conocido el hecho de que las tres primeras cruzadas acarrearon las masacres de hebreos por parte de caballeros cristianos[9].

Las razones que incentivaron esta alteridad asociada no debieron ser ajenas a las afinidades doctrinales entre las dos religiones. Ambas rechazaban la Trinidad, eran descendencia carnal de Abrahán, negaban la Encarnación y ciertas tradiciones apocalípticas judías veían la invasión musulmana como requisito necesario para la llegada del Mesías[10]. Asimismo, estaban conectadas por otros hechos diferenciadores que las distanciaban de la sociedad cristiana: los rituales —entre los que despuntaba la práctica de la circuncisión—, el aniconismo, la segregación urbana, los hábitos marcados por el calendario festivo y litúrgico, la lengua —ambas eran consideradas semíticas y su alfabeto era distinto del latino— y las singularidades alimenticias. Las diferencias existían y eran un aliciente para construir la alteridad.

Las artes visuales constituyeron un medio propicio para plasmar la asociación de lo musulmán con lo judío. De la misma manera que se señalaba la alianza entre las dos culturas no-cristianas, la práctica artística materializaba figuras sincréticas, intercambiaba símbolos y caracterizaciones físicas o de indumentaria y los representaba en escenas en que indistintamente eran acusados de idólatras. Y las imágenes de los paganos no fueron ajenas a esta fórmula artística[11]. Se registra un número notable de referencias de este tipo en la Corona de Aragón en el período que abarca desde finales del siglo XIV hasta la década de 1450. El rango cronológico, que termina con la conquista de Constantinopla en 1453 y la posterior proclamación de la cruzada por Calixto III, no es casual: está jalonado por las persecuciones y masacres de 1391, los altercados e intentos de asalto a las morerías, la Cruzada Santa contra Berbería y la Disputa de Tortosa. En este lapso de tiempo no hubo una guerra abierta contra el islam, pero los conflictos tuvieron un impacto importante en la sociedad y el ideal de cruzada estuvo presente de manera semipermanente en los territorios de frontera que conformaban la Corona de Aragón[12]. No en vano el análisis que aquí se plantea parte del contexto específico de las imágenes. No por el hecho de que todas fueran un arsenal ideológico de la hostilidad hacia los «otros» —algunas de ellas fueron detalles imperceptibles para el ojo del espectador y otras no tuvieron alcance

[9] Riley-Smith, 1984. Chazan & Chazan, 1996, pp. 26-72. Watt, 2001. Las cruzadas a lo largo de la Baja Edad Media no pueden ser definidas únicamente en términos de oposición al islam pues en ellas estaban implicados otros enemigos del cristianismo. Housley, 2006, especialmente pp. 156-166.

[10] Citado en Cutler & Cutler, 1986, p. 92. El converso Rodrigo Cifuentes y su familia fueron interceptados en Valencia antes de emigrar a territorio otomano con la intención de volver al judaísmo y esperar la llegada del Mesías. Meyerson, 2009.

[11] Mellinkoff, 1993. Camille, 2000, pp. 146-214. Strickland, 2003, pp. 133-137, 159-161. Monteira Arias, 2012. Patton, 2012, pp. 82-83, 103-134. Capriotti, 2014, pp. 60-66, 92-94. Capriotti, 2016.

[12] Ferrer i Mallol, 1988.

popular—[13], sino porque fueron una proyección de la faceta problemática de la coexistencia interreligiosa. Sin duda hubo imágenes de la «alteridad interconectada» que no tenían connotaciones desfavorables respecto a las minorías religiosas, pero la asociación visual de lo judío con lo musulmán y de lo musulmán con lo judío era una tradición convencionalizada susceptible de ser renovada en el contexto de la polémica interreligiosa en la cronología y la geografía propuestas.

La imbricación de signos de alteridad en Aragón y Cataluña

Blasco de Grañén fue el pintor aragonés más destacado del gótico internacional. El número de encargos que recibió fue notable y en su taller, el más importante de la ciudad de Zaragoza entre las décadas de 1430 y 1450, se formaron diversos artistas que trabajaron en distintas localidades de Aragón. En uno de los retablos que contrató llevó a cabo un ejercicio de imbricación de signos de alteridad. Nos referimos a la tabla del Prendimiento, que forma parte de la predela del retablo mayor de la iglesia del Salvador de Ejea de los Caballeros, encargado al pintor en 1438 (Fig. 2)[14]. Entre el grupo de soldados armados, uno sostiene una bandera con pseudografías árabes. Otro, situado cerca de Jesús, porta una tarja en la que el espectador puede ver la decoración del arma dispuesta de perfil: una escritura también árabe en los bordes enmarca un escorpión negro en el centro[15]. A la izquierda de Judas, Malco, el siervo del sacerdote judío, agarra una adarga —un escudo bivalvo— que está siendo pisada por el apóstol Pedro[16]. Si bien la adarga no siempre fue un atributo inequívoco de alteridad, aquí cabe reconocerla como un arma del sarraceno con un significado peyorativo[17].

La misma operación de imbricación de motivos figurativos de judíos y musulmanes se repitió en otras tablas del Prendimiento atribuidas a Blasco de Grañén: en el desaparecido retablo de santa María de Ontiñena[18], donde se reproducen idénticamente las figuras de san Pedro y de Malco de Ejea de

[13] Molina llamó la atención sobre esta idea. Molina i Figueras, 2008.

[14] No fue terminado por Grañén. Lo relevó Martín de Soria en 1463. La mazonería corrió a cargo de los hermanos Sariñena. *Retablo de San Salvador: Iglesia parroquial de San Salvador*, 1991. Lacarra Ducay, 2004a, pp. 44-90.

[15] El detalle del escudo fue percibido por Rodríguez Barral, 2009, pp. 136-138.

[16] Esta acción representa el momento en que Pedro cortó la oreja de Malco antes de que fuera recompuesta por Jesús. El pasaje en Lucas 22, 47-53.

[17] Borja Franco discute esta cuestión en la pintura del primer Renacimiento. Franco Llopis, 2022, pp. 24-25.

[18] Encargado por Beatriz Cornel, priora del monasterio de Santa María de Sijena. Lacarra Ducay, 2004a, pp. 158-164, especialmente p. 161. Lacarra Ducay, 2004b, p. 403.

los Caballeros, y en el retablo mayor de la iglesia de San Blas de Anento[19]. Es difícil determinar si el resultado de la combinación era la reformulación del relato bíblico mediante la agregación de una identidad diferente a la de los hebreos que apresaron a Jesús:

> Todavía estaba hablando cuando llegó un grupo encabezado por Judas [...]. Los que estaban con Jesús vieron lo que iba a pasar y le preguntaron: «Maestro, ¿sacamos la espada?». Y uno de ellos hirió al servidor del sumo sacerdote cortándole la oreja derecha. Pero Jesús le dijo: «¡Basta ya!». Y tocado la oreja del hombre, lo sanó[20].

Fig. 2. – Blasco de Grañén, El Prendimiento del retablo de la iglesia del Salvador de Ejea de los Caballeros, *ca.* 1438, iglesia del Salvador, Ejea de los Caballeros.
© Arzobispado de Zaragoza.

Es decir, no nos atrevemos a precisar si se pretendía o no recrear la presencia complementaria de musulmanes en los pasajes evangélicos. Por ejemplo, en otro medio de expresión, el literario, el Duelo de la Virgen de Gonzalo de Berceo hacía responsables directos a los «moros» de la muerte de Cristo[21]. Fuera como fuese, surge la cuestión de si el símbolo de alteridad que no correspondía al personaje histórico mantenía su filiación original para

[19] Las dos banderas de los soldados están decoradas respectivamente con una estrella de David y una media luna. Lacarra Ducay, 2004a, p. 116. Rodríguez Barral, 2009, p. 139.

[20] Lucas 22, 47-53.

[21] Monteira Arias, 2007, pp. 73-74.

sobreponerse a la identidad religiosa del sujeto o se sincretizaba con él para resignificarlo, como ocurre con el escorpión en el retablo de san Jorge del Centenar de la Ploma.

Fig. 3. – Entorno de Blasco de Grañén, San Esteban ante el juez del retablo de san Esteban del monasterio de San Pedro el Viejo, monasterio de San Pedro el Viejo, Siresa.
© Obispado de Huesca. Foto: Guadaira Macías.

Las narraciones pictóricas de la vida de los santos incluían elementos figurativos que aludían a judíos y musulmanes. Generalmente, la referencia a la alteridad se hacía a través de los paganos torturadores y verdugos. Siguiendo con Blasco de Grañén, el retablo de san Blas, atribuido a su taller y a Pedro García de Benavarre, muestra un escorpión en el escudo del carcelero que custodia la prisión en que está recluso el santo, así como una adarga que porta uno de los soldados que asiste a la decapitación[22]. También una adarga se reproduce en la tabla de san Esteban ante el juez del monasterio de San Pedro

[22] Velasco González, inédita, pp. 104-107. Tradicionalmente estaba atribuido al Maestro de Riglos. Macías Prieto, inédita, pp. 63-168. Las tablas corresponden con las figuras 22 y 24 de la tesis de Alberto Velasco.

el Viejo en Siresa, obra considerada de un artista formado con Grañén[23]. Y en esta misma escena hay pintadas unas pseudografías árabes en el trono del sacerdote judío del Sanedrín (Fig. 3). En la pintura gótica hispana la escritura árabe —y hebrea— podía tener diferentes significados: indicar la lejanía geográfica, cultural o histórica del suceso, plantear una sugestión emocional o ser una alegoría religiosa[24]. Por ser una obra del entorno de Grañén y, sobre todo, por constituir un episodio que precedió el martirio del santo, las pseudografías de la tabla del juicio de san Esteban son un símbolo del islam sin que dejen de ambientar históricamente el acontecimiento. Pese a que el juicio en el Sanedrín tuvo lugar en Jerusalén, era frecuente la representación de palabras árabes —o la imitación de ellas— en pinturas de pasajes bíblicos que las fuentes ubicaban en la misma ciudad[25]. Al fin y al cabo, Jerusalén fue gobernada por los mamelucos en la época del gótico.

Como uno de los objetivos del mensaje era relacionar la perfidia de los culpables de las muertes de personajes sagrados con las comunidades no-cristianas con las que los cristianos coexistían, cabe preguntarse qué razones explicaban en última instancia la voluntad de incluir estos signos. En Aragón, en el tiempo en que Grañén estuvo activo, no hubo una actitud hostil continua hacia los mudéjares. Los conflictos fueron circunstanciales y no repercutieron negativamente en el porcentaje de población asentada en el valle del Ebro, en Huesca, Calatayud, Daroca, Albarracín, Teruel y Zaragoza, donde estuvo la morería más importante del reino[26]. En cuanto a los judíos, los asaltos de 1391 no tuvieron el mismo impacto que en otros territorios de la Corona. La judería de Zaragoza salió ilesa y las alteraciones que sufrieron los dominios orientales más próximos a Cataluña y Valencia sucedieron sin pérdidas humanas[27]. Las conversiones en masa llegaron después de la Disputa de Tortosa y de la promulgación de las ordenanzas de Benedicto XIII y del rey Fernando de Antequera contra los judíos. A partir de entonces, a lo largo del cuatrocientos, existió inquietud por la práctica secreta del judaísmo entre los cristianos

[23] Macías Prieto, inédita, pp. 44-47.

[24] Cuenca i Montagut, 1993. Plantea algunas de estas interpretaciones en las obras de Bartolomé Bermejo: Molina i Figueras, 2021, pp. 183-187. Véase, también, Nagel, 2011.

[25] Así lo evidencia una tabla de la Resurrección atribuida al círculo de Antoni Peris, hoy en el Museo de la Ciudad de Valencia. Benito Doménech, Gómez Frechina, 2009, pp. 102-103, 128-129. Y la *imago pietatis* de la colección Josep M. Juan de Sentmenat. Sabater, 2002, pp. 401-402 y 473. La caracterización de las profetas del Antiguo Testamento incluyó la representación de estas grafías para indicar que eran hebreos. Es el caso del Moisés del retablo de la iglesia parroquial de Rubielos de Mora. Benito Doménech, Gómez Frechina, 2009, pp. 112-113. Y de uno de los profetas del retablo anónimo de los Gozos de la Virgen del Museo de Bellas Artes de Valencia (nº inv. 278).

[26] Ledesma Rubio, 1991. Ruzafa García, 2001, pp. 93-94. García Marco, 2004. Sarasa Sánchez, 2016. El porcentaje y la proveniencia de la población mudéjar fueron estudiados por Ferrer i Mallol, 2003. Navarro Espinach, Villanueva Morte, 2004.

[27] Blasco Martínez, 1991, pp. 32-34. Gampel, 2016, pp. 162-185.

nuevos[28]. Con todo, la coexistencia entre comunidades religiosas evidencia la relegación social de las minorías, pero no da una respuesta directa a la imbricación de signos en las escenas que hemos analizado. El factor causal debió de ser más obvio: la idea de que judíos y musulmanes eran concebidos como un único grupo, el de los infieles que suponían un problema para el cristianismo. Esta percepción era una construcción ideológica que no se ajustaba a la complejidad de las experiencias interculturales, pero sintonizaba con la subalternidad social y legal de las dos minorías. Desde este punto de vista se entiende que Grañén y los pintores de su entorno, tal vez aconsejados por un mentor[29], representaran, en ocasiones de manera seriada y automática, diversos signos de alteridad con la voluntad de destacar su rol como enemigos de Cristo y de los santos.

En Cataluña el número de mudéjares asentados era escaso: a finales del cuatrocientos rondaba el 1,5% respecto del total de la población[30]. También llegó a ser residual el porcentaje de judíos en el siglo xv, después de las persecuciones de 1391, que acarrearon matanzas, conversiones y la dispersión de la comunidad hebrea[31]. Fuera como fuese, los signos de alteridad en la pintura catalana, como en la aragonesa, no parecen ser la consecuencia de conflictos coetáneos específicos. Determinadas obras contratadas por artistas catalanes muestran síntomas de haberse concebido a partir del constructo mental según el cual existía un grupo de infieles que socavaba la fe cristiana. Mateu Ortoneda, en el retablo del castillo de Solivella, incluyó una adarga para caracterizar a un soldado que participa en el Prendimiento Cristo. Por su parte, Joan Mates pintó pseudografías árabes en una de las banderas que porta un caballero en el Calvario del retablo de san Martín y san Ambrosio (Fig. 4)[32]. Ambos se formaron en el taller de Pere Serra, quien conocía los estereotipos visuales del musulmán[33]. Una vez más estamos ante un núcleo de pintores que añadía atributos impropios de la filiación histórica de los considerados como traidores de Jesús.

[28] Blasco Martínez, 1991, pp. 36 y 39. Motis Dolader, 2004, p. 26.

[29] Lacarra Ducay, 1983. En relación con el papel que los clérigos desempeñaron en el proceso de creación artística es significativo y singular el caso del valenciano Andreu García. Montero Tortajada, 2013.

[30] Ruzafa García, 2001, p. 93. Ferrer i Mallol, 2003.

[31] Riera i Sans, 1993. Gampel, 2016, pp. 92-113, 134-161.

[32] Alcoy, Miret, 1998, pp. 134-136.

[33] Alcoy, Miret, 1998, pp. 35-36. Ruiz i Quesada, 2013, pp. 4-5. Pere Serra representó a los sarracenos de piel oscura, portando adargas y con turbantes en la tabla del ataque al convento de San Damián de Asís del retablo de santa Clara y santa Eulalia del Museo catedralicio de Segorbe (nº inv. MCS-014). José i Pitarch, 2001.

Fig. 4. – Joan Mates, Calvario del retablo de san Martín y san Ambrosio, *ca*. 1411-1414, Catedral de la Santa Cruz y de Santa Eulalia, Barcelona.

Fuente: Wikimedia Commons.

Podría decirse que las letras árabes de la bandera son muy pequeñas para percibirse en una escena colocada en lo más alto del retablo[34]. De hecho, generalmente podría plantearse si la plasmación de estas referencias figurativas repercutió en el proceso de recepción de la obra; es decir, si la imagen fue un agente histórico con su propio margen de acción que llegó a nutrir la hostilidad hacia otras comunidades religiosas. Pero ese no es el objeto de estudio del presente artículo. Lo que aquí se discute es si los actores implicados en la configuración de la iconografía tenían la intención de aludir peyorativamente a los «otros». No solo lo confirma la nómina de artistas que sabían a qué referenciaban estos signos, sino también la cultura pictórica coetánea. Bernat Martorell se formó con Lluís Borrassà y ambos pintaron pequeñísimos símbolos de alteridad en sus obras[35]. Letras, escorpiones, estrellas y medias lunas se observan en hachas y banderines de los soldados en ciclos de la Pasión o en sombreros y tocados de los asistentes en diferentes episodios

---

[34] No cabe descartar que fueran un indicador de la lejanía geográfica del acontecimiento. Véase la nota 23.

[35] Guadaira Macías ha llamado la atención sobre estos símbolos en las obras de Borrassà y Martorell en la comunicación «Jutges, malfactors i reus lleials: judicis i Justícia a la pintura gòtica catalana» del VII Seminari d'Estudis Medievals d'Hostalric, celebrado los días 18 y 19 de noviembre de 2021. A finales de 2022 se publicará un volumen de las actas del seminario. Agradezco a la profesora su predisposición para ayudar al autor, así como sus comentarios sobre el tema.

de martirios de santos (Figs. 5-6)[36]. Así, aunque algunos detalles no pudieran percibirse por los espectadores, los símbolos seguían siendo la proyección de una misma concepción integral y negativa de los «otros».

Fig. 5. – Lluís Borrassà y Guerau Gener, Detalle de la Resurrección del retablo del monasterio de Santes Creus, *ca.* 1407-1411, Museu Nacional d'Art de Catalunya, Barcelona.
Fuente: Wikimedia Commons.

[36] Un escorpión en un banderín se muestra en el Calvario del retablo de san Pedro de Borrassà (Museu de Terrassa). Y otro en el hacha de uno de los soldados de la Resurrección del retablo de Santes Creus (MNAC, nº inv. 40906). El resto de alusiones figurativas se encuentran en obras de Martorell: en el sombrero de Diocleciano en la tabla de la tortura en el ecúleo del retablo de san Vicenç de Menàrguens (MNAC, nº inv. 015797-CJT); en los sombreros y tocados de los asistentes al juicio de san Jorge en el retablo homónimo (Museo del Louvre, nº inv. RF 1570); y en la túnica de uno de los ministros romanos que presencian la flagelación de santa Eulalia (Museu Episcopal de Vic, nº inv. 10738). De este último detalle da cuenta Cuenca i Montagut, 1993, p. 106. La figura del emperador pagano caracterizado según parámetros presentistas de indumentaria es habitual en la pintura de Martorell. Molina i Figueras, 2003, p. 122. Ferrer Bassa decoró un escudo con una media luna en el Prendimiento de un Salterio conservado en París (Biblioteca Nacional de Francia, lat. 8846, fol. 154v). Alcoy, 1991.

Fig. 6. – Bernat Martorell, Detalle del martirio de san Vicenç del retablo de san Vicenç de Menàrguens, *ca.* 1438-1440, Museu Nacional d'Art de Catalunya, Barcelona.
Fuente: Wikimedia Commons.

Musulmanes, judíos y la idea de cruzada en Valencia

El código figurativo de la alteridad imbricada, usual en Cataluña y Aragón, no se desarrolló en Mallorca, al menos en las obras de las que tenemos constancia[37]. Hubo una razón que explicaba este contraste entre territorios de la misma Corona: mientras los judíos mallorquines vivieron circunstancias similares a Cataluña y Valencia, con la expansión del fenómeno converso después de 1391 y la disolución de la judería en 1435, la mayor parte de los musulmanes de Mallorca entre los siglos XIV y XV eran esclavos, algunos de ellos descendientes de los derrotados en la conquista y otros, quizás la mayoría, capturados en el norte de África. Los que llegaron a ser libertos estaban sometidos a una severa presión fiscal y muchos optaron por la emigración[38]. Así, aunque la población musulmana esclava era abundante y motivó la construcción de la alteridad[39], los que fueron indígenas en aquella tierra no constituyeron la misma amenaza que en Cataluña y Aragón porque habían sido destruidos como sociedad organizada.

En cambio, en Valencia se registran un número relevante de obras que imbrican lo judío y lo musulmán. Por el rango temporal breve en que se documentan y porque muchas de ellas se gestaron concretamente en la ciudad de Valencia, cabe sospechar de la existencia de un posible vínculo entre las imágenes y los hechos que alteraron la cohabitación de las tres religiones del libro. Tres obras se elaboraron hacia 1400-1410: el retablo de san Jorge del

[37] LLOMPART, 1977. SABATER, 2002.

[38] SASTRE MOLL, 1992. CATEURA BENNÀSSER, 1995. CATEURA BENNÀSSER, 1999.

[39] MAS, 2020, pp. 91-96, 123-139.

Centenar de la Ploma, el retablo de san Vicente atribuido a Miquel Alcanyís y el retablo de la Santa Cruz procedente del claustro del convento de San Domingo.

El retablo de san Jorge del Centenar de la Ploma muestra, aparte del escorpión en la tabla de la batalla del Puig (Fig. 1), al siervo judío Malco portando una adarga — como se ha visto más arriba, un recurso figurativo corriente— en el Prendimiento de la predela, donde también se observa una estrella de David pintada en una bandera. Y en las tablas del tormento sobre el ecúleo y de la muerte por decapitación de san Jorge hay sendos ministros del prefecto romano Daciano que tienen el rostro negro, labios gruesos y colmillos que sobresalen de la boca en lo que parece una caricatura animalizada (Fig. 7)[40]. Es significativo que en la misma galería de imágenes del retablo haya una relación entre lo musulmán y lo judío y entre lo musulmán y lo pagano, porque es así como prevalece la referencia denostadora del sarraceno.

Fig. 7 — Marçal de Sas, Detalle del martirio de san Jorge del retablo de san Jorge del Centenar de la Ploma, *ca*. 1400-1405, Victoria & Albert Museum, Londres.

[40] Se ha desprendido la capa pictórica del rostro del ministro de la tabla de la decapitación.

Esta imbricación resaltada unívocamente concuerda con una concepción coetánea del musulmán. En la ciudad de Valencia, en el momento en que se realizó el retablo (*ca.* 1400), el robo de las hostias de Torreblanca por parte de piratas bereberes en 1397 y la consecuente convocatoria de la Cruzada Santa contra Berbería alteró la coexistencia entre cristianos y musulmanes, ya inestable desde finales del siglo XIV por la recepción de las ideas del inquisidor Nicolau Eimeric, los ataques de piratas norteafricanos y las persecuciones de 1391, que estimularon los asaltos o intentos de asaltos a las morerías del reino[41]. La desazón o el miedo hacia los sarracenos internos —mudéjares— o externos —bereberes— se hizo patente en los episodios de violencia contra la morería de Valencia, como el del ataque en 1399 a la casa de Jucef Xupió, mercader acusado de conspirar con la ciudad norteafricana de Bona —actual Annaba— durante la Cruzada Santa[42]. Los destinatarios de las imágenes del retablo eran los miembros de la milicia ciudadana del Centenar de la Ploma y una parte de ellos participó en la organización de la expedición de la Cruzada contra Berbería[43]. No es difícil suponer que la configuración del programa pictórico tuviera en cuenta la convicción, derivada del impacto social de la guerra santa, de que los musulmanes eran sujetos culturales de controversia.

Además, cabe considerar que una de las funciones del retablo de san Jorge era servir como soporte visual para recordar la conquista de Valencia a los musulmanes. No solo lo avala la misma representación del combate del Puig y la visión de la tabla de san Jorge hiriendo al dragón —una alegoría del combate interreligioso—, sino también el hecho de que la obra debió formar parte de la ruta procesional de las fiestas de San Jorge y de San Dionisio, dos hitos del calendario litúrgico que recordaban la conquista como un acontecimiento providencial llevado a cabo en perjuicio del islam. La procesión cívica de las dos festividades desfilaba por las calles del municipio y, en el itinerario urbano establecido, el séquito de fieles que seguían al obispo entraba en la iglesia de San Jorge, espacio de reunión de los destinatarios del retablo y lugar donde es plausible que estuviera expuesta la obra[44]. De esta manera, la rememoración, a través de la batalla del Puig, de la efeméride militar de los orígenes fundacionales fomentaba la pervivencia de la noción de la guerra santa.

---

[41] IVARS CARDONA, 1921, pp. 3-4. RIERA I SANS, 1977. FERRER I MALLOL, 1988, pp. 25-26. DÍAZ BORRÁS, 1993, pp. 86-87. HINOJOSA MONTALVO, 2004, pp. 362-365. NARBONA VIZCAÍNO, 2012, pp. 191-200.

[42] RUBIO VELA, 1998, vol. 1, pp. 239-240.

[43] Sobre la relación entre la Cruzada Santa y las imágenes véase GRANELL SALES, 2021. Las visiones negativas del mudéjar valenciano coinciden con momentos de tensiones sociales interreligiosas. HINOJOSA MONTALVO, 2020.

[44] GRANELL SALES, 2022. Dos testimonios certifican la colocación del retablo en la iglesia de San Jorge en época moderna: una visita pastoral de 1573 y una referencia de Gaspar de la Figuera. GÓMEZ-FERRER LOZANO, 2019, p. 162. GIL SAURA, 2019, p. 47. La cofradía del Centenar de la Ploma celebraba un banquete en la iglesia el día de San Jorge. MARTÍNEZ VINAT, inédita, p. 598.

La memoria urbana de la conquista y el ideal de cruzada también formaron parte del imaginario desde el cual se concibieron las tablas del martirio de san Vicente atribuidas a Miquel Alcanyís (*ca.* 1400-1405): el tormento en la parrilla (Musée Hyacinthe Rigaud de Perpiñán, nº inv. D 57.8.5), en el ecúleo y la muerte del santo (MNAC, nº inv. 15850) (Fig. 8)[45]. En ellas, se observa a determinados ministros romanos y al propio Daciano con manifiestas caracterizaciones ajenas —tez oscura o negra, labios gruesos y una elocuente adarga detrás de la cabeza del santo— que se superponen a su filiación histórica como paganos con el objetivo de representar la figura del musulmán. San Vicente, patrón de la ciudad y del reino, fue una de las piedras angulares de la santidad local basada en el recuerdo de la conquista[46]. El diácono de Huesca había vencido al islam con su martirio y muerte, tal y como escenifica la tabla del santo atribuida también a Miquel Alcanyís y conservada en la Hispanic Society of America (nº inv. A2031.02), y la preservación del santuario de San Vicente desde antes de la época andalusí era el testimonio tangible de su historia y de su culto en Valencia[47]. No en vano, un cronista de la ciudad, Pere Antoni Beuter, nos recuerda que el rey Jaime I depositó el peñón de la conquista en la iglesia del complejo de San Vicente de la Roqueta después de la ocupación de la urbe[48].

La tercera de las obras elaborada hacia 1400-1410 es el retablo de la Santa Cruz, procedente de la capilla de la familia Pujades del convento de Santo Domingo de Valencia (Museo de Bellas Artes de Valencia, nº inv. 254). La totalidad del programa pictórico proponía una visión conciliadora de la Cruz como símbolo que podía integrar a los cristianos nuevos en la unidad de la fe[49]. Como contrapunto, algunas tablas fueron sintomáticas del contexto en que la idea de la cruzada se mantenía vigente al menos de manera latente. La escena lateral de la batalla de Constantino contra Majencio enfrenta un ejército cruzado y uno islámico; reinterpreta premeditadamente la apariencia de las tropas del emperador Majencio. Y la tabla central del Calvario muestra algunos asistentes con la tez oscura y turbante en la cabeza, una evidencia de la intención de aludir al musulmán obviando el Evangelio de un modo presentista[50].

En estos tres grupos de obras, el papel antagonista que insistentemente se reflejaba era el de los sarracenos. Sin embargo, no se obviaba el de los judíos

---

[45] Tradicionalmente se creían obras de Marçal de Sas. Post, pp. 72-73. Ruiz i Quesada, 2008. Miquel Juan, 2011, p. 203. La tabla del tormento en el ecúleo formaba parte de la colección M. Paul Tiocca de París en 1938.

[46] Narbona Vizcaíno, 1996, pp. 306-310.

[47] Serra Desfilis, Soriano Gonzalvo, 1993, pp. 47-48 y 79. La Santa Catalina del Maestro de Altura conservada en el Museo de Bellas Artes de Valencia también tiene a sus pies, como símbolo de victoria, al emperador que mandó decapitarla.

[48] Beuter, *Segunda parte de la Corónica*, XXXIX, p. 215.

[49] Serra Desfilis, 2016, pp. 319-320.

[50] Serra Desfilis, pp. 313-317.

en su rol de traidores, a veces señalados con símbolos o atuendos más o menos evidentes. Podría pensarse que es incoherente la referencia peyorativa a los hebreos en Valencia después de 1391, cuando el número de habitantes judíos en la ciudad llegó a ser residual —en torno a 200 después de las conversiones— y el municipio consideraba apropiada su casi total desaparición como comunidad[51]. No obstante, como en otros territorios de la Corona, la sospecha de la práctica secreta del judaísmo entre los cristianos nuevos mantuvo la presencia de alusiones negativas en las imágenes. En marzo de 1413, veintidós años después del pogromo, el municipio pretendía aprobar un conjunto de ordenanzas que impidieran las prácticas judaizantes que acercaban a los conversos a sus antiguos correligionarios. El proyecto era una iniciativa municipal y monárquica que nunca se llevó a cabo, pero es revelador de la voluntad de homogeneizar a la sociedad. En este mismo sentido debe entenderse la suspensión temporal de las cofradías de conversos de San Cristóbal y de San Amador, fundadas respectivamente en 1399 y 1418[52].

La tensión hacia lo judío y lo musulmán se plasma en la tabla del martirio de san Bernardo de Alzira y de sus hermanas María y Gracia, la cual formó parte del retablo destinado a la capilla de san Gregorio de la catedral de Valencia que fue contratado por Antoni Peris en 1419 (Fig. 9)[53]. En la elección de la escena fueron claves las preferencias del promotor, Bernat de Copons, rector de la iglesia de Torrent y beneficiado de dicha capilla, quien especificó en el contrato que el retablo tenía que componerse «*cum eis istoriis quibus vos et ego iam concordavimus*»[54]. El martirio, que supuestamente acaeció a finales del siglo XII en la taifa de Carlet, presenta una imbricación de signos de alteridad[55]. Por una parte, la alusión al islam es intrínseca a la narración del acontecimiento y se representa por medio de las figuras de Almanzor, el hijo del emir de la taifa que está sosteniendo la cabeza del mártir, y del soldado con la tez negruzca que lleva turbante y porta una adarga con la mano de Fátima pintada en cada una de las caras del escudo bivalvo[56]. Por otra, la presencia judía está insinuada por el verdugo, con túnica y capucha

---

[51] Citado en GAMPEL, 2016, pp. 42-43, nota 20.

[52] El memorial del municipio ha sido exhumado y estudiado en LÓPEZ-JUAN, en prensa. Guillermo López-Juan, a quien agradezco el envío del manuscrito antes de su publicación, también ha tratado las razones que llevaron a suspender las dos cofradías de conversos.

[53] El documento del encargo fue transcrito por CERVERÓ GOMIS, 1963, pp. 144-145.

[54] CERVERÓ GOMIS, p. 144.

[55] Se ha subrayado y discutido la caracterización de los personajes. FRANCO LLOPIS, 2016, pp. 107-111. Franco también destaca la problemática que pudo surgir a la hora de pintar el color de los rostros de san Bernardo y de sus hermanos, ya que el mismo Bernardo, María y Gracia se habían convertido al cristianismo mientras que Almanzor, el hermano mayor heredero del trono, mantuvo su fe en el islam. FRANCO LLOPIS & MORENO DÍAZ DEL CAMPO, 2019, pp. 21-47.

[56] La tonalidad oscura del rostro no se debe a un desprendimiento de la pintura que ha hecho resurgir el bol color pardo de la capa preparatoria. Agradecemos a Fanny Sarrió y a Greta Hernández, técnicas del Institut Valencià de Conservació, Restauració i Investigació,

puntiaguda, que incrusta un clavo en la frente de Bernardo[57] y —aunque con reservas— por las dos estrellas de David trazadas sobre la adarga del esbirro situado en el centro de la composición[58].

Fig. 9 – Antoni Peris, Martirio de san Bernardo de Alzira y de sus hermanas María y Gracia, *ca*. 1419, Museo Catedral de Valencia, Valencia.
© Catedral de Valencia.

Por último, en un grupo de obras atribuidas a Joan Reixach es indudable el predominio de la caracterización de índole musulmana de los antagonistas del cristianismo. El retablo de santa Catalina de la iglesia parroquial de Villahermosa del Río[59] muestra, en la escena de la disputa con los filósofos, al emperador Maximiano con túnica, barba frondosa y espada con una media luna en el pomo. Uno de los doctores que litiga con la santa se coge la barba en lo que es un gesto de desesperación mientras despliega un pergamino con pseudografías de un alfabeto distinto al latino. Por su parte, el verdugo de la santa de la escena de la decapitación tiene la tez oscura y lleva turbante. El estereotipo visual del sarraceno se convierte en una tendencia redundante en los episodios de la Pasión en el retablo de la Eucaristía procedente de la cartuja de Valldecrist (Museo de Bellas Artes de Valencia, nº inv. 2235-2241)[60], en el de los Siete Gozos de la Virgen de la cartuja de Portaceli (Museo de Bellas Artes de Valencia, nº inv. 204-208)[61] y en las tablas de la colección Pardo y de la colección Laia Bosch[62]. Sin dejar aparte la denostación figurativa propia del código de rechazo del judío —el caso de Judas es

---

sus comentarios acerca de esta cuestión mediante un correo electrónico enviado el 8 de abril de 2020.

[57] Franco Llopis, 2016, p. 110.

[58] El hexagrama fue un símbolo que podía aludir tanto al islam como al judaísmo. Patton, 2012, pp. 128-131. Gregori, 2018, pp. 142-144. Aparece en varias escenas del Prendimiento que se han comentado con anterioridad.

[59] El último pago del retablo se efectuó en 1448. Cerveró Gomis, 1972, p. 50.

[60] Benito Doménech & Gómez Frechina, 2001, pp. 238-257.

[61] Benito Doménech & Gómez Frechina, pp. 266-269.

[62] Company, Franco, Puig, Aliaga & Rusconi, 2012.

elocuente—[63], el atuendo y el aspecto musulmán de determinados traidores de Jesús son llamativos y de entre ellos sobresalen los de personajes como Anás, Caifás y Pilatos. Este último, presente en la predela del retablo de Valldecrist, se encuentra dentro de una estancia decorada con un arco polilobulado de tradición islámica. Gestadas entre 1440 y hacia 1460, las imágenes pintadas por Reixach[64] no parecen ajenas al imaginario social influenciado por el ideal de guerra santa previo y posterior a la proclamación de la cruzada por Calixto III en 1453 y al ataque a la morería de Valencia dos años después[65].

En suma, la tradición visual convencionalizada que interrelacionaba a los dos tipos de infieles era especialmente prevalente en Valencia. El hecho de que las imágenes aludieran a judíos y sobre todo a sarracenos como culpables de las muertes de personajes sagrados se debía a la vigencia del recuerdo de la conquista y a la coexistencia interreligiosa alterada por conflictos que reactualizaban el ideal de la guerra santa. Algunos de estos conflictos evidenciaron que, en un contexto de violencia entre las comunidades que cohabitaban en la ciudad, un enfrentamiento entre cristianos y musulmanes podía derivar en otro entre cristianos y judíos, tal y como lo corroboraban la marcha hacia la morería que unos asaltantes llevaron a cabo justo un día después del ataque del 9 de julio de 1391[66], así como el relato de la culpabilización de un sastre judío que supuestamente se había aliado con los piratas bereberes que robaron las hostias de la iglesia de Torreblanca en 1397[67]. El sentimiento de animadversión hacia musulmanes que al mismo tiempo e indistintamente se proyectaba hacia los judíos descollaba en Valencia respecto de los otros territorios de la Corona y era análogo al que gravitaba en el momento de configurar las imágenes.

Caracterización pictórica e insulto verbal

Aunque cada uno de los símbolos y atributos visuales estaba asociado respectivamente al judaísmo o al islam, cabe preguntarse si los productores de las imágenes empleaban un signo de alteridad u otro dependiendo de la alusión específica que quisieran hacer a una u otra religión. La cuestión emerge, por una parte, debido a la variedad y el número de representaciones plasmadas a veces de una manera automática y seriada en las obras del entorno de

[63] García Marsilla, 2012, pp. 565-576. Gregori, 2022.

[64] Algunas debieron de contar con el asesoramiento del presbítero Andreu García. Montero Tortajada, 2013, especialmente p. 412.

[65] Ruzafa García, 1990. Derivado del ataque de 1455 es el asalto a la morería de Segorbe en 1457. Hinojosa Montalvo, 2004, p. 367.

[66] Un intento de irrupción en el barrio musulmán que fue contenido por el infante Martín. Danvila Collado, 1886, p. 375.

[67] Díaz Borrás, 1993, pp. 149-151.

Blasco de Grañén, Lluís Borrassà o Bernat Martorell (Figs. 2, 5 y 6); y por otra, a la naturaleza de algunas escenas que presentan una amalgama de referencias de alteridad difíciles de clasificar, como los símbolos y el color de los rostros del martirio de san Bernardo de Alzira (Fig. 9) o la indumentaria y los rasgos faciales de ciertos asistentes al martirio de san Vicente de Miquel Alcanyís.

Las concomitancias entre estas imágenes que señalan a los «otros» y los diferentes usos de insultos verbales pueden arrojar luz sobre esta cuestión. Tanto la caracterización pictórica como la injuria de palabra eran dos medios de expresión utilizados para agraviar. La última, además, por su propia naturaleza. En el contexto de una sociedad feudal cristiana cuestionaban la moral y el honor del adversario llegando incluso a criminalizarlo, bien en pasajes de la historia sagrada por lo que respecta a la pintura, bien en cualquier situación cotidiana controvertida en lo que atañe al oprobio verbal[68].

En la Corona de Aragón la práctica del insulto quedó parcialmente registrada en pleitos judiciales y obras literarias[69]. Una de las palabras catalanas más usadas entre las clases populares para denigrar era *bacallar* («villano»), que remitía a las costumbres bajas o delictivas de un individuo[70]. Fue utilizada, por ejemplo, junto a otros insultos que ponían en duda la fe del adversario. Así, Jaume Carreres, hortelano fue tildado de «*bacallar, fals, traÿdor, eretge, fill de eretge, ladr[e]*»[71]. Y Jaume de Marsella, ropavejero, cuando fue a pedir el dinero que le debían fue calificado como «*bacallar, jueuaz d'àvol natura*»[72]. *Eretge* («hereje») y *fill de eretge* («hijo de hereje») aludían a la condición de disidente de la doctrina cristiana, mientras que *jeuhaz d'àvol natura* («judío de mala naturaleza») atribuía la personalidad de un hebreo infame. Sin embargo, todos estos vocablos no fueron escogidos para describir cada una de las particularidades negativas del adversario. En el ámbito del insulto, por su propia naturaleza hiperbólica, se cuestionaba el honor de una persona por medio de palabras injuriosas que no tenían el mismo significado. La redundancia en lo peyorativo remarcaba la ofensa. Uno se pregunta si esto era extrapolable a algunos casos de imbricación de signos de alteridad en las artes visuales. Es decir, ¿determinados emblemas, rasgos físicos y atuendos fueron escogidos por su significado intrínseco o porque fundamentalmente eran referencias figurativas que aludían al «otro» negativamente?

---

[68] López-Juan, 2019, pp. 88-91.

[69] Martí de Riquer se aproximó al estudio de los insultos en estos dos contextos. Riquer, 1968.

[70] Alcover, Moll, *Diccionari*, *s. v.* «Bacallar». Se ha planteado que también pudo hacer referencia a la condición campesina y pobre del injuriado. López-Juan, 2019, p. 100.

[71] Diéguez Seguí, 2002, p. 252.

[72] Diéguez Seguí, p. 259.

Retallat («retajado») era un insulto propio de las minorías religiosas, relacionado con la circuncisión[73]. La palabra era empleada incluso por parte de un cristiano que pretendía ofender a otro cristiano mediante una referencia al «otro». «*Barba merdosa, retayat!*» fue la injuria que el cobrador del impuesto del vino Ramon Fuya le lanzó al campesino Jaume Bonet por negarse a pagar una tasa en la población de Llucmajor[74]. En la Corona de Aragón *perro* o *ca* era un insulto dirigido habitualmente a los sarracenos[75]. El *Tirant lo Blanch* de Joanot Martorell contiene dos menciones elocuentes. El «Gran Caramany», dignatario musulmán enemigo de Tirant, se negó a besar la mano de la princesa Carmesina y el protagonista de la novela de Martorell le espetó: «*Perro, fill de perro, ara li besaràs lo peu e la mà encara que no u vulles*»[76]. Más adelante, la misma princesa Carmesina es pretendida por el sultán de Babilonia y Tirant muestra su preocupación de la siguiente manera: «*com han tenguda tan folla presumpció en demanar que la senyora princessa sia muller de un perro fill de ca*»[77]. A pesar de tener un significado claro, los judíos utilizaron este término para denostar a sus correligionarios[78]. E incluso los cristianos usaron *perro* o *ca* para injuriar a los judíos en la Corona de Aragón y en otros territorios de la Cristiandad occidental[79].

El contexto, el emisor y el destinatario del insulto podían variar. En consecuencia, el que profería la injuria no siempre se ajustaba a una clasificación reglada de palabras y definiciones específicas. El significado de un vocablo se diluía en pro del propósito del agravio. En el ámbito de la pintura pudo ocurrir algo similar. El propósito de las imágenes —escenas de traición y muerte de personajes sagrados— era señalar y denostar. Como la combinación de atributos y símbolos se debe al objetivo de destacar visualmente a los no-cristianos, la taxonomía de los signos figurativos de alteridad en ocasiones pudo no ser un molde al que adaptarse para hacer referencia al islam o al judaísmo. La alusión podía ser general: a un mismo grupo, el de los infieles en tanto que herejes. Este debió ser el trasfondo de la representación de determinadas figuras que se resisten a ser identificadas por su caracterización, como los antagonistas de la vida y martirio de san Pedro de Verona del retablo de la iglesia parroquial de Catí, así como de la reproducción de símbolos tal vez

[73] López-Juan, 2019, p. 102.

[74] Llompart, 1995, pp. 18-20. La expresión «barba merdosa» podía ser una alusión a la imagen estereotipada del judío.

[75] Alcover, Moll, *Diccionari*, *s. v.* «Perro».

[76] Martorell, *Tirant lo Blanch*, p. 730.

[77] Martorell, *Tirant lo Blanch*, p. 762. Otras referencias se pueden encontrar en el Spill de Jaume Roig. Roig, *Spill*, pp. 85-86, líneas 3575-3625. Los conflictos entre cristianos y sarracenos a mediados del cuatrocientos propiciaron un desplazamiento de prejuicios que habían sido patrimonio de los judíos. Español Bertran, 1993-1994, p. 339.

[78] Hinojosa Montalvo, 1981, p. 68. Otros ejemplos se citan en García-Oliver, 2019, pp. 118-121.

[79] Citado en Strickland, 2003, pp. 159-160.

ambivalentes, como la estrella de David o las grafías y pseudografías árabes, que, como hemos visto, podían identificar tanto a judíos como a musulmanes[80]. Desde este punto de vista sería ineficaz seguir buscando, hoy en día, la identificación concreta de cada uno de los «otros» en determinadas escenas de martirio y muerte de los referentes del cristianismo.

Relación de conclusiones y epílogo

¿Musulmán o judío? La interconexión de signos de estas dos culturas en la pintura de la Corona de Aragón entre 1390 y 1450 pone en evidencia que la respuesta a esta pregunta es compleja. En Aragón y Cataluña las imágenes muestran que fueron configuradas para sincretizar lo judío y lo musulmán. La combinación de motivos figurativos, a veces de manera seriada y automática, alude a los no-cristianos como promotores de los episodios funestos de la historia sagrada. En cambio, en Valencia, destaca el peso de la imagen peyorativa del musulmán incluso cuando se representaba un símbolo del hebreo traidor como el escorpión. Es plausible argumentar que se debía a la vigencia del recuerdo de la conquista y a la sucesión de conflictos, sobre todo los que se originaron a raíz de la cruzada contra Berbería, que renovaban el ideal de guerra santa y la actitud de desazón y miedo al sarraceno. En el tipo de escenas analizadas hay una conexión entre el pasado y el presente. En esta actualización de la narrativa histórica se debe tener en cuenta que los signos de alteridad eran escogidos porque constituían referencias figurativas que señalaban al «otro». Su combinación pudo obedecer al hecho de aludir a un mismo grupo, el de los infieles que vivían en el seno de una sociedad cristiana, una parte de la cual no dejó de creer que la diversidad religiosa era problemática.

Las imágenes que combinaban el código visual de lo musulmán y de lo judío a veces en figuras de paganos no siempre fueron motivadas por la voluntad de homogeneizar la sociedad. Terminemos como hemos empezado, con una imagen: con la figura de Longinos en el retablo de san Miguel de la cofradía de tenderos y revendedores de Barcelona, obra atribuida a Jaume Huguet y datada hacia 1455[81]. La escena del Calvario en el monte Gólgota es una composición dividida en dos partes separadas por la Cruz. A la derecha del espectador se encuentran Gestas, un soldado, dos judíos que se disputan el vestido de Cristo y los sumos sacerdotes que, señalando la Crucifixión, parecen estar comentando «A otros salvó y a sí mismo no puede salvarse»[82]. A la izquierda, hacia donde reclina Jesús su cabeza, están presentes Dimas, la Virgen, las tres Marías, san Juan y Longinos a caballo. En efecto, el centurión

[80] Véase nota 24.

[81] Alcolea i Blanch, 1993.

[82] Marcos, 15, 31.

romano que clavó la lanza en el costado del cuerpo de Cristo forma parte del grupo de los buenos creyentes. Tiene una larga barba y lleva un tocado oriental; su imagen se ajusta a un estereotipo visual del musulmán. De hecho, Jaume Huguet reproduce esta figura con una caracterización muy similar en los retablos de san Antonio Abad —hoy en día desaparecido—, en el de los santos Abdón y Senén de Terrassa, en el de san Bernardino y el ángel custodio, en el del Condestable Pedro de Portugal y en el de san Bartolomé y santa María Magdalena (MNAC, nº inv. 24365-CJT). No hay ninguna fuente bíblica que detalle cómo era Longinos; por tanto, una vez más estamos ante una interpretación actualizada de las Sagradas Escrituras. El Longinos con aspecto musulmán junta sus manos en un gesto de penitencia al mismo tiempo que mira al rey de los judíos, mientras un hilo de sangre que brota de la herida del cuerpo de Jesús se proyecta hacia su rostro. Su ceguera espiritual —tópico cultural habitualmente asociado a los judíos— se disipa porque está viendo la realidad de la divinidad: «Verdaderamente este hombre era hijo de Dios»[83]. El Longinos de Jaume Huguet era un paradigma de conversión del «otro». La imagen interconectada también contemplaba este tipo de representaciones; no fue un recurso figurativo usado con un propósito unívoco.

Bibliografía

ALCOLEA I BLANCH, Santiago (1993), «Retaule de Sant Miquel arcàngel de la Confraria de Tenders i Revenedors», en Rosa ALCOY (com.), *Jaume Huguet, 500 anys*, catálogo de exposición, Barcelona, Generalitat de Catalunya, pp. 208-211.

ALCOVER, Antoni Maria & Francesc de Borja MOLL (2001-2002), *Diccionari català-valencià-balear*, ed. Institut d'Estudis Catalans. En: <https://dcvb.iec.cat/>.

ALCOY, Rosa (1991), «Canvis i oscil·lacions en la imatge pictòrica dels jueus a la Catalunya del segle XIV», en David ROMANO (coord.), *Actes del Ir Col·loqui d'Història dels jueus a la Corona d'Aragó*, Lleida, Institut d'Estudis Ilerdencs, 1991, pp. 371-392.

ALCOY, Rosa & M. Montserrat MIRET, (1998), *Joan Mates, pintor del gòtic internacional*, Barcelona, Ausa.

BEUTER, Pedro Antonio (1551), *Segunda parte de la Corónica general de España y especialmente de Aragón, Cathaluña y Valencia*, Valencia, Ioan.

BENITO DOMÉNECH, Fernando & José GÓMEZ FRECHINA (2001), *La clave flamenca en los primitivos valencianos*, catálogo de exposición (Museo de Bellas Artes de Valencia, mayo de 2001–septiembre de 2001), Valencia, Generalitat Valenciana.

[83] Marcos, 15, 39.

 ISSN : 0076-230X.

Benito Doménech, Fernando & José Gómez Frechina (2009), *La Edad de Oro del arte valenciano: rememoración de un centenario*, catálogo de exposición (Museo de Bellas Artes de Valencia, febrero de 2009–abril de 2009), Valencia, Generalitat Valenciana.

Blasco Martínez, Asunción (1991), «Los judíos del reino de Aragón. Balance de los estudios realizados y perspectivas», en David Romano (coord.), *Actes del Ir Col·loqui d'Història dels jueus a la Corona d'Aragó*, Lleida, Institut d'Estudis Ilerdencs, pp. 13-98.

Bulard, Marcel (1935), *Le scorpion symbole du peuple juif dans l'arte religieux des XIV, XV, XVI siècles: a propos de quatre peintures murales de la chapelle Saint-Sébastien, à Lanslevillard (Savoie)*, París, Bocard.

Camille, Michael (2000 [1989]), *El ídolo gótico: ideologia y creación de imágenes en el arte medieval*, Madrid, Akal.

Capriotti, Giuseppe (2014), *Lo scorpione sul petto: iconografia antiebraica tra XV e XVI secolo alla periferia dello Stato Pontificio*, Roma, Gangemi.

Capriotti, Giuseppe (2016), «Dalla minaccia ebraica allo schiavo turco. L'immagine dell'alterità religiosa in area adriatica tra XV e XVIII secolo», en Borja Franco Llopis, Bruno Pomara Saverino, Manuel Lomas Cortés & Bárbara Ruiz Bejarano (eds.), *Identidades cuestionadas. Coexistencia y conflictos interreligiosos en el Mediterráneo (ss. XIV-XVIII)*, Valencia, Universitat de València, pp. 357-374.

Cateura Bennàsser, Pau (1995), «Prejuicio religioso y conflicto social en una pequeña sociedad mediterránea: el caso de Mallorca (1286-1435)», *Anuario de Estudios Medievales*, 25 (1), pp. 235-253.

Cateura Bennàsser, Pau (1999), «La contribución confesional: musulmanes y judíos en el reino de Mallorca», *Acta historica et archaeologica mediaevalia*, 20, pp. 119-138.

Cerveró Gomis, Luis (1963), «Pintores valentinos: su cronología y documentación», *Anales del Centro de Cultura Valenciana*, 48, pp. 63-154.

Cerveró Gomis, Luis (1972), «Pintores valentinos: su cronología y documentación», *Archivo de Arte Valenciano*, 43, pp. 44-57.

Chazan, Robert & Michael Chazan (1996), *In the Year 1096: The First Crusade and the Jews*, Philadelphia, Jewish Publication Society.

Cohen, Jeremy (1999), «The Muslim Connection or On the Changing Role of the Jew in High Medieval Theology», en Jeremy Cohen (ed.), *From Witness to Witchcraft: Jews and Judaism in Medieval Christian Thought*, Wiesbaden, Harrassowitz, pp. 141-162.

Company, Ximo, Borja Franco, Isidro Puig, Joan Aliaga & Stefania Rusconi (2012), «Una flagelación de Joan Reixach de colección particular. Nuevos documentos y consideraciones sobre el binomio Jacomart-Reixach», *Archivo Español de Arte*, 340 (85), pp. 351-387.

Cuenca i Montagut, Robert (1993), «L'escriptura àrab en la pintura gòtica», *Saitabi*, 43, pp. 95-112.

Cutler, Allan Harris & Helen Elmquist Cutler (1986), *The Jew As Ally of the Muslim. Medieval Roots of Anti-Semitism*, Indiana, University of Notre Dame Press.

Danvila Collado, Francisco (1886), «El robo de la judería de Valencia en 1391», *Boletín de la Real Academia de la Historia*, 8, pp. 360-380.

Díaz Borrás, Andrés (1993), *Los orígenes de la piratería islámica en Valencia: la ofensiva musulmana trecentista y la reacción cristiana*, Barcelona, CSIC.

Diéguez Seguí, Mari Àngels (2002, ed.), *Clams i crims en la València medieval: segons el Llibre de Cort de Justícia (1279-1321)*, Alacant, Universitat d'Alacant.

Español Bertran, Francesca (1993-1994), «Ecos del sentimiento antimusulmán en el *Spill* de Jaume Roig», *Sharq Al-Andalus*, 10-11, pp. 325-346.

Ferrer i Mallol, Maria Teresa (1988), *La frontera amb l'Islam en el segle xiv: cristians i sarraïns al País Valencià*, Barcelona, CSIC.

Ferrer i Mallol, Maria Teresa (2003), «Las comunidades mudéjares de la Corona de Aragón en el siglo xv: la población», en *De mudéjares a moriscos: una conversión forzada. Actas del VIII Simposio Internacional de Mudejarismo*, Teruel, Instituto de Estudios Turolenses, Centro de Estudios Mudéjares, pp. 27-153.

Franco Llopis, Borja (2016), «Notas sobre la iconografía del martirio de san Bernardo de Alzira: a propósito de la tabla homónima del Museo de la Catedral de Valencia», *Revista Digital de Iconografía Medieval*, 16 (8), pp. 101-118.

Franco Llopis, Borja (2022), «El trazo oculto de la alteridad. Más allá del hibridismo cultural en la pintura española de inicios del siglo xvi», *Boletín del Museo del Prado*, 38 (58), pp. 22-37.

Franco Llopis, Borja & Francisco Javier Moreno Díaz del Campo (2019), *Pintando al converso. La imagen del morisco en la península ibérica (1492-1614)*, Madrid, Cátedra.

Gampel, Benjamin R. (2016), *Anti-Jewish Riots in the Crown of Aragon and the Royal Response, 1391-1392*, Cambridge, Cambridge University Press.

García Marco, Francisco Javier (2004), «Los mudéjares aragoneses en los siglos xii al xv», en Miguel Ángel Motis Dolader (coord.), *Aragón Sefarad*, Zaragoza, Diputación de Zaragoza, Ibercaja, pp. 131-159.

García Marsilla, Juan Vicente (2012), «La imatge com a arma. Jueus i conversos enfront de les arts visuals cristianes a la Corona d'Aragó», *Afers*, 73, pp. 565-595.

García-Oliver, Ferran (2019), *Els murs fràgils dels calls. Jueus i jueves dels Països Catalans*, Catarroja, Afers.

Gil Saura, Yolanda (2019), «Memoria de un espacio montesiano desaparecido: la Iglesia y Colegio de San Jorge de la ciudad de Valencia», en Yolanda Gil Saura, Ester Alba Pagán & Enric Guinot Rodríguez (eds.), *La Orden de Montesa y San Jorge de Alfama. Arquitecturas, imágenes y textos*, València, Publicacions de la Universitat de València, pp. 45-72.

Gómez-Ferrer Lozano, Mercedes (2019), «Arte mueble de la orden de Montesa en los siglos xv y xvi», en Yolanda Gil Saura, Ester Alba Pagán, Enric Guinot Rodríguez (eds.), *La Orden de Montesa y San Jorge de Alfama. Arquitecturas, imágenes y textos*, València, Publicacions de la Universitat de València, pp. 157-180.

Glazer-Eytan, Yonatan (2019), «Jews Imagined and Real: Representing and Prosecuting Host Profanation in Late Medieval Aragon», en Borja Franco Llopis & Antonio Urquízar-Herrera (eds.), *Jews and Muslims Made Visible in Christian Iberia and Beyond, 14th to 18th Centuries. Another Image*, Leiden-Boston, Brill, 2019, pp. 40-69.

Granell Sales, Francesc (2021), «El retaule del Centenar de la Ploma i les imatges del sarraí», en Vicent Josep Escartí Soriano & Rafael Roca Ricart (eds.), *Identitats i violència. Documentació i literatura*, Catarroja, Afers, pp. 139-156.

Granell Sales, Francesc (2022), «Commemorating a Providential Conquest in Valencia: The 9 October Feast», *Religions*, 13 (4).

Granell Sales, Francesc (2024), «Beholding Violence in the Centenar de la Ploma Altarpiece of St George», en Guillermo López-Juan & Alejandro Llinares Planells (eds.), *Rethinking Violence in Valencia and Catalonia. Fourteenth to Seventeenth century*, Berna-Nueva York, Peter Lang, pp. 121-171.

Gregori, Rubén (2018), «Pasión por la pasión. El "Speculum animae" (Esp. 544, BNF) como ejemplo de belleza ante la muerte, la sangre y el dolor» en Luis Arciniega garcía & Amadeo Serra Desfilis (eds.), *Recepción, imagen y memoria del arte del pasado*, Valencia, Departament d'Història de l'Art de la Universitat de València, pp. 127-162.

Gregori, Rubén (2022), «Dos formas de ver y dos formas de imaginar: variaciones en la representación del judío» en Anna Isabel Peirats Navarro (coord.), *Isabel de Villena i l'espiritualitat europea tardomedieval*, Valencia, Tirant lo Blanch, pp. 325-356.

Hinojosa Montalvo, José Ramón (1981), «La comunidad hebrea en Valencia: del esplendor a la nada (1377-1391)», *Saitabi*, 31, pp. 47-72.

Hinojosa Montalvo, José Ramón (2004), «Cristianos contra musulmanes: la situación de los mudéjares», en José Ignacio Iglesias Duarte (coord.), *Conflictos sociales, políticos e intelectuales en la España de los siglos xiv y xv*, Logroño, Instituto de Estudios Riojanos, pp. 335-392.

Hinojosa Montalvo, José Ramón (2020), «La mirada hacia las minorías en el reino de Valencia (Siglos xiii-xvii)», en Rica Amrán & Antonio Cortijo Ocaña (eds.), *La mirada del otro. Las minorías en España y*

América (siglos XV-XVIII), Santa Barbara, Publcations of *eHumanista*, 2020, pp. 19-48.

Housley, Norman (2006), *Contesting the Crusades*, Oxford, Blackwell.

Ivars Cardona, Andreu (1921), *Dos creuades valenciano-mallorquines a les còstes de Berbería, 1397-1399*, Valencia, Olmos y Juan.

Jaspert, Nikolas (2021), «The Mediterranean Other and the Other Mediterranean – Perspectives of Alterity in Medieval Studies», en Hans-Werner Goetz & Ian N. Wood (eds.), *Otherness in the Middle Ages*, Turnhout, Brepols, pp. 37-74.

José i Pitarch, Antoni (2001), «Retablo de Santa Clara y Santa Eulalia», en *La luz de las imágenes*, catálogo de exposición (Segorbe, septiembre de 2001–mayo de 2002), Valencia, Generalitat Valenciana, pp. 280-281.

Lacarra Ducay, María del Carmen (1983), «Sobre dibujos preparatorios para retablos de pintores aragoneses del siglo XV», *Anuario de Estudios Medievales*, 13, pp. 553-581.

Lacarra Ducay, María del Carmen (2004a), *Blasco de Grañén, pintor de retablos (1422-1459)*, Zaragoza, Institución Fernando el Católico.

Lacarra Ducay, María del Carmen (2004b), «Representaciones pictóricas de los judíos en Aragón, siglos XIII al XV», en Miguel Ángel Motis Dolader (coord.), *Aragón Sefarad*, Zaragoza, Diputación de Zaragoza, Ibercaja, pp. 395-409.

Ledesma Rubio, María Luisa (1991), «Marginación y violencia: Aportación al estudio de los mudéjares aragoneses», *Aragón en la Edad Media*, 9, pp. 203-224.

Llompart, Gabriel (1977), *La pintura medieval mallorquina: su entorno cultural y su iconografía*, Palma de Mallorca, Luis Ripoll.

Llompart, Gabriel (1995), *No serets tots temps batle: instantáneas de la vida cotidiana del Llucmajor medieval*, Palma de Mallorca, Direcció General de Cultura.

López-Juan, Guillermo (2019), «Les males paraules: insults masculins a la València medieval», *Scripta*, 13, pp. 87-112.

López-Juan, Guillermo (2024), «De la expulsión de los judíos a la integración de los conversos: un proyecto fallido de evangelización durante la disputa de Tortosa (Valencia, 1413)», *Espacio, tiempo y forma. Serie III, Historia medieval*, 37, pp. 723-746.

Macías Prieto, Guadaira (inédita), *La pintura aragonesa de la segona meitat del segle XV relacionada amb l'escola catalana: dues vies creatives a examen*, tesis doctoral defendida en 2013 en la Universitat de Barcelona.

Martí, Ramon (1687), *Pugio fidei adversus Mauros et Judaeos*, Leipzig, Johannes Wittegau.

Martínez Vinat, Juan (inédita), *Cofradías y oficios. Entre la acción confraternal y la organización corporativa en la Valencia medieval (1238-1516)*, tesis doctoral defendida en 2018 en la Universitat de València.

Martorell, Joan (2008), *Tirant lo Blanch* [*ca.* 1460], ed. de Albert Hauf, Valencia, Tirant lo Blanch.

Mas, Antoni (2020), *Llengua, terra, pàtria i nació: l'evolució de la consciència lingüística i etnocultural entre els cristians de l'illa de Mallorca (segles* xiv-xvii*)*, Palma de Mallorca, Documenta Balear.

Mellinkoff, Ruth (1993), *Outcasts: Signs of Otherness in Northern European Art of the Late Middle Ages*, Berkeley, University of California Press.

Meyerson, Mark D. (2009), «Seeking the Messiah: Converso Messianism in Post-1453 Valencia», en Kevin Ingram (ed.), *The Conversos and Moriscos in Late Medieval Spain and Beyond*, Leiden-Boston, Brill, pp. 51-82.

Miquel Juan, Matilde (2011), «El gótico internacional en la ciudad de Valencia: el retablo de san Jorge del Centenar de la Ploma», *Goya*, 336, pp. 191-213.

Molina i Figueras, Joan (2003, ed.), *Bernat Martorell i la tardor del gòtic català. El context artístic del retaule de Púbol*, Girona, Museu d'Art de Girona.

Molina i Figueras, Joan (2008), «La imagen y su contexto. Perfiles de la iconografía antijudía en la España medieval», en *Els jueus a la Girona medieval (XII ciclo de conferencias Girona a l'Abast)*, Girona, Bell-lloc, pp. 33-85.

Molina i Figueras, Joan (2021), «Dios está en los detalles. Particularidades en la pintura de Bartolomé Bermejo», en Joan Molina i Figueras (ed.), *El universo pictórico de Bartolomé Bermejo Actas del Congreso Internacional*, Madrid, Museo del Prado, pp. 176-191.

Monteira Arias, Inés (2007), «Los musulmanes como verdugos de los personajes sagrados en la iconografía romànica. Una interpretación actualitzada de las Escrituras para combatir el Islam en la Edad Media», *Codex Aquilarensis*, 23, pp. 67-87.

Monteira Arias, Inés (2012), *El enemigo imaginado. La escultura románica hispana y la lucha contra el Islam*, Toulouse, Méridiennes.

Montero Tortajada, Encarna (2013), «El oligarca y los pinceles: breve semblanza del presbítero Andreu García», *Espacio, Tiempo y Forma. Serie VII. Historia del Arte*, 1, pp. 25-43.

Motis Dolader, Miguel Ángel (2004), «Las comunidades judías en el Aragón medieval», en Miguel Ángel Motis Dolader (coord.), *Aragón Sefarad*, Zaragoza, Diputación de Zaragoza, Ibercaja, pp. 23-114.

Nagel, Alexander (2011), «Twenty-five notes on pseudoscript in Italian art», *RES*, 59-60, pp. 228-248.

Narbona Vizcaíno, Rafael (1996), «Héroes, tumbas y santos: la conquista en las devociones de Valencia medieval», *Saitabi*, 46, pp. 293-320.

NARBONA VIZCAÍNO, Rafael (2012), «El trienio negro. Valencia: 1389-1391. Turbulencias coetáneas al asalto de la judería», *En la España medieval*, 35, pp. 177-210.

NAVARRO ESPINACH, Germán & Concepción VILLANUEVA MORTE (2004), «La población mudéjar de Aragón en el siglo XV», en José Ángel SESMA MUÑOZ & Carlos LALIENA CORBERA (coords.), *La población de Aragón en la Edad Media (siglos XIII-XV)*, Zaragoza, Leyere, pp. 165-192.

PATTON, Pamela (2012), *Art of Estrangement: Redefining Jews in Reconquest Spain*, Pennsylvania, Pennsylvania State University Press.

POST, Chandler R. (1933), *A History of Spanish Painting. The italo-gothic and international styles* [vol. III], Cambridge, Harvard University Press.

Retablo de San Salvador: Iglesia parroquial de San Salvador, Ejea de los Caballeros, (1991), eds. Ángel MARCOS MARTÍNEZ & María del Carmen LACARRA DUCAY, catálogo de exposició (Museo de Bellas Artes de Bilbao, 9 de abril–16 de mayo de 1991), Zaragoza, Diputación de Zaragoza, Centro de Estudios de las Cinco Villas.

RIERA I SANS, Jaume (1977), «Los tumultos contra las juderías de la Corona de Aragón en 1391», *Cuadernos de Historia*, 8, pp. 214-225.

RIERA I SANS, Jaume (1993), «Judíos y conversos en los Reinos de la Corona de Aragón durante el siglo XV», en *La expulsión de los judíos de España: conferencias pronunciadas en el II curso de Cultura Hispano-Judía y Sefardí de la Universidad de Castilla-La Mancha*, Toledo, Amigos del Museo Sefardí, pp. 55-70.

RILEY-SMITH, Jonathan (1984), «The First Crusade and the Persecution of the Jews», *Studies in Church History*, 21, pp. 51-72.

RIQUER, Martí de (1968), *Lletres de batalla: cartes de deseiximents i capítols de passos d'armes*, Barcelona, Barcino.

RODRÍGUEZ BARRAL, Paulino (2009), *La imagen del judío en la España medieval. El conflicto entre cristianismo y judaísmo en las artes visuales góticas*, Barcelona, Bellterra.

ROIG, Jaume (2010), *Spill* [*ca.* 1460], ed. de Anna Isabel PEIRATS NAVARRO, Valencia, Acadèmia Valenciana de la Llengua.

RUBIO VELA, Agustín (1998), *Epistolari de la València medieval*, Valencia, Institut de Filologia Valenciana [2 vols.].

RUIZ I QUESADA, Francesc (2008), «Muerte de San Vicente», en *Espais de llum*, catálogo de exposición (Borriana, Villarreal, Castellón, 2008-2009), Valencia, Generalitat Valenciana, pp. 232-237.

RUZAFA GARCÍA, Manuel (1990), «Façen-se cristians los moros o muyren», *Revista d'història medieval*, 1, pp. 87-110.

RUZAFA GARCÍA, Manuel (2001), «Los mudéjares en las sociedades peninsulares de la baja Edad Media: la Corona de Aragón», en Carlos de AYALA MARTÍNEZ *et al.*, *Rentas, producción y consumo en España en la baja Edad Media*, Zaragoza, Universidad de Zaragaoza, 2001, pp. 89-109.

Sabater, Tina (2002), *La pintura mallorquina del segle* xv, Palma de Mallorca, Consell Balear, Universitat de les Illes Balears.

Sarasa Sánchez, Esteban (2016), «Mudéjares y cristianos en Aragón: convivencia, coexistencia y conveniencia», *Anuario de la UNED en Calatayud*, 22, pp. 45-54.

Sastre Moll, Jaume (1992), «Musulmanes en Mallorca en la primera mitad del siglo xiv», *Bolletí de la Societat Arqueològica Lul·liana*, 48, pp. 25-50.

Serra Desfilis, Amadeo (2002), «Ab recont de grans gestes. Sobre les imatges de la història i de la llegenda en la pintura gòtica de la Corona d'Aragó», *Afers*, 17 (41), pp. 15-35.

Serra Desfilis, Amadeo (2007), «En torno a Jaime I: de la imagen al mito en el arte de la Corona de Aragón de la Baja Edad Media», en Víctor Mínguez Cornelles (ed.), *Visiones de la monarquía hispànica*, Castelló de la Plana, Universitat Jaume I, pp. 321-348.

Serra Desfilis, Amadeo (2016), «Imágenes de conversión y justicia divina hacia 1400: el retablo de la Santa Cruz del Museo de Bellas Artes de Valencia», en Borja Franco Llopis, Bruno Pomara Saverino, Manuel Lomas Cortés & Bárbara Ruiz Bejarano (eds.), *Identidades cuestionadas. Coexistencia y conflictos interreligiosos en el Mediterráneo (ss. xiv-xviii)*, Valencia, Universitat de València, pp. 301-320.

Serra Desfilis, Amadeo & Francisco J. Soriano Gonzalvo (1993), *San Vicente de la Roqueta: historia de la Real Basílica y Monasterio de San Vicente Mártir de Valencia*, Valencia, Iglesia en Valencia.

Serrano Coll, Marta (2011), «Falsas historias, proposiciones certeras. Dominio visual e imágenes persuasivas en el entorno áulico de la Corona de Aragón», *Codex Aquilarensis*, 27, pp. 191-212.

Stoichita, Victor (2016), *La imagen del otro: negros, judíos, musulmanes y gitanos en el arte occidental en los albores de la Edad Moderna*, Madrid, Cátedra.

Strickland, Debra Higgs (2003), *Saracens, Demons, and Jews. Making Monsters in Medieval Art*, Princeton-Oxford, Princeton University Press.

Szpiech, Ryan W. (2017), «From Convert to Convert: Two Opposed Trends in Late Medieval and Early Modern Anti-Jewish Polemic», en Jonathan Adams & Cordelia Hess (coords.), *Revealing the Secrets of the Jews: Johannes Pfefferkorn and Christian Writings about Jeiwsh Life and Literature in Early Modern Europe*, Berlin-Boston, De Gruyter, pp. 219-245.

Velasco González, Alberto (inédita), *Pintura tardogòtica a l'Aragó i Catalunya: Pere Garcia de Benavarri*, tesis doctoral defendida en 2015 en la Universitat de Lleida.

Watt, J. A. (2001), «The crusades and the persecution of the Jews», en Peter Linehan, Janet L. Nelson & Marios Costambeys (eds.), *The Medieval World*, Londres, Routledge, pp. 146-162.

Tejiendo la red inquisitorial. Las confesiones del converso Francesc Joan como instrumento para la incoación procesal de un amplio grupo de conversos valencianos

Jacob Mompó Navarro
Universidad Complutense de Madrid - Institut Ramon Llull

En 1520, el converso Francesc Joan se enfrentaba a un proceso inquisitorial, acusado de judaizante. Los hechos de los que se le acusaba se remontaban casi veinte años atrás, durante el ayuno del Perdón. A juzgar por sus confesiones, aquella celebración del *Yom Kippur* en Valencia debió de ser multitudinaria, puesto que, recurriendo a su portentosa memoria, el procesado logró involucrar en torno a 350 personas en sus declaraciones. Ciertas o no, sus confesiones fueron utilizadas para abrir numerosos procesos inquisitoriales contra muchas de las personas que delató. En nuestro trabajo, analizamos el proceso contra Francesc Joan, así como algunas interconexiones existentes en otros procesos contra conversos.

PALABRAS CLAVE: INQUISICIÓN, CONVERSOS, TORMENTO, JUDAÍSMO

POUR CITER CET ARTICLE / PARA CITAR ESTE ARTÍCULO / TO QUOTE THIS ARTICLE

Jacob MOMPÓ NAVARRO, « Tejiendo la red inquisitorial. Las confesiones del converso Francesc Joan como instrumento para la incoación procesal de un amplio grupo de conversos valencianos », Vicent Josep Escartí y Alejandro Llinares Planells, (coord.), *Marginales y minorías: una mirada poliédrica a textos olvidados (ss. XV-XVII)*, Dossier des *Mélanges de la Casa de Velázquez*. Nouvelle série, 54 (2), 2024, pp. 111-131

Tisser la toile de l'Inquisition. Les confessions du converso Francesc Joan comme instrument pour la poursuite d'un groupe important de convertis valenciens

En 1520, Francesc Joan fut soumis à un procès inquisitorial, accusé d'être un judaïsant. Les actes qui lui étaient reprochés remontaient à près de vingt ans, pendant le Jeûne du pardon. Selon ses aveux, la célébration du Yom Kippour à Valence aurait été un événement d'ampleur considérable, puisque, faisant appel à sa prodigieuse mémoire, l'accusé réussit à impliquer environ 350 personnes dans ses déclarations. Qu'ils soient véridiques ou non, ses aveux furent utilisés pour ouvrir de nombreuses procédures inquisitoriales contre plusieurs des individus qu'il avait dénoncés. Dans cet article, nous analysons le procès de Francesc Joan, ainsi que certaines des interconnexions existant dans d'autres procès contre des convertis.

MOTS CLÉS: INQUISITION, CONVERTIS, TOURMENTS, JUDAÏSME

Weaving the inquisitorial web. The confessions of the converso Francesc Joan as an instrument for the prosecution of a large group of Valencian converts

In 1520, the convert Francesc Joan faced an inquisitorial process, accused of Judaizing. The actions of which he was accused dated back almost twenty years, during the Fast of Forgiveness. Judging by his confessions, that Yom Kippur celebration in Valencia must have been multitudinous, since, appealing to his portentous memory, the defendant metionned around 350 people in his statements. True or not, his confessions were used to open numerous inquisitorial processes against many of the people he denounced. In our work we analyse the process against Francesc Joan, as well as some interconnections existing in other processes against converts.

KEYWORDS: INQUISITIONS, CONVERTS, TORTURE, JUDAISM

La instauración del Tribunal de la Inquisición de Valencia

El 1 de noviembre de 1478, Sixto IV sellaba el breve que otorgaba a los Reyes Católicos la potestad de nombrar inquisidores en Castilla. Los monarcas adaptaron aquel breve pontificio a sus intereses particulares y en 1481 nombraron inquisidores en los territorios de la Corona de Aragón. La ampliación jurisdiccional del aparato inquisitorial obligó al Papado a negar a los reyes esta facultad; si bien, poco después, en febrero de 1482, el pontífice cedía a las presiones de los Reyes Católicos, que nombraron, para inquisidores en Valencia, a fray Cristóbal de Gualbes y a Joan Horts[1]. El engranaje inquisitorial iniciaba su marcha en la Valencia de finales del siglo xv.

En cuanto a Gualbes, desde su polémico nombramiento, sin autorización del papa, como inquisidor de Valencia, hasta su destitución fulminante en agosto de 1483, parece que sus actuaciones al frente del Tribunal no se vieron exentas de tensiones políticas. En este sentido, Sixto IV ordenó su destitución ya en 1482, a pesar de que, por presiones del rey, fue admitido de nuevo en su cargo hasta su desvinculación final, en agosto del año siguiente. La animadversión del pontífice hacia el inquisidor, a quien se refería como «hijo de la iniquidad», lo llevó a prohibirle, incluso, el ejercicio de la predicación[2].

Gualbes actuó con dureza durante su breve cargo inquisitorial. A él debemos la incineración de biblias escritas en romance[3], y solo hay que revisar procesos de fe de aquel periodo para detectar el temor con que se referían los acusados y testigos. Ciertamente, la primera consecuencia directa, palpable, de la llegada de los primeros inquisidores modernos a Valencia fue el miedo de los judeoconversos. Y así, durante distintos edictos de gracia[4] que se publicaron en los años sucesivos, muchos conversos acudieron a confesar, por temor a mayores represalias, sus crímenes de herejía. Y, colateralmente, implicaron a sus vecinos, familiares y conocidos.

Efectivamente, uno de los mecanismos más efectivos que utilizó la Inquisición, sobre todo durante sus inicios, era el edicto de gracia, que resultó ser un instrumento eficaz para inventariar a todos aquellos susceptibles de ser herejes. La tarea, *a priori*, se presentaba complicada, en tanto que la mayor parte del grupo de conversos valencianos se había diluido entre sus conciudadanos casi cien años después de las conversiones masivas posteriores a los ataques a las juderías de 1391[5]. Esta integración, entonces, no haría más que poner trabas a cualquier acción destinada a descubrir ceremonias —o costumbres— consideradas heréticas.

---

[1] Kamen, 2004; García Cárcel, 1976.

[2] Escudero, 2015, p. 23.

[3] Riera i Sans, 2013; Bueno 2021; Enrique-Arias, 2023; Fernández López, 2003 y 2023.

[4] Bordes 2012; Cruselles, 2019.

[5] Cruselles, Cruselles & Bordes, 2015, pp. 27-28.

Porque, salvo algunos conversos que todavía mantenían el sentimiento religioso y la observancia judía, u otros que deseaban huir de la jurisdicción inquisitorial al norte de África para poder convertirse al judaísmo, muchos solo conservaban trazas de costumbres culturales heredadas de sus ancestros[6]. La publicación de edictos durante los primeros años de la Inquisición consiguió la identificación de conversos con la ayuda inicial de los mismos conversos que acudían a declarar[7].

Tanto las listas de posibles conversos para juzgar que aportaban los edictos, como actuaciones posteriores, como por ejemplo la confección del Censo Inquisitorial de 1506[8], son una muestra de que, quizás, los objetivos que se buscaban con la instauración de la Inquisición no solo eran religiosos; no solo se perseguía la extirpación de aquellos que atentaban contra la fe cristiana. El objetivo primero, pues, no fue la asimilación del colectivo de los conversos, sino que se identificó al grupo social como un enemigo a combatir, y contra ellos se prosiguió de manera implacable durante las décadas posteriores, hasta su completa desaparición. En este contexto de miedo y de persecuciones tuvo lugar, décadas después de la llegada de Gualbes, el proceso inquisitorial contra el judeoconverso valenciano Francesc Joan, que se analiza en el presente trabajo.

Traición y delaciones: los inicios del proceso inquisitorial contra Francesc Joan

Francesc Joan pertenecía a una familia de conversos de la ciudad de Valencia. Era corredor de la lonja, actividad comercial que compaginaba con la tenencia de un torno de seda situado en la plaza de Els Cabrerots. Debió de nacer en torno al año 1462; al menos, en el censo realizado por la Inquisición en 1506, aparece de edad de cuarenta y cuatro años. Su padre, el jabonero Francesc Joan, ya había fallecido por aquellas fechas; su madre, la viuda Joana Salaverda, en 1506 residía con el acusado. Casó en primeras nupcias con Joana Martines, que, según indicó Francesc Joan a los encargados del censo, no era conversa. No obstante, años después, durante el transcurso de su proceso inquisitorial, el acusado la situaría participando de un supuestamente multitudinario ayuno del Perdón.

En cualquier caso, muerta su primera esposa, se casó con Violant Mir, hija del sastre Francesc Mir, que hacía veinte años que se encontraba ausente

[6] S. Haliczer diferencia tres grupos de conversos valencianos: los que intentaban mantener el estilo de vida judío, los que se mostraban cristianos en la vía pública, pero en la clandestinidad del hogar seguían manteniendo sus costumbres judías, y aquellos que se consideraban completamente cristianos (Haliczer, 1990, pp. 211-212).

[7] Bordes, 2012, pp. 645-646.

[8] Cruselles, Cruselles & Bordes, 2015.

de Valencia. Por entonces tenía dos hijos de la primera mujer, Francesc y Joana, y un hijo de la segunda, Lluïsot. Finalmente, sabemos que en 1506 nuestro protagonista no había abjurado de sus creencias judaizantes, por lo que todavía no se había visto inmerso en ningún proceso de fe ante el tribunal del Santo Oficio[9]. Desconocemos si lo hizo entre aquella fecha y mayo del año 1520, cuando la documentación nos lo sitúa ya preso en las cárceles inquisitoriales.

El expediente que conserva el proceso contra Francesc Joan[10] está incompleto. Ignoramos cómo ni cuándo se inició exactamente su juicio, si acudió voluntariamente a confesar sus delitos tras un edicto, o si fue delatado por algún pariente o conocido. Por el transcurso del juicio, como veremos, pensamos que fue incriminado en un proceso de terceros. De no ser así, hubiese bastado únicamente con su propia confesión para finalizar el juicio con relativa rapidez. Sin embargo, desde el 7 de mayo de 1520 hasta el 7 de marzo de 1522, audiencia tras audiencia, para contentar a los inquisidores, que pedían insistentemente la verdad, el acusado amplió la nómina de delatados, hasta llegar a un número cercano a los 350. Hicieron falta por lo menos 54 audiencias para llegar a esa suma. El expediente acaba en dicha audiencia de marzo de 1522, pero debieron de sucederse bastantes más entre aquel día y el 6 de noviembre de 1524, cuando nuestro corredor de la lonja murió entre las brasas de la Inquisición[11].

De su detención y aquellas primeras audiencias de mayo de 1520, no quedan más que referencias en el proceso, porque el acusado pidió en dos ocasiones que le leyesen declaraciones anteriores para refrescarle la memoria. La documentación conservada nos sitúa al acusado a principios de diciembre del año 1520, testificando, en aquella ocasión, contra Lluís Bonvehí y su esposa, Francina Celma, contra la madre de esta, y una mujer, na Saragossa[12], que en el momento de los hechos ya había fallecido. A todos estos los incriminaba por asistir a un ayuno del Perdón que se celebró en las casas de Gaspar Soler, que había sido relajado a la justicia seglar, y de na Soguera, casas, estas, situadas una enfrente de la otra[13].

En lo concerniente a Francesc Joan, los inquisidores insistían en recordarle que su proceso constaba de cuatro partes, esto es, la celebración de un ayuno en Russafa, en el huerto de Cortilles; otro en casa de na Soguera; el

[9] Cruselles, Cruselles & Bordes, 2015, pp. 414-415.

[10] Archivo Histórico Nacional (AHN), Inquisición, legajo 5311, expediente 50.

[11] Con fecha de 6 de noviembre de 1424, en la lista de ejecutados de la Valencia del Quinientos elaborada por Catalá Sanz & Pérez García (2000, p. 57), aparece Francesc Joan, corredor de lonja, quemado por hereje judaizante.

[12] En cuanto a los tratamientos personales, conservamos el artículo personal femenino *na*, en catalán, seguido del apellido flexionado en femenino porque mantiene la esencia del significado que toma en los textos consultados. Por ejemplo: *na Soguera* se utiliza para referirse a la esposa de Soguer; o *na Masa*, para la mujer de Mas.

[13] AHN, Inq. 5311, 54, fº 1rº.

ayuno celebrado en casa del propio acusado, y, por último, «de altres dits e deposicions particulars y de parlaments ab altres persones que ha dit e confessat en lo seu proçés»[14].

De esto último, esto es, de dichos y conversaciones con terceros, el expediente no conserva más que alguna referencia cruzada de la que, no obstante, se intuye la importancia del hecho, como veremos, pues con aquellas conversaciones se violaba una pieza fundamental del Santo Oficio: el secreto. En aquella advertencia, en cambio, se obviaba la celebración en casa de Soler, porque el acusado, seguramente, no estuvo presente; aunque, según decía, pudo ver a la gente ir y venir. Esto es así porque, además de estar la casa de Soler enfrente de la de na Soguera, casa que frecuentaba el acusado, la gente iba y venía de una a otra. Y todos sabían, aunque fuese de oídas, que en dichos lugares se realizaban los referidos ayunos del Perdón. Además, tal y como indica el acusado, muchos de aquellos que se acercaron a la casa de los Soguer, antes o después de pedir perdón a la anfitriona, como era costumbre: «los huns als altres se digueren e·s descobriren com feyen e dejunaven dit dia dit dejuni del Perdó»[15]. En este sentido, cuando los inquisidores preguntaban al acusado cómo era que sabía que tal o cual persona creía en la ley de Moisés, solía responder en esos términos: porque entablando conversaciones, ellos mismos se descubrían.

La primera referencia que nos sitúa al acusado celebrando el *Yom Kippur* data del 5 de diciembre de 1520, durante una audiencia en la que Francesc Joan admitió haber ayunado distintas veces en dicha casa de na Soguera, y aprovechó para delatar a Joana, su difunta primera mujer, y, de nuevo, a Joan Selma, como asistentes habituales en aquellas celebraciones. Pero entre todos los ayunos que Francesc habría confesado hasta la fecha, destacaba especialmente uno, aquel que se celebró en casa de na Soguera hacía dieciocho años. Los hechos, pues, en que se centraron la mayoría de las audiencias debieron de haber sucedido el 12 de septiembre de 1502[16]. Incidía el acusado, más adelante, el 10 de diciembre de 1520, en aportar más asistentes a dicho ayuno, en el cual situó también a la viuda Enrica, a na Guimerana, y a una hija de esta, de cuyo nombre no se acordaba Francesc, pero sabía que estaba casada con un corredor de lonja aragonés. Nos interesa, por ahora, remarcar que las tres mujeres residían en la calle de la Creu Nova[17].

---

[14] AHN, Inq. 5311, 54, fº 13vº.

[15] AHN, Inq. 5311, 54, fº 3vº.

[16] Las referencias a la fecha de aquel ayuno son difusas. La mayoría de las alusiones indican que aquella celebración tuvo lugar hacía aproximadamente dieciocho años. Acotamos el año gracias a los comentarios de los inquisidores, que situaban dicho ayuno dos años después de descubierta la sinagoga secreta de Miquel Vives. Este hecho tuvo lugar en marzo de 1500. Ventura, 1978, pp. 173-182. La fecha exacta se corresponde con el día del ayuno del Perdón de aquel año, esto es, el décimo día del mes de Thisrei del año hebreo de 5263. Para el cálculo de las fechas relativas a los calendarios juliano y hebreo hemos utilizado los conversores y los calendarios que ofrece el Institut de mécanique céleste et de calcul des éphémérides, de París, disponible en línea en https://promenade.imcce.fr/fr/pages4/427.html.

[17] AHN, Inq. 5311, 54, ffº 1vº-1rº.

No es nuestro propósito confeccionar una lista de las cerca de 350 personas a quienes acusó Joan, pero hasta aquí aparecen los ingredientes principales en los que nos centraremos, por ahora, en este trabajo. Por un lado, la práctica de un ayuno del Perdón que se había celebrado el 12 de septiembre de 1502 en la casa de los Soguer. De otra parte, la presencia de sujetos que ya habían fallecido, bien por causas naturales, bien porque, como Joan Selma, ya habían sido procesados y relajados a la justicia seglar y, en consecuencia, muertos en la hoguera. Finalmente, la localización de las residencias de algunos implicados, muchos de ellos, en la Creu Nova y sus cercanías. Pero vayamos por partes.

Ciertamente, a lo largo de las declaraciones de Francesc Joan, se acusó de haber acudido, en algún momento de aquel día, a casa de na Soguera a muchas personas que, por haber fallecido, nunca pudieron defenderse de dichas acusaciones. No cuesta imaginar que a Francesc Joan le debía de ser más sencillo incriminar en sus primeras confesiones a personas ya fallecidas que a alguien con quien, llegado el hipotético caso de su puesta en libertad, pudiese toparse en la calle. En este sentido, no hubiese sido el primero que, tras delatar a algún pariente o conocido vivo, sufriese en su propia carne las represalias de la venganza[18]. De aquí, entre otras cosas, la insistencia del Santo Oficio en la cuestión del secreto, y de preservar el anonimato de los testigos. Así pues, de la nómina de delatados que aportó el acusado en sus confesiones, cerca de un centenar ya habían muerto entre 1520 y 1522.

El grueso de los fallecidos, además, aparece en las primeras declaraciones; después, a medida que avanza el proceso, las referencias a la condición de fenecido (*quondam*) disminuyen con fuerza. Seguramente, además del temor a posibles represalias, el acusado empezó sus confesiones incriminando, principalmente, a aquellos que ya habían fallecido, intentando así proteger a sus familiares y amigos vivos más cercanos. Pero conforme avanzó el proceso, viendo que sus confesiones no eran del agrado de los inquisidores, con cada audiencia que pedía delataba a más personas, y cada vez más cercanas.

Por otra parte, algunos de los fallecidos a los que Joan delató, además, habían sido procesados, condenados y ejecutados en la hoguera. Por tanto, habían sido declarados, sin lugar a ningún género de dudas, como herejes. No es extraño encontrar, entre las defensas de los procesados por la Inquisición, referencias al hecho de que alguno de los testigos que supuestamente habían declarado contra el acusado —recordemos que, generalmente, se intentaba preservar el anonimato de los testigos— hubiesen sido condenados a la hoguera.

Por las conexiones que presenta con el proceso que aquí analizamos, ponemos como ejemplo el juicio inquisitorial contra Constança Nicolau, de 1509. Durante aquel juicio, la rea, de algún modo, debió de intuir que alguno de los

[18] Valga de ejemplo el caso de Francesc Nàtera, que, en 1491, tras enterarse de que su mujer lo había delatado, decidió contratar sicarios para que acabasen con su vida. Después de no encontrar a nadie que aceptase el encargo, la apuñaló él mismo AHN, Inq. 502, 17.

testigos que contra ella había depuesto era Joan Celma, el mismo individuo que Francesc Joan situó participando activamente en el ayuno del Perdón de 1502. Debía de ser una persona mayor ya por aquel entonces, y estaba considerado, entre su núcleo más cercano, como alguien con una cierta autoridad moral. Al menos, siempre llevaba la iniciativa durante las ceremonias que realizaba la familia. De hecho, según Francesc Joan «lo dit Joan Çelma, *quondam*, relexat, legia en hun libre coses en favor de la lley de Moysés y tots los sobredits lo escoltaven»[19]. Ciertamente, Joan Celma, había sido procesado por judaísmo y sentenciado a morir en la hoguera, una condena que se hizo efectiva pocos años después del ayuno de 1502, el 28 de marzo de 1505[20]. El abogado de Constança Nicolau, que en un intento por deslegitimar a su hipotético delator lo calificaba como una persona demente, miserable y atormentada, basó parte de la defensa en explicar que Celma había sido relajado y que, por tanto, en el tiempo de su deposición era un hereje cuya palabra no tenía ningún valor[21].

Volviendo al proceso de Francesc Joan, de entre los delatados que habían sido relajados, también destacan Gaspar de Valencia y su mujer, Cecilia; Manuel Alfajarí y su esposa, Esperança; el mercader Perot Cortilles, y su cuñada, Angelina, mujer de su hermano, Joan Cortilles. Este último era el propietario del huerto en Russafa donde, según Francesc Joan, se había celebrado el ayuno del Perdón en el año 1500. Excepto Joan, el resto murieron en la hoguera el 15 de abril de 1513[22]. Por otra parte, Andreu Tamarit y el referido Gaspar Soler fueron ejecutados ya iniciado el juicio contra Francesc, el 9 de junio de 1520, así como el calcetero Daniel Vives, quemado el 1 de marzo de 1522, o Brianda Puga, que corrió la misma suerte el 18 de abril de 1524[23]. Finalmente, Francina Celma, hija del mencionado Joan Celma y esposa de Lluís Bonvehí, en 1520 estaba inmersa en su propio proceso inquisitorial. Había conseguido defenderse con fortuna de dos acusaciones y cambiar la pena capital por la prisión. Pero el testimonio de Francesc Joan, que la situó en el ayuno de na Soguera, le sobrevino justo cuando su proceso había finalizado. Tras reemprenderlo, Francina, como lo había sido su padre, fue condenada a la hoguera[24].

Llamó la atención de los inquisidores la concurrencia del ayuno celebrado en 1500 en el huerto de Cortilles, pero, sobre todo, la participación multitudinaria en el que tuvo lugar dos años más tarde en casa de na Soguera, situada en la plaza de Els Cabrerots. De hecho, entre el 17 de diciembre de 1520, fecha en la que ya había delatado a cerca de medio centenar de asistentes al ayuno

[19] AHN, Inq. 5311, 50, fº 2rº.

[20] Català Sanz & Pérez García, 2000, p. 42.

[21] AHN, Inq. 5311, 33, fº 10rº.

[22] Català Sanz & Pérez García, 2000, pp. 46-47.

[23] Català Sanz & Pérez García, 2000, pp. 50, 52 y 56.

[24] AHN, Inq. 5311, 48 y 52.

de na Soguera, y el 9 de enero de 1521, Francesc Joan añadió a cerca de una treintena de participantes más, muchos de los cuales residían en las proximidades de aquella casa. En este sentido, aquello que al inicio del proceso hizo augmentar el interés de los inquisidores fue la localización de muchos de los delatados en torno a las calles de la Creu Nova y de l'Hostal de la Nau y la plaza de Els Cabrerots. No porque aquellas calles formasen parte de la antigua judería[25], puesto que gran parte de los conversos vivía allí, sino, más bien, por la concurrencia de dos hechos: por un lado, la proximidad entre todos ellos; pero, especialmente, por el hecho de haberse celebrado el ayuno de casa na Soguera, con aquella —supuesta— afluencia masiva de conversos, solo dos años después de que, en casa de Miquel Vives, se hubiese descubierto una sinagoga clandestina.

Efectivamente, en el año 1500, Miquel Vives, primo hermano del humanista Lluís Vives, vivía con sus padres, Salvador Vives y Castellana Guioret, en la calle de El Forn dels Argenters. Allí se reunía un grupo de conversos de la ciudad de Valencia a quienes Miquel Vives, que algunos consideraban rabino, instruía en el judaísmo. Cuando el Santo Oficio descubrió aquella sinagoga clandestina y encausó a la familia Vives, muchos de aquellos asistentes aparecieron entre las delaciones que se produjeron. El hallazgo de la sinagoga de los Vives conmocionó a la ciudad de Valencia. El episodio atrajo a centenares de curiosos que, durante los días posteriores acudían al lugar. La curiosidad de la gente fue tal que las autoridades ordenaron tapiar las puertas y ventanas de la casa. Más adelante, se derruyó el edificio y, en el solar, se proyectó la plaza de la Creu Nova, que daría nombre a la calle adyacente, un proyecto en el que participó el arquitecto Pere Comte[26].

El hecho desató una intensa campaña inquisitorial, y muchos de los que acudían a aquella sinagoga[27], o contribuían económicamente a su manutención[28], fueron perseguidos, juzgados y sentenciados. Algunos murieron entre las llamas, como el propio Miquel Vives o su madre, Castellana, que fueron ejecutados el 21 de junio de 1501 junto con trece personas más[29]; otros fueron reconciliados y aceptados, de nuevo, en el seno de la Iglesia.

¿Cómo era posible que, tan solo dos años después de aquel hallazgo, tal cantidad de conversos se atreviese a juntarse, de nuevo, en un lugar cercano a la Creu Nova, que se erigió en conmemoración de aquella victoria inquisitorial? No era fácil de creer, teniendo en cuenta la respuesta contundente de la Inquisición y la oleada de detenciones que el proceso contra Vives originó. Pero, todavía más: ¿cómo era posible que en aquella celebración hubiese tanta gente que ya había sido juzgada y reconciliada en el seno de la Iglesia,

---

[25] Rosselló i Verger, 2001; López González, 2014.

[26] Ventura, 1978, p. 179.

[27] Mompó, 2021 (SIBA).

[28] Angelino Pardo, 2020.

[29] Català Sanz & Pérez García, 2000, p. 36.

con el peligro que la reincidencia tenía para todos aquellos, pues podrían ser condenados por relapsos y acabar sus días en la hoguera? Y más aún: ¿era posible que, tras haber descubierto dicha sinagoga, aquellos conversos que solían acudir hubiesen decidido buscar un nuevo local para sus reuniones? Finalmente: ¿cómo había podido aquello pasar por alto durante dieciocho largos años? Todas estas dudas llevaron a los inquisidores a insistir en ello:

> Interrogat quina és la causa que en la dita casa de na Soguera se feyan tant grants ajusts dos anys aprés que la Sinagoga se era trobada en la present ciutat, y la Inquisició anant tant fort, havent-hi en los dits ajusts moltes persones reconsiliades que de neçessitat se havian a guardar[30].

En aquel momento, el acusado siguió defendiendo su versión. Es más, según Francesc Joan eran los propios reconciliados, aquellos que, justo como acababan de explicar los inquisidores, más tenían que perder con todo aquello, los que animaban al resto a celebrar aquel día de la Expiación[31]. Ante la incredulidad de los inquisidores, y lejos de admitir cualquier rastro de falsedad en sus declaraciones, en cada una de las audiencias posteriores siguió involucrando cada vez a más gente. De entre todos aquellos, podemos destacar la presencia de Gabriel Moreno y Francesc Corella, que, junto con los hermanos Cortilles i Salvador Llagostera, eran buenos amigos de Francesc Joan, como veremos después. Pero las suspicacias del tribunal fueron en aumento. Tanto es así, que el 6 de febrero de 1521, le advirtieron que tuviese cuidado a la hora de confesar, que ya le habían advertido en diversas ocasiones que en aquella sala no querían escuchar sino verdades[32].

Volvió a referirse al ayuno de 1502 en casa de los Soguer y añadió a unos pocos más, en aquella ocasión, de las familias de los Serra y Valeriola. Pero los inquisidores cambiaron de tema y preguntaron directamente acerca del motivo por el cual aquel día había sido llamado a declarar:

> *Interrogatur* quién de los que estavan en su companyia ayer y estos días passados acordó a los otros de las personas e ayunos que dize han fecho […] que diga la verdad y no se perjure [...] E dix que, tantost entrà en la sua presó, Françés Corella apartà a ell, confessant e li dix: «Francí Joan, vós me haveu acusat?». Y ell, confessant, li dix que descarregàs la sua consciència y digués la veritat. Y que la veritat és que los huns als altres se han dit y fet recordar de les persones que són stades en fer los dits dejunis[33].

Debieron percatarse los inquisidores, posiblemente por la similitud de las declaraciones que por separado habían hecho Francesc Corella, Gabriel

[30] AHN, Inq. 5311, 50, fº 5rº.

[31] AHN, Inq. 5311, 50, fº 5rº.

[32] AHN, Inq. 5311, 50, fº 8rº.

[33] AHN, Inq. 5311, 50, fº 8rº.

Moreno, Salvador Llagostera y el propio Francesc Joan, que estos habían podido pactar aquellas confesiones estando en la prisión, como así lo confesó Joan. Aun así, el tribunal dejó que el reo siguiese hablando sobre el ayuno de Russafa. Después, decidieron darle tiempo para que pensase en aquello y suspendieron la audiencia de la mañana, que reprendieron por la tarde. Cuando entonces fue advertido para que dijese la verdad, el acusado se derrumbó, se arrodilló en el suelo y pidió clemencia. En aquel momento Francesc Joan admitió haber mentido ante el tribunal. Afirmó que, siendo tanta la amistad que tenía con los Cortilles, suponía que sería acusado junto con aquellos. Por este motivo se había inventado todo lo referente al ayuno de Russafa. Además, admitió algo todavía más grave, haber inducido a sus amigos, Francesc Corella, Gabriel Moreno y Salvador Llagostera, a declarar aquello mismo. Se mostró, pues, como el instigador de aquel complot que tuvo lugar en las cárceles secretas para pactar aquella declaración; aunque, como diría el propio Francesc Joan, no le costó mucho trabajo inducir a sus amigos, quienes no pusieron reparos para declarar aquello. No obstante, siguió defendiendo la veracidad de lo acontecido en casa de na Soguera, con la presencia de toda la gente a la que había mencionado en anteriores sesiones[34]. Y el número de asistentes al ayuno de casa na Soguera siguió aumentando en las sucesivas audiencias. Ahora bien, el acusado sabía que, después de haber admitido que mintió al Tribunal, su credibilidad estaba en entredicho. Por este motivo, acababa todas aquellas confesiones en términos semejantes: «si açò no és veritat, que vol que·l cremen»[35].

Muchas de aquellas confesiones se limitaban a añadir nuevos asistentes al ayuno de 1502. Pero, de vez en cuando, el acusado aportaba algo distinto, algo que, seguramente, interesaba a los inquisidores más que una lista de asistentes a un ayuno probablemente inventada por alguien desesperado, una concatenación de nombres en la que, como veremos, daba la impresión de que el acusado repasaba mentalmente el callejero de su vecindad en la Valencia del Quinientos para situar, en cada audiencia, a los integrantes de una u otra familia. Un ejemplo de audiencia en la que Joan aportó algo más que unos cuantos nombres fue la del 8 de febrero de 1521. En aquella ocasión acusaba a los fallecidos Amorós de Vera y Gençor de aportar dinero para aliviar las penas económicas de aquellos reconciliados que salían de las prisiones inquisitoriales. El propio Amorós le dio dinero a Francesc Joan para que se lo entregase a una mujer, na Solsona, que acababa de salir de prisión, aunque la mujer no quedó satisfecha con la cantidad facilitada:

> Amorós de Vera, *quondam*, botiguer de llenç, y Gençor, *quondam*, camiser, venien a la casa de la dita na Soguera e li donaven diners en papers per a que donasen e sotsvinguessen a les persones que eixien de les presons de la Inquisició [...] Ell, dit confessant, una vegada, a

[34] AHN, Inq. 5311, 50, fº 8rº.

[35] AHN, Inq. 5311, 50, fº 9rº.

> pregàries de na Solsona, la qui portà lo hàbit penitencial, anà a casa del dit Amorós pregant-lo [que] fes karitat a la dita na Solsona. Y lo dit Amorós li donà certs diners menuts [...] la dita na Solsona, quant ho veu, se pres a flastomar al dit Amorós dient que poch li havia donat en respecte del que donava a altres conversos[36].

Así pues, este fragmento representa una muestra de determinadas acciones, como ayudar económicamente a los castigados por la Inquisición, que ponen de manifiesto ciertas muestras de solidaridad en el seno del colectivo marginado[37]. En otros fragmentos, en cambio, se observa la figura de la mujer como elemento clave en la transmisión de las costumbres y las creencias familiares: «És en recort que la dita na Soguera y na Ramona y la sogra del dit Çaragoça y na Tamarida anaven per les cases induhint als conversos que dejunasen, que [així] salvaven les ànimes»[38]. Ciertamente, el papel de las mujeres fue determinante en la transmisión, en su núcleo familiar, de las tradiciones ancestrales[39]. En este sentido, no es difícil detectar, en las confesiones voluntarias de los que se acogían a los edictos de la fe, relatos de individuos que fueron iniciados en los ritos y prácticas judaizantes por sus madres, tías y abuelas[40].

Retomando el proceso de Joan, entre el 2 de marzo de 1521 hasta el 3 de abril de aquel mismo año, ante la incredulidad del tribunal, el acusado añadió 47 nombres más a la lista de participantes en el ayuno de na Soguera. Entonces, el Tribunal volvió a insistir en la inverosimilitud de su relato e instó al acusado a que «no diga más de la verdat, porque no es verosímile que tanta gente como aquí tiene declarada en hun ayuno y en una casa se atreviesen a ajuntar»[41]. Joan intentaba responder de manera que su versión fuese más creíble, y explicó que, en realidad, no se juntaron todos a la vez, sino que la gente iba y venía, que muchos pasaban por la casa de na Soguera, compartían un breve espacio de tiempo, mostraban sus respetos a la anfitriona y, luego, se iban.

En realidad, si aislamos las circunstancias que llevaron al acusado a denunciar a una cantidad exagerada de participantes, las páginas de su proceso nos dan una idea aproximada de cómo se realizaban aquellos ayunos: reunido el círculo familiar más próximo en la casa de la anfitriona, pasaban el día ayunando, rezando, conversando y leyendo pasajes del Antiguo Testamento. A lo largo del día, distintos amigos y conocidos pasaban por la

---

36 AHN, Inq. 5311, 50, fº 9rº.

37 Carrasco, 1994.

38 AHN, Inq. 5311, 50, fº 9rº.

39 Motis Dolader, 2012.

40 En la muestra analizada, desde el año 1482 hasta finales de 1486, entre las confesiones conservadas de conversos que se acogieron al tiempo de gracia, predominan las mujeres como transmisoras de las costumbres judaicas en una proporción de 34 mujeres frente a 9 hombres. AHN, Inq. 800, 4, ff 1rº-29rº.

41 AHN, Inq. 5311, 50, fº 11vº.

casa y, antes de irse, se pedían perdón los unos a los otros. Finalmente, todo el mundo regresaba a sus casas a cenar. Todo aquello debía ejecutarse con cautela, puesto que, como decían los propios inquisidores, el Santo Oficio, en aquellas fechas, estaba especialmente atento sobre el colectivo converso. Si aquel modo de proceder era habitual, pensamos que aquella costumbre de sus antepasados de visitar a sus más allegados durante la celebración del *Yom Kippur* puede ser uno de los motivos por el cual el ayuno del Perdón es una de las celebraciones que más abunda en los procesos inquisitoriales contra conversos: tanto si los conversos valencianos de los siglos xv y xvi practicaban un judaísmo más o menos ortodoxo, como si, por el contrario, únicamente conservaban trazas folklóricas de costumbres ancestrales, el hecho de circular de casa en casa en unas fechas concretas del calendario no podía más que agudizar las suspicacias de sus vecinos.

A pesar de las continuas advertencias del Tribunal en cuanto a las acusaciones falsas que hacía Francesc, este, desde aquel momento y hasta el 6 de mayo de 1521, delató a 36 personas más[42]. Entonces, fue advertido de las consecuencias que podría acarrearle levantar falsos testimonios, y le recordaban que ya antes había mentido por lo que se refiere al ayuno de Russafa. Pero el reo insistía en defender que todo lo que había confesado sobre casa na Soguera era cierto. Admitió, de nuevo, haber mentido en lo de la celebración con los Cortilles, pero precisó el motivo:

> [...] que en lo del huerto de Cortilles ha caýdo ignorantemente porque à estat en sa companyia Guabriel Moreno y confessó hun ayuno de ara XXII anys. Y aquell le dix que era veritat aquell dejuni. Y per ço ho dix ell, confessant, també crehent que era veritat y perquè ja·ls havia mes a tots en lo dejuni de la casa de la Soguera[43].

Es interesante esta precisión porque, según el acusado, su amigo Gabriel Moreno le confirmó que había confesado un ayuno del Perdón que se había celebrado 22 años atrás en el huerto de Cortilles, un ayuno que el inquisidor Andrés de Palacios —decía Moreno— le había dado por válido[44]. Entonces, el acusado decidió probar suerte. Pero si era cierto lo que decía y había mentido anteriormente sobre su participación en la celebración de Cortilles, le hacía falta una lista de asistentes al Perdón de Russafa. Llegados a este punto, no le importó echar mano de la lista que ya había ido confeccionando, y situar allí a buena parte de los que había delatado en el de casa de los Soguer.

De todos modos, la credibilidad del acusado estaba en entredicho. Los inquisidores ya habían puesto en duda la verosimilitud de sus confesiones en

---

42 AHN, Inq. 5311, 50, ffº 11vº-12vº y 16rº.

43 AHN, Inq. 5311, 50, fº 16r.

44 La supuesta validez de la confesión que hizo Gabriel Moreno ante Andrés de Palacios se menciona más adelante, cuando, según el acusado, su amigo Moreno le dijo que «lo senyor inquisidor Palacios li havia donat per bo l'ort de Cortilles». AHN, Inq. 5311, 50, fº 13rº.

repetidas ocasiones, pese a lo cual, siguieron concediéndole audiencia cada vez que la pedía. Y así, desde el 24 de mayo al 20 de septiembre de 1521, Francesc llegó a incriminar a cerca de 70 personas más[45]. Las instrucciones internas de la Inquisición incidían en la necesidad de conceder audiencia al reo cada vez que la pidiese, tanto porque «a los presos les es consuelo ser oýdos, como porque muchas veces acontece un preso tener un día propósito de confessar o dezir otra cosa que cumpla a la averiguación de su justicia»[46]. Seguramente, para los inquisidores, que dudaban del testimonio de Joan, todo aquello no servía para averiguar la verdad en el juicio que estaban procesando; sin embargo, cumplía con creces para ampliar las listas de conversos, susceptibles de ser tenidos por judaizantes. Ciertamente, hemos hablado más arriba de la realización del censo por parroquias de 1506. Es posible que se hiciese alguno más. Pero las confesiones que se hacían en la sala de la audiencia ayudaban, sin duda, a completarlo, a augmentar la lista de sospechosos de herejía. Y en Francesc Joan encontraron un filón a explotar debido, sobre todo, a la táctica que utilizó, como veremos poco después, para situar en la palestra a tal cantidad de conversos.

Confesión bajo tortura. La prueba procesal del tormento en la piel de Francesc Joan

La tortura como método para la obtención de la confesión de un delito no era una práctica novedosa cuando se instauró la Inquisición. Era, de hecho, un instrumento generalizado en todo el mundo. Encontramos antecedentes remotos ya en la antigüedad grecorromana. Tras la caída del Imperio, los fueros de los estados medievales reforzaron su uso procesal a lo largo de la edad media, continuando esta práctica durante la edad moderna[47].

Conviene tener en cuenta que la sentencia de tormento no era la sentencia definitiva; o sea, no era el castigo impuesto resultante del juicio, sino un instrumento más para la obtención de la verdad. De este modo, las confesiones bajo tortura se añadían al expediente como prueba procesal[48]. Ahora bien, según las instrucciones inquisitoriales, no se debía incoar proceso alguno a individuos de los cuales no se tuviesen indicios, presumiblemente concluyentes, de su culpabilidad. En este sentido, el reo se consideraba culpable desde el inicio, y tenía que demostrar su inocencia. Su confesión, por tanto, era la prioridad del Tribunal[49]. Y el tormento, un método para su obtención.

[45] AHN, Inq. 5311, 50, ffº 16rº-18rº.

[46] Instrucciones de don Fernando de Valdés. Instrucción 28: «Dése audiencia al reo las veces que la pidiere». Jiménez Monteserín, 2020, p. 257.

[47] Gudín Rodrígues-Magariños, 2006; Vivas, 2016.

[48] Fernández Giménez, 1999, p. 129.

[49] Kamen, 2004, p. 188.

La tortura judicial se aplicaba después de la acusación del fiscal, siempre que no se hubiese obtenido una confesión previa del reo. Así lo recogían las compilaciones de instrucciones de Fernando de Valdés[50]. El propio Valdés alertaba de la peligrosidad del método, pues muchos podían confesar crímenes que no habían cometido por miedo al dolor. Por esto las confesiones efectuadas bajo tortura tenían que ser ratificadas veinticuatro horas después. Ahora bien, a un reo no se le podía aplicar más que una sentencia de tormento; de aquí que, no habiendo obtenido la confesión, se suspendía la sesión para reprenderla en adelante, si se estimase oportuno. Si las confesiones en la sala del tormento convencían a los inquisidores, estos podían admitir al reo a reconciliación. Por eso, frecuentemente se recomendaba no someter a tormento a nadie de quien se tuviesen pruebas suficientes, porque, si resistía a la tortura «el juez no tendría ya el derecho de infligirle la pena de muerte que, sin embargo, merecía»[51].

En el caso de Francesc Joan, el 20 de septiembre de 1521, tras la última monición, el acusado seguía reafirmándose en sus palabras. Admitía la invención del ayuno en el huerto de Cortilles, pero aseguraba ser cierto el de na Soguera, sin cambiar ni una coma. Así que se pronunció la sentencia de tormento, tras la cual, trasladaron al acusado a la sala de tortura, donde fue despojado de sus ropas. Mientras los oficiales lo desnudaban, el reo pedía clemencia: «Senyors, haveu-me misericòrdia, que yo us diré la veritat»[52]. Insistió en que había dicho la verdad respecto al hecho de haber ayunado distintas veces en su propia casa, como verdad era también el ayuno de 1502, con la familia Soguer, salvo que «poria ser que alguna persona no y sia stada de les que ha dites, però tot és veritat». Admitía, pues, que aquel ayuno se celebró, aunque quizás no hubiese sido tan concurrido. Tras esto, terminaron de desnudarlo y lo ataron al instrumento de tortura de la garrucha.

Dicho mecanismo consistía en un sistema de poleas instaladas en el techo mediante el cual, una vez que el reo era atado con las manos por detrás de la espalda, era levantado en alto, provocando un dolor intenso en las articulaciones superiores. En este sentido, tanto por la efectividad del método, como por la simplicidad de su logística, la garrucha fue el sistema más frecuentemente utilizado en la sala del tormento inquisitorial. Dicho esto, se disponía de otros métodos más dolorosos, que se aplicaban si la garrucha no obtenía el éxito deseado, como el tormento de la cuerda, que consistía en sujetar al reo en un potro o banco de madera y, con la ayuda de torniquetes, comprimir con la cuerda distintas extremidades del acusado; o el de la toca, mediante el cual se colocaba un trapo en la garganta del

---

[50] Jiménez Monteserín, 2020, pp. 251-272.

[51] Foucault, 2002, p. 42.

[52] AHN, Inq. 5311, 50, ffº 13vº-15rº.

confesante y le vertían agua en la boca para provocarle asfixia simulada. Basta decir que los tres métodos podían aplicarse en una misma persona si así lo determinaba el Tribunal[53].

El inquisidor dio la orden para que el oficial del Santo Oficio levantase en alto al reo, mientras este seguía implorando por su vida. Entonces admitió que en el ayuno de na Soguera solo estuvieron la anfitriona, Gaspar Soler y su mujer, na Amada, el propio reo, Isabel Martines, su difunta esposa, y la que más adelante se convertiría en su mujer, Violant Mir. El resto era falso. Pero de aquella confesión, algo más que todo aquello interesaba a los interrogadores. Y así, tras preguntarle el motivo de levantar tantos falsos testimonios, respondió que alguien le enviaba señales a su celda, escondidas en cestas de alimentos, para que incriminase a tal o cual persona: «perquè en la cistella que li portaven lo menjar li venien senyals de persones»[54]. Se negó a responder quién enviaba aquellas señales, bien porque no quiso, bien porque desconocía su identidad. Y dieron la orden de volverlo a levantar, en aquella

ocasión para que confesase la autoría de aquellas señales que le llegaban a la celda. El efecto, en cambio, no fue el deseado porque, volvió en sus trece y afirmó que todos aquellos que había delatado a lo largo del proceso habían ido a casa de na Soguera en 1502.

Aparcaron, de momento, el tema de las comunicaciones entre presos e incidieron otra vez en la inverosimilitud de tal multitudinaria asistencia, pero Joan insistía en que todo era verdad, pero que atormentándolo solo conseguían hacerle variar sus versiones. Al menos esto era cierto, porque cada vez que tiraban de la cuerda, su versión era distinta. Y al momento confesó que, para salvar la vida, había fabricado absolutamente todo lo referente a la casa de la familia Soguer; y más aún, que, puesto que él estaba sufriendo, que sufriese también el resto: «devallau-me, que per acampar la vida, yo he dit e confessat falsament de la casa de na Soguera, que falsament los he acusat [...] que lo diable li ha fet dir falsament de les persones per acampar la vida; y que, puix ell, confessant, havia mal, que tothom lo hagués»[55].

Insistieron de nuevo en averiguar la identidad de aquel que le enviaba señales a su celda, però Joan decía desconocerla. Y tras un lapso durante el cual siguió manteniendo la certeza de haber ayunado en casa de na Soguera, aunque en una celebración más íntima, arrojó un nombre, un posible candidato para la autoría de las señales en la cárcel, aunque esto nunca lo confirmó Joan. Según el acusado, fue traído preso junto con Alfajarí, el cual animó al

---

[53] Véase, por ejemplo, el caso de Joan Baptista Castellanos, un cristiano capturado por los turcos, que renegó del cristianismo y se convirtió al islam. Castellanos superó la garrucha, después de ir añadiendo cada vez más peso en sus pies. Tras esto, fue atado en el potro, donde le dieron numerosas vueltas de cuerda en brazos y muslos. Finalmente, se le aplicó el tormento de la toca, vertiendo en su garganta cuatro jarros de agua. Hasta que confesó. AHN, Inq. 1748, 11.

[54] AHN, Inq. 5311, 50, fº 14rº.

[55] AHN, Inq. 5311, 50, fº 14rº.

reo a acusar al sastre Bardaxí, pues aquel también lo había acusado. Era posible, pues, que, durante los procesos de ambos, Alfajarí hubiese encontrado la forma de hacerle llegar a Francesc Joan los nombres de aquellos a los cuales iba acusando. De este modo —debía suponer Alfajarí— su versión de los hechos se vería reforzada con otro testimonio independiente. Tras aquello, los inquisidores decidieron suspender la sesión de tormento para emplazarla, en caso de que fuese necesario, para otro día. Pero el reo decidió no esperar, y mientras lo desataban, siguió hablando, en este caso, para admitir la celebración del *Yom Kippur* de hacía doce años, en su propia casa, y desmentir la celebración anterior de 1502.

Cuatro días más tarde, el 24 de septiembre de 1521, volvió a cambiar de parecer y, nuevamente, repitió su versión respecto al ayuno de los Soguer, aunque ahora eliminando algunos nombres y, sin embargo, añadiendo otros nuevos. El Tribunal preguntó, otra vez más, por el motivo que le había llevado a denunciarlos. Y fue entonces cuando explicó cómo había procedido, sesión tras sesión, para acumular en sus confesiones una cantidad tan exagerada de conversos. En aquella audiencia, esbozó el sistema que puso en práctica y explicó que estaba convencido de que todos aquellos a los que había delatado eran culpables de haber realizado el ayuno del Perdón, porque la cosa iba por linajes: «que a càrrech de la sua ànima seria si no·s creya que u havien fet, perquè anava per linatges e·s creya que tots hi eren e u havien fet»[56]. Se intuye, pues, que Francesc Joan se limitó a denunciar por familias, una tras otra, involucrando a abuelos, padres, hijos, nietos, suegros, primos o cuñados.

Cuando, el 28 de septiembre de 1521, fue conducido por segunda vez a la cámara del tormento para proseguir la sesión de tortura, antes de desnudarlo redujo la lista de asistentes al ayuno de 1502 a únicamente 17 personas; el resto, afirmó ser fruto de su invención, aunque estaba convencido de que todos ellos eran culpables de haber celebrado ceremonias judaicas, así que los delató, y deseó que, ya que él estaba sufriendo, que sufriesen todos. Los delató, pues, «crehent que u havien fet, perquè li digueren que s'era descubert que moltes gents havien fet çerimònies judayques. Y per ço ell, dit confessant, dix de dites persones; que, puix ell tenia mal, que·n tinguessen los altres»[57].

No es el único caso que conocemos de un reo que, teniéndose por perdido, decide dirigir su odio al resto de conversos. En este sentido, las palabras que pronunció el converso Joan Celma, de quien ya hemos hablado, son más contundentes, si cabe cuando dijo «si yo muyr, muyra tota València»[58]. En aquel escenario, desnudo ante los instrumentos de tortura, Francesc Joan intentaba evitar, desesperadamente, volver a pasar por lo mismo. Ya había admitido haber levantado falsos testimonios; no obstante, cada versión que

[56] AHN, Inq. 5311, 50, fº 20rº.

[57] AHN, Inq. 5311, 50, fº 20vº.

[58] AHN, Inq. 5311, 56, fº 1rº.

ofrecía era distinta a la anterior. Antes de que los inquisidores mandasen accionar las poleas, Joan insistía en que únicamente habían participado, en la ceremonia en cuestión, diecisiete personas, incluyéndose a sí mismo. El resto era falso. E incidió en el procedimiento utilizado para delatar a tantas personas. En aquella ocasión explicó que, durante uno de sus contactos en prisión, su amigo Francesc Corella le había comunicado que habían prendido a Francesc Castellar. Entonces, «ell, confessant, vent que era pres, pensà que també hi era lo seu linatge, y axí·ls acusà. Y com sabia "tal és pres", també hi és lo seu linatge. Y axí'ls ha acusat falsament a tots, salvo dels que ara diu»[59]. Aquello no convenció al Tribunal, puesto que pidieron que avanzase la sesión de tormento y tiraron del reo, que imploraba clemencia y se reafirmaba en lo dicho al comienzo de la audiencia. Y ahondaba más en el motivo que lo condujo a mentir al tribunal, pero seguía defendiendo que, aunque aquellos no hubiesen estado, él creía que seguían judaizando, teniendo en cuanta que:

> [...] la pràctica era [...] que quant hu feya lo dejuni, se descobria a sos parents. Y per ço [...] crehent-se que tots havien fet dejunis, los ha acusat falsament. E induhí a Françés Corella que digués de algunes de dites persones [...] Y per lo semblant dix ell, confessant, a Salvador Lagostera que digués de dites persones, però aquell era horat y no u dix[60].

Volvía, pues, a declararse culpable de haber inducido a otras personas para levantar falso testimonio. Y arrojaba algo de luz en cuanto al punto débil que tuvo su plan; esto es, que uno de los implicados, Llagostera, hizo caso omiso y varió —callando nombres— su versión. Si los amigos (Moreno, Corella, y Llagostera), a inducción del reo, hubiesen declarado exactamente lo mismo, tras las primeras audiencias, sin variar las versiones, con la inclusión de unos pocos nombres de conversos celebrando un ayuno del Perdón, todo hubiese sido más creíble y el proceso hubiese concluido con más celeridad. Pero Llagostera varió su versión. A partir de aquí, viendo que los interrogadores no se daban por satisfechos, con cada audiencia que pedía, Francesc Joan recurría a su memoria para acusar, linaje por linaje, a tantos conversos como recordaba. Cuatro *misereres* estuvo atado a la garrucha, hasta que se dio por suspendida la sesión. Y aun habiendo sido advertido de lo increíble de la cifra de participantes, Francesc Joan, mientras lo desataban, tuvo tiempo de añadir una decena de nombres más[61].

El 1 de octubre de 1521, Francesc Joan ratificó las confesiones hechas bajo tortura; y remarcó su papel como incitador a levantar falsos testimonios. Pero, desesperado, intentó continuar la misma estrategia que nunca le había funcionado durante su proceso: a todos los mencionados en la sesión de

[59] AHN, Inq. 5311, 50, fº 20vº

[60] AHN, Inq. 5311, 50, fº 21rº

[61] AHN, Inq. 5311, 50, fº 20rº.

tormento, añadió a 41 asistentes más al ayuno de los Soguer. Y no terminó ahí. En la confesión del 18 de noviembre de 1521, añadió una treintena de nombres más[62].

El 9 de diciembre de 1521, el Consejo asesor votó que Francesc Joan fuese reconciliado y recibido en el seno de la Iglesia. No sabemos qué pudo cambiar. Puede que alguna información sobrevenida. El caso es que la documentación nos lo sitúa el 11 de febrero de 1522 pidiendo que le fuesen leídas sus confesiones desde que ingresó en prisión. Hecho esto, volvió a afirmar que la celebración de Cortilles en Russafa fue de su invención, pero siguió insistiendo en que el ayuno de 1502 tuvo lugar, y que a casa de na Soguera fue toda la gente que había delatado durante aquellas sesiones, aunque de aquella lista eliminó 37 nombres[63]. A pesar de los reiterados intentos del reo por satisfacer a los interrogadores, ni la cantidad exagerada de participantes en aquel ayuno, ni tanto cambio de versión ayudó, en absoluto, a convencer a sus jueces, que continuaron el proceso hasta su trágico final en la hoguera, el 6 de septiembre de 1524[64].

Reflexión final

El proceso contra Francesc Joan es un ejemplo de cómo la documentación procesal de individuos concretos, anónimos perseguidos y marginados por la sociedad de su tiempo, aporta información valiosa para profundizar en las mentalidades de la época. Una herramienta, en efecto, que nos permite adentrarnos en la cotidianidad de los conversos que protagonizan cada pliego de documentación. Así, además del desarrollo de los procesos judiciales mismos, observaremos trazas que nos permiten acercarnos al día a día de las familias, y comprender mejor sus lazos de solidaridad, las muestras de religiosidad, pero también de amor, o de inquietudes culturales, de amistad, de felicidad y de miedo. Y, también, de enemistad, de rabia, de odio y de traiciones.

El protagonista de este trabajo lo verbalizó a su modo: si yo sufro, que sufra el resto. De este modo, linaje a linaje, familia a familia, traicionó a todo el que pudo. Pero no podemos obviar, tampoco, que todo aquello lo hizo condicionado por el miedo; por el miedo al dolor, al castigo y a la muerte. Las de él —como las del resto— fueron confesiones coaccionadas por la tensión y el pánico; pero, sobre todo, por la esperanza de vivir: Francesc Joan delató a todo su entorno esperando con ello una salvación que nunca llegó. Y aunque aquellas confesiones no sirvieron para esclarecer la verdad en su proceso, el tribunal anotó, nombre a nombre, a todos aquellos que fueron

[62] AHN, Inq. 5311, 50, fº 22vº.

[63] AHN, Inq. 5311, 50, fº 19vº.

[64] Catalá Sanz & Pérez García, 2000, p. 57.

delatados, muchos de los cuales fueron, igualmente, procesados. Y algunos, como Francesc Joan, acabaron sus días en la hoguera.

Bibliografía

Angelino Pardo, María Alejandra (2020), «Leonor Francesc, una conversa procesada por el tribunal inquisitorial de Valencia entre finales del siglo xv y el primer tercio del siglo xvi», *Anales de la Universidad de Alicante. Historia Medieval*, 21, pp. 145-175.

Bordes García, José (2012), «Els primers edictes de gràcia de la Inquisició valenciana (1482-1489)», *Afers: Fulls de Recerca y Pensament*, 27, pp. 645-662.

Bueno García, Antonio (2021), «La traducción religiosa en España en el siglo xv», *AUC Philologica*, 2, pp. 73-85.

Carrasco Almonacid, Rafael (1994), «Solidaridades judeoconversas y sociedad local», en *Inquisición y conversos, III Curso de Cultura Hispano-Judía y Sefardí*, Toledo, Asociación de Amigos del Museo Sefardí, pp. 60-79.

Catalá Sanz, Jorge Antonio & Pablo Pérez García (2000), «La pena capital en la Valencia del Quinientos», en *Conflictos y represiones en el Antiguo Régimen*, València, Universitat de València, pp. 21-112.

Cruselles Gómez, Enrique (2019), «El primer edicto de gracia del tribunal inquisitorial de Valencia (5 de mayo de 1482)», *eHumanista/Conversos*, 7, pp. 275-296.

Enrique-Arias, Andrés (2023), «Introducción. La Biblia en las lenguas vernáculas de la Iberia medieval en su contexto europeo: fuentes, transmisión, exégesis», *Anuario de Estudios Medievales*, 53 (1), pp. 3-20.

Escudero López, José Antonio (2015), «Fernando el Católico y la introducción de la Inquisición», *Revista de la Inquisición (Intolerancia y derechos humanos)*, 19, pp. 11-23.

Fernández Giménez, María del Camino (1999), «La sentencia inquisitorial», *Manuscrits*, 17, pp. 119-140.

Fernández López, Sergio (2003), *Lectura y prohibición de la Biblia en lengua vulgar. Defensores y detractores*, León, Universidad de León.

Fernández López, Sergio (2023), «De la Biblia de Ferrara a la Biblia del Oso: traducciones bíblicas del siglo xvi y su relación con las versiones medievales de las escrituras», *Anuario de Estudios Medievales*, 53 (1), pp. 325-350.

Foucault, Michel (2002), *Vigilar y castigar. Nacimiento de la prisión.* Buenos Aires, Siglo XXI.

García Cárcel, Ricardo (1976), *Orígenes de la Inquisición española. El Tribunal de Valencia, 1478-1530*, Barcelona, Ediciones Península-Edicions 62.

Gudín Rodríguez-Magariños, Faustino (2006), «Evolución de la tortura en España. De un reputado instituto procesal a un execrable delito», *Boletín del Ministerio de Justicia*, 2021, pp. 3827-3858.

Haliczer, Stephen (1990), *Inquisition and Society in the Kingdom of Valencia, 1478-1834*. Berkeley-Los Ángeles, University of California Press.

Jiménez Monteserín, M. (2020), *La Inquisición española. Documentos básicos*. Valencia, Publicacions de la Universitat de València.

Kamen, Henry (2004), *La Inquisición española*, Barcelona, Crítica.

López González, María Concepción (2014), «Nuevas aportaciones al estudio del recinto de la judería de Valencia delimitado en 1244», *Sefarad: Revista de Estudios Hebraicos y Sefardíes*, 74 (1), pp. 7-31.

Mompó, Jacob (2021), «Delacions, odi, admiració y tortura. Experiències vitals d'un seguidor del "rabí" Miquel Vives. El procés inquisitorial de Dionís Montcada», *Studia Iberica et Americana*, 8, pp. 39-60.

Motis Dolader, M. A. (2012), «Heterodòxia, creences y condicions de les judeoconverses a la Corona d'Aragó en la baixa Edat Mitjana», *Afers: Fulls de Recerca y Pensament*, 73, pp. 713-741.

Riera i Sans, Jaume (2013), «Bíblies en català no cremades per la Inquisició espanyola», *Butlletí de l'Associació Bíblica de Catalunya*, 115, pp. 41-70.

Rosselló i Verger, Viçen (2001), *La Universitat y el seu entorn urbà*, Valencia, Universitat de València.

Ventura, Jordi (1978), *Inquisició espanyola y cultura renaixentista al País valencià*, València, 3i4.

Vivas, Mario Carlos (2016), «La tortura judicial en la Edad Media y el Antiguo Régimen», *Cuadernos de Historia*, 23, pp. 73-100.

La identidad ítalo-sefardí: una existencia por desvelar

Paola Bellomi
Università degli Studi di Siena
ORCID: https://orcid.org/0000-0001-7390-4607

Las comunidades sefardíes que se constituyeron en el territorio italiano a raíz de los edictos de expulsión de los Reyes Católicos, a pesar de las dificultades del exilio en una patria nueva y desconocida, no renunciaron a producir su propia literatura. Se trata de una producción minoritaria dentro del canon de la literatura italiana y sin embargo nos habla de esos «nuevos italianos» *ante litteram*. Al estudiar los textos que se han conservado (lamentablemente en número limitado), es posible delinear la identidad ítalo-sefardí de un grupo al margen de la sociedad, que durante mucho tiempo tuvo que vivir disimulando esa identidad por miedo a las persecuciones.

Palabras clave: canon literario, carácter español, identidad ítalo-sefardí, literatura sefardita, minorías étnicas, nuevos italianos

L'identité italo-séfarade : une réalité à dévoiler

Les communautés séfarades qui se sont établies sur le territoire italien à la suite des édits d'expulsion des Rois Catholiques d'Espagne, malgré les difficultés de l'exil dans une patrie nouvelle et inconnue, n'ont pas renoncé à produire leur propre littérature. C'est une production minoritaire dans le canon de la littérature italienne et pourtant elle nous parle de ces « nouveaux Italiens » *ante litteram*. En étudiant les textes qui ont été conservés (malheureusement en nombre limité), il est possible de délimiter l'identité italo-sépharade d'un groupe en marge de la société, qui a longtemps dû vivre en cachant cette identité par crainte de persécution.

Mots clés: canon littéraire, caractère espagnol, identité italo-séfarade, littérature séfarade, minorités ethniques, nouveaux Italiens

Pour citer cet article / Para citar este artículo / To quote this article

Paola Bellomi, « La identidad ítalo-sefardí: una existencia por desvelar », Vicent Josep Escartí y Alejandro Llinares Planells, (coord.), *Marginales y minorías: una mirada poliédrica a textos olvidados (ss. xv-xvii)*, Dossier des *Mélanges de la Casa de Velázquez*. Nouvelle série, 54 (2), 2024, pp. 133-152.

Italo-Sephardic identity: an existence waiting to be discovered

The Sephardic communities that were established in Italian territory as a result of the expulsion edicts of the Catholic Monarchs of Spain, despite the difficulties of exile in a new and unknown homeland, did not give up producing their own literature. It is a minority production within the canon of Italian literature and yet it tells us about those *ante litteram* "new Italians". By studying the texts that have been preserved (unfortunately in a limited number), it is possible to delineate the Italo-Sephardic identity of a group on the margins of society, which for a long time had to live hiding that identity for fear of persecution.

KEYWORDS: ETHNIC MINORITIES, ITALO-SEPHARDIC IDENTITY, LITERARY CANON, NEW ITALIANS, SEPHARDIC LITERATURE, SPANISH CHARACTER

La historia de las relaciones entre España e Italia durante la Edad Moderna se basa en una confrontación dura, caracterizada por la dominación de una parte consistente de los territorios de la península itálica bajo la corona española, al lado de una serie de reinos, ducados, repúblicas, etc., que, con respecto a los gobernadores españoles, mantenían una posición de conveniencia, según la mayor o menor oportunidad política y económica[1]. Como bien nos recuerda Angelantonio Spagnoletti, la «leyenda negra» se difunde en Italia a partir del siglo XVII y los estereotipos que vehicula quedarán en el sentido común de la población hasta bien entrada nuestra época contemporánea[2]. Clientelismo, corrupción, parasitismo se atribuyen al «carácter hispánico», contrapuestos, claro está, a la pulcritud de los sistemas de gobierno de los ducados y repúblicas italianos. Remontándose al pensamiento de Tommaso Campanella, Giuseppe Galasso notaba cómo el sentimiento antihispánico se debía —según la percepción de los súbditos italianos— al hecho de que, contrariamente a los romanos, los invasores no querían «españolizar» a los pueblos conquistados, sino más bien conservar la diferencia que les distinguían de los «otros». Afirmaba Galasso: «La romanización concedía a Roma muchedumbres de nuevos ciudadanos y por tanto de soldados; España, por querer mantenerse siempre española con la exclusividad de su *status* nacional, disponía siempre y solo de sus habitantes, que por varias razones iban disminuyendo»[3].

Las conclusiones a las que llega Galasso se pueden enlazar con la descripción que Américo Castro dio del carácter nacional «español» y del casticismo como sistema de protección de un bienestar y de unos privilegios que había que defender, so pena de perder el propio estatus social. El historiador, además, identificaba en el factor económico el elemento que llega a ser el discriminador a la hora de separar la casta de los cristianos viejos de la de la minoría judía presente en los territorios españoles antes de la expulsión; según Castro, la producción de riqueza no aparecía como un índice de valor para la casta cristiana, la cual necesitaba y desdeñaba a quienes allegaban el dinero. De no haber sido así, el hermetismo se hubiera roto y las castas infieles se habrían infiltrado en la de quienes imperaban con daño para su existencia como tal casta. Las tareas sociales tuvieron que diversificarse, no según su valor objetivo, sino de acuerdo con la casta que las realizaba.

Eran moros el *alfayate*, el *alfajeme*, el *harriero*, el *albañil*, el *alarife*, el *almotacén*, el *zapatero*, etc. Eran judíos el *almojarife*, el médico, el boticario, el *albéitar*, el comerciante, el astrólogo, el *truchimán*, y otras tareas y

---

[1] Tore, Chacón, Visceglia & Murgia, 2011.

[2] Spagnoletti, 2011, p. 23.

[3] «La romanizzazione dava a Roma masse di nuovi cittadini e quindi di soldati; la Spagna, per volersi mantenere sempre spagnola con l'esclusività del suo status nazionale, disponeva sempre soltanto dei suoi abitanti, che per varie ragioni andavano diminuendo» (Galasso, 2013). Todas las traducciones son nuestras.

profesiones. El cristiano era todo eso en menor proporción; su meta fue ser hidalgo o sacerdote, condiciones humanas que «imprimen carácter». Fuera de tal marco quedaba la masa informe del villanaje cristiano, explotado por nobles, eclesiásticos y judíos; en él fermentaron los anhelos de ascender a la hidalguía mediante el esfuerzo bélico, o el sacerdocio, a fin de incorporarse a la casta dominadora y señorial. (Piénsese en una Florencia en donde los banqueros y los artesanos hubiesen sido despreciados.)[4]

En los territorios de la España cristiana, los judíos constituían quizá una casta por la protección recibida por los reyes (como se sabe, eran una «propiedad» del rey y por esto, en línea teórica, estaban protegidos de cualquier tipo de ataque y violencia contra su persona y sus pertenencias; lamentablemente, la historia nos ha entregado otro relato). Sin embargo, si de casta se puede hablar, también hay que subrayar que se trataba de una minoría económica dentro de una minoría religiosa que contemplaba diferentes grupos sociales: las familias hebreas poderosas y con importantes recursos económicos constituían una pequeña parte de las comunidades. Lo que es cierto es que, como había destacado Castro, los súbditos judíos eran una colectividad laboriosa, ya que podían dedicarse tan solo a determinadas profesiones (establecidas por ley), gracias a las cuales podían tener el dinero necesario para pagar las especiales tasas a las cuales estaban sometidos en cuanto que grupo minoritario y discriminado[5].

El oprobio que fue el invento de los estatutos de limpieza de sangre, si lo miramos con los ojos de los creyentes hebreos y de los cripto-judíos, puede leerse casi como una paradoja: los «verdaderos» cristianos basaron su superioridad (moral, política, económica, cultural) en una pureza del linaje que tenía que servir de escudo frente a la impudicia de los infieles y los marranos[6]. La paradoja es evidente si pensamos que el hebraísmo es una religión (y, por tanto, un constructo cultural) matrilineal: una persona puede ser hebrea si nace de una madre que pertenece a ese credo; el carácter «hebreo» se hereda de la propia progenitora, como si la religión fuera parte del ADN y, propio como el ADN, se pudiera transmitir como una molécula. La «sangre judía» viene a ser, en esta interpretación del mundo, algo más puro que el linaje cristiano ya que *mater semper certa est*. Según Castro, cuando empieza la diáspora sefardita, los judíos expulsados de España llevan consigo el carácter heredado de sus antepasados ibéricos, es decir el orgullo por su identidad étnico-religiosa, a la que se suma el elemento común con el resto de

---

[4] Castro, 1962, p. 55, las palabras en cursiva retoman las empleadas por Américo Castro.

[5] Debido a la extensa bibliografía sobre este tema, nos limitamos a citar tan solo un texto y remetimos a las referencias críticas allí aludidas para recorrer de manera personal el camino sobre la historia de la presencia judía en la Península Ibérica en la Edad Media: López Asensio, 2020.

[6] Un clásico de la literatura crítica sobre el tema es el de Roth (1991, 1ª ed. 1931); véanse también Amelang, 2011, y Molho, 1997.

la población: la «grandeza española»; al comienzo de los años cincuenta del siglo pasado, Castro todavía podía permitirse afirmaciones como las siguientes:

> El sentimiento de hidalguía y distinción nobiliaria era común en el siglo XV a cristianos y judíos, y acompañó a estos en su destierro. [...] Todavía hoy [en 1954] persiste en los hebreos de la diáspora hispánica ese sentimiento de superioridad, lo cual es inexplicable si no lo referimos a su horizonte anterior a 1492 —la creencia en el señorío de la persona, alma de las castas que por una u otra vía confirieron su grandeza a la España de antaño. A través de aquella forma íntima de existir sigue el sefardí ligado vitalmente a sus adversarios y perseguidores de hace casi 500 años, cuya lengua aún conservan[7].

Cuando Américo Castro publica, en 1954 en México, la primera edición de su historiografía española ya casi no persistía ese sentimiento de «grandeza» del cual habla, ya que la mayoría de los sefardíes habían sido deportados a los campos de concentración nazis y allí diezmados. Lo que es cierto es que los hebreos expulsados de España y, luego, los conversos ibéricos llevaron consigo su lengua, sus hábitos y su sistema cultural, que era el de la España y del Portugal que se aprestaban a entrar en la época renacentista. La «superioridad» citada por Castro se ejemplifica en la acogida recibida por varias generaciones de sultanes en el momento de apogeo del Imperio Otomano; según Joseph Pérez, el propio Solimán el Magnífico, dirigiéndose al enviado de Carlos V, comentó «que se maravillaba de que hubiesen echado los judíos de Castilla, pues era echar la riqueza»[8].

La diferencia con respecto a las otras comunidades de judíos ya presentes en los territorios de la diáspora (los romaniotas, por ejemplo, o los italianos) llega incluso a fijarse como un estereotipo que los propios sefardíes alimentan durante siglos, si pensamos que, cuando Elías Canetti publica su autobiografía *La lengua absuelta*, recordando su infancia en Rustschuk escribe:

> En cierta forma las fidelidades de los sefardíes fueron complejas. Eran judíos creyentes para quienes la vida de la comunidad religiosa tenía significado; ocupaba, sin excesivo ardor, el centro de sus existencias. Pero se consideraban judíos especiales, lo que estaba estrechamente relacionado con su tradición española. En el transcurso de los siglos, el español que hablaban desde su expulsión, había evolucionado muy poco. Habían incorporado algunas palabras turcas, pero se las reconocía como turcas, y casi siempre tenían vocablos equivalentes en castellano. Las primeras canciones infantiles que oí eran españolas, se trataba de viejos «romances» españoles, pero lo que se grababa con más fuerza en un niño era la mentalidad de los españoles. Con ingenua arrogancia miraban por encima del hombro a los demás judíos, y utilizaban la palabra

[7] Castro, 1962, pp. 49-50.
[8] En Pérez, 2009, p. 116.

> «todesco», cargada de sarcasmo, para designar a un judío alemán o askenazi. Hubiera sido impensable casarse con una «todesca» y entre las muchas familias de las que oí hablar o conocí en Rustschuk de niño, no recuerdo ni un solo caso de matrimonio mixto[9].

Yosef Kaplan subrayaba cómo la clase burguesa de origen judeoespañol tuvo una importancia fundamental para el desarrollo de las sociedades en las que vivían y trabajaban, también en el caso de los territorios del norte de Europa, durante un tiempo colonia de la corona española; notaba el estudioso que

> [...] estos hebreos [los sefardíes] fueron un factor económico atractivo durante la Edad Mercantilista gracias a su experiencia en el comercio internacional, su capacidad para movilizar recursos de una población dispersa por todo el mundo y, no menos, sus conexiones con la Península Ibérica y su familiaridad con los entresijos de su economía, así como su experto conocimiento de las rutas comerciales de España y Portugal al Nuevo Mundo[10].

La «utilidad económica» de los migrantes judeoespañoles[11] llamó la atención también de algunos gobernantes en Italia[12]. Durante la época de la creación de los guetos y de la transformación de las juderías en barrios cerrados, reservados al domicilio forzado de los hebreos, se asiste a la formación de algunas importantes comunidades sefardíes en el territorio italiano, que coexisten de manera no siempre pacífica con los núcleos ya existentes de hebreos italianos y asquenazíes. En Venecia, Mantua, Ferrara, Liorna y Pisa se fundaron colonias de marranos y sefardíes con una vida económica y cultural bien viva; en el Estado Pontificio también los hebreos ibéricos encontraron un espacio donde afianzarse, en particular en Ancona y, como no, en Roma. Los desterrados y sus herederos llegaron inicialmente de la Península Ibérica; luego, según se iban aplicando los edictos de expulsión, el movimiento migratorio se realizó desde los territorios italianos bajo el dominio español (reino de Nápoles, Sicilia y Cerdeña) hacia las regiones fronterizas, donde había condiciones de vida más aceptables. Y donde los levantinos y

---

[9] Canetti, 1994, p. 7.

[10] «These Jews were an attractive economic factor during the Age of Mercantilism thanks to their experience in international trade, their ability to mobilize resources from a population dispersed around the world, and, no less, their connections with the Iberian Peninsula and their familiarity with the intricacies of its economy as well as their expert knowledge of the trade routes from Spain and Portugal to the New World» (Kaplan, 1997, p. 121).

[11] Rodrigue, 1992, p. 180.

[12] Para profundizar este aspecto, véase el pormenorizado estudio de Francesca Trivellato sobre la red comercial europea promovida por los sefardíes, en particular por lo que se refiere al caso de Liorna (Trivellato, 2016). Renata Segre se detiene en el contraste y los contactos entre la comunidad de Ferrara y la de Venecia, centrándose en dos de las familias más influyentes del panorama sefardí italiano —los Abravanel y los Mendes— y en sus figuras femeninas preeminentes: Benvenida Abravanel y Gracia Nasi «La Señora», *alias* Beatriz de Luna (Segre, 1997).

ponentinos encontraban el aprecio de los gobernantes, las ciudades y los comercios prosperaban. A propósito del caso toscano, por ejemplo, Cecil Roth notaba cómo en Pisa y Liorna:

> En poco tiempo, el viejo grupo italiano había sido sumergido totalmente desde el punto de vista lingüístico, litúrgico y cultural por los inmigrados. Mientras el gran duque mantenía su promesa, protegiendo a los inmigrados de la persecución eclesiástica con toda tu habilidad. [...] Este extraordinario desarrollo se debía en gran parte a la afluencia e influencia de los marranos que provenían de España y Portugal, que constituían el nervio de la comunidad. Ya hacia 1644 se trataba de casi un centenar de familias acomodadas y en los años siguientes otros prófugos siguieron llegando: pensadores, médicos, soldados y sobre todo mercaderes que contribuían al aumento de la prosperidad de un puerto en rápido desarrollo [el de Liorna]. A diferencia de sus compañeros de Venecia y de otras ciudades, los marranos no habían encontrado allí, a su llegada, una comunidad judía preexistente y lograron desarrollar su propio modelo de vida, que no tenía parecido en ninguna otra ciudad italiana. Como en Pisa, no se construyó un gueto oficial, porque esto hubiera ido en contra del espíritu de las concesiones de 1593 [las leyes de Liorna][13] y, en cambio, se conservó buena parte de la tradicional «grandeza» de los hidalgos[14].

De manera paradójica, la identidad judeoespañola en la diáspora parece construirse y afianzarse estableciendo una diferencia entre los miembros de la «nación» española y sus correligionarios autóctonos justamente basándose en un elemento cultural intrínseco a esa sociedad que había decretado su expulsión de Sefarad: nos estamos refiriendo a ese sentimiento de superioridad y de alteridad que la historiografía ha imputado tanto a los españoles cristianos como a los sefardíes. Es un dato concreto el hecho de que durante muchos siglos y a pesar de la influencia del entorno lingüístico-cultural, los hebreos y los conversos ibéricos lograron mantener su identidad lingüística, religiosa y cultural; quizá la «grandeza» que los historiadores reconocían

---

[13] Frattarelli Fischer, 2008.

[14] «In breve tempo il vecchio gruppo italiano si era visto del tutto sommerso dal punti di vista linguistico, liturgico e culturale dai nuovi immigrati. Intanto il granduca manteneva la sua promessa, proteggendo gli immigrati dalla persecuzione ecclesiastica con tutta la sua abilità. [...] Questo straordinario sviluppo era in larga misura dovuto all'afflusso e all'influenza dei marrani provenienti da Spagna e Portogallo, che costituivano il nerbo della comunità. Già verso il 1644 si trattava di quasi un centinaio di famiglie abbienti e negli anni successivi altri profughi continuarono ad arrivare: studiosi, medici, soldati e soprattutto mercanti che andavano ad accrescere la prosperità di un porto in rapido sviluppo. A differenza dei loro compagni di Venezia e di altre città, i marrani non avevano trovato qui, al loro arrivo, nessuna comunità ebraica preesistente, e poterono così sviluppare una loro vita caratteristica, che non trovava riscontro in nessun'altra località italiana. Come a Pisa, non venne costruito un ghetto ufficiale, perché ciò sarebbe stato contrario allo spirito delle concessioni del 1593, e si mantenne, invece, molta della tradizionale grandeza degli hidalgo» (Roth, 1991, pp. 174-175).

como carácter de los sefardíes se deba a la defensa de la memoria de su origen: la añoranza de la patria querida, Sefarad, llega a transformarse en un tópico de la poesía y la música de la diáspora. A pesar de esto, el contacto con la nueva realidad (italiana, en nuestro caso concreto) crea una literatura que dialoga con el nuevo entorno y que une elementos de la cultura de partida (la lengua, por ejemplo, o algunos temas o estilemas) y elementos de la de llegada (italianismos, géneros adoptados, sujetos literarios propiamente italianos). A continuación, presentaremos algunos ejemplos de este fenómeno, que registrará los cambios que nos permite plantear la existencia de una identidad sefardí que se aclimata en la italiana.

En 1528 Francisco Delicado publica, en Venecia, su *Retrato de la Loçana andaluza, en lengua española, muy clarissima. [...] El cual Retrato demuestra lo que en Roma passava y contiene muchas mas cosas que la Celestina*, cuya primera redacción remonta a algunos años antes, a 1524[15]. Se trata de un *unicum* en la literatura escrita en español, por el género (¿es teatro o novela dialogada?), por el argumento (la protagonista es una joven cordobesa conversa que, en la Roma papal, ejerce de prostituta y alcahueta) y por la lengua (un español que, a pesar de lo que se afirma en la portada, no es tan «clarísimo»). La Lozana es sin duda un texto que es una encrucijada entre la literatura española y la italiana del siglo XVI[16]. El propio autor, el clérigo cordobés Francisco Delicado, de origen converso, mora buena parte de su vida en varias ciudades italianas (entre estas, Venecia y Roma, dos centros importantísimos para la industria editorial de la época y, al mismo tiempo, dos ciudades con una comunidad judía muy numerosa y variada). La estrecha relación entre el hebraísmo ibérico, más o menos oculto, y el entorno diaspórico italiano se halla en varias escenas o pasajes de la Lozana. Algunos ejemplos: en el mamotreto XVI, la joven protagonista y su amante-ayudante Rampín, mientras se encuentran en la judería de Roma, comparten algunos comentarios acerca de la pululante vida que se les presenta delante al pasear por las calles del barrio. Del diálogo es patente la identidad conversa de ambos y, además, emerge ese sentimiento de superioridad (la «grandeza» antes nombrada) frente a los demás judíos de origen no español:

> LOZANA: Aquí bien huele, convite se debe hacer. ¡Por mi vida, que huele a porqueta asada!
>
> RAMPÍN: ¿No veis que todos éstos son judíos, y es mañana sábado, que hacen el adafina? Mirá los braseros y las ollas encima.
>
> LOZANA: ¡Sí, por vuestra vida! Ellos sabios en guisar a carbón, que no hay tal comer como lo que se cocina a fuego de carbón y en olla de tierra. Decíme, ¿qué es aquella casa que tantos entran?

---

[15] PERUGINI, 2004, p. XVI.

[16] Al ser uno de los textos más estudiados de la literatura española, no nos detenemos en la presentación de la obra y de su autor y nos limitamos a remitir a algunas referencias bibliográficas básicas, útiles como puntos de partida para ampliar y profundizar la información sobre la *Lozana* (DELICADO, 1994, 2005, 2011; MONTI, 2007).

> RAMPÍN: Vamos allá y vello hés. Ésta es sinoga de catalanes, y ésta de abajo es de mujeres. Y allí son tudescos, y la otra francesa, y ésta de romanescos e italianos, que son los más necios judíos que todas las otras naciones, que tiran al gentílico y no saben su ley. Más saben los nuestros españoles que todos, porque hay entre ellos letrados y ricos y son muy resabidos[17].

El público lector ya había asistido anteriormente, en el mamotreto VII, a otro diálogo en el cual el tema es el origen converso de Lozana; en este caso, son «las parientas», es decir las españolas que viven en el barrio de Pozo Blanco (hoy Rione Armellini), quienes intentan descubrir la identidad cripto-judía de la joven para averiguar si su propia identidad conversa (y, al parecer, no tan sincera) está a salvo con la Lozana. En la conversación, es la comida que se emplea como una artimaña que puede delatar a la recién llegada:

> BEATRIZ: [...] No querría saber d'ella si es confesa, porque hablaríamos sin miedo.
> TERESA: ¿Y eso me decís? Aunque lo sea, se hará cristiana linda.
> BEATRIZ: Dejemos hablar a Teresa de Córdoba, que ella es burlona y se lo sacará.
> TERESA: Mirá en qué estáis. Digamos que queremos torcer hormigos o hacer alcuzcuzu y, si los sabe torcer, ahí veremos si es *de nobis*, y si los tuerce con agua o con aceite.
> BEATRIZ: Viváis vos, que más sabéis que todas. No hay peor cosa que confesa necia[18].

Y en el mamotreto siguiente, el VIII, se confirmará la identidad cripto-judía de la joven española, con el consiguiente alivio por parte de las compañeras, que saben que así su conducta y manera de vivir no corren el riesgo de ser denunciadas a las autoridades cristianas:

> LOZANA: ¿Y tenéis culantro verde? Pues dejá hacer a quien, de un puño de buena harina y tanto aceite, si lo tenéis bueno, os hará una almofía llena, que no los olvidéis aunque muráis.
> BEATRIZ: [...] (¡Por tu vida, que es *de nostris*!)[19].

A pesar de las declaraciones iniciales del autor, la lengua de la *Lozana* muestra una contaminación con los dialectos italianos que, evidentemente, se debe a la larga estancia de Delicado en el país, a sus frecuentaciones[20] y a

---

[17] DELICADO, 1994, pp. 244-245.

[18] DELICADO, 1994, p. 196.

[19] DELICADO, 1994, p. 200.

[20] Como dice Carla Perugini, «no tuvo que ser un cualquiera el clérigo andaluz, si en Roma, en Nápoles, en Mantua, en Venecia y en Siena, pudo contar con estimadores y protectores importantes, recordados en los prólogos a sus ediciones de libros de caballerías, en las dedicatorias de *La Lozana* y de *El modo de adoperare el legno de India occidentale*, este

su labor de redactor. En la obra, cuando no en el propio autor, el carácter ítalo-converso o ítalo-sefardí se evidencia no solo en los italianismos (a partir del título, ya que «retrato» viene de «ritratto»), sino en el conocimiento tanto del ambiente de la judería romana como del mundo cristiano que vivía fuera de ese perímetro, aunque, como demuestran los personajes de la novela, en continuo contacto con esa sociedad marginada. Como ha afirmado Silvia Monti:

> La obra nos da útiles informaciones sobre la vida de los sefardíes que habían llegado a Roma después de las expulsiones de la Península Ibérica en 1492 y 1498, que se habían sumado a la comunidad judía romana, a los que se juntarían poco después numerosas familias de hebreos hispánicos que procedían de Nápoles, Sicilia y Trípoli [...]. Acerca de la consistencia de esta ola migratoria no tenemos datos ciertos, solo sabemos que contribuyó al notable incremento demográfico que se registró al cabo de pocos años en la comunidad judía romana. Treinta años después, el censo de 1527, la *Descriptio urbis* o *Censimento della popolazione di Roma avanti il sacco borbonico*, informa sobre la presencia en la ciudad de 373 familias judías por un total de 1.772 individuos, que correspondería más o menos al 3% de la población urbana de 53.897 unidades. Solo en pocos casos en el censo se indica el origen del cabeza de familia, y sin embargo se dice claramente que el grupo que proviene de la Península Ibérica era el más numeroso entre los hebreos «ultramontanos», es decir no italianos[21].

La red cultural de los sefardíes italianos incluye a otro miembro ilustre en la figura de Salomón Usque, descendiente de conversos portugueses y asentado en Ferrara. De la imprenta del padre, Abraham Usque, salieron los ejemplares de la Biblia en judeoespañol financiados por Gracia Nasi, *alias* Beatriz de Luna[22]. La cercanía entre la familia Mendes-de Luna y la Usque es una muestra más del estrecho vínculo cultural entre los conversos ibéricos

---

último con un privilegio para la impresión concedido por el papa Clemente VII, quien le llama "dilectus filius"» (Perugini, 2004, p. XII).

[21] «L'opera ci dà preziose informazioni sulla vita dei sefarditi arrivati a Roma in seguito alle espulsioni dalla penisola iberica del 1492 e del 1498, che erano andati a infoltire la comunità ebraica romana e ai quali si erano aggiunte poco dopo numerose famiglie di ebrei ispanici provenienti da Napoli, dalla Sicilia e da Tripoli, quando questi territori caddero sotto la dominazione spagnola, dopo la breve parentesi del dominio francese di Napoli e l'effimero ritorno degli aragonesi. Sulla consistenza di questa ondata migratoria non abbiamo dati precisi, sappiamo solo che contribuì al notevole incremento demografico che si registrò in pochi anni nella collettività ebraica romana. Una trentina di anni dopo, il censimento del 1527, la Descriptio urbis o Censimento della popolazione di Roma avanti il sacco borbonico, riferisce della presenza nella città di 373 famiglie ebree per complessivi 1.772 individui, corrispondente a circa il 3% di una popolazione urbana di 53.897 unità. Solo in pochi casi nel censimento è indicata l'origine dei capifamiglia, tuttavia vi si dice chiaramente che il gruppo proveniente dalla penisola iberica era il più numeroso tra gli ebrei "ultramontani", cioè non italiani» (Monti, 2020, p. 20).

[22] Canals Piñas, 2004, pp. 3-4.

y el entorno italiano. La propia Biblia fue impresa en dos versiones[23] con dedicatorias diferentes: una estaba dirigida a «La Señora» y otra a Hércules II de Este, duque de Ferrara, Módena y Reggio, lo cual se podría interpretar también como la práctica consolidada de dedicar los textos impresos a personajes influyentes y a mecenas, como es el caso de Gracia Nasi y Hércules de Este; o, dicho de otro modo, el mundo judeoconverso y sefardí se relacionaba tanto con el poder político como con el financiero[24].

El hecho de que la Biblia reproduzca varios italianismos se puede justificar con la presencia de colaboradores cristianos no hispanófonos en el taller de imprenta, como propuesto por Aron di Leone Leoni[25], a lo cual añadiríamos la posibilidad de que los propios editores y revisores, a la altura de la mitad del siglo XVI, no controlaran del todo la lengua de impresión, esto debido a la contaminación con el entorno lingüístico y cultural en el cual vivían. La generación siguiente a la de Abraham Usque, es decir la de su hijo, tiene una relación con la lengua y la cultura italianas más estrecha aún. Si pensamos en la traducción al español que hizo Salomón Usque del *Canzoniere* de Petrarca, el conocimiento de la lengua de partida en una operación editorial de este tamaño queda patente, a pesar de que la praxis traductológica renacentista no contemplara una fiel adhesión al original y permitiera una amplia flexibilidad a la hora de verter un texto de un idioma a otro. Jordi Canals Piñas, en su estudio y edición de la versión española del *Canzoniere* preparada por Usque, nota que la lengua poética de llegada es un castellano con una fuerte influencia italiana, tanto en los calcos lexicales como en los sintácticos, lo cual demuestra un

> [...] conocimiento profundo de la lengua *de qua transfers*, lo que le evita incurrir en graves errores de interpretación. Pero de esta lectura se desprende al mismo tiempo el escaso dominio de una lengua castellana que tal vez nunca fue materna[26].

La última afirmación del estudioso parece sugerir que la lengua de origen de Usque fuera el portugués, a raíz de los inciertos datos biográficos sobre el autor/traductor: es opinión compartida que Salomón nació en Portugal a finales del siglo XV y que, con su familia, tuvo que dejar el país a raíz de la implantación de la Inquisición lusitana; un documento notarial confirma

---

[23] Como ha demostrado Chiara Faiolo, la *Biblia española* se publicó en una única edición, aunque con variantes, para adaptar su difusión según los referentes cristianos y cripto-judíos (Faiolo, 2010, pp. 139-159). Para una más amplia y pormenorizada información sobre la «Biblia sefardí», se señalan por lo menos los estudios y ediciones de Hassán, 1992; Lazar, 1992; y Proietti, 2021.

[24] Roth, 1943; Di Leone Leoni, 2011.

[25] Di Leone Leoni, 2011, p. 439. Remitimos también a Ariza Viguera, Álvarez & Mendoza, 1994; y Proietti, 2021.

[26] Canals Piñas, 2009, p. 54.

la presencia de Usque en Ferrara en 1546[27]. Acerca del plurilingüismo de los conversos y sefardíes, es sabido que el portugués era un idioma que se reservaba para la comunicación oral, mientras que el castellano era la lengua literaria[28]; sin embargo, la exigua presencia de lusismos en las obras de Usque parece confirmar un mayor apego a la cultura de acogida —la italiana— en lugar de la materna —la portuguesa—[29].

Al *Canzoniere* se puede añadir otra obra atribuida a Salomón Usque, que nos pone algunos interrogantes acerca de la identidad cultural de este autor. Se trata de la tragedia *Ester*, uno de los exiguos textos teatrales escritos en el seno del hebraísmo ibérico italiano de los que tenemos noticias, aunque escasas y de segunda mano. Gracias al testimonio del rabino León Módena sabemos que

> [...] sessant'anni in circa sono [1560 c.], un Salamon Uschi, con luce, & aiuto di Lazaro di Gratian Levi mio materno zio, compose questa Tragedia, o Rappresentatione, che dir vogliamo; e ben ch'essi per doversi recitar ad Hebrei solamente, la facessero, fu però in publico alla nobiltà di questa Città di Venetia pomposamente rappresentata, e ne riportarono non poco honore[30].

Como queda patente de las palabras al lector, León Módena, a quien se debe una renovada versión de *Ester*, declara que la autoría primigenia del texto de la tragedia es de Salomón Usque, con la colaboración de Lazzaro di Graziano Levi. La información que tenemos sobre la *Ester* usquina nos dice que la obra fue puesta en escena en Venecia para un público hebreo, al cual se sumó el público cristiano, que también quería gozar del deleite de asistir a la representación. Según las afirmaciones del propio rabino, el texto volvió a las escenas en dos ocasiones sucesivas, lo cual testimoniaría de la calidad literaria del drama y el éxito entre sus contemporáneos, dentro y fuera del gueto veneciano[31]. Sobre la lengua de redacción del texto, según Yerushalmi[32] la *Ester* de Usque había sido redactada en español y luego vertida al italiano por el tío de León Módena, Lazzaro di Graziano Levi; Laura Minervini, en

[27] Canals Piñas, 2009, p. 38.

[28] Faiolo, 2010, p. 136.

[29] El hecho toma mayor consistencia si se relaciona con el entorno familiar y editorial en el cual Salomón Usque vivía y trabajaba. En 1553 de la imprenta de su padre salió la *editio princeps* de *Consolaçam às Tribulaçoẽs de Ysrael* de Samuel Usque, pariente de Abraham y Salomón. Se trata de uno de los rarísimos casos de textos escritos en portugués y publicados en Italia (Faiolo, 2010).

[30] «Hace unos sesenta años [1560 c.], un Salamon Uschi, con la guía y la ayuda de Lazaro di Gratian Levi mi tío materno, compuso esta Tragedia, o Representación, que la llamamos; y aunque ellos debían de interpretarla a Hebreos solamente, lo hicieron, pero fue representada pomposamente en público delante de la nobleza de esta Ciudad de Venecia, y consiguieron no poco honor» (Módena, 1619, p. 8; adaptación al español nuestra).

[31] Canals Piñas, 2004, p. 5; Canals Piñas, 2009, pp. 40-44.

[32] Canals Piñas, 2009, p. 41, nota 31.

cambio, no duda en definir la obra como «el más antiguo drama hebraico en vernáculo (italiano)»[33]. Sin embargo, a falta de datos concretos que puedan confirmar estas hipótesis, apostamos por una posible redacción en italiano puesto que el rabino afirma que su versión es una «actualización» de la anterior, cuyo estilo ya no se correspondía con el gusto de sus contemporáneos, lo cual confirma que él trabajó sobre un texto escrito en su lengua materna, aunque ya envejecida (o, quizá, simplemente con un estilo no a la altura del del propio Módena); a esto se añade que, al ser Salomón Usque un profundo conocedor del italiano, como demuestran sus traducciones de Petrarca, parece poco plausible que no se auto-tradujera él —en el caso de haber escrito *Ester* en español— y que se encomendara al tío de León Módena para la versión italiana.

Algo distinto es el caso de algunos textos teatrales de área judeoconversa que se redactaron y, posiblemente, se pusieron en escena en la Toscana de los Médici. En 2012 Valentina Nider identificó en las actas de un juicio inquisitorial que se celebró en Pisa en 1616 un entremés cuyo argumento fue acusado de blasfemia[34]. Se trata del texto anónimo titulado *Entremés de un dotor i lo que iziero[n] sus criados*, una refundición de dos dramas de Lope de Rueda y Lope de Vega (respectivamente: *Paso primero del médico simple y Coladilla paje, y el doctor Valverde* y el *Entremés del doctor simple*)[35]. En la burla pisana, se hallan algunos elementos temáticos que permiten relacionar al autor con el ambiente converso y sefardí, como la profesión del protagonista, que se define un gran doctor, pero de la acción se desprende que es más bien un cirujano; o la referencia topográfica a Constantinopla, que es donde el médico tendría que ir, allá invitado por su habilidad profesional, ciudad que en el siglo XVII era uno de los grandes centros del sefardismo de oriente. El análisis lingüístico realizado por Nider evidencia como la identidad idiomática del autor puede relacionarse con una persona cercana, cuando no perteneciente, al entorno hebraico sefardí de la ciudad toscana: el texto está escrito en un castellano que sufre una evidente influencia portuguesa e italiana[36]; nos encontramos delante, quizá, de un ejemplo más de autor judeo-ibérico que emplea el español como lengua literaria, el portugués como lengua coloquial, junto con el italiano, idioma del entorno social en el cual vive. La inclusión del anónimo creador dentro del conjunto de personas con una identidad ítalo-sefardí se basa no solo en los elementos lingüísticos que se acaban de esbozar, sino también en el género teatral del texto que nos ha llegado: si bien es verdad que se trata de un entremés, es decir de un

[33] MINERVINI, 2006, p. 236.

[34] NIDER, 2012, p. 323.

[35] En su detallado estudio, Valentina Nider profundiza los puntos de contacto entre los tres textos; remitimos, por tanto, a esas páginas para una visión más amplia y completa sobre las cuestiones filológicas que atañen el anónimo entremés pisano (NIDER, 2012).

[36] NIDER, 2012, pp. 331-333.

género que pertenece a la tradición dramática española (y la influencia de los dos Lope parecería confirmarlo), también es cierto que la forma muestra un fuerte parentesco con los *canovacci* de la *Commedia dell'Arte*, como ha demostrado Nider[37], lo cual acercaría este experimento teatral a la práctica escénica propiamente italiana de la época y acreditaría la hipótesis que aquí estamos sufragando de la existencia de una identidad ítalo-sefardí que se estaba construyendo en las comunidades judeo-conversas y judías, en detrimento de las identidades de origen.

Que se tratara de un proceso de afianzamiento ni lineal ni uniforme es un dato previsible. Una vez más es la creación literaria la que nos ayuda a comprender el rompecabezas de la literatura de la diáspora sefardí en Italia. Quedando en el entorno toscano, en una fecha cercana a 1634 se puso en escena en Liorna la *Loa que representaron los hebreos en la ciudad y puerto de Livorne delante de sus Altezas serenísimas de el gran duque de Toscana y la gran duquesa, a su venida y reçevimiento en la fiesta que hicieron. Compuesta por Raphael, nieto de Montes, hebreo*[38]. En este caso también, como en el anterior del entremés de Pisa, nos hallamos con un texto de teatro breve perteneciente a la tradición española. Contrariamente a los ejemplos hasta aquí comentados, el castellano que se emplea es, en sustancia, el de un nativo y con un estilo culto (*yngenio*, *esforçar*, *sufiçiente*, *proboca*, *bivifica*, etc.). Otra diferencia entre los dos textos reside en la atribución de la autoría: el *Entremés del dotor* nos ha llegado de forma anónima y además se ha conservado, en las actas de la inquisición, como prueba de la culpa de un converso acusado de cripto-judaísmo; en la *Loa* de Liorna se declara el nombre del autor de la obra, tal Raphael, nieto de Montes, que además expresa de manera clara su pertenencia a la religión hebraica, así como la propia loa sirve para manifestar el respeto y sujeción de la comunidad israelita a los Grandes Duques de Toscana, Ferdinando II de Médici y Vittoria della Rovere. Iguales características y finalidades tiene la segunda loa identificada por Hernández Álvarez, también reivindicada por el mismo autor, aunque esta vez se firme como «Raphael Nieto de Montes, hebreo»; se trata de la *Loa para representar en la ciudad de Pisa, delante de sus Altezas serenísimas del gran Duque de Toscana y la gran duquesa, compuesta por Raphael Nieto de Montes, hebreo*[39], en la cual se repiten, *grosso modo*, los contenidos del texto de Liorna.

[37] Nider, 2012, p. 324.

[38] Hernando Álvarez, 1994.

[39] Hernando Álvarez, 1994. Debido a las semejanzas estilísticas y textuales, asumimos que el autor sea el mismo para las dos loas, a pesar de la no homogeneidad en la grafía del nombre, que aparece en el primer caso como "Raphael, nieto de Montes, hebreo" y en el segundo como "Raphael Nieto de Montes, hebreo". Como es sabido, es frecuente la confusión que, para el estudioso actual, puede crearse a la hora de determinar con seguridad la identidad de personas cuyos nombres aparecen, en los documentos de la época, con grafías no siempre coherentes, como en el caso de Rafael que o bien puede haber sido nieto de un tal

Julio-Félix Hernando Álvarez propone como fecha de redacción y puesta en escena de las loas 1634, ya que en los dos textos se habla del matrimonio entre Ferdinando II y Vittoria, que se celebró de forma privada en ese año[40]. Sin embargo, la boda se volvió a celebrar en público en 1637; la visita de los Grandes Duques a Liorna se debió, probablemente, a un intento de animar a la población que, después de la peste de 1630-1631, había quedado diezmada[41]. Al no haber sido posible encontrar una fecha concreta del pasaje del matrimonio, dejamos abierta la hipótesis de que la *Loa* livornesa pueda haber sido redactada después de 1634, aunque quizá sea más probable, debido a las referencias a la «fiesta» pública que se dio en honor de la presencia de los Grandes Duques en la ciudad, que la redacción remonte a después de la celebración de la boda en su forma pública. Por lo que se refiere a la *Loa* pisana, también sin fechar, se puede suponer que haya sido redactada y representada en ocasión de la segunda visita de la pareja en la ciudad de Pisa, en 1639. En su crónica sobre la historia de la ciudad, Iacopo Arrosti registra la presencia de Ferdinando II y Vittoria durante la época del carnaval y describe en detalle las fiestas que se organizaron como homenaje a los duques[42]; el cronista copia el texto que se puso en escena en esos días, titulado *Alfea Reverente Rappresentata nella seconda venuta della Serenissima Vittoria della Rovere Gran Duchessa di Toscana in essa Città l'anno 1639*[43]; se sabe, además, que los festejos se componían también de un juego ecuestre[44]. El período en el cual se realizó la visita (el carnaval, que coincide en parte con *purim*) y los espectáculos teatrales y parateatrales que se organizaron permiten conjeturar que la *Loa* de Raphael nieto/Nieto de Montes se pusiera en escena en esa ocasión.

Antes de llegar a unas inciertas conclusiones, querríamos añadir una apostilla. La inaprensible red literaria de los sefardíes y conversos en Italia se funda en unas conexiones culturales, sociales y comerciales entre los editores (cristianos y hebreos), los autores (Francisco Delicado, por ejemplo) y los mecenas o, mejor dicho, las mecenas. En este conjunto magmático de personas que pertenecían, de manera encubierta o abierta, a la comunidad judía de la diáspora, nos encontramos con figuras de la talla de Gracia Nasi Mendes, quien, entre otros innumerables méritos, financió la publicación de la versión en judeoespañol de la *Biblia* de Abraham Usque, con la finalidad de permitir a los creyentes que procedían del hebraísmo de conservar, en parte, su fe originaria. A Gracia Nasi podemos acercar el nombre de Benvenida Abrabanel, hija de Jacobo Abrabanel y sobrina de Isaac

Montes o bien puede haber heredado los apellidos Nieto de Montes. Al no poder confirmar la correcta grafía, optamos por respetar la que aparece en las dos loas.

[40] Hernando Álvarez, 1994, pp. 193-194.

[41] Pardi, 1918, pp. 36-39.

[42] Arrosti, 2016, pp. 393-394.

[43] En Arrosti, 2016, pp. 393-403.

[44] Modesti, 2019, s. p., nota 5.

Abrabanel; nacida en Portugal, volvió al judaísmo una vez llegada a Italia y se asentó en la comunidad de Ferrara, donde se impuso como mujer de cultura e ingenio. Leonor de Toledo, hija del virrey de Nápoles Pedro de Toledo y duquesa de Florencia y Siena por ser la esposa de Cosme I de Médici, se crió con Benvenida Abrabanel, con la cual creó una relación tan íntima hasta el punto de llegar a llamarla madre[45]. Las mujeres conversas y sefardíes fueron no solo mecenas, sino también autoras de textos literarios y filosóficos, como demuestran los casos de Devorà Corcos, conocida con el apellido del marido, Ascarelli, poeta y traductora del hebreo al italiano[46], o Sara Copia Sullam, poeta a quien León Módena dirige su dedicatoria en el prólogo a su *Ester* y autora del *Manifesto di Sarra Copia Sulam hebrea. Nel quale è da lei riprouata, e detestata l'opinione negante l'immortalità dell'Anima, falsemente attribuitale dal Sig. Baldassare Bonifaccio*[47].

En conclusión, como es sabido, las relaciones entre Italia y España en el Renacimiento y Barroco han sido asiduas, con momentos más tensos políticamente y con un intercambio cultural y literario continuo. Hay generaciones de poetas, pensadores, teólogos, etc., que empleaban tanto el español como el italiano (y el latín) para redactar y publicar sus obras; hubo incluso casos de perfecto bilingüismo, como demuestran los poemas de los hermanos Francisco y Cosme de Aldana[48]. Lo que nos propusimos era averiguar si y hasta qué punto esta situación se daba entre los grupos de judíos y conversos de la diáspora ibérica que se habían afianzado en Italia; la cuestión no es del todo trivial si pensamos en la geopolítica que caracterizó la península entre los siglos XVI y XVII, entre zonas administradas por la corona española, zonas de influencia y zonas de abierto conflicto. La expulsión de los judíos de España y luego de Portugal creó una intensa ola migratoria, tanto externa como interna al país itálico, que duró varias décadas; en esta situación tan movediza, la expresión literaria logró encontrar sus espacios también entre los creadores judeoconversos y sefardíes. En este panorama, hay varios elementos interesantes a notar, como por ejemplo el empleo de la lengua y el público a quien las obras se dirigían; el castellano estándar está presente y no podía ser de otra forma puesto que los contactos con Sefarad nunca se rompieron del todo, hasta conservar durante mucho tiempo el recuerdo de esa «grandeza» que se atribuía al carácter español y, por traslado, también a los hebreos de origen ibérico. Sin embargo, los textos que nos han llegado nos muestran que aquellos autores que se habían formado en el país de acogida o que directamente habían nacido en Italia empiezan a desarrollar una identidad que nos atrevimos a llamar «ítalo-sefardí», dado que conservan rasgos comunes a sus antepasados (a partir de la identificación en la nación

[45] Franceschini, 2004, p. 182, nota 3.

[46] Poutrin, 2018.

[47] Zinato, 2018.

[48] Profeti, 2008.

castellana o catalana, etc.), pero su lengua, el estilo de sus escritos, incluso los géneros literarios empleados, enseñan que la asimilación ya estaba en marcha. Y, hay que dejarlo bien claro, participaron en esta aclimatación cultural no solo los hombres, sino también las mujeres conversas y sefardíes, lo cual subraya una vez más el profundo desconocimiento que la historiografía general sigue teniendo tanto del fenómeno de la literatura judeo-ibérica en Italia como de los protagonistas que promovieron esos cambios. Se trata de un área de investigación que necesita de múltiples competencias y de mucha paciencia: los documentos siguen estando esparcidos en archivos no siempre bien catalogados, con dificultades de identificación de los propios personajes que entran en estas historias (¿Rafael era nieto de un tal Montes o se llamaba Rafael Nieto de Montes? ¿El anónimo autor del *Entremés del doctor* escribió otros textos, que a lo mejor se conservan en las actas de otros juicios inquisitoriales?) y es una red de relaciones personales, culturales y literarias que, si mejor entretejida, podría favorecer un cuadro más nítido y correcto de los conocimientos que tenemos sobre las literaturas que todavía seguimos definiendo como «nacionales», cuando la realidad es que esos límites los hemos ido trazando nosotros.

Bibliografía

Amelang, James S. (2011), *Historias paralelas. Judeoconversos y moriscos en la España moderna*, Madrid, Akal.

Ariza Viguera, Manuel, Manuel Álvarez & Josefa Mendoza (1994), «La lengua castellana de la *Biblia de Ferrara*», en Iacob M. Hassán & Ángel Berenguer Amador (eds.), *Introducción a la "Biblia de Ferrara". Actas del Simposio Internacional sobre la "Biblia de Ferrara"*, Madrid, Comisión Nacional Quinto Centenario-Universidad de Sevilla-CSIC, pp. 503-524.

Arrosti, Iacopo (2016), *Croniche di Pisa*, ed. de M. Grava, Pisa, Pacini.

Canals Piñas, Jordi (2004), «Una canción inédita de Salomón Usque», *Sefarad*, 64, pp. 3-25.

Canals Piñas, Jordi (2009), *De los sonetos, canciones, mandriales y sextinas del gran poeta y orador Francisco Petrarca, traduzidos de toscano por Salomón Usque (Venecia: 1567)*, Trento, Università degli Studi di Trento.

Canetti, Elias (1994), *La lengua absuelta: autorretrato de infancia*, Barcelona, Muchnok, 4ª edición.

Castro, Américo (1962), *La realidad histórica de España*, México D. F., Porrúa.

Delicado, Francisco (1994), *La Lozana Andaluza*, ed. de C. Allaigre, Madrid, Cátedra.

DELICADO, Francisco (2005), *Ritratto di Graziana l'andalusa*, ed. y traducción de C. PERUGINI, Milán, Greco&Greco.

DELICADO, Francisco (2011), *La Lozana Andaluza*, ed. de J. SEPÚLVEDA, revisada y preparada por C. PERUGINI, Málaga, Universidad de Málaga.

DI LEONE LEONI, Aron (2011), *La nazione ebraica spagnola e portoghese di Ferrara (1492-1559)*, Florencia, Olschki.

FAIOLO, Chiara (inédita), *Libro, diaspora e ricostruzioni identitarie. Per una storia della tipografia sefardita portoghese nell'Italia del Cinquecento*, tesis doctoral defendida en 2010 en la Universidad de Bolonia.

FRANCESCHINI, Chiara (2004), «*Los scholares son cosa de su excelentia, como lo es toda la Compañía*: Eleonora di Toledo and the Jesuits», en Konrad EISENBICHLER (ed.), *The Cultural World of Eleonora di Toledo, Duchess of Florence and Siena*, Burlington (VT), Ashgate, pp. 181-206.

FRATTARELLI FISCHER, Lucia (2008), *Vivere fuori dal ghetto: ebrei a Pisa e Livorno, secoli XVI-XVIII*, Turín, Zamorani.

GALASSO, Giuseppe (2013), «Aspetti dei rapporti fra Italia e Spagna nei secoli XVI e XVII», *L'Acropoli*, a. XIV, n. 5, <http://lacropoli.eu/articolo.php?nid=966#2> [consultado el: 04/10/2022].

HASSÁN, Iacob M. (1992), *La biblia de Ferrara (1533)*, Madrid, Sociedad Estatal Quinto Centenario.

HERNANDO ÁLVAREZ, Julio-Félix (1994), «Teatro hispanojudío en Toscana durante el siglo XVII», en Fernando DÍAZ ESTEBAN (ed.), *Los judaizantes en Europa y la literatura castellana del Siglo de Oro*, Madrid, Letrúmero, pp. 193-214.

KAPLAN, Yosef (1997), «The Self-Definition of the Sephardic Jews of Western Europe and Their Relation to the Alien and the Stranger», en Benjamin R. GAMPEL (ed.), *Crisis and Creativity in the Sephardic World (1391-1648)*, New York, Columbia University Press, pp. 121-145.

LAZAR, Moshe (1992), *The Ladino Bible of Ferrara (1553)*, Culver City (CA), Labyrinthos.

LÓPEZ ASENSIO, Álvaro (2020), *El derecho de los judíos en la Edad Media (Sefarad, Aragón y Calatayud)*, Zaragoza, Sefarad Certeza.

MINERVINI, Laura (1995), «L'attività di traduzione degli ebrei spagnoli nel XVI e XVII sec.», en VV. AA., *Scrittura e riscrittura. Traduzioni, "refundiciones", parodie e plagi*, Roma, Bulzoni, pp. 229-240.

MODENA, Leone (1619), *L'Ester. Tragedia tratta dalla Sacra Scrittura. Per Leon Modena hebreo da Venetia riformata*, Venecia, Presso Giacomo Sarzina.

MODESTI, Adelina (2019), *Women's Patronage and Gendered Cultural Networks in Early Modern Europe. Vittoria della Rovere, Grand Duchess of Tuscany*, New York, Routledge.

MOLHO, Anthony (1997), *Ebrei e marrani fra Italia e levante ottomano*, Turín, Einaudi.

Monti, Silvia (2007), *La Lozana di Delicado e le altre. Con un testo inedito di Jerónimo López Mozo*, Verona, Fiorini.

Monti, Silvia (2020), «Ebrei spagnoli a Roma dopo l'espulsione: Delicado e *La Lozana andaluza*», *Ricognizioni*, 13, pp. 17-28.

Pardi, Giuseppe (1918), «Disegno della storia demografica di Livorno», *Archivio Storico Italiano*, 76, 1/2 (289/290), pp. 1-96.

Pérez, Joseph (2009), *Historia de una tragedia. La expulsión de los judíos de España*, Barcelona, Crítica.

Perugini, Carla (2004), «Introducción», en F. Delicado, *La Lozana Andaluza*, Sevilla, Fundación José Manuel Lara, pp. XI-LXXXV.

Poutrin, Isabelle (2018), «Nouvelles recherches sur la poétesse Debora Ascarelli. Juifs, chrétiens et convertis dans la Rome de Clément VIII», *Mélanges de l'École française de Rome-Italie et Méditerranée modernes et contemporaines*, 130 (1), pp. 245-260.

Profeti, Maria Grazia (2008), «Composizioni italo-spagnole per Leonora di Toledo», en Giulia Calvi & Riccardo Spinelli (eds.), *Le donne Medici nel sistema europeo delle corti (xvi-xviii secolo)*, Florencia, Polistampa, vol. II, pp. 471-487.

Proietti, Omero (2021), *«Ladinar» dacostiano: Uriel da Costa, Samuel Usque e la «Biblia de Ferrara»*, Macerata, EUM.

Rodrigue, Aron (1992), «Los sefardíes en el imperio otomano», en Elie Kedourie (ed.), *Los judíos de España: la diáspora sefardí desde 1492*, Barcelona, Crítica, pp. 173-194.

Roth, Cecil (1943), «The Marrano Press at Ferrara, 1552-1555», *The Modern Language Review*, 38 (4), pp. 307-317.

Roth, Cecil (1991), *Storia dei marrani. L'odissea degli "ebrei invisibili" dall'Inquisizione ai nostri giorni*, Milán, Serra e Riva.

Segre, Renata (1997), «Sephardic Refugees in Ferrara: Two Notable Families», en Benjamin R. Gampel (ed.), *Crisis and Creativity in the Sephardic World (1391-1648)*, New York, Columbia University Press, pp. 164-185.

Spagnoletti, Angelantonio (2011), «Italiani in Spagna, spagnoli in Italia: movimenti di popolazione e influenze socio-culturali e politiche», en Gianfranco Tore, Francisco Chacón, Maria Antonietta Visceglia & Giovanni Murgia (eds.), *Spagna e Italia in età moderna: storiografie a confronto. Primo incontro internazionale «Identità mediterranee: Spagna e Italia in una prospettiva comparata (secoli xvi-xviii)»*, Roma, Viella, pp. 17-35.

Tore, Gianfranco, Francisco Chacón, Maria Antonietta Visceglia & Giovanni Murgia (2011, eds.), *Spagna e Italia in età moderna: storiografie a confronto. Primo incontro internazionale «Identità mediterranee: Spagna e Italia in una prospettiva comparata (secoli xvi-xviii)»*, Roma, Viella.

TRIVELLATO, Francesca (2016), *Il commercio interculturale. La diaspora sefardita, Livorno e i traffici globali in età moderna*, Roma, Viella.

ZINATO, Andrea (2018), «Poesía y cultura literaria en el Ghetto de Venecia (s. XVII): Jacob Uziel, Sara Copio Sullam, Ansaldo Cebà, Gabriele Zinani», en VV. AA., *Trayectorias literarias hispánicas: redes, irradiaciones y confluencias*, Roma, AISPI, pp. 289-309.

La azarosa vida y la cruel muerte del morisco sodomita Gregorio Xeus (1583)

Vicent Josep Escartí
Universitat de València / IIFV

Gregorio Xeus fue un morisco valenciano del siglo XVI, denunciado ante la Inquisición, acusado de haber cometido el crimen de sodomía. El proceso conservado en el Archivo Histórico Nacional de Madrid nos proporciona datos claves sobre su vida y sobre cómo fue condenado a muerte, tras haber sido sometido a torturas. El presente trabajo contiene un análisis de este proceso y la edición de los textos más significativos del mismo.

PALABRAS CLAVE: GREGORIO XEUS, SODOMÍA, INQUISICIÓN, PROCESOS, VALENCIA, SIGLO XVI

La vie hazardeuse et *espouvantable* mort du sodomite morisque Gregorio Xeus (1583)

Gregorio Xeus était un morisque valencien du XVIe siècle, dénoncé devant l'Inquisition, accusé d'avoir commis le crime de sodomie. Le procès, conservé aux Archives historiques nationales de Madrid, nous fournissent informations essentielles sur sa vie et sur la manière dont il a été condamné à mort, après avoir été soumis à la torture. Cet article contient une analyse de ce processus et l'édition de ses textes les plus significatifs.

MOTS-CLÉS: GREGORIO XEUS, SODOMIE, INQUISITION, PROCÈS, VALENCE, XVIe SIÈCLE

POUR CITER CET ARTICLE / PARA CITAR ESTE ARTÍCULO / TO QUOTE THIS ARTICLE

Vicent Josep ESCARTÍ, « La azarosa vida y la cruel muerte del morisco sodomita Gregorio Xeus (1583) », Vicent Josep Escartí y Alejandro Llinares Planells, (coord.), *Marginales y minorías: una mirada poliédrica a textos olvidados (ss. XV-XVII)*, Dossier des *Mélanges de la Casa de Velázquez*. Nouvelle série, 54 (2), 2024, pp. 153-174.

La unfortunate life and terrible death of the sodomite Morisco Gregorio Xeus (1583)

Gregorio Xeus was a Valencian *Morisco* (16th century), denounced before the Inquisition, accused of having committed the crime of sodomy. The trial preserved in the Archivo Histórico Nacional in Madrid provides us with key information about his life and how he was condemned to death, after having been subjected to torture. This work contains an analysis of that trial and an edition of the most significant texts in it.

KEY WORDS: GREGORIO XEUS, SODOMY, INQUISITION, TRIALS, VALENCIA, 16th CENTURY

Preliminar

EN EL proceso contra un morisco sodomita berberisco[1], Joan de Bogia, apresado en Valencia el 1553 —un caso diferente del que centra nuestra aportación aquí—, los fiscales, en el caso juzgado ante el gobernador de la ciudad y del reino valenciano, no tienen ninguna duda, y así lo expresan en la denuncia:

> […] per ésser, com és, lo dit crim de sodomia tan nefandíssim y abominable a nostre Senyor Déu, submergí les ciutats de Sodoma y Mogorra y donà y acostuma de donar molts flagells y persecucions en los pobles, de mortaldats, guerres, pestilències, sterelitats, pedra, urugua, calabruixo, neula, llagosta e altres flagels.
>
> […] [*por ser, como es, el dicho crimen de sodomía tan nefandísimo y abominable a nuestro Señor Dios, sumergió las ciudades de Sodoma y Mogorra, y dio y acostumbra a dar muchos castigos y persecuciones en los pueblos, de mortalidades, guerras, pestilencias, esterilidades, piedra, oruga, granizo, niebla, langosta y otras plagas*][2].

Como es bien sabido, a los sodomitas se les acusaba de ser el origen de casi todas las desgracias que afligían a la sociedad del Antiguo Régimen. Esto porque, durante la Edad Media y la Edad Moderna, la sodomía fue considerada un yerro gravísimo: el pecado «nefando» e innombrable por excelencia. Por ello, los sodomitas fueron vistos como un perfecto chivo expiatorio de los males que azotaban al mundo en aquellos siglos. En Valencia, y a principios del siglo XVI, no se dudó en hacerlos responsables de la peste o de la guerra de las Germanías, por ejemplo[3]. Era una creencia generalizada.

La sodomía era el pecado por el cual pagaba la sociedad al completo. Y se contemplaba así porque se había elaborado un discurso doctrinal contrario a aquella práctica sexual que, como afirmó el erudito Riera i Sans[4], no evolucionó en nada entre los siglos XIII y XVIII. Aquella opinión se fundamentaba sobre escritos de ideólogos de reconocido prestigio y, por tanto, la Iglesia no consideraba que se hubiera de variar en nada. Así, para san Ramón de Peñafort —que tomaba su doctrina de la Biblia y de los santos padres—, tal como podemos leer en su *Summa de Paenitentia* —escrita hacia 1325—, la sodomía no era solo un vicio, sino también un crimen, un pecado, una perversión de la naturaleza y una suciedad contaminante[5]. Esa calificación de aquel pecado era tan contundente que no hacía falta revisar sus conceptos y, por ello, pervivió inalterable en las tierras hispánicas durante varios siglos,

---

[1] El presente artículo se inscribe en el proyecto AICO219/120 de la Conselleria d'Innovació, Universitats, Ciència i Societat Digital de la Generalitat Valenciana.

[2] Arxiu del Regne de València (ARV), *Processos de Governació*, caixa 4424, núm. 508, f. 6 r.

[3] ESCARTÍ, 2021a, 2021b.

[4] RIERA I SANS, 2014, p. 24.

[5] RIERA I SANS, 2014, pp. 25-26.

gracias, sobre todo, a la labor de la Inquisición, que se encargó de castigar a los sodomitas y, en especial, en la Corona de Aragón —ya que en Castilla la sodomía quedaba en manos de la justicia civil—, aunque también en el reino de Valencia parece que algunos de aquellos que eran acusados de tan peligrosa práctica acabaron en las manos de la justicia civil ejercida por el *governador* —al menos en Valencia y durante el siglo XVI—. El conflicto detectado por Riera i Sans en Catalunya, entre el poder civil y tradicional y el poder inquisitorial, por ver a quién correspondía la competencia en crímenes sodomíticos, parece que también debió de existir en el antiguo reino de Valencia y que, al menos durante el Quinientos, ambas jurisdicciones tuvieron competencias sobre ellos y los juzgaron[6].

En el fondo, para la Iglesia y las autoridades no habría hecho falta nada más que la referencia bíblica del episodio de Sodoma —de donde provenía el nombre— y Gomorra, en el *Génesis* (19, 1-11) y la condena explícita de san Pablo (*Romanos* 1, 26-27). Con aquello habría bastado. Pero, además, se contaba con un extenso tratado específico, elaborado por san Pedro Damiano (Pier Damiano): el *Liber Gomorrhianus* —acabado el 1015 aproximadamente—. En este texto se atacaban determinadas prácticas sexuales: la masturbación en solitario o en compañía, el *coitus interruptus*, las penetraciones anales o aquellas que derramaban el semen entre las piernas de la pareja y, en referencia a los eclesiásticos especialmente, las relaciones con los efebos. Así pues, en base a estas directrices, se convertían en punibles todas las prácticas sexuales que no tuviesen como finalidad la procreación y aquello era aplicable no solo a los clérigos, sino a todo el conjunto de la comunidad cristiana[7]. Por supuesto, los ataques teóricos a la sodomía fueron frecuentes y repetidos a lo largo del tiempo. Es algo bien sabido[8].

Visto, pues, que a nivel teórico la práctica sexual sodomítica era abominable a los ojos de Dios y así lo habían indicado sus representantes y aquellos que se sentían autorizados a hablar del tema por inspiración divina —profetas, santos padres y, más tarde, los intelectuales del cristianismo—, las sociedades europeas que se conformaron en la Edad Media y en los siglos XVI y XVII, no podían tener ninguna imagen positiva de los sodomitas, a pesar del pasado grecorromano —tan diferente, en este sentido, en muchos aspectos—. Pero, aún más, en tierras hispánicas, desde el momento que los Reyes Católicos establecieron una legislación concreta para la Inquisición (1497), donde se dictaminaba que se habían de aplicar las mismas penas en los casos

[6] De hecho, se nos han conservado procesos de estas autoridades civiles y estamos preparando la edición y el estudio de más de una decena de ellos, conservados en diferentes fondos valencianos (*Governació* y *Reial Audiència*, básicamente), donde se juzgaron casos de sodomía.

[7] DAMIANI, 2001.

[8] Sobre esta cuestión véase, entre otros: BAZÁN, 2007; BERCO, 2007; CARRASCO, 1986; GRAULLERA, 1991; RIERA I SANS, 2014; y TOMÁS Y VALIENTE, 1990. Véase, también, un breve recorrido en MOMPÓ, 2018.

de sodomía, herejía y crimen de «lesa majestad». A esto hemos de añadir que Clemente VIII, el 24 de febrero de 1524, equiparó directamente la sodomía a la herejía —autorizando, por ello, a la Inquisición en la Corona de Aragón a intervenir en los casos de denuncias por sodomía[9]. El sodomita, ahora, además, era tratado como un hereje. Con lo que la persecución de los sodomitas tenía nuevos valores que reforzaban los anteriores.

Así pues, durante el siglo XVI, las diferentes jurisdicciones que operaban en la Corona de Aragón, y, por lo que aquí respecta, en el antiguo Reino de Valencia, fueron actuando contra la sodomía. La Inquisición, a partir de un determinado momento, incrementó su ansia de cazar hombres practicantes del crimen nefando y, al final, aquel Tribunal del Santo Oficio parece que acabaría siendo el único encargado de juzgarlos y de entregarlos a la justicia civil para que los ajusticiase, muy frecuentemente condenándolos a la pena de muerte, ejecutada en los conocidos *autos de fe* que pueblan los días de las ciudades ibéricas y de los cuales nos queda abundante documentación[10], incluso de carácter memorialístico, como en el caso de la ciudad de Valencia, que recientemente hemos estudiado[11].

En aquellos «espectáculos» macabros que se pretendían ser ejemplarizantes para el conjunto de la sociedad, murió sin duda Gregori Xeus, el morisco valenciano que ahora centra nuestra atención. De hecho, daremos a conocer los textos del proceso conservado —las partes con más enjundia y siguiendo la línea del trabajo ya citado de Riera i Sans (2014)—, que se constituirán a menudo en la voz *directa* de aquel personaje prácticamente desconocido, pasando a ser fragmentos de su biografía solo filtrados por el escribano que tomaba nota.

En principio nos consta el 19 de junio de 1583, Gregori Xeus, morisco natural de Anna —una pequeña población en la comarca de la Canal de Navarrés, en el interior del antiguo Reino de Valencia— y habitante de Antella —otro pequeño lugar relativamente cercano—, murió en Valencia, ajusticiado por la Inquisición. Había pasado dos años, abatido, encerrado en la prisión de la institución, y se le condenó después de haber refrendado sus propias confesiones en una serie de interrogatorios, entre los que hay uno que se realizó aplicando el tormento de la cuerda, un par de años antes, y en el que el reo acaba errático en las respuestas, pero admitiendo lo que se le imputa: haber mantenido relaciones sodomíticas con un joven, según había denunciado Pedro Villena —también natural de Anna—, el 1581. Y parece ser que aquel final se derivaba del hecho que el dicho Villena habría

[9] MOLINA, 2010.

[10] La documentación de la Inquisición, en relación a la sodomía y al territorio valenciano, ha sido trabajada desde diferentes puntos de vista y con intereses diversos por CARRASCO, 1986; GONZÁLEZ-RAYMOND, 1996; y RODRÍGUEZ SÁNCHEZ, 2001.

[11] ESCARTÍ, 2021c.

recordado un pasaje de su vida que curiosamente describirá con mucho detalle, a pesar del tiempo transcurrido:

> [...] abía ocho años poco más o menos —en realidad hacía casi diez años— que andando este guardando el término de Ana, en la huerta que se dize la huerta de Benamet, en el vancal de Bernabel Negret, que estava sembrado de daça, la qual estava muy alta, en la qual halló dos moriscos llamados, el uno, Vellot el Turco, hijo de Vellot el Viejo, que estava boca abajo; y el otro Gregorio Seus, vezino agora de Antella, el qual estava sobre el dicho Vellot, cometiendo el delito de sodomía. Y este les vio sin çaragüelles y el dicho Gregorio tenía metido su mienbro genital en el culo del dicho Vellot, el qual estava gemicando, como un perro con una perra, y este les dixo que si no tenían vergüença de hazer aquello. Y quando esto les dixo, el dicho Gregorio sacó su mienbro del culo del dicho Vellot y le dixo a este si quería parte, y este les respondió que se fuesen con la yra mala. Y este se fue de allí y tanbién los dichos moriscos, cada uno por su cabo. Y este descargó su conçiençia al rector de Ana, llamado mosén Juste, y [...] no sabe que se aya hecho sobr[e] ellos diligençia ninguna, sino que todo lo an tapado.

Este breve relato inicial, como veremos, resume el origen de todo un proceso de la Inquisición contra el acusado, Gregori Xeus, que se conserva actualmente en el Archivo Histórico de Madrid (*Inquisición*, leg. 560, nº. 17) y que, al leer sus páginas, nos aporta una serie de detalles impagables sobre la vida, las vicisitudes y las desgracias del protagonista y, en especial, sobre un episodio sexual que acabó por llevarle a una muerte atroz a manos de sus verdugos. Pero, también, la documentación nos aporta datos sobre los actores secundarios de dicho drama e, incluso, nos ofrece datos difíciles de encontrar en otro tipo de documentación, como, por ejemplo, que muchos de los acusados y testigos, por su condición de moriscos, declaraban en «algarabía» —lo que demuestra su nula integración lingüística en el país donde habitaban—.

El caso de Xeus —*completo* en lo que respecta a la documentación conservada y con muchos elementos que ilustran sobre la práctica de la sodomía en el mundo del Antiguo Régimen y cómo era castigada—, ya fue comentado brevemente por Carrasco[12] y Belloni[13], y citado por Gonzalez-Raymond[14] y Rodríguez Sánchez[15]. Ahora, sin embargo, vamos a tratarlo de forma monográfica para poder fijarnos en sus características más destacadas y ofreciendo, como complemento, la transcripción de las partes más reseñables.

---

[12] Carrasco, 1986, pp. 215-216.

[13] Belloni, 2017, pp. 121-122.

[14] Gonzalez-Raymond, 1996, p. 370. Aunque en los índices no se encuentra nuestro Gregori Xeus, sin embargo, aparece un Guillem Xeus, también de Anna, que habría sido reconciliado el 1596. No sabemos hasta qué punto se trata una confusión o, sencillamente, de otro reo de la Inquisición y natural del mismo lugar.

[15] Rodríguez Sánchez, 2001.

El relato de los hechos, en síntesis

La documentación del proceso —tal como suele suceder— no presenta una paginación y, por el contrario, su situación puede estar alterada porque, al final, se encuadernó en el último momento en que fue usada. Por otra parte, contiene copias de fragmentos de otros procesos abiertos a los declarantes, etc., que complican su intelección, a veces. Además, en algunos interrogatorios no se aporta nada nuevo —se ratifica lo ya dicho— y, también, se repiten datos sin cambios significativos. Es por ello que no siempre resulta útil reproducir el proceso *completo* —tal como se ha conservado— y es mejor entresacar la información más significativa, en pro de una mejor comprensión y para simplificar su estudio, reservando la edición de los textos para cuando el contenido es realmente importante, por el motivo que sea. Dicho lo cual, y centrándonos ya en el caso de Gregori Xeus, pasaremos a ofrecer una síntesis del proceso —absolutamente rigurosa—, guardando la edición de los textos más significativos para el punto siguiente.

Así pues, el proceso contra Xeus se abre con el documento del 29 de agosto de 1581 [I][16], donde el fiscal pide que le manden capturar y requisar sus bienes, a tenor de la información que ya en ese momento constaba en el tribunal del Santo Oficio. Aquella aludida información debía de ser, sin duda, la declaración de Pedro Villena —efectuada el 20 y el 21 del mismo mes—, natural de Aiora y vecino de Anna, de 56 años y batanero de oficio —que ya estaba preso en las cárceles de la Inquisición—, y que, en declaración del día siguiente, describe por primera vez el acto sodomítico realizado por Xeus y el sujeto *paciente*, Joan Vellot, el Turco —en las palabras que hemos citado más arriba [II]—. En aquella declaración, Gregorio Xeus se nos aparece como un sujeto arrogante, capaz de mostrar su miembro a Villena y preguntarle si «quería parte». Aquella información, fue ratificada por el mismo Villena, ante Xeus, cuando este ya estaba preso en las cárceles de Valencia, el día 3 de agosto de 1581: «lo que se le a leýdo es la verdad» y «está bien scripto y asentado y en ello se afirma y ratifica».

El siguiente documento que hallamos será ya la declaración de Joan Vellot, cosa que nos indica, quizás, su origen étnico o su estancia en aquellas tierras, aunque nunca se especifica. Aquel testimonio se dio el 1 de agosto del 1581 [III] y tras declarar que de aquello ya hacía más de quince años, indicó que nunca cometió acto sodomítico, aunque en breve reconoció que sí que había accedido «no más de una vez y él lloraba». También descubrimos aquí que Vellot necesitaba un intérprete, pues no entendía el castellano ni sabía expresarse en esta lengua. El día siguiente, Vellot reconoció que las veces en que Xeus —a quien se llama Mateo, por error— «le cabalgó», fueron dos y que «ambas vezes hechó simiente del dicho Xeus dentro del culo de este», detalle

[16] Con los números entre paréntesis cuadrados, indicamos el documento que se reproduce —completo o en parte— en el apartado siguiente de este artículo.

que agravaba el delito. Vellot acaba solicitando «misericordia de todo» y alegando en su favor que él, por aquel tiempo, «hera mochacho y bobo y se lo hizo contra su voluntad y lloraba». El mismo día, por la tarde, Vellot volvió a declarar y, «preguntado cuyo hera el vancal donde pasó aquello, en la huerta de Ana [...] dixo que hera de Borrabel Negret, morisco de Ana». El día 3 de agosto, Vellot hizo una nueva declaración: «dixo que abía nueve años, çerca de diez, pero que se acuerda mejor agora, aunque tenía dicho que avía catorze años». Esta cuestión, sobre la que se incide después, no era menor, pues Vellot, que declara tener 25 o 26 años, si hacía catorce del delito, era claramente menor de edad. Si hacía 9 años, ya era mayor de 15. Al final, en otra declaración de aquel mismo día, ante el acusador, Pedro de Villena, acordó que, del acto sexual denunciado, hacía 9 años y medio y que en breve haría 10. El 9 de agosto, Vellot se ratificó en todo lo dicho hasta entonces: «que dos vezes solas le cavalgó el dicho Gregorio Xeus e que la postrera, quando ya acabava, llegó Villena y les vió, como tiene dicho, e que este llorava sienpre e que pide misericordia». También se ratificó en los años que hacía del delito. Además, aquel día se interrogó a Pedro Villena sobre «si hera de día o de noche, o qué ora hera», ante lo cual Villena afirmó que «hera de día, a ora de mediodía o menos, porque él se fue a comer a su casa desde allí, que como no avía allí relox no puede saber de açierto la ora que era». Esta cuestión sin duda buscaba averiguar qué grado de sinceridad tenían Villena y Vellot, y por ello, el mismo día y también en la audiencia de la tarde, se le preguntó al segundo lo mismo, quien fue más preciso y ofreció nuevos datos: «la primera vez sería como las diez oras antes de mediodía; y de la primera a la segunda vez pasaría media ora». En aquella misma sesión se trajo a declarar a Xeus, el cual afirmó, «estando presente micer Burgos, su abogado, que no es verdad lo que dizen contra él y no tiene más que dezir en esta causa».

Ante aquella negativa de Gregorio Xeus, lo siguiente que hallamos es la información que se le requirió a Benet Ribas, familiar del Santo Oficio de Valencia, que había sido el encargado de prender al acusado. Su declaración, del 2 de agosto de 1581, contiene la descripción de hechos del día 30 de julio pasado, cuando Xeus fue prendido y trasladado a las cárceles inquisitoriales: Xeus parece que era un hombre temible —aunque después se nos lo muestra llorando— y, además, se reproducen sus palabras, introduciendo la sospecha que todo aquello se debía a una disputa por causas de juego: «había ganado una vez más de veynte ducados, él y otros, y le había amenazado que le había de hazer quemar».También sabemos que en el camino, Vellot ya confesó al alguacil de Anna, que «habrá catorze años que ese que va adelante, que se llama Gregorio Xeus, me cabalgó dos vezes y a la postrera nos vio Pedro Villena». Esta declaración le sería leída a Ribas, después de confirmar con su presencia que Xeus era el acusado, y aquel ratificó sus palabras.

El citado alguacil de Anna, Lucas de Rodenas, realizó otra declaración el día 6 de agosto, y sus palabras concordaban en esencia con lo que ya sabemos, aunque parece que en el camino hacia la prisión, Vellot dijo a Ribas que aquel había accedido a mantener sexo con Xeus porque «le amenazó y querídole matar», acto que poco más abajo es considerado «lo de la fuerça que le hizo el dicho Gregorio Xeus». Se le notificó personalmente a Xeus, ante su presencia, este nuevo testigo, aquel mismo día, y Rodenas se ratificó en sus declaraciones. Además, como aquellas nuevas declaraciones de Ribas y Rodenas pasaron en el camino entre Antella y Valencia, el Santo Tribunal se veía en la necesidad de aportar la orden de captura de Xeus —de 28 de julio del 1581—, que se concretó según un modelo impreso que seguramente se usaba en todos aquellos casos.

A pesar de los nuevos testigos, parece que Xeus no quería reconocer su acto y así aparece ahora su declaración del 2 de julio, donde asegura que «no tiene que dezir cosa ninguna, que pide justicia deste honbre que le acusa». Y el 8 de agosto insistía: «no tiene qué dezir, que aquel guardián le quiere mal, que ayan piedad del, que es solo, sin padre ni madre». Los inquisidores insistieron en hacerle reconocer su culpa para «salvar a su ánima», pero él se mantuvo negativo, incluso cuando le leyeron los testimonios que nosotros ya conocemos. Esta parece que fue la tónica de las siguientes páginas del proceso.

Del primero de agosto contamos con otra declaración de Xeus ante el Santo Tribunal, donde relata parte de su vida, los acontecimientos que le parecen más relevantes:

> […] dixo que se llama Gregorio Seus, christiano nuevo, vezino de Antella, que allí está casado, qu·es labrador y de hedad de treynta años e que aría 9 le truxeron preso. Preguntado por el discurso, dixo que naçió en Ana y allí se crió, y a estado hasta abrá nueve años, que don Bernabé de Borxa, señor de Ana, hechó a este a galeras porque le achacavan de una muerte, aviéndola hecho otro; e que entiende que tenía veynte e quatro hasta veynte y cinco años quando le echaron a galeras. Y así entiende que terná agora treynta y tres hasta treynta y quatro años. E que andubo en las galeras de España, en la galera Vitoria; e después que salió de las galeras se bolvió a Ana y abrá año y medio que se casó en Antella y allí a estado hasta que le prendieron

y, también, afirma: «que no sabe por qué le an traýdo preso, sino que un guardián de Ana que se llama Pedro de Villena abía acusado a este porque le amenaçó a este y riñeron sobre el juego».

El 9 de agosto de 1581, Xeus departió con su letrado, micer Burgos, sobre los testimonios que tenía en su contra y:

> […] sobre las defensas que podía tener, el dicho Gergorio [*sic*] Xeus, con acuerdo e parescer de su abogado dixo en defensa de su causa que el Pedro Villena, testigo produzido contra él, es enemigo suyo, el qual a reñido muchas vezes con él, e que por maliçia desto le a acusado y que muchas vezes le a amenaçado que le haría quemar.

Xeus señala, también, que es «hombre onesto, de buenas pláticas y costumbres, buen christiano, enemigo denojar a nadie». Y concluye, sobre los testigos en su contra, «que de los tales no se a de creer un delito tan nefando como el que le acusan».

Unos días más tarde, el 13 de agosto de 1581 declara, como defensa de Xeus, Joan Carchufal, «chistiano nuevo de moro de Anna», de 25 años, quien, al ser preguntado sobre la supuesta enemistad de Villena contra Xeus, por deudas de juego, y sobre las amenazas, declara que «no sabe nada de lo que se le a preguntado ni lo a oýdo dezir». También testificó como defensa de Xeus un hombre llamado Joan Fino, «morisco vezino de Ana, labrador e de hedad de treinta años», que también declara que no sabe nada de la enemistad entre Villena y el acusado. Joan Pareja, «christiano viejo», de Enguera, de 34 años y labrador, tras ser preguntado sobre lo mismo, declaró en el mismo sentido, aunque añadió que Xeus «tenía buenas costumbres». Miguel Marín, batanero y vecino de Enguera también, de «hedad de más de cinquenta años», señaló que conocía a Xeus «de averle visto algunas vezes en Enguera y en Ana y en Antella, a donde es casado» y afirmó que «nunca a visto al dicho Gregorio Xeus hazer cosa mala, sino que le tiene por buen moço e que en Enguera siempre yva a misa e pretendía hazer obras de christiano». Finalmente, Joan Xorcón, «christiano viejo, trabajador e vezino de Enguera, de hedad de quarenta años», declaró que conocía a Xeus «de treze o catorze años que aquel se fue de Enguera», y dijo desconocer la enemistad pretendida entre Xeus y Villena, pero añadió que al reo «le tiene por honbre de bien e no le a visto hazer cosa mala, porque se aloxava en casa deste e cada noche dezía a este que le dixese las oraçiones de la yglesia e yva a misa con este». De las defensas, como se ve, poco se podía esperar para salvar al acusado del castigo que cernía sobre él.

Sin embargo, Gregorio Xeus, hasta ese momento, nunca había reconocido haber cometido el pecado nefando que se le imputaba. Ante lo cual, el tribunal pasó a emitir sus votos, el 18 de agosto de 1581. En aquella sesión, el inquisidor Ximénez de Reynoso y los consultores votaron que Gregorio Xeus había de ser relajado a la justicia seglar y, por tanto, se le condenaba a morir en la hoguera. Pero el inquisidor Pedro de Zárate consideró que, a pesar de tener las declaraciones acusatorias de los testimonios, no se había conseguido la confesión de Xeus y, por ello, se le debía interrogar bajo tormento, para que reconociese su pecado. Aunque, para evitar este paso, se aportaron documentos —como la legislación foral valenciana y el breve de Clemente VIII, que se copian en el proceso— donde se reconocía que para condenar a un delincuente era suficiente con las pruebas declaradas por los testigos.

El siguiente documento también está destinado a considerar aptos a los testigos. En el caso de Pedro Villena —a quien se llama Joan, por error, aquí—, por haber estado presente y porque, a pesar de estar preso por blasfemia, no había sido sentenciado; por lo que su testimonio se podía considerar válido. En el caso de Vellot, también se consideraba que debía admitirse porque, aunque era el cómplice, había declarado contra sí mismo y porque, a pesar de que la sodomía no estaba entre los delitos que la justicia seglar admitía cuanto a la validez de los testimonios de los cómplices (o víctimas) de los delitos, sí que podía ser tenido por válido según el breve pontificio al cual nos hemos referido más arriba.

El proceso, llegados a aquel punto, fue enviado a Madrid, al Consejo de la Santa y General Inquisición. Dicho Consejo contestó el 31 de agosto que Xeus «sea puesto a qüestión de tormento a alvedrío de los inquisidores, y con lo que resultare lo tornen a ver con ordinario y consultores y en la causa hagan justicia».

El 5 de septiembre de 1581, Gregorio Xeus volvió a comparecer ante el tribunal y como en aquella audiencia siguió negando los hechos, tras ser amonestado hasta tres veces, y tras votar los miembros del tribunal, se dictaminó que se le había de aplicar la prueba procesal del tormento. La lectura del acta de aquel interrogatorio [IV] deja bastante claro cómo respondía el reo y cómo, por otro lado, se le atormentaba hasta el punto que Xeus pedía a gritos misericordia y se aclamaba a Dios y a la Virgen de Montserrat, en un intento seguro de captar la benevolencia de sus torturadores. El día siguiente, a 6 de septiembre, ya sin tortura, Xeus reconoció su culpa y aceptó como verdadera su declaración efectuada bajo tormento el día anterior. Era, esta, una condición indispensable para dar por válidas las declaraciones que se efectuasen bajo la presión de la tortura. El 24 de octubre, Xeus y Vellot estuvieron presentes en el reconocimiento de sus culpas ante el tribunal.

Pero Xeus no debía de darlo todo por perdido, porque nos consta que, con fecha de 30 de abril de 1582, fue castigado a 30 azotes «porque se comunicaba y ablava con otros presos de otras cárceles secretas». Aquello, tal vez, fue porque no tenía noticias de cómo iba su causa. Y aún tardaría en tenerlas: el día 1 de marzo del año siguiente (1583), pidió comparecer ante los inquisidores para «dezir que por reverencia de Dios se acuerden del, porque gasta lo que no tiene y se le comen los piojos». Fue devuelto a la cárcel, sin más.

De cualquier modo, su sentencia fue dada y leída en el auto público de fe, en la plaza de los Apóstoles de la catedral, el 19 de junio de 1583[17] [V]. Tras aquella lectura, lo habitual era realizar una procesión desde la catedral hasta el crematorio, junto al río, donde se daba cumplimiento a la pena de muerte prevista por la ley, ya que el reo había sido entregado a la justicia seglar, encargada de ajusticiarlo.

Aquello era el fin de la trayectoria de Gregorio Xeus, de quien su proceso ante la Inquisición nos ha dado detalles sobre su vida y, en especial, sobre su

---

[17] Curiosamente, en el documento que da fe de su ajusticiamiento, el notario se equivocó por dos veces y puso «estatua» —que fueron tachadas— y se escribió, encima, el nombre del reo: «Gregorio Xeus», pero se encargó de remarcarlo, al final de documento: «dezía: *estatua. Valga la cosa por lo que va salvado*».

muerte provocada por contravenir las normas establecidas por la sociedad de su tiempo y, donde, como hemos visto, debieron jugar también otros factores, además de la sodomía desencadenante de sus desgracias, casi 10 años después de haberla practicado. Joan Vellot también sabemos que finalmente fue condenado a galeras perpetuas[18], aunque Gonzalez-Raymond[19] indica que fue relajado en persona. Su nombre, sin embargo, no aparece entre los que generaron gastos que fueron gestionados por la institución del Maestre Racional, como sí que es el caso de Xeus —que murió junto a otro condenado—, por la muerte de los cuales se pagó: «a dènou de dit, per la Real Audiència, per sentenciar a les persones de Diego de Arcos y Gregorio [...][20], per relaxats del Sanct Offici, sexanta sis sous» [*a diecinueve de dicho, por la Real Audiencia, por sentenciar a las personas de Diego de Arcos y Gregorio [...], por relajados del Santo Oficio, sesenta y seis sueldos*][21]. Xeus murió, sin duda, por la aplicación del garrote vil[22] y después fue quemado su cuerpo en la hoguera purificadora. Vellot, en tanto que se autoinculpó y alegó —como se entrevé en el proceso de Xeus— haber actuado coaccionado por su pareja sexual momentánea, seguramente obtuvo la *gracia* de evitar la muerte y poder redimir su pecado sirviendo toda su vida en las galeras del rey, cosa que, en la práctica, equivalía también a una muerte segura[23].

[18] Carrasco, 1986, pp. 78-79.

[19] González-Raymond, 1996, p. 218.

[20] Espacio en blanco en el original.

[21] El texto transcrito proviene del Arxiu del Regne de València, *Mestre Racional*, ms. 8894, f. 45r. El dato es recogido por Català & Pérez, 2000, p. 97, que en su lista de sentenciados suponen que Xeus —de quien desconocen, obviamente, su nombre, porque en la documentación del Maestre Racional no aparece, y su historia personal—, fue condenado por hereje. También suponen que fue *incinerado en efigie*. Seguramente porque Arcos y Xeus aparecen justo antes de otros condenados de los cuales se cobró una cantidad por «cremar les estàtues», y esto provocó la confusión. Agradezco al amigo Joan Alonso, su ayuda en el acceso a esta documentación.

[22] En la sentencia se pide que el verdugo se comporte piadosamente «sin proceder a muerte natural ni mutilación de miembro». Ello significaba, en realidad, que antes de quemarlo, lo matarían partiéndole el cuello con el garrote vil, aunque esto no se especifique en la sentencia. Sin esta indicación, el reo moría quemado vivo en la hoguera, causando más dolor al ajusticiado y, sin duda, un espectáculo más deplorable.

[23] La sentencia a Vellot o Bellot se conserva también en el Archivo Histórico Nacional, *Inquisición*, lib. 936, f. 359r (Citado por Carrasco, 1986, pp. 78-79).

Edición de textos del proceso inquisitorial[24]

[I]

1581, julio, 29.

Illustres señores:

Presentada en Valençia, a XXVIIIIe de jullio de MDLXXXI^o años, ante los inquisidores doctor Pedro de Çárate y licenciado Ximénez de Reynoso, el licenciado Fernández, promotor fiscal en este Santo Officio, denunçio y digo que de los libros y registros deste Santo Offiçio, que presento, consta que Gregorio Geus, vezino de Antella y natural del lugar de[25] Anna, a cometido el delicto nefando contra natura, de sodomía. A vuestra merced pido y supplico le manden prender con secuestro de bienes, conforme a fueros deste reyno y breve de su santidad, y ponerle en las cárçeres secretas deste Santo Offiçio, y proçeder contra el susodicho, conforme de rigor y haziendo presentaçión de la informaçión. Lo pido por testimonio y en lo neçesario el Santo Officio imploro, etc.

El licenciado Fernández (*rubricado*).

[II]

1581, julio, 20-21.

En la audiencia de la tarde de la Sancta Inquisición de Valencia, a veinte días del mes de julio de mill e quinientos y ochenta e un años, estando allá el señor inquisidor, licenciado Ximénez de Reynoso, e por su mandado, fue traído a ella un hombre preso de las cárceles secretas del Santo Officio, del qual fue rescebido juramento en forma, so cargo del qual prometió de dezir verdad, así en esta audiencia como en todas las demás que con él se tuvieren, hasta la determinación de su causa. Preguntado, dixo que se llama Pedro Villena, natural de Ayora, vezino de Ana, junto a Enguera, perayle, que servía de ministro y misaje, y declaró ser de hedad de çinquenta y seis años. En esta audiencia no confesó cosa que toque a este reo. Pasó ante Pedro de Salzedo.

*

En la Sancta Inquisición de Valencia, veinte e un días del mes de julio de mill e quinientos e ochenta e un años, estando en su audiencia de la tarde los señores inquisidores, doctor Pedro de Çárate y licenciado Ximénez de Reynoso, e por su mandado, vino a ella de su cárçel el dicho Pedro Villena, al qual fue dicho si [a] acordado alguna cosa en este su negocio, que diga la verdad, porque el alcaide a dicho que pide audiencia. Dixo que es verdad que él a pedido audiencia para dezir lo que se a acordado, y es que en la audiencia pasada le preguntaron si alguno de sus deudos e pasados avían venido a esta Inquisición, e se a acordado que un hijo de este, llamado Pedro Villena —como este—, estubo preso aquí y no sabe cómo salió.

Ítem dixo que abía ocho años poco más o menos que andando este guardando el término de Ana, en la huerta que se dize la huerta de

[24] En la transcripción de los textos, se respetan las formas gráficas en todos los casos y sólo se introduce el sistema de puntuación, acentuación y división de palabras del español actual. Se restituyen algunas vocales elididas, entre paréntesis cuadrados. Si hay alguna palabra ilegible hemos usado [...]. No se indica foliación —inexistente en el original—, ni el cambio de cara en los folios.

[25] En el original se repite *lugar de*, tachado.

Bennamet, en el vancal de Borrabel Negret, que estava senbrado de daça, la qual estava muy alta, en la qual halló dos moriscos llamados el uno Vellot el Turco, hijo de Vellot el Viejo, que estava boca abajo; y el otro Gregorio Seus, vezino agora de Antella, el qual estava sobre el dicho Vellot, cometiendo el delito de sodomía. Y este les vio sin çaragüelles, y el dicho Gregorio tenía metido su mienbro genital en el culo de el dicho Vellot, el qual estava gemicando, como un perro con una perra; y este les dixo que si no tenían vergüença de hazer aquello. Y quando esto les dixo, el dicho Gregorio sacó su mienbro del culo del dicho Vellot y le dixo a este si quería parte; y este les respondió que se fuesen con la yra mala. Y este se fue de allí y tanbién los dichos moriscos, cada uno por su cabo; y este descargó su conçiençia al rector de Ana, llamado mosén Juste, y le dixo todo lo que avía visto de los dichos moriscos; y les respondió que si a él le echava la carga. Y este no sabe que se aya hecho sobr[e] ellos[26] diligençia ninguna, sino que todo lo an tapado. Y con esto fue buelto a su cárçel.

Pasó ante mí, Francisco Gutiérrez (*rubricado*).

Sacose del processo de Pedro Villena, vezino de Ana, con el qual concuerda.

Francisco Gutiérrez (*rubricado*).

[III]

1581, agosto, 1-2.

Juan Vellot, cristiano nuebo de moro, vezino de la Villa Nueva de Ana, labrador, en la primera audiençia que con él se tubo, que fue a primero de agosto de mil e quinientos y ochenta y un años, juró en forma de drecho de dezir verdad, así en esta audiençia como en todas las demás, hasta la determinaçión de su causa, y declaró ser de veynte e seys o veinte e çinco años, y, entre otras cosas, dixo lo siguiente.

Preguntado si sabe e presume la causa para que ha sido preso y traído a este Santo Officio, dixo que presume que le han traído preso porque abía más de quinze años que yendo este a cabar a una heredad de su padre de este, que se dize Vellot, en el término de Ana, llegó a él Gregorio Xeus, de Ana, y le quiso cabalgar y le asió y le quiso quitar los çaragüelles. Y llegó allí Pedro Villena, guardián, y por esto lo dexó; y que el Pedro Villena sabe quanto tiempo ha.

Fuele dicho que en este Santo Officio no se prende a ninguna persona sin preçeder ynformaçión de haber hecho o dicho o visto hazer o dezir alguna cosa que sea e parezca ser contra Dios nuestro señor, cuyo conoscimiento pertenesçe al Santo Officio. Pues a él le han traído preso, debe entender que precede esta ynformazión. Por tanto, se le amonesta por primera moniçión de parte de Dios nuestro señor y de su bendita madre, la Virgen María, que diga la verdad y descargue su conciençia, porque haziéndolo asý salbará su alma y su causa se despachará con más brebedad, deziendo enteramente la verdad.

Dixo[27] que es verdad que el dicho Gregorio Xeus baxó a este los çaragüelles y le puso el miembro en el culo e que este lloraba e que se lo hizo.

---

[26] En el original: *sobrellos*.

[27] Al margen izquierdo: *Confiesa*.

Preguntado quantas vezes se lo hizo el dicho Xeus, dixo que no más de una vez, y él lloraba.

Preguntado si lo ha hecho el dicho Xeus a este más de aquella vez en otras partes, dixo que no más de aquella vez.

Preguntado a qué tiempo llegó el dicho Villena y si había acabado el dicho Gregorio Xeus de hazérselo, dixo que quando llegó el dicho Villena aún estaba encima de este, aunque havía acabado o estaba acabando, y este lloraba.[28]

Preguntado en qué parte y lugar hera donde le cabalgó el dicho Xeus, dixo que era en una daça, en el término de Ana, que sería un tiro de ballesta del lugar.

Preguntado si sabe que el dicho Xeus aya hecho lo mismo con otra persona, dixo que no lo sabe; que si lo ha hecho, que él dará cuenta de ellos y que esta es la verdad. Fuele tornado a leer este su dicho e confesión, y haviendo dicho que lo había entendido por lengua de Sebastián Camacho, que se lo dio a entender en algarabía, dixo que lo que se le a leído, él lo ha dicho e confesado ansý e en ello se afirma e ratifica y lo dize de nuebo. Y con esto amonestado, fue buelto a su cárcel, lo qual pasó ante mí, Francisco Gutiérrez. Y antes de llebarle el alcaide a su cárcel, y estándole amonestando que pensase en dezir la verdad, dixo que sobre quién caería la justicia.

Francisco Gutiérrez.

*

En la Santa Inquisición de Valençia, a dos días del mes de agosto de mil e quinientos y ochenta y un años, estando en su audiencia de la mañana el señor inquisidor, licenciado Ximénez de Reynoso, e por su mandado, vino a ella de su cárcel el dicho Juan Vellot, al qual fue dicho si a acordado alguna cosa en este su negocio, que diga la verdad. Y, entre otras cosas, dixo lo siguiente.

Dixo que se acuerda que fueron dos vezes las que le cabalgó el dicho Mateo Xeus en aquel mesmo día, metiéndole su miembro viril por el culo, y que este lloraba. Y que ambas vezes hechó simiente el dicho Xeus dentro del culo de este. Y que pide misericordia de todo.

Y así en la dicha audiencia, habiéndole puesto la acusación el licenciado Diego Fernández, promotor fiscal de los dichos delictos, el dicho Juan Vellot declaró y dixo que es verdad lo que dize la acusaçión, como lo tiene dicho e confesado, e que cuando pasó lo susodicho, este hera mochacho y bobo y se lo hizo contra su voluntad y lloraba; y que esta es la verdad para el juramento que hizo. Lo qual pasó ante Francisco Gutiérrez.

Sacóse del proçeso original de Juan Vellot y concuerda con su original y valido yo, Pedro Blanco de Salzedo (*rubricado*).

[IV]

1581, septiembre, 5.

Fallamos, ante los autos y méritos de este proceso y la sospecha que del resulta, el dicho Gregorio Xeus, que le deberíamos de condemnar e condemnamos que sea puesto a qüestión de tormento, en el qual este persebere hasta tanto que diga la verdad, con protestación que le hazemos que, si en el dicho tormento muriere o efusión de sangre se le siguiere, sea a su culpa e cargo.

[28] Al margen izquierdo: *contesta con el testimonio*.

Le fue dicho si la había entendido; dixo que sí la había entendido y que hagan lo que mandaren, que no tiene qué dezir, que una muerte debe a Dios.

E luego fue mandado baxar a la cámara del tormento el dicho Gregorio Xeus, y eran dadas las ocho horas, abría poco menos de media hora.

E luego, estando en la cámara del tormento, fue amonestado que diga la verdad, y si no, que le mandaran desnudar.

Dixo que aquí está para servir a Dios nuestro señor. E que él pretende que no debe nada y que hagan lo que mandaran del, y él tiene un contrario que ha testificado falsía. Fue mandado desnudar.

E luego, estando desnudo, fue amonestado que diga la verdad, y si no, que le mandaran hatar los braços y dar la primera buelta.

Dixo que hagan lo que mandaren, que ya se tiene encomendado a Dios.

Fue mandado ligar los braços y dar la primera buelta; y calló, dándosela.

E luego fue amonestado que diga la verdad, y si no, que le darán segunda buelta.

Dixo que Jesucristo sea con nosotros.

Fue mandado dar la segunda buelta. E luego fue amonestado que diga la verdad, y si no, que le darán otra buelta.

Dixo que no tiene qué dezir.

Fue mandado dar tercera buelta; y dándosela, se quexaba.

E luego fue amonestado que diga la verdad, y si no, que mandarán dar otra buelta.

Dixo que ya está encomendado a nuestro señor Jesucristo y a ellos.

Fue mandado dar otra buelta, que es quarta, y dándosela, decía: «¡A, Jesús, misericordia de Dios! ¡Nuestra señora de Montserrate!»

E luego fue amonestado que diga la verdad, y si no, que le darán otra buelta.

Dixo que hagan lo que mandaren: «¡Misericordia, Dios verdadero!»

Fue mandado dar otra buelta, que es quinta; y dándosela, dezía: «¡O, Dios verdadero!» y «Pasarémoslo como Dios quisiere» y «¡Nuestra señora de Montserrate sea con nosotros justa!».

E luego fue amonestado que diga la verdad, y si no, que le darán otra buelta.

Dixo que ya lo ha dicho.

Fue mandado dar otra buelta, que es la sesta, y dándosela, se quexaba: «¡O, mi señor, Dios, Jesucristo!».

E luego fue amonestado que diga la verdad, y si no, que le mandaran dar otra buelta.

Dixo que hagan lo que quieran del.

Fue mandado dar otra buelta, que es sétima, y dándosela, decía: «¡A, Jesucristo!».

E luego fue amonestado que diga la verdad, y si no, que le mandaran dar otra buelta.

Dixo que él pide una misericordia por amor de Jesucristo, que si se la darán. Y siéndole dicho qué es lo que quiere dezir, dixo que bien lo pueden hacer, y que él lo dirá aunque no lo ha hecho, y que él dize que lo acometió y no hizo tal.

Fuele dicho qué es lo que cometió y qué es lo que dize que no hizo.

Dixo que este pidió al hombre, que es Juan Vellot, de cabalgar, y no se lo dio; y los halló Pedro de Villena. Y que esto es verdad y pide misericordia. Y no tiene qué dezir más. Y siéndole dicho que declare en particular lo que pasó, dixo que este acometió al dicho Juan Vellot, y el dicho Pedro de Villena los halló; y no le halló sobre él, sino hablando.

E luego fue amonestado que diga la verdad, y si no, que le mandaran dar otra buelta.

Dixo que no le darán misericordia, por amor de Dios.

Fuele dicho que él diga la verdad y descargue su conciencia.

Dixo que ya la ha descargado, que no le halló el guardián sobre él, sino hablando.

Fue mandado dar otra buelta, que es octaba, y dándosele se quexaba a Jesucristo verdadero.

E luego fue amonestado que diga la verdad, y si no, que le darán otra buelta.

Dixo que ya la tiene dicha, «señores padres».

Fue mandado dar otra buelta, que es nona, y, dándosela, dezía que pedía una limosna por amor de Dios y una caridad por amor de Dios. Y siéndole dicho qué es lo que quiere dezir, dixo que es verdad que le halló Villena desatacándose los çaragüelles, y que le dexen ver la cara dellos y de Jesucristo, y si le quieren dar la misericordia de Dios.

Fuele dicho que diga la verdad y descargue su conciencia.

Dixo: «Que no me la quieren dar, por amor de Dios, señores, por amor de Dios, que me dieren esta limosna».

Y siéndole dicho que diga la verdad, dixo que es verdad, que él lo ha hecho, y pide misericordia de Dios, siempre, «señor padre».

Fuele dicho que diga y declare qué es lo que dize que ha hecho.

Dixo que es verdad que este le ha acometido a Juan Vellot, y venía este para cabalgarle, que ya estaba desatacado, y vino Pedro de Villena y lo halló desatacado, y no lo cabalgó.

Fue amonestado que diga la verdad, y si no, que le mandarán dar otra buelta.

Dixo que «darán otra buelta y que quieren que diga lo que no he hecho», que le den otra buelta.

Fue mandado dar otra buelta, y, dándosela, dezía que no tiene qué dezir ya, que ya lo ha dicho. Y se quexaba. Es déçima la buelta.

E luego fue amonestado que diga la verdad.

Dixo que si le darán misericordia y le salbarán la vida. Y siéndole dicho que diga la verdad, dixo que es verdad, que este cabalgó a Juan Vellot y que este estaba cabando y fue al dicho Vellot y le dio de cabalgar de buen grado.

Fuele dicho que diga particularmente lo que pasó

Dixo que ya está dicho, que este estava cabando en la huerta de Ana y el dicho Juan Vellot estaba segando yerba y este le pidió de cabalgar y le cabalgó por el culo. Verdad es.

Fuele dicho que diga e declare cómo estava el dicho Juan Vellot y este quando dize que le cabalgó por el culo.

Dixo que este estaba cabando, como dicho tiene, y el dicho Juan Vellot estaba segando yerba y se hechó en el suelo y le cabalgó. Y antes de hazerlo el dicho Juan Vellot que es un necio, le pidió un real a este, y este le dixo que si le daba de cabalgar, que se lo daría. Y así el dicho

Juan Vellot se hechó en tierra y este le cabalgó por el culo y le dio después de acabar el real; y que saliéndose este del bancal, vino el dicho Pedro de Villena. Y había este ya acabado de cabalgar al dicho Juan Velot [*sic*] y dado el real.

Preguntado si antes de lo que dicho tiene, si había pedídole al dicho Juan Vellot de calbalgar, dixo que, antes de lo que dixo tiene, le acometió este al dicho Juan Vellot, pero todo fue entonces, en el mismo lugar.

Preguntado quantas vezes tubo parte con dicho Vellot, la vez que dicho tiene, dixo que dos vezes le cabalgó.

Siéndole dicho que si hechó dentro simiente, metiendo su miembro dentro del culo del dicho Juan Vellot, dixo que es verdad que este metió su miembro genital dentro del culo del dicho Juan Vellot, y no se acuerda si hechó simiente dentro.

Y siéndole dicho que se ha dicho que dos vezes a cabalgado al dicho Juan Vellot,[29] metiendo su miembro dentro del culo del dicho[30] Juan Vellot, y de este hecho se collige que lo haría con todo efecto, hechando simiente dentro del culo... que diga y declare si pasó asý.

Dixo que es verdad que este hechó simiente dentro del culo del dicho JuanVellot. La una vez se acuerda; y de la otra no se acuerda. E pide misericordia a Jesuchristo verdadero.

Preguntado a que tiempo llegó el dicho Pedro de Villena, dixo que llegó a la primera vez y después de ydo tornaron a hazerlo aquel mismo día.

Preguntado qué tanto tiempo ha, dixo que abrá doze años o treze. Y siéndole dicho que los testimonios de su prisión dizen que a diez años, dixo que no se acuerda; y que los testimonios dizen de el eso; y que por amor de Dios le suelten ya.

Fuele dixo qué palabras versó este con el dicho Pedro de Villena, quando dize que le encontró.

Dixo que es verdad que el dixo Pedro de Villena renyó a este.

Fuele dicho que tiene dicho que estaba fuera del bancal, quando vino pedro de Villena y agora dize que le renyó, que diga puntualmente la verdad.

Dixo que la verdad es que el dicho Pedro de Villena le vio estar cabalgando al dicho Juan Vellot y así le renyó, pero cuando llegó ya estaba este levantado del dicho Juan Vellot, y no sabe si estaba lebantándose el dicho Juan Vellot. E luego dixo que ya estaba lebantado.

Fuele dixo que él ha començado a descargar su conçiencia, la descargue complidamente y diga e declare si después del dicho día y lo que tiene confesado que pasó, si después acá se a juntado a cometer el dicho delicto con el dicho Juan Vellot u otra persona.

Dixo que no lo ha hecho más de aquel día con el dicho Juan Vellot ni con otra persona, y se congoxaba siempre.

E luego los dichos señores inquisidores mandaron suspender el dicho tormento, con protestaçión de lo continuar cada e quando les paresca. E fue mandado deshatar y fue desligado. Y eran dadas las nuebe, que serían más de las nuebe oras y media. [Barrado: *y de este culo de*].

---

[29] Sigue, tachado: *y de este*.

[30] Sigue, tachado: *culo de*.

Ante mí, pedro Blanco de Salzedo

[V]

1583, junio, 19.

Gregorio Xeus, morisco natural de Anna, vezino de Antella

Por nos, los inquisidores contra la herética pravedad y apostasía en la ciudad y reyno de Valençia, con todo su districto, por autoridad apostólica juezes, comissarios por la mesma autoridad sobre el delito nefando e contra natura; visto un proceso y causa criminal que ante nos a pendido y pende entre partes, de la una el promothor fiscal deste Sancto Officio, actor acusante, y de la otra reo acusado, Gergorio Xeus, morisco, vezino de Ana y de Antella, sobre razón qu'el dicho fiscal, por su acusación que ante nos presentó, dixo que, siendo el susodicho cristiano bautizado y estando en tal possessión, en grande ofensa de Dios, nuestro Señor, peligro de su ánima y escándalo del pueblo cristiano, abía cometido el delicto nephando digno de exemplar castigo.

En especial, quel dicho Gregorio Xeus, en cierto bancal del término de Anna avía cometido el delicto de sodomía con todo effecto, con otro hombre diversas vezes; e que por ser el dicho delicto tan defendido por derecho divino y humano, y los juezes tener obligaçión de extirparlo de la tierra, por la infamia que nascía a donde con rigor no se castigaba; por tanto, nos pedía que, avida su relaçión por verdadera, o la parte que vastasse, declarássemos al dicho Gregorio Xeus por perpetrador del dicho delicto nephando de sodomía y, así declarado, lo relaxásemos a la justicia e braço seglar, aplicando sus bienes y hazienda a la cámara e fisco de su magestad, imploró este Sancto Officio y sobre todo pidió serle hecho entero cumplimiento de justicia, según que más largamente en la dicha su acusación se contiene, a que nos referimos.

E, siéndole notificada, respondió negando; y con consejo de su letrado concluyó santamente con el dicho fiscal y nos los reçevimos a la prueba; e, a instançia del dicho fiscal, mandamos hazer y hezimos publicaçión; y siéndole dada della notiçia, dixo que no avía hecho tal y la negaba. E con consejo del dicho su letrado, allegó ciertas defensas, en las quales se hizieron las diligencias necesarias.

Después de lo qual, siendo por nos amonestado que confesase la verdad, dixo que abía çierto tiempo declaró que, estando en un bancal trabajando, abía ydo a hablar a otro hombre, el qual le abía pedido un real y él le abía dicho que si le dexaba cometer con él el delicto —diziéndolo por palabras torpes—, se lo daría. Y con esto el dicho hombre le abía consentido cometer el dicho delicto, con todo effecto, una vez, siendo el dicho hombre paçiente y él agente; y luego le abía dado el real. Y les abía visto çierta persona que declaró y se lo abía reñido; y que aquel mesmo día abía buelto al dicho hombre y le abía tornado a cometer con él otra vez el delicto de sodomía con todo effecto, de lo qual pedía perdón. Y hechos los demás autos necesarios en la dicha causa, nos la ohímos por conclusa. Todo lo qual por nos visto y examinado juntamente con el ordinario y consultores deste Sancto Officio.

Christi nomine invocato

Hallamos el dicho promothor fiscal aver provado bien y cumplidamente la dicha su acusaçión, damos e pronunçiámosla por bien provada, en consequençia de lo qual, que debemos declarar y declaramos al dicho Gregorio Xeus por perpetrador del dicho delicto nephando de sodomía e contranatura. E como a tal le debemos de condenar y condenamos que el día que se celebrare auto público de la fee, salga al cadahalso, en forma de relaxado, adonde le sea leýda esta nuestra sentencia, por la qual le condemnamos en pena de relaxaçión y le relaxamos a la justiçia e braço seglar y al excelentísimo señor conde de Aytona, visorrey desta ciudad y reyno, y a otra qualquier justiçia seglar a quien perteneze, para que lo resçiban en su fuero y jurisdición, a quienes pedimos, con las instançias devidas, que se ayan con él piadosamente, sin proçeder contra él a muerte natural ni mutilaçión de miembro. E condemnamos al dicho Gregorio Xeus en perdimiento de todos sus bienes y hazienda, aplicados para el fisco de magestad; y siendo neçesario de nuebo, los aplicamos y[31] por esta nuestra sentençia difinitiva, juzgando así lo pronunçiamos y mandamos en estos scriptos y por ellos.

El doctor Çárate (*rubricado*). El doctor Arganda (*rubricado*). El licenciado Joan de Llano de Valdés (*rubricado*). Frexa (*rubricado*).

Dada e pronunciada fue esta sentencia desuso, por los señores inquisidores e ordinario que en ella firmaron sus nombres domingo, diez y nueve de el presente mes de junio de MDLXXXIII, aquí celebrando auto de la ffe en la plaça de los Apóstoles, unos cadahalsos altos de madera e en ella estavan presente el licenciado Ferrer, fiscal, e el dicho Gregorio Xeus,[32] con las insignias que la sentençia contiene, siendo presentes por testigos don Christóval Muñoz y don Enrrique Ferrer, familiares, y otra mucha gente, eclesiásticos y seglares, delo qual doy fee.

Francisco Gutiérrez (*rubricado*).

E luego, acabado el dicho auto, luego, in continente, fue [e]ntregado Gregorio Xeus[33] a Çaydía, alguazil ordinario de la justiçia seglar, presente Francisco de Spinosa, alguazil, y Miguel Valentín, nuncio, de lo qual doy ffe que pasó ante mí, Francisco Gutiérrez (*rubricado*). Va entre renglones: dize, dos vezes, *Gregorio Xeus,* y dezía *estatua*. Valga cada cosa por lo que va salvado.

---

[31] Sigue, tachado: *dellos*.

[32] En el original se puede leer: *e la dicha estatua*. El nombre de *Gregorio Xeus* se halla escrito posteriormente, en el interlineado, sobre estatua, que aparece tachado.

[33] En el original pasa como en la nota anterior: *entregada la dicha estatua*. Se hizo la misma corrección.

Bibliografía

Bazán, Iñaki (2007), «La construcción del discurso homofóbico en la Europa cristiana medieval», *En la España Medieval*, 30, pp. 433-454.

Belloni, Benedetta (2017), *La figura del* morisco *nella drammaturgia spagnola dei secoli xvi e xvii. Tra storia ed evoluzione letteraria*, Milano, Edizioni Universitarie di Lettere, Economia e Diritto.

Berco, Cristian (2007), *Sexual Hierarchies, Public Status: Men, Sodomy, and Society in Spain's Golden Age*, Toronto, University of Toronto Press.

Carrasco, Rafael (1986), *Inquisición y represión sexual en Valencia. Historia de los sodomitas (1565-1785)*, Barcelona, Laertes.

Català, Jorge & Pablo Pérez (2000), «La pena capital en la Valencia del Quinientos», *Conflictos y represiones del Antiguo Régimen*, Valencia, Universitat de València, pp. 21-112.

Damiani, Pietro (2001), *Liber Gomorrhianus. Omosessualità ecclesiastica e riforma della chiesa*, E. D'Angelo (ed.), Alessandria, Edizioni dell'Orso.

Escartí, Vicent Josep (2021a), «The treatment of homosexuality in Valencian diaristic literature throughout the late 15th and early 16th centuries», in Vicent J. Escartí, (ed.), *Biografies invisibles / Invisible Biographies*, Amsterdam-Philadelphia, John Benjamins, pp. 193-210.

Escartí, Vicent Josep (2021b), «L'homosexualitat en la literatura memorialística valenciana dels segles xv i xvi», en V. J. Escartí & R. Roca Ricart (eds.), *Identitats i violències. Documentació i literatura*, Catarroja-Barcelona, Afers, pp. 293-316.

Escartí, Vicent Josep (2021c), «Notícies sobre la celebració d'actes de fe a la memorialística valenciana del segles xvi i xvii», *Studia Iberica et Americana*, 8, pp. 127-160.

Gonzalez-Raymond, Anita (1996) *Inquisition et société en Espagne. Les relations de les causes du Tribunal de Valence (1566-1700)*, París, Annales Littéraires de l'Université de Franche-Comté.

Graullera Sanz, Vicente (1991), «El delito de sodomía en la Valencia del siglo xvi», *Torrens*, 7, pp. 213-246.

Molina, Fernanda (2010), «La herejización de la sodomía en la sociedad moderna. Consideraciones teológicas y praxis inquisitorial», *Hispania Sacra*, 62 (126), pp. 539-562.

Mompó Navarro, Jacob (2018), «El procés contra el mulat Amador de Molina per sodomia, del 1588», *Scripta*, 12, pp. 34-70.

Riera i Sans, Jaume (2014), *Sodomites catalans. Història i vida (segles xiii-xviii)*, Barcelona, Editorial Base.

Rodríguez Sánchez, Rocío (2001), *Sodomía e Inquisición, el miedo al castigo*, Barcelona, Universitat de Barcelona, Tesis doctoral.

Tomás y Valiente, Francisco (1990), «El crimen y pecado contra natura», en Francisco Tomás y Valiente *et al.* (eds.), *Sexo barroco y otras transgresiones premodernas*, Madrid, Alianza Editorial, pp. 33-56.

Mélanges de la Casa de Velázquez. Nouvelle série, 54 (2), 2024, pp. 153-174. ISSN : 0076-230X.

Miscellanées

Representaciones del Protectorado de Marruecos y la Guinea Española en las Ferias Muestrario de Valencia (1942-1950). Exotismo, economía y poder colonial

Hasan Germán López Sanz
Universitat de València

Durante la década de 1940, la Feria Muestrario de Valencia hizo un gran esfuerzo por poner en valor las riquezas del Protectorado de Marruecos y de los Territorios Españoles del Golfo de Guinea y despertar el interés del público metropolitano por los asuntos coloniales. Para ello, se utilizó la estrategia de poner en escena el tipismo de ambos territorios y de sus poblaciones. En ese despliegue arquitectónico y humano, la imagen del protectorado y la de la colonia se configuraron dialécticamente; mientras que Marruecos se presentó como un territorio civilizado, hermanado por razones históricas con España, y a los marroquíes como agentes fundamentales en el impulso de la economía y los valores del franquismo, Guinea se delimitó como un territorio a civilizar, siendo de vital importancia en el discurso público la retórica del nacionalcatolicismo que entreveraba negocio y misión. Un hecho que, como se verá en este ensayo, se aprecia en los textos y fotografías que dan debida cuenta de este episodio de la memoria colonial durante el franquismo.

Palabras claves : colonialismo, Feria Muestrario de Valencia, franquismo, Guinea, Protectorado de Marruecos.

Pour citer cet article / Para citar este artículo / To quote this article

Hasan Germán López Sanz, « Representaciones del Protectorado de Marruecos y la Guinea Española en las Ferias Muestrario de Valencia (1942-1950). Exotismo, economía y poder colonial », *Mélanges de la Casa de Velázquez. Nouvelle série*, 54 (2), 2024, pp. 177-205.

Représentations du Protectorat du Maroc et de la Guinée Espagnole aux Foires Commerciales de Valence (1942-1950). Exotisme, économie et pouvoir coloniale

Pendant les années 1940, la Foire Commerciale de Valencia a fait un effort pour mettre en valeur les richesses du Protectorat du Maroc et des Territoires Espagnols du Golfe de Guinée et susciter l'intérêt du public métropolitain pour les affaires coloniales. Pour cela, on a utilisé la stratégie de mise en scène des stéréotypes des deux territoires et de leurs populations. Dans ce déploiement architectural et humain, l'image du protectorat et de la colonie s'est configuré dialectiquement; alors que le Maroc, relié pour des raisons historiques avec l'Espagne, a été présenté comme un territoire civilisé et les Marocains comme des agents fondamentaux dans la stimulation de l'économie et des valeurs du franquisme, la Guinée a été définie comme un territoire à civiliser, la rhétorique du national-catholicisme revêtant une importance cruciale dans le discours public qui mélangeait affaires et mission. Un fait qui, comme on le verra dans cet essai, on retrouve dans les textes et photographies qui rendent compte de cet épisode de la mémoire coloniale sous le régime franquiste.

Mots clés : Protectorat de Marroc, Guinée, « Feria Muestrario de Valencia », colonialisme, franquisme

Representations of the Protectorate of Morocco and Spanish Guinea at the Valencia Trade Fairs (1942-1950). Exoticism, economy and colonial power

During the 1940s, the Valencia Trade Fair made an effort to showcase the riches of the Moroccan Protectorate and the Spanish Territories of the Gulf of Guinea and to arouse the interest of the metropolitan public in colonial affairs. To achieve this, the strategy of staging stereotypes of the two territories and their populations was used. In this architectural and human display, the image of the protectorate and the colony was configured dialectically; while Morocco, linked for historical reasons with Spain, was presented as a civilised territory and the Moroccans as fundamental agents in stimulating Franco's economy and values, Guinea was defined as a territory to be civilised, with the rhetoric of National-Catholicism playing a crucial role in the public discourse that mixed business and missions. A fact that, as we shall see in this essay, is reflected in the texts and photographs that record this episode of colonial memory under Franco's regime.

Keywords : Protectorate of Morocco, Guinea, "Feria Muestrario de Valencia", colonialism, Francoism

El propósito de este artículo[1] es analizar a partir de un caso específico, pero a la vez esclarecedor, el acercamiento del Protectorado de Marruecos y la Guinea Española al público peninsular durante el franquismo: el de las Ferias Muestrario de Valencia entre 1942 y 1950. Este episodio de la memoria colonial española ha sido hasta el momento escasamente estudiado[2]. Además, el ensayo pretende introducir una perspectiva comparativa confrontando las representaciones del Protectorado de Marruecos y de los Territorios Españoles del Golfo de Guinea, lo que permitirá comprender las distintas estrategias adoptadas por los organizadores para familiarizar a los habitantes de la metrópoli con las poblaciones tuteladas y sus territorios.

Mi hipótesis de partida es que el caso de la Sección Colonial de Marruecos y Guinea en la Feria Muestrario de Valencia nos permite entender mejor las bases ideológicas del franquismo en un contexto marcado por la Segunda Guerra Mundial. Durante los primeros compases de la contienda, los éxitos alemanes hicieron soñar al régimen con la posibilidad de recuperar el prestigio internacional mediante la creación de un gran imperio africano que se construiría con los territorios del África Negra francesa y británica. Estas ilusiones se vieron truncadas, en un primer momento, por la negativa de Hitler a que España se apropiase de los territorios coloniales de la Francia de Vichy y, más tarde, por la derrota del Eje. Sin embargo, tal y como ha señalado Sanford Berman[3], esta derrota no enterró por completo las ambiciones hispanas. Finalizada la Segunda Guerra Mundial y superados los temores de una posible ocupación de la colonia por Francia, los esfuerzos del gobierno español se centraron en desarrollar y consolidar el control sobre sus colonias, especialmente en la Guinea continental. Desde este punto de vista, tanto el Protectorado de Marruecos como Guinea no solo sirvieron para afirmar el prestigio internacional del mermado imperio español, sino que se vieron como una salida económica a la crisis provocada por las guerras y el aislamiento internacional debido a la autarquía franquista. Esto explica en gran medida el protagonismo de las colonias españolas en las Ferias Muestrario de Valencia, especialmente en 1942 y 1946.

En cuanto a la estructura del texto, en primer lugar, se articulará un marco teórico y epistemológico que permita situar la reflexión en el contexto de los estudios sobre memoria y los estudios visuales, ya que la imagen y sus usos ocuparán un lugar destacado en el tipo de análisis que se propone. En este sentido, se dedicará un espacio a presentar un corpus fotográfico disperso

[1] Este texto se ha redactado en el marco del proyecto de investigación «Materias de la imagen» (Referencia: PID2021-122762NBI00), financiado por la Agencia Estatal de Investigación y Unión Europea y del grupo de investigación «GEVMECYL. Grupo de Estudios Visuales sobre Memoria de la Esclavitud, el Colonialismo y sus Legados» (Referencia: GIUV2021-493) de la Universitat de València.

[2] Martín Corrales, 2007, pp. 83-107; López Sanz, 2020, pp. 1-17.

[3] Berman, 1956, p. 357.

constituido tanto por fotografía profesional como amateur. Esta distinción es importante, pues las miradas coadyuvan la construcción de diferentes regímenes escópicos. En segundo lugar, se reconstituirá el contexto histórico que permite entender las Ferias Muestrario de Valencia durante el primer franquismo y la razón de ser de la incorporación de una Sección Colonial. En tercer lugar, se reparará en cómo se construye la imagen del Protectorado de Marruecos y de Guinea a partir de textos e imágenes. Finalmente, se cerrará con unas conclusiones que permitan entender cómo se articuló el discurso sobre el Protectorado y Guinea; mientras que Marruecos se presentó como un territorio civilizado, hermanado por razones históricas con España[4], y a los marroquíes como agentes fundamentales en el impulso de la economía y los valores del franquismo, Guinea se definió como un territorio a civilizar, siendo de vital importancia en el discurso público la retórica del nacionalcatolicismo que entreveraba negocio y misión. Así las cosas, hablar de la Sección Colonial de las Ferias Muestrario de Valencia también es hablar de la construcción del racismo popular referido a las poblaciones negro- africanas en la España del siglo XX.

Memoria colonial y estudios visuales. Reflexiones en torno a la constitución de un corpus fotográfico de la Sección Colonial de las Ferias Muestrario de Valencia

Esta investigación es original en cuanto a su objeto de estudio. Sin embargo, el marco teórico y epistemológico que la nutre son los estudios sobre memoria y los estudios visuales que desde la última década del siglo XX se han desarrollado en países como Francia, Bélgica o Inglaterra con el propósito de analizar críticamente su pasado esclavista y colonial africano. Cuestiones como la trata atlántica, la división y reparto territorial del continente, el denominado proceso de «pacificación», las guerras coloniales, el papel desempeñado por la antropología académica y los museos en el proyecto colonizador, la construcción política de sujetos coloniales, los actos organizados por los estados para acercar las colonias a las metrópolis (Exposiciones Universales, Nacionales y Coloniales, Poblados Negros, Zoológicos Humanos, etc.), los movimientos anticolonialistas y de resistencia, el proceso de descolonización y sus legados contemporáneos, se convirtieron en objeto de estudio e irrumpieron en ocasiones en el terreno de la política[5].

---

[4] Mateo Diesde, 2012, pp. 79-95.

[5] En el año 2001 se aprobó en Francia la conocida como ley Taubira que reconocía la trata negrera entre el hexágono y las Antillas como un crimen contra la humanidad. Este gesto supuso, tal y como ha señalado el antropólogo Jean-Loup Amselle la entrada del Estado francés en el nuevo régimen, el de la memoria. Además, esta ley permitió reevaluar el impacto que tuvo el comercio de esclavos en el desarrollo económico de algunas ciudades costeras como Nantes o La Rochelle.

En la genealogía de esta investigación tampoco podemos olvidar los trabajos que, desde disciplinas como la Historia o la Antropología, han abordado la memoria colonial española en África durante el franquismo[6]. Sin embargo, necesitamos atender a una de las dimensiones de esta memoria colonial, la que tiene que ver con la familiarización con los territorios tutelados y sus poblaciones en las exposiciones que se celebraron en distintas ciudades españolas y, más específicamente, aquellas donde se puso en escena mediante presentaciones pseudo-etnográficas y folclóricas a las colonias y sus poblaciones. Desde esta perspectiva, no podemos perder de vista los trabajos de María Luisa Bellido Gant[7], Alberto Darías Príncipe[8], Hasan G. López Sanz y Nicolás Sánchez Durá[9], Eloy Martín Corrales[10] o Luís Ángel Sánchez Gómez[11].

Por otra parte, en este ensayo, la fotografía, tanto su significado cultural como sus usos, ocupa un lugar destacado. Desde este punto de vista, mi trabajo está en sintonía con las investigaciones de Tom Mitchell[12] sobre la construcción social de lo visual y la construcción visual de lo social. Es decir, en mi análisis se da importancia a los entramados sociales y culturales en los que toma sentido una imagen. En el artículo también se prestará atención al conjunto de documentación destinada al público de masas que se generó con ocasión de la organización y desarrollo de las ferias. Se tendrá en cuenta no solo lo que pudo suponer el contacto directo con la colonia en el recinto, sino también la aproximación posterior a partir de la lectura de los periódicos de la época u otros productos culturales como revistas ilustradas o carteles. Por lo que respecta a las revistas, se prestará especialmente atención a *Feriario*, órgano de difusión principal de las ferias, que reunía información interesante sobre el espacio expositivo y la sección colonial.

Además de las fotografías reproducidas en *Feriario*, en la investigación se han consultado distintas colecciones poco conocidas, lo que ha permitido constituir un corpus fotográfico de la Sección Colonial de las Ferias Muestrario de Valencia. Una de ellas pertenece a Feria Valencia. En su archivo oficial, las fotografías están organizadas por álbumes ordenados cronológicamente, cada uno de ellos dedicado a un certamen. El interés que tienen los cientos de imágenes que reúnen es que constituyen un documento de gran valor para entender el lugar de la colonia de Guinea y el Protectorado de Marruecos a lo largo de los años. La segunda colección pertenece a la

[6] Álvarez Chillida, 2013, pp. 41-67; Campos Serrano, 2000, pp. 79-108; Castro & Ndongo, 1998; Mateo Diesde 2003; Nerín, 2006, 2010; Pardo Sanz 2005, pp. 213-241; Sánchez Molina 2002, pp. 106-119; 2011.

[7] Bellido Gant, 1999, pp. 75-90 y del mismo autor: 2002, pp. 221-234.

[8] Darías Príncipe, 1998, pp. 231-244 y del mismo autor: 1999, pp. 91-98.

[9] López Sanz & Sánchez Durá, 2020, pp. 9-83 y de los mismos autores: 2021.

[10] Martín Corrales, 2007, pp. 83-107.

[11] Sánchez Gómez, 2006, pp. 1045-1082.

[12] Mitchell, 2005.

Biblioteca Nacional de España. El fondo está compuesto por sesenta y nueve fotografías que retratan pormenorizadamente la visita del general Varela a la sección de Guinea en 1942. La tercera, en manos de un coleccionista privado, está compuesta por una treintena de fotografías y, a día de hoy, se está dispersando al ser vendida por unidades. Las fotografías pertenecen a las ediciones de 1942 y 1946[13]. En ambos casos, se ofrece una visión sinóptica de la sección de Guinea, un recorrido por los diferentes puestos al hilo de las visitas oficiales al recinto. Finalmente, debemos destacar la importancia de un álbum privado de 1942 que reúne 26 fotografías, muchas de ellas del Pabellón de Marruecos, perteneciente a una voluntaria de la Sección Femenina. El álbum es un buen ejemplo de fotografía vernácula, hecha por alguien que no solo visitó la Feria, sino que vivió el Pabellón de Marruecos y constituyó un objeto privado para el recuerdo. Pero el calificativo de privado no debe hacernos perder de vista que el álbum oscila entre lo personal y lo propagandístico, y es así como lo contemplaremos en el apartado dedicado a su análisis. En síntesis, las fotografías tienen que ver con las representaciones, las materialidades, las miradas y lo que Pierre Bourdieu denominó el «excedente de significación»[14]; lo que pasa desapercibido en la fotografía o queda fuera de campo pero que, sin embargo, está regulado por reglas más o menos explícitas que organizan la captación según la oposición entre lo fotografiable y lo no fotografiable, unas reglas que son indisociables del sistema de valores de una clase social o grupo profesional. El «excedente de significación» también tiene que ver con que el corpus fotográfico forme parte de una institución que recoge una serie de fotografías oficiales y explícitamente propagandísticas o de un álbum privado constituido por una aficionada.

La Feria Muestrario de Valencia como expresión del último sueño colonial en África bajo el gobierno franquista (1942-1950)

Antes de poner el foco de atención en la Sección de Marruecos y Colonias, es preciso preguntarse qué fue y cuál fue la razón de ser de la Feria Muestrario, antes y durante el primer periodo franquista. La Feria Muestrario de Valencia es una de las más antiguas de España. Desde la primera edición en 1917 su propósito fue eminentemente comercial; pretendía ser un lugar de negocio donde las empresas mostraban sus productos y novedades industriales y agrícolas. La Feria también tuvo una dimensión artística y cultural, ya que, en los certámenes, especialmente a partir de 1945, se proyectaron películas y documentales, se organizaron exposiciones de pintores y escultores contemporáneos y se impartieron conferencias.

---

[13] https://www.tesorosdelayer.com/esp/index.php. Fecha de acceso: 12 de febrero de 2022.

[14] Bourdieu, 2003 [1965], p. 44.

Durante los primeros años fue un acontecimiento menor, hasta el punto de que ni siquiera contaba con un recinto ferial permanente. Hubo que esperar a 1921 para que se oficializase y las autoridades cediesen un terreno para la construcción de un recinto destinado a tal fin. Desde entonces, la Feria fue creciendo en número de expositores hasta que se declaró internacional en 1925. El responsable del proyecto fue José Grolló, quien consiguió que en el año 1936 concurriesen doscientos cincuenta expositores y doscientos cincuenta mil visitantes.

El estallido de la guerra civil española supuso el cierre del recinto ferial. La primera que se celebró una vez terminada la contienda, con el gobierno golpista en el poder, fue la de 1942. Desde ese momento, la Feria Muestrario fue ganando prestigio. Dirigida por Ramón Gordillo Carranza, incorporó, siguiendo la estela de lo que se venía haciendo en Europa, en las exposiciones universales, internacionales y nacionales, y como también se hizo en la Exposición Iberoamericana de Sevilla y en la Feria Internacional de Barcelona, una Sección Colonial. Desde 1942, el Protectorado de Marruecos contó con un recinto permanente que fue un éxito de público hasta 1950. Por el contrario, el Pabellón de Guinea fue cambiando de lugar, siendo los años 1942, 1946, 1947 y 1948 cuando se invirtió un mayor esfuerzo y más recursos económicos para garantizar la presencia de la colonia en la capital del Turia.

El ritual que se reproducía cada año era en esencia similar. Las inauguraciones siempre contaban con la presencia de autoridades políticas, militares y miembros de la élite económica y cultural, algunos de ellos relacionados con las colonias africanas[15]. El ministro de Industria y Comercio u otra autoridad del Régimen, en representación del gobierno central y del dictador, se encargaba de inaugurar la Feria. Solo hubo una excepción: en 1947, con ocasión de la celebración de las bodas de plata, fue el mismo Francisco Franco quien presidió la inauguración del certamen, cuyo lema fue: «Nuestra labor ha de ser inmune contra todo desánimo».

La Feria Muestrario de Valencia de 1942 se inauguró el 10 de mayo, un acto presidido por el entonces ministro de Industria y Comercio, Demetrio Carceller, acompañado de otras «altas personalidades del Estado y del Partido, así como las autoridades y jerarquías valencianas»[16]. Este periodo estuvo marcado por la reconstrucción y ampliación del recinto tras la debacle de la Guerra Civil, un hecho que condicionó la rapidez con que se tuvo que organizar la feria. De hecho, en solo tres meses se construyeron las naves y pabellones que habían quedado maltrechos por los enfrentamientos durante el conflicto bélico.

La fachada que daba a la avenida de la Alameda de Valencia era de estilo barroco, de líneas suaves y armoniosas. La entrada principal daba acceso a un vestíbulo marmolado presidido por el busto de Franco colocado sobre un

---

[15] En 1946 estuvieron presentes el teniente coronel Andrés Carbajo, delegado de la Dirección General de Marruecos y Colonias y el señor Escrivá de Romaní [posiblemente Manuel Escrivá de Romaní] de la Delegación Peninsular para el café de Guinea. El mismo año visitó la feria el Jefe Superior de los Servicios de Colonias y de la Dirección General de Marruecos y Colonias, José Molina Arrabal. En 1947 estuvo presente el entonces Director General de Marruecos y Colonias, José Díaz de Villegas.

[16] *Levante*, 9 de mayo de 1942.

pedestal. Desde este espacio se accedía a las distintas secciones y a la terraza, donde se instalaron un bar y un restaurante. En las secciones se exponían productos y maquinaria agrícola, de la industria textil, alimentaria, eléctrica y siderúrgica. A partir de 1945 se incluyó un Pabellón del Automóvil. La Feria también contó con la participación de los sindicatos nacionales, como el de la construcción, de la piel, del olivo, de la vid o del arroz.

El certamen de 1942 se presentó al público nacional y extranjero como una ocasión de realizar un viaje por las provincias del Estado español en tan solo un día[17], lema que recuerda al famoso slogan «Una vuelta al mundo en un día» de la Exposición Colonial de París de 1931. En su discurso de inauguración, Ramón Gordillo y Demetrio Carceller exaltaron el carácter comercial y nacional de la Feria. El visitante particular podía comprar piezas de artesanía y el mayorista contactar con proveedores nacionales e internacionales que le abasteciesen de todo lo necesario para su industria o comercio[18]. Sin embargo, la Feria Muestrario también fue un espacio de exaltación del espíritu nacional, de enaltecimiento de los «valores morales y materiales de nuestra Patria»[19]. Un artículo publicado en el diario *Las Provincias* el día de la inauguración de la Feria de 1942 comienza así: «El enorme esfuerzo realizado es testimonio de la contribución moral de nuestra tierra en la reconstrucción de la Patria»[20]. La Feria Muestrario se alinea con la tarea del resurgimiento nacional que sigue a la victoria del bando nacional. En el discurso inaugural, Ramón Gordillo defendió que la razón de ser de la Feria era la fe en España, en su resurgir imperial en el ámbito de la economía, y su fe en el Caudillo, «salvador de la patria y jefe de nuestra revolución, cuya espada victoriosa es prenda segura de justicia»[21]. El discurso de 1946 del ministro de Industria y Comercio, Juan Antonio Suances, siguió exaltando el carácter nacional, destacando la labor de la Feria en la «tarea de conducir a España por caminos de honor y de engrandecimiento espiritual y material»[22].

El público asistía masivamente. Con ocasión de la inauguración de la Feria de 1942, los diarios abrían sus titulares diciendo que más de 32.000 personas habían visitado la Feria el día 11 de mayo[23]. En el momento de su cierre, a principios del mes de junio, esos mismos periódicos cifraron la asistencia total en 650.000 personas[24].

Las secciones del Protectorado de Marruecos y de los Territorios del Golfo de Guinea no solo eran un pasatiempo, que también, sino un lugar

[17] *Levante*, 26 de marzo de 1942.
[18] *Levante*, 26 de marzo de 1942.
[19] *Levante*, 17 de abril de 1942.
[20] *Las Provincias*, 10 de mayo de 1942.
[21] *Levante*, 12 de mayo de 1942.
[22] «Acto de inauguración», *Levante* y *Las Provincias*, 12 de mayo de 1946.
[23] *Las Provincias*, 16 de mayo de 1942.
[24] *Las Provincias*, 17 de mayo de 1942 y *Las Provincias*, 20 de mayo de 1942.

de educación colonial; servían para agudizar la sensibilidad patriótica y para que los jóvenes —y no tan jóvenes— tomasen conciencia de la importancia de las colonias africanas, convertidas en un instrumento para revivir el sueño ultramarino español. Esta estrategia, que consistía en educar a la población mediante actividades lúdicas, había sido característica de las distintas Exposiciones Universales, Nacionales y Coloniales que se habían celebrado por toda Europa desde el siglo XIX, y cuyo momento apoteósico fueron la famosa Exposición del Imperio Británico de 1924 y antes citada Exposición Colonial de París de 1931.

De la Feria Muestrario de 1946 la prensa destacó el aumento de tamaño del recinto y el número de expositores. También los actos y festejos que se celebraron, poniendo el acento en la instalación de atracciones como el acuario con especies de peces mediterráneos y «los pabellones coloniales, tanto de Marruecos como de Guinea, donde el interés de lo exótico está combinado con un alto valor económico y comercial»[25].

Desde muy temprano, la participación extranjera fue uno de los puntos de interés de los organizadores. En 1936 esa participación se presentó como eficaz «en orden al recíproco conocimiento, que es decir estimación, de los pueblos, y en orden a la mayor intensidad de las relaciones»[26]. En 1942, el carácter internacional se garantizó con la participación oficial de la Francia ocupada[27]. El elogio al país galo fue unánime; llamó la atención, entre otras cosas, por la Subsección de Turismo, la instalación del Ministerio del Aire y la Subsección de Pintura y Escultura. También por el espacio que reservó al imperio colonial: «Francia posee un imperio colonial que es cada día más importante, no porque aumente en extensión, sino porque aumenta en vida y rendimiento. También de ello había muestras e índices en la Feria Muestrario de Valencia»[28]. De hecho, en la organización de la sección participó el Secretariado de Estado en las colonias, que organizó una exposición de documentos calificado por los responsables como «muy interesante». En la Feria también estuvieron presentes Alemania, Italia, Portugal y Argentina; en 1943 participaron Suiza, Portugal, Suecia y Dinamarca. En 1944 Portugal (sin carácter oficial), contaba con un Pabellón Colonial. En 1945 la participación extranjera disminuyó, aunque asistieron Suiza, Estados Unidos y Chile. En 1946, con la guerra mundial terminada, al menos ocho países contaron con secciones propias: Inglaterra, Estados Unidos, Suiza, Suecia, Dinamarca, Chile e Italia. El número de potencias extranjeras participantes aumentó con el paso de los años, consolidándose una nueva etapa de la Feria basada en la potenciación del comercio internacional, contemplando la salida de la autarquía.

---

[25] Lluch Garín, 1984, p. 532.

[26] Lluch Garín, 1984, p. 477.

[27] Lluch Garín, 1984, p. 701.

[28] Lluch Garín, 1984, p. 447.

Valencia no fue el único lugar donde se revivió el sueño colonial en la península. El Protectorado de Marruecos y la Guinea española estuvieron presentes en otros certámenes de carácter económico y cultural, entre ellos[29] la Exposición Iberoamericana de Sevilla, celebrada durante la dictadura de Primo de Rivera, la Feria Internacional de Muestras de Barcelona de la década de 1940, la Feria de Muestras de Zaragoza de 1949 y 1953 y la Feria de Muestras de Murcia de 1952.

Folclore y hermandad al servicio del Régimen. El protectorado de Marruecos en las Ferias Muestrario de Valencia (1942-1950)

Las fotografías que han llegado hasta nosotros rebelan la monumentalidad del pabellón del Protectorado de Marruecos, diseñado y construido por el arquitecto municipal del Ayuntamiento de Valencia, Javier Goerlich Lleó en 1942. Un proyecto arquitectónico que contó con el asesoramiento de un comité de expertos de la Junta Superior de Monumentos Históricos y Artísticos, la Inspección de Bellas Artes y la Comisión de Turismo del Protectorado, del que formaba parte el pintor orientalista Mariano Bertuchi. El recinto imitaba la arquitectura árabe del norte de África y se asemejaba al pabellón marroquí de la Exposición Iberoamericana de Sevilla. En un patio, las tapias almenadas delimitaban un jardín con un estanque central con fuentecillas inspirado en el patio de los Arrayanes de la Alhambra de Granada, mientras que, por otro, con pasillos porticados, se accedía a los *bakalitos* indígenas, donde los comerciantes del protectorado exponían y vendían artesanía, y al «café moro», donde se servía té con hierbabuena y se fumaba el «kif». En la línea divisoria de los dos patios se construyó un alminar que daba a la fachada presidiendo la sección y un edificio con cúpula, que emula la mezquita de Tetuán. Como en el caso del jardín, el alminar y la cúpula, los distintos edificios de la sección se inspiraron en construcciones emblemáticas del protectorado[30]. Los diarios *Las Provincias* y *Levante* del día 28 de abril de 1944 lo presentaron así:

> En el magnífico Pabellón Marroquí de blanca silueta y graciosa arquitectura árabe, la presencia de los bakalitos indígenas, repletos de las más delicadas muestras de la artesanía de nuestro Protectorado y la instalación de un cafetín moro, pondrán una bellísima

[29] No citaré a los organizados en el extranjero ni en las colonias españolas por no ser el objeto de este ensayo. Para un listado exhaustivo de estos eventos, véase: Martín Corrales, 2007, pp. 5-10.

[30] En un artículo publicado en la revista *Feriario* del año 1944 titulado «Tres Ferias en Valencia», se llega a decir que el Pabellón de Marruecos es el reflejo exacto de las construcciones del Protectorado.

> nota de color y tipismo que ha de constituir, seguramente, uno de los máximos atractivos y alicientes de nuestro próximo certamen[31].

Durante una década, el Pabellón Marroquí fue una de las atracciones principales. Además de ser un escaparate del comercio y promover la artesanía del Protectorado, sirvió para dar la nota de exotismo a la feria. Para ello, como se ve en las fotografías que se conservan en Feria Valencia, se puso en escena el tipismo del país y de sus poblaciones; en el pabellón llegaron a participar alrededor de un centenar de artesanos, comerciantes, industriales y dependientes de *bakalitos* que se mostraban ante el público vestidos con sus «blancas chilabas» y «trajes típicos» fabricando y vendiendo todo tipo de objetos: cueros repujados, plata labrada, armas, alfombras, cerámica, perfumes, etcétera[32]. De hecho, en 1946 se instaló un telar donde, a la vista de los visitantes, se tejían polícromas telas que servían para confeccionar la ropa de las mujeres marroquíes y en 1948 se habilitó una sala donde varias tejedoras fabricaban alfombras.

Fig. 1. – *Pabellón marroquí*, 1946. Feria Valencia.

[31] *Las Provincias* y *Levante*, 28 de abril de 1944.

[32] *Las Provincias*, 20 de mayo de 1943 y *Las Provincias*, 16 de mayo de 1945.

Fig. 2. – Pabellón marroquí. Telar en funcionamiento, 1946. Feria Valencia.

© Feria Valencia

Estas muestras de artesanía no solo eran una expresión del saber hacer de los y las marroquíes, sino de los esfuerzos del gobierno español por recuperar las antiguas actividades artesanales, como lo pone de manifiesto la creación por Mariano Bertuchi de la Escuela de Alfombras de Xauen, la Escuela de Artes Indígenas de Tagzut y las Escuelas de Artes y Oficios y de Bellas Artes de Tetuán, instituciones que colaboraron con la Feria Muestrario de Valencia mediante el envío de piezas representativas de la artesanía del Protectorado[33]. En la exhibición de los procesos de fabricación de objetos, los diarios destacan el naturalismo; se fabrican «ante la misma vista del público en una labor lenta, minuciosa, hierática, ajena totalmente a la curiosidad de quienes los contemplan»[34]. La exhibición de productos, animada por los comerciantes, se completaba con la posibilidad de degustar un café en un espacio bellamente decorado con azulejería de estilo árabe y tapices, donde la «orquesta mora» amenizaba las tardes al público que se acercaba al recinto y recibía a las autoridades el día de la inauguración con «selectas composiciones típicas de aquel país que fueron muy aplaudidas»[35]. De hecho, en una fotografía de 1947, vemos al dictador y a otras autoridades franquistas en el café el día de la inauguración. El colofón de las actividades del pabellón del Protectorado era la «Gran Fiesta Mora» [36]que se celebraba en la terraza del Palacio de la Feria, un festejo que se prolongaba hasta altas horas de la noche.

El pabellón del protectorado lo visitaban asiduamente las autoridades marroquíes, tratadas siempre con consideración y distinción; en 1942, el Jalifa Moulay El Hassan ben Al Mehdi; en 1943, en representación del Jalifa, el Sub-bajá de Tetuán Mohamed Kanani y el organizador del Pabellón Marroquí Larbe M. Lemrane, «un musulmán gran amigo de España, culto y prestigioso»[37]; en 1947, el delegado del Pabellón Marroquí Si Meki el Amrani; y en 1948, el representante del Magzen marroquí, Sid Abdeljalak Ben Abdelasam Jim-Jim. Los periódicos también recogen la visita de comerciantes marroquíes, que se desplazaron desde el protectorado para entrevistarse y cambiar pareceres con el presidente de la Feria Muestrario[38].

Es importante señalar el cambio de orientación del Pabellón Marroquí a partir del año 1945, cuando los organizadores de la Feria pretendieron convertirlo en el símbolo del recientemente creado Patronato de Expansión Comercial Valenciano-Marroquí. Este patronato tenía como propósito facilitar el intercambio comercial bidireccional entre Valencia y Marruecos. El trabajo continuó en 1946, consolidando un modelo de exposición que, además de ser espectacular, tuviese una clara orientación comercial e industrial, tal y como queda reflejado en una crónica de autor desconocido publicada ese año con el título «Los Pabellones». Desde entonces, el Pabellón de Marruecos incorporó el trabajo realizado por la Alta Comisaría de España en Marruecos y Colonias, «exponiéndose un completo índice de los trabajos del Servicio Agronómico, Minas, Ganadería y Obras Públicas, con expresión de los pantanos, carreteras y caminos construidos, que tanto benefician a

[33] Burguera Arienza, 2000, p. 49.

[34] *Las Provincias*, 27 de mayo de 1943.

[35] Dupuy de Lome, 1943, p. 31.

[36] *Las Provincias*, 20 de mayo de 1943.

[37] *Las Provincias*, 20 de mayo de 1943.

[38] *Las Provincias* y *Levante*, 9 de abril de 1946.

aquella acción de nuestra economía»[39]. Las noticias también anticipan proyectos en la Feria Muestrario que no llegarán a ver la luz: «El Patronato de Expansión Comercial Valenciano-Marroquí, con el apoyo de la Dirección General de Marruecos y Colonias y la Delegación de Economía Marroquí se propone la creación de un Museo Comercial permanente de Marruecos en la Feria Muestrario, editando un completo catálogo comprensivo de las empresas productoras, su distribución geográfica, capacidad de producción y toda clase de datos sobre importación, exportación y utilización de productos»[40]. Sin obviar la sección de la Delegación de Economía, Industria y Comercio de la Alta Comisaría de Marruecos. No cabe la menor duda de que el interés desde este momento fue consolidar relaciones bilaterales, es decir, que no solo Marruecos expusiese y vendiese sus productos en Valencia, sino impulsar la exportación de pequeña industria, utillaje agrícola y artesanía española hacia Marruecos. En resumen, asistimos a un intento de dinamizar la economía valenciana en un momento de dificultades económicas debidas al aislamiento internacional por la autarquía franquista. Sin olvidar que la Feria Muestrario de Valencia revela un espíritu aperturista, que queda reflejado tanto en su carácter internacional como en los discursos de sus organizadores.

Los textos y fotografías del Pabellón de Marruecos, tanto de fotógrafos profesionales como del álbum personal que será objeto de estudio en este ensayo, proyectan una imagen positiva del Protectorado y de los marroquíes, reproduciendo lo que Josep Lluís Mateo Diesde ha llamado la retórica de la «hermandad hispano-marroquí»[41]. Esta retórica establece que la legitimidad sobre Marruecos no se deriva de una superioridad racial y una misión civilizatoria, entendiendo la civilización, en el sentido que le atribuía Norbert Elias, como el minucioso y largo camino que en Europa se llevó a cabo mediante la sofisticación y refinamiento de las prácticas cotidianas[42], sino al hecho de compartir un pasado y pertenecer a la misma comunidad de sangre. Como afirma Mateo Dieste, «el pasado común era repensado para reconstruir un mundo común en el presente». Así, las grandes figuras del pensamiento magrebí eran hijos de al-Ándalus, léase de «la civilización española»[43]. Esta narrativa se expresó en las Ferias Muestrario durante el franquismo, sirviendo para combatir las imágenes del moro violento y sanguinario que se habían forjado durante las guerras hispano-marroquíes entre

[39] *Las Provincias*, 24 de marzo de 1946.

[40] *Las Provincias*, 24 de marzo de 1946.

[41] Mateo Diesde, 2003, 2012.

[42] Elias, 1987 p. 99 *sqq*.

[43] Mateo Dieste, 2012, p. 81. Es importante señalar, siguiendo el argumento de Mateo Diesde, que, por debajo de esta hermandad propagandística, las autoridades coloniales no deseaban que la cercanía entre españoles y marroquíes fuese una realidad en el Protectorado: fronteras sexuales, prohibiciones matrimoniales, etc. Es decir, la retórica de la hermandad iba acompañada de una realidad social jerárquica.

1859 y 1927, despertar el interés del público peninsular por hacer turismo en el Protectorado[44] y afirmar el protagonismo de España en África ante potencias coloniales como Francia e Inglaterra «acudiendo a vínculos de carácter histórico, cultural y económico»[45]. Todos los años, los diarios insistían en dicha hermandad. En un artículo publicado en *Las Provincias* el día 20 de mayo de 1943, la música de la orquesta en la «Gran Fiesta Mora» sirve al periodista para hablar del vínculo tradicional entre España y Marruecos. En el texto aparecen algunos de los elementos más destacados del tipismo marroquí: las «blancas chilabas», «los trajes típicos de los moros» y su «presencia ceremoniosa» en el pabellón. Este ambiente dio a la fiesta «el tono deseado» e hicieron que la velada transcurriese gratamente en un ambiente «altamente acogedor». La celebración, continúa el periodista,

> [...] resultó encantadora [...] y en la suavidad de la bella noche de primavera, los cantos moros, lentos y melancólicos, resonaban exóticos y bellos como algo lejanamente sentido y presentido a través de nuestras canciones de Levante y del Sur, cuyas raíces hay que ir seguramente a buscar en el mismo origen que las melodías marroquíes[46].

Además de la música, las técnicas de fabricación de cerámicas y seda también permiten conectar Marruecos con el Levante español, ya que, «aunque de origen árabe, se han conservado y perfeccionado en Valencia»[47], un hecho que justifica el esfuerzo que pretende hacer la Feria Muestrario a partir de 1945 por llevar las industrias valencianas al protectorado. En cualquier caso, una de las mejores expresiones de esta retórica la encontramos en el título de la primera parte del artículo antes citado «Los Pabellones»: «La Feria Muestrario de Valencia y sus grandes servicios a la hermandad Hispano-marroquí». En él se hace referencia a la importancia de los lazos comerciales bilaterales y a la presencia de familias valencianas en Marruecos trabajando en explotaciones agrícolas, y se establece un marco de unión con el Protectorado «por unos intereses comunes y una comprensión mutua lograda bajo la égida de nuestro Caudillo al que hoy debemos esta grata realidad»[48]. Una idea que vuelve a aparecer en el diario *Levante* en 1947, cuando Hipólito Tio se refiere a los marroquíes como «nuestros hermanos» que cada año traen a Valencia sus manufacturas, canciones y codicia como comerciantes[49].

---

[44] Curiosamente, llama la atención que solo se haga referencia explícita al turismo, y de forma tangencial, en 1950.

[45] Bellido Gant, 2002, p. 232.

[46] *Las Provincias*, 20 de mayo de 1943.

[47] Lluch Garín, 1984, p. 381.

[48] Lluch Garín, 1984, p. 565.

[49] *Levante*, 1 de junio de 1947.

Fig. 3. – *Página de álbum privado.* 1942.

Colección particular

Fig. 4. – *Fotografía de álbum privado.* 1942.

Colección particular

Fig. 5. – *Fotografía de álbum privado.* 1942.

Colección particular

Por otro lado, si bien es cierto que las fotografías que se conservan en Feria Valencia son una buena manifestación de las relaciones de amistad y respecto entre España y el Protectorado, es un álbum privado el que mejor pone en exergo la retórica de la hermandad hispano-marroquí. El álbum perteneció a la hija de un comandante del Ejército que había participado en la Guerra de Marruecos. Aunque de formato pequeño, se hizo con sumo cuidado: cubierta y contracubierta enteladas, fotografías coloreadas a mano y páginas de cartón con fundas que sirven de marco. En él se reúnen 26 imágenes tomadas en la Feria Muestrario de 1942. Según el testimonio de la heredera de este legado, la propietaria del álbum y su hermana pertenecían a Falange —lo que se puede ver por el uniforme que llevan, concretamente el de la Hermandad de la Ciudad y del Campo— y colaboraban con las actividades que esta organizaba. La politización de la Feria y la vocación africanista del padre bien pueden explicar que una parte importante del álbum esté dedicada al Pabellón Marroquí. Sin embargo, las fotos no son las de una visitante puntual, sino las de alguien que está presente en la sección. Además de las fotografías donde las mujeres posan en grupo con otras voluntarias de la Sección Femenina, solas, con su padre, u otros familiares ante los monumentos más representativos del Pabellón Marroquí o en la puerta del recinto ferial, el álbum recopila fotografías donde aparecen de forma distendida y nada protocolaria con los comerciantes y artesanos marroquíes, fotografías que muestran cercanía y camaradería y que ocupan un lugar destacado en el álbum. De algún modo, podemos interpretarlo como una expresión vernácula de la imagen positiva y risueña de Marruecos que públicamente pretendía proyectar el Régimen.

Entre el salvajismo, la evangelización y la promesa económica. Imágenes de la Guinea española en las Ferias Muestrario de Valencia (1942-1948)

El Pabellón de Guinea ocupó un lugar destacado en las Ferias Muestrario de Valencia, especialmente en los certámenes de 1942 y 1946. Ese atractivo estuvo motivado, según se desprende de la prensa, por las construcciones de estilo tradicional edificadas para la ocasión y la presencia de un grupo de «pamues». Este gentilicio lo utilizaban los españoles para referirse a los diversos grupos fang del interior de Río Muni y se mantuvo durante casi todo el periodo colonial[50].

En algunas fotografías de grupo de 1942 se ve a trece de los catorce guineanos que, según el diario *Las Provincias*, viajaron a la Península desde la región litoral de la Guinea continental, concretamente desde el poblado de Alun, en

[50] Para un estudio detallado de las distintas imágenes de los fang que se fueron reiterando en la literatura española durante el periodo colonial (1858-1959), véase Sánchez Molina, 2011.

la demarcación de Bata[51]. Ocho de ellos aparecen en las fotografías de la visita del general José Enrique Varela que se conservan en la Biblioteca Nacional, fotografías tomadas por un fotógrafo profesional que fija para la posteridad un ritual que pone de manifiesto el control político y simbólico sobre la colonia. En las fotografías, el general Varela, vestido de civil, saluda a los guineanos acompañado, entre otros, por el director de la feria Ramón Gordillo y el teniente de la Guardia Colonial Antonio Pedrazas del Álamo, este último responsable de traer a los fang desde Guinea. Las imágenes muestran a los nativos haciendo el saludo fascista, dos de ellos vestidos con uniforme de la Guardia Colonial y el resto de civil con el mismo atuendo (chaqueta blanca, camisa y corbata), al lado de una casa «tradicional» erigida para la ocasión.

Fig. 6. – Reportajes gráficos Damián. *XX Feria Oficial e Internacional de Muestras de Valencia. Pabellón de Guinea*. 1942. Biblioteca Nacional de España, Madrid.

Fig. 7. – Reportajes gráficos Damián. *XX Feria Oficial e Internacional de Muestras de Valencia. Pabellón de Guinea*. 1942. Biblioteca Nacional de España, Madrid.

[51] *Las Provincias*, 25 de abril de 1942.

Sin embargo, los mismos fang que muestran sus respetos al general Varela, se presentaron ante el público como salvajes. En un artículo publicado en el diario *Levante* se puede leer que «los negros pamues» se hallaban en el Pabellón Colonial, donde «con sus reducidos trajes» exponían objetos construidos por los «indígenas» y otros productos del país[52]. En las fotografías aparecen los fang con el torso desnudo, un pareo y una lanza rudimentaria custodiando los puestos de las empresas españolas que operan en Guinea: P.E.G.S.A., Cegui (Compañía Española del Golfo de Guinea), Aucona S.A. y Cafés el Gorila. El de esta última, incorpora además el escudo heráldico de Santa Isabel, que recuerda al visitante que, a pesar de estar en el trópico, Guinea es territorio español. En las vistas más generales de la sección, un tronco de okume se impone por su tamaño en la escena. En su extremo, está impreso el sello identificativo del Sindicato maderero de Guinea.

Fig. 8. – Reportajes gráficos Damián. XX *Feria Oficial e Internacional de Muestras de Valencia. Pabellón de Guinea*. 1942. Biblioteca Nacional de España, Madrid.

En estas fotografías el recinto está vacío, lo que permite pensar que las tomas se hicieron momentos antes de la apertura. Sin embargo, otras dan pistas sobre la mirada que proyectó el público sobre unos cuerpos semidesnudos, cuya exhibición contradecía los códigos de civilización defendidos por el franquismo. En una fotografía, unos jóvenes situados en el arco que da acceso a la sección observan a un fang que, lanza en mano, está quieto junto a uno de los pilares que delimitan en el interior el puesto ocupado por la Compañía Española del Golfo de Guinea, revelando así una tensión entre el observador y el observado. La pareja de visitantes no ocupa en la imagen el plano central, sino que

[52] *Levante*, 12 de mayo de 1942.

se asoma discretamente por un lateral. El umbral del arco de la entrada parece ser una línea imaginaria que delimita por unos momentos, tal vez durante el tiempo que duró la realización del reportaje fotográfico, el espacio interior de la sección del exterior. El fotógrafo incorpora de soslayo la mirada proyectada por el público sobre el otro, transformando así el significado de la fotografía. Observados, los guineanos se muestran en la imagen como personajes de una historia que no han escrito; representan un papel acorde con las expectativas de un público que ha alimentado su imaginación con relatos de viajeros, exploradores y etnógrafos, que retrataron el continente «negro» como un lugar sumido en el corazón de las tinieblas. De algún modo, los guineanos se exhiben como una tipología étnica, de forma similar a como se presentan en el recinto productos y recursos naturales como la madera, el cacao y el café. Igual que las materias sin manufacturar, los fang se exhiben como seres en potencia en el sentido aristotélico del término, algo que puede llegar a ser gracias a la acción colonial. Son personajes curiosos preparados y exhibidos para la ocasión; cuerpos con agencia limitada que tenían que soportar no solo las miradas del público sino también el frío, tal y como se desprende de la lectura de uno de los artículos que publicó el diario *Levante* el 25 de abril de 1942 y se puede ver en dos fotografías depositadas en la Biblioteca Nacional, que muestran las bambalinas del espectáculo de la diferencia. En ellas no solo se ve a algunos guineanos encogidos del frío, sino que la fotografía revela miradas a la cámara que van desde la indiferencia, pasando por la melancolía, hasta la incomodidad de una de las personas que mira desafiante al fotógrafo.

Fig. 9. – Reportajes gráficos Damián. XX *Feria Oficial e Internacional de Muestras de Valencia. Pabellón de Guinea*. 1942. Biblioteca Nacional de España, Madrid.

La serie de fotografías de la visita del general Varela y de los fang exotizados revela otra tensión, como la que existe entre la realidad colonial —que suponía la incorporación de los nativos a los modos de producción capitalista convirtiéndolos en proletariado agrícola y cuadros subalternos del ejército, en un contexto marcado por la necesidad de braceros en las plantaciones[53]— y el deseo de atraer al público de la metrópoli, ávido de representaciones pintorescas. La exotización servía, además, para justificar la necesidad de tutela de las poblaciones guineanas, situación que se garantizaba mediante la acción del ejército y el patronato de indígenas. De hecho, así se articuló en Valencia el espectáculo de la diferencia, reproduciendo ante el público en el recinto la dicotomía entre salvajes y civilizados; una distinción que, tal y como han señalado Alba Valenciano-Mañé y Francesca Bayre, en su análisis de los documentales de Hermic Films en Guinea, «camina paralela a la oposición entre natural y racional, desnudo y vestido, descontrol y control, superstición y religión»[54].

A partir del visionado de algunas fotografías de los fang, donde se les ve vestidos con pantalón y chaqueta, se puede suponer que los «salvajes» que se presentaron ante el público solo estaban representando un papel. En una de ellas, se aprecia que el de mayor edad porta un distintivo en la solapa de la camisa que lo identifica como una autoridad local. Además, no se puede olvidar que el grupo procedía del litoral de la Guinea continental, zona en la que el contacto con los españoles había sido más intenso que en el interior, donde los fang habían desarrollado formas de emboscadura y resistencia al poder colonial[55].

Una de las crónicas de la época dedicadas al Pabellón Colonial da pistas del contacto que, quizá, se produjo entre los nativos y los visitantes. Introduzco este matiz porque no hay nada que asegure que la conversación que supuestamente escuchó el periodista entre los guineanos y un grupo de visitantes fuese real, y no una estrategia narrativa para despertar la curiosidad del lector. El relato comienza diciendo que unos muchachos han «tomado por su cuenta a uno de los pamues», a quien preguntan sobre las curiosas costumbres de su país[56]. El «negro», que se «muestra satisfecho» contestando, recalca el periodista, habla «un castellano bastante pintoresco» pero que se entiende perfectamente. En el supuesto diálogo aparecen los tópicos de la naturaleza desbordada, los animales salvajes y la cultura rudimentaria. Sin embargo, de inmediato el texto da un giro y regresa al espacio concreto de la Feria. El periodista afirma que el mundo de las fieras y los hombres salvajes no debe hacernos perder de vista el carácter comercial del Pabellón de Guinea y homenajea a quienes trabajan en el país y sacan todo el provecho posible a su potencial económico: «el administrador general de la Compañía Española

---

[53] Véanse, Campos Serrano, 2000 y Martino, 2018.

[54] Valenciano-Mañé & Bayre, 2009, p. 13.

[55] Nerín, 2010.

[56] Lluch Garín, 1984, p. 673.

del Golfo de Guinea, que puede considerarse como la principal impulsora y organizadora de aquella inmensa riqueza agrícola; Iberia, que es la que cuida del servicio de comunicaciones aéreas; y las dedicadas a explotaciones forestales, Aucona, Pegsa y Sindicato Maderero»[57].

En el texto también se citan el café y el cacao, producidos en extensiones de terreno que antes eran selva virgen. El desequilibrio que existía entre la reducida oferta y la creciente demanda en la Península, hacía que el cultivo de café en Guinea fuese —como se ve en algunas fotografías de la sección en las que los gráficos que muestran el incremento de las importaciones sirve de telón de fondo— un negocio al alza. A pesar de esto, en el relato, el periodista no presenta a Guinea como una colonia de explotación, sino como un proyecto de colonización racional que vela por la conservación del medio. El relato termina con el regreso del periodista a la conversación de los muchachos con los «pamues», que siguen haciendo preguntas sobre serpientes, leopardos, cocodrilos y flechas envenenadas, pero se muestran decepcionados al saber que los lagartos de los que hablan los guineanos «no tienen dientes y son inofensivos»[58]. Es decir, el giro que se produce en el texto desde lo pintoresco a la descripción de la tarea colonial, culmina con cierta desexotización. El «pamue» habla castellano y la naturaleza no es tan hostil ni peligrosa como se piensa.

En los años 1943, 1944 y 1945 la Guinea española estuvo discretamente representada, volviendo a ganar protagonismo en 1946. En esta ocasión, los supuestos «salvajes» no estuvieron presentes y se sustituyeron por una escuadra formada por un cabo y cuatro soldados indígenas de la Guardia Colonial que construyeron en el recinto una «Casa Palabra» y una vivienda pamue. Nuevamente acompañados por el teniente Pedraza, su labor principal consistió en vigilar el Pabellón Colonial[59].

Tal y como se puede ver en las fotografías tomadas por la empresa de reportajes gráficos Damián, en este certamen también estuvieron presentes autoridades franquistas con vocación africanista como el almirante Francisco Bastarreche y Díaz de Bulnes o José Monasterio Ituarte, que acompañaron a Juan Antonio Suances[60] el día de la inauguración. En las fotografías pasean guiados por Pedraza y Grollo alrededor del estanque que se construyó para alojar a una tortuga carey gigante, de los expositores y de la casa pamue, construida con palos de bosque, bambú trenzado, hoja de nipa y cuerda de melongo traídos expresamente desde Guinea[61]. En la crónica «Los pabellones» el autor también habla del ambiente que se respiraba en el Pabellón de Guinea al atardecer, cuando las masas ya habían abandonado el recinto:

---

[57] Lluch Garín, 1984, p. 673.

[58] Lluch Garín, 1984, p. 673.

[59] *Las Provincias* y *Levante*, 20 de abril de 1946.

[60] En 1946 Suances también inauguró la Feria Internacional de Muestras de Barcelona.

[61] Lluch Garín, 1984, p. 564.

> Sentados bajo la frágil galería cubierta de palmas que circunda el recinto, contemplamos la casa pamue [...], a la que dan guardia dos arrogantes negros de la Guardia Colonial con su vistoso uniforme, en posición de descanso. En el fondo, una palmera desfleca al viento su enhiesto penacho [...]. Por un momento nuestra imaginación nos transporta a los intuidos paisajes coloniales y la ilusión es perfecta[62].

La escena evoca un paisaje colonial imaginado, exótico. Sin embargo, como dice el periodista, la conversación con el teniente Pedraza devuelve a la realidad del pabellón. En el transcurso de la conversación, el militar explica que la función de la Guardia Africana es mantener el orden en la colonia. En esa labor de transferencia de competencias ha sido determinante la acción española; la disciplina de los cuerpos y las mentes ha permitido convertir a algunos «salvajes» en «indígenas». Los pamues de la Guardia Colonial son «arrogantes, dóciles, disciplinados y extraordinariamente limpios»[63]. De hecho, si se entiende arrogante como sinónimo de apuesto, elegante o tieso, se puede pensar de inmediato en algunas de las fotografías de los fang vestidos con uniforme militar conservadas en el álbum de 1946 del archivo de Feria Valencia o en otras pertenecientes a colecciones privadas, donde los guineanos aparecen posando en el pabellón con el emblema de la Dirección General de Marruecos y Colonias y las banderas de la España franquista como telón de fondo.

Fig. 10. – Reportajes gráficos Damián. *Guinea. Dirección de Marruecos y Colonias*. 1946.

Colección particular

[62] Lluch Garín, 1984, p. 564.

[63] Lluch Garín, 1984, p. 564.

A diferencia de las fotografías de 1942, los fang ahora posan firmes vestidos con el traje militar de gala blanco y gorro alto de color rojo, y no con lanzas y pareos. Recordemos que, especialmente durante la década de 1930 y 1940, la imaginación colonial se había alimentado de la imagen del fang definido como un salvaje antropófago[64]. Ese mismo nativo era ahora un elemento más de la acción colonial. El potencial de la colonia no residía solo en sus recursos naturales, sus habitantes también podían asumir los valores del Régimen y convertirse en sus súbditos.

Como en el año 1942, en la edición de 1946 los diferentes servicios coloniales (Servicio Agronómico, Patronato de Labores Indígenas) y empresas desplegaron sus muestrarios: café, cacao, madera y productos vegetales de uso comercial. Tal y como se puede ver en algunas fotografías, los paneles explicativos de los puestos proporcionaban información al visitante sobre el proceso de producción y mostraban gráficos donde se podía ver el incremento del consumo de café de la colonia durante los últimos cinco años. En las fotografías también se pueden observar pinturas murales y dioramas que ilustran lo que debía ser una plantación de cacao en Guinea. En el caso del café, se instaló en la sección una cafetería donde se podía degustar el preciado producto, mientras que la madera se volvió a presentar no solo manufacturada sino también en forma de tronco gigante de okume. Las secciones comerciales compartieron espacio con muestras de objetos etnográficos y utensilios de fabricación indígena como guitarras, ballestinas y cayucos. Del mismo modo, la Escuela del Patronato de Indígenas exhibió curiosidades y trabajos decorativos como colmillos de elefante tallados, trabajos en marfil y carey. Lo llamativo, como se puede ver en algunas fotografías tanto de 1942 como de 1946, es que estos objetos no tienen nada que ver con los productos que se publicitan en las secciones. Es decir, la escenografía sirve para folclorizar el espacio, una estrategia que refuerza la idea de la aptitud de los nativos para el desempeño de trabajos manuales.

En el caso de la Feria Muestrario de 1946, el exotismo también se trasladó al uso que se hizo de la fotografía en la revista *Feriario*, concretamente en el artículo «Guinea. Negocio y Misión» de Adolfo Cámara. Las imágenes que se reproducen en el texto se tomaron en realidad en 1942. Una de ellas, donde aparecen tres fang alineados en la puerta de la casa tradicional que se construyó en el recinto, lleva por título «Jóvenes pamues protegiendo el Pabellón Colonial de Guinea y Fernando Poo»; las otras dos son retratos. El «negro» posa asiendo una lanza con las dos manos, mientras que en el fondo se puede ver a los asistentes a la Feria recorriendo la sección. En la segunda fotografía parece que el retrato se ha recortado de una fotografía de grupo dejando solo a un individuo, un guineano con un chimpancé en sus brazos. El recorte como estrategia en el uso de la fotografía se revela con toda

[64] Sánchez Molina, 2011, pp. 67-68.

su intensidad, pues permite dirigir la mirada del espectador y reforzar una narrativa primitivista. La escena no solo emplaza al sujeto en un contexto geográfico, sino que simboliza un vínculo: el del hombre y la naturaleza salvaje. Algo que no pudieron ver en 1946 quienes se acercaron a la Feria, donde solo estuvieron presentes los soldados de la Guardia Colonial, pero sí quienes tuvieron acceso a las imágenes cuando se difundieron públicamente en la revista *Feriario*.

A partir de 1946 la sección cambió de orientación, reduciendo su espacio expositivo. Además de algunas muestras, para nada comparables con las de los certámenes de 1942 y 1946, se expusieron publicaciones sobre economía y vida social en Guinea del CSIC y una serie de cuadros del dibujante y pintor Carlos Tauler, en los que se recogían tipos y costumbres guineanos. De este modo, el exotismo se transfería a la imagen, perdiendo importancia con el paso del tiempo, como si poco a poco España empezase a despertarse del sueño colonial.

Marruecos y Guinea. Narrativas divergentes, intereses convergentes

Como se ha podido ver, a lo largo de la década de 1940 en el actual paseo de la Alameda de Valencia no solo se reconstruyó un espacio que integraba elementos de la arquitectura árabe y guineana, se mostraron las riquezas de ambos territorios y la labor desarrollada por el gobierno franquista en el plano económico, sino que también se puso en escena dialécticamente a sus poblaciones, en el caso de Guinea principalmente en 1942 y 1946 y en el del Protectorado de Marruecos durante toda la década de 1940. Mediante esta representación y escenificación, España revivió el sueño colonial. Con una estrategia similar a la que se utilizó en la Sección Colonial de la Exposición Iberoamericana de Sevilla[65], se idealizó la hermandad hispano-marroquí mientras que se situó a los fang —que funcionaban como sinécdoque de los guineanos— en el lugar de lo salvaje. Como se ha podido ver, esta distinción en términos de consideración se puso de manifiesto en la iconografía y en los textos que se publicaron. También, como ha señalado Martín Corrale: «en los carteles valencianos de los años 1942, 1943, 1947 y 1950, Marruecos aparece con identidad propia»[66], la bandera verde del Jalifa con una estrella de seis puntas al lado de la franquista. Es decir, el tratamiento del Protectorado de Marruecos es similar al que se hizo en la Feria Oficial e Internacional de Muestras de Barcelona, en la que el cartel que la difundía «incluía a la representación marroquí entre las naciones cultas y progresistas del orbe»[67].

[65] Sánchez Gómez, 2006, pp. 1045-1082.
[66] Martín Corrales, 2007, p. 9.
[67] Martín Corrales, 2007, p. 9.

La reiteración de las representaciones situó a la población guineana y marroquí en lugares distintos. Los marroquíes se mostraban esencialmente laboriosos, organizados y productivos, mientras que los «pamues» a lo sumo dóciles, disciplinados y limpios. En definitiva, el Marruecos de la Feria Muestrario es un territorio idealizado donde la acción colonial española se expresa en términos de fraternidad, mientras que en el caso de Guinea es la consecuencia de una incapacidad natural. De hecho, en las Ferias Muestrario el Protectorado tuvo un papel activo. Es decir, su economía estuvo representada por comerciantes marroquíes y autoridades jalifanas, mientras que en el caso de Guinea fueron las delegaciones de las empresas españolas de madera, cacao y café las que concurrieron a los certámenes, como si las riquezas de la colonia solo existiesen gracias a la acción colonial. La población de Guinea en su diversidad quedó encapsulada en la figura arquetípica del «pamue». De ese modo, el guineoecuatoriano quedó reducido a lo que Raúl Sánchez Molina ha llamado *homo infantilis*, una expresión que resume una concepción del ser humano que sirve como «elemento ideológico con el que justificar la expansión política-económica en el continente»[68]. Es decir, la presencia de nativos, la folclorización del espacio mediante la construcción de viviendas tradicionales y la exposición de objetos etnográficos y bibelots, con el telón de fondo de las empresas agrícolas y madereras españolas, reforzaba la idea de la inferioridad intrínseca de los guineanos y servía de argumento para justificar su sometimiento político y económico. La España nacional-catolicista convertía de este modo la tutela de los colonizados y la explotación y administración de los recursos naturales en un deber moral, parte constitutiva del fundamento ideológico del franquismo. Al mismo tiempo, educaba en el diferencialismo racial e instituía un marco de pensamiento que reforzaba el racismo popular.

Bibliografía

Álvarez Chillida, Gonzalo (2013), «Discurso de la Hispanidad y política racial en la colonización de Guinea Ecuatorial durante el primer franquismo», en Juan Aranzadi & Paz Moreno Feliu (coord.), *Perspectivas antropológicas sobre Guinea Ecuatorial*, Madrid, UNED, pp. 41-68.

Amselle, Jean-Loup (2010), *L'Occident décroché. Enquête sur les postcolonialismes*, París, Fayard/Pluriel.

Aranzadi, Juan & Paz Moreno Feliu, (2013, ed.), *Perspectivas antropológicas sobre Guinea Ecuatorial*, Madrid, UNED, pp. 41- 67.

Bellido Gant, María Luisa (1999), «Difundir una identidad: la promoción exterior de Marruecos», en Federico Castro Morales, *Al-Ándalus:*

[68] Sánchez Molina, 2011, p. 106.

una identidad compartida. Arte, ideología y enseñanza en el protectorado español en Marruecos, Madrid, Universidad Carlos III, pp. 75-90.

Bellido Gant, María Luisa (2002), Promoción turística y configuración de la imagen de Marruecos durante el Protectorado español», *Cuadernos de arte de la Universidad de Granada*, 33, pp. 221-234.

Berman, Sanford (1956), «Spanish Guinea: Enclave Empire», *Phylon (1940-1956)*, 17 (4), pp. 349-364.

Bourdieu, Pierre (2003 [1965]), *Un arte medio. Ensayo sobre los usos sociales de la fotografía*, Barcelona, Gustavo Gili.

Burguera Arienza, Berta, (2000), «Los pintores españoles en Marruecos», en *Mariano Bertuchi. Pintor de Marruecos*, catálogo de exposición (Madrid, Real Academia de San Fernando, 14 de marzo – 23 de abril), Madrid, Lunwerg, pp. 43-54.

Campos Serrano, Alicia (2000), «El régimen colonial franquista en el Golfo de Guinea» *Revista Jurídica*, 3, pp. 79-108.

Castro, Mariano de & Donato Ndongo (1998), *España en Guinea. Construcción del desencuentro: 1778-1968*, Madrid, Sequitur.

Darías Príncipe, Alberto (1998), «La presencia de Marruecos en la Exposición Iberoamericana de Sevilla: razones de un resurgimiento manipulado», *Boletín de Arte*, 19, pp. 231-244.

Darías Príncipe, Alberto (1999), «Difundir una identidad: la promoción exterior de Marruecos», en Federico Castro Morales, *Al-Ándalus: una identidad compartida. Arte, ideología y enseñanza en el Protectorado español en Marruecos*, Madrid, Universidad Carlos III, pp. 75-90.

Dupuy de Lome, Carlos (1943), «Valencia celebra su XXI Feria Muestrario Internacional, magnífico exponente de su potencialidad agrícola, industrial y artística», *Feriario*, 7, pp. 31-32.

Edwards, Elizabeth & Janice Hart (2004), *Photographs Objects Histories. On the Materiality of Images*, Londres, Routledge.

Elias, Norbert (1987), *El proceso de civilización. Investigaciones sociogenéticas y psicogenéticas*, Ciudad de México, Fondo de Cultura Económica.

López Sanz, Hasan G. (2020), «Exotismo y educación colonial. El guineano como curiosidad en las ferias muestrario de Valencia, 1942-1948», *Disparidades. Revista de Antropología*, 75 (1), pp. 1-17.

López Sanz, Hasan G. & Nicolás Sánchez Durá (2020), *Let's bring blacks home! Imaginación colonial y formas de aproximación gráfica de los negros de África*, Valencia, PUV.

López Sanz, Hasan G. & Nicolás Sánchez Durá (2021), «Imaginaire colonial et représentation visuelle des populations noire africaines. Le cas de la Guinée espagnole (1880-1968)», *Berose. Encyclopédie internationale des histoires de l'anthropologie (1880-1968)*, <https://www.berose.fr/article2346.html?lang=fr> [Consultado el 23/01/2022].

Lluch Garín, Luis B. (1984), *Crónica de los primeros 65 años (1917-1982)*, Valencia, Feria Muestrario de Valencia.

Martín Corrales, Eloy (2007), «Marruecos y los marroquíes en la propaganda oficial del Protectorado (1912-1956)», *Mélanges de la Casa de Velázquez*, 37 (1), pp. 83-107.

Martino, Enrique (2018), «Corrupción y contrabando: funcionarios españoles y traficantes nigerianos en la economía de Fernando Poo (1936-1968)», *Ayer. Revista de Historia Contemporánea*, 109, pp. 169-195.

Mateo Diesde, Josep Lluís (2003), *La «hermandad» hispano-marroquí. Política y religión bajo el Protectorado español en Marruecos (1912-1956)*, Barcelona, Bellaterra, col. «Alborán».

Mateo Diesde, Josep Lluís (2012), «Una hermandad en tensión. Ideología colonial, barreras e intersecciones hispano-marroquíes en el Protectorado», *AWRAQ: estudios sobre el mundo árabe e islámico contemporáneo*, 5-6, pp. 79-96.

Mitchell, Tom W. J (2005), *¿Qué quieren las imágenes? Una crítica de la cultura visual*, Vitoria/Gasteiz, Sans Soleil.

Nerín, Gustau (2006), *Un guardia civil en la selva*, Barcelona, Ariel.

Nerín, Gustau (2010), *La última selva de España. Antropófagos, misioneros y guardias civiles*, Madrid, Los libros de la catarata.

Pardo Sanz, Rosa (2005), «Il Franchismo e le Colonie», en Renato Moro & Giuliana di Febo (eds.), *Fascismo e Franquismo. Relazioni, immagini, rappresentazioni*, Roma, Rubbetino, pp. 213-241.

Sánchez Gómez, Luis Ángel (2006), «África en Sevilla: la exhibición colonial de la Exposición Iberoamericana de 1929», *Hispania. Revista Española de Historia*, 66 (224), pp. 1045-1082.

Sánchez Molina, Raúl (2002), «*Homo infantilis*: asimilación y segregación en la política colonial española en Guinea Ecuatorial», *Revista de Dialectología y Tradiciones Populares*, 57 (2), pp. 106-119.

Sánchez Molina, Raúl (2011), *El pamue imaginado*, Madrid, UNED, col. «Arte y Humanidades».

Valenciano Mañe, Alba & Francesca Bayre (2009), «Cuerpos naturales, mentes coloniales. Las imágenes de Hermic Films en la Guinea española», *Afro-Hispanic Review*, 28 (2), pp. 1-24.

Las Casas y sus fieles repetidores

Contexto y transcendencia de la difamación del dominico contra Francisco López de Gómara

Javier Molina Villeta
Universidad Complutense de Madrid

Este artículo se plantea un doble problema histórico e historiográfico que atañe a dos personajes claves en la historia de la conquista de América: el dominico sevillano Bartolomé de las Casas y el historiador soriano Francisco López de Gómara, a quien el primero acusó de ser un «criado» que escribía «falsedades» al dictado de su amo, Hernán Cortés. Dicha afirmación tuvo una gran transcendencia en la historiografía posterior y aún hoy es repetida por la mayoría de los autores, a pesar de que se ha demostrado que carece de fundamento. Nos proponemos examinar con detenimiento el contexto de dicha infamia y las causas y consecuencias que provocó. A través del análisis de fuentes de archivo e historiográficas intentaremos dilucidar hasta qué punto pudo afectar el ataque del dominico a la prohibición de la obra de Gómara. También reflexionaremos sobre los motivos por los que los historiadores posteriores repitieron la difamación de Las Casas.

Palabras claves: Bartolomé de las Casas, conquista de México, Francisco López de Gómara, Hernán Cortés, Nueva España, siglo xvi

Pour citer cet article / Para citar este artículo / To quote this article

Javier Molina Villeta, « Las Casas y sus fieles repetidores. Contexto y transcendencia de la difamación del dominico contra Francisco López de Gómara », *Mélanges de la Casa de Velázquez. Nouvelle série*, 54 (2), 2024, pp. 207-232.

Las Casas et ses fidèles porte-paroles. Contexte et signification de la diffamation du dominicain contre Francisco López de Gómara

Cet article pose un double problème historique et historiographique qui concerne deux personnages clés de l'histoire de la conquête de l'Amérique : le dominicain sévillan Bartolomé de las Casas et l'historien de Soria Francisco López de Gómara, accusé par le premier d'être un « serviteur » qui a écrit des «mensonges» sous la dictée de son maître, Hernán Cortés. Ce propos a eu une grande importance dans l'historiographie ultérieure et est encore répétée aujourd'hui par la majorité des auteurs, même si elle s'est révélée infondée. Nous proposons d'examiner attentivement le contexte de la supposée infamie ainsi que les causes et conséquences qu'elle a provoquées. À travers l'analyse des sources archivistiques et historiographiques, nous tenterons d'élucider dans quelle mesure l'attaque du dominicain a pu affecter l'interdiction de l'œuvre de Gómara. Nous réfléchirons également aux raisons pour lesquelles les historiens ultérieurs ont répété la diffamation de Las Casas.

Mots-clés: Bartolomé de las Casas, conquête du Mexique, Francisco López de Gómara, Hernán Cortés, Nouvelle Espagne, xvie siècle

Las Casas and his faithful repeaters. Context and significance of the Dominican's defamation of Francisco López de Gómara

This article addresses a double historical and historiographical problem that concerns two key figures in the history of the conquest of America: the Dominican from Seville, Bartolomé de las Casas, and the historian from Soria, Francisco López de Gómara, whom Las Casas accused of being a "servant" who wrote "falsehoods" at the behest his master, Hernán Cortés. This statement had great significance in later historiography and is still repeated by most authors, despite the fact that it has been shown to be unfounded. We propose to examine in detail the context of this infamy and the causes and consequences it provoked. Through the analysis of archival and historiographical sources, we will try to elucidate to what extent the Dominican's attack could have affected the prohibition of Gómara's work. We will also reflect on the reasons why later historians repeated the defamation of Las Casas.

Keywords: Bartolomé de las Casas, conquest of Mexico, Francisco López de Gómara, Hernán Cortés, New Spain, 16th century

En el año 2016, se publicó en la revista *Historia y Grafía* un artículo titulado «Hernán Cortés y sus fieles repetidores»[1]. En el mismo, la autora destacó la obra del historiador soriano Francisco López de Gómara (1511-1559) como un relato que repite el de «su admirado conquistador», un texto lleno de «recursos epidícticos inventados» que compete más a la «forma» y al «ornato» que al contenido y que fue escrito por un autor que «no tenía experiencias bélicas ni había puesto un pie en las Indias» por lo que solo pudo «añadir generalizaciones»[2].

Como veremos, este tipo de asertos, lejos de ser una novedad, han sido enunciados por numerosos historiadores y biógrafos de Cortés de los siglos XX y XXI. Así se puede constatar en las biografías de Carlos Pereyra (1916)[3], Salvador de Madariaga (1940)[4], Bartolomé Bennassar (2002)[5], Juan Miralles (2001)[6], Christian Duverger (2001)[7] y Matthew Restall (2018)[8], por citar solo los libros más influyentes del siglo XX y XXI sobre la conquista de México. Todos ellos, de distintas formas, analizaron las coincidencias en las crónicas de la conquista y argumentaron que Gómara fue un mero adulador de Cortés que nunca pisó América.

Además de analizar la figura del soriano en la historiografía, nuestro trabajo se centra en otro ejemplo, directamente relacionado, de repetición y permanencia de un relato infundado: me refiero al testimonio del dominico sevillano fray Bartolomé de las Casas (1484-1566) sobre el citado Gómara, al que denigró y tachó de «criado de Cortés». Como veremos, a pesar de que esta afirmación ha sido refutada por algunos investigadores, el soriano sigue siendo considerado capellán del conquistador por la mayoría de los historiadores. Por otra parte, pocos son los estudios que han atendido a las causas de Las Casas y las consecuencias que pudo provocar dicha denigración[9]. Tampoco se ha analizado con detenimiento la enorme trascendencia historiográfica que tuvieron sus declaraciones. De esta forma, nos preguntamos las siguientes cuestiones que remiten a un doble problema histórico e historiográfico: ¿Por qué el dominico llamó a Gómara «criado de Cortés» con tanta insistencia? ¿Qué pretendía? ¿Qué consecuencias históricas e historiográficas tuvo su ataque?

Para responder estas preguntas analizaremos los orígenes y el desarrollo de la disputa que rodea a ambos personajes, profundizaremos en sus textos

[1] Pastor, 2016, pp. 91-114.
[2] Pastor, 2016, p. 98.
[3] Pereyra, 1916.
[4] Madariaga, 1941.
[5] Bennassar, 2002.
[6] Miralles, 2001.
[7] Duverger, 2001.
[8] Restall, 2018.
[9] Véase: Mustapha, 2021.

y en el contexto histórico de dicha controversia. A través del análisis de las fuentes primarias y de la historiografía posterior llegaremos a conclusiones que pretenden reflexionar sobre la siguiente pregunta: ¿Por qué los historiadores siguen aceptando y repitiendo la difamación de Las Casas?

Las Casas en la historia

Oriundo de Sevilla y nacido en 1484, Las Casas ha pasado a la historia como el más famoso defensor de los indígenas americanos. A partir de 1520, intentó sin éxito nuevas formas de colonización pacífica, como la efímera y desastrosa expedición en Cumaná de 1520 y la también fallida comunidad de la Vera Paz de Guatemala, en 1537[10]. En 1540 cambió la evangelización por el proselitismo y tuvo mucho más éxito: sus protestas contra los maltratos de los conquistadores, junto con la reivindicación del *ius Gentium* del dominico Francisco Vitoria[11], fueron factores importantes para la promulgación de las *Leyes Nuevas* de 1542[12], cuyo objetivo fue limitar las futuras conquistas, prevenir la esclavitud y debilitar las encomiendas, dividiendo las más grandes e impidiendo su perpetuidad. Su obra más conocida fue la *Brevísima relación de la destrucción de las Indias* (redactada hacia 1542 y publicada en 1552)[13], que fue traducida y se reeditó sin cesar por todo Europa con títulos tan expresivos como el francés —*Tyrannies et cruautés des Espagnols perpetres ès Indes Occidentales*—[14], el inglés —*The tears of the indians*—[15] o el italiano —*La libertá pretesa dal supplica schiavo indiano*—[16]; y acompañado de dibujos de torturas espeluznantes, como los de la versión alemana del luterano de Leja, Theodor de Bry. El furor de sus denuncias alimentó una corriente de opinión que muchos historiadores, sobre todo españoles, denominaron la «leyenda negra americana»[17].

---

[10] Véase: BATAILLÓN, 2013.

[11] Ya en 1534, Vitoria atacó la idea de que los indios eran esclavos por naturaleza. Para entender la influencia indirecta de Vitoria en Las Casas véase: Teófilo URDANOZ, 1974, pp. 115-192. Véase: VITORIA, 1967. BRADING, 2018, p. 103.

[12] Sobre las Leyes Nuevas de 1542 véase: MASTERS, 2022, pp. 293-327.

[13] LAS CASAS, 2005.

[14] LAS CASAS, 1579.

[15] LAS CASAS, 1656.

[16] LAS CASAS, 1640.

[17] La obra de Las Casas no fue la única en inspirar a los autores antiespañoles. El milanés Girolamo Benzoni (1519-1572), publicó en Venecia *La historia del mondo nuovo* (1565), obra de marcado carácter antiespañol que se tradujo en una treintena de ocasiones y por la que ha sido considerado otro «antecedente» de la Leyenda Negra. Benzoni, 1565. Además, al decir de la historiadora Bénnasy-Berling, el italiano fue el «*traditore* número uno» de Gómara. Como afirmó Marcel Bataillon, Benzoni plagió capítulos enteros de la obra del soriano. El francés expuso estos plagios en sus cursos de la Sorbonne. Citado en BÉNNASY-BERLING, 2021, p. 771.

Mélanges de la Casa de Velázquez. Nouvelle série, 54 (2), 2024, pp. 207-232. ISSN : 0076-230X.

A partir del siglo XIX la *Brevísima* tuvo un impacto político de primer orden y se convirtió, en el arma *anticortesiana* por antonomasia del nacionalismo mexicano[18]. El sacerdote e historiador fray Servando Teresa de Mier definió al sevillano como «el genio tutelar de las Américas, el padre de los indios»[19]. El enfoque lascasiano fue un contrapunto a la versión historiográfica pro cortesiana, que se popularizó a partir de la famosa obra de Gómara, *Historia de la conquista de México* (1552).

En el México revolucionario, el dominico fue mucho mejor considerado que Cortés: uno de los murales más famosos de Diego Rivera, conocido como *Epopeya del pueblo mexicano* (terminado en 1935 en el Palacio Nacional), representa a Las Casas deteniendo al conquistador y apuntándole con una cruz mientras abraza a los indefensos indígenas. En la parte central, Cortés descarga su furia contra los guerreros mexicas.

La tendencia nacionalista y lascasiana se enfatizó en el México del siglo XX[20]. A partir de los años 50, surgió lo que Demetrio Ramos llamó la «historiografía de la anticonquista» que tuvo en Eulalia Guzmán a su exponente más radical[21]. La zacatecana retrató a Las Casas como el primer acusador de la inhumanidad, las afrentas, violencias y vergüenzas de Cortés[22]. A partir de dicha época, la obra del dominico también tuvo una gran repercusión en Europa y Estados Unidos, coincidiendo con la descolonización. Autores del denominado pensamiento decolonial, como Enrique Dussel y Walter Mignolo estudiaron su ideario y debatieron la vigencia de sus postulados[23].

Los únicos autores que le criticaron con vehemencia fueron historiadores contrarios a la *leyenda negra* —como Ramón Menéndez Pidal, que le consideró paranoico y bipolar—[24] apologetas de la conquista, como el mexicano Carlos Pereyra[25], o autores hispanófilos como Ángel de Altolaguirre[26], Mario Hernández Sánchez-Barba[27] y más recientemente María Elvira Roca Barea[28]. Podemos comprobar, a pesar de estas excepciones, que la figura de Las Casas ha gozado de muy buena fama en la historiografía. En Europa, hispanistas como Marcel Bataillon negaron que Las Casas fuera un amargado o un radical

---

[18] Muriá, 1974, pp. 7-60. La primera versión de la *Brevísima* de Fray Servando Teresa de Mier fue la londinense de 1812. En el incendiario prólogo, el regiomontano tachaba a los conquistadores de locos y crueles: Teresa de Mier, 1821.

[19] Teresa de Mier, 1922, pp. 320-321.

[20] Muriá, 1974, pp. 7-60.

[21] García Cárcel, 1992, p. 328.

[22] Guzmán, 2019, p. 38.

[23] Véase: Mora Rodríguez, 27-10-2020. Puede consultarse en: https://revistas.ucr.ac.cr/index.php/estudios/article/view/44849/44670

[24] Menéndez Pidal, 1963.

[25] Pereyra, 1942, pp. 233-234.

[26] Altolaguirre Duvale, 1954, p. 165.

[27] Hernández Sánchez-Barba, 2014, p. 15.

[28] Roca Barea, 2016, pp. 308-315.

resentido y trataron de ubicarlo en su contexto histórico.[29] Son, además, muchos los autores que le han considerado un predecesor de los derechos humanos[30]. Ello explica que su contenido se haya divulgado de forma incomparable y que muchas de sus afirmaciones (como la que se refiere a Gómara) hayan sido aceptadas y tomadas por ciertas por autores europeos y norteamericanos.

Nos centraremos concretamente en el ataque esgrimido contra el historiador soriano Francisco López de Gómara, al que, como dijimos, tachó de «criado de Cortés» y mentiroso en una docena de ocasiones[31]. Conviene aquí hacer un epítome sobre el libelo concreto que Las Casas dirige a Gómara y su enorme trascendencia historiográfica.

El ataque y sus repeticiones

La primera vez que Las Casas mencionó al historiador soriano (unos 27 años más joven) es en el capítulo XXVII de su obra *Historia de las Indias*, terminada en 1559 y no publicada hasta 1845[32]:

> Gómara, clérigo, que escribió la Historia de Cortés, que vivió con él en Castilla siendo ya marqués, y no vido cosa ninguna, ni jamás estuvo en las Indias, y no escribió cosa sino lo que el mismo Cortés le dijo, compone muchas cosas a favor de él, que, cierto, no son verdad [...][33].

Como vemos, se trata de una afirmación cuyo objetivo es denigrar y minusvalorar la obra de un autor que, en palabras del dominico, escribió solamente lo que Cortés le dictó. Pocas líneas después afirmó que Gómara era el «criado» e «historiador» de Cortés, «su amo», que «después de marqués, dictó todo lo que había de escribir [...] con que al mundo, que no sabía de su principio, medio y fin cosa, Cortés y Gómara encandilaron»[34]. Aquí

---

[29] Bataillon, 1966. Véase también: Bataillon, 1985. Primera edición en francés en 1971.

[30] Autores como Lynn Hunt y Emilio García García han considerado al clérigo un predecesor de los derechos humanos y el filósofo Luis Villoro lo citó como modelo de denuncia contra la exclusión: García García, 2011, p. 81. Hunt, 2009, p. 21.

[31] En su *Historia de las Indias* hemos detectado doce ataques contra Gómara, párrafos en los que reitera que Cortés fue su amo y que el soriano solo repitió sus falsedades. Las Casas, 2017, vol. II, p. 528. Y Las Casas, 2017, vol. III, pp. 222, 223, 227, 231, 237, 238, 241, 242, 245, 249, 251 y 321.

[32] La primera edición de *Historia de las Indias* fue la siguiente: Bartolomé de las Casas, *Historia de las Indias*, Madrid, Editorial Ginesta, Marqués de la Fuensanta del Valle y José Sancho Rayón, 1845. Las Casas donó su manuscrito original al Colegio de San Gregorio de Valladolid en noviembre de 1559 y hoy se conserva en la Biblioteca Nacional de España, en Madrid: https://catalogo.bne.es/discovery/fulldisplay?docid=alma991029339649708606&context=L&vid=34BNE_INST:CATALOGO&lang=es&search_scope=MyInstitution&adaptor=Local%20Search%20Engine&tab=LibraryCatalog&query=any,contains,las%20casas%20colegio%20san%20gregorio&offset=0

[33] Las Casas, 2017, vol. II, p. 528.

[34] Las Casas, 2017, vol. II, p. 529.

tenemos otra clave: Las Casas está denunciando la gran aceptación de la versión cortesiana y gomariana[35].

Sorprende el carácter sempiterno de Las Casas y la rabiosa insistencia en denigrar a Gómara; en el capítulo CXIV vuelve al ataque afirmando que Gómara «ni vido ni oyó» nada sobre las Indias «más de lo que el mismo Hernando Cortés le dijo y dio por escripto siendo su capellán y criado». En el CXXII vuelve a arremeter contra «el tirano Cortés» y vuelve a llamar a Gómara «criado»[36]. Repite dichos términos en el capítulo CXXIII[37] y en el CXIX añade que solo escribe «insipiencia», «disparates» y «mentiras» para «excusar y justificar las tiranías de Cortés»[38]. La pregunta se impone: ¿Por qué tanta saña contra el libro de un clérigo cuya obra fue prohibida un año después de su publicación?

Es importante, no obstante, señalar que Las Casas no fue el principal causante de los prejuicios contra el soriano; lo fue de igual manera el conquistador y cronista Bernal Díaz del Castillo, que tildó a Gómara repetidamente de mentiroso y mal informado y le acusó de engrandecer las acciones de Cortés sobre las del resto de la tropa, como si la conquista fuese una hazaña de su heroísmo individual[39]. Otros, como el clérigo vallisoletano Prudencio Sandoval[40] y el viajero milanés Girolamo Benzoni[41] plagiaron impunemente sus páginas sin mencionarle. También el historiador Francisco Cervantes de Salazar le citó para refutarle o adjudicar su información a la obra de Motolinía[42]. Por su parte, el Inca Garcilaso, gran glosador de crónicas de Indias, añadió múltiples comentarios críticos a su ejemplar de *Historia de Indias*[43], texto que, sin embargo, le sirvió de base para sus *Comentarios reales* (1609)[44].

[35] La prohibición de la obra de Gómara aparece reproducida en Pérez Pastor, 1895, p. 94.

[36] Las Casas, 2017, vol. III, p. 251.

[37] Las Casas, 2017, vol. III, p. 253.

[38] Las Casas, 2017, vol. III, p. 237.

[39] «Y el coronista Gómara diga "hizo Cortes esto, fue allá, vino de acullá"; y dice otras tantas cosas que no llevan camino». Véase: Díaz del Castillo, 2011, p. 233.

[40] Según Miguel Ángel de Bunes, la mayor parte de las páginas de la obra *Guerras de mar de nuestros tiempos*, de Gómara, fue publicada bajo la autoría de Sandoval. Bunes de Ibarra, 2000, p. 13.

[41] Marcel Bataillon expuso estos plagios en sus cursos de la Sorbonne. Citado en Bénnasy-Berling, 771.

[42] Cervantes de Salazar incorporó capítulos enteros de Gómara con muy leves modificaciones de estilo y en ocasiones se excusó, afirmando que Gómara tomó la información de Motolinía. Hay que recordar que la supuesta obra de Motolinía sobre la conquista de México nunca ha sido encontrada. Véase: Miralles, «Prologo», 1985, pp. XXV-XXVIII.

[43] Gómara, 1555.

[44] En su proemio, el Inca Garcilaso afirmó que su intención no era contradecir a los cronistas «sino servirles de comento y glosa, y de intérprete en muchos vocablos indios». En el estudio introductorio de dicha edición, el historiador peruano Carlos Araníbar acusó la influencia del soriano y lamentó que Garcilaso citase «poco y a desgano la *Historia* de Gómara. Con frecuencia la corrige o desautoriza, o simplemente glosa noticias suyas sin

La difamación de Las Casas hacia Gómara tuvo una repercusión aún mayor. Como veremos, el tópico se instaló para no desaparecer. En México, incluso los admiradores declarados de Cortés consideraron al soriano su criado y adulador. En su biografía sumamente apologética sobre el conquistador, publicada en 1916 y ampliada en 1931, el mexicano Carlos Pereyra, afirmó lo siguiente: «Con testigos como Bernal Díaz no habría leyendas. Desgraciadamente, por un Bernal Díaz, hay millares de alucinados o sugestionados, y centenares de Gómara, pulidos retóricos, crédulos o interesados que prostituyen la verdad»[45].

En 1991 el inglés David A. Brading definió a Las Casas como «el profeta desarmado» y criticó el «patrioterismo» de la obra de Gómara, al que también denominó «capellán» de Cortés, contratado por el extremeño para exaltar y justificar sus hechos[46]. También incurrieron en este aserto los británicos Hugh Thomas[47], John H. Elliott[48] y Matthew Restall[49]; los franceses Bartolomé Bennassar[50] y Christian Duverger[51]; y los estadounidenses Camilla Townsend[52] y David M. Carballo[53], por mencionar solo a los autores más destacados.

Podemos afirmar que la mayoría de los historiadores que escribieron sobre la conquista de México en el siglo XX y XXI sostuvieron la infamación de Las Casas[54] y la usaron para desprestigiar la obra del soriano, demostrando desconocer los estudios que profundizan en la biografía de Gómara y desmienten las palabras del dominico. Resumamos el resultado de estas investigaciones.

nombrar al autor». Garcilaso de la Vega, 1991, pp. 748 y 755. Véase: Pino-Díaz, 2018, p. 23.

[45] Pereyra, 2006, p. 70.

[46] Brading, 2019, pp. 61 y 63.

[47] Thomas, 1993, pp. 178-179.

[48] Elliott, 2006, p. 29.

[49] Restall, 2004, p. 26.

[50] Bennassar se asombró de que el historiador no conociera la infancia de «su ídolo». Bennassar, 2002, p. 47.

[51] Duverger, 2005, p. 35. Duverger, 2012, pp. 76-77.

[52] Townsend, 2006, p. 170.

[53] Carballo, 2020, p. 140.

[54] Si nos remitiésemos a textos no académicos, podríamos ampliar esta lista de forma ingente. Diversas páginas web, como *El Centro Virtual Cervantes* siguen cayendo en el error de definir a Gómara como criado de Cortés: «fue el secretario de éste y también el capellán de sus hombres». Dicho error se explica por la tendencia actual de los medios de difusión de internet de reproducir textos sin cotejarlos. Puede consultarse en: https://cvc.cervantes.es/artes/ciudades_patrimonio/alcala_henares/personalidades/lopez.htm El Portal de Archivos Españoles (PARES) parece dudar de esta información al afirmar que «algunos historiadores han sostenido que López de Gómara fue capellán del conquistador, aunque otras fuentes dudan de ese hecho». Puede consultarse en: http://pares.mcu.es/ParesBusquedas20/catalogo/autoridad/158515

Gómara, ¿criado de Cortés o historiador independiente?

La biografía de Francisco López de Gómara ha ido completándose poco a poco a lo largo del siglo xx. En 1912, el estadounidense Roger Bigelow Merriman pudo concretar su fecha de nacimiento: en febrero de 1511 en la villa soriana de Gómara[55]. En 1983, Robert Earl Lewis dio a conocer su testamento y afirmó que pudo morir el mismo día en el que lo escribió: el 2 de diciembre de 1559[56]. Se sabe que estudió gramática en Soria con el bachiller Pedro de Rúa[57] y que vivió varios años en Italia: estuvo en Roma en 1531[58] y residió intermitentemente en Bolonia hasta 1538. Allí conoció al celebrado latinista Juan Ginés de Sepúlveda[59]. En 1539 se estableció en Venecia con el humanista Diego Hurtado de Mendoza[60]. En 1541 acompañó al emperador a su campaña de Argel[61] y en 1543 obtuvo un hábito de la orden de Alcántara[62].

Durante todo el siglo xx se daba por cierto que conoció a Hernán Cortés en Argel y fue su capellán en Valladolid, gracias a lo cual pudo escribir su *Historia de la conquista de México* (1552). Marcel Bataillon fue el primer autor en dudar de la condición de criado de Cortés de Gómara, ya que escribió este cargo entre comillas «"capellán de Hernán Cortés", según lo llaman sus enemigos»[63]. Como apuntó Robert R. Lewis, el testamento de Gómara no refleja ninguna relación laboral con Cortés[64]. El historiador mexicano Juan Miralles alegó que el soriano no tenía suficiente conocimiento sobre el conquistador como para ser su criado o secretario[65]. En su biografía publicada en 2001, Nora Edith Jiménez apoyó el aserto de Miralles recordando que Las Casas fue el único testigo contemporáneo que tildó a Gómara de criado de Cortés (ni Tapia, ni Cervantes de Salazar, ni siquiera sus enemigos declarados, como Bernal Díaz del Castillo o el Inca Garcilaso afirmaron tal cosa)[66].

En 2010, la historiadora española, María del Carmen Martínez Martínez demostró con documentos fehacientes que la difamación de Las Casas no se

[55] Merriman, 1921, p. IX.

[56] Lewis, 1983, p. 78. Lewis, 1984. María del Carmen Martínez Martínez encontró en el Archivo Histórico Nacional documentos que demuestran que con certeza no vivía en 1563. Martínez Martínez, 2010, p. 268.

[57] Jiménez, 2001, p. 37.

[58] En los *Anales de Carlos V* hay dos referencias en las que el clérigo señala su estancia en Roma en el año de 1531. Merriman, 1912, páginas 204 y 223.

[59] Jiménez, 2001, pp. 53-63.

[60] Véase: Jiménez, 2001, pp. 81-93.

[61] Gómara habló de su estancia en Argel en su obra *Historia de la conquista de México*: «y yo, que me hallaba allí, me maravillé». Véase: López de Gómara, 2021a, pp. 991-912.

[62] Martínez Martínez, 2015a, pp. 151-176.

[63] Bataillon, 1956, pp. 77-82.

[64] Lewis, 1984.

[65] Miralles, 2009, pp. 165-176. Miralles, 2001, pp. 612-613.

[66] Jiménez, 2001, p. 102 y 105. Miralles, 2009, p. 165-175. Martínez Martínez, 2010, pp. 285-286.

sostiene[67]. En su texto «Francisco López de Gómara y Hernán Cortés: nuevos testimonios de la relación del cronista con los marqueses del Valle de Oaxaca», la autora analizó un pleito en el que el soriano tuvo que aclarar su relación con Cortés. En dicho texto, Gómara afirmó que conoció a Cortés en 1528 y no aludió a ningún tipo de relación laboral con el extremeño[68], por lo que todo apunta a que Las Casas se inventó su condición de criado para denostar su obra y acusar su falta de objetividad.

Es indudable, no obstante, que el soriano gozó de «amistad e conversación» con los hijos y familiares cercanos de Cortés[69]. También sabemos que Martín Cortés, el hijo y heredero del conquistador, fue su mecenas[70]. Es decir, pudo encontrarse con Cortés, pero nada indica que trabajase para él. Dichas evidencias deberían, al menos, haber puesto en duda la afirmación de Las Casas. Sin embargo, como hemos visto, la mayoría sigue considerándole «capellán» de Cortés.

En la actualidad sigue habiendo varias interrogantes por resolver sobre la enemistad de Las Casas y Gómara. Nuestra hipótesis señala que la clave de dicha animadversión puede encontrarse en el contexto de la controversia de Valladolid de 1550.

Los motivos de Las Casas

Tras una lectura pormenorizada de los documentos encontramos cuatro causas que explican el encono de Las Casas hacia Francisco López de Gómara.

1) La primera es el odio del dominico hacia el conquistador de México, Hernán Cortés, al que había comparado con el tiránico emperador romano Nerón, que cantaba mientras cometía espantosas matanzas[71]. Como vimos, su *Historia de las Indias* (terminada hacia 1559), está llena de exabruptos contra el conquistador, retratado como un «puro tirano y usurpador de reinos ajenos y matador y destruidor de innumerables naciones»[72]. El tono encomiástico y legitimador con el que Gómara retrató a Cortés explica, en parte, la animadversión que le profesaba de Las Casas.

2) Hay una segunda causa, tan importante o más que esta, para explicar la rabia de Las Casas y es la relación que unió a Gómara con el clérigo, jurista y cronista real del emperador, el cordobés Juan Ginés de Sepúlveda

[67] Martínez Martínez, 2010.

[68] Martínez Martínez, 2010, p. 274.

[69] Martínez Martínez, 2010, p. 293.

[70] El mismo Gómara le dedica su obra en un breve prólogo. López de Gómara, 2021a, pp. 435-436.

[71] Las Casas, 2018, p. 71.

[72] Las Casas, 2017, vol. 3, p. 251.

(1490-1573), el principal oponente del dominico en la llamada controversia celebrada en Valladolid del 15 de agosto de 1550 al 4 de mayo de 1551.

Hay que recordar que, tras la aplicación de las *Leyes Nuevas* en 1542, la rebelión de los encomenderos del Perú en 1544, la política del virrey Mendoza en Nueva España y la presidencia del Consejo de Indias de su hermano Luis Hurtado de Mendoza a partir de 1546, redujeron considerablemente las trabas a los conquistadores y sus herederos[73]. Durante aquellos años de debate y disputas, Sepúlveda coincidió con Cortés[74] y declaró su admiración por el conquistador en un texto revelador que narra sus conversaciones y el inicio de su reflexión sobre la justificación de la conquista:

> [...] al recapacitar en ello después conmigo mismo, esta duda y temor se apoderó de mi mente: si era conforme a la justicia y la piedad cristiana el que los españoles hubieran hecho la guerra a aquellos mortales inocentes, de quien no habían recibido daño alguno[75].

En 1546, el aún presidente del Consejo de Indias, Juan García de Loaysa, encargó a Sepúlveda la redacción del *Democrates alter* (1547) para contrarrestar la campaña contundente de Las Casas contra los conquistadores y sus herederos[76].

La famosa junta, celebrada en el Colegio de San Gregorio, convocó a eminentes teólogos para que esgrimieran sus argumentos sobre la legitimidad de la guerra contra los indígenas americanos[77]. No es este el lugar para adentrarnos en los argumentos de la controversia[78], así que los resumiremos someramente: Sepúlveda defendió el derecho y la conveniencia de hacer la guerra a los indios, a quienes consideraba bárbaros y sacrificadores[79]. Su defensa de la guerra justa estaba basada en la supuesta superioridad cultural y moral de los conquistadores, un argumento aristotélico que desarrolló en su *Democrates alter*[80], obra que fue prohibida en 1550 debido a las presiones de los domini-

---

[73] Thomas, 2018, pp. 536-538.

[74] Losada, 1973, pp. 237.

[75] Dicha conversación aparece citada en su obra titulada *Demócrates alter*, terminada hacia 1547 y que no pudo publicar en vida. Losada, 1973, pp. 237-257.

[76] En uno de los documentos recopilados por Antonio María Fabié en 1879 se detalla que García Loaysa, «el Rmo. Cardenal y Arçobispo de Sivilla, presidente del Consejo de Indias, aviendo oydo dezir al doctor Sepúlveda que él tenía por justa y sancta la conquista, haziéndose como se devia y como se suelen hazer las guerras justas, y lo provaria muy á la clara, le exhortó que escriviese sobre ello, que haría servicio á Dios y al Rey; y así escribió un libro en pocos dias». Véase: Fabié, 1879, p. 336. Como afirma el investigador Castilla Urbano, García de Loaysa fue presidente del Consejo de Indias desde 1524 hasta 1546. Castilla Urbano, 2010, p. 67. Véase también: Bienvenu, 2021.

[77] Carlos V suspendió todas las conquistas hasta que la disputa se cerrase. Hanke, 1949, p. 46.

[78] Santiago, 2018, pp. 50-88.

[79] Bienvenu, 2008, p. 210. O'Gorman, 1979, pp. 141-158.

[80] Véase: Sepúlveda, 1892, pp. 257-369.

cos[81]. Las Casas, mucho más beligerante, le increpó por ser un «extirpador del género humano, sembrador de ceguedad mortalísima» y alegó que si los naturales eran bárbaros era por una ignorancia entendible; criticó la guerra tiránica e insistió en los abusos cometidos en la empresa colonizadora[82].

La controversia de Valladolid fue el capítulo más famoso del debate que décadas atrás discutía el *ius Belli* y los medios y objetivos de la conquista. Como afirma Lewis Hanke, la batalla escolástica terminó en un fallo indeciso y los conquistadores continuaron su empresa bélica contra los indios[83]. Una década después, sin embargo, las presiones del incansable dominico provocaron que en 1562 el Consejo de Indias suprimiera la perpetuidad de las encomiendas. Si el rey aceptó los destemplados memoriales de Las Casas, es porque estos invocaban el poder de la autoridad real para con los indios y contra la leva feudal de los encomenderos[84].

Es importante recordar que Gómara había conocido a Juan Ginés de Sepúlveda en Bolonia quince años antes de la controversia, en 1535 o 1536. El soriano, que en aquella fecha tenía apenas 24 años, era bibliotecario en el Colegio de San Clemente, también llamado «colegio de los españoles» y definido por Jacques Lafaye como «una fortaleza del espíritu españolista (frente a italianos afrancesados)». Sepúlveda, de unos 45 años, fue visitador oficial en Bolonia encargado de examinar a los alumnos[85]. El jurista cordobés había sido nombrado cronista real en Roma en el año 1536 y eso le convertía en el ejemplo a seguir para el joven soriano. La coincidencia de puntos de vista con Sepúlveda y la admiración compartida por Cortés fue sin duda un motor para redactar su *Historia de Indias y Conquista de México* (1552). En dicha obra, Gómara expresó su admiración por Sepúlveda: «Yo solo escribo sola y brevemente la conquista de Indias. Quien quisiere ver la justificación de ella lea al dotor Sepúlveda, coronista del Emperador, que la escribió en Latín doctísimamente. Y así quedará satisfecho del todo»[86].

Aunque ha sido difícil ubicar a Gómara en los años siguientes tras la campaña de Argel, hay varios indicios que sitúan su actividad en Valladolid,

[81] Hay que precisar que además de las presiones de Las Casas, fueron los discípulos dominicos de Vitoria, Bartolomé Carranza y sobre todo Melchor Cano, quienes recomendaron la supresión de dicha obra. Fabié, 1879, pp. 335-353. Brading, 2018, p. 108. Para los siguientes autores, Las Casas fue el responsable: Menéndez y Pelayo, 1872, p. 259. Losada, 1973, pp. 101-102. Santiago, 2018, pp. 50-88. Hanke, 2018, p. XXVIII.

[82] «Prólogo del Obispo de Chiapa a los señores de la Congregación». Las Casas, 2018, pp. 331-415.

[83] Hanke, 2018, p. XII.

[84] Brading, 2018, p. 90.

[85] Losada, 1973, p. 95. Jiménez, 2001, p. 61.

[86] López de Gómara, 2021b, p. 428. En *Guerras del mar del emperador Carlos V*, el soriano también dejó constancia de su relación con Sepúlveda y reconoció que este le convenció renunciar al título original (*De los Barbarrojas*), con el que seguramente sería más difícil ganar el favor del emperador para conseguir su aspiración: ser cronista real. López de Gómara, 2000, p. 53.

ciudad que fue a partir de la década de 1540 el centro político de Castilla, la sede de la Real Chancillería y el lugar en el que residían largas temporadas tanto Carlos V como su hijo Felipe II[87]. Como corroboró Monique Mustapha, las fuentes apuntan a que en el periodo de 1542 a 1551, el soriano se halló presente donde residía la corte y consejos reales[88]. La coincidencia en esta ciudad con Las Casas y con su ex maestro Sepúlveda durante la Controversia de Valladolid pudo ser el origen de la enemistad con el dominico, que seguramente relacionó al soriano con su oponente.

Sin embargo, hay una tercera causa que explica aún mejor el resquemor de Las Casas: la mordaz burla que Gómara escribió sobre su empresa colonizadora.

3) En su *Historia de las Indias* (1552), el soriano narró con sorna y menosprecio el estrepitoso fracaso del dominico en su intento de gobernar pacíficamente la región de Cumaná (en la actual Venezuela) en 1520. No contento con relatar la matanza provocada por los indios, Gómara ridiculizó a Las Casas y le retrató abandonando el proyecto como un cobarde: «como supo la muerte de sus amigos y la pérdida de la hacienda del rey, metiose fraile dominico en Santo Domingo; y así, no acrecentó nada las rentas reales ni ennobleció los labradores, ni envió perlas a los flamencos»[89]. Este texto, definido por Bataillon como «una obra maestra de la sobriedad incisiva»[90], consiguió deshonrar al dominico y hacerlo odioso de cara a los castellanos, para quienes regalar perlas a los favoritos flamencos de Carlos V supondría un acto vergonzante y antipatriótico. A pesar de la brevedad de su crítica —apenas un párrafo— el furibundo dominico nunca perdonó la burla. Había pasado la vida escribiendo memoriales en los que se explayaba sobre las ventajas de la colonización pacífica[91], por lo que podemos imaginar el dolor que le provocó ser ridiculizado en un libro tan célebre que tuvo un «clamoroso éxito» y una gran repercusión tanto en las Indias como en la Metrópoli[92].

En el capítulo CXLII de su *Historia de las Indias* (1552), Las Casas le acusó justamente de copiar dicha información de la obra del «capital enemigo de los indios», Gonzalo Fernández de Oviedo, y de añadir «muchas otras cosas que ni por pensamiento pasaron»[93]. Como vemos, la burla de Gómara explica mejor que cualquier otra causa la ojeriza de Las Casas.

[87] López de Gómara, 1912, pp. 257 y 260. En su crónica *Los corsarios de Barbarroja*, que redactó sobre 1542, mencionó que «buscaba aquí en Valladolid un pedazo de la vida de Barbarroja». López de Gómara, 1989, p. 13.

[88] Mustapha, 2021, pp. 660-661.

[89] López de Gómara, 2021, pp. 157-159.

[90] Bataillon, 1976, p. 164.

[91] Hanke, 2018, p. XI.

[92] Bataillon, 1976, p. 165.

[93] Las Casas, 2017, vol. III, p. 321.

4) Un cuarto y último detonante del odio de Las Casas hacia el soriano fue la precoz y fulgurante fama de su *Historia de las Indias y conquista de México* (1552), obra que el dominico se empeñó en denigrar y combatir.

Este tema nos plantea una pregunta ineludible de cara a abordar las consecuencias históricas del tema que tratamos: ¿Qué influencia pudo tener Las Casas en la prohibición de la obra de Gómara? En los textos del soriano hay un indicio revelador. En sus *Anales de Carlos V* podemos leer que en el año de 1548: «Procura fray Bartolomé de las Casas, obispo de Chiapa, estorbar la *Historia General y Natural de las Indias* que Gonzalo Hernández de Oviedo, cronista, mostró al Consejo Real de castilla para la imprimir»[94]. Teniendo en cuenta la influencia del sevillano a la hora de estorbar la publicación de las obras de Fernández de Oviedo y de Sepúlveda (en 1550) es muy posible que también intentase provocar la prohibición de la obra de Gómara, finalmente decretada por el Rey el 13 de octubre de 1553[95]. Una frase parece resumir la esencia de las intenciones del dominico: «Veis aquí con qué tiene Cortés engañado a todo el mundo, y no sin culpa de muchos de los que lean su falsa historia [...]. Y desta culpa los lectores della no son inmunes, al menos los que son letrados»[96]. Las Casas culpó indirectamente a los editores de Gómara, sin embargo, eso no significa que la prohibición fuese su responsabilidad.

Los documentos relativos a dicha prohibición no refieren los motivos que la provocaron, se limitan a exponer que «no conviene que el dicho libro ni se venda ni lea ni que se imprima más libros, sino que los que están impresos se recojan y traigan al Consejo Real de las Indias de su Majestad»[97]. Ante la ausencia de una explicación explícita, varios historiadores formularon distintas hipótesis. Roger B. Merriman achacó la censura a «las extravagantes alabanzas» de Gómara sobre Cortés, que incomodaron al monarca español, pero este motivo resulta insuficiente[98]. Henry R. Wagner, por el contrario, se aventuró a afirmar que ciertas críticas de Gómara sobre el conquistador podrían haber suscitado la proscripción por parte de la familia del Marqués, pero dicha conjetura no parece muy lógica[99]. El español Ramón Iglesia puso el acento en las críticas de Gómara hacia Carlos V, pero apuntó que Las Casas pudo influir en la proscripción de la obra[100]. El historiador francés Jacques Lafaye achacó la prohibición de su obra y su fracaso a la hora de ser nombrado cronista real a que el soriano «fue imprudente y sañudo» contra

[94] López de Gómara, 1912, p. 258.

[95] «Real Cédula a Francisco Tello, tesorero de la Casa de la Contratación, para que no deje pasar a Indias el libro escrito por Francisco López de Gómara, clérigo, titulado "La historia de las Indias y conquista de México"». Reproducido en Pérez Pastor, 1895, p. 94. Véase: Ramón Iglesia, 1942, p. 155; Jiménez, 2001, p. 291.

[96] Las Casas, 2017, vol. III, p. 241.

[97] Reproducido en: Pérez Pastor, 1895, p. 94.

[98] Merriman, 1912, pp. XVII-XVIII.

[99] Wagner, 1949, pp. 274-276.

[100] Iglesia, 1942, p. 155.

Las Casas[101]. Marcel Bataillon había argumentado que en 1552 el dominico sevillano no tenía influencia en el Consejo de Indias[102], pero, como apunta Brading, no debe menospreciarse la importancia de las intervenciones de Las Casas en los consejos del rey durante la década de 1550: sus memoriales no eran decisivos, pero sí provocaban un debate y una investigación[103].

No existe ningún documento explícito con el que zanjar este debate[104]. Para Mustapha, no cabe duda de que la obra de Gómara era subversiva en muchos aspectos, no solo de cara a la corona, sino frente a las pretensiones de los conquistadores y sus herederos. Según apunta, el Consejo de Indias cuidó a lo largo del siglo XVI que los relatos de la conquista no pudiesen ofender a los conquistadores, y no podía ignorar las reacciones públicas de actores como Díaz del Castillo[105]. Hay que recordar que dicho cronista viajó a España de 1540 a 1541 y de 1549 a 1551, antes de la publicación de la obra de Gómara, por lo que difícilmente pudo influir en la prohibición de 1553[106]. Como afirmó Louis Bénat-Tachot, el cronista Gonzalo Fernández de Oviedo —también crítico hacia Cortés y Gómara— estaba en España en los años 1547-1548 cuando vio «algunos memoriales o acuerdos escriptos por algunos aficionados suyos [a Cortés], a quien se les encomendaría que escribiesen en su alabanza»[107]. Dicha frase implicaría que ciertos detalles de la crónica de Gómara o de su biografía de Cortés eran conocidos en los años previos a su publicación. Como expresa la historiadora, su obra «estaba en el telar»[108]. No obstante, resulta poco factible que las críticas de Oviedo en 1548 pudieran provocar, por sí solas, la prohibición de la obra de Gómara en 1553.

Monique Mustapha examinó con detalle la historia editorial de la obra de Gómara y subrayó la importancia de las correcciones que realizó en la versión posterior de 1554, en la que adoptó un tono menos polémico para referirse a ciertos personajes de la conquista. Este dato indica que la prohibición de 1553 pudo ser motivada por el tono beligerante del cronista y

[101] Lafaye, 2014, p. 155.

[102] Citado en Mustapha, 2021, p. 26. Un estudio detallado sobre el periplo vital de Las Casas en 1552 es el de Giménez Fernández, 2018, pp. XXI-LXXXVII.

[103] Brading, 2019, p. 89.

[104] Mustapha, 2021, p. 29. En su minucioso estudio sobre el contexto en el que Gómara escribió su historia, la historiadora francesa concluye que el soriano redactó *La conquista de México* de 1545 a 1550 y la *Historia de las Indias* en torno a 1550, en un ambiente marcado por las Leyes de Indias (1542) y la controversia de Valladolid (1550), años de debate sobre la licitud de la conquista y los fundamentos jurídicos que la justificaban.

[105] Mustapha, 2021, p. 39.

[106] Véase la cronología elaborada por Guillermo Serés en Díaz del Castillo, 2011, p. 1269.

[107] Oviedo, 1992, t. 4, p. 265.

[108] Bénat-Tachot, 2016, p. 125. En 1556, Oviedo aludió al desconocimiento de Gómara sobre América cuando comentó «las cosas dichas muy del revés» por autores «sin aver visto las Indias» y reivindicó su propio texto «como cronista destas partes su Magestad Cesárea manda que le sirva como lo hago yo y no desde Gómara, u otro de los de España, sino de las mismas Indias»; Avalle Arce, 1974, t. 1, p. 301.

las consecuencias que podía causar en América[109]. En este contexto, sostiene Mustapha, las ideas de Gómara resultaban subversivas en muchos aspectos. Su dedicatoria a Martín Cortés, nuevo marqués del Valle, confería a su obra un alegato alentador para las reivindicaciones de los conquistadores y sus herederos. Además, la publicación de su *Historia de las Indias* coincidió con el momento en el que Pedro de la Gasca, presidente de la real Audiencia de Lima hasta 1550, regresó a España tras haber sometido la rebelión de Gonzalo Pizarro. Aunque había pacificado el Perú, aún quedaban muchos colonos agitadores. Sabemos que en 1553, Gasca fue consultado por el Consejo de Indias sobre su parecer acerca de la obra de Gómara. Parece probable que su opinión influyó, junto a otros factores, en la prohibición[110].

Como hemos visto, la mayoría de las opiniones sobre la prohibición de la obra se dividen entre la hipótesis de la culpabilidad de Las Casas y la que señala los elogios excesivos a Cortés. Creemos, sin embargo, que la opinión desfavorable de Gasca y del Consejo de Indias pudo influir tanto o más que la acción del dominico. Me inclino a pensar que la decisión de vetar la obra pudo ser provocada por una mezcla de los factores mencionados, pero sobre todo por la agitada situación que se estaba viviendo en América debido a las ambiciones de los conquistadores y de sus herederos; situación que provocó la decisión de la corona de controlar la difusión de las crónicas de Indias[111]. No olvidemos que uno de los herederos más poderosos era Martín Cortés, mecenas de Gómara, y que en 1566 protagonizaría la malograda revuelta de los encomenderos. La nueva prohibición de la obra gomariana decretada en 1566 seguramente estuvo relacionada con dicho acontecimiento. La de 1553, obedeció a razones más dispares, pero no se puede descartar el temor de la corona al poder de la familia Cortés, una de las más ricas de la Nueva España[112]. Coincidimos, en esencia, con la apreciación de Bataillon: existe una continuidad de intenciones entre 1527 —prohibición de las cartas de Cortés—, 1553 y 1566[113].

Aunque Las Casas no tenía autoridad en el Consejo de Indias en 1553, cabe pensar que su obra y sus memoriales también pudieron influir en la decisión de la corte. La *Brevísima*, publicada en el mismo año de 1552, fue el inmediato precedente de la historia de Gómara. A pesar de que no contó con

[109] El éxito de dicha obra explica la multiplicación de ediciones entre 1552 y 1555. Mustapha, 2021, p. 37.

[110] Véase la carta que mandó en 1553 a Guillermo Maliseo. Pérez de Tudela y Bueso, 1964, pp. 207, 209. Mustapha, 2021, p. 39.

[111] Hanke, 2018, p. XVI.

[112] Speckman Guerra, 1999: 3-19. Bataillon reflexionó sobre la prohibición de la obra de Gómara, *Historia de las Indias*, en 1553 y en 1566 —«año de la muerte de Las Casas» y de «la conjuración del Marqués del Valle»—. Como concluyó el francés, parece ser que se prohibió la reimpresión del texto, pero no el hecho de «tenerlo y leerlo». Véase Bataillon, 1956, p. 81.

[113] Bataillon, 1956, p. 81.

licencia real, debemos recordar que tampoco fue prohibida y que los ataques directos que recibió (los textos de Motolinía, Sepúlveda y el virrey Francisco de Toledo) no se publicaron hasta el siglo XIX. Como afirmó Hanke: «Ni las acometidas de sus contemporáneos ni los exabruptos en su contra en la última parte del XVI parecen haber sacudido la confianza de la Corona española en Las Casas»[114]. La oposición argumental entre esta obra y la de Oviedo, Gómara y Sepúlveda lleva a pensar que el rey falló a favor de Las Casas y, por ende, en contra de la causa cortesiana, defendida de forma eminente en el libro del soriano.

Conclusiones

A lo largo de esta investigación hemos abordado cuestiones que conciernen tanto a la historia como a la historiografía para responder a tres preguntas fundamentales: ¿por qué Las Casas difamó a Gómara? ¿Qué consecuencias tuvo su ataque? y ¿por qué la historiografía aceptó dicha difamación? Como hemos comprobado, gran parte de los historiadores de los siglos XX y XXI dieron por buena la afirmación de Las Casas y consideraron a Gómara capellán de Cortés sin indagar en los detalles de su biografía. Lo más preocupante es que, a pesar de que otros investigadores dieron buenos argumentos para desconfiar de esta aseveración, una buena parte de la historiografía sigue ignorando dichos datos, lo cual evidencia un flagrante desconocimiento de las fuentes y los artículos académicos.

Tras el análisis de los textos de Las Casas y de Gómara y del contexto histórico que compartieron, hemos enumerado cuatro motivos principales que explican la difamación de Las Casas. Primero, la cercanía ideológica del historiador soriano con Hernán Cortés. Segundo, su amistad con el cronista real, Sepúlveda, oponente del dominico durante la controversia de Valladolid. Tercero, el relato burlesco y cruel que Gómara escribió sobre el fracaso de Las Casas en Cumaná en el año 1520. Cuarto, el éxito fulgurante de la obra de Gómara, quizás el texto sobre la conquista más deleitoso y fácil de leer. Pero la venganza de Las Casas pudo ser aún peor. Creemos que no es descabellado adjudicarle cierta influencia (aunque indirecta y parcial) en la prohibición de la obra de Gómara decretada en 1553, sin por ello olvidar el resto de causas comentadas anteriormente.

Como vimos, la obra de Gómara ha sido constantemente tachada de imperialista y apologética[115] y denostada en comparación con la de Bernal Díaz del Castillo, autor mucho más elogiado por la historiografía y que, sin embargo, pasó prácticamente por alto en su crónica la historia y la cultura de

[114] HANKE, 2018, p. XV.

[115] Además de los autores anteriormente citados, véase: ROA-DE-LA-CARRERA, 2005.

los indígenas[116], concentrándose en dar todos los detalles posibles de la campaña conquistadora. En el panorama editorial actual (sobre todo en México), la obra de Díaz del Castillo se reedita constantemente[117], mientras que la de Gómara solo se encuentra en las librerías especializadas, quizás debido a que muchos aún la consideran una apología de Cortés, escrita por alguien que nunca presenció los hechos[118]. Como afirma Marie-Cécile Bénassy-Berling, los estudiosos saben que este último argumento «tiene un valor muy relativo, pero siempre hace mella en el vulgo». Díaz del Castillo, el Inca Garcilaso y otros muchos cronistas supieron disimular sus plagios a Gómara con críticas que sembraron una mala fama que dura hasta nuestros días[119].

José Luis Egío subrayó que, a pesar de su burla hacia la apuesta lascasiana por la evangelización pacífica, la obra de Gómara abunda en críticas al trato inhumano que ejercían los conquistadores y hacia el mismo Cortés[120]. Nos bastará con poner dos ejemplos representativos que rompen con el estereotipo de Gómara como escritor apologeta y defensor de la violencia de los conquistadores. El primero es el párrafo final de *Historia de las Indias*, en el que Gómara afirmó en un tono que podría haber escrito Las Casas, que casi todos los conquistadores que explotaron a los indios hasta la muerte, «han acabado mal. En lo ál paréceme que Dios ha castigado sus gravísimos pecados por aquella vía»[121]. El segundo es su famosa descripción de Cortés, en el último capítulo de *Conquista de México*, donde podemos ver una enumeración no solo de sus virtudes, sino de sus defectos: «recio porfiando», con más pleitos «de los que convenía a su estado», mujeriego y gastador «en mujeres» y «antojos» a la par que escaso, es decir, tacaño, y «atrevido en casas ajenas, «condición de putañeros»[122]. Como vemos, dicho retrato no encaja para nada con el panegírico del que hablan los historiadores que menospreciaron a Gómara como burdo criado y apologeta del conquistador.

Como afirmó Fermín del Pino Díaz, aunque parezca contradictorio, Gómara adoptó una actitud «lascasiana» frente a los conquistadores en su primera parte de la *Historia de las Indias*[123]. Personajes como Colón y Pizarro salen muy mal parados en comparación con Hernán Cortés[124]. Buena parte de los trabajos historiográficos sobre el soriano han sido incapaces de

[116] Pino Díaz, 2018, p. 23.

[117] Véase por ejemplo: Díaz del Castillo, 2007, 2009, 2011, 2012, 2013, 2014, 2016, 2019.

[118] En el ámbito académico, afortunadamente, Gómara está siendo reeditado, como podemos comprobar por los recientes trabajos de la Fundación José Antonio de Castro y de la Casa de Velázquez. Véase: López de Gómara, 2021a. López de Gómara, 2021b.

[119] Bénnasy-Berling, 2021, p. 781.

[120] Egío, 2016, p. 161.

[121] López de Gómara, 2021a, p. 428.

[122] López de Gómara, 2021a, p. 913.

[123] Pino Díaz, 2018, p. 21. Para el autor, Garcilaso se resistió a aceptar «el indigenismo evidente de Gómara, que aparece en numerosas ocasiones de esta obra». Pino Díaz, 2018, p. 28.

[124] López de Gómara, 2021a, pp. 41, 60, 279 y 349-353.

detectar esta lógica polar tan presente de su obra: en la primera parte, el autor critica a los conquistadores en general —en especial a los del Perú—; en la segunda, ensalza el modelo mexicano de Cortés, como excepcional. Como concluyó Pino Díaz: Gómara, «a fuer de su trayectoria humanista en Italia y Países Bajos, era un espíritu más libre de lo que asumen Las Casas y sus seguidores»[125].

Por último, debemos dejar abierta para la reflexión la pregunta final con la que inició esta investigación. ¿Por qué la mayoría de los historiadores despreciaron (y aún desprecian) la obra de Gómara? La preferencia por las ideas del dominico puede relacionarse con el influjo del nacionalismo en México y las teorías decoloniales en Europa y Estados Unidos, pero también tiene que ver con el desprecio historiográfico al individualismo tan presente en la obra de Gómara, influenciada al mismo tiempo por el humanismo y por la historiografía grecolatina[126]. Ojalá que, en este nuevo contexto de revalorización del género biográfico, los historiadores se despojen de prejuicios y la obra del soriano sea abordada con la objetividad que se merece.

Merece la pena terminar citando al historiador español Ramón Iglesia, que ya en 1942 señaló con lucidez el mismo problema histórico e historiográfico al que nos enfrentamos en la segunda década del siglo XXI. Refiriéndose a los exabruptos de Las Casas, comentó:

> A nosotros estas opiniones tajantes no nos chocan lo más mínimo, pues son perfectamente lógicas dado el punto de vista del dominico, enemigo de la conquista. Pero no deja de tener gracia que el testimonio de hombre tan violento y apasionado como Las Casas sea invocado por los historiadores «imparciales» y «científicos»[127].

Bibliografía

Altolaguirre Duvale, Ángel de (1954), *Descubrimiento y conquista de México*, Madrid, Salvat.

Avalle-Arce, Juan Bautista (1974), *Memorias de Gonzalo Fernández de Oviedo*, 2 vols., Chapel Hill, University of North Carolina Press.

Bataillon, Marcel (1956), «Hernán Cortés: autor prohibido», en VV. AA., *Libro jubilar de Alfonso Reyes*, México, Dirección General de Difusión Cultural, pp. 77-82.

125 Pino Díaz, 2018, p. 30.

126 Como explicó François Dosse, hasta la década de 1980, la escritura biográfica fue considerada por los historiadores eruditos un género despreciado, y dejado para los aficionados y apologetas: Dosse, 2007, p. 185. Véase también: Simand, 1903.

127 Iglesia, 1942, pp. 152-153.

BATAILLON, Marcel (1965), *Études sur Bartolomé de las Casas*, París, Centre de Recherche de l'Institut d'Études Hispaniques.

BATAILLON, Marcel (1976), «Itinerario de una leyenda: los "caballeros pardos"», en Marcel BATAILLON, *Estudios sobre Bartolomé de las Casas*, Barcelona, Península.

BATAILLON, Marcel (1985), *El padre Las Casas y la defensa de los indios*, Madrid, Sarpe.

BATAILLON, Marcel (2013), *Las Casas en la historia*, México, FCE, 2013.

BENNASSAR, Bartolomé (2002), *Hernán Cortés. El conquistador de lo imposible*, Madrid, Temas de hoy.

BÉNAT-TACHOT, Louise (2016), «Gonzalo Fernández de Oviedo y la gesta de los «cortesanos», en María del Carmen MARTÍNEZ MARTÍNEZ & Alicia MAYER (coords.), *Miradas sobre Hernán Cortés*, Madrid-Frankfurt am Main, Iberoamericana-Veuvert.

BÉNNASY-BERLING, Marie-Cécile (2021), «El destino de la *Historia de las Indias*», en Francisco LÓPEZ DE GÓMARA, *Historia de las Indias (1552)*, Madrid, Casa de Velázquez, pp. 763-788.

BENZONI, Girolamo (1565), *La historia del mondo nuovo*, Venecia, Prensa de Francesco Rampazetto.

BIENVENU, Gilles (2008), «Universalismo o relativismo de valores: el debate de Valladolid», en Gilles BATAILLON, Gilles BIENVENU & Ambrosio VELASCO GÓMEZ (coords.), *Las teorías de la guerra justa en el siglo XVI y sus expresiones contemporáneas*, México, UNAM-FFL/CIDE/CEMCA/ Embajada de Francia.

BIENVENU, Gilles (2021, ed.), ver GINÉS DE SEPÚLVEDA.

BRADING, David A. (2019), *Orbe indiano. De la monarquía católica a la república criolla*, 1492-1867, México, FCE.

BUNES DE IBARRA, Miguel Ángel (2000), «Carlos V y el mediterráneo», en *Guerras del mar del emperador Carlos V*, Madrid, Sociedad Estatal para la Conmemoración de los Centenarios de Felipe II y Carlos V, pp. 13-28.

CARBALLO, David M. (2020), *Collision of Worlds. A deep history of the fall of Aztec Mexico and the forging of New Spain*, New York, Oxford University Press.

CASTILLA URBANO, Francisco (2010), «El *Democrates secundus* de Juan Ginés de Sepúlveda, ¿retórica o ideología?», *Pensamiento*, 66 (247), pp. 83-107.

DÍAZ DEL CASTILLO, Bernal (2011), *Historia verdadera de la conquista de la Nueva España*, Madrid, Círculo de Lectores/Real Academia Española.

DÍAZ DEL CASTILLO, Bernal (2007), *Historia verdadera de la conquista de la Nueva España*, México, Éxodo.

DÍAZ DEL CASTILLO, Bernal (2009), *Historia verdadera de la conquista de la Nueva España*, México, Porrúa.

Díaz del Castillo, Bernal (2012), *Historia verdadera de la conquista de la Nueva España*, México, Editorial Tomo.

Díaz del Castillo, Bernal (2013), *Historia verdadera de la conquista de la Nueva España*, México, Editores Mexicanos Unidos, 2013.

Díaz del Castillo, Bernal (2014), *Historia verdadera de la conquista de la Nueva España*, México, Academia Mexicana de la Lengua, 2014.

Díaz del Castillo, Bernal (2019), *Historia verdadera de la conquista de la Nueva España*, México, Austral.

Dosse, François (2007), *El arte de la biografía: entre historia y ficción*, México, Universidad Iberoamericana.

Duverger, Christian (2001), *Cortés*, París, Fayard.

Duverger, Christian (2005), *Hernán Cortés. Más allá de la leyenda*, Madrid, Taurus.

Duverger, Christian (2012), *Crónica de la eternidad: ¿quién escribió la «Historia verdadera de la conquista de la Nueva España»?* Madrid, Taurus, 2012.

Egío, José Luis (2016), «Acciones y virtudes políticas del Cortés de Gómara. Transcendencia secular de un juego de espejos», en María del Carmen Martínez Martínez & Alicia Mayer (coords.), *Miradas sobre Hernán Cortés*, Madrid, Tiempo Emulado.

Fabié, Antonio María (1879, ed.), *Vida y escritos de Don Fray Bartolomé de las Casas, obispo de Chiapa*, Colección de documentos inéditos para la historia de España vol. 71, Madrid, Miguel Ginesta.

Fernández de Oviedo, Gonzalo, *Historia general y natural de las Indias*, 5 vols., ed. de Juan Pérez de Tudela Bueso, Madrid, Biblioteca de Autores Españoles, 1992.

García Cárcel, Ricardo, *La leyenda negra. Historia y opinión*, Madrid, Alianza, 1992.

García García, Emilio, «Bartolomé de las Casas y los Derechos Humanos», en Méndez Francisco, Luis, *Los derechos humanos en su origen. La República Dominicana y Antón de Montesinos*, Salamanca, Editorial San Esteban, 2011.

Garcilaso de la Vega, el Inca, (1991), *Comentarios reales de los incas*, Edición, prólogo, índice temático y glosario de Carlos Aranníbar, México, FCE.

Giménez Fernández, Manuel (2018), «Bartolomé de las Casas en 1552», en Bartolomé de las Casas, *Tratados*, t. 1, México, FCE, pp. XXI-LXXXVII. Primera edición en 1965.

Ginés de Sepúlveda, Juan (2021), *Democrates, second dialogue sur les justes causes de la guerre*, texte introduit, traduit et commenté par Gilles Bienvenu, París, Belles Lettres.

Guzmán, Eulalia (2019), *Relaciones de Hernán Cortés a Carlos V sobre la invasión de Anáhuac*, México, INEHM.

Hanke, Lewis (1949), *The Spanish Struggle for Justice in the Conquest of America*, Filadelfia, University of Pennsylvania Press.

Hanke, Lewis (1965), «Actualidad de Bartolomé de Las Casas», en Bartolomé de las Casas (2018), *Tratados*, t. 1, México, FCE, pp. XI-XIX. Primera edición en 1965.

Hernández Sánchez-Barba, Mario (2014), *La época dorada de América: pensamiento, política, mentalidades*, Madrid, Biblioteca Nueva.

Hunt, Lynn (2009), *La invención de los derechos humanos*, Barcelona, Anthropos.

Iglesia, Ramón (1942), *Cronistas e historiadores de la conquista de México: el ciclo de Hernán Cortés*, México, El Colegio de México.

Jiménez, Nora Edith (2001), *Francisco López de Gómara. Escribir historias en tiempos de Carlos V*, México, El Colegio de Michoacán/Conaculta-INAH.

Las Casas, Bartolomé de (1579), *Tyrannies et cruautez des Espagnols, perpetrees és Indes occidentales fidelement traduictes par Jaques de Miggrode, qu'on dit le Nouveau Monde*, Franços de Ravelenguien, Amberes. Traducido por Jaques de Miggrode.

Las Casas, Bartolomé de (1640), *La Liberta Pretesa dal Supplice Schiavo Indiano*, Venecia, Marco Ginammi. Traducido por Marco Ginammi.

Las Casas, Bartolomé de (1656), *The Tears of the Indians*, Londres, J. C. por Nath. Brook. Traducido por John Phillips.

Las Casas, Bartolomé de (1845), *Historia de las Indias*, Madrid, Editorial Ginesta.

Las Casas, Bartolomé de (2005), *Brevísima relación de la destruición de las Indias*, Madrid, Cátedra.

Las Casas, Bartolomé de (2017a), *Historia de las Indias*, 3 vols, México, FCE.

Las Casas, Bartolomé de (2018), «Brevísima relación de la destrucción de las Indias», en Bartolomé de las Casas, *Tratados*, vol. 1, México, FCE.

Lafaye, Jacques (2014), *Sangrientas fiestas del Renacimiento*, México, FCE.

Lewis, Robert R. (1983), *The Humanistic Historiography of Francisco López de Gómara*, Ph. D. dissertation, The university of Texas at Austin.

Lewis, Robert R. (1984), «El testamento de Francisco López de Gómara y otros documentos tocantes a su vida y obra», *Revista de Indias*, 44 (173), enero-junio, pp. 61-79.

Loesberg, Jonathan (1983), «Narratives of authority: Cortés, Gómara, Díaz», en *Prose Studies*, núm. 6, pp. 239-263.

López de Gómara, Francisco (1552), *La conquista de México*, Zaragoza, Agustín Millán.

López de Gómara, Francisco (1555), *La historia general de las Indias y nuevo mundo (anotaciones del Inca Garcilaso)*, Zaragoza, Miguel de Çapila.

López de Gómara, Francisco (1989), *Los corsarios Barbarroja*, Madrid, Ediciones Polifemo.

López de Gómara, Francisco (2000), *Guerras del mar del emperador Carlos V*, Madrid, Sociedad Estatal para la Conmemoración de los Centenarios de Felipe II y Carlos V.

López de Gómara, Francisco (2021a), *Historia de las Indias y conquista de México*, Madrid, Biblioteca Castro.

López de Gómara, Francisco (2021b), *Historia de las Indias (1552)*, Madrid, Casa de Velázquez.

Losada, Ángel (1973), *Juan Ginés de Sepúlveda a través de su «epistolario» y nuevos documentos*, Madrid, CSIC-Instituto Francisco de Vitoria.

Madariaga, Salvador de (1941), *Hernán Cortés: Conqueror of México*, Londres, The Macmillan Company.

Madariaga, Salvador de (1995), *Hernán Cortés*, Barcelona, Planeta de Agostini.

Martínez Martínez, María del Carmen (2010), «Francisco López de Gómara y Hernán Cortés: Nuevos testimonios de la relación del cronista con los marqueses del Valle de Oaxaca», *Anuario de estudios americanos*, 67 (1), pp. 285-286.

Martínez Martínez, María del Carmen (2015a), «Francisco López de Gómara y la Orden de Alcántara», *Anuario de Estudios Americanos*, 72, enero-junio, pp. 151-176.

Martínez Martínez, María del Carmen (2015b), «Hernán Cortés en España (1540-1547)», en Martín Ríos Saloma (ed.), *El mundo de los conquistadores*, México, UNAM/ Sílex Ediciones.

Masters, Adrián (2022), «¿Por qué se decretaron las Leyes Nuevas de 1542? Nuevas luces sobre conquistadores peruleros, mujeres palaciegas y Bartolomé de las Casas en las reformas de Indias», *Revista de Indias*, 82 (285), pp. 293-327.

Menéndez y Pelayo, Marcelino (1892), *J. Genesii Sepulvedae Cordubensis Democrates alter, sive de justis belli causis apud Indos / Demócrates segundo o De las justas causas de la guerra contra los indios, Boletín de la Real Academia de la Historia*, 21, pp. 257-369.

Menéndez Pidal, Ramón (1963), *El padre Las Casas, su doble personalidad*, Madrid, Espasa-Calpe.

Merriman, Roger B. (1912, ed.), *Annals of the emperor Charles V*, Oxford, Clarendon Press.

Miralles, Juan (1985), «Prologo», en Francisco Cervantes de Salazar, *Crónica de la Nueva España*, México, Porrúa, pp. XXV-XXVIII.

MIRALLES, Juan (2001), *Hernán Cortés. Inventor de México*, Barcelona, Tusquets.

MIRALLES, Juan (2009), «Gómara, ¿capellán de Cortés?», en *Boletín de la Real Academia de la Historia*, 206, Cuaderno 2, pp. 165-176.

MORA RODRÍGUEZ, Luis Adrián (2020), «Bartolomé de Las Casas y el pensamiento decolonial: debates y precisiones», *Revista de Estudios*, 41, 27-10-2020. Puede consultarse en: https://revistas.ucr.ac.cr/index.php/estudios/article/view/44849/44670

MURIÁ, José María (1974), *Bartolomé de las Casas ante la historiografía mexicana*, México, Secretaría de Educación Pública, pp. 7-60.

MUSTAPHA, Monique (2021), «Datos biográficos», en Francisco LÓPEZ DE GÓMARA, *Historia de las Indias (1552)*, Madrid, Casa de Velázquez, ver LÓPEZ DE GÓMARA, 2021b, pp. 643-691.

O'GORMAN, Edmundo (1979), «Sobre la naturaleza bestial del indio americano», *Revista Filosofía y Letras*, 1, pp. 141-158.

PASTOR, Marialba (2016), «Hernán Cortés y sus fieles repetidores», *Historia y Grafía*, 24 (47), julio-diciembre, pp. 91-114.

PEREYRA, Carlos (2016), *Hernán Cortés y la Epopeya del Anáhuac*, Madrid, Editorial América.

PEREYRA, Carlos (1942), *Las huellas de los conquistadores*, Madrid, Publicaciones del Consejo de la Hispanidad.

PEREYRA, Carlos (2006), *Hernán Cortés*, México, Porrúa.

PÉREZ PASTOR, Cristóbal (1895), *La imprenta en Medina del Campo*, Madrid, Sucesores de Rivadeneira, Impresores de la Real Casa.

PÉREZ DE TUDELA Y BUESO, Juan (1964), *Documentos relativos a don Pedro de la Gasca y a Gonzalo Pizarro*, 2 vols., Madrid, Real Academia de la Historia.

PINO DÍAZ, Fermín del, «Garcilaso, lector de Gómara», *Philologia hispalensis*, 32 (2), 2018, pp. 15-32.

RESTALL, Matthew (2004), *Los siete mitos de la conquista española*, Barcelona, Planeta.

RESTALL, Matthew (2018), *When Montezuma Met Cortés. The True Story of the Meeting that Changed History*, London, Ecco, 2018.

ROCA BAREA, María Elvira (2016), *Imperiofobia y leyenda negra. Roma, Rusia, Estados Unidos y el Imperio español*, Madrid, Ediciones Siruela.

ROA-DE-LA-CARRERA, Cristian A. (2005), *Histories of Infamy. Francisco López de Gómara and the Ethics of Spanish Imperialism*, Boulder, University Press of Colorado.

SANTIAGO, Teresa (2018), *Bárbaros contra cristianos. La polémica Bartolomé de las Casas-Juan Ginés de Sepúlveda*, México, Universidad Autónoma Metropolitana.

SEPÚLVEDA, Juan Ginés de (1879), «Proposiciones temerarias, escandalosas y heréticas que notó el doctor Sepúlveda en el libro de la conquista de Indias, que fray Bartolomé de las Casas, obispo que fue de Chiapa, hizo imprimir "sin licencia" en Sevilla, año de 1552, cuyo título comiença: Aquí se contiene una disputa o controversia», en Antonio María FABIÉ (ed.), *Vida y escritos de Don Fray Bartolomé de las Casas, obispo de Chiapa*, Madrid, Colección de documentos inéditos para la historia de España, vol. 71.

SEPÚLVEDA, Juan Ginés de (1892), *J. Genesii Sepulvedae Cordubensis Democrates alter, sive de justis belli causis apud Indos / Demócrates segundo o De las justas causas de la guerra contra los indios*, prólogo, traducción y edición de Marcelino MENÉNDEZ Y PELAYO, Madrid, *Boletín de la Real Academia de la Historia*, 21, 1892.

SEPÚLVEDA, Juan Ginés de (1979), *Epistolario de Juan Ginés de Sepúlveda*, Madrid, Ediciones Cultura Hispánica.

SEPÚLVEDA, Juan Ginés de (1984), *Demócrates segundo o de las justas causas de la guerra contra los indios*, ed. de Á. Losada, Madrid, CSIC.

SEPÚLVEDA, Juan Ginés de (2021), *Democrates, second dialogue sur les justes causes de la guerre*, ed. de Gilles BIENVENU, París, Belles lettres.

SIMAND, François (1903), «Méthode historique et science sociale», *Revue de synthèse historique*.

SPECKMAN GUERRA, Elisa (1999), «El rey nos quiere quitar el comer y las haciendas. La conspiración de Martín Cortés y Arellano, segundo Marqués del Valle», *Boletín del Instituto de Investigaciones Históricas*, 56, pp. 3-19.

TERESA DE MIER, Servando (1821), «Prefacio a la Breve relación de la destrucción de las Indias, por Fray Bartolomé de las Casas», Filadelfia, Juan f. Hurtel.

TERESA DE MIER, Servando (1922), *Historia de la revolución de la Nueva España antiguamente Anáhuac*, 2 vols., México, Imprenta de la Cámara de Diputados.

THOMAS, Hugh (1993), *The Conquest of Mexico*, Londres, Hutchinson.

THOMAS, Hugh (2018), *El imperio español de Carlos V*, Barcelona, Planeta.

TOWNSEND, Camilla (2006), *Malintzin Choices. An Indian Woman in the Conquest of Mexico*, Alburquerque, University of New Mexico.

URDANOZ, Teófilo (1974), «Las Casas y Francisco de Vitoria (En el V centenario del nacimiento de Bartolomé de las Casas, 1474-1974)», *Revista de estudios políticos*, 198, pp. 115-192.

VILLORO, Luis (2009), *Tres retos de la sociedad por venir: justicia, democracia, pluralidad*, México, Siglo XXI.

VITORIA, Francisco de (1967), *Reletio de Indis*, Madrid, L. Pereña y J. M. Pérez Prendes.

WAGNER, Henry R. (1945), «Three Studies on the Same Subject: Bernal Díaz del Castillo», *Hispanic American Historical Review*, 25, pp. 155-190.

WAGNER, Henry R. (1949), «Francisco López de Gómara and his works», *Proceedings of the American Antiquarian Society*, 1949, pp. 263-282.

Las cosas que no son

Autour d'un rapport de connaissance théologique aux cultures matérielles sous la dictature franquiste

Brice Chamouleau

Université Paris 8 Vicennes-Saint-Denis

Cet article discute le projet d'une histoire des cultures matérielles sous la dictature franquiste. Cette histoire des choses s'inscrit dans un tournant affectif et émotionnel marqué qui rend mal compte d'un rapport historique aux « choses » sous la dictature et que cet article prétend restituer. En redonnant à la pensée du philosophe Xavier Zubiri sa centralité dans les savoirs catholiques produits sous la dictature, les choses n'y font déjà sens qu'arrimées à l'instance subjective qui les investit par le langage, la personne humaine chrétiennement saisie. En exhumant ce rapport personnaliste aux choses, l'article invite à réévaluer la présence du paulinisme et ses effets à l'heure de l'inventaire des choses du nouveau consumérisme sous la dictature, suscitant une discussion métahistorique autour du projet théorique de ce tournant historiographique qui étend la performativité au-delà du langage. Faute de restituer un rapport théologique à la matière, ce tournant contraint à se demander si le seul pari d'une performativité extensive élimine effectivement les héritages cognitifs des savoirs élaborés sous la dictature.

Mots-clés : catholicité, cultures matérielles, déconstruction, franquisme, paulinisme, Xavier Zubiri

Pour citer cet article / Para citar este artículo / To quote this article

Brice Chamouleau, « Las cosas que no son. Autour d'un rapport de connaissance théologique aux cultures matérielles sous la dictature franquiste », *Mélanges de la Casa de Velázquez. Nouvelle série*, 54 (2), 2024, pp. 233-257.

Las cosas que no son. Sobre una relación de conocimiento teológica de las culturas materiales bajo la dictadura franquista

Este artículo debate sobre el proyecto de una historia de las culturas materiales bajo la dictadura franquista. La historia de las cosas se inserta en un notable giro afectivo y emocional que da cuenta mal de una específica relación histórica con las «cosas» bajo la dictadura, que tal artículo pretende restituir. Al reevaluar la centralidad de Xavier Zubiri en los saberes católicos bajo la dictadura, las «cosas» solo tienen sentido ya en ese contexto cuando van vinculadas a la instancia subjetiva que las significa, la propia persona humana cristianamente definida. Exhumar esta relación personalista con las cosas permite reevaluar la presencia del paulinismo y sus efectos a la hora del «inventaire des choses» del nuevo consumismo bajo la dictadura franquista, abriendo una discusión metahistórica alrededor del proyecto teórico de este giro historiográfico. Al no restituir esta relación teológica con lo material, este giro obliga a preguntarse si tan solo apostar por un concepto extensivo de la performatividad elimina efectivamente los legados cognitivos arrastrados por los saberes elaborados bajo la dictadura.

Palabras claves: catolicidad, culturas materiales, deconstrucción, franquismo, paulinismo, Xavier Zubiri

Las cosas que no son. On a theological knowledge relationship of material cultures under Franco's dictatorship

This paper discusses the project of a history of material cultures under the Franco dictatorship. This history of things is part of a marked affective and emotional turn of events that does little to account for the historical relationship to "things" under the dictatorship, which this article seeks to restore. By reevaluating the contribution of the philosopher Xavier Zubiri's thought to its centrality in the Catholic knowledge produced under the dictatorship, things only make sense when they are tied to the subjective instance that invests them through language, the human person as Christianly understood. By unearthing this personalist relationship to things, the article invites us to reassess the presence of Paulinism and its effects at a time when the new consumerism and its "*inventaire des choses*" was built under the dictatorship, prompting a metahistorical discussion of the theoretical project of this historiographical turn that extends performativity beyond language. Failing to restore a theological relationship with matter, this turn forces us to ask whether the sole gamble of an extensive performativity effectively eliminates the cognitive legacies of knowledge developed under the dictatorship.

Keywords: catholicity, material cultures, deconstruction, Francoism, Paulinism, Xavier Zubiri

"Llama a las cosas que no son como si fueran" (*Rom.*, 4,17).
En este sentido la creación es una palabra, un logos.
(Zubiri, 1974 [1942], p. 435)

L'ambition d'une histoire de la vie quotidienne sous le franquisme jouit d'un essor renouvelé dans la production historiographique actuelle : elle s'inspire en particulier des travaux sur les résistances subalternes de James Scott[1], de la variété des formes subjectives de résistances civiles à l'échelle européenne[2], et vise à rendre compte d'expériences « *a ras de suelo* »[3] de la dictature, par un jeu d'échelles rapportant les métarécits historiographiques à la complexité des zones grises orchestrant la vie sociale en contexte totalitaire.

L'intérêt pour les cultures matérielles et la vie quotidienne dépasse le seul cadre du vaste champ d'étude des subalternités politiques sous la dictature et de leurs mémoires. Il retient l'attention cependant en tant qu'il explicite les enjeux théoriques de l'écriture d'une telle histoire politique du franquisme. Dans cette perspective, c'est à partir de l'histoire culturelle et des études sur le genre, attentives à la dimension subjective des rapports de domination, que cette perspective s'épanouit : l'ouvrage de María Rosón Villena, Género, memoria y cultura visual en el primer franquismo : materiales cotidianos, más allá del arte (2016), en est une des réalisations les plus notables, le volume, coordonné en 2020 par Ángela Muñoz Fernández et Marta del Moral Vargas plus récemment, *Cultura material e historia de las mujeres*, tout autant[4]. Là, l'histoire de l'art et les études culturelles, à la faveur de l'appréhension de ce qui se présente comme de « nouveaux matérialismes » attentifs à la « vitalité de la matière »[5], investissent l'historiographie sur le franquisme pour étendre le rapport d'exhumation du passé, d'abord engagé à l'endroit des restes humains dans les fosses de la guerre d'Espagne et de la dictature, à ces objets du quotidien pris comme supports d'investissements affectifs et émotionnels dissensuels ou subalternes — ces objets sont à ce titre des « choses ».

Le parti pris critique de ces nouveaux matérialismes repose sur le refus du binarisme moderne humain/non humain, sous l'impulsion des travaux de Bruno Latour en épistémologie des sciences[6]. Les humains agissent sur les objets matériels, mais en retour, ces choses sont capables d'action sur les

[1] La perspective théorique puise dans Scott, 2011.

[2] Je renvoie notamment aux développements bien établis par Semelin, 1989, Judt, 1989, Douzou et Yusta, 2018, et très récemment dans Andrieux, 2021.

[3] Hernández Burgos, 2013.

[4] Rosón Villena, 2016 et 2020.

[5] Bennett, 2012, Bertrand-Dorléac, 2022.

[6] Latour, 1991.

subjectivités humaines, en particulier, pour l'histoire politique des mémoires et de la dictature franquiste, elles suscitent des émotions. La perspective vise alors à extraire les choses de la subjectivité humaine dans laquelle le binarisme humain/non humain moderne les a serties, des représentations fétichisantes suscitées par leur arrimage à une perspective subjective humaine, individuelle ou collective. Le projet scientifique du dossier coordonné par María Rosón Villena et récemment publié par la revue valencienne d'études culturelles Kamchatka (2021) propose dans cette lignée une « *historia de la dictadura que se presenta desde y a través de sus cosas* »[7] en faisant le pari de la « *agencia o la capacidad de acción e influencia de las cosas* »[8] et de leur capacité à « *acorpar la memoria* ». L'historienne soutient ainsi que « *su fisicidad trae de forma inmediata el pasado al presente* » et que ces choses « *en su propia fisicidad tienen memoria* »[9]. La rénovation historiographique suppose un renversement de perspective par rapport à une histoire rivée à la subjectivité moderne occidentale, renouvelant la critique marxienne sur la fétichisation des marchandises dans le système de valeurs capitaliste, en l'étendant cette fois-ci bien au-delà d'une stricte lecture économique – ce renouvellement par les nouveaux matérialismes ainsi définis vise une écriture de l'histoire politique de la dictature franquiste à rebours des catégories de la modernité occidentale, dans le sillage des travaux d'Arjun Appadurai[10] sur la « vie sociale des choses », irréductibles à leur seule appropriation technique par le sujet moderne. La prolifération de travaux sur les cultures matérielles sous la dictature et dans les mémoires du franquisme, à l'instar de ce dossier, vaut ainsi confirmation d'un engouement notable de l'historiographie après un cycle d'une décennie qui a fait porter l'attention majoritairement sur les répertoires et les logiques de l'action collective.

L'article fondateur de Jo Labanyi, au sein de l'hispanisme et de l'historiographie espagnole dans ce champ effervescent, « Doing Things: Emotion, Affect and Materiality » publié dans le *Journal of Spanish Cultural Studies* en 2010, reproduit dans le dossier de Kamchatka (« Pensar lo material »), précise les coordonnées d'un tel horizon historiographique. Cette histoire des cultures matérielles étend au-delà du langage et des subjectivités humaines les modalités de la performativité : c'est désormais la matière qui est acte, incluant la cognition et le dire humains. En considérant que la matière « *no es una cosa sino un hacer* » (Karen Barad) et que « nosotros somos parte de ella » (Jo Labanyi)[11], l'usage épistémique auquel elle se prête dépasse celui des études sur le genre rompues à ceindre, à la suite de Judith Butler, la matérialité à celle des corps, pour la comprendre comme acte, puissance, au sein

---

[7] Rosón Villena, 2021, p. 12.

[8] Rosón Villena, 2021, p. 9.

[9] Rosón Villena, 2021, p. 8.

[10] Appadurai, 2020.

[11] Labanyi, 2021, p. 25.

d'un réseau d'agents, privant la subjectivité humaine de singularité, pareillement à tout autre matière engagée qu'elle est dans ces actes[12].

Cet investissement renouvelé des cultures matérielles ouvre à l'évidence un champ de travail vaste et innovant au sein de l'historiographie sur la dictature franquiste, pour en requalifier les expériences sensibles et leur transmission dans les mémoires démocratiques. Il reste cependant que ce rapport dit nouveau à la matière fait l'impasse sur l'histoire d'un rapport de connaissance à la matérialité sous le franquisme[13] : que tout soit acte – matière, choses, personnes et intelligence humaines – n'a en effet rien de surprenant pour la doctrine sur laquelle se tient le régime franquiste dont on aspire à renouveler l'histoire par des expériences sensibles, le national-catholicisme, en particulier sous l'effet des apports en théologie du personnalisme chrétien qui circulent en Espagne, contrairement à ce que s'est habituée à penser l'historiographie, j'y reviendrai. Alors qu'en Espagne comme ailleurs en Occident, au tournant des années 1960, l'on commence à pouvoir dresser un « inventaire des choses » et des biens matériels à la manière de Georges Perec, les choses sont ainsi déjà reconnues comme agissantes : sous l'effet du renouveau théologique en cours dès les premiers lustres de la dictature franquiste, elles sont à ce titre des « choses-sens ».

En restituant ces savoirs, il semble qu'il y ait plus à exhumer que les contenus de coffres oubliés ou tenus secrets dans des greniers. Là, Dieu est « acte pur », étendant la théorie de la performativité très au-delà du binarisme humain/non humain, dans une cosmovision qui s'ajuste mal aux catégories dites modernes, résistant à la critique qui pense les identifier sous la dictature. L'implantation d'une culture de consommation et des biens matériels sous la dictature s'installe dans une épistémè théologique méconnue que ce texte souhaite restituer, pour autant qu'elle reste dans un angle mort de l'historiographie sur les cultures matérielles, mais également de l'histoire du catholicisme en Espagne au XXe siècle, contenue dans une histoire des acteurs et des institutions qui le font exister idéologiquement – l'État dictatorial et ses adversaires – ou dans une histoire religieuse qui ne dialogue pas avec les apports de la théologie, évacuant la dimension cognitive des savoirs chrétiens qui déborde au-delà du champ religieux[14]. Sous la dictature, en effet, la théologie se situe dans une antécédence conceptuelle au droit et aux sciences sociales.

---

[12] Labanyi, 2021, p. 25. La cognition humaine est inscrite ici à l'intérieur de cette conception de la performativité étendue qui « *entendería el pensamiento, la observación y la teorización como prácticas de intervención en, y parte de, el mundo que habitamos* » (cité de Barad, 2007).

[13] L'hypothèse d'une histoire d'un rapport de connaissance à partir de Latour, 1998 et Benasayag & Cany, 2020, p. 78.

[14] L'histoire des cultures matérielles au sein de l'histoire du catholicisme fait elle aussi le pari de la matérialité sans soumettre la catégorie elle-même à un examen historique et épistémique à partir de la théologie. Sur ce que recouvre cette histoire des cultures matérielles dans l'histoire récente du catholicisme, Miller, 2015, et en Espagne, Solans, 2015.

En identifiant cet hors-champ de la critique, cet article vient adresser une question méthodologique à l'historiographie sur le franquisme s'emparant des cultures matérielles : faute de restituer un rapport théologique à la matière, est-on assuré que le seul pari d'une performativité extensive élimine effectivement les héritages cognitifs des savoirs élaborés sous la dictature ? L'exploration d'un rapport de connaissance historique de la matière sous la dictature vise alors à identifier un reste cognitif de ce qui a été pensé sous la dictature pour se rapporter aux choses, qui pourrait bien renvoyer le geste critique actuel d'un renouvellement de l'approche marxienne, à son historicité et à sa dépendance vis-à-vis d'une contrainte historique exercée sur les savoirs, élaborée sous la dictature.

L'irréalité des choses matérielles

Il faut dire d'emblée que la difficulté majeure qui se pose à l'historicisation du rapport subjectif aux cultures matérielles –photographies, objets divers investis comme autant de supports à des récits mémoriels et à leurs transmissions – tient dans le postulat de la matérialité des choses, depuis la dictature franquiste jusqu'au présent des récits mémoriels du XXIe siècle. Tout s'y passe comme si cette matérialité, binairement opposée à la subjectivité humaine moderne, était à l'avance acquise, et qu'elle était dans un second temps le support à un investissement subjectif, narratif, émotionnel et affectif, voie par laquelle la perspective des nouveaux réalismes considère non pas des objets, mais des « choses ». C'est faire pourtant l'impasse sur un problème majeur, qui se pose frontalement dans le contexte d'un régime dictatorial faisant usage du catholicisme pour se légitimer et dont on cherche à renouveler l'histoire et les mémoires, où la matérialité des choses butte sur le statut strictement linguistique de celles-là selon la métaphysique chrétienne. Si « nous n'avons jamais été modernes », selon l'adage de Latour, la détestation qu'éprouve le régime franquiste pour la modernité cartésienne et kantienne appelle en effet la plus grande prudence quant à l'historicisation des catégories modernes, installées et disputées dans l'horizon d'une foi chrétienne dont on ne saurait suspendre la validité sans courir quelque risque de rater l'essentiel. Car pour saint Thomas d'abord, auquel l'historiographie attribue un rôle de premier rang dans la qualité de la catholicité sous la dictature[15], l'unité de chaque « chose » ne tient pas dans sa matière, susceptible de se diviser à l'infini, mais dans ce qui donne à la matière toujours disjointe son unité immatérielle, conceptuelle, de « chose ». L'unité métaphysique tient en cela que c'est la catégorie linguistique qui donne son nom à la chose qui fait tenir en une seule entité conceptuelle ordonnée et cohérente les différentes parties et qualités qui la composent : la chose est parce qu'elle est dite une, de sorte que « *[l]a cosa misma no es la suma virtualmente infinita de sus diferentes predicados sino aquello que nos permite decir que todos son, a pesar de sus diferencias, suyos* »,

[15] Gallego, 2014.

rappelle Dardo Scavino. La médiation linguistique construit, déjà pour la métaphysique générale, la matérialité. En ce sens, parce que « *la metafísica siempre fue un constructivismo* », *la matérialité est d'emblée irréelle.*[16]

Cette perspective thomiste, réserve conceptuelle essentielle pour les démocraties chrétiennes ouest-européennes d'après-guerre, personnalistes, tout comme pour l'Espagne franquiste, subit cependant d'importantes réinterprétations dans le contexte espagnol. La principale d'entre elles est celle du philosophe basque Xavier Zubiri, dont on sait l'importance pour l'histoire des idées et l'histoire des sciences humaines et sociales sous la dictature, sans que sa production ait été investie par l'historiographie sur le franquisme et le catholicisme qui se tient éloignée de la théologie[17]. Il est pourtant l'un des principaux penseurs de la catholicité sous la dictature et ses travaux irriguent les cultures phalangistes et de ceux qui, parmi celles-ci, entreprennent la voie vers un antifranquisme plus marqué. Or, justement, Zubiri réinvestit cette irréalité de la matière : dans son ouvrage majeur, *Sobre la Esencia* (1963), il réfute la croyance dans l'existence de substances essentielles, pour préférer aux langages naturalisants d'Aristote un attachement à la dimension sémiotique de la réalité. Se détournant des substances, il forge le terme de « substantivité » pour désigner cette procédure par laquelle une instance cognitive et sensorielle humaine restitue son essence à une chose à partir de la perception de ses différentes propriétés. La chose elle-même est certes porteuse d'un principe unitaire qui force l'instance perceptive à la renvoyer à sa mêmeté – « *la cosa es la mensura de sí misma* »[18] –, mais c'est l'acte cognitif d'intellection « *sentiente* », par lequel les différentes propriétés sont ordonnées selon un principe unitaire, qui garantit l'essence d'une chose et sa remise à Dieu. L'essence n'est plus quelque chose de substantiel : avec Zubiri, elle est un moment, celui où chaque chose est remise à sa mêmeté à l'issue d'un processus cognitif. Zubiri est ainsi fondé à soutenir que la réalité n'est pas un ordre des choses matériel définitivement établi, elle est au contraire pluridimensionnelle, dépendante des multiples saisies personnelles avec lesquelles

[16] Scavino, 2009, pp. 30-31.

[17] En particulier pour Elías Díaz, 1974, p. 21, Zubiri (1898-1983) est une des figures majeures de l'« exil intérieur » sous la dictature et constitue, avec Ortega y Gasset « *sin duda* [l'un des deux] *puntos centrales de referencia en la filosofía que se hace en España en esos años* ». Un numéro hommage de la revue *Alcalá* lui est consacré en 1953. Dans ses séminaires, Zubiri apparaît comme « *el transmisor de una cultura de la razón a la altura de Europa* », ses savoirs constituent « *una base sólida para pensar España desde supuestos intelectuales distintos* » à ceux d'une culture nationale-catholique surannée, selon Gracia, 2006, p. 206. À chaque fois, le contenu des apports de Zubiri n'est pas énoncé par la critique qui s'en tient à en souligner l'importance. Zubiri a été notamment disciple de Martin Heidegger et a contribué à la transmission d'un paulinisme retrouvé en langue grecque en Espagne, affectant la réception de la phénoménologie dans un sens chrétien et son passage vers le droit et les sciences sociales se consolidant sous la dictature au sein de la « génération de 1956 ». Il est, enfin, l'un des deux maîtres, avec Ortega y Gasset, de la philosophe María Zambrano.

[18] Zubiri, 1963, p. 119.

chaque « chose » révèle une part de son unité théologiquement fondée. Zubiri établit ainsi que *«[l]a pluridimensionalidad de la verdad real no constituye tan sólo una pluralidad de vías de acceso a la realidad, sino la actualización intelectiva de las distintas dimensiones de lo real en cuanto tal* »[19]. Pour ce philosophe catholique, la seule réalité, c'est l'acte – « performatif », si l'on veut le dire ainsi – d'intellection humaine linguistiquement énoncé sur lequel les choses se tiennent – la position de Zubiri, depuis la théologie, fait écho, dans le passé, à celle de K. Barad qui conçoit « *el pensamiento [...] como proceso de intervención en, y parte de, el mundo que habitamos* »[20].

De cette manière, Zubiri ouvre la voie à une compréhension de la catholicité dans les savoirs sous la dictature qui ne tient pas dans la version archaïsante du « *catolicismo insaciable* »[21] franquiste, ancré dans un droit naturel tenu pour ankylosé, figé dans un XVIe siècle fantasmé permettant au régime de restaurer une Espagne tridentine[22]. Zubiri soutient, en toute fidélité à Thomas d'Aquin, le caractère construit de la réalité, au sens où l'accès à la vérité ultime du monde et des choses est dépendant d'un « *logos nominal constructo* », d'une médiation linguistique. Le philosophe introduit ainsi dans les savoirs catholiques sous la dictature la possibilité d'un pluralisme dans le rapport à la réalité, compatible avec un principe unitaire théologiquement fondé, posé comme indiscutable et indisponible aux sujets parlants : la chose est ce qui contraint les constructions linguistiques énoncées à son endroit pour lui restituer son unité, et chacune des diverses constructions énoncées sur elle fait l'expérience de cette contrainte. Cette diversité des médiations linguistiques pour remettre une même chose à elle-même témoigne de l'infinité du mystère divin et de la permanente incomplétude de tous les mots humains possibles pour saisir définitivement ce mystère : c'est précisément par là qu'est saisie la seule réalité de ce mystère, révélé par l'acte d'intellection humaine, lieu du pneuma indissoluble, dans l'ordre historique, de la cognition et de la parole humaines. Zubiri ouvre ainsi, depuis le catholicisme et sous la dictature, dans cet espace intellectuellement escarpé qu'est la théologie, la possibilité d'un pluralisme chrétien qui est théologiquement contraint à un principe unitaire, divin[23]. Il faut s'empresser de souligner que Zubiri n'innove pas et insère au contraire les savoirs espagnols sur la catholicité dans un contexte épistémique européen : il partage les vues de Karl Rahner, jésuite allemand, auteur de *L'Esprit dans le*

[19] Zubiri, 1963, p. 124.

[20] Je renvoie à la note 12.

[21] Tusell, 1984, p. 441.

[22] Contre les interprétations de Casanova, 2001 et Gallego, 2014.

[23] Ce pluralisme va au-delà de la seule idée de « autocrítica religiosa » que repérait Feliciano Montero (Montero & Louzao Villar, 2016) au sein des institutions et des voix catholiques des années 1950 : il ouvre la voie à la sécularisation à l'intérieur de coordonnées seulement *formellement* chrétiennes, à rebours de l'interprétation d'une sécularisation prenant le contre-pied du national-catholicisme (contre le métarécit de Townson, 2010). Voir *infra* le positionnement de Legaz Lacambra.

monde (1968), qui porte à Vatican II l'innovation que la théologie reconnaît au Concile, la thèse de l'» autocommunication de Dieu » par la parole humaine, enregistrée dans l'encyclique *Dei Verbum* (18 novembre 1965)[24].

Si l'histoire des idées voit en Zubiri ce philosophe qui hisse la scène intellectuelle espagnole des années 1960 à la hauteur de son environnement européen, il faut dire que sa contribution déforme aussi la connaissance des savoirs espagnols sous la dictature : cette thèse d'un Dieu qui « *da de sí* » par le *logos*, version zubirienne et castillane de l'autocommunication rahnérienne, n'arrive pas en Espagne avec la publication de *Sobre la Esencia*, en 1963, si remarquée qu'elle ait été – c'est l'événement intellectuel de l'année, pour des figures intellectuelles aussi différentes que Carmen Laforet et Pedro Laín Entralgo[25]. Bien en amont des années 1960, ces savoirs-là sont construits par Zubiri, dans ses cours et séminaires, et les premiers jalons sont déjà formulés au moins en 1942, dans *Naturaleza, Historia, Dios*, où la matrice paulinienne sur laquelle prend appui cette thèse théologique d'un Dieu fait acte par le langage fait retour, sans avoir été identifiée par l'historiographie sur le catholicisme sous le franquisme. Ces séminaires ont pourtant été suivis et commentés dans les cercles des figures tutélaires de ce qui deviendra l'antifranquisme savant : Enrique Tierno Galván, José Luis López Aranguren, Joaquín Ruiz-Giménez, puis Elías Díaz, Gregorio Peces-Barba et, de manière transversale, la « génération de 1956 », qui s'empare du Concile Vatican II pour opposer à la démocratie organique du régime la défense du pluralisme d'une démocratie représentative. Ces savoirs sont ceux dans lesquels voient le jour notamment les *Cuadernos para el Diálogo* et, de manière générale, le « parlement de papier » des années 1960[26] : le levier de la politisation antifranquiste, en plein cycle modernisateur, en plein boom consumériste consacrant l'usage des biens matériels, puise dans ces savoirs personnalistes où, on le pressent, l'ouverture à un pluralisme démocratique est déjà entravée par le postulat d'un principe unitaire et théologique inscrit dans les mots par lesquels ces « choses » qui vont investir le quotidien des Espagnols convertis à la société de consommation acquièrent leur consistance conceptuelle.

« Vivir *con* las cosas » : généalogie personnaliste d'un rapport aux choses

La philosophie de Zubiri, informée par la théologie, est pleinement personnaliste. C'est là un courant d'idées que l'on étudie peu sous la dictature franquiste, prenant fait de la rupture entre le général Franco et Jacques Maritain suscitée par le désaccord de ce dernier à qualifier la guerre d'Espagne de

[24] Lacoste, 2009, pp. 458-461.

[25] Je renvoie à https://www.filosofia.org/bol/bib/nb068.htm.

[26] Santos, 2019.

« sainte »[27], d'où l'on conclut que l'Espagne nationale-catholique s'est fermée au personnalisme, justifiant que l'historiographie ne lui prête guère d'attention. Cette doctrine circule pourtant largement, et d'abord parmi les cercles jésuites et phalangistes dans les années 1950, s'orientant ensuite vers l'antifranquisme. Javier Tusell a proposé une interprétation, ancienne, voyant dans le personnalisme le catalyseur des dissidences internes aux « familles » franquistes vers un antifranquisme plus marqué, jusqu'à la gauche démocrate-chrétienne voire communiste, Joaquín Ruiz-Giménez valant pour exemple de ce type de trajectoire ; elle concerne aussi par exemple celle de Manuel Sacristán[28]. Ces savoirs personnalistes de Zubiri intéressent cependant parce qu'ils constituent effectivement une trame conceptuelle pour disputer à la dictature l'ordre politique et social qu'elle a institué, à deux niveaux. D'abord, son réinvestissement du « *logos nominal constructo* » par la « génération de 1956 » permet de formuler le diagnostic de l'hypocrisie des langages de la dictature depuis des positions catholiques. Les mots de la dictature n'épuisent pas la description de la réalité, celle-ci se prête à des interprétations capables d'en restituer d'autres dimensions, voie par laquelle s'engagent des articulations dissensuelles entre légalité et légitimité sans rompre avec le droit naturel – c'est la voie tracée par la philosophie du droit autour de Elías Díaz, qui vertèbre les sciences sociales dès les années 1960 en Espagne pour susciter et réguler le changement social et démocratique[29]. Le second niveau concerne l'ordonnancement de cette communauté de référence dont il s'agit de repenser le rapport à la légalité étatique : le personnalisme de Zubiri permet de conceptualiser un ordre civil semblable aux formes de l'individualité libérale, en cours dans les démocraties occidentales après 1945, mais depuis un « mode de composition des individualités » catholique[30].

L'on se tromperait si l'on rivait Zubiri à la dissidence chrétienne sous la dictature. Gonzalo Fernández de la Mora ne voyait pas dans sa philosophie personnaliste une quelconque contrainte épistémique posée au projet technocratique d'une société espagnole réordonnée matériellement dans le contexte du capitalisme de consommation. Au contraire, il distinguait dans cette philosophie zubirienne les coordonnées théologiques favorables au développement d'une culture de consommation matérielle en Espagne : si *Sobre la Esencia* marque « *el exordio de la metafísica* » *pour les temps nouveaux c'est que, « en cierto modo, [la] metafísica [de Zubiri] es una física* »[31], écrit-il dans l'*ABC* en 1963, non sans poser une difficulté de taille à la « *fisicidad* » des choses des nouveaux réalismes, en en esquissant une généalogie

[27] Compagnon, 2003, pp. 139-143 ; Gallego, 2014, pp. 513-514.

[28] Tusell, 1985 et 1996.

[29] Voir par exemple Díaz, 1963.

[30] J'emprunte sa formule à Pierre Rosanvallon, Rosanvallon, 1979, p. 237.

[31] Fernández de la Mora, 1963, pp. 47-48.

conservatrice probablement insoupçonnée[32]. Si Fernández de la Mora peut soutenir une telle position, c'est justement par la capacité qu'ont les choses de recéler l'infinie diversité des mots venant les restituer à leur unité, toujours insaisissable en des termes définitifs, ordonnées à Dieu qu'elles sont. Par-là, ces choses qui prennent pourtant les noms d'inventaires parfaitement prosaïques à l'aube des années 1960 en plein boom développementaliste – la SEAT 600, le lave-linge, le téléviseur, entre autres – trouvent avec Zubiri un cadre d'intelligibilité métaphysique et chrétien : ces biens matériels se découpent sur un rapport personnel aux choses transcendantal et théologiquement justifié. Si chaque personne humaine est le lieu, par sa parole, de la révélation de Dieu, elle désigne une entité qui n'est pas à l'avance aboutie, « pleine » : au contraire, dans le personnalisme de Zubiri, la personne chemine tout au long de sa vie jusqu'à atteindre sa forme pleine, qu'il désigne comme son « intimité ». Cette intimité est perçue comme un cheminement vital et personnel, radicalement social et communautaire, interpersonnel, de retour de la personne en Dieu – Zubiri parle de religatio[33]. Pour parvenir à ce déploiement personnel et à cette remise à soi en Dieu, chaque personne arrime le monde à elle, elle le restitue à sa réalité par la médiation de sa cognition et de son langage propre :

> [l]es psychismes et les intelligences sont rigoureusement personnels, 'à soi' (*suya*) et pour chacun, de façon limitée mais authentique et réelle en chacun ; la réalité s'ouvre en effet sur elle-même dans son caractère de réalité. En ce sens, il ne s'agit pas seulement de ce que, dans cette évolution, la réalité s'ouvre sur elle-même dans son caractère de réalité sous son aspect transcendantal, mais que cette ouverture advient sous sa forme personnelle. Il s'agit de la personnisation de la vie[34].

Dans ce processus, chaque personne accède à son « intimité », à son ipséité, sous forme de *religatio* à Dieu au sein d'une communauté historique, de manière interpersonnelle et à l'intérieur d'un ordre des choses : en ce sens, « vivir *con* las cosas » ne signifie pas habiter un monde matériel enté sur une dichotomie asymétrique humain/non humain, mais investir pneumatiquement l'ordre matériel habité pour le restituer dynamiquement à sa dimension de réalité en dernière instance spirituelle, voie par laquelle la personne réalise et parfait son ordination à Dieu. Cet investissement est ici constitutif de la personne humaine, elle se constitue *avec* les choses, comme

[32] Pour Zubiri, de manière très heideggérienne, « lo 'físico' no se opone a lo 'metafísico', sino que es lo metafísico por excelencia », Zubiri, 1963, p. 275 et suivantes.

[33] En 1942, Zubiri définit ainsi l'intimité : « La palabra intimidad está tomada aquí en sentido etimológico: significa lo más interior y hondo, en este caso la subsistencia personal. Por ser persona, todo ser personal se halla referido a alguien de quien recibió su naturaleza, y además a alguien que pueda compartirla. La persona está esencial, constitutiva y *formalmente* referida a Dios y a los demás hombres », Zubiri, 1974 [1942], p. 422.

[34] Zubiri, trad. française de 2008 [1968], p. 171.

elle le fait *avec* les autres personnes et la « société » : en faisant « siens » le monde et les choses qui l'entourent, la personne humaine restitue les choses à leur mêmeté par appropriation, cheminement d'arrimage plus général du monde à sa perspective subjective personnelle qui sert de voie à la révélation divine, infinie et en même temps personnellement et historiquement toujours contrainte et limitée.

Bien certainement, la dissidence qui s'agrège autour de Tierno Galván et de López Aranguren, entre autres, déclare aspirer à réinstaurer une dimension éthique dans le rapport au bien commun, une fois que la dictature a réifié le rapport aux biens par le développement brutal d'une société de consommation[35] : pour Tierno, la modernisation économique ne produit dans les années 1960 que des « consumidores satisfechos », désactivant de la sorte la possibilité d'un débat sur la qualité morale du changement qu'introduisent les politiques développementalistes de la technocratie franquiste. Reste qu'il soutient une position théoriquement homologue à celle de Fernández de la Mora sans le dire, faute de prononcer la référence à Zubiri que tous deux partagent. Dans son manifeste fonctionnaliste – « *La realidad como resultado* » (1956)[36] –, avec lequel il ouvre une interprétation sur l'exigence d'un développement des classes moyennes fortes en Espagne – il les verra d'ailleurs se rebeller en 1976[37] –, Tierno reconduit le paradigme métaphysique thomiste d'une « *apertura de la realidad por y en la razón* » humaine, où la réalité n'est perceptible qu'à travers les systèmes cognitifs par lesquels elle est humainement et historiquement appréhendée et remise « à soi »[38]. À ce titre, et de manière zubirienne, il soutient que « *no hay sistema cerrado* »[39], affirmation qui constitue le levier dont s'empare l'antifranquisme savant pour lutter contre ce qu'il tient pour l'hypocrisie du régime et faire advenir chrétiennement la possibilité d'un régime politique propice à la remise à soi de la société civile. Mais avant que ne se déploie ce récit démocrate, ces remarques viennent identifier un substrat théorique commun, une même métaphysique chrétienne agissante chez Tierno et chez Fernández de la Mora au moment d'orchestrer la conversion des Espagnols au consumérisme ; pour Tierno, d'ailleurs, cette ouverture de la réalité à la pluralité de ses saisies humaines signe la prégnance de ce que la « *espiritualidad occidental está cimentada en la herencia cristiana* »[40]. L'ordre matériel des choses est subordonné à un ordre gracieux dans lequel se déploient les personnes humaines ordonnées à Dieu, en rien rivées à une quelconque nature. La société de consommation ne rompt alors pas avec la catholicité : au contraire, celle-ci

[35] Townson, 2009; Izquierdo Martín, 2018.

[36] Tierno Galván, 1956/1957.

[37] Tierno Galván, 2009b, pp. 112-113.

[38] Tierno Galván, 1956/1957, p. 109.

[39] Tierno Galván, 1956/1957, p. 156.

[40] Tierno Galván, 2009a, p. 433.

semble bien constituer l'horizon d'un ordre gracieux dans lequel les choses sont arrimées à une société des personnes chrétiennes embrassant dans des coordonnées pleinement catholiques les formes des « sociétés ouvertes » libérales, des sociétés civiles et des citoyennetés actives consacrées dans les luttes politiques des années 1968.

C'est justement depuis cette position personnaliste que Gregorio Peces-Barba énonce l'horizon démocratique antifranquiste : il fait le pari d'un « *contrato social cotidiano* »[41] ancré dans ce que Tierno Galván désigne comme « *el valor social de las cosas* »[42], pour autant que le développement d'une culture de consommation a suffisamment transformé l'ordre social pour que les nouvelles pratiques consuméristes aient à leur tour transformé l'ordre personnaliste sur lequel s'appuie la dictature. Nous pouvons identifier là le creuset théologique qui n'est pas observé par l'historiographie, même par celle qui voit dans ce pari antifranquiste pour une classe moyenne forte la reconduction d'un projet sociologique engagé par les politiques économiques de la dictature – la ligne interprétative soutenue par P. Sánchez León. L'incorporation de ces savoirs catholiques a une incidence sur les descriptions historiques disponibles : en installant le changement démocratique dans les textures théologiques qui sont les siennes sous la dictature, il est en effet possible de réévaluer l'horizon démocratique que se donne cet antifranquisme, au-delà des seuls éléments sociologiques qu'il a en partage avec les tenants franquistes de l'ouverture, c'est-à-dire la construction d'une classe moyenne, symboliquement hégémonique dans le nouveau contexte occidental du capitalisme de consommation. En 1968, année des « droits de l'homme » qui est aussi célébrée par la dictature – elle sait habilement faire usage des héritages de l'École de Salamanque dans le contexte onusien qu'elle a rejoint alors depuis près de trois lustres –, les *Cuadernos para el Diálogo* en appellent à un changement démocratique qui s'impose « par la force des *choses* »[43], un récit qui est perpétué par l'historiographie qui cherche à placer là les racines libérales de la démocratie post-franquiste[44], et que le paradigme critique de la « *Cultura de la Transición* » a pris pour cible.

La matière théologique que les apports zubiriens placent au centre des savoirs savants des années 1960 et 1970 ajoute effectivement un autre sens à celui, premier, de la nécessité historique d'un changement démocratique en Espagne : si dans la perspective zubirienne, l'unité transcendantale des choses est révélée par la singularité de chaque appropriation cognitive personnelle, la « force des choses » par laquelle le changement politique doit advenir en Espagne maintient la subordination d'un tel changement à venir à un principe unitaire et divin qui reste postulé et antérieur à la délibération

[41] Peces-Barba, 1988, p. 83.

[42] Tierno Galván, 1961, p. 263.

[43] González Casanova, 1968, p. 5. Je souligne.

[44] Muñoz Soro, 2006 et Gracia, 2006.

collective. C'est même cette délibération collective, confiée à la « société civile » comme « société des personnes chrétiennes », qui vient en assurer et en révéler la qualité, en même temps qu'on la charge de dire l'inscription du débat démocratique dans une matière transcendantale, théologique. Cette perspective métaphysique permet de comprendre pourquoi Elías Díaz, à l'heure d'un bilan des logiques institutionnelles à l'œuvre dans la construction de la citoyenneté post-franquiste, tient le contrat politique pour secondaire, voire d'une importance résiduelle, par rapport à cet accord premier, qui se réfère en dernier lieu à la persistance d'une anthropologie de la grâce et d'un « *imperio de la ley* » au sens retrouvé par Bartolomé Clavero dans l'histoire du constitutionnalisme historique espagnol – la persistance d'un principe divin, sur lequel se tient l'ordre du droit, qui constitue et ordonne prépolitiquement la communauté citoyenne[45]. L'avènement d'un changement démocratique par « la force des choses » appartient ainsi à un récit d'abord théologique, celui de la *révélation* et de l'accès à la communauté des personnes à sa forme historiquement pleine, elle accède aux conditions du déploiement de son *intimité* communautaire et personnaliste. L'héritage théologique zubirien signifie que les phalangistes tenants du personnalisme et de sa théonomie amoureuse, dite réconciliatrice et fraternelle ; les tenants de la domesticité de la démocratie organique ; et l'antifranquisme savant des juristes et sociologues associés au socialisme démocratique et à la pensée libérale, ont en dernière instance en partage la croyance dans le fait que le langage est théologiquement fondé : le déploiement du rapport aux choses dans le *desarrollismo* n'est qu'une voie supplémentaire, historiquement située, offerte aux personnes humaines pour révéler, qui plus est dans un contexte dit « pacifié » dans les termes iniques du régime, un mystère divin tenu pour éternel. Quels sont les effets méthodologiques de l'exhumation d'un tel rapport de connaissance théologique et linguistique aux choses ?

Les mots et les choses : Marx ou Paul ?

La médiation linguistique qui travaille le rapport aux choses dans la modernisation consumériste espagnole dès les années 1960 vient identifier un biais dans le paradigme historiographique des « nouveaux matérialismes » : celui-ci aspire justement à évacuer le rapport de médiation entre les

[45] Clavero, 2014, p. 79 et suivantes. Elías Díaz, 1984, p. 145, soutient ainsi que « el fundamento, relativo, de la obediencia a las leyes lo pondría yo hoy no tanto en ese meramente hipotético y tal vez por todos no aceptable contrato (aunque para nada renunciaría a él, si lo hay implícita o explícitamente), sino en el hecho objetivo de pertenecer a un grupo social, a una comunidad (con mayor o menor permanencia histórica y consistencia actual) de la cual se aceptan y se cumplen por interés propio otro tipo de leyes (no políticas, no inmediatamente incluidas en el pacto) y en la cual la libertad de todos para opinar, participar y poder cambiar pacífica y democráticamente las cosas esté legalmente reconocida ».

mots et les choses, prétendant accéder immédiatement à l'expérience sensible du politique par l'étude du maillage des rapports entre humains et non humain. Ce rapport à l'expérience se légitime par l'exigence d'une perspective marxienne, visant à décrire l'investissement des choses au-delà de leur seule réduction fétichiste, symbolique, comme marchandises devenues valeurs dans le capitalisme. En refusant d'explorer la médiation linguistique, il semble bien qu'il y ait dans cette ligne interprétative une forme de croyance naïve dans l'accès à ces choses tenues pour concrètes, qui influe immanquablement sur les descriptions promises par ces « *geografías de lo que ocurre* », des pensées non réflexives où tout, dans cette perspective post-humaine, est désormais pourvu d'agentivité. Étant en effet entendu avec le géographe Nigel Thrift que « *la conciencia parece ser una cosa bastante pobre* », on aspire à exhumer cette part « *precognitiva* », « *lo involutario* » qui régit l'action sociale : le passage par le corps et sa manière d'être affecté émotionnellement dans un réseau matériel aspire même à situer le lieu critique à un « *nivel precognitivo y prelingüístico* », voire « *preconsciente* », qui se soustrairait à la représentation ou à la symbolisation en dernière instance tenue pour prédatrice du monde, pour lui préférer une approche holistique, après l'asymétrie du binarisme moderne humain/non-humain[46].

Cette procédure pose problème puisqu'elle vient décrire l'ordre social en plaçant dans une sorte de boîte noire les causes politiques de l'action sociale, installées dans les affects dits préconscients des subjectivités politiques. Le choix épistémologique naturalise en effet biologiquement les langages et les pratiques politiques, dès lors qu'il est soutenu que

> [...] *por ser una reacción neurológica, el afecto involucra al cerebro pero no a la conciencia. Esto no tiene nada que ver con el inconsciente freudiano, formado por las emociones reprimidas, puesto que el afecto, por no ser consciente, no puede ser reprimido; es preconsciente*[47].

Dans cette quête d'une instance « précognitive », « prélinguistique » ou « préconsciente », la démarche se satisfait d'abord de certains arrangements peu regardants. La psychanalyse – et ce n'est pas un détail théorique pour le rapport aux émotions – est, en effet, écartée au motif qu'elle tiendrait les émotions pour « préconscientes », à ce titre indisponibles à la procédure du refoulement, sans ciller en resserrant l'interprétation à une compréhension discutable de la contribution freudienne, et négligeant les développements de la psychanalyse lacanienne en particulier, bien connue des sciences humaines, qui restituent au signifiant toute sa centralité dans le rapport aux émotions – Lacan rappelle d'ailleurs que les « passions » figurent au livre II de

[46] Labanyi, 2021, pp. 24-25.

[47] Labanyi, 2021, p. 19.

la *Rhétorique* aristotélicienne[48]. Elle érige encore un nouvel écueil : en réinvestissant la notion d'expérience – dont l'historiographie sait combien elle est construite discursivement depuis les travaux de Joan Scott et de Perry Anderson dans les années 1980 –, cette démarche vient certes alimenter les savoirs sur les démocraties sensibles par de nouvelles généalogies, au-delà de la croyance dans l'anthropologie libérale qui réduit les subjectivités politiques à des rapports entre coûts et bénéfices ; mais elle risque de naturaliser, par le tournant émotionnel qu'elle prend, les sujets auxquels elle rive les poétiques émotionnelles, situant celles-ci dans un en-deçà du langage qui se prête à tous les usages pour poser des récits sur un plan indiscutable. Est-il utile de rappeler que ce tournant sensible se tient en histoire sur la théorie des actes émotionnels de William Reddy, qui puise d'abord dans celle, austinienne, de la performativité du discours – l'un des socles du constructivisme et de la déconstruction post-modernes, indissociables d'une réflexion sur la langue ?

Placer l'historiographie des savoirs et des pratiques politiques quotidiennes sous la dictature franquiste devant ce choix radical entre *Logos* et *Pathos* revient à la sommer de choisir devant un dilemme insurmontable. Le débat est certainement ailleurs : si le rapport humain/non-humain vient étrangéiser le passé des Modernes, ce même passé doit également permettre d'étrangéiser le présent qui l'interprète, pour se prémunir de toute présentification du rapport au passé. L'histoire des nouveaux matérialismes, de la « matière vibrante », risque bien de constituer une nouvelle modalité de l'» ontologie de l'actualité » de la modernité occidentale, un écrasement présentiste même du passé sous l'effet d'un sujet qui, au présent, réordonne de manière autoréférentielle le passé en l'ajustant à ses catégories et à ce qu'il présente comme ses impératifs. La sortie de cette autoréférentialité permettrait de restituer leur altérité aux mondes passés, en tâchant de les tenir « à distance »[49], de restituer encore un rapport de connaissance historique aux choses où, sous la dictature et en toute fidélité à la métaphysique chrétienne agissante dans le contexte national-catholique, celles-ci n'ont d'existence qu'à l'intérieur des poétiques personnalistes qui les signifient et les ordonnent. En cela, cette histoire des choses est tributaire d'une exploration balbutiante de la qualité de la catholicité sous la dictature franquiste dans l'historiographie sur le national-catholicisme, qui fait porter ses efforts seulement sur la naturalisation

[48] Lacan, 2004, p. 24. Lacan, dans ce même texte, propose ces définitions attentives à la place du signifiant dans l'émotion : « L'émotion se réfère étymologiquement au mouvement, à ceci près que nous donnerons ici le petit coup de pouce en y mettant le sens goldsteinien de jeter hors, *ex*, hors de la ligne de mouvement – c'est le mouvement qui se désagrège, c'est la réaction qu'on appelle catastrophique » (p. 20) ; pour expliciter l'erreur de lecture faite à partir de Freud de ce tournant émotionnel, Lacan soutient à propos de l'affect « qu'il n'est pas refoulé. Cela, Freud le dit comme [lui]. Il est désarrimé, il s'en va à la dérive. On le retrouve déplacé, fou, inversé, métabolisé, mais il n'est pas refoulé. Ce qui est refoulé, ce sont les signifiants qui l'amarrent » (p. 23).

[49] Ginzburg, 2001.

brutale du nationalisme franquiste et sur les identités politiques[50]. Elle ne voit pas que les savoirs catholiques de la Croisade franquiste se tiennent sur une tradition chrétienne qui donne toute sa centralité au langage et reste à explorer pour le XXe siècle espagnol – le paulinisme. L'identification de ce rapport de connaissance appelle alors un déplacement de l'attention critique de Marx vers Paul.

Le national-catholicisme est en effet entendu désormais par l'historiographie comme une *idéologie* moderne, capable de mobiliser, dont a fait usage le régime franquiste pour fédérer des acteurs politiques divers et faire exister disciplinairement une Patrie essentialisée, ancrée dans les imaginaires associés à l'Espagne impériale et de la Contre-Réforme[51]. Le national-catholicisme se consolide comme idéologie à la fin du XIXe siècle, au moment où le thomisme devient la doctrine officielle de l'Église romaine (*Æterna Patris*, 1879), un mouvement dont s'emparent les Espagnols tenants du droit naturel pour revendiquer leur rôle pionnier de passeurs de Thomas d'Aquin vers la première modernité par l'entremise de Francisco de Vitoria, dont les thèses font retour en Espagne[52]. Cet élément est loin d'être anodin : l'historiographie sur la dictature franquiste restitue la perspective subjective des généraux africanistes qui reversent les technologies brutales de gouvernement des populations colonisées sur la population civile métropolitaine à partir de l'été 1936, expliquant la guerre d'Espagne dans des coordonnées désormais post-coloniales, dans le sillage des travaux pionniers de Sebastián Balfour et de Gustau Nerín. Si le cadre d'intelligibilité franquiste du conflit est celui de la croisade évangélisatrice, alors ce n'est plus saint Thomas qui s'impose, mais saint Paul, ce même Paul sur lequel Vitoria faisait tenir sa théorie de l'ordre civil et surtout, avec lequel il a formulé la doctrine coloniale historique espagnole – la prise de la terre se légitime en prétendant permettre l'accès des sujets libres, mais mineurs à l'autogouvernement d'eux-mêmes, tout comme Paul a pensé l'émancipation des païens en embrassant la foi chrétienne, leur ouvrant la voie du Royaume de Dieu[53]. Le renouveau du paulinisme en Espagne est à comprendre dans le contexte d'une nouvelle prise de la terre, celle du coup d'État de juillet 1936, engageant la relecture autoritaire de Vitoria par « l'espagnol » Carl Schmitt dans son *Nomos de la Terre*, où la Croisade franquiste reverse la logique de la conversion paulinienne sur la population civile métropolitaine[54]. Ce sont là les coordonnées de la *traslatio*

[50] Par exemple, SAZ, 2009.

[51] Parmi les études définissant le catholicisme comme une idéologie agissante dans la modernité espagnole, SÁNCHEZ LEÓN, 2020, pp. 135-172 ; GALLEGO, 2014 ; LOFF, 2013.

[52] BOTTI, 1992. Voir la généalogie qu'en donne SERRANO VILLAFAÑE, 1984, intellectuel inscrit dans cette tradition.

[53] SCAVINO, 2016.

[54] SARALEGUI, 2016.

imperii franquiste au milieu du xxe siècle, visant à recomposer, après l'expérience républicaine, une société civile pacifiée, formalisée et incarnée dans l'État confessionnel catholique.

Or, ce contexte de croisade a établi les coordonnées spécifiquement espagnoles du retour d'un Paul retrouvé dans sa version hellénique, mal identifié derrière le néothomisme à l'usage, dans un contexte européen plus large, lorsqu'à la suite de la révolution russe les Pères de l'Église en langue grecque, dont Paul fait partie, sont réappropriés par la philosophie occidentale, en dialogue avec la phénoménologie, conditionnant jusqu'au messianisme benjaminien[55]. La Croisade franquiste s'inscrit dans une matière théologique européenne, dont Zubiri se fait le passeur depuis Paris – il réside à la Cité Universitaire dans les années 1930 – vers l'Espagne dans les années 1940, contribuant à ce que la tradition latine du catholicisme cède le pas à la tradition hellénique : pour celle-ci, Dieu, explique-t-il, s'entend comme « acte pur », acte de projection de ses qualités dans le monde par la parole, et de manière exemplaire, dans le Fils[56]. Car pour Paul, la foi ne tient en rien d'autre que dans la croyance dans le *signifiant*, le signifiant « Croix ». Parmi les juristes tenants du droit naturel sous la dictature, l'un des plus importants, phalangiste et ami de Carl Schmitt depuis sa chaire à Saint-Jacques de Compostelle, Luis Legaz Lacambra, lecteur assidu de Zubiri, donne au paulinisme sa centralité dans la doctrine du droit naturel dès la fin des années 1940, parce que la prééminence du langage comme voie de la révélation historique du mystère divin permet d'assurer à l'entreprise fasciste de transformation du social et à son historicisme un cadre d'intelligibilité chrétien et une légitimité théologique ; il ne renonce jamais à cet attachement au langage : en 1971 encore, il voit dans celui qui avait contribué à désubstantialiser le droit moderne pour ne le penser plus que comme pur système sémiotique et procédural, Hans Kelsen, l'» exécuteur testamentaire » du droit naturel, en raison de ce pari paulinien pour les formes linguistiques du droit pour ordonner métaphysiquement le social, lorsque les sociétés sont désormais ouvertes et plurielles, prenant acte de l'irréductibilité des ordres multinormatifs alors que la dictature n'est toujours pas moribonde :

> *La forma del Derecho cumple en la sociedad actual una función específica, porque esa sociedad es eminentemente pluralista, de suerte que la ética y la moral han perdido en ella su fuerza universal y global de integración; en la mayor parte de las cosas, la sociedad no puede unirse; pero puede hacerlo en la forma del Derecho —y tiene que hacerlo si quiere vivir ordenada y pacíficamente*[57].

[55] Lacoste, 2009, pp. 425-428. Agamben, 2000, pp. 231-244 sur Walter Benjamin.

[56] Zubiri, 1974, p. 426.

[57] Legaz Lacambra, 1971-1972, p. 87.

Mélanges de la Casa de Velázquez. Nouvelle série, 54 (2), 2024, pp. 233-257. ISSN : 0076-230X.

La démarche tient à une forme de kénose, jouant historiquement le récit du christianisme comme cette religion de la sortie de la religion[58]. Une telle position n'est pas singulière à Legaz. Elle travaille le métarécit même sur lequel se tient le franquisme, celui de la Croisade, dès le prologue des *Reivindicaciones de España*, où est formulée la vocation impériale du régime, dans lequel Alfonso García de Valdecasas reprend une formule de Ganivet : « *el destino de España es hacer salidas como Don Quijote y querer que no salga es querer que muera* ». Ce retour du Quichotte, entièrement lancé dans l'aventure sémiotique dite « espagnole », fonctionne en 1941 comme un rappel du Siècle d'Or dans le concert impérial d'une Europe fasciste. On interprète cette prégnance du langage comme la réactivation des représentations de l'Espagne baroque de la Contre-Réforme par l'État franquiste, où le langage finit par ne plus épouser la réalité, où mot et chose ne coïncident plus – les pages de Michel Foucault dans *Les Mots et les Choses* sur le *Quichotte* sont bien connues –, en reconduisant finalement le geste critique de Tierno Galván et de la génération de 1956 dénonçant l'hypocrisie d'un régime dévoyant le message évangélique, en particulier dans le contexte dit de réconciliation nationale et des XXV Años de Paz[59].

C'est mal s'entendre sur la matière qui fait ici retour : plutôt que l'austérité passéiste de la Contre-Réforme, pétrifiant la patrie espagnole dans des temps immémoriaux – une mythologie toujours active et disponible pour le régime, certes –, c'est un rapport de foi entre les mots et les choses, sous l'effet de la vocation messianique, qui émerge dans un ordre qui n'a plus rien de matériel, qui se tient sur ce qui, avec Paul, s'entend comme une *décoïncidence* : la matière est contrainte par l'ordre pneumatique qui la transcende dans la langue et désactive l'ordre matériel de la loi, invalidée par la foi – Dieu est ici, comme le rappelait la citation de Zubiri en exergue du texte, « Celui qui appelle les choses qui ne sont pas comme si elles étaient »[60]. La foi dans le langage pour faire advenir un ordre nouveau est la voie par laquelle fascisme et catholicisme traditionaliste se rejoignent sous la bannière du national-catholicisme, contrairement aux incohérences que l'on attribue aux acteurs du régime faisant tenir ensemble ces « familles » du franquisme – en témoigne la posture du phalangiste Legaz[61] ; et c'est encore cette matière qui donne un cadre d'intelligibilité théologique cohérent avec l'esprit de Croisade militaire, des premières années de la dictature au déploiement d'une culture matérialiste dans le *boom* développementaliste et « pacificateur » des années 1960, la position de G. Fernández de la Mora à l'égard de Zubiri en témoigne.

---

[58] Vattimo & Girard, 2014.

[59] Sur le baroque dans les usages du catholicisme sous la dictature, Morcillo Gómez, 2015, en particulier pp. 23 à 66, « La fenomenología neobarroca del franquismo. Una lectura neobarroca del régimen ». Foucault, 1966, pp. 60-64.

[60] Boulnois, 2022, p. 87 et suivantes. La citation de Paul dans l'*Épître aux Romains*, 4, 17.

[61] Contre Saz, 2009, p. 222 et suivantes.

L'histoire des cultures matérielles sous la dictature ne saurait donc faire l'impasse sur les enjeux épistémiques dans lesquels la « matière » est prise sous la dictature : ils placent en effet les renouvellements historiographiques aux prises avec un héritage franquiste que l'on identifiera avec moins d'acuité en suivant la critique marxienne de la fétichisation des choses qu'avec une attention philologique à la qualité de la langue avec laquelle le réel est saisi par les sujets parlants, d'hier et, peut-être encore, d'aujourd'hui. Ces éléments constituent alors une invitation à rouvrir l'exploration du catholicisme au-delà de sa seule capacité, restreint à être compris comme une idéologie, à mobiliser des acteurs – sous la dictature, la catholicité est une *épistémè* que l'historiographie doit restituer.

Conclusion : paulinisme et déconstruction

Les développements d'une histoire des cultures matérielles prennent appui sur la déconstruction des catégories de la modernité pour penser des passés multiples et sensibles, visent à exhumer des subalternités invisibles et travaillent à la production de mémoires intersubjectives de la dictature. Leur approche manifeste un écart par rapport à la déconstruction : sa défiance envers le langage lui donne à croire qu'elle accède à un en-deçà affectif et émotionnel – qualifié même neurologiquement – historique, pour restituer la quotidienneté des expériences politiques sous la dictature. Elle en reconduit pourtant l'écueil : de même que la déconstruction derridienne reste une métaphysique en postulant un supplément originaire au langage à dévoiler, à exhumer, qui fait exister une vérité à révéler sous la forme heideggérienne d'une *aletheia*, l'histoire affective et émotionnelle des choses postule l'existence d'un sujet de fait essentialisé, doté de cette « *inteligencia sentiente* », pour reprendre une catégorie zubirienne oubliée, sur lequel faire se tenir les savoirs du présent – un « *nosotr@s* » subalterne auquel on dit que les mots ont manqué et qui, à ce titre, s'est éprouvé émotionnellement[62].

Mais à évacuer trop rapidement le signifiant, ce tournant historiographique évacue à son tour l'historicité de sa démarche analytique, qui se situe à l'autre extrême de la perspective dans laquelle le rapport aux choses était signifiant sous la dictature – entre les objets du passé étudiés et l'herméneutique au présent qui leur est appliquée pour les épingler, on oscille entre l'hyperpoéticité paulinienne et l'annulation affective du signe linguistique. L'effort critique gagne à déplacer le centre de l'attention au-delà d'un infructueux et périlleux débat théorique entre *Logos* et *Pathos* qui tiraille ces temps-ci une part de l'historiographie espagnole, pour identifier l'historicité d'un rapport métaphysique au langage et son incidence sur l'ordonnancement du social.

[62] Scavino, 2009, pp. 349-354.

Si les historiens du droit ibériques Bartolomé Clavero et António Manuel Hespanha ont tant insisté sur le rôle de la foi dans les langages et pour les sujets politiques du passé, l'avertissement reste de mise dans les savoirs produits actuellement. Il invite moins à faire le saut vers le biologique qu'à un examen de la qualité du resserrement de la réalité dans le pli du langage, dans un sens post-métaphysique. Car en effet, le rapport paulinien au signifiant n'est en rien incompatible avec les mutations matérialistes de la Croisade franquiste, il désigne la procédure de son *incarnation* : c'est là la médiation locale à l'» inventaire des choses » dressé en Occident dès les années 1950 et qui suscite ces renouvellements historiographiques en Espagne.

Que l'immatérialité de la matière et des choses passe inaperçue pose, en dernier lieu, un problème théorique à l'histoire de la citoyenneté espagnole contemporaine. En négligeant le paulinisme, cheville ouvrière de la doctrine coloniale historique réinvestie par le régime franquiste au service de sa Croisade et matière philosophique agissante dans les savoirs européens du milieu du XXe siècle[63], l'on a perdu de vue que la catholicité élaborée sous la dictature, en consonnance avec Vatican II, autour d'un Dieu qui s'autocommunique par la parole, par les seules *formes* linguistiques communautaires – dont celles, décisives pour la démocratie et ses savoirs, du droit –, est capable de se perpétuer après le national-catholicisme, puisque l'attention au *Logos* permet de rejouer en Espagne, dès la fin des années 1960, à l'aube de la dispersion des savoirs et de la liquidité des formes démocratiques du social, les modalités de la *philosophia æterna* – l'*assimilation* – comme sous-texte chrétien au tournant linguistique, c'est-à-dire comme sous-texte à cet ensemble de savoirs permettant l'érosion d'un sujet politique aux contours stables et ouvrant la voie d'une énonciation politique publique aux subjectivités historiquement minorisées. Désactiver cette composante métaphysique des savoirs – léguée par les sciences sociales et le droit, subordonnés à la théologie au cours du XXe siècle espagnol, aux savoirs démocratiques – ne saurait passer par un refus de la médiation linguistique, condition de la politique, mais par l'expurgation de la langue politique en Espagne de ce principe dans lequel les penseurs sous la dictature ont dit que se tenait le verbe, une sagesse divine, perpétuation non substantielle de la séculaire anthropologie de la grâce aux temps de la post-modernité, qui contient les antagonismes dans une seule et même langue, dite théologiquement fondée, pour désactiver la politique. Cette langue régit un rapport de connaissance au monde qui est théologiquement médié, qu'il faut restituer, pour s'assurer qu'il est bien désactivé, et en l'état, rien n'est moins sûr.

Dans le cadre de cet article, la question tenait à savoir si l'accès à cette vie quotidienne sous le franquisme et à ses mémoires démocratiques, faute d'examiner ce sous-texte théologique très actif, qui constitue un legs cognitif

[63] Büttgen & Rauwel, 2019.

de la dictature en démocratie, n'était pas à l'avance contraint par des savoirs produits sous le franquisme. Que les textures de la catholicité – et très directement, la théologie, noyau disciplinaire de l'objet en question, compte tenu de la dépendance des savoirs des sciences sociales à son égard dans le XXe siècle espagnol – constituent un angle mort de l'historiographie politique sur la dictature en Espagne invite à remettre sur le métier une question bien peu innovante – celle d'une archéologie des rapports entre théologie, métaphysique et politique – pour écrire une histoire de la citoyenneté espagnole contemporaine effectivement post-métaphysique, c'est-à-dire éliminant toute instance relevant d'un fondamentalisme extralinguistique dans son écriture ; et cela signifie ici plus immédiatement une histoire effectivement désassujettie des savoirs élaborés sous la dictature – une histoire post-franquiste.

Bibliographie

Agamben, Giorgio (2000), *Le temps qui reste. Un commentaire de* l'Épître aux romains, Paris, Rivages et Payot.

Andrieux, Claire (2021), *Tombés du ciel. Le sort des pilotes abattus en Europe 1939-1945*, Paris, Tallandier/Ministère des Armées.

Appadurai, Arjun (2020 [1986] dir.), *La vie sociale des choses. Les marchandises dans une perspective culturelle*, Dijon, Presses du réel.

Barad, Karen (2007), *Meeting the Universe Halfway: Quantum Physics and the Entanglement of Matter and Meaning*, Durham, Duke University Press.

Benasayag, Miguel & Bastien Cany (2020), *Les nouvelles figures de l'agir. Penser et s'engager depuis le vivant*, Paris, La Découverte.

Bennett, Jane (2012), *Vibrant Matter: A Political Ecology of Things*, Durham, Duke University Press.

Bertrand-Dorléac, Laurence (2022), *Les choses. Une histoire de la nature morte*, Paris, Liénard.

Botti, Alfonso (1992), *Cielo y dinero. El nacionalcatolicismo en España (1881-1975)*, Madrid, Alianza Universidad.

Boulnois, Olivier (2022), *Saint Paul et la philosophie. Une introduction à l'essence du christianisme*, Paris, PUF.

Büttgen, Philippe & Alain Rauwel (2019), *Théologie politique et sciences sociales. Autour d'Erik Peterson*, Paris, Editions de l'EHESS.

Casanova, Julián (2001), *La Iglesia de Franco*, Madrid, Temas de Hoy.

Clavero, Bartolomé (2014), *España, 1978. La amnesia constituyente*, Madrid, Marcial Pons.

COMPAGNON, Olivier (2003), *Jacques Maritain et l'Amérique du Sud. Le modèle malgré lui*, Villeneuve d'Asq, Presses Universitaires du Septentrion.

DÍAZ, Elías (1963), « Sentido político del iusnaturalismo », *Revista de Estudios Políticos*, 124, pp. 21-48.

DÍAZ, Elías (1974), *Notas para una historia del pensamiento español (1939-1973)*, Madrid, Cuadernos para el Diálogo.

DÍAZ, Elías (1984), *De la maldad estatal y de la soberanía popular*, Madrid, Debate.

DOUZOU, Laurent & Mercedes YUSTA (2018, dir.), *La Résistance à l'épreuve du genre. Hommes et femmes dans les résistances antifascistes dans l'Europe du Sud (1936-1949)*, Rennes, Presses Universitaires de Rennes.

FERNÁNDEZ DE LA MORA, Gonzalo (1963), *ABC de Madrid*, 1 mars 1963, pp. 47-48.

FOUCAULT, Michel (1966), *Les mots et les choses. Une archéologie des sciences humaines*, Paris, Gallimard.

GALLEGO, Ferran (2014), *El evangelio fascista. La formación de la cultura política del franquismo (1930-1950)*, Barcelone, Crítica.

GINZBURG, Carlo (2001), *À distance : neuf essais sur le point de vue en histoire*, Paris, Gallimard.

GONZÁLEZ CASANOVA, José Antonio (1968), *Los derechos humanos*, Madrid, Cuadernos para el Diálogo.

GRACIA, Jordi (2006), *Estado y Cultura: el despertar de una conciencia crítica bajo el franquismo: 1940-1962*, Barcelone, Anagrama.

HERNÁNDEZ BURGOS, Claudio (2013), *Franquismo a ras del suelo: zonas grises, apoyos sociales y actitudes durante la dictadura (1936-1976)*, Grenade, Editorial UGR.

IZQUIERDO MARTÍN, Jesús (2018), « Colonización antiutópica. Normalización y desarraigo de lo indeseable. (Reflexiones poscoloniales en torno a la Transición española) », *Política y sociedad*, 55, pp. 913-936.

JUDT, Tony (1989, dir.), *Resistance and Revolution in Mediterranean Europe, 1939-1948*, Londres, Routledge.

LABANYI, Jo (2021 [2010]), « Pensar lo material », en *La memoria de las cosas. Cultura material y vida cotidiana durante el franquismo*, Kamchatka: revista de análisis cultural, 18, pp. 15-31.

LACAN, Jacques (2004), *Le séminaire, Livre X, L'angoisse*, Paris, Seuil.

LACOSTE, Jean-Yves (2009, dir.), *Histoire de la théologie*, Paris, Seuil.

LATOUR, Bruno (1991), *Nous n'avons jamais été modernes : essai d'anthropologie symétrique*, Paris, La Découverte.

LATOUR, Bruno (1998), « Ramsès est-il mort de la tuberculose ? », *La Recherche*, 307, mars 1998.

LEGAZ LACAMBRA, Luis (1971/1972), « Kelsen hoy », *Anuario de Filosofía del derecho*, 16, pp. 77-92.

LOFF, Manuel (2013), « Dios, Patria, Autoridad: la Iglesia Católica y la fascistización de los regímenes ibéricos », *Espacio, Tiempo y Forma. Serie V: Historia contemporánea*, 25, pp. 49-66.

MILLER, Maureen C. (2015), « Introduction: Material Culture and Catholic History », *The Catholic Historical Review*, 101 (1), pp. 1-17.

MONTERO GARCÍA, Feliciano & Joseba LOUZAO VILLAR (2016, éd.), Catolicismo y Franquismo en la España de los años cincuenta. Autocríticas y convergencias, Granada, Comares.

MORCILLO GÓMEZ, Aurora (2015), *En cuerpo y alma. Ser mujer en tiempos de Franco*, Madrid, Siglo XXI.

MUÑOZ SORO, Javier (2006), *Cuadernos para el Diálogo (1963-1976): una historia cultural del segundo franquismo*, Madrid, Marcial Pons.

PECES-BARBA, Gregorio (1988), *Escritos sobre derechos fundamentales*, Madrid, Eudema.

ROSANVALLON, Pierre (1979), *Le capitalisme utopique : histoire de l'idée de marché*, Paris, Le Seuil.

ROSÓN VILLENA, María (2016), Género, memoria y cultura visual en el primer franquismo: materiales cotidianos, más allá del arte, Madrid, Cátedra.

ROSÓN VILLENA, María (2020), « Mujeres y cultura material durante el franquismo: fotografía y costura », dans Ángela MUÑOZ FERNÁNDEZ & Marta DEL MORAL VARGAS (éd.), *Cultura material e historia de las mujeres*, dossier publié dans *Tiempos modernos: Revista Electrónica de Historia Moderna*, 40, pp. 123-144.

ROSÓN VILLENA, María (2021), « La memoria de las cosas. Cultura material y vida cotidiana durante el franquismo », Kamchatka: revista de análisis cultural, 18, pp. 5-14.

SÁNCHEZ LEÓN, Pablo (2020), *Popular Political Participation and the Democratic Imagination in Spain: From Crowd to People, 1766-1868*, Londres, Palgrave Macmillan.

SANTOS, Félix (2019), *Cuadernos para el diálogo y la morada colectiva*, Madrid, Postmetropolis.

SARALEGUI, Miguel (2016), *Carl Schmitt, pensador español*, Madrid, Trotta.

SAZ, Ismael (2009), *España contra España. Los nacionalismos franquistas*, Madrid, Marcial Pons.

SCAVINO, Dardo (2009), *El señor, el amante y el poeta. Notas sobre la perennidad de la metafísica*, Buenos Aires, Eterna Cadencia.

SCAVINO, Dardo (2016), « Colonialidad del poder: una invención jurídica de la conquista », *Intersticios de la política y la cultura*, Córdoba (Arg.), Universidad Nacional de Córdoba, 5/10, pp. 141-178.

Scott, James, *Los dominados y el arte de la resistencia*, México D. F., Era, 2011.

Semelin, Jacques (1989), *Sans armes face à Hitler : La résistance civile en Europe, 1939-1943*, Paris, Payot.

Serrano Villafañe, Emilio (1984), « El neoescolasticismo filosófico-jurídico en la actualidad: especial referencia a la Filosofía del Derecho y el Derecho Natural en España », *Persona y derecho: Revista de fundamentación de las Instituciones Jurídicas y de Derechos Humanos*, 11, pp. 427-553.

Solans, Francisco Javier Ramón (2015), « Quince años de renovación. Un balance historiográfico de los estudios sobre religión en la España del siglo xix (2000-2015) », *Ayer*, 99, pp. 253-264.

Tierno Galván, Enrique (1956/1957), « La realidad como resultado », *Boletín Informativo del Seminario de Derecho Político*, pp. 99-157.

Tierno Galván, Enrique (1961), *Del espectáculo a la trivialización*, Madrid, Taurus.

Tierno Galván, Enrique (2009a), *XII tesis sobre el funcionalismo europeo* [1955], dans *Obras Completas*, Tome 1, Madrid, Universidad Autónoma de Madrid-Aranzadi.

Tierno Galván, Enrique (2009b), *Obras Completas*, Tome 5, Madrid, Universidad Autónoma de Madrid-Aranzadi.

Townson, Nigel (2010), « Anticlericalismo y Secularización en España: ¿una excepción europea? », dans Nigel Townson (dir.), *¿Es España diferente? Una mirada comparativa (ss.* xix *y* xx*)*, Taurus, Madrid, pp. 111-166.

Townson, Nigel (2009, dir.), *España en cambio: el segundo franquismo (1959-1975)*, Madrid, Siglo XXI.

Tusell, Javier (1984), *Franco y los católicos. La política interior española entre 1945 y 1947*, Madrid, Alianza.

Tusell, Javier (1985), *El personalismo en España*, Madrid, Fundación Humanismo y Democracia.

Tusell, Javier (1996), « Jacques Maritain et le personnalisme en Espagne », dans Bernard Hubert (dir.), *Jacques Maritain en Europe : la réception de sa pensée*, Paris, Beauchesne, pp. 181-206.

Vattimo, Gianni & René Girard (2014), *Christianisme et modernité*, Paris, Flammarion.

Zubiri, Xavier (1974 [1942]), *Naturaleza, Historia, Dios*, Madrid, Editora Nacional.

Zubiri, Xavier (1963), *Sobre la Esencia*, Madrid, Sociedad de Estudios y Publicaciones.

Zubiri, Xavier (2008 [1968]), *Structure dynamique de la réalité*, Paris, L'Harmattan.

Cristóbal Benítez, as de espías: La inteligencia española en el sur de Marruecos a finales del siglo XIX

Francisco Manuel Pastor Garrigues
Doctor en Historia

En este artículo se ofrece un examen de las actividades de inteligencia desarrolladas entre 1884 y 1889, desde la representación consular española en Essaouira (Mogador), conducentes a frenar el avance de la Tercera República francesa en el sur de Marruecos. La correspondencia de los agentes consulares con el Ministerio de Estado, que hoy se conserva en el Archivo General de la Administración en Alcalá de Henares (Madrid), muestra cómo en ese contexto histórico, Mogador se convirtió en un observatorio desde donde España pudo indagar en las pretensiones republicanas en el Souss. El análisis del contenido de los despachos permite entender el dispositivo que el consulado de Essaouira, con el beneplácito del gobierno de la Restauración, elaboró para proceder concretamente a operaciones de inteligencia, desde la recolecta de datos inéditos, su tratamiento, el despacho de información a Madrid, hasta la estructuración de un servicio de contraespionaje, dirigido por el explorador Cristóbal Benítez y un agente indígena, El Morabet, que debió de confrontarse con una sublevación en el territorio del Souss, encabezada por el jefe de la casa comercial de Iligh, Muley Mohammed ben Hussein, la cual contaba con el respaldo de Francia. Con ello, el gobierno francés buscaba segregar una parte importante del territorio del Sultanato para constituirlo en protectorado de la República. La idea central de la estrategia española, llena de realismo político, era conducente a proteger la seguridad nacional. La intervención española, en apoyo de la integridad marroquí, si bien no tuvo un protagonismo determinante, coadyuvó en grado sumo a que la insurrección en el Souss abortara, aun cuando ese fracaso se debiera en gran medida a factores fundamentalmente internos del Sultanato. Frustrados los planes franceses, la Tercera República orientó su actuación en Marruecos a llegar a un acuerdo con la monarquía de la Restauración, ofertándole una propuesta de reparto del Sultanato.

Palabras claves : consulado hispano en Mogador, Cristóbal Benítez, inteligencia política, Muley Mohammed ben Hussein, protectorado republicano, sur de Marruecos

Pour citer cet article / Para citar este artículo / To quote this article

Francisco Manuel Pastor Garrigues, « Cristóbal Benítez, as de espías: La inteligencia española en el sur de Marruecos a finales del siglo XIX », *Mélanges de la Casa de Velázquez. Nouvelle série*, 54 (2), 2024, pp. 259-284.

Cristóbal Benítez, l'as des espions : l'intelligence espagnole dans le sud du Maroc à la fin du XIXe siecle

Cet article propose un examen des activités de renseignement mises en œuvre entre 1884 et 1889 depuis la représentation consulaire espagnole à Essaouira (Mogador), visant à freiner l'avancée de la Troisième République française dans le sud du Maroc. La correspondance des agents consulaires avec le ministère d'État, aujourd'hui conservée dans les archives de l'administration générale à Alcalá de Henares (AGA, Madrid), montre comment, dans ce contexte historique, Mogador est devenu un observatoire à partir duquel l'Espagne a pu enquêter sur les prétentions républicaines dans le Souss. L'analyse du contenu des dépêches permet de comprendre le mécanisme que le consulat d'Essaouira, avec l'accord du gouvernement de la Restauration, a mis en place pour mener à bien des opérations de renseignement, depuis la collecte de données inédites, leur traitement et l'envoi d'informations à Madrid, et la structuration d'un service de contre-espionnage, dirigé par l'explorateur Cristóbal Benítez et un agent indigène, El Morabet, qui doit faire face à un soulèvement dans le territoire du Souss, dirigé par le chef de la maison commerciale d'Iligh, Muley Mohammed ben Hussein, qui bénéficie de l'appui de la France. Ce faisant, le gouvernement français cherche à isoler une partie importante du territoire du sultanat pour en faire un protectorat de la République. L'idée centrale de la stratégie espagnole, empreinte de réalisme politique, est de protéger la sécurité nationale. L'intervention espagnole en faveur de l'intégrité du Maroc, bien qu'elle n'ait pas joué un rôle décisif, a largement contribué à l'échec de l'insurrection dans le Souss, même si cet échec était en grande partie dû à des facteurs fondamentalement internes au sultanat. Les stratégies françaises ayant été déjouées, la Troisième République oriente son action au Maroc vers l'établissement d'un accord avec la monarchie de la Restauration, en lui offrant une proposition de partage du sultanat.

Mots-clés : Consulat hispanique à Mogador, Cristóbal Benítez, intelligence politique, Muley Mohammed ben Hussein, protectorat républicain, sud du Maroc

Cristóbal Benítez, ace of spies: Spanish intelligence in southern Morocco at the end of the 19th century

This article offers an examination of the intelligence activities carried out between 1884 and 1889 from the Spanish consular representation in Essaouira (Mogador), aimed at halting the advance of the French Third Republic in southern Morocco. The correspondence of the consular agents with the Ministry of State, which is now kept in the General Administration Archive in Alcalá de Henares (AGA, Madrid), shows how, in this historical context, Mogador became an observatory from which Spain was

Mélanges de la Casa de Velázquez. Nouvelle série, 54 (2), 2024, pp. 259-284. ISSN : 0076-230X.

able to investigate Republican pretensions in the Souss. Analysis of the content of the dispatches allows us to understand the mechanism that the Essaouira consulate, with the approval of the Restoration government, set up to carry out intelligence operations, from the collection of unpublished data, its processing and the dispatch of information to Madrid, and the structuring of a counter-espionage service, led by the explorer Cristóbal Benítez and an indigenous agent, El Morabet, who had to confront an uprising in the Souss territory, led by the head of the commercial house of Iligh, Muley Mohammed ben Hussein, which had the backing of France. In so doing, the French government sought to segregate an important part of the Sultanate's territory to make it a protectorate of the Republic. The central idea of the Spanish strategy, full of political realism, was to protect national security. Spanish intervention in support of Moroccan integrity, although it did not play a decisive role, contributed greatly to the failure of the insurrection in the Souss, even if this failure was largely due to factors that were fundamentally internal to the Sultanate. With the French plans frustrated, the Third Republic directed its actions in Morocco towards reaching an agreement with the Restoration monarchy, offering it a proposal for the division of the Sultanate.

Keywords: Hispanic consulate in Mogador; Cristóbal Benítez, political intelligence, Muley Mohammed ben Hussein, Republican protectorate, southern Morocco

Una estratégica provincia periférica al sur de Marruecos

En las postrimerías del siglo xix, la ciudad portuaria de Agadir, en el sur del Imperio marroquí, distaba mucho de ser una gran urbe. No estaba muy poblada, carecía de una gran extensión y, además, no era, en modo alguno, un emporio comercial. El explorador y aventurero francés Charles de Foucauld que pasó por Agadir Ighir en 1884, señaló expresamente que, como urbe, entonces, no era nada: «Agadir, pese a su muralla blanca, que le da aire de ciudad, es, según me dicen, un pobre lugar, despoblado y sin comercio»[1]. Sin embargo, otra cuestión era la relevancia que tenía la ciudad, enclavada en el estratégico territorio del Souss, en aquel preciso contexto histórico. Desde 1884 y hasta mediados de 1886, el consulado español en Essaouira (Mogador) estaba siguiendo muy de cerca la gradual y creciente sublevación de algunas cabilas del Souss[2] y, en menor medida, de la región del Noun, dirigidas por el jefe de la casa comercial de Iligh, el jerife de Tazeroualt, sidi Hussein ben Hachem, no solo por el carácter preocupante (para la monarquía de la Restauración) de las revueltas en sí, sino

[1] Foucauld, 1888.

[2] Así, por ejemplo, en mayo de 1885, el cónsul en Mogador, Lozano daba cuenta a su superior, el Ministro plenipotenciario de España en Tánger de los repetidos disturbios sucedidos, al sur de la región del Souss, entre las diversas tribus y clanes que conformaban la confederación de los Ayt Ba' Amran. Fernández Rodríguez, 1985, p. 204.

por los contactos que este último mantenía con el cónsul francés acreditado en Essaouira[3]. Sabemos que las causas de la rebelión de las cabilas no se reducían solamente a cuestiones puramente fiscales, es decir, a negarse a pagar impuestos al Majzén en momentos coincidentes con crisis de subsistencias, incremento de los precios de los alimentos básicos, excesiva presión fiscal o la tiranía de los agentes del poder central. Por ello, desde el advenimiento de Muley Hassan I, en 1873, el Majzén había puesto en marcha una política que consistía en «reinsertar» o reintegrar al Souss en la organización común de las provincias marroquíes, en unas condiciones coyunturales nada fáciles[4]. Por otro lado, el reinado de Muley Hassan se caracterizó, entre otras cosas, por las tentativas de algunas potencias europeas (Gran Bretaña, Bélgica, Francia, España e Italia), de abrir puertos comerciales y factorías al sur de Essaouira, o bien en Agadir, o en algún punto al sur de Agadir, escapando del control fiscal de las aduanas imperiales establecidas en Mogador y consiguiendo un *hinterland* que les permitiera controlar el comercio transahariano y —en el caso de los españoles— asegurar, además, la explotación del banco pesquero canario-africano[5]. Para conseguir sus objetivos, los europeos no dudaron en establecer relaciones mercantiles con los jefes de las casas comerciales más fuertes de las regiones del Souss y del Noun, el ya citado sidi Hussein ben Hachem de la casa de Iligh, y la familia Beiruk, respectivamente, interesados, a su vez en sustraerse del control fiscal que el Majzén venía ejerciendo sobre el comercio exterior desde finales del siglo XVIII al canalizar exclusivamente las entradas y salidas de mercancías en el sur atlántico del imperio jerifiano por el puerto de Essaouira. Estos intentos, unidos a la «rebeldía» de sus poblaciones, hicieron que los viajeros, aventureros y exploradores europeos que visitaron esa zona en el siglo XIX, percibieran estas regiones como lugares donde la autoridad del Majzén no era reconocida. Sus testimonios escritos han servido para que, en cierta bibliografía sobre el tema[6], se haya asentado el «mito» de que el Souss y el Noun constituían verdaderos «estados independientes» del Sultanato o bled Siba. Por parte de la historiografía marroquí, se arguye que las tensiones y la agitación en estos dos territorios, existentes a partir de 1884, son una respuesta a la iniciativa de recuperación del control sobre ellos, promovida por el Sultán, por motivos diplomáticos. Así se señala que el Majzén se había desinteresado, anteriormente y durante sesenta años, del Souss por ser una región normalmente poco productiva. En estas condiciones, en la región se había ido creando un cierto hábito de autonomía. El Sultán, ahora, decidía súbitamente, ante las intrusiones europeas, nombrar caídes y gobernadores en la zona; en consecuencia, era normal que

[3] Martínez Milán, inédita, pp. 95-100, y 2015, p. 120.

[4] Martínez Milán, 2015, p. 119.

[5] Miege, 1961-1963; Rainero, 1993, pp. 77-92; Guillen, 1967; García Figueras, 1941, pp. 133-139; Martínez Milán, 1992, pp. 23-80 y 1996, p. 244.

[6] García Figueras, 1966, p. 175 y siguientes; Fernández Rodríguez, 1985, p. 204; Diego Aguirre, 1988, pp. 133-147; Barbier, 1985.

los susíes, recelosos, se resistiesen a esta amenaza contra sus derechos adquiridos[7]. Esa oposición al Majzén venía reforzada, si cabe, por una situación geográfica favorable a las actividades de resistencia[8]. Además, el resultado de las investigaciones llevadas a cabo, hace años, por algunos etnógrafos y sociólogos marroquíes, como Paul Pascon, Mohammed Ennaji y Mustafá Naimi, rebate hasta cierto punto el citado mito de la independencia y rebeldía del sur atlántico del Sultanato y plantea la cuestión en otros términos. Sin restar importancia al grado de rebeldía de la población del Souss y del Noun y a los repetidos intentos de sidi Hussein ben Hachem y la familia Beiruk de entrar en contacto con las potencias europeas para establecer relaciones mercantiles directas, lo cierto es que ambos mantenían estrechas relaciones con el Majzén, y utilizaban sus contactos con los europeos como medio de presión para obtener del Sultán exenciones fiscales en el puerto de Essaouira[9]. Con respecto a la casa de Iligh, Paul Pascon y Mohammed Ennaji afirman que «Iligh podía a la vez manifestar su juramento de fidelidad político y espiritual al trono alauí y soñar en volverse materialmente independientes»[10]. Con todo, para preservar la integridad territorial del Sultanato, Muley Hassan I emprendió dos expediciones significativas al Souss en 1882 y 1886 y, además, obtuvo el reconocimiento explícito de la soberanía marroquí sobre la región del Uad Noun, que algunos traficantes británicos pretendían amputar del país[11]; con ánimo conciliador, y para tratar de calmar los ánimos de los susíes, cuando llegó a la frontera del Souss en 1882, mandó redactar cartas-octavillas y distribuirlas en masa. En ellas se leía: «Al venir aquí, queremos defenderos (contra los extranjeros), mantener en sus puestos a los jefes de las zauias (cofradías religiosas), a los jeques y los caídes, y ayudarles a asentar mejor sus posiciones [...]. Apresuraos a acudir a nuestro encuentro»[12]. La expedición tenía, por lo tanto, como objetivo claro conseguir la sumisión y obediencia de los habitantes de la zona, pero no por ello consistió exclusivamente en una incursión militar, sino en una más amplia labor de relaciones con los líderes y representantes de la región[13]. De hecho, una vez fallecido sidi Hussein, Muley Hassan I, como una muestra más de su voluntad de apaciguar la región y dotarla de paz social, nombró al hijo de aquel, sidi Muley Mohammed ben Hussein ben Hachem, como uno de los gobernadores de la región[14].

Sin embargo, a finales de 1886 estalló una nueva revuelta de las cabilas del Souss, apoyada por sidi Muley Mohammed, quien perseguía los mismos

[7] Laroui, 1997, p. 176.
[8] Laroui, 1997, p. 180.
[9] Pascon & Ennaji, 1988, pp. 9-30; Naimi, 1987 y 2004.
[10] Pascon & Ennaji, 1988, p. 20.
[11] Laroui, 1994, p. 87; Morales Lezcano, 2000, p. 166.
[12] Laroui, 1997, p. 179.
[13] Felipe, 2019, p. 146.
[14] Martínez Milán, 2015, p. 120.

objetivos que su padre: la independencia económica del Souss, a la vez que multiplicaba los contactos que su padre había mantenido con el cónsul francés en Essaouira. La Tercera República se comprometió enteramente en el respaldo de esta sublevación, buscando como haría posteriormente en 1898 en el caso del Rif Central, segregar una parte importante del Sultanato, el Souss, para ponerlo inmediatamente bajo su control. De hecho, la propuesta que hizo llegar Muley Mohammed, en septiembre de 1886, al representante francés en Mogador invitaba a que la declaración de independencia del Souss coincidiera con la proclamación, por Francia, del protectorado sobre esa región. Desde el consulado español en dicha ciudad se opinaba que si

> el Sultán, sin pérdida de tiempo, no envía contra él [Muley Mohammed] a un poderoso ejército y se apodera de él y de su hermano [...] es muy factible se separe el Sus del Imperio de Marruecos, como de público se dice en aquella comarca, y los franceses se enseñorearán en él y rodearán a Marruecos con una faja de hierro[15].

La situación determinó que el consulado español tuviera que organizar una red de inteligencia de forma apresurada con el fin de hacer frente a las asechanzas de la Tercera República, y en los acontecimientos que se sucedieron, el Sultanato pudo mantener su integridad territorial gracias —en cierta medida— a la actuación del que era la cabeza de este grupo de espías, el intérprete del consulado de Essaouira, Cristóbal Benítez, el cual a lo largo de 1887 hizo una soberana demostración de lealtad a la monarquía de la Restauración, aguante, fortaleza física, inteligencia y astucia para desvelar las tramas urdidas por los agentes de la Tercera República en el Souss y derrotar a los enemigos del Sultanato.

En este artículo se ofrece un examen de las actividades de inteligencia implementadas desde Essaouira entre 1886 y 1887 por el consulado de España en un contexto de ocupación de África por Europa y de la maniobra de segregación del territorio del Souss con respecto al Sultanato marroquí, auspiciada por la Tercera República francesa. La correspondencia de los cónsules hispanos en la ciudad con su superior, establecido en Tánger, el Ministro Plenipotenciario de España en Marruecos, y a través de este agente diplomático con el Ministerio de Estado, que hoy se conserva en el Archivo General de la Administración de Alcalá de Henares, muestra cómo en esa época, la oficina consular hispana en aquella ciudad atlántica se transformó en un observatorio desde donde España pudo indagar cómo sobre todo Francia y en mucha menor medida, Gran Bretaña, Bélgica y Alemania intentaban colocar sus fichas en el tablero africano y en concreto, en los territorios del sur atlántico marroquí y de la inmediata zona sahariana.

---

[15] AGA, Marruecos, caja 61, exp. 3. Despacho reservado sin número del cónsul de España en Mogador, Antonio Fierro, al Ministro Plenipotenciario de España en Marruecos, 11 octubre de 1886; *Ibid.*, 21 de enero de 1887; Martínez Milán, inédita, p. 100.

El contenido de los despachos remitidos a sus superiores por los cónsules en Mogador desde 1884 debería, en puridad, haber tratado un área dilatada de aspectos, abarcando desde los temas económicos, comerciales, administrativos hasta los meramente informativos o de fomento de la influencia hispana en la zona; sin embargo, la prospección y consulta efectiva de la masa documental generada por el consulado en ese ámbito cronológico, por el contrario, revela que solo hay un acercamiento exclusivo a cuestiones referentes a temas político-militares, atinentes a la seguridad española, junto a las relativas a la estructuración de un servicio de contraespionaje encargado de combatir la creciente influencia francesa en el territorio. El análisis de la documentación, además de confirmar la acogida tácita y favorable que dio el gobierno hispano a las informaciones comunicadas por sus cónsules, permite contextualizar la misión de estos últimos en el ámbito local, que excedía del marco meramente comercial y de representación española en el territorio, así como despejar el dispositivo que elaboraron o propiciaron para proceder concretamente a operaciones de inteligencia, desde la recolecta de datos inéditos y su tratamiento hasta el despacho de la información a Madrid. En un ambiente en el que en el Sultanato de Marruecos imperaban la desconfianza (entre las potencias que aspiraban a apoderarse de una parte del Imperio jerifiano, y del Sultán hacia todas ellas), el secretismo y hasta las mentiras, las redes de contacto trabadas por la diplomacia hispana en el lugar, el trato personal, así como la retribución tanto a personas anónimas como a comerciantes que recorrían tanto el Sáhara como el Souss desempeñaron un destacado papel para tener acceso a la información. Los trabajos realizados en los últimos años sobre las funciones consulares han analizado de forma detenida el papel comercial que desempeñaron los cónsules durante la Edad Moderna y el siglo XIX, dejando en el segundo plano la labor política que ocasionalmente tuvieron que desarrollar y que, por lo general, se suele asignar a los Embajadores y Ministros Plenipotenciarios. Algunas publicaciones recientes, sin embargo, subrayan que esta dicotomía no es tan clara como parece y que los cónsules, en determinadas situaciones, especialmente en los lugares alejados de los centros de decisión, intervenían a veces en los campos de la política. En estas líneas, vamos a estudiar un aspecto de esta misión que llegaron a cumplir los cónsules, a saber, las actividades de inteligencia relacionadas con la política internacional[16]. Lo haremos a través de los casos de Lozano y Fierro, cónsules hispanos en Essaouira, en la década de 1880, en un contexto de expansión europea en África. En este sentido, hemos intentado contextualizar las misiones y las actividades que se propusieron estos agentes, teniendo en cuenta las percepciones que tenían, derivadas del acoso republicano al Sultanato marroquí y por último, nos centramos en los

[16] Ulbert & Le Bouedëc, 2006; Ulbert & Prijac, 2010; Aglietti, Herrero Sánchez & Zamora Rodríguez, 2013; Marzagalli, 2015; Marzagalli & Ulbert, 2016; Bartolomei, Calafat, Grenet & Ulbert, 2017.

dispositivos que ambos cónsules pusieron en marcha a fin de dotar a España, en el sur de Marruecos de un eficaz y moderno servicio de contraespionaje encargado de vigilar, controlar y sabotear las acciones llevadas a cabo por los agentes del espionaje francés y sus aliados en el Souss.

La ignorada faceta de espía de Cristóbal Benítez

Sobre la cabeza del servicio de inteligencia hispano creado en el Souss, el malagueño Cristóbal Benítez, sabemos en realidad bastantes cosas. Individuo dotado de gran cultura, ingenio despierto y ánimo aventurero, a la altura de la década de 1880 poseía una reconocida autoridad en cuestiones referentes a Marruecos, por ser uno de los pocos europeos que hasta entonces habían viajado por el interior del país. Dominaba correctamente el árabe vulgar y el chelja beréber. Además, tenía un conocimiento muy profundo de la religión, costumbres y psicología musulmanas. En 1879 acompañó a un geólogo austriaco, Oscar Lenz, en un viaje prácticamente legendario que les llevó a atravesar Marruecos y el Sáhara Occidental hasta alcanzar el codo del Niger y Tombuctú, la semi-mítica metrópoli sudanesa, tras visitar primero Tinduf. La misión Lenz-Benítez tuvo enorme resonancia en Europa. Las notas de viaje de Benítez, si bien no tan eruditas como las que a su vez presentó Oscar Lenz a su regreso al continente europeo[17], contienen la suficiente erudición como para ver que el autor mantenía un marcado interés por aprehender y reseñar los conocimientos que adquiría sobre arqueología, geografía o sobre las costumbres de las sociedades que iba conociendo, y de hecho el marcado carácter aventurero del joven Cristóbal hace que su narración se convierta en una obra merecedora de Julio Verne o de Emilio Salgari, con la notable diferencia de que lo que nos explica el malagueño, es real. Pero lo más notable de la narración de este autor es la manifiesta falta de referencias económicas o políticas sobre las zonas que visitaban y la falta paralela de referencias racistas o denigrantes hacia la población negra, características propias de los viajeros contemporáneos al autor. El hecho de que Benítez viviese desde niño en Tánger y, por lo tanto, conociese la alteridad y estuviera acostumbrado a la diferencia, puede ser que le permitiese mirar a las nuevas sociedades que se encontraba en su camino de forma más abierta que otros viajeros. Experto viajero, el explorador español parece, parafraseando a Charles Bukowski, entender que, en su singladura, lo más importante es saber atravesar el fuego del desierto, y se muestra como alguien muy capacitado a la hora de recorrerlo. Sabemos asimismo que, tras la expedición a Tombuctú, el malagueño pasó a ser funcionario de la Administración española al ser nombrado en 1881 intérprete en la aduana de Larache, para ser trasladado posteriormente,

[17] Benítez, 1987.

el 27 de julio del mismo año, al consulado español de Mogador, donde ejerció como canciller. En 1883 participó en la comisión hispano-marroquí destinada a determinar la ubicación exacta del territorio correspondiente a la antigua posesión canaria de Santa Cruz de la Mar Pequeña (posteriormente conocido como Ifni) reclamado por España, recorriendo para ello la costa atlántica de Marruecos a bordo de la goleta *Ligera*. Sin embargo, sus biógrafos, tanto Vilar como Ballano, y sus estudiosos como Morales Oliver[18] han sido incapaces de trascender la imagen que se ha generado del aventurero malagueño, e ir más allá de un análisis crítico sobre las fuentes más empleadas para reconstruir la vida del explorador[19]. Las fuentes tradicionales, de hecho, no han podido ofrecernos datos y hechos concretos con los que respaldar una indagación sobre la faceta de Benítez como agente de inteligencia de la monarquía de la Restauración en el sur atlántico del Imperio marroquí, durante las décadas de 1880 y 1890. Afortunadamente, el análisis de la documentación consular hispana generada en Essaouira permite entrar en un nuevo paradigma del personaje, una nueva orientación que privilegia el análisis de su labor como espía. De hecho, si empezamos a ahondar en la personalidad de los diversos exploradores y aventureros europeos que viajaron por el continente africano en el siglo XIX, sea cual fuere su nacionalidad, indefectiblemente en la mayoría de ellos, su tarea viene ligada a misiones de servicios de inteligencia, desde Alí Bey, Domingo Badía, el espía catalán al servicio del monarca Carlos IV y del ministro Manuel Godoy hasta Joaquín Gatell, Richard Burton, Leopold Panet, Emilio Bonelli o Charles de Foucauld. Llegando en el siglo XX hasta la figura del conocido conde Almasy, el histórico protagonista de la novela de Michael Ondaatje, *El paciente inglés*. En la época del imperialismo colonial, el espionaje era una condición de la que no escaparon ni tan siquiera los misioneros. Al respecto, señala Cristina Morató que cuando en el entorno de 1860, la rica y joven aventurera holandesa Alexine Tinne llegó a la misión católica de la Santa Cruz, al sur de Jartum y en el Nilo Blanco, se enteró de que la misión austriaca allí radicada, había sido clausurada, pues en realidad se trataba de una tapadera del gobierno imperial de Viena para ocultar una misión de espionaje en el país donde los Habsburgo pretendían fundar una colonia[20].

A lo largo de los años 1886 y 1887, Cristóbal Benítez acabó demostrando unas excelentes cualidades para las tareas de espionaje en las que estuvo involucrado. De hecho, no todas las aptitudes ni todos los conocimientos requeridos hoy para realizar actividades de inteligencia son propios de nuestra época[21]. El dominio de lenguas extranjeras, incluyendo las propias del territorio donde operaba, los conocimientos en costumbres sociales de la región, en historia, en geopolítica y en criptología, el espíritu analítico y

[18] MORALES OLIVER, 1964, pp. 100-101.
[19] VILAR, 1984, pp. 118-121; BALLANO, 2013, pp. 205-219.
[20] MORATÓ, 2004, p. 153.
[21] BULINGE & BOUTIN, 2015, pp. 186-188.

crítico eran bazas que poseía el explorador malagueño para conseguir datos que luego le servían para producir una información comunicable[22].

Recelos mutuos entre Francia y España en el sur de Marruecos y en el Sáhara occidental en la década de 1880

En la década de 1880, y en las oficinas consulares de España en Mogador se reunieron todas las condiciones para constituirse en una plataforma desde donde realizar operaciones de inteligencia, en un momento en que el destino del continente vecino se disputaba en los despachos de Europa, a la vez que sobre el terreno. El análisis de la documentación consular y más concretamente, la correspondencia mantenida con el Ministro Plenipotenciario en Tánger, nos muestra cómo a partir de 1879, la mirada de los sucesivos cónsules hispanos, Lozano y Fierro, empezó a apartarse progresivamente del territorio donde ejercían su jurisdicción para abarcar un área geográfica más amplia, que incluía las zonas del Souss y Noun. Las huellas de una actividad de inteligencia basada en la adquisición y el aprovechamiento de datos políticos —y sobre todo geopolíticos— quedan visibles en la síntesis de informaciones y conocimientos considerados como útiles para el gobierno hispano. Desde mayo de 1885, el consulado detectó una serie de disturbios crecientes en la región del Souss que apuntaban a la extensión de una dinámica de rebeldía en el territorio contra la autoridad del Sultán. Las primeras pesquisas de la recién creada red de inteligencia hispana en el lugar se apercibieron que detrás de las acciones rebeldes estaba presente el cónsul francés en Mogador y el espionaje de la Tercera República. A la luz de los datos aportados, tanto las zonas presaharianas como las desérticas de los confines del Imperio jerifiano estaban siendo infiltradas por las unidades de inteligencia del Ejército y la diplomacia galos. En primera instancia, se entendía que la maniobra francesa tenía una finalidad económica: desde el Ministerio de Estado, se vislumbraba que el propósito de los franceses era desviar en su beneficio las rutas comerciales del oeste sahariano, desde el Souss hasta Tombuctú, para posteriormente, tomar posesión de un territorio situado cerca de las Canarias. El objetivo comercial de la empresa quedaba demostrado por las mercancías que se intercambiaban con las poblaciones nativas (telas de algodón, pólvora, cerámicas, fusiles, cuchillos, etc. por pieles, plumas de avestruz, marfil, antimonio, goma, oro en polvo). Pero es que, por ende, la maniobra de la Tercera República era vista como una grave intromisión en una zona estratégica para España que amenazaba con dar fin a la seguridad del archipiélago canario.

---

[22] Es pertinente citar los trabajos de Mourad Zarrouk dedicados al agente Clemente Cerdeira. Tales estudios nos presentan no pocas similitudes con las labores ejercidas por Benítez décadas antes. Zarrouk, 2017.

Con todo, las motivaciones francesas para actuar en aquel momento, en el territorio susí estaban claras. La declaración del protectorado hispano sobre Río de Oro en diciembre de 1884 no hizo sino reforzar en París el interés por lo que estaba sucediendo tanto en el litoral sahariano como en el sur atlántico marroquí[23]. Para Francia, asentada en varios lugares del continente desde hacía varias décadas (en Senegal, desde 1816; Argelia, desde 1830), la penetración de los británicos, españoles y belgas en África planteaba un problema de delimitación de las fronteras coloniales, otro de seguridad de su imperio colonial y un riesgo de fuerte competencia comercial en todos los casos[24]. Posteriormente, la misión al desierto sahariano que se organizó desde España en 1886 bajo la dirección del ingeniero Julio Cervera Baviera, en la que participaron el geólogo Francisco Quiroga y el intérprete Felipe Rizzo acabó por acrecentar las sospechas de París, entendiendo que el objetivo español era adentrarse en el Souss, tomar Ifni y ocupar territorios, en particular al norte del Adrar. Pocos años antes, Cervera había publicado dos libros, *Geografía militar de Marruecos* (1884) y *Expedición geográfico-militar al interior de costas y Marruecos* (1885), en los que había dedicado una parte de sus estudios a las tierras del Souss y del Noun. En ella se apreciaba un amplio conocimiento de las dos regiones, no conformándose con satisfacer la curiosidad del africanismo español de talante colonialista mercantil, describiendo las «maravillas» de las dos zonas y justificando las ambiciones imperialistas de España por ellas. Incluso se atrevía a dar consejos que incitaban a la inmediata ocupación por parte del Estado español de los territorios del Souss y del Noun[25].

Antes de que Francia se posesionara o controlara efectivamente el sur de Marruecos, la estrategia de los diseñadores de la proyección imperialista hispana en el Sultanato en la segunda mitad del siglo XIX, pasaba ante todo por gestionar del Majzén la entrega del territorio de Santa Cruz de la Mar Pequeña (al que luego se identificaría con Ifni). La necesidad de un asentamiento hispano en el sur del Sultanato era concebida en clave de anticipación a que pudiera ocupar la región, enfrentada a Canarias, cualquier otra potencia extranjera, lo cual era visto como una clara amenaza no solo a las aspiraciones españolas en torno al dominio del territorio, sino también como un reto a la propia seguridad del Estado. De hecho, la seguridad nacional de cualquier Estado implicaba no solo conservar la integridad del espacio geográfico considerado como propio y el mantenimiento del control político y estratégico sobre el mismo. Es decir, el concepto se complicaba teniendo en cuenta que la atención de los Estados entendía como vital la vigilancia o el dominio de aquellas regiones desde las que podía partir un ataque al solar patrio. En este sentido, Ifni debía servir como una cabeza de puente para, en una fase posterior, ensanchar hacia el norte los territorios

[23] Salom, 2003, pp. 247-272.

[24] Le Brun, 2022, p. 442.

[25] Akmir, 2019, pp. 130-140.

del Sáhara español, lo cual permitiría, en el mejor de los casos, enlazar con Agadir (a cuyo control también se aspiraba), y no tanto con Agadir sino con el Atlas, porque a través del Atlas y del Anti-Atlas se llegaría a Melilla o a las Chafarinas. De esta manera, se hubiera creado un arco defensivo que, desde Melilla hasta Agadir, extendiéndose un poco, contra natura, por Ifni, enlazaría amorosamente el Sáhara y permitiría una perfecta defensa de Canarias[26]. Por lo tanto, la localización y dominio de Santa Cruz de Mar Pequeña, así como la posesión del litoral del Sáhara, devinieron vitales; debían servir de barrera que frenara el avance francés por el litoral meridional marroquí. Y su necesidad se hizo más urgente a partir de 1871, cuando Francia aplastó la sublevación de Mohammed El Mokranim, lo que le dejaba las manos libres para intervenir en Marruecos[27]. A la altura de las décadas de 1860-1870-1880, no se conocía con certeza donde estaba construida la antigua fortaleza canaria de Santa Cruz de la Mar Pequeña, reivindicada para España desde el fin de la guerra de África de 1859-1860[28], ya que su exacta localización se había perdido con el transcurso de los siglos. El gobierno marroquí obstaculizó durante bastantes años cualquier propuesta española de fijar la ubicación de Santa Cruz en algún punto concreto de la costa sur atlántica, pero con todo, podemos observar que la deriva hispana fue siempre situar el emplazamiento de la fortaleza lo más próximo posible a Agadir, puerto estratégicamente muy importante en tanto que cerraba el arco defensivo con todas las estribaciones del Atlas hasta Melilla, para impedir el avance francés sobre lo que se consideraba área de influencia hispana[29].

Actuaciones de la diplomacia y la inteligencia españolas ante la sublevación de Muley Mohammed

El enfrentamiento con la realidad y la constancia de una rebelión en el Souss, manipulada por la Tercera República, fue suscitando una progresiva inquietud en el gobierno restauracionista. La situación prototípica, anterior, de relativa calma en la costa marroquí próxima al archipiélago canario, se veía alterada, y en la nueva dinámica iniciada latía una amenaza, ciertamente insólita, de la llegada de un tiempo de regresión que perjudicase seriamente los intereses españoles. Las necesidades de defensa de Canarias fueron las que acabaron imponiendo la creación en el consulado de Essaouira a partir de mediados de los años 80, de una red de inteligencia dotada de una

[26] Martín Corrales, 2019, p. 56.

[27] Martín Corrales, 2019, p. 58.

[28] Felipe, 2019, pp. 143-165.

[29] Resulta de obligada consulta para entender el contexto, la política y la diplomacia españolas en torno al Protectorado marroquí, incluido el período anterior a su establecimiento, La Porte, 2003, pp. 471-490.

capilaridad y de una organización vasta e impecable en los territorios del sur del Imperio jerifiano. Esta red tenía un doble liderazgo: la comandaban tanto el explorador Benítez, intérprete y canciller del consulado, como el agente indígena, al Hadj el-Morabet, este último un personaje desconocido por la investigación y al que la documentación existente en el Archivo de la Administración de Alcalá de Henares revela como un azote de los planes de hegemonía franceses en los confines meridionales del Sultanato. A pesar de que el servicio secreto español en el sur de Marruecos carecía de una amplia tradición y de una antigua implantación en la zona, tuvo que estructurarse a partir de la nada con el fin de interponerse con éxito a las maniobras galas. Las distintas etapas que caracterizan el proceso de inteligencia, desde el momento en el que se dio la necesidad de producir conocimientos hasta la comunicación de las informaciones consideradas útiles a un centro con capacidad de decisión, se comprueban en los despachos analizados: la recolecta de datos; su tratamiento y el análisis crítico al que se sometía la información producida; la síntesis de datos y su transmisión; y, por último, las acciones ejecutivas de réplica a las francesas. En particular, el flujo de información era crucial para el éxito del esfuerzo de la inteligencia hispana y requirió una especial atención. Hay que tener en cuenta que el Ministerio de Estado español no tenía recursos monetarios holgados como para sufragar una red de espionaje tan extensa como la establecida por Benítez y el-Morabet, pero aun así fue capaz de dar grandes golpes a Francia durante varios meses[30]. Probablemente, el problema más serio que afectaba al programa de inteligencia del consulado hispano era la incapacidad de los agentes españoles de analizar y difundir rápidamente la información que llegaba, de manera que las fuerzas ejecutivas pudieran actuar con celeridad sobre la base de los datos conocidos sobre el enemigo. Además, el gran volumen de información de inteligencia que comenzó a fluir hacia las oficinas del consulado, requirieron de una estructura organizativa de análisis[31].

Para todas estas fases, los servicios de información hispanos se aprovecharon de los contactos personales y sociales de sus dos jefes, los cuales les permitieron contar con una red comercial existente en el Souss y en manos de mercaderes judíos captados para la causa hispana. Para poner en orden el ámbito de la inteligencia, se redactaron en el consulado de Essaouira una serie de breves protocolos que especificaban exactamente los pasos a seguir: se elaboraron procedimientos sobre control de fuentes, procedimientos de recopilación, informes de inteligencia y métodos de registro y difusión.

[30] AGA, Marruecos, caja 61, exp. 3, Carta particular del cónsul de España en Mogador, Antonio Fierro dirigida a José Diosdado, Ministro Plenipotenciario de España en Tánger, 7 de marzo de 1887.

[31] Es aconsejable acudir a los estudios de Julián Paniagua López, acerca de la red de información española en el protectorado marroquí, y fundamentalmente en la zona norte del mismo desde sus orígenes hasta las dos primeras décadas del siglo XX. Paniagua López, 2018 y 2022.

Precisamente, a medida que el sistema de recopilación, clasificación y registro de información sobre el enemigo comenzó a funcionar, los resultados operacionales empezaron a aparecer: una vez que se reclutó a una serie de agentes nativos, estos procedieron a interceptar a los mensajeros que transportaban las misivas confidenciales que se remitían del consulado francés en Mogador a los líderes rebeldes del Souss. Dichos mensajeros no eran ejecutados; simplemente los agentes españoles los sobornaban y los compraban con el fin de interceptar sus cartas y copiarlas, dejándoles partir a su destino a continuación. Posteriormente, antes de proceder a la etapa interpretativa de su labor, el cónsul hispano hacía un examen crítico de los datos que tenía en su poder, antes de remitirlos a Tánger.

Llegada la información a Madrid, el gobierno liberal español procedió a notificar prontamente lo que sabía tanto al gobierno marroquí como a las naciones consideradas amigas de España, los países de la Tríplice Alianza y Gran Bretaña, por estar situada esta última muy próxima diplomáticamente a aquellos. Así, en diciembre de 1886, el Ministro de Estado, Segismundo Moret remitió al Foreign Office una larguísima carta, poniendo en conocimiento del gobierno británico los manejos franceses sobre el Souss[32]. Posteriormente, los informes del consulado español en Mogador fueron remitidos asimismo a Merry y Colom, conde de Benomar, el mayor experto en las relaciones exteriores que tenía la monarquía de la Restauración y en aquel momento Ministro plenipotenciario en Berlín, el cual a su vez acabó transmitiéndolos al conde Edoardo de Launay, Embajador de la monarquía saboyana en la misma ciudad. En la documentación remitida se insistía en que la sublevación general de las tribus del Souss[33], la estratégica región meridional del Sultanato, estaba respaldada desde París, con el objetivo de implantar un protectorado de la Tercera República en la región. Posteriormente, se pasaba a señalar que las primeras intervenciones de Francia en las provincias del Souss y del Noun eran ya antiguas, datando de los tiempos de la monarquía de Luis Felipe de Orleans: así se indicaba que en 1840, un oficial de la Marina francesa, el comandante Bouet, había recalado en las costas del sur de Marruecos con el bergantín *Malouine*, concluyendo un tratado de amistad con el jeque M'barek ben Abdallah el Uadnuni, en el cual este se comprometía a construir un puerto en Asaka, que permitiría a los franceses desembarcar y comerciar con los nativos de la región. En 1850, el Départament de la Marine et des Colonies de la Segunda República envió a un agente secreto de prestigio, condecorado por actuaciones anteriores con la Legión de Honor, Leopold Panet, que partió de San Luis de Senegal para recorrer, de incógnito,

[32] AGA, Asuntos Exteriores, Embajada de España en Londres, caja 7021, leg. 198. Despacho 220, reservado del Ministro de Estado, Segismundo Moret al Ministro Plenipotenciario de España en Londres. 6 de diciembre de 1886.

[33] Naimi, 1994, pp. 85-94.

Chingetti, el Sáhara y los territorios del Noun y del Souss[34]. Panet estaba convencido de la relevancia de su misión: entendía como fundamental para Francia, la conquista del Sáhara Occidental, una zona entonces no ocupada por ninguna potencia colonial y relativamente desconocida. Él mismo, en el relato recopilatorio de su viaje, señalaba que Francia, en competencia con Gran Bretaña por aumentar sus respectivos imperios, debía no solo asentarse en las costas saharianas sino hacerse con Marruecos para controlar la integridad de la costa oeste y norte de África[35]. Aunque Panet recorrió la zona sahariana antes que la expedición española de 1886, no firmó ningún tratado de protectorado con los jefes nativos[36]. Sin embargo, otros tratados en el Souss fueron concluidos en épocas posteriores, hacia el comienzo de la década de 1880, por agentes que el gobierno galo remitió al terreno con el pretexto de exploraciones científicas encubiertas, pero el gobierno de París, no creyendo que fuese todavía el momento propicio para intervenir en el sur del Imperio jerifiano, no dio continuidad a tales acciones. Las intrigas no resurgieron hasta 1884; fue en ese año cuando un militar y explorador, Charles de Foucauld visitó el territorio del Souss, a lo largo de tres meses[37]. El explorador, muy significativamente, tituló el relato de sus viajes al Sultanato, *Reconnaissance au Maroc*[38], siendo que, en la terminología militar, el reconocimiento es la fase previa, anterior a una invasión. También en este momento fue cuando se nombró a Ladislas D'Ordega como representante de la Tercera República en Tánger. Una fase nueva se abría en las actuaciones de Francia en el Sultanato, basada en una estrategia de pragmático y sistemático involucramiento en la tarea de penetración pacífica. Fue el momento en el que el consulado francés de Mogador entró en contacto de manera reiterada con el jefe de la casa comercial de Iligh, el viejo sidi Hussein, hijo del famoso sidi Hashem; un agente secreto francés, de hecho, fue enviado al Souss tras un acuerdo establecido entre el jerife de Wazzan, sidi Abdesselam, protegido de la Tercera República y D'Ordega para fomentar la sublevación en el sur del Imperio jerifiano. Las maniobras alcanzaron cierto éxito: algunas tribus del territorio se rebelaron, siendo la insurrección dominada con grandes dificultades por las tropas del Sultán. A pesar de que D'Ordega fue relevado y sidi Muley El Hussein Ben-Hashem falleció, no cesaron las relaciones secretas que Francia mantenía con la región meridional de Marruecos, a través fundamentalmente de Jacquetty, canciller del consulado galo en Mogador. Este agente entabló una fluida correspondencia con el hijo de sidi Hussein, el jerife Muley Mohammed. A principios de 1887, este último seguía adelante con sus planes de «dominar» todo el Souss. A finales de enero, Antonio

[34] Ballano, 2013, pp. 221-228.
[35] Panet, 1850, pp. 380-445, 473-563.
[36] Ballano, 2013, p. 227.
[37] Ballano, 2013, p. 140.
[38] Foucauld, 1888.

Fierro, cónsul hispano en Mogador, informaba que controlaba toda la región, excepto la ciudad de Tiznit, la cabila de Stuka y la fracción Ait Bubker de la confederación de los Ayt Ba'Amran, en Ifni[39].

En conclusión, los gobiernos españoles estaban actuando en aras a una lógica bien determinada: fracasados los intentos de invasión y ocupación del territorio marroquí en la guerra de África, donde se demostró que ni Francia ni el Reino Unido iban a permitir una conquista del Sultanato fácil y permanente, los gobiernos restauracionistas, en el último cuarto del siglo XIX pivotaron en torno al principio de defender la soberanía e integridad territorial de Marruecos, porque el Sultanato era un vecino fiable, en la medida en que era un vecino más débil y, por lo tanto, no era un vecino que presentara un problema o una posible amenaza. Ello sin abandonar, de manera definitiva, la idea de una hipotética invasión del Imperio jerifiano, Así es que en ese doble juego de ser los garantes de la soberanía e integridad del Imperio de Marruecos y esperar un momento propicio para repartirse el pastel del Sultanato, es cómo transcurre toda la política exterior española que en el norte de África es, sobre todo, antifrancesa.

A partir de 1887, la red de inteligencia hispana en el Souss estaba ya bien trabada. Se habían redactado en Mogador los planes de recopilación de información; se había procedido a reclutar, entrenar y asignar operaciones a diversos agentes nativos; y a desarrollar redes de contrainteligencia. Sin embargo, los peligros y dificultades que a partir de ahora entrañó la tarea de contraespiar fueron muy graves y numerosos, dado que el consulado de la República francesa en Mogador empezaba a conocer a la perfección la actuación de Benítez y de El-Morabet. Señalamos que los problemas eran graves, porque, por parte hispana se había de espiar, precisamente a técnicos en estas lides, las de esquivar y burlar toda vigilancia, y saber escurrirse rápidamente y sin dejar huellas. Es por ello que tanto Benítez como El-Morabet tuvieron que inventar para su servicio de inteligencia sus propias reglas, sus métodos, su filosofía, y tuvieron que hacerlo con premura, con una metodología enormemente pragmática y ejecutiva. Sin cumplir estrictamente las órdenes emanadas de Madrid, los agentes hispanos aceptaron las responsabilidades y actuaron con diligencia. No había tiempo de discutir con el gobierno. Por lo tanto, a lo largo de los siete primeros meses del año, la red de espías españoles se dedicó con ahínco a la misión de esclarecer la intensidad de las maquinaciones de los servicios diplomáticos galos, interceptando toda la correspondencia entablada entre rebeldes susíes y franceses. Fundamentalmente, las condiciones que el hijo de sidi Hussein había presentado al Quai d'Orsay para someter al Souss al protectorado republicano, que no incluían la región del Noun.

---

[39] AGA, Marruecos, caja 61, exp. 3. Despacho reservado sin número del cónsul de España en Mogador, Antonio Fierro, al Ministro Plenipotenciario de España en Marruecos, 21 de enero de 1887; Martínez Milán, inédita, p. 100.

Los órganos diplomáticos españoles remitieron dos de estas cartas interceptadas a los franceses al Sultán Muley Hassan. El Ministerio de Estado añadió a ello, su previsión de que era de esperar una intensa presión republicana sobre el Sultanato en las próximas semanas, que no solo afectaría al Souss, pues paralelamente aumentaría la actuación francesa sobre la zona del río Muluya, todo ello respondiendo a un plan combinado para socavar la independencia del Imperio jerifiano. Los hechos, asimismo, fueron denunciados ante Feraud, el Ministro Plenipotenciario de la República en Tánger. Sin embargo, el diplomático se acabó desentendiendo del contenido de las misivas que le fueron presentadas. En París, el gobierno republicano, tras diversas deliberaciones, terminó por aceptar las condiciones de los sublevados siempre que el hijo de sidi Hussein rompiera definitivamente con el Sultán y proclamara la independencia de la comarca. Para ello, era necesario que todas las cabilas estuvieran de acuerdo con él, de ahí sus prisas por recuperar el prestigio de Iligh entre las tribus de la región[40]. Por parte republicana, se entendía como algo legítimo el tratar directamente con estas cabilas ya que eran independientes, y por ello no había necesidad alguna de recurrir a la intermediación del Sultán. Al mismo tiempo, los agentes franceses en el Souss acabaron por comprender que el servicio de inteligencia hispano estaba entorpeciendo el desarrollo de sus planes, y que su correspondencia con los rebeldes estaba siendo interceptada por el cónsul hispano en Essaouira. Esta evidencia viene a certificar la realidad de la estrecha vigilancia mutua a la que se sometían las potencias europeas en el sur de Marruecos a partir de la década de 1880 desde sus respectivos consulados, como ha señalado Albert Duchesne, en su estudio sobre los intereses del rey Leopoldo II de Bélgica en Marruecos[41]. En este sentido, la correspondencia secreta del consulado galo en Mogador denunciaba ante Muley Mohammed ben Hussein que

> [...] en el territorio del Sus, los servicios de espionaje español habían desplazado a un activo y hábil agente (se refería a El-Morabet), el cual buscaba atraerse las simpatías de algunas cabilas hostiles a Muley Mohammed y propiciar un establecimiento español en la zona y la creación de una factoría[42].

Al jerife se le aconsejaba que se pusiera en guardia contra él y sus intrigas. Las cartas remitidas insistían en que, sabiéndose detectados los agentes republicanos por la inteligencia española, había que reaccionar con prontitud y ejecutar en cuanto se pudiese al contraespía, el Morabet. Por último, se daba

[40] AGA, Marruecos, caja 61, exp. 3. Despacho reservado sin número del cónsul de España en Mogador al Ministro Plenipotenciario de España en Marruecos, 4 de abril de 1887; Martínez Milán, inédita, p. 191.

[41] Duchesne, 1965, pp. 30 y 34.

[42] AGA, Marruecos, caja 164, exp. 1. Despacho no. 451 (XL) confidencial de la Legación italiana en Tánger al Ministro de Asuntos Exteriores de Italia. 13 de abril de 1887.

ánimos a los sublevados para implementar los planes y se les prometía expresamente el apoyo militar galo, vituallas, dinero, armas e incluso soldados[43].

Al llegar la primavera, sin embargo, no habían variado los procedimientos de trabajo de la inteligencia hispana. El gobierno español contemplaba como una necesidad ineludible la obligación que tenían los cónsules establecidos en el Sultanato, de estudiar la escena política y de comunicar sus observaciones cuando estas parecían ser de interés, primordialmente para asuntos concernientes a la seguridad nacional. En Madrid se conocían al detalle las prácticas clandestinas realizadas bajo la iniciativa del cónsul en Essaouira y se les daba el visto bueno. Si contemplamos la buena recepción de la información generada en Mogador por parte del Ministerio de Estado, podremos entender cómo estas actividades adquirieron por su incorporación en una amplia red de producción de inteligencia controlada por las oficinas de este Ministerio una dimensión autorizada. La impresión en el gabinete hispano era que la Tercera República había emprendido una estrategia de desestabilización del Sultanato, a base del fomento de rebeliones interiores, cuyo fin era minar la autoridad del Sultán Muley Hassan. Se entendía que esta estrategia no iba a desembocar en una invasión directa del Imperio jerifiano sino en un deterioro tal de la situación del mismo que llevaría al Sultanato a solicitar auxilio armado a la República a fin de hacer frente a las cabilas rebeldes. La intervención republicana concluiría con la dominación permanente de Marruecos.

Benítez, trasmutado de explorador en agente de inteligencia, siguió demostrando sus dotes de informador del gobierno español, invariablemente rápido y certero en el análisis de cada situación planteada —con un instinto innato de seguimiento impecable de todos los datos llegados a la red de espías por él controlada—, jamás daba como buena una noticia sin verificarla personalmente, y buscaba ansiosamente la verdad con sus propios ojos, sin intoxicaciones e interferencias interesadas. Así llegó a informar al cónsul Fierro, su superior, de la gradualidad de las acciones de los rebeldes, señalando cómo Muley Mohammed había buscado en un primer momento solo una salida al Atlántico, apoderarse de una parte del Souss, ocupar un puerto, hacerse fuerte en él, para luego desde allí esperar el resultado de sus negociaciones con los franceses. Posteriormente, comunicó a Fierro que el plan del jerife, hijo de sidi Hussein, era más extenso, y aspiraba a ocupar por completo la región, auxiliado por tribus del desierto, cuyo apoyo tenía gracias a que habían sido compradas con subvenciones francesas[44]. Asimismo, en este momento fue detectada la presencia de otro explorador francés en las tierras del Souss y del Noun. Se trataba del joven Camille Douls, el cual, incluso en Goulmine,

[43] AGA, Marruecos. Caja 164, exp. 1. Despacho no. 451(XL) confidencial de la Legación italiana en Tánger al Ministro de Asuntos Exteriores italiano. 13 de abril de 1887.

[44] AGA, Marruecos, caja 61, exp. 3. Despacho sin numerar, reservado de Antonio Fierro al Ministro Plenipotenciario español en Tánger. 21 de enero de 1887.

había entrado en contacto con el jeque Bairuk, que le había proporcionado unos pliegos para Agadir, donde era el gobernador su hermano, el jeque Abidine[45]. De Douls, además de que había penetrado en el desierto, después de desembarcar en Cabo Juby, Tarfaya, y de una estancia en Canarias, se supo que planeaba concretar acciones comerciales en la costa africana.

En líneas generales, hasta ese momento, el enfrentamiento entre los agentes hispanos y las fuerzas subversivas o insurgentes del jerife Muley Mohammed, respaldadas por Francia, había implicado dos tipos diferentes de operaciones. Por parte insurgente se había tratado de efectuar «entradas» y manipulaciones en el sistema social susí, que tuvieran la virtud de conseguir cada vez más el apoyo activo de la población local a los planes de segregación del territorio: así se habían combinado preferentemente gestos como las amenazas, las promesas, los llamamientos ideológicos y sobre todo, el señuelo de los beneficios materiales. Por parte del contraespionaje hispano, Benítez había apostado por medidas contra la infiltración francesa en el territorio, interceptando las comunicaciones de los sublevados, difundiendo mensajes contra los portavoces clave enemigos y arbitrando medidas de carácter preventivo, sin llegar al asesinato o a la represalia contra los agentes republicanos.

El cambio en la estrategia de actuación francesa

En la guerra subterránea entablada en el Souss entre españoles y franceses, las estrategias cambiaron al terminar la primavera. Un rumoreado desplazamiento del Sultán al Souss con un considerable ejército para revertir la situación en la región y volverla a la calma, no se produjo. Dado que los servicios de inteligencia hispanos basaban sus actuaciones al obstaculizar las acciones del consulado republicano en Essaouira, en interceptar a los mensajeros portadores de cartas al Souss, sin dar muerte a los mismos al conocer el contenido de las misivas, al destinatario, el jerife Muley Mohammed, le llegaban todas las instrucciones. El flujo hacia el Souss siguió dándose, pero ahora, los agentes franceses utilizaron los servicios de la Misión militar republicana en el Sultanato[46], o la escolta de soldados imperiales para contrarrestar las iniciativas de Benítez y El-Morabet[47]. El jerife Muley Mohammed, asimismo, mutó la vía de contacto con el consulado republicano en Mogador, utilizando ahora otro itinerario, la ciudad de Tarudant. Y asimismo, dentro de los ardides de la guerra secreta emprendida, utilizó la técnica del ‘caballo

[45] Demoulin, 1937, pp. 102-103; Douls, 1888; Rousanne, 1991 y Ballano, 2013, p. 241.

[46] BN, Miscelánea García Figueras, 1941, t. XVII, p. 431, «La première mission militaire française au Maroc de 1878 à 1906».

[47] AGA, Marruecos, caja 61, exp. 3. Despacho reservado sin número del cónsul en Mogador, Antonio Fierro, al Ministro Plenipotenciario español en Tánger, José Diosdado. 4 de abril de 1887.

de Troya', esto es, situando en el campo adversario, en la corte del Sultán a un espía 'durmiente', un agente de incógnito o topo, que le suministraba información confidencial sobre el Majzén empleando de forma ingeniosa y audaz, el engaño, la trampa y la argucia encargándose además de remitirle a Muley Mohammed un pliego del Ministro Plenipotenciario francés en Tánger, en el que se aceptaban las condiciones que el jerife había impuesto a cambio del protectorado republicano.

La eficacia como contraespía de Benítez quedó reflejada en los siguientes meses. Se demuestra en su celeridad a la hora de ejecutar operaciones no convencionales que modificaban levemente la metodología operativa anterior. Se trató ahora de desarrollar y apoyar operaciones de contrainsurgencia dirigidas contra los rebeldes susíes; llevar a cabo actividades de guerra política y seguir procesando y entregando al cónsul Fierro información de inteligencia. El resultado fue que los planes republicanos se frustraron y el servicio hispano prosiguió su dinámica de mantener en jaque a sus adversarios franceses: 1) en tareas de recopilación de información, El-Morabet, obedeciendo las instrucciones de Benítez siguió sobornando a los correos, franceses o del jerife, con cantidades de dinero a cambio de la entrega de las misivas secretas. Sin embargo, tan pronto como los sobornados recibían el dinero, salían huyendo al sur, al Sudán, en lugar de marchar al Souss, quedando fragmentada la comunicación entre Mogador y el hijo de sidi Hussein[48]; y 2) los agentes de Benítez empezaron a comprar voluntades y a sobornar a las tribus, con lo cual la posición del jerife no era tan buena y empezó a batallar con ciertas dificultades al no contar con suficientes fuerzas permanentes. Algunas cabilas no aceptaban su poder, se volvían contra él y le combatían.

La revuelta en el Souss entró finalmente en una fase conclusiva cuando el gobierno de París se decantó por una nueva táctica, que debía sustentarse mediante una hábil combinación de ayuda económica y militar a los sublevados, proporcionando a Muley Mohammed financiación y equipamiento, importantes sumas de dinero y numerosas armas que afluían al Souss, procedentes de Mogador:

> Las armas —escribía el cónsul hispano en Mogador— son conducidas por los vapores franceses y su introducción [en Marruecos] se verifica por este puerto y por el de Saffi, sin que [...] se hayan apercibido de ello los administradores de ambas aduanas[49].

En todo caso, en París se pensaba que los esfuerzos hechos por el consulado de la República en Essaouira podían ser infructuosos; la dependencia del jerife respecto de la ayuda republicana podía incrementarse si la organización

---

[48] AGA, Marruecos, caja 61, exp. 3. Despacho reservado sin numerar del cónsul de España en Mogador a José Diosdado. 2 de junio de 1887.

[49] AGA, Marruecos. Caja 61, exp. 3. Despacho reservado sin numerar de Antonio Fierro al Ministro Plenipotenciario, José Diosdado. 14 de septiembre de 1887.

clandestina creada por los españoles podía explotar el descontento existente en el Souss contra Muley Mohammed y frustrar así los planes franceses de establecerse en el territorio. Es por ello que los planes se complementaran con la oferta hecha al jerife de la participación de efectivos militares galos, a través de un desembarco en las costas del Souss. En sí misma considerada y, de concretarse, esta intervención militar explícita francesa en la región, suponía un salto cualitativo en las actuaciones de la Tercera República. Hasta ahora siempre se había usado a mercenarios irregulares, esto es, a los miembros de las tribus susíes afectas al jerife Muley Mohammed, al considerarse que la directa participación de Francia era ilegal o poco aconsejable. Estaba previsto que el contingente desembarcado procediera a aislar la región, internándose en Marruecos y desplegándose en los escasos pasos en el Atlas que daban acceso al territorio. Al jerife se le apremiaba para que acelerara el desarrollo de la insurrección, sometiendo a las cabilas como las de la confederación Ayt Ba 'Amran que no le obedecían y comprando a las demás con donativos franceses. Al notificar estas noticias a Mogador y en sus informes a su superior, Benítez también llegó a considerar la posibilidad de que el punto álgido de la sublevación de Muley Mohammed coincidiera con otra rebelión paralela en el norte del Sultanato, protagonizada por el protegido de Francia, el jerife de Wazzan, el cual se proclamaría, a su vez, nuevo Sultán[50]. Ello, de ser cierto, generaría un desequilibrio político en el Sultanato capaz de ahogar definitivamente la estabilidad de la monarquía de Hassan I.

Desenlace de la sublevación susí

El Sultán supo extraer de la información transmitida al Majzén por diversos canales y de los mensajes que le llegaban de la Legación hispana en Tánger, el convencimiento sobre la gravedad de los acontecimientos. Por ello, la reacción del gobierno marroquí fue muy expeditiva: cuando dos agentes confidenciales del consulado republicano en Mogador, el argelino Butaleb —antiguo guía de la expedición de Lenz a Tombuctú— y el redactor del *Réveil du Maroc*, Levy Cohen, se trasladaron a Agadir para contactar con los enviados de Muley Mohammed, estuvieron a punto de ser detenidos por el gobernador y tuvieron que escapar con celeridad[51]. En los días siguientes, la guerra de espías devino en una guerra estratégica, procediendo los miembros de la red de inteligencia española a desplegarse por todo el litoral susí, mientras que los agentes del Sultán hacían lo mismo.

---

[50] AGA, Marruecos. Caja 61, exp. 3. Despacho reservado sin numerar de Antonio Fierro al Ministro Plenipotenciario, José Diosdado. 14 de septiembre de 1887.

[51] Hach Alí Ben Thaleb (Butaleb) había tenido diversos enfrentamientos con Benítez en la expedición al Sudán y finalmente, en Tombuctú, el malagueño acabó rompiéndole una botella de champán en la cabeza. Luego, en la guerra subterránea entre espías franceses e hispanos librada en el Souss, ambos militaron en bandos opuestos. Ballano, 2013, p. 218.

Finalmente, a comienzos de octubre, se produjo el intento francés de desembarco clandestino y a gran escala de armas en las costas imperiales para abastecer a los sublevados susíes. Un vapor, con cinco faroles encendidos, señal convenida de antemano con los rebeldes, se presentó en plena noche, entre Sidi Mohammed Ben Abdallah e Ifni, marchándose definitivamente al día siguiente al no encontrar a los hombres del jerife. El gobierno marroquí, previamente alertado de lo que iba a ocurrir, había previsto —con la mayor reserva— el envío de una *mehal.la* o fuerza expedicionaria al sur de la costa atlántica del Imperio, y los *askaris* imperiales, junto a las gentes de Ayt Ba 'Amran permanecieron de guardia, a orillas del mar, mientras duró la alarma, para frustrar el desembarco. Se suponía además que el buque debía recoger el convenio entre la República y el jerife Muley Mohammed, firmado por este último, aceptando el protectorado francés[52]. A los pocos días, se evidenció una reacción de los agentes galos ante el fracaso de su operación, siendo atacados tanto uno de los correos confidenciales del consulado español de Mogador, Muley Alí, cuando cumplía una misión, como el propio El-Morabet[53].

De esta confrontación entre espías, salió la monarquía de la Restauración, viendo reforzado su prestigio ante el Majzén y ante sus amigos, los países de la Tríplice, al haber contribuido de manera tan importante a la preservación de la integridad territorial marroquí[54]. A nivel diplomático, este episodio histórico abrió una etapa nueva ya que la Tercera República emprendió una estrategia negociadora directa con la monarquía española, ofertándole un reparto del Imperio marroquí, sumamente ventajoso para los intereses hispanos[55]. Paralelamente y sobre el terreno, a pesar del fracaso republicano, los contactos entre el consulado francés en Mogador, a través de su vicecónsul Jacquety, y sidi Mohammed se intensificaron en los últimos meses de 1887 y a lo largo de 1888. A mediados de ese último año, el hijo de sidi Hussein barajaba dos opciones: la carta del Majzén o la independencia a través de los franceses, sin decantarse claramente por ninguna. A principios de 1889, la situación en el Souss comenzó a deteriorarse una vez más, al tiempo que arreciaban las presiones francesas para que tomase partido por una nueva sublevación. Sin embargo, el temor de Mohammed ben Hussein a que el sultán organizara otra expedición al Souss, unido a una nueva oleada de enfrentamientos entre tribus y a

---

[52] AGA, Marruecos, caja 61, exp. 3. Despacho reservado sin numerar de Antonio Fierro a José Diosdado. 30 de septiembre de 1887.

[53] AGA, Marruecos, caja 61, exp. 3. Despacho reservado sin numerar de Antonio Fierro a José Diosdado. 12 de octubre de 1887.

[54] AGPR, Secretaría particular de S.M., caja 13, exp. 2. Carta sin numerar del conde de Benomar, Embajador de España en Berlín al Ministro de Estado, Segismundo Moret. 12 de octubre de 1887.

[55] AGPR, Secretaría particular de S.M., caja 13, exp. 2. Cartas particulares sin numerar del Ministro de Estado, Moret, al Embajador de España, en Berlín, conde de Benomar. 16 y 25 de octubre de 1887.

la contestación de la autoridad de Iligh, dio lugar a que el hijo de sidi Hussein desechase la idea de sublevarse contra Muley Hassan I. Con ello, el proyecto francés de proclamar el protectorado sobre el Souss quedó abortado[56].

Abreviaturas

AGA Archivo General de la Administración (Alcalá de Henares)

AGPR Archivo General del Palacio Real (Madrid)

BN Biblioteca Nacional (Madrid)

Bibliografía

Aglietti, Marcela, Manuel Herrero Sánchez & Francisco Zamora Rodríguez (2013, coords.), *Los cónsules de extranjeros en la Edad Moderna y a principios de la Edad Contemporánea*, Madrid, Doce Calles.

Akmir, Youssef (2019), «El Marruecos meridional a través de la geografía colonial europea: las tierras del Sus en las exploraciones decimonónicas francesas y españolas», en Youssef Akmir (ed.), *Entre Mogador y Sidi Ifni. Una historia de espejismos. Españoles en el sur de Marruecos entre los siglos xviii y xx*, Córdoba, Editorial Almuzara, pp. 115-141.

Ballano, Fernando (2013), *Exploraciones secretas en África. Exploradores, espías y otros viajeros de incógnito en lugares prohibidos*, Madrid, Nowtilus.

Barbier, Maurice (1985), *Voyages et explorations au Sahara Occidental au xixe siècle,* París, L'Harmattan, 1985.

Bartolomei, Arnaud, Guillaume Calafat, Mathieu Grenet & Jörg Ulbert (2017, dirs.), *De l'utilité commerciale des consuls. L'institution consulaire et les marchands dans le monde méditerranéen (xviie-xxe siècle),* Roma-Madrid, Publications de l'École française de Rome-Casa de Velázquez.

Benítez, Cristóbal (1987), *Viaje a Timbouctou*, Barcelona, Laertes Ediciones.

Bulinge, Franck & Éric Boutin (2015), «Le renseignement comme objet de recherche en SHS: le role central des SIC», *Communication et organisation* (47/1), pp. 179-195.

Demoulin, Capitaine F. (1937), «Camille Douls», *Annales de géographie*, 46 (259), pp. 102-103.

Duchesne, Albert (1965), *Léopold II et le Maroc (1885-1906),* Bruselas, Académie royale des Sciences d'Outre-mer.

[56] Martínez Milán, inédita, 2000, pp. 102-106.

FELIPE, Helena de (2019), «La comisión de 1883 en busca de Santa Cruz de Mar Pequeña: un relato polifónico», en Youssef AKMIR (ed.), *Entre Mogador y Sidi Ifni. Una historia de espejismos. Españoles en el sur de Marruecos entre los siglos XVIII y XX*, Córdoba, Editorial Almuzara, pp. 143-165.

FERNÁNDEZ RODRÍGUEZ, Manuel (1985), *España y Marruecos en los primeros años de la Restauración (1875-1894)*, Madrid, CSIC.

DIEGO AGUIRRE, José Ramón (1988), *Historia del Sáhara español. La verdad de una traición*, Madrid, Kaydeda.

DOULS, Camille (1888), *Voyage dans le Sahara occidental et le sud marocain*, Rouen, Impr. Espérance Cagniard.

GARCÍA FIGUERAS, Tomás (1941), *Santa Cruz de Mar Pequeña-Ifni-Sáhara. La acción de España en la costa occidental de África*, Madrid, Fe.

GARCÍA FIGUERAS, Tomás (1966), *La acción africana de España en torno al 98 (1860-1912)*, Madrid, CSIC.

GUILLEN, Pierre (1967), *L'Allemagne et le Maroc 1870-1905*, París, PUF.

FOUCAULD, Charles de (1888), *Reconnaisance au Maroc, 1883-1884*, París, Challanel, 1888.

LA PORTE, Pablo (2003), «Liberalismo y política colonial en la Restauración: la zona de influencia de España en Marruecos (1898-1931)», en Manuel SUÁREZ CORTINA (coord.), *Las máscaras de la libertad: el liberalismo español, 1808-1950*, Madrid, Marcial Pons, pp. 471-490.

LAROUI, Abdallah (1994), *Marruecos: Islam y Nacionalismo*, Madrid, Mapfre.

LAROUI, Abdallah (1997), *Orígenes sociales y culturales del nacionalismo marroquí*, Madrid, Mapfre.

LE BRUN, Nathalie (2022), «Los cónsules, sus contactos y la inteligencia política. La ocupación europea de África vista por René Chassériau, cónsul de Francia en Santa Cruz de Tenerife (1874-1889)», *Hispania*, 82 (271) pp. 421-455.

MARTÍN CORRALES, Eloy (2019), «Canarias y el Sus marroquí en la política exterior española (1767-1912)», en Youssef AKMIR (ed.), *Entre Mogador y Sidi Ifni. Una historia de espejismos. Españoles en el sur de Marruecos entre los siglos XVIII y XX*, Córdoba, Editorial Almuzara, pp. 41-61.

MARTÍNEZ MILÁN, Jesús M. (1992), *Las pesquerías canario-africanas (1800-1914)*, Madrid, CIES-La Caja de Canarias.

MARTÍNEZ MILÁN, Jesús M. (1996), «Un discurso relativo a la frontera sur del reino de Marruecos entre el reinado de Mulay Hasan I y el establecimiento del Protectorado hispano-francés (1874-1912)», *Awrâq. Estudios sobre el mundo árabe e islámico contemporáneo*, 17, pp. 243-255.

MARTÍNEZ MILÁN, Jesús M. (inédita), *El colonialismo español en el Sáhara occidental y en la zona sur del Protectorado español en Marruecos, 1885-1945*, tesis doctoral defendida en 2000 en la UNED, Madrid.

MARTÍNEZ MILLÁN, Jesús M. (2015), «España y Francia en el sur de Marruecos: intereses, delimitación de fronteras y contencioso territorial», *Estudios de Asia y África*, vol. L (1), pp. 117-139.

MARZAGALLI, Silvia (2015, dir.), *Les consuls en Méditerranée, agents d'information, XVIe-XXe siècle*, París, Classiques Garnier.

MARZAGALLI, Silvia & Jörg ULBERT (2016, dirs.), monográfico «Les consuls dans tous leurs états : essais et bibliographie (avant 1914)», *Cahiers de la Méditerranée*, 93.

MIÈGE, Jean Louis (1961-1963), *Le Maroc et l'Europe*, París, PUF.

MORALES LEZCANO, Víctor (2000), *Las fronteras de la Península Ibérica en los siglos XVIII y XIX. Esbozo histórico de algunos conflictos franco-hispanos-magrebíes*, Madrid, UNED.

MORALES OLIVER, Luis (1964), *África en la literatura española*, vol. III, Madrid, CSIC.

MORATÓ, Cristina (2005), *Las reinas de África. Viajeras y exploradoras por el continente negro*, Barcelona, DeBolsillo.

NAIMI, Mustapha (1987), «La rive sud saharienne de 1842 à 1872 dans les registres comptables de la famille Bayruk (l'apport de trois nouvelles sources)», en *Colloque sur les Sources Arabes de l'Histoire Africaine. Commission Internationale pour une Histoire Scientifique et Culturelle de l'Humanité, Rabat, 1-3 avril 1987*, [Rabat], UNESCO.

NAIMI, Mustapha (2004), *La dynamique des alliances ouest-sahariennes : de l'espace géograhique à l'espace social*, París, Maison des Sciences de l´Homme.

PANET, Leopold (1850), *Relation d'un voyage du Sénégal à Soueira, Revue Coloniale*, pp. 380-445, 473-563.

PANIAGUA LÓPEZ, Julián (2018), «La red de servicios secretos españoles durante la Guerra del Rif (1921-1927): los servicios especiales reservados dirigidos por Ricardo Ruiz Orsatti», *Historia Contemporánea*, 57, pp. 491-521.

PANIAGUA LÓPEZ, Julián (2022), *El contrabando de armas en la Guerra del Rif (1921-1927)*, Ceuta, Instituto de Estudios Ceutíes.

PASCON, Paul & Mohammed ENNAJI (1988), *Le Makhzen et le Sous Al-Aqsa. La correspondance politique de la maison d'Iligh (1821-1894)*, París-Casablanca, CNRS-Toubkal.

RAINERO, Romain H. (1993), «Initiative italienne de colonie au Oued Noun», *Revue Maroc Europe*, 4, pp. 77-92.

ROUSANNE, Albert (1991), *L'homme suiveur de nuages, Camille Douls, Saharien, 1864-1889*, París, Éditions du Rouergue.

SALOM, Julio (2003), «Los orígenes coloniales del Sáhara occidental en el marco de la política española», *Cuadernos de Historia Contemporánea*, pp. 247-272.

ULBERT, Jörg & Gérard LE BOUËDEC (2006, dirs.), *La fonction consulaire à l´époque moderne. L´affirmation d´une institution économique et politique (1500-1800)*, Rennes, Presses universitaires de Rennes.

ULBERT, Jörg & Lukian PRIJAC (2010, dirs.), *Consuls et services consulaires au XIXe siècle. Consulship in the 19th century. Die welt der consulate im 19 Jahrhundert*, Hamburgo, DOBU.

VILAR, Juan Bautista (1984), «Tombuctú desvelada. El viaje de Cristóbal Benítez», *Historia-16*, 95, pp. 118-121.

ZARROUK, Mourad (2017), *Clemente Cerdeira: intérprete, diplomático y espía al servicio de la Segunda República*, Madrid, Reus.

Mélanges de la Casa de Velázquez. Nouvelle série, 54 (2), 2024, pp. 259-284. ISSN : 0076-230X.

Las vistas de Savona (1507): fiestas y ceremonias hispano-francesas en su marco europeo

Álvaro Fernández de Córdova
Universidad de Navarra

Las vistas de Savona constituyen un evento diplomático de máxima importancia en la Europa de inicios del siglo xvi. El programa festivo y las negociaciones compartidas por Fernando II de Aragón y Luis XII de Francia convirtieron aquel encuentro en una de las primeras cumbres de la Edad Moderna apenas tratada por la historiografía. En el presente trabajo reunimos las fuentes disponibles —editadas e inéditas— para analizar su dimensión litúrgica, festiva y ceremonial, reconstruyendo los objetivos políticos y los mensajes ideológicos que proyectaron un nuevo ideal de paz bajo la alianza hispano-francesa. Con su esplendor religioso y palatino, las vistas de Savona permitieron a Luis XII superar su aislamiento internacional, y a Fernando repristinar su imagen en vísperas de su regreso a la Península Ibérica.

Palabras clave: ceremonias, diplomacia, Fernando II de Aragón, fiesta cortesana, Luis XII de Francia, vistas reales (cumbre)

Pour citer cet article / Para citar este artículo / To quote this article

Álvaro Fernández de Córdova, « Las vistas de Savona (1507): fiestas y ceremonias hispano-francesas en su marco europeo », *Mélanges de la Casa de Velázquez. Nouvelle série*, 54 (2), 2024, pp. 285-311.

Le sommet de Savone (1507) : fêtes et cérémonies hispano-françaises dans leur cadre européen

L'entrevue de Savone est un événement diplomatique majeur en Europe au début du XVIe siècle. Les festivités et les négociations partagées par Ferdinand II d'Aragon et Louis XII de France ont fait de cette rencontre l'un des premiers sommets de l'ère moderne à peine traité par l'historiographie. Dans ce travail, nous rassemblons les sources disponibles – éditées et non publiées– pour analyser leur dimension liturgique, festive et cérémonielle, en reconstituant les objectifs politiques et les messages idéologiques qui ont projeté un nouvel idéal de paix dans le cadre de l'alliance franco-espagnole. Avec sa splendeur religieuse et palatine, l'entrevue de Savone a permis à Louis XII de surmonter son isolement international, et à Ferdinand de restaurer son image à la veille de son retour dans la péninsule Ibérique.

Mots clés: cérémonies, diplomatie, Ferdinand II d'Aragon, fête courtoise, Louis XII de France, rencontres royales (sommet)

The summit of Savona (1507): Spanish-French festivities and ceremonies in their European framework

The Savona Summit was a major diplomatic event in early sixteenth-century Europe. The festivities and negotiations shared by Ferdinand II of Aragon and Louis XII of France turned that meeting into one of the first summits of the Modern Age, barely treated by historiography. In the present work we gather the available sources—edited and unpublished—to analyze its liturgical, festive and ceremonial dimensions, reconstructing the political objectives and ideological messages that projected a new ideal of peace under the Spanish-French alliance. With its religious and palatine splendour, the Savona Summit allowed Louis XII to overcome his international isolation, and Ferdinand to restore his image on the eve of his return to the Iberian Peninsula.

Keywords: ceremonies, court festivals, diplomacy, Ferdinand II of Aragon, Louis XII of France, royal views (summit)

Introducción

La entrevista de Fernando II de Aragón y Luis XII de Francia en la ciudad ligur de Savona en el verano de 1507 puede considerarse uno de los acontecimientos políticos y diplomáticos más relevantes de la Europa de inicios del siglo xvi[1]. A orillas del Mediterráneo se consolidó una alianza que pudo poner fin a las «guerras de Italia», iniciadas en 1494 con el enfrentamiento hispano-francés por el reino de Nápoles. Como encuentro entre soberanos, las vistas de Savona no sólo representan el momento supremo del intercambio o diálogo diplomático, sino que constituyen la primera de una serie de *summit meetings* («reuniones en la cumbre») que se sucedieron a principios del xvi[2]; el siglo de mayor densidad de este tipo de eventos, antes de su declive en la siguiente centuria. Con todo, no se trataba de un fenómeno específicamente moderno[3]. La tradición bajomedieval era rica en estas entrevistas, denominadas *diplomacia directa*, por cuanto consentían a los monarcas concertarse directamente, sin intermediarios, y participar en esta ceremonialización de las relaciones internacionales, haciéndose acompañar de un cortejo de representaciones simbólicas y de garantías de seguridad para evitar los peligros de su exposición.

La Península Ibérica no fue una excepción, y durante el periodo medieval constituyó un espacio donde los encuentros entre soberanos jugaron un papel importante en la configuración política de sus reinos[4]. Así lo reflejan los numerosos tratados negociados en estos encuentros y la importancia que tuvieron en la maduración del poder real[5]. Las «vistas» (del latín *vistae*) de los monarcas hispanos —y no «coloquio» (*colloquium*) como se llamaban en el Norte de Europa— constituían de hecho el clímax de sus relaciones diplomáticas, que les permitían visibilizar su poder mediante el despliegue de sus respectivas cortes y el concurso de las principales instancias de la Corona.

Aunque a fines de la Edad Media estos encuentros se hicieron menos frecuentes por el desarrollo de los procedimientos de ratificación a distancia,

[1] El presente trabajo se integra en el Proyecto I+D+i 2020: *El carisma en la España bajomedieval: Gobernantes, ceremonias, objetos* (PID2020-116128GB-I00), financiado por la Agencia Estatal de Investigación, y en el Proyecto Religión y Sociedad Civil, Instituto Cultura y Sociedad (ICS), Universidad de Navarra. El texto es el resultado de la reelaboración de varios capítulos de nuestra tesis doctoral Álvaro Fernández de Córdova, *Fernando el Católico y Julio II: papado y monarquía hispánica en el umbral de la modernidad*, dirigida por Miguel Ángel Ladero Quesada, Universidad Complutense de Madrid, 2019; el texto de su defensa en Fernández de Córdova, 2020a.

[2] Mitchell, 1986, pp. 98-99; Bély, 1997; Contamine, 1997; Péquignot & Moeglin, 2017, pp. 228-231; Rubello, 2017.

[3] Voss, 1987; Kolb, 1988 (ambos trabajos más atentos a la Europa septentrional que al ámbito mediterráneo).

[4] Ochoa Brun, 1991, vol. III, pp. 291-300; Nieto Soria, 1993, pp. 101, 133 y ss.

[5] Véanse las precisiones de Péquignot, 2009, pp. 397-454.

y las dudas sobre su eficacia, su celebración fue adquiriendo solemnidad hasta llegar a las *summit meetings* de principios del XVI[6]. Fernando II e Isabel I, reyes de Castilla y Aragón conocidos como Reyes Católicos, experimentaron esta evolución a lo largo de sus encuentros amistosos con los reyes de Portugal (1479, 1497 y 1498) y Navarra (1479, 1488, 1492, 1495 y 1500), que dieron paso a las vistas del rey Católico con Felipe de Habsburgo (1506) en circunstancias que comprometían el futuro de la monarquía hispánica.

Sin embargo, en 1507 Fernando no celebró su encuentro en suelo peninsular, sino en el puerto de Savona (Liguria), y no tuvo como interlocutor a un soberano ibérico sino a Luis XII de Francia, con quien acababa de firmar una alianza —casando con su sobrina Germana de Foix— que clausuraba una década de enfrentamientos por el reino napolitano (Tratado de Blois, 1505). Esta dilatación espacial se debe a la implicación de la monarquía hispánica en las «guerras de Italia», que propiciaron un *revival* de los encuentros principescos. Las vistas savonesas se sitúan precisamente en este momento de transformación, en que las entrevistas tardomedievales dieron paso a las cumbres de la década de 1530, bajo nuevos parámetros de representación y de comunicación política.

La oportunidad de fijar un encuentro personal entre Luis XII y Fernando II se planteó en el contexto del viaje que este último hizo a Nápoles (1506-1507) tras su expulsión de Castilla por su yerno Felipe I, fallecido poco después de su partida[7]. Durante la estancia partenopea, el aragonés también negoció otras vistas con el papa Julio II —para apuntalar sus derechos sobre Nápoles—, y desestimó otras con Maximiliano de Habsburgo, rey de Romanos, para tratar la regencia castellana antes de su regreso a la Península Ibérica. Sin embargo, Fernando optó por consolidar el eje hispano-francés, que ofrecía las mejores condiciones para garantizar su recuperación política[8]. Luis XII también obtendría ventajas de aquel encuentro que le permitía salir de su aislamiento y defenderse del Habsburgo —que amenazaba sus dominios lombardos— y de un pontífice indignado por el aplastamiento de Génova y su respaldo a los Bentivoglio, los rebeldes señores de Bolonia[9]. En

[6] PÉQUIGNOT & MOEGLIN, 2017, pp. 228-233.

[7] Una valiosa síntesis de la regencia fernandina en LADERO QUESADA, 2019. Sobre la estancia del monarca aragonés véase el importante trabajo de HERNANDO SÁNCHEZ, 2001, pp. 112-140.

[8] Sobre las relaciones hispano-papales en este momento cf. SHAW, 2008; FERNÁNDEZ DE CÓRDOVA, 2018; 2020b; 2021a. La incompatibilidad de la entrevista de Savona con el encuentro de Ostia o las vistas propuestas por Maximiliano se pone de manifiesto en los despachos del embajador Beltrando Costabili al duque de Ferrara, Alfonso de Este, Roma 1 y 7 junio 1507; Archivio di Stato di Modena (Módena) [=ASMo], *Carteggio ambasciatori, Roma*, busta 16 (folios sin numerar).

[9] Cf. BAUMGARTNER, 1996, pp. 283 y ss; MESCHINI, 2006, pp. 406-429.

esta encrucijada de intereses, el Cristianísimo y el Católico decidieron confirmar su unión con un encuentro que debía ponerles a resguardo de sus rivales y garantizar el *statu quo* europeo.

A pesar de su valor diplomático, las vistas de Savona adolecen de una bibliografía discreta y envejecida. Desde los trabajos de Giovanni Filippi[10], René de Maulde-La Clavière[11] y José María Doussinague[12], apenas han recibido tratamiento historiográfico, y sus interpretaciones se han visto condicionadas por la parcialidad de las fuentes o la precariedad de los marcos interpretativos. Urge por tanto renovar su análisis, reuniendo la documentación publicada e inédita para reconstruir las dimensiones litúrgica, festiva y ceremonial de aquel encuentro que se distancia de las episódicas entrevistas del siglo xv.

En un reciente trabajo hemos reconstruido el recibimiento savonés a lo largo de sus tres fases sucesivas: la llegada de la flota aragonesa al puerto ligur; el encuentro de los monarcas; y su entrada en la ciudad[13]. A ojos de los contemporáneos llamó la atención la reducción de las medidas de seguridad que solían adoptarse desde el asesinato del duque de Borgoña Juan sin Miedo en la vistas de Montereau (1419), que llevó a introducir enrejados para separar a las partes —como en la entrevista de Picquigny (1475) entre Luis XI de Francia y Eduardo IV de Inglaterra—, o a desplegar grandes escoltas en un ambiente de tensa emulación —como en el encuentro del río Bidasoa (1463) entre Luis XI y Enrique IV de Castilla—, o de taimada rivalidad, como en las vistas de Remesal (1506) de Fernando el Católico y Felipe de Habsburgo[14].

En 1507 se abandonó esta forma de proceder. Al ponerse el aragonés a merced de su anfitrión, y entrar este sin escolta en la galera de su invitado, se evidenció el principal objetivo del encuentro: mostrar la mutua confianza de los monarcas y la solidez de su alianza[15]. Ambas partes quisieron evitar los «peligros del ritual»[16] que entrañaba la exigencia de determinados actos incompatibles con el honor o la exhibición de intolerables gestos de poder que podían arruinar el entendimiento, como sucedió en Bidasoa y en Remesal. Para ello se minimizó la tensión protocolaria mediante la mutua cesión de prerrogativas, de manera que las muestras fernandinas de postergación se compensaran con la renuncia del francés a sus marcas de preeminencia, pues «le festejó y ensalçó, así en le dar plazeres y en ventajas en cortesías [como la entrega de las llaves de la ciudad o la ostentación de las armas aragonesas]

[10] Filippi, 1889/90, pp. 1-40 y 727-733.

[11] Maulde-la Clavière, 1890.

[12] Doussinague, 1936.

[13] Fernández de Córdova, 2021b.

[14] Contamine, 1997, pp. 278-279.

[15] En ambientes romanos se dudaba de que los reyes de España y Francia se concertaran en Savona; despacho del embajador Beltrando Costabili al duque de Ferrara, Alfonso de Este, Roma 20 mayo 1507; ASMo, *Carteggio ambasciatori, Roma*, busta 16.

[16] Buc, 2001.

de manera que no quedara otra cosa de hazer sino disistirse de sus rreynos y renunciarlos en él con toda su potestad»[17]. De esta manera, el encuentro ligur asumió la forma de una victoria común «in triunpho et in festa»[18], desarrollando su potencialidad performativa sobre unos monarcas que «de grandes enemigos [...] quedaron grandes amigos»[19].

A pesar de su relevancia ceremonial, este tipo de eventos apenas han sido abordados en los estudios sobre los rituales cortesanos[20]. Para cubrir este vacío nos proponemos reconstruir el desarrollo de las vistas ligures durante sus tres días de duración, con objeto de comprender mejor estos encuentros percibidos como expresión privilegiada de la «sociabilidad principesca», que ofrecían un marco de referencia para construir relaciones de confianza y amistad[21]. Gracias a su presencia física, el rey estaba en condiciones de desplegar su capital simbólico —intransferible a sus agentes— con todo su potencial comunicativo expresado a través de su lenguaje corporal en forma de inclinaciones, reverencias, besamanos, abrazos, sonrisas, actos de descubrirse, etc., que se registran minuciosamente en las fuentes. Se trata de la «dimensión emocional» expresada a través de gestos —dominados y controlados por los protagonistas— que dotan al discurso de gran fuerza demostrativa al funcionar como signos, independientemente de su veracidad[22]. De ahí la importancia que reviste su análisis y desencriptación para comprender un evento —como el que nos ocupa— que apenas ha dejado traza documental debido al secreto de las negociaciones.

Las jornadas de Savona tuvieron una tiple dimensión ritual: a) la faceta litúrgico-sacral expresada en la misa del primer día; b) la negociación desarrollada en los coloquios sucesivos; y c) los eventos festivos en forma de bailes y banquetes cortesanos. En las páginas siguientes veremos cómo se desarrollaron estos episodios que configuraron la primera cumbre moderna, en la que «si videvano due Re potentissimi del mondo, i quali [...] si tiravan dietro le cose di tutta l'Europa»[23].

[17] Cuero, 1975, p. 38. Según los embajadores florentinos, el monarca francés corrió con todos los gastos de la corte y la armada del rey Católico, que ascendían a 3.000 ducados diarios; despacho a los Dieci di Balìa, Savona 30 junio 1507; Archivio di Stato di Firenze (Florencia) [a partir de ahora ASF], *Lettere ai Dieci di Balia. Carteggio responsive*, filza 88, ff. 290v y ss.

[18] Giacomo, 1980, p. 305. También se habla de su celebración «con mucha alegría e triunpho», en Osorio Moscoso, *Historia del príncipe don Fernando*, Biblioteca Nacional de España (Madrid) [a partir de ahora BNE], Ms. 6020, f. 172v.

[19] Sánchez Muñoz, 1902, p. 11.

[20] Véase el trabajo de Gonzalo Carrasco, 2017.

[21] Rubello, 2017, pp. 140-143.

[22] Althoff, 1997; Lazzarini, 2014, pp. 395-396.

[23] Foglietta, 1597, p. 629.

El encuentro litúrgico de los *Lumina mundi*

El primer acto festivo de las jornadas hispano-francesas fue la misa celebrada en la catedral de Santa María el 29 de junio, en la festividad de San Pedro y San Pablo[24]. Constituye un ejemplo de las «misas políticas», donde un evento de esta naturaleza justificaba la celebración eucarística, a la que asistían los monarcas con sus respectivos cortejos y una representación del clero y la autoridad local[25]. En este espacio sacral solían desarrollarse juramentos, bendiciones o promociones de diversa índole. En Savona, la misa tuvo lugar en la solemnidad de San Pedro, príncipe de los apóstoles, y fue celebrada «cum gran ceremonia et ordine» por el legado papal, el cardenal Antoniotto Pallavicini[26]. El misterio de comunión en el Cuerpo de Cristo —expresado en la Eucaristía[27]— reforzaba la fidelidad de los «dos más grandes reyes de la cristiandad» ante el representante del *vicarius Christi*[28], que portaba la bendición papal.

Las fuentes documentales describen el encuentro regio en la residencia de Luis XII, el palacio episcopal al que se dirigió Fernando desde su alojamiento en Castel Nuovo, escoltado por sus cortesanos vestidos con cadenas y atuendos diferentes a los exhibidos en el recibimiento del puerto[29]. Como había sucedido en este primer encuentro, se respetaron las reglas de la hospitalidad en el marco de una relación «familiar» por la que el monarca galo trataba a su invitado como «padre», y este a su vez como «hijo»[30]; de ahí que Luis XII recibiera al aragonés destocándose —gesto de deferencia para compensar el desplazamiento de su invitado—, le abrazara y le cediera siempre la mano

[24] Véase la descripción de la celebración eucarística en *Itinerarium Legationis Card. S. Praxedis ad regem Galliae (Ludov. XII) Ianuae degentem a die 5 Maii ad 18 Angust. anno 1507*, compuesto probablemente por el maestro de ceremonias del legado; Biblioteca Apostolica Vaticana, *Chiggi*, G.IV.103, ff. 130v-133r. Una transcripción parcial tomada de otra fuente en Abate, 1897, pp. 343-346. El detenido relato de d'Auton, 1895, vol. IV, pp. 350-351. El despacho de los embajadores florentinos Pier Francesco Tosinghi y Giovanni Ridolfi a los Dieci di Balìa, Savona 28 junio 1507; ASF, *Lettere ai Dieci di Balia. Carteggio responsive*, filza 88, ff. 285r-286v. Y el despacho del embajador Manfredo de' Manfredi al duque de Ferrara, Alfonso de Este, Savona 29 junio 1507; ASMo, *Carteggio ambasciatori, Francia*, busta 4. No hemos encontrado la relación sobre «l'intrata e acoglientia che è stata facta [...] al Re Catholico dal nostro Re Christianissimo cum li modi tenuti», mencionada por el duque de Mantua —Francesco II Gonzaga— en carta a su esposa Isabella de Este, Savona 30 junio 1507; Archivio di Stato di Mantova (Mantua) [ASMa], *Archivio Gonzaga, Lettere originali dei Gonzaga*, busta 2117, f. 39r.

[25] Cf. Nieto Soria, 1993, pp. 88-93; Nieto Soria, 2013, pp. 251-252.

[26] Así lo indican los embajadores de Ferrara, mientras los florentinos afirman que la misa fue cantada por el cardenal Georges d'Amboise; ASF, *Lettere ai Dieci di Balia. Carteggio responsive*, filza 88, f. 285r.

[27] Andreani & Paravicini Bagliani, 2015.

[28] d'Auton, 1895, vol. IV, pp. 348-349.

[29] Batlle i Prats, 1952, p. 259.

[30] Sobre la importancia del rango en el ceremonial cf. Cosandey, 2016.

derecha[31]. Se trataba de evitar cualquier competencia o recelo mediante el uso medido de la cortesía, la mutua cesión de precedencias y el principio de buena fe que reducía escoltas y barreras entre los monarcas aliados[32]. Por ello cualquier acto simbólico perjudicial para la *dignitas* —y, por tanto, infamante—, como los que significaban sumisión, subordinación o rendición, debían subsanarse con marcas de honor complementarias, o realizarlos de forma que disimularan su aspecto deshonroso[33].

Para corregir la humillación del monarca galo en sus dominios, Fernando debió resistirse a ejercer la *superioritas* que le cedía su anfitrión, como sucedió en el orden de la procesión al templo, la atribución de los sitiales, o el beso de paz durante la celebración eucarística. Estas porfías —previamente acordadas— corregían el desequilibrio generado, eludían la disputa de honor, y permitían la autoexaltación de ambos príncipes a través de una interpretación ambivalente satisfactoria para ambas partes: mientras los testigos españoles consideraban que Fernando había sido recibido «cual convenía que uno tan grande recibiera a su parigual»[34], las fuentes galas interpretaban la precedencia del invitado como un acto de sumisión a la cortesía del Valois[35].

En la procesión a la catedral, los monarcas escenificaron aquellos *complimenti* «porfiando en sus cortesías, porque en ellas los franceses, no suelen ser menos cerimoniosos que los españoles»[36]. Al resistirse Fernando a presidir el desfile, Luis amenazó con gritar, obligando al Católico a acatar la voluntad de su anfitrión. Y cuando en el *osculum pacis* algunos lamentaron que el «honor de Francia» quedara postergado al recibir Fernando el beso antes que Luis, otros lo consideraron expresión de la liberalidad de este último, «siendo sabido que en Roma el rey de Francia era el primero por detrás del emperador»[37].

Antes de partir a la iglesia desde el palacio episcopal, tuvo lugar la investidura caballeresca de Miguel Pastor, capitán de las galeras aragonesas enviadas a Génova para asistir a Luis XII. Se trataba de un acto habitual en las concordias diplomáticas que expresaba el concierto militar de ambos soberanos, copartícipes del vínculo caballeresco otorgado[38]. Así sucedió con la investidura del embajador Piero Pasqualigo para sancionar la amistad hispano-veneciana (1504), y la del representante imperial Andrea da Borgo a raíz

[31] ASF, *Lettere ai Dieci di Balia. Carteggio responsive*, filza 88, f. 285r. Despacho del embajador de Ferrara en ASMo, *Carteggio ambasciatori, Francia*, busta 4.

[32] Ochoa Brun, 1999, vol. IV, pp. 374-391; Ladero Quesada, 2019, p. 105.

[33] Althoff & Witthöft, 2003, p. 1296.

[34] Carta de Anglería al conde de Tendilla, Hornillos 19 julio 1507; Anglería, 1955, vol. X, pp. 202-203.

[35] Péquignot & Moeglin, 2017, pp. 195-196.

[36] Zurita, libro VIII, cap. IV.

[37] d'Auton, 1895, vol. IV, pp. 352-353.

[38] Sobre esta ceremonia en el contexto ibérico cf. Nieto Soria, 1993, pp. 74 y ss; Porro Girardi, 1998, pp. 168-169.

de la Concordia de Salamanca (1505)[39], otorgadas ambas por el rey Católico. En Savona, Luis XII se ocupó de la primera parte del ritual invocando el nombre de San Jorge sobre el capitán catalán, y Fernando pronunció la proclamación final[40].

Los monarcas salieron en procesión escoltados por la guardia de arqueros hasta la iglesia mayor[41], donde asistieron a misa con sus cortejos y capillas musicales[42]. El embajador ferrarés consideró «molto pomposa» la corte del Católico, por la gran cantidad de aristócratas vestidos a la francesa con bellísimos collares, como el «gran pezo de balasso in pecto» que había pertenecido a Federico de Nápoles y ahora portaba Fernando con intencionalidad legitimadora[43]. A la misa también compareció el antiguo virrey de Nápoles —Gonzalo Fernández de Córdoba, el Gran Capitán—, el gran maestre de Francia —Charles de Amboise de Chaumont— y el gobernador de Milán —Gian Giacomo Trivulzio—, seguidos por el cardenal de Ruan —Georges d'Amboise, ministro de confianza del Luis XII— y los otros purpurados franceses.

Siguiendo los usos vaticanos, el legado Pallavicini presidió la celebración desde la parte de derecha del Evangelio[44], y ante los monarcas instalados en sus respectivos sitiales (faldistorios) recubiertos de oro y adornados con tapices emblematizados[45]. En algunos lugares del templo se dispusieron inscripciones con mensajes alusivos a la dimensión político-religiosa del acto litúrgico[46]: en el ambón del Evangelio, se exaltaba la paz promovida por ambos soberanos, «luminarias del mundo»: *Gallus et yspanus reges duo lumina mundi / In te perpetuae foedera pacis habent*; expresión de la teología política que dotaba a Luis y a Fernando —garantes de la paz global— del

---

[39] Cf. Fernández de Córdova, 2021a, pp. 373-375.

[40] d'Auton, 1895, vol. IV, p. 350.

[41] d'Auton, 1895, vol. IV, p. 349.

[42] Sanuto, 1895, vol. VII, p. 88. La dimensión social de la capilla fernandina en Gamero Igea, 2017.

[43] «La Corte del Catholico è molto pomposa per ritrovarseli gran quantità di signori et molto bem abigliati in veste a la francese, et tutti con bellissime collane d'oro, che è cosa degna da veder». La joya ostentada por Fernando se había desempeñado en Génova por 13.500 ducados; ASMo, *Carteggio ambasciatori, Francia*, busta 4. El monarca aragonés también compareció en su entrada napolitana con un «rubí e una perla de las mayores que nunca se vieron» y que había pertenecido a la dinastía aragonesa; Bernáldez, 1962, p. 522.

[44] *Itinerarium Legationis*, f. 131rv. Sobre las fuentes ceremoniales vaticanas de esta época cf. Żak, 2023.

[45] «Reges steterunt e conspectu sedis Legati florerii regis Aragoniae ornaverunt faldisterium Regis eorum, et regis Franciae»; *Itinerarium Legationis*, f. 131v. Las fuentes francesas destacan la suntuosidad del sitial aragonés, confeccionado con precioso paño de brocado y provisto de lujosos cojines; d'Auton, 1895, vol. IV, pp. 350-351. Sobre la decoración emblemática cf. Fernández de Córdova, 2014; 2016.

[46] Sanuto, 1895, vol. VII, p. 117.

atributo crístico de la luz (*Ego sum lux mundi*, Io 8, 12)[47]. Las vistas adquirían una dimensión profética, inaugurando un período pacífico en la Cristiandad gracias a su amistad soldada «tra le sacre ragioni dell' ospizio»[48].

Aunque había dos sitiales, se instaló una sola sede para escenificar una nueva porfía: el francés debía empeñarse en ceder su uso a Fernando, que se resistió alegando el ataque de gota que padecía su anfitrión[49]. Las dignidades civiles y eclesiásticas se instalaron en los bancos dispuestos entre el altar y los sitiales regios[50], quedando atrás la nobleza española y francesa como una asamblea digna de «amiration et de triumphe souverain»[51]. La misa comenzó con el canto polifónico del «introitum in tempore et alia in canto figurato bene», a cargo de los cantores del rey Católico y algunos franceses, reducidos por Luis para equilibrar la proporción de ambas capillas[52]. La actuación conjunta de ambos equipos expresaba sonoramente la concordia diplomática, y pudo facilitar los intercambios musicales. Se ha especulado que Antoine Fevin (1462-1515) —cantor y compositor de Luis XII— ideara para la ocasión el «motete de estado» *Gaude Francorum regia corona* (*Alégrate, Corona real de Francia*)[53], obra coral a cuatro voces que aportaba nuevos elementos de exaltación monárquica.

Los ritos del beso del Evangelio y del portapaz provocaron la porfía —probablemente pactada— de ambos reyes que rehusaron besar antes que el otro y acabaron haciéndolo simultáneamente[54]. Más adelante Luis XII logró que su invitado recibiera primero la incensación[55], pero en la bendición del legado y el rito de comunión se recuperó la estricta igualdad disponiéndose los soberanos de rodillas y dándose la mano en signo de comunión[56]. Tales actos no tenían un valor jurídico, pero sancionaban sacralmente la alianza, reforzando los compromisos asumidos al poner en juego el honor y salvación eterna de los contrayentes[57].

Algunas fuentes describen cierto acto de promoción o «coronación» protagonizado por Gastón de Foix, sobrino de Luis XII, hermano de Germana y

[47] Eran los ecos del «agustinismo político» reformulado en el contexto de las monarquías modernas; Vergara-Ciordia, 2019.

[48] Foglietta, 1597, p. 629.

[49] Zurita, libro VIII, cap. IV. Y los relatos de Verzellino, 1885, p. 411; Batlle i Prats, 1952, p. 259.

[50] A un lado se encontraba el Gran Capitán, el marqués de Mantua, el de Monferrato y los principales barones franceses, y al otro, las dignidades eclesiásticas con el cardenal de Ruan; d'Auton, 1895, vol. IV, p. 351.

[51] d'Auton, 1895, vol. IV, p. 352.

[52] *Itinerarium Legationis*, f. 133r.

[53] Dunning, 1969, p. 331.

[54] Batlle i Prats, 1952, p. 259; d'Auton, 1895, vol. IV, p. 352; Sanuto, 1895, vol. VII, col. 117.

[55] *Itinerarium Legationis*, f. 133r.

[56] d'Auton, 1895, vol. IV, p. 352; Rainaldi, 1877, vol. III, p. 474; La Marck, 1820, p. 195.

[57] Importantes apreciaciones en Moeglin, 1998 y 2007.

por tanto cuñado del Católico[58]. El rey francés era el principal interesado en sustituir en Navarra a la dinastía reinante de los Albret por la de los Foix, liderada por Gastón; de ahí que quisiera convertir a su sobrino en enlace con el aliado aragonés, encargándole la primera recepción de Fernando en Génova. Y aunque este agasajó a su cuñado con preciosos obsequios, Germana manifestó a su hermano una frialdad desconcertante, quizá para no comprometer la alianza con los Albret[59].

Concluida la misa, Luis y Fernando se desplazaron a Castel Nuovo en compañía del cardenal de Ruan. Después de comer tuvieron lugar los *secretis colloquiis*: un momento típico de las vistas diplomáticas, consistente en la charla de los príncipes mantenida ante sus respectivos séquitos, situados a distancia[60]. El acto ritual debía exhibir su intimidad y confianza, con intención o no, de establecer una discusión efectiva, que podría desarrollarse en otro momento y por otros agentes. En Savona los coloquios fueron a puerta cerrada. Luis se reunió con su invitado en su cámara para tratar «algunas cosas secretas entre ellos», junto al cardenal y sus respectivos secretarios, Florimond Robertet y Miguel Pérez de Almazán[61]. A diferencia del carácter semi-público de los encuentros de Fuenterrabía (1463) y Remesal (1506), en Savona se optó por la extrema discreción de la negociación, exhibiéndose tan solo la «gran confidentia et amorevoleza l'un cum l'altro»[62], para confirmar visualmente su «amor fraterno, paz perdurable y alianza segura»[63].

Aunque no se hayan conservado los acuerdos, Luis y Fernando debieron concertarse para apaciguar a Maximiliano, que amenazaba con ocupar Milán mientras dificultaba el regreso del rey Católico a Castilla[64]. En su esfuerzo

---

[58] Agostino Abate escribe que «tuti trei de una volunta pacificamente deliberono de volere incoronare lo re de Navarra e ordinono che lo alegato del papa dovesse cantare una mesa solena dove fusero tuti perzenti e finita la mesa havesero da incoronare lo dito re di Navarra e ordinono che lo alegato del papa dovesse cantare una mesa solena dove fusero tuti perzenti e finita la mesa havesero da incoronare lo dito re di Navarra e così de persente la yornata sequente lo legato canto la mesa in lo domo con tuto il clero e finita la mesa data la benedicione creorno lo re di Navarra e lo incorono in lo domo di Saona»; Abate, 1897, pp. 24-25.

[59] Sobre la cuestión navarra véanse los trabajos —diversos en sus interpretaciones— de Boissonade, 1893; Suárez Fernández, 1985; Adot Lerga, 2005.

[60] La expresión *secretum colloquium* (de' Conti, 1883, vol. II, pp. 378-379) también se empleó en las vistas de Luis XI con Enrique IV de 1463; cf. Péquignot & Moeglin, 2017, pp. 210-213.

[61] Fue una reunión a puerta cerrada de dos o tres horas de duración: «fut pour moy ung segret escript en lettres fermées et ung conseil celebré a porte close»; d'Auton, 1895, vol. IV, p. 354. Según el embajador de Ferrara, los monarcas conversaron «insieme in secreto» durante dos o tres horas; de ahí que «quello che habino tractato insiem non si puo per anchora intender»; ASMo, *Carteggio ambasciatori, Francia*, busta 4.

[62] ASF, *Lettere ai Dieci di Balia. Carteggio responsive*, filza 88, f. 290rv.

[63] Batlle i Prats, 1952, p. 259.

[64] Maximiliano mantenía una ambigua relación con el rey Católico, tratando con él la sucesión castellana mientras prometía recursos a la nobleza antifernandina; despacho del embajador Beltrando Costabili al duque de Ferrara, Alfonso de Este, Roma 10 junio 1507; ASMo, *Carteggio ambasciatori, Roma*, busta 16. Guicciardini, 1987, vol. II, p. 697. Con

por adivinar los asuntos discutidos, los embajadores florentinos vigilaban las reacciones de los agentes rivales, informando del interés veneciano por difundir el descenso del Habsburgo para evitar cualquier maquinación contra la república, y advertían la preocupación de los agentes de Lucca y Siena ante la posibilidad de que Pisa cayera bajo control florentino. Ello explica que los pisanos se unieran a los genoveses para defender sus intereses con el apoyo del Gran Capitán, «al quale il Catholico presta gradissima fede nelle cose d'Italia»[65].

Concluidas las conversaciones, el monarca francés se retiró con Germana, dejando a Fernando con Georges d'Amboise[66]. El cardenal y el monarca debieron compartir su empeño por la defensa de la Cristiandad, y la reforma de la Iglesia a través de un posible concilio o del ascenso de Ruan al papado, respetando la autoridad vigente[67]. Después, informaron a Luis XII y se firmaron ciertos documentos secretos que no han llegado hasta nosotros[68].

Finalizados los coloquios, Fernando recibió a Antoniotto Pallavicini, legado pontificio y cardenal obispo de Pamplona, que había expresado su interés por encontrarse con él desde su llegada a Savona[69]. Aquel día el monarca recibió a los prelados enviados por Pallavicini, y les hizo acompañar a su regreso por un séquito de nobles y un tesorero que debió contactar con el legado[70]. A la salida de la misa del 29 de junio, este comunicó a Fernando su deseo de entrevistarse en un encuentro concertado a mediodía que acabó celebrándose a las 20 horas en Castel Nuovo. El aragonés le recibió a la entrada del aula, y conversaron durante dos o tres horas *soli in camera Regis*[71]. Siguiendo instrucciones pontificias, Pallavicini debió solicitar su ayuda para restaurar las relaciones franco-papales, desmintiendo el supuesto entendimiento de Julio II con Maximiliano en su descenso a Italia[72]. Probablemente el legado

---

todo, el monarca aragonés pudo erigirse en mediador de la reconciliación franco-imperial sin renunciar a su promesa de asistir a Luis XII, como se deduce de la documentación aportada por Doussinague, 1936.

[65] Despacho de los embajadores florentinos, Savona 30 junio 1507; ASF, *Lettere ai Dieci di Balia. Carteggio responsive*, filza 88, ff. 290v-291r.

[66] ASF, *Lettere ai Dieci di Balia. Carteggio responsive*, filza 88, f. 285r.

[67] Sobre estas negociaciones eclesiales véanse las instrucciones del rey Católico a su agente en Francia, Jaime de Albión, en junio de 1506: *Lo que de mi parte haveys de decir al legado mi primo por virtud de mi carta de creençia que para él lleváys es lo siguiente*; Archivo General de Simancas (Valladolid), *Patronato Real*, Leg. 16, doc. 38, ff. 21r-22v. También Guicciardini, 1987, vol. II, pp. 697-698. Doussinague, 1936, p. 144. Y el despacho florentino conservado en ASF, *Lettere ai Dieci di Balia. Carteggio responsive*, filza 88, f. 285rv.

[68] d'Auton, 1895, vol. IV, p. 354.

[69] Diferentes valoraciones sobre la función del legado en Savona en Brosch, 1878, pp. 141-144; Seneca, 1962, pp. 97-98; Shaw, 1995, pp. 160-164.

[70] *Itinerarium Legationis*, f. 134v.

[71] ASF, *Lettere ai Dieci di Balia. Carteggio responsive*, filza 88, f. 286v.

[72] Despacho de los embajadores florentinos, Savona 4 julio 1507; ASF, *Lettere ai Dieci di Balia. Carteggio responsive*, filza 88, ff. 302r-303r. Fernández de Córdova, 2020b; 2021a, pp. 154-155.

también impulsó una coalición contra Venecia para forzar la devolución a la Sede Apostólica de las ciudades usurpadas en Romaña.

Más tarde Fernando y Ruan se reunieron con los embajadores florentinos para tratar el conflicto con Pisa en términos que desmotivaron a la República del Arno[73], y negociaron con los venecianos su política antiotomana[74]. Más originales fueron las entrevistas del monarca aragonés con el marqués de Mantua —Francesco II Gonzaga— desplazado a Savona «in contra il Re Catholico»[75]; y con los embajadores de su «buon parente» el duque de Ferrara —Alfonso de Este— hijo de Leonor de Aragón, sobrina segunda del rey Católico[76]. De esta forma, Fernando intensificaba su relación con estos dos estados aliados de Francia —Mantua y Ferrara— extendiendo su influencia a la zona septentrional de la península italiana.

La danza de Germana y el banquete del Capitán

La celebración eucarística del 29 de junio no fue el único acto litúrgico de las vistas de Savona. Al día siguiente, ambos monarcas asistieron a misa en sus respectivas residencias, desplegando el lujo de sus capillas[77]. En este escenario «molto excelente», Fernando exhibió su faceta de *rey devoto*, ocupando un escabel con un paño dorado que cubría el reclinatorio hasta el suelo, mientras sus nobles permanecían en pie, alineados por detrás de los embajadores, que gozaban de esta preeminencia en la corte fernandina[78]. También en esta ocasión, la Eucaristía se celebró *in canto afigurado*, es decir polifónico[79].

El aragonés se reunió después con Luis XII en el palacio episcopal, y tras la comida fue este quien se desplazó a Castel Nuovo para continuar las conversaciones con Fernando. A esta reunión secreta de dos horas asistieron los secretarios Robertet y Almazán, al igual que el cardenal Amboise[80]. Después

---

[73] ASF, *Lettere ai Dieci di Balia. Carteggio responsive*, filza 88, f. 285v.

[74] Véase el testimonio florentino recogido en Filippi, 1889/90, pp. 18 y ss; y el del escribano Fet; Batlle i Prats, 1952, p. 259. Zurita afirma que «quedaron con el rey los cardenales de Santa Praxedis, y el de Ruan, y los embajadores de Venecia»; Zurita, libro VIII, cap. IV.

[75] Carta del marqués de Mantua a su esposa Isabella de Este, Asti 21 junio 1507, y la datada en Savona el 24 junio 1507; ASMa, *Archivio Gonzaga, Lettere originali dei Gonzaga*, busta 2117, ff. 37r y 38r.

[76] ASMo, *Carteggio ambasciatori, Francia*, busta 4.

[77] Sobre este órgano cortesano y la imagen regia que promovía cf. Nogales Rincón, 2009; Fernández de Córdova, 2017, pp. 15-17.

[78] Sanuto, 1895, vol. VII, col. 89.

[79] Knighton, 2001, p. 114.

[80] Pallavicini no fue admitido a los coloquios privados del 30 de junio, asistiendo solo el cardenal Amboise con Robertet, y Fernando con Almazán; despacho de Manfredi de' Manfredi a Alfonso de Este, Savona 29 de junio 1507; ASMo, *Carteggio ambasciatori, Francia*, busta 4.

se dio paso a la celebración festiva con la destacada presencia de Germana. El embajador veneciano encontró a la reina departiendo con ambos soberanos *in piaceri*, rodeada de sus damas «muy bien adornadas en vestidos y joyas», que se habían sentado jerárquicamente sobre el estrado alfombrado[81]; era una escenografía propia de la corte hispana que realzaba la figura de la soberana en el acto de recibir embajadores. Escoltada por su cortejo femenino, Germana manifestó su posicionamiento como reina de Aragón tratando «umanissimamente» al agente veneciano *in camera*, mientras se distanciaba de su hermano Gastón y de aquellos aristócratas que la consideraron «mala francesa»[82].

En este marco cortesano, la soberana abrió los bailes, a los que se incorporaron su tío y su esposo, seguidos de los caballeros españoles y franceses. La danza constituía el símbolo festivo de los acuerdos, fundiendo dos cortes móviles en una misma escenografía musical, donde las coreografías plasmaban el sueño de una armonía reinventada[83]. Eran las «moltes festes, danses, cortesies e honres» que expresaban —según Fet— la «bona e ferma pau» de los príncipes amigos[84].

Desde allí los monarcas se dirigieron en procesión a la residencia de Luis XII, donde tendría lugar el banquete preparado por el soberano[85]. El *convivium* constituía un ritual con profundas raíces antropológicas que formalizaban solidaridades comunitarias en un momento de concordia, pacificación o alianza[86]. La cercanía física de la comensalidad mostraba el consenso de los príncipes, aunque no se hubiera culminado la negociación. De hecho, el ritual podía constituir un epítome de las vistas, como sucedió en 1463. Sentarse en una misma mesa evidenciaba la igualdad de las dignidades convocadas, y el ceremonial debía reflejar el poder del anfitrión y eventualmente el de su invitado[87]. El «triomphante bancheto» de Savona unió a tres reyes —Luis, Fernando y Germana—, que fueron servidos con su propio ceremonial —francés o español— para que «a cada uno pusiesen su servicio y con sus ceremonias»[88].

La participación de los cortejos aristocráticos permitió visibilizar la nueva sintonía. En un estudiado diseño de simetrías, el Gran Capitán inició el

[81] El embajador apunta que había «bellísimas jóvenes» con Germana, que aparentaba más edad de sus 19 años; Sanuto, 1895, vol. VII, col. 89.

[82] Mailles, 1882, pp. 124-126; La Marck, 1820, p. 195.

[83] d'Auton, 1895, vol. IV, p. 356. Sobre la danza cortesana en tiempos de los Reyes Católicos cf. Fernández de Córdova, 2002, pp. 271-280.

[84] Batlle i Prats, 1952, p. 260.

[85] d'Auton, 1895, vol. IV, pp. 356-357; Abate, 1897, p. 346.

[86] Goody, 1982, pp. 99 y ss; Labère (ed.), 2010; Laurioux, Paravicini Bagliani & Pibiri, 2018; tratamos el banquete en la corte castellana en Fernández de Córdova, 2002, pp. 245-260.

[87] Péquignot & Moeglin, 2017, pp. 217-218.

[88] Grumello, 1856, pp. 103-104; Rodríguez Villa (ed.), 1908, p. 452.

banquete, y el mariscal Chaumont se ocupó del servicio de la mesa compartida[89]. Sin embargo, el cordobés fue quien concentró la atención del ágape[90], debido a su prestigio político-militar y a una discutida fidelidad que había obligado a Fernando a relevarle del cargo virreinal con notables concesiones y promesas[91]. El Gran Capitán fue invitado por los reyes en un gesto típico de la ritualidad caballeresca medieval, donde el ágape se aprovechaba para rendir homenaje a un noble victorioso[92]. Como anfitrión Luis le concedió diversos privilegios (la cesión del sitial, el uso del salero regio o el reparto de los alimentos[93]), y le agasajó con unos regalos que permitieron a Gonzalo superarle en magnificencia al ceder a las damas francesas el lujoso collar y la vajilla regalada por el francés, mientras obsequiaba a Phillipe de Clèves —señor de Ravenstein— con un ajuar aún más espléndido[94].

Las fuentes describen el impacto de «la maestà» del antiguo virrey, «la magnificenza delle parole, i gesti e le maniere piene di gravità condita di grazia». Estamos ante la «espectacularidad ejemplar» del héroe, cuyos gestos adquieren un valor paradigmático y suscitan la actitud admirativa de los que le rodean[95]. Luis «tuvo los ojos fijos en este verdugo de sus ejércitos»[96], pronunciando alabanzas que «lo levantaba hasta las estrellas»[97], y cancelaban rencores «siendo el hombre de quien mayor daño y afrenta recibió la Corona de Francia»[98]. Otros testimonios afirman que se le ofreció el reino de Nápoles[99] en un fantasioso gesto que encajaría con otras proposiciones coetáneas, como el título imperial sugerido por Luis XII a Julio II, o el nombramiento de *Italiae imperator* ofrecido por Maximiliano a Fernando para

[89] Despacho de los embajadores florentinos, Savona 30 junio 1507; ASF, *Lettere ai Dieci di Balia. Carteggio responsive*, filza 88, f. 290rv.

[90] Sobre el personaje son fundamentales los estudios de Hernando Sánchez, 1995, 2004 y 2015.

[91] Hernando Sánchez, 2001, pp. 73 y ss; 2015, pp. 109-111; Fernández de Córdova, 2021c.

[92] Véase este *topos* literario ejemplificado en el banquete ofrecido por Alfonso VI de Castilla al Cid tras ganar Toledo; Bautista, 2010.

[93] Rodríguez Villa (ed.), 1908, pp. 452-453; Sánchez Cantón (ed.), 1948, pp. 59-60; Garibay, 1628, pp. 747-748; Fernández de Madrid, 1942, vol. II, pp. 77-78.

[94] Rodríguez Villa (ed.), 1908, pp. 452-453.

[95] Disalvo, 2007, pp. 73-76.

[96] Anglería escribe que «sentóse a la mesa al igual de ambos monarcas y de la Reina Germana. Se cuenta que el Rey francés, embobado durante todo el tiempo del banquete, tuvo los ojos fijos en este verdugo de sus ejércitos. Casi se lo tragaba con su insistente mirada»; Anglería, 1955, vol. X, pp. 202-203.

[97] Mientras comían «cuasi nunca quitó los ojos del Gran Capitán, no se hartando de miralle y dalle mil loores cada rato delante de todos»; Santa Cruz, 1951, vol. II, p. 95.

[98] Zurita, libro VIII, cap. IV. Sandoval elogia la benevolencia hacia Gonzalo «habiendo recibido muy malas obras de él, que son fuerzas que la virtud tiene aún en los pechos enemigos»; Sandoval, 1956, vol. I, p. 31.

[99] *Memorial de cosas antiguas copiado de un libro antiguo de mano que fue del dean D. de C, Diego de Castilla*, atribuido a Alonso de Bario, secretario de Carlos V; Real Academia de la Historia, Leg. A, carpeta 13, n. 1, f. 10r.

alejarle de Castilla. Ayora se sirve del ropaje clasicista para exaltar al *Magnus Hispanorum dux sive imperator*, «merecedor del nombre de Grande»[100], y equiparable a Escipión, Pompeyo, Alejandro Magno, Aníbal, o al mismo Marte[101], por poseer la auténtica virtud «que en tan breve tiempo hace preferible a los súbditos pobres sobre los potentísimos reyes, a los que al menos iguala». Se aludía a la virtud política del Gran Capitán, desarrollada por la producción laudatoria desde que Giovanni Pontano le dedicara su *De fortuna* (1503)[102].

Como todo ritual, el banquete tuvo sus riesgos: la exaltación del vasallo no podía sino alterar el orden jerárquico, como advirtió Quevedo al señalar las negativas consecuencias de aquella comida que Fernando «nunca pudo digerir [...], ni se lo dejó digerir al Gran Capitán»[103]. Sin embargo, el Católico llevaba años gestionando los «excesos» de su lugarteniente[104], y aunque la honra importaba, conviene no interpretar los hechos de 1507 con la mentalidad del siglo XVII, ni insistir en los celos de un monarca que hacía prevalecer las razones políticas a las personales. Lo inquietante era que el agasajo de Luis XII ocultara su pretensión de reclutar los servicios de Gonzalo en Lombardía[105], en un momento en que Julio II también le requería para sus empresas en Romaña[106]. Y aunque el cordobés ratificó en Génova su decisión de acompañar a Fernando a la Península Ibérica, dejó en el puerto ligur a su esposa María Manrique como agente de su clientela que en cualquier momento podía reabrir su futuro político en Italia[107].

Para compensar la exaltación de su lugarteniente, el monarca aragonés honró a los barones Louis d'Ars, Pierre Terrail de Bayard —héroe de Garellano[108]— y Bérault Stuart d'Aubigny —capitán de la guerra de Nápoles y antiguo voluntario de la campaña granadina— que se hallaba convaleciente

---

[100] Rodríguez Villa (ed.), 1908, p. 247.

[101] Fernández-Duro, 1890, p. 459.

[102] Hernando Sánchez, 2003; Nuovo, 2003.

[103] Quevedo y Villegas, 2017, pp. 92-93.

[104] Fernández de Córdova, y Villanueva Morte, 2020.

[105] Según Auton, Fernando prometió a su aliado enviar 6.000 tropas reclutadas en Nápoles por el Gran Capitán si Maximiliano intervenía en Lombardía; d'Auton, 1895, vol. IV, pp. 363-364. También se difundió en el *Regno* el rumor de que Gonzalo serviría a Luis XII con 200 lanzas y un sueldo de 5.000 escudos al mes; ASMa, *Archivio Gonzaga, Carteggio ambasciatori, Napoli*, busta 808, ff. 254-255; Hernando Sánchez, 2004, p. 196.

[106] La propuesta pontificia le llegó a Gonzalo en Génova, como afirma el embajador florentino Roberto Acciaiuoli en su despacho a los Dieci di Balìa, Roma 18 agosto 1507; Biblioteca Nazionale Centrale di Firenze (Florencia), *Fondo Palatini*, 582, f. 27r. Tiempo después Fernando lamentó que Julio II pretendiera servirse de su antiguo lugarteniente «para cosas que no cumplen a mi servicio»; instrucciones a su embajador en Roma —Jerónimo de Vich— del 15 marzo 1508; BNE, Mss. 18640/54/2. Véanse también los comentarios de Hernando Sánchez, 2001, pp. 127-128; 2015, pp. 111-112.

[107] Passero, 1785, p. 150. Hernando Sánchez, 2001, p. 77.

[108] Mailles, 1882, p. 131.

de gota[109]. Fernando se trasladó a la residencia del militar enfermo[110], provocando su repentina recuperación en un gesto taumatúrgico infrecuente en las realezas ibéricas[111], que pudo formalizarse a la sombra de su anfitrión, protagonista él mismo de otra sanación en Pavía durante la fiesta de Pentecostés[112]. Más tarde el Católico exhibió su magnanimidad obsequiando a Gastón de Foix con dos collares de oro y un estoque con su funda «le tout riche à merveilles»[113], y efectuó un acto de amnistía típico de las entradas regias liberando a ciertos galeotes franceses apresados en las guerras de Nápoles[114]. De esta forma mostraba su liberalidad como *rey clemente* y *pacificador* en vísperas de su reencuentro con la aristocracia castellana, no siempre dócil a sus designios.

Dos monarcas ante el Mediterráneo

Las jornadas de Savona se alargaron por la decisión de Fernando de prolongar un día más su estancia[115]. El 1 de julio se siguió un orden de actos semejante al de los días anteriores: celebración de la Eucaristía por la mañana, coloquios diplomáticos y velada cortesana con banquetes y agasajo aristocráticos. Efectivamente, tras oír misa y desayunar en sus respectivas residencias, Luis y Fernando volvieron a reunirse *in camera regis* de Castel Nuovo, con la asistencia del cardenal de Ruan, mientras Germana permanecía en la sala contigua. Los monarcas debieron tratar su política común con Julio II, planteando una coalición anti-otomana que desactivara la hostilidad del papa hacia Venecia[116]. Si el intento fracasaba, se dejó abierta una eventual coalición que uniría a Maximiliano y a Julio II con la entente hispano-francesa para despojar a Venecia de sus usurpaciones territoriales.

Tras estas conversaciones, fue invitado el legado papal —enfermo de gota— que se presentó a las 20 horas[117]. Pallavicini pasó a la sala contigua de la cámara

[109] d'Auton, 1895, vol. IV, p. 357. Sobre el personaje, cf. Miceli di Serradileo, 2000. Mientras tanto, Luis y Germana dieron un paseo por el muelle, contemplando las acrobacias de los marineros; d'Auton, 1895, vol. IV, p. 359.

[110] Se alude a la promesa de restituirle su antiguo condado de Venafro en Zurita, libro VIII, cap. IV.

[111] Nieto Soria, 1997, pp. 68 y 88.

[112] Rubello, 2014, pp. 58-60.

[113] Cada uno de los collares pesaba 100 escudos: el primero contaba con cuatro gruesos eslabones dobles, y el segundo —más pequeño y largo para rodear varias veces el cuello— estaba adornado con rica pedrería; d'Auton, 1895, vol. IV, pp. 359-360.

[114] d'Auton, 1895, vol. IV, p. 359. Sobre las amnistías en las entradas reales, cf. Bertelli, 2001, pp. 94-95.

[115] Carta del marqués de Mantua a su esposa Isabella d'Este, Savona 30 junio 1507; ASMa, *Archivio Gonzaga*, *Lettere originali dei Gonzaga*, busta 2117, f. 39r.

[116] Fernández de Córdova, 2022.

[117] El legado sufría una *podagra habens brachium dexterum ad collum*.

regia, donde saludó a Germana —«sumptuose vestita et ornata»—, que se levantó haciéndole una reverencia. Después, se incorporó a la reunión regia para tratar durante dos horas la empresa contra los infieles y la salvaguarda de los intereses papales[118]. Según Ayora, Luis cedió la palabra a su aliado aragonés para explicar la *sancta opera*[119], y plantear una hipotética intervención contra Venecia.

La tarde se dedicó a los pasatiempos cortesanos, donde reyes, barones y obispos disfrutaron de una velada en los jardines de Castel Nuovo. Mirando el Mediterráneo desde los ventanales, Luis y Fernando confirmaron su mutua asistencia en la nueva Europa que cerraba una década de enfrentamientos[120]. El Católico cenó con Amboise, y Luis con Germana, mientras el lugarteniente del reino —Charles d'Amboise— ofreció al Gran Capitán un banquete y diversos *passetemps* a los capitanes españoles y franceses[121]. Fue la última jornada compartida que Fernando clausuró comunicando su marcha al día siguiente.

Luis XII proporcionó abundantes avituallamientos a la flota aragonesa, y otorgó a la ciudad de Savona algunos privilegios respaldados por su invitado[122]. Ambos soberanos conversaron por última vez a la entrada de la residencia de Fernando «debaxo de una [en]ramada al ayre de la mar, sentados, y grant corro de gente enderredor», donde permanecieron «los dos solos gran rato» hasta la llegada del cardenal de Ruan[123]. Se trató de una nueva exhibición de la concordia a la que asistió el embajador navarro, situándose «de cara del de Castilla [el rey Católico] bien cerca siquiere», y por delante del resto para recordarle cierta petición en favor de su señor. Pendiente de los gestos y palabras de los soberanos, el informante captó la indignación del francés ante una indicación de su interlocutor —«que yo creo era por Vuestra Alteza» [Juan III de Albret]— y el esfuerzo de Fernando y de Ruan por sosegarle, pues «muchas vezes le dio el legado [Ruan] con la mano en las piernas al rey [Luis XII] como que le escuchasse, y así parece que se amitigó». La escena no podía reflejar mejor la confianza que los Albret depositaban en la mediación fernandina para restaurar sus deterioradas

[118] Abate data la llegada de Pallavicini el 2 de julio, probablemente por error; Abate, 1897, pp. 24-25; Sanuto, 1895, vol. VII, col. 114.

[119] Fernández-Duro, 1890, p. 260.

[120] d'Auton, 1895, vol. IV, p. 362.

[121] d'Auton, 1895, vol. IV, pp. 361-362.

[122] Fernando otorgó la exención de toda represalia, contribución o impuestos a sus habitantes en sus reinos, y Luis XII concedió ciertos derechos de ciudadanía; Verzellino, 1885, p. 650. También Bibliothèque nationale de France (París), *Ms Français*, 2930, ff. 163-164.

[123] Información del inédito despacho del embajador Martín de Jaureguizar a los reyes de Navarra que Álvaro Adot me ha facilitado generosamente; el contenido del documento se estudia en su trabajo «Entre necesidad y desconfianza: El informe de un embajador navarro en la Corte de Fernando el Católico durante su estancia en Italia (1507)», en *Engañadores: perfil, imagen y actividad de los embajadores del medievo y alto renacimiento (siglos xiii-xvi)* (en preparación).

relaciones con Francia. Poco después, Germana se sumó al coloquio y, a las tres de la tarde, procedieron a embarcarse. El ritual de despedida constituyó un «solepne despedimiento», donde se invirtió el orden del recibimiento inicial[124]. Con sus vestes reales, ambos monarcas se desplazaron con Germana hasta el muelle, escoltados por cuatrocientos arqueros y cien suizos a pie con las alabardas al hombro[125], mientras los caballeros marchaban por detrás llevando las damas a la grupa. Luis volvió a entrar en la galera real con los cardenales para despedirse de su aliado[126], y al día siguiente se desplazó a Milán para emprender los preparativos defensivos ante un posible ataque imperial[127]. En cambio, el Gran Capitán permaneció algunos días en Savona alegando la convalecencia de su esposa[128], y dando la sensación de que se resistía a abandonar Italia[129]. Pallavicini dejó la ciudad el 7 de julio, para embarcarse en las naves pontificias enviadas a Génova para recogerle[130]. El 18 de agosto fue recibido en consistorio, y un mes después falleció de la enfermedad que le aquejaba[131].

Poco antes de partir del puerto ligur, el monarca aragonés hizo su propia lectura del encuentro, difundiendo el prestigio otorgado por «tanto recibimiento y honra y continua demostración de buena voluntad quanto se podría dezir ni pensar»[132]. Cuando los últimos franceses desalojaron la flota para regresar al puerto, Fernando se mostró a los suyos en la popa de la galera real, «sentado y la Reyna echada a sus pies en suelo, con Almaçán de cara con despacho de muchas escrituras»[133]; desde el trono, el monarca proyectaba así una imagen de poder que incluía a su esposa —en posición subalterna expresiva de su mediación—, y al secretario Almazán asistiéndole en el acto de gobernar. Pero lo más importante era que, tras el incienso de las ceremonias y las coreografías palatinas, se había asegurado «el bien

[124] Bernáldez, 1962, pp. 527-528.

[125] d'Auton, 1895, vol. IV, pp. 379-380.

[126] Abate, 1897, p. 446.

[127] Sanuto, 1895, vol. VII, col. 114; Meschini, 2006, p. 428.

[128] El mismo día de la marcha de Fernando, Gonzalo ofreció un banquete a los nobles franceses, y al atardecer paseó con Luis XII por el puerto; Verzellino, 1885, p. 650; Passero, 1785, p. 14; Rodríguez Villa (ed.), 1908, p. 453.

[129] Fernando le permitió permanecer con su esposa si se reponía en breve, pero si tardaba debía enviarla a Génova e incorporarse él a la corte; Rodríguez Villa (ed.), 1908, p. 453; Passero, 1785, p. 150. Sin embargo, el rey no dejó de vigilar a los agentes de su antiguo virrey, como evidencian sus instrucciones a su embajador en Roma, 15 marzo 1508; Terrateig, 1963, vol. II, p. 51. Sobre la resistencia de Gonzalo a las órdenes regias, cf. Álvarez-Ossorio, 2001, pp. 408-409. Sobre María Manrique, cf. Martínez Jiménez, 2015.

[130] Sanuto, 1895, vol. VII, col. 114.

[131] A principios de septiembre, el cardenal pasó de *amalato* a *malissimo*, falleciendo el día 10; Sanuto, 1895, vol. VII, cols. 144 y 146.

[132] Carta de Fernando a los *consellers* de Barcelona, Savona 2 julio 1507; Riera i Viader, 1999, n. 449.

[133] Véase el despacho del embajador navarro anteriormente citado.

universal de la Cristiandad y conservación de nuestros estados»[134]. Eran los objetivos de la altisonante propaganda fernandina que apelaba a los ideales de paz y restauración que debían guiar su segunda regencia castellana.

Conclusiones

Las vistas de Savona deben interpretarse a la luz de las transformaciones experimentadas por los encuentros principescos durante las guerras de Italia. Concluido el conflicto napolitano (1494-1504), era necesario abrir una nueva etapa que cancelara antiguos recelos, y dotar a las vistas de 1507 de una finalidad propagandística que va más allá de la dimensión negociadora. De esta manera, frente a las provocaciones de Bidasoa (1463) o Remesal (1506), la nueva entrevista se concibió como el palco escénico de una concordia triunfal que debía blindar la unión hispano-francesa.

El despliegue de las capillas, la atención a los usos ceremoniales «nacionales», y la estudiada sucesión de los coloquios facilitaron la concentración simbólica de los soberanos, unidos por la figura de Germana en una alianza sancionada por el legado papal. De otra parte, se atenuó el antiguo protagonismo aristocrático de pasados encuentros, reduciéndose los espectáculos caballerescos y relegando la presencia nobiliaria a mera comparsa del acto monárquico[135]. La figura del Gran Capitán fue el elemento más difícil de encajar en el sistema, y aunque se arbitraron antiguos ritos para encauzar su carismático prestigio, no dejaron de suscitarse desajustes a nivel simbólico que abrían inquietantes interrogantes sobre el futuro político del cordobés.

Con sus inevitables distorsiones, la entrevista de Savona permitió a los monarcas reformular su faceta pacificadora en el escenario italiano, siempre inestable. Luis XII quiso atenuar las suspicacias pontificias restableciendo su condición de *roi sans dol* («rey sin engaño») que ofrecía su hospitalidad y prodigalidad a su aliado aragonés; mientras este se erigía en *rey clemente*, capaz de apaciguar las tensiones franco-imperiales o franco-pontificias, en vísperas de su regreso a la Península Ibérica para restaurar la unión de reinos como *rey de España*[136].

Fernando también se exhibió como *rey devoto* en el marco de las celebraciones litúrgicas, y experimentó nuevas formas sacralizadoras como *rey taumaturgo* a imitación de su aliado francés. Los festejos cortesanos repristinaron su imagen curial, su condición de *facedor de nobles*, y el ejercicio

---

[134] Rodrigo de Cuero insiste igualmente en las consecuencias de aquella amistad para el «bien de la Christiandad»; Cuero, 1975, p. 38.

[135] Fernández de Córdova, 2021b.

[136] Cf. Le fur, 2001, p. 131; Fernández de Córdova, 2015. Fet llama a Fernando «rey de Spanya», y el título de *Gallus et yspanus reges* figuraba en las inscripciones instaladas en Savona.

soberano de la gracia real. Las jornadas de Savona culminaron así el proceso de recuperación política que aquel monarca expulsado de Castilla que pudo presentarse como *príncipe afortunado*, cuya «buena ventura» celebró Luis XII poco antes de abandonar el puerto ligur[137].

Los acuerdos de 1507 no frenaron la intervención imperial en el Norte de Italia, pero cauterizaron antiguas heridas y fijaron entendimientos parciales para pacificar las zonas de conflicto. Y aunque la alianza hispano-francesa no logró superar el enfrentamiento de Julio II y Luis XII tres años después, conviene evitar el efecto retrospectivo que ha subestimado estos encuentros, que deben valorarse en sí mismos y por lo que representaron en su momento[138]. En este sentido, Savona abrió un paréntesis armonioso en una época salpicada de procesos bélicos, y logró proyectar un inédito escenario de paz global en los albores de la Europa moderna.

Bibliografía

Abate, Giovanni Agostino (1897), *Cronache Savonesi dal 1500 al 1570 di Agostino Abate*, ed. Giovanni Assereto, Savona.

Adot Lerga, Álvaro (2005), *Juan de Albret y Catalina de Foix, o la defensa del Estado navarro (1483-1517)*, Pamplona.

Althoff Gerd (1997), «Les rituels», en Otto Gerhard Oexle & Jean-Claude Schmitt (ed.), *Les tendances actuelles de l'histoire du Moyen Âge en France et en Allemagne*, París, pp. 231-242.

Althoff, Gerd & Christiane Witthöft (2003), «Les services symboliques entre dignité et contrainte», *Annales. Histoire, Sciences Sociales*, 6 (58e année), pp. 1293-1318.

Álvarez-Ossorio, Antonio (2001), «Razón de linaje y lesa majestad. El Gran Capitán, Venecia y la corte de Fernando el Católico (1507-1509)», en Ernest Belenguer Cebrià (coord.), *De la unión de coronas al Imperio de Carlos V*, vol. III, Barcelona, pp. 385-452.

Andreani, Laura & Agostino Paravicini Bagliani (2015, ed.), *Il Corpus Domini: teologia, antropologia e politica*, Tavarnuzze.

Anglería, Pedro Mártir de (1955), *Epistolario*, en J. López de Toro (ed.), *Documentos Inéditos para la Historia de España*, vol. X, Madrid.

Batlle i Prats, Lluís (1952), «El Rey Católico y la ciudad de Gerona», *Annals de l'Institut d'Estudis Gironins*, 7, pp. 156-266.

[137] «E entre les altres coses dix lo rey de França públicament que per star la reyna, muller sua [Ana de Bretaña], prenyada de sinch mesos no la havia feta venir en aquestes vistes, però que sperave en Déu e en la *bona ventura del catòlich rey,* son jermà, que li daria hun fill per sa consolació»; Batlle i Prats, 1952, p. 260.

[138] Sobre la valoración de la diplomacia del Renacimiento más allá de sus efectos en Lazzarini, 2014, p. 389; Rubello, 2017, p. 145.

BAUMGARTNER, Frederic J. (1996), *Louis XII*, Nueva York.

BAUTISTA, Francisco (2010), «*Comed, conde*: las transformaciones de un ritual del *Cantar de Mio Cid* a Diego de Valera», en Nelly LABÈRE (ed.), *Être à table au Moyen Âge*, Madrid, pp. 65-75.

BÉLY, Lucien (1997), «Les rencontres de princes (XVIe-XVIIIe siècles)», en Rainer BABEL & Jean-Marie MOEGLIN (dirs.), *Identité régionale et conscience nationale en France et en Allemagne du Moyen Âge à l'époque moderne*, Sigmaringen, pp. 101-110.

BERNÁLDEZ, Andrés (1962), *Memorias del reinado de los Reyes Católicos*, Madrid.

BERTELLI, Sergio (2001), *The King's Body. Sacred Rituals of Power in Medieval and Early Modern Europe*, Pennsylvania.

BOISSONADE, Prosper Marie (2005, 1ª ed. 1893), *Historia de la incorporación de Navarra a Castilla: ensayo sobre las relaciones de los Príncipes de Foix-Albret con Francia y con España (1479-1521)*, Pamplona.

BROSCH, Moritz (1878), *Papst Julius II und die Grounding des Kirchenstaates*, Gotha.

BUC, Philippe (2001), *The Dangers of Ritual: Between Early Medieval Texts and Social Scientific Theory*, Princeton.

CARRASCO GARCÍA, Gonzalo (2017), «Ritual político, antropología e historiografía bajomedieval hispánica», *Espacio, tiempo y forma. Serie III, Historia medieval*, 30, pp. 121-192. https://doi.org/10.5944/etfiii.30.2017.18758

CONTAMINE, Philippe (1997), «Les rencontres au sommet dans la France du XVe siècle», en Heinz DUCHHARDT & Gert MELVILLE (dir.), *Im Spannungsfeld von Recht und Ritual. Soziale Kommunikation in Mittelalter und Früher Neuzeit*, Colonia, pp. 273-289.

COSANDEY, Fanny (2016), *Le rang. Préséances et hiérarchies dans la France d'Ancien Régime*, París.

D'AUTON, Jean (1895), *Chroniques*, ed. René de MAULDE LA CLAVIÈRE, vol. IV, París.

DE' CONTI, Segismondo (1883), *Le storie dei suoi tempi dal 1475 al 1510*, D. ZANELLI & F. CALABRO (ed.), vol. II, Roma.

DISALVO, Santiago (2007), «Gestualidad en el *Cantar de Mio Cid*: gestos públicos y modestias», *Olivar: revista de literatura y cultura españolas*, 8/10, pp. 69-86.

DOUSSINAGUE, José María (1936), «Fernando V el Católico en las vistas de Savona de 1507», *Boletín de la Real Academia de la Historia*, 108, pp. 99-146.

DUNNING, Albert (1969), *Die Staatsmotette 1480-1555*, Utrecht.

FERNÁNDEZ DE CÓRDOVA, Álvaro (2002), *La Corte de Isabel I. Ritos y ceremonias de una reina*, Madrid.

FERNÁNDEZ DE CÓRDOVA, Álvaro (2014), «Bajo el signo de Aljubarrota: la parábola emblemática y caballeresca de Juan I de Castilla (1379-1390)», *En la España medieval*, 37, pp. 8-84. https://doi.org/10.5209/rev_ELEM.2014.v37.44451

FERNÁNDEZ DE CÓRDOVA, Álvaro (2015), «La política europea de Fernando *Hispaniae rex*. Del despliegue diplomático a la integración atlántico-mediterránea (1474-1516)», en M. Carmen MORTE & José Ángel SESMA (coord.), *Fernando II de Aragón. El rey que imaginó España y la abrió a Europa*, Zaragoza, pp. 63-79.

FERNÁNDEZ DE CÓRDOVA, Álvaro (2016), «El cordón y la piña. Signos emblemáticos y devociones religiosas de Enrique III y Catalina de Lancaster (1390-1418)», *Archivo Español de Arte*, 89 (354), pp. 113-130. https://doi.org/10.3989/aearte.2016.08

FERNÁNDEZ DE CÓRDOVA, Álvaro (2017), «El *otro príncipe*: piedad y carisma de Fernando el Católico en su entorno cortesano», *Anuario de Historia de la Iglesia*, 26, pp. 46-56. https://doi.org/10.15581/007.26.15-70

FERNÁNDEZ DE CÓRDOVA, Álvaro (2018), «Antonio de Acuña antes de las Comunidades, su embajada en Roma al servicio de Felipe el Hermoso», en István SZÁSZDI LEÓN-BORJA (coord.), *Iglesia, eclesiásticos y la revolución comunera*, Valladolid, pp. 71-121.

FERNÁNDEZ DE CÓRDOVA, Álvaro (2020a), «Fernando el Católico y Julio II: papado y monarquía hispánica en el umbral de la modernidad», *Anuario de Historia de la Iglesia*, 29, pp. 563-571. https://doi.org/10.15581/007.29.39904

FERNÁNDEZ DE CÓRDOVA, Álvaro (2020b), «La embajada de obediencia de Fernando II de Aragón al papa Julio II (1507): un giro diplomático *por acatamiento a su Santidad*», en Concepción VILLANUEVA MORTE (coord.), *Diplomacia y desarrollo del Estado en la Corona de Aragón (siglos XIV-XVI)*, Gijón, pp. 319-342.

FERNÁNDEZ DE CÓRDOVA, Álvaro (2021a), *El roble y la corona. El ascenso de Julio II y la monarquía hispánica (1471-1504)*, Granada.

FERNÁNDEZ DE CÓRDOVA, Álvaro (2021b), «El recibimiento de Fernando el Católico en Savona en junio de 1507: innovaciones rituales para la primera cumbre moderna, *Nuova Rivista Storica*, 105 (3), pp. 1047-1068.

FERNÁNDEZ DE CÓRDOVA, Álvaro (2021c), «El Gran Capitán y los Habsburgo: conflicto y mediación en la crisis sucesoria (1504-1505)», en *Los Fernández de Córdoba. Nobleza, hegemonía, fama*. Congreso-Homenaje a don Miguel Ángel Ladero Quesada. Alcalá la Real, 27-28 de noviembre de 2020, Alcalá la Real, pp. 203-216.

FERNÁNDEZ DE CÓRDOVA, Álvaro (2022), «Fernando el Católico ante la Sublime Puerta: presagio y conquista del imperio otomano en el Memorial de Pedro Navarro (1506-1507)», *Gladius. Estudios sobre armas antiguas, armamento, arte militar y vida cultural en oriente y occidente*, 42, pp. 91-110. https://doi.org/10.3989/gladius.2022.06

Fernández de Córdova, Álvaro & Concepción Villanueva (2020), *El embajador Claver. Diplomacia y conflicto en las «guerras de Italia» (1495-1504)*, Madrid.

Fernández de Madrid, Alonso (1942), *Silva palentina*, vol. II, Palencia.

Fernández-Duro, Cesáreo (1890), «Noticias de la vida y obras de Gonzalo de Ayora y fragmentos de su crónica inédita», *Boletín de la Real Academia de la Historia*, 17, pp. 433-475.

Filippi, Giovanni (1889/90), «Il convegno in Savona tra Luigi XII e Ferdinando il Cattolico», *Atti e Memorie della Società Storica Savonese*, 2, pp. 1-40 y 727-733.

Foglietta, Uberto (1597), *Dell'Istorie di Genova*, Génova.

Germán Gamero, Igea (2017), «Una aproximación a la integración del servicio religioso en la Corte de Fernando el Católico: su papel dentro y fuera del séquito regio», *Anuario de historia de la Iglesia*, 26, pp. 259-284. https://doi.org/10.15581/007.26.259-284

Garibay y Zamalloa, Esteban de (1628), *Los quarenta libros del compendio historia*, Barcelona.

Giacomo, Notar (1980, 1ª ed 1845), *Cronica di Napoli*, ed. de P. Garzilli, Nápoles.

Goody, Jack (1982), *Cooking, Cuisine and Class: A Study in Comparative Sociology*, Cambridge.

Grumello, Antonio (1856), *Cronaca di Antonio Grumello, pavese: dal MCCCCLXVII al MDXXIX*, en *Raccolta di cronisti e documenti storici lombardi inediti*, ed. G. Müller, vol. I, Milán.

Guicciardini, Francesco (1987), *Storia d'Italia*, en Francesco Guicciardini, *Opere*, ed. Emanuella Scarano, vol. II, Turín.

Hernando Sánchez, Carlos José (1995), «El Gran Capitán y los inicios del virreinato de Nápoles. Nobleza y Estado en la expansión europea de la Monarquía bajo los Reyes Católicos», en *El Tratado de Tordesillas y su época. Congreso Internacional de Historia*, vol. III, Madrid, pp. 1817-1854.

Hernando Sánchez, Carlos José (2001), *El reino de Nápoles en el Imperio de Carlos V. La consolidación de la conquista*, Madrid.

Hernando Sánchez, Carlos José (2003), «Las letras del héroe: el Gran Capitán y la cultura del Renacimiento», en *Córdoba, el Gran Capitán y su época*, Córdoba, pp. 215-256.

Hernando Sánchez, Carlos José (2004), «El Gran Capitán y la agregación del reino de Nápoles a la monarquía de España», en Carlos José Hernando Sánchez & Giusseppe Galasso (eds.), *El reino de Nápoles y la monarquía de España. Entre agregación y conquista (1485-1535)*, Madrid, pp. 169-212.

Hernando Sánchez, Carlos José (2015), «El soldado político: el Gran Capitán y la Italia de los Reyes Católicos», *Revista de Historia Militar*, II (extraordinario), pp. 45-114.

KNIGHTON, Tess (2001), *Música y músicos en la corte de Fernando el Católico, 1474-1516*, Zaragoza.

KOLB, Werner (1988), *Herrscherbegegnungen im Mittelalter*, Frankfurt.

LABÈRE, Nelly (2010, ed.), *Être à table au Moyen Âge*, Madrid.

LA MARCK, Robert de (1820), *Histoire des choses mémorables advenues du règne de Louis XII et François I*[er], en *Collection complète des mémoires relatifs à l'Histoire de France*, vol. XVI, París.

LAURIOUX, Bruno, Agostino PARAVICINI BAGLIANI & Eva PIBIRI (2018, ed.), *Le banquet: manger, boire et parler ensemble: (XII*[e]*-XVII*[e] *siècles)*, Florencia.

LADERO QUESADA, Miguel Ángel (2019), *Los últimos años de Fernando el Católico 1505-1517*, Madrid.

LAZZARINI, Isabella (2014), «Diplomazia rinascimentale», en Andrea GAMBERINI & Isabella LAZZARINI (eds.), *Lo Stato del Rinascimento in Italia, 1350-1520*, Roma, pp. 385-400.

LE FUR, Didier (2001), *Louis XII. Un autre César*, París.

MAILLES, Jacques de (1882), *Histoire du Gentil Seigneur de Bayard, composée par le Loyal Serviteur*, París.

MARTÍNEZ JIMÉNEZ, Nuria (2015), «María Manrique de Lara. La duquesa y la introducción del Renacimiento italiano en Granada», *Atrio*, 21, pp. 40-53. https://orcid.org/0000-0003-2479-7598

MAULDE LA CLAVIÈRE, René de (1890), «L'Entrevue de Savone en 1507», *Revue d'Histoire Diplomatique*, 4, pp. 583-590.

MESCHINI, Stefano (2006), *La Francia nel ducato di Milano. La politica di Luigi XII (1499-1512)*, Milán.

MICELI DI SERRADILEO, Amedeo (2000), «Beraud Stuart D'Aubigny al servizio della Francia nelle guerre d'Italia tra il XV e il XVI secolo», *Archivio Storico delle Province Napoletane*, 118, pp. 105-134.

MITCHELL, Bonner (1986), *The Majesty of the State: Triumphal Progresses of Foreign Sovereigns in Renaissance Italy (1494-1600)*, Florencia.

MOEGLIN, Jean-Marie (1998), «Rituels et "Verfassungsgeschichte" au Moyen Age. À propos du livre de Gerd Althoff. *Spielregeln der Politik im Mittelalter — Kommunikation in Frieden und Fehde*», *Francia*, 25 (1), pp. 245-250.

MOEGLIN, Jean-Marie (2007), «"Performative turn", "communication politique" et rituels au Moyen Âge. À propos de deux ouvrages récents», *Moyen Âge*, 113, pp. 393-406.

NIETO SORIA, José Manuel (1993), *Ceremonias de la realeza. Propaganda y legitimación en la Castilla Trastámara*, Madrid.

NIETO SORIA, José Manuel (1997), «Origen divino, espíritu laico y poder real en la Castilla del siglo XIII», *Anuario de Estudios Medievales*, 27, pp. 43-102.

NIETO SORIA, José Manuel (2013), «Los espacios de las ceremonias devocionales y litúrgicas de la monarquía Trastámara», *Anales de historia del arte*, nº extra 2, pp. 243-258. https://doi.org/10.5209/rev_ANHA.2013.v23.42838

NOGALES RINCÓN, David (2009), *La representación religiosa de la monarquía castellano-leonesa: la capilla real (1252-1504)*, Madrid.

NUOVO, Isabella (2003), *Il mito del Gran Capitano. Consalvo di Cordova tra storia e parodia*, Bari.

OCHOA BRUN, Miguel Ángel (1991 y 1999), *Historia de la diplomacia española*, vols. III y IV, Madrid.

PASSERO, Giuliano (1785), *Storie in forma di Giornali*, ed. V. M. ALTOBELLI, Nápoles.

PÉQUIGNOT, Stéphane (2009), *Au nom du roi. Pratique diplomatique et pouvoir durant le règne de Jacques II d'Aragon (1291-1327)*, Madrid.

PÉQUIGNOT, Stéphane & Jean-Marie MOEGLIN, (2017, dir.), *Diplomatie et «relations internationales» au Moyen Âge: IXe-XVe siècle)*, París.

PORRO GIRARDI, Nelly R. (1998), *La investidura de armas en Castilla del Rey Sabio a los Católicos*, Valladolid.

QUEVEDO Y VILLEGAS, Francisco de (2017), *Vida de Marco Bruto*, Barcelona.

RAINALDI, Odoricus (1877), *Annales ecclesiastici*, vol. III: *1481-1512*, Bari-París.

RIERA I VIADER, Sebastià (1999), *Cartes de Ferran II a la ciutat de Barcelona, 1479-1515*, Barcelona.

RODRÍGUEZ VILLA, Antonio (1908, ed.), *Crónicas del Gran Capitán*, Madrid.

RUBELLO, Noemi (2014), «Una bella et caritativa cosa: épisodes de thaumaturgie royale pendant la période des Guerres d'Italie», *Moyen Âge: Revue d'histoire et de philologie*, 120 (1), pp. 53-77.

RUBELLO, Noemi (2017), «La présence des princes: gli incontri tra sovrani come momenti d'eccezione nei rapporti diplomatici tra gli Stati (XVI secolo)», en Eleonora PLEBANI, Elena VALERI & Paola VOLPINI (dirs.), *Diplomazie. Linguaggi, negoziati e ambasciatori fra XV e XVI secolo*, Milán, pp. 139-160.

SÁNCHEZ CANTÓN, Francisco Javier (1948, ed.), *Floreto de anécdotas y noticias diversas que recopiló un fraile dominico residente en Sevilla a mediados del siglo XVI*, en *Memorial histórico español*, vol. 48, Madrid.

SANDOVAL, Prudencio (1955), *Historia de la vida y hechos del Emperador Carlos V*, vol. I, Madrid.

SÁNCHEZ MUÑOZ, Juan Gaspar (1902), *Diario turolense de la primera mitad del siglo XVI*, Madrid.

SANUTO, Marin (1895), *Diarii*, ed. R. FULIN, vol. VIII, Venecia.

SANTA CRUZ, Alonso de (1951), *Crónica de los Reyes Católicos*, ed. J. de M. CARRIAZO, vol. II, Sevilla.

Seneca, Federico (1962), *Venezia e papa Giulio II*, Padua.

Shaw, Christine (1995), *Giulio II*, Turín.

Shaw, Christine (2008), «L'incontro di Savona: uno smacco al papa?», *Atti e memorie della Società Savonese di Storia Patria*, Ser. NS, 44, pp. 155-164.

Suárez Fernández, Luis (1985), *Fernando el Católico y Navarra: el proceso de incorporación del reino a la Corona de España*, Madrid.

Terrateig, barón de [Jesús Manglano de Cucaló] (1963), *Política en Italia del Rey Católico, 1507-1516: correspondencia inédita con el embajador Vich*, vol. II, Madrid.

Vergara-Ciordia, Javier (2019), «*Agustinismo político* y los espejos de príncipes», *Anuario de historia de la Iglesia*, 28, pp. 221-247. https://doi.org/10.15581/007.28.221-247

Verzellino, Giovanni Vincenzo (1885), *Delle memorie particolari e specialmente degli uomini illustri della città di Savona*, ed. A. Astengo, Savona.

Voss, Ingrid (1987), *Herrschertreffen im frühen und hohen Mittelalter*, Viena.

Żak, Łukasz (2023), «Vademecum delle fonti scritte nell'ambito dell'Ufficio delle cerimonie pontificie a cavallo tra il xv e il xvi sec», *Anuario de Historia de la Iglesia*, 32, pp. 375-398. https://doi.org/10.15581/007.32.016

Zurita, Jerónimo (1989-1996), *Historia del rey don Hernando el Cathólico. De las empresas y ligas de Italia*, ed. A. Canellas López, vols. I-VI, Zaragoza.

Centenaire

Louis Marin (1871-1960) aux origines de la Casa de Velázquez

Éric Freysselinard[1]

Louis Marin, passionné par les civilisations du monde, fut, de façon originale, à la fois ethnologue et homme politique. Il chercha à développer la présence des institutions culturelles françaises dans le monde, dans un but scientifique mais aussi pour contrer l'influence allemande. Au début du XXe siècle, à un moment où l'hispanisme en était encore à ses balbutiements, principalement autour de l'université de Bordeaux, son intervention à la Chambre des députés fut décisive pour que les crédits nécessaires soient affectés à la fondation de la Casa de Velázquez.

Mots clés : Louis Marin, diplomatie culturelle, Casa de Velázquez, hispanisme

Louis Marin (1871-1960) en los orígenes de la Casa de Velázquez

Louis Marin, apasionado por las civilizaciones del mundo, fue, de manera original, a la vez etnólogo y político. Trató de desarrollar la presencia de instituciones culturales francesas en todo el mundo, tanto con fines científicos como para contrarrestar la influencia alemana. A principios del siglo XX, en una época en la que el hispanismo estaba aún en en sus inicios, principalmente en torno a la Universidad de Burdeos, su intervención en la Cámara de Diputados francesa fue decisiva para que se destinaran los fondos necesarios a la fundación de la Casa de Velázquez.

Palabras clave: Louis Marin, diplomacia cultural, Casa de Velázquez, hispanismo

[1] Éric Freysselinard, préfet, conseiller de coopération intérieure à l'ambassade de France en Espagne, a écrit ce texte à titre personnel. Agrégé d'espagnol de formation, il a en effet récemment soutenu, sous la direction du professeur Olivier Dard, une thèse d'histoire à la Sorbonne sur Louis Marin, qui fera l'objet ultérieurement d'une publication réduite chez Passés composés.

Pour citer cet article / Para citar este artículo / To quote this article

Éric Freysselinard, « Louis Marin (1871-1960) aux origines de la Casa de Velázquez », *Mélanges de la Casa de Velázquez. Nouvelle série*, 54 (2), 2024, pp. 315-320.

Louis Marin (1871-1960) at the origins of Casa de Velázquez

Louis Marin, with his passion for the world's civilisations, was, in an original way, both an ethnologist and a politician. He sought to develop the presence of French cultural institutions around the world, both for scientific purposes and to counter German cultural influence. At the beginning of the 20th century, at a time when Hispanism was still in its infancy, mainly around the University of Bordeaux, his intervention in the French Chamber of Deputies was decisive in ensuring that the necessary funds were allocated to the foundation of Casa de Velázquez.

Keywords: Louis Marin, cultural diplomacy, Casa de Velázquez, Hispanism

Louis Marin, l'un des principaux hommes politiques de droite de la IIIe République

Louis Marin, à ne pas confondre avec son homonyme philosophe plus jeune que lui, bénéficiait à son époque d'une notoriété immense. Jean Moulin, en novembre 1942, explique ainsi que les Américains n'ont pas confiance en de Gaulle puisque, pour eux, seules comptent les vedettes de la politique, c'est-à-dire Blum, Herriot, Reynaud et Marin.

Vivant en Lorraine, le petit Louis est, dès l'origine, marqué par une germanophobie très forte qui l'incite à se lancer en politique. Après une brillante scolarité à Nancy, il se lance dans des études, poussées et éclectiques, droit, histoire, lettres, philosophie, Sciences Po, École du Louvre, avant d'entamer une double carrière, d'ethnologue et d'homme politique.

Passionné par les civilisations du monde, il voyage plusieurs années, dans la plupart des pays européens, et dans toute l'Asie, en ramenant de nombreux objets et photos qui sont aujourd'hui présentés au Musée des Arts premiers et au Musée Guimet à Paris.

En 1903, il rejoint la Fédération républicainc, parti de centre-droit, et, deux ans après, devient député de Nancy, à 34 ans. Occupant les plus hautes fonctions à la Chambre des députés, en étant rapporteur général du Budget, il fait partie, en 1919, des rares députés de droite à voter contre le traité de Versailles qu'il juge insuffisant. Principal inspirateur des grandes lois sur les dommages de guerre, il s'oppose à la politique d'apaisement vis-à-vis de l'Allemagne d'Aristide Briand.

En 1924, l'arrivée du Cartel des gauches lui ouvre les bras de l'opposition, lui permettant de devenir le patron de la Fédération républicaine. De ce poste qu'il occupa une vingtaine d'années, il devient un personnage central de la vie politique. Président de nombreuses commissions d'enquête, il conduit aussi la commission de la hache qui supprima de nombreux tribunaux et sous-préfectures en 1926, sous Poincaré. Il devient aussi président du Conseil général de Meurthe-et-Moselle en succédant à Albert Lebrun, élu président de la République en 1932, qu'il avait toujours combattu car moins à droite que lui.

Partisan de l'égalité des hommes et des femmes, de la liberté scolaire, de la décentralisation, du libéralisme économique, il consacre l'essentiel de ses forces à la lutte contre l'Allemagne dont il dénonce l'antisémitisme après le congrès de Nuremberg.

Huit fois ministre, il est toutefois abandonné par beaucoup de ses amis politiques dans les années 1930 qui le jugeaient trop germanophobe et se retrouve soumis à la concurrence à la fois de la démocratie chrétienne et des ligues. C'est en 1940 que la rupture est la plus forte quand, ministre d'État, il s'oppose à l'armistice alors que plusieurs de ses responsables du parti, notamment Xavier Vallat et Philippe Henriot, décident de soutenir le régime de l'État français. Étonnamment, il reste à Vichy, refusant ostensiblement de serrer la main de tous ceux qui ont voulu l'armistice, y compris le maréchal, qui semble s'en amuser. Membre du réseau de résistance Hi-Hi, il sert d'intermédiaire entre les résistants et l'ambassade des États-Unis. Il n'est exfiltré à Londres qu'en avril 1944 quand les Allemands veulent l'arrêter.

Après la Seconde Guerre mondiale, président d'honneur des parlementaires résistants, il ne réussit pas à reprendre sa place dans la vie politique. Il refuse par deux fois d'entrer dans le gouvernement du général de Gaulle, dont pourtant il partage les idées. Se rapprochant de la gauche résistante, certaines de ses prises de position détonnent avec sa ligne politique habituelle. Alors qu'il avait combattu avant-guerre « cette forme odieuse, mensongère, sauvage de la République [espagnole qui] n'est qu'une tyrannie des plus abjectes[2] », il se prononce contre le rétablissement de l'ambassade en Espagne. Par là, il entend protester contre la collusion entre Franco et Hitler. Le gouvernement passa outre et un ambassadeur fut nommé à Madrid en la personne de Bernard Hardion, en janvier 1951. Les conservateurs, furieux, évincent Marin de la commission des Affaires étrangères de l'Assemblée nationale, pendant que la gauche lui apporte son soutien ainsi que la CGT des Affaires étrangères.

La même année, il décide de s'apparenter avec la SFIO (Section française de l'Internationale ouvrière) dans une tentative désespérée de garder son siège de député. L'abbé Pierre se présentant alors encore une fois contre lui, tous deux échouent ; il a déjà 80 ans.

Sans enfant, il vécut en union libre avec une ancienne étudiante, docteur ès lettres, qu'il épousa à l'âge de 84 ans. Homme de droite, patriote, mais aussi écorché vif et hyperactif, Louis Marin défendait son pays mais aussi

[2] Louis Marin, *La Nation*, 25 février 1939.

toutes les minorités nationales persécutées ; c'était un passionné du monde, un homme des libertés. Il mourut à l'âge de 90 ans, en 1960.

Louis MARIN

Louis Marin, membre de l'Académie des sciences morales et politiques (Archives nationales, fonds L. Marin 317 AP 265)

Louis Marin, cofondateur de la Casa de Velázquez

Louis Marin qui toute sa vie demanda à l'État de réduire son train de vie, fut paradoxalement l'un des plus grands défenseurs de la présence culturelle de la France à l'étranger. Professeur d'ethnologie, membre de l'Académie des sciences morales et politiques, il s'était tourné, par un curieux tropisme, vers l'Orient, enjambant l'Allemagne, et se passionnant pour l'Europe de l'Est, la Russie et l'Asie.

Il crée et dirige de nombreuses sociétés savantes, mais aussi de nombreuses associations internationales. Président de la Société d'ethnographie, directeur de l'École d'anthropologie, concurrente de l'École de Paul Rivet, il dirige une trentaine d'amicales, associations d'entraide, chambres de commerce internationales et associations binationales avec des pays d'Europe de l'Est ou d'Asie, étant par exemple président des Amis de la Corée. De façon très moderne pour l'époque, il s'intéresse au folklore de sa région, aux langues régionales et se bat pour la création de l'État d'Israël après-guerre, faisant partie du comité d'honneur du Mouvement contre le racisme, l'antisémitisme et pour la paix (MRAP). Il déclare ainsi : « Nous ignorons totalement comment les races humaines sont apparues et, même, beaucoup des variétés qu'elle comporte. [...] L'homme est foncièrement partout le même. Aucun homme n'a, nulle part, un organe, une fonction en moins ou en plus qu'ailleurs[3]. »

Il préside ainsi la Société de propagation des langues étrangères en France, qui avait été fondée en 1891 par le Vosgien Jean-Baptiste Rauber. Le conseil d'administration comprenait un inspecteur général de l'enseignement des langues vivantes et des professeurs de collège et de lycée. La Société enseignait les principales langues à plus de 6 000 élèves (un inventaire montre qu'il y avait 39 groupes en anglais, 14 en espagnol, 13 en allemand, 5 en italien, 4 en russe, 1 en portugais, 1 en suédois.

Plus généralement, il soutient tous les projets visant à développer l'influence française à l'étranger, comme la création d'instituts français et d'ambassades dont il est souvent le rapporteur. Il s'investit tout particulièrement dans le projet de création de la Casa de Velázquez à Madrid pour résister aux « progrès de la propagande germanique ».

Une note du ministère de l'Instruction publique et des Beaux-Arts, non datée, se trouve dans les archives personnelles de Louis Marin aux Archives nationales[4]. Elle y retrace, de façon très intéressante, le projet de Casa. Elle explique que « pendant la plus grande partie du XIXe siècle, l'Espagne et la France ont vécu côte à côte sans se connaître ni se comprendre ». En 1899, l'université de Bordeaux, dépassant ces « préjugés », fonde le *Bulletin hispanique* puis envoie certains de ses professeurs à Oviedo, Salamanque, Valladolid, Saragosse, Madrid et invite en échange des professeurs espagnols dont « l'éminent historien et jurisconsulte » Rafael Altamira en 1909. Puis une mission est constituée, en 1916, au sein de l'Institut, avec MM. Lamy, Bergson, Edmond Perrier, Vidor, Imbart de la Tour pour aller rencontrer les écrivains, artistes, savants espagnols. Deux expositions ont lieu à Paris en 1919 et à Madrid l'année d'après avec des peintres des deux pays sous la conduite du directeur du Prado et historien de l'art, Aureliano de Beruete y Moret. Le directeur de l'Institut français de Madrid, déjà situé au 10, Marqués de la Ensenada, ne manque pas d'écrire au rapporteur général du budget Louis Marin, en septembre 1918, pour qu'il abonde l'Office de l'enseignement du français en Espagne[5].

Puis un lycée est créé à Madrid en 1919, faisant porter le nombre d'écoles de 6 à 18. La note souligne la puissance des artistes espagnols, notamment ses écrivains

---

[3] AN 317AP/257. Texte repris dans Louis Marin, *Regards sur la Lorraine*, *op. cit.*, p. 63.

[4] AN 317AP/107.

[5] AN 317AP/107. Lettre du 9 septembre 1918.

comme Galdós, Blasco Ibáñez, Palacio Valdés ou le philologue Menéndez Pidal. La Casa devient ainsi « une pépinière de conférenciers ou de jeunes maîtres capables d'enseigner dans les universités » sur le modèle de l'expérience tentée à Oviedo en 1921. En contrepartie, il sera créé à Paris un Institut espagnol.

L'Académie des Beaux-Arts, l'université de Bordeaux mais aussi le protectorat du Maroc, qui a tant de liens avec l'Espagne, participeront aux frais de fonctionnement de la Casa, sur un terrain de deux hectares offert par le roi Alphonse XIII, qui s'était intéressé au projet dès 1916. La ville de Madrid a offert les portes sculptées de l'ancien palais d'Oñate, un des chefs-d'œuvre du style castillan du XVIIe siècle, style qui a inspiré l'architecte Léon Chifflot, ancien prix de Rome, pour les plans du futur édifice. Le personnel sera composé ainsi : directeur, secrétaire, concierge, gardien-jardinier, trois garçons, cuisinière, lingère. Le 22 mai 1920, le roi, accompagné de la reine mère, du président du Gouvernement et de l'ambassadeur de France, pose la première pierre de l'édifice.

Quelques années après la Première Guerre mondiale, une nouvelle étape est franchie. Un projet de loi relatif à la construction d'une maison de France à Madrid est annexé à la séance du 5 décembre 1922, par Léon Bérard, ministre de l'Instruction publique et des Beaux-Arts, et Charles de Lasteyrie, ministre des Finances. Il souligne, dans son exposé des motifs, « l'importance que peut avoir pour le pays l'établissement de relations intellectuelles plus intimes entre la France et les nations de langue espagnole » afin d'éviter les « incompréhensions réciproques » qui bénéficient par contrecoup au « germanisme » avec lequel la France a été en guerre : en effet, des collèges hispano-allemands ont été créés à Madrid, Saint-Sébastien, Barcelone, Valence, Séville. La création de l'École des hautes études hispaniques et de l'Institut français de Madrid, rattachés respectivement aux universités de Bordeaux et de Toulouse, consacrés aux études archéologues et littéraires, n'est pas suffisante, expliquent les auteurs, car aucun organisme n'existe pour l'étude de l'art sur le même modèle qu'en Italie. Il est donc décidé de créer, au sein de la Casa, à côté de l'École d'études hispaniques, une École franco-espagnole des beaux-arts pour que les élèves se familiarisent avec « Murillo, Velázquez, Goya ». « Tandis que la villa Médicis ne s'ouvre qu'aux grands prix de Rome, la Casa de Velázquez accueillera, « par une sélection très large et sans concours préalable, tous les artistes peintres, graveurs, sculpteurs, architectes, musiciens, comme tous les écrivains qui en feront la demande : elle devra servir de foyer aux artistes et aux littérateurs français de passage dans la péninsule, aux conférenciers envoyés de France, et aussi aux étudiants et aux artistes espagnols désireux d'entrer en rapports intellectuels avec notre pays ».

Aujourd'hui, au moment où nous fêtons le centenaire de sa création, la Casa a renoué avec la volonté initiale de ses fondateurs de concilier archéologie, histoire, littérature et création artistique.

Mélanges de la Casa de Velázquez. Nouvelle série, 54 (2), 2024, pp. 315-320. ISSN : 0076-230X.

Estudio de las marcas de propiedad de miembros de la Casa de Borbón entre los siglos XVII y XIX en la Biblioteca de la Casa de Velázquez

Antonio Carpallo Bautista
Universidad Complutense de Madrid

José María de Francisco Olmos
Universidad Complutense de Madrid

Yolanda Isabel Bustamante Sampedro
Universidad Complutense de Madrid

Las encuadernaciones con superlibros heráldicos se caracterizan por tener como principal motivo decorativo el escudo de armas de sus antiguos poseedores, lo que las convierte en uno de los mejores ejemplos del potencial de las encuadernaciones como fuente documental. A este valor como documento histórico debe unirse la enorme variedad de técnicas decorativas y constructivas, así como de materiales, que componen estas encuadernaciones y que las convierten en auténticas obras de arte funcionales. Las encuadernaciones heráldicas son un testimonio de las vidas de sus propietarios y en ellas se observan las distinciones que se les van otorgando, órdenes y condecoraciones, además de observarse los gustos estéticos y las técnicas disponibles en el momento de su ejecución. Son, por tanto, patrimonio histórico, artístico y tecnológico. En este trabajo se estudian las encuadernaciones con superlibros heráldicos de miembros de la Casa de Borbón y sus enlaces dinásticos y de la ciudad de Rouen.

Palabras clave: superlibros, heráldica, encuadernaciones, Casa de Velázquez, Casa de Borbón, Rouen

Pour citer cet article / Para citar este artículo / To quote this article

Antonio Carpallo Bautista, José María de Francisco Olmos y Yolanda Isabel Bustamante Sampedro, « Estudio de las marcas de propiedad de miembros de la Casa de Borbón entre los siglos XVII y XIX en la Biblioteca de la Casa de Velázquez », *Mélanges de la Casa de Velázquez. Nouvelle série*, 54 (2), 2024, pp. 321-345.

Étude des marques de propriété des membres de la Maison de Bourbon entre le XVIIe et le XIXe siècle dans la Bibliothèque de la Casa de Velázquez

Les reliures héraldiques sont caractérisées par le fait qu'elles ont pour principal motif décoratif les armoiries de leurs anciens propriétaires, ce qui en fait l'un des meilleurs exemples du potentiel des reliures en tant que source documentaire. À cette valeur de document historique s'ajoute l'énorme variété des techniques décoratives et constructives, ainsi que des matériaux, qui composent ces reliures et en font d'authentiques œuvres d'art fonctionnelles. Les reliures héraldiques témoignent de la vie de leurs propriétaires, des distinctions qui leur ont été accordées, des ordres et des décorations, ainsi que des goûts esthétiques et des techniques disponibles à l'époque de leur exécution. Ils constituent donc un patrimoine historique, artistique et technologique. Cet ouvrage étudie les reliures héraldiques des membres de la Maison de Bourbon et de leurs liens dynastiques et de la ville de Rouen.

Mots clés : superlibros, héraldique, reliures, Casa de Velázquez, Casa de Borbón, Rouen

Study of the property marks of members of the House of Bourbon between the 17th and 19th centuries in the Casa de Velázquez Library

Bindings with heraldic *superlibros* are characterised by the main decorative motif of the coat of arms of their former owners, making them one of the best examples of the potential of bookbindings as a documentary source. To this value as a historical document must be added the enormous variety of decorative and constructive techniques, as well as materials, that make up these bindings and that make them authentic functional works of art. Heraldic bindings are a testimony of the lives of their owners and in them are observed the distinctions that are awarded, orders and decorations, in addition to observing the aesthetic tastes and techniques available at the time of their execution. They are, therefore, a historical, artistic and technological heritage. In this work, the bindings with heraldic *superlibros* of members of the House of Bourbon and their dynastic links and of the city of Rouen are studied.

Keyword: superlibros, Heraldry, bindings, Casa de Velázquez, House of Bourbon, Rouen

Mélanges de la Casa de Velázquez. Nouvelle série, 54 (2), 2024, pp. 321-345. ISSN : 0076-230X.

Introducción

Las encuadernaciones con marcas de propiedad de la Casa de los Borbones nos indican cual ha sido el recorrido histórico de estas obras dentro de las colecciones de sus propietarios, y se inician en muchas ocasiones con los superlibros y continuando con los exlibris e inscripciones manuscritas de los siguientes propietarios. Los superlibros que encontramos en las tapas, lomo, cortes y guardas son un testimonio documental de gran importancia ya que nos indican los territorios de cada uno de los reyes, en ocasiones nos aportan información sobre los matrimonios, si son escudos acolados, emblemas de las reinas consortes, también de las infantas o de las reinas viudas; además, la encuadernación nos aporta informaciones tan útiles como los materiales empleados para su construcción, las técnicas constructivas, es decir los diferentes tipos de costuras, los engarzados de los nervios y las cabezadas con las tapas…, las técnicas de decoración como el gofrado, dorado, mosaico, repujado, jaspeados de las pieles…, y los utensilios empleados para la ornamentación como las planchas, ruedas, florones y paletas, junto al estudio del estado de conservación, analizando los factores que han intervenido en el deterioro de la encuadernación y si ha sido restaurada, señalando cuales han sido las intervenciones llevadas a cabo.

Todas las encuadernaciones de este trabajo forman parte de la Biblioteca del Marqués del Saltillo[1], que decidió donarla a distintas entidades. Sus donaciones se realizaron en vida a instituciones tan importantes como la Real Academia de la Historia, la Biblioteca de la Facultad de Filosofía y Letras de la Universidad Central y sobre todo a la Biblioteca de la Casa de Velázquez de Madrid en marzo de 1957. Todas las obras llevan en su guarda anterior dos exlibris, uno con las armas del Marqués (un cortado con las armas de los Lasso de la Vega y los Rodríguez de Milla), rodeado por una cinta del que pende la Cruz de Caballero de la orden del Hospital de San Juan de Jerusalén (Malta), de la que era miembro, con una cartela que lo identifica, y otro con una leyenda añadida una vez realizada la donación donde se indica "Ce Livre / a été donné / à la bibliothèque / de la Casa de Velazquez / par / Miguel Lasso de la Vega / Marquis del Saltillo / en Mars 1957". También el Marqués del Saltillo tenía en su poder una plancha con su escudo de armas que entregaba a los encuadernadores que le realizaban reencuadernaciones de obras entre los que destacan artistas tan importantes como Emilio Brugalla, Victoriano Arias y López Izquierdo y el sevillano Luis Márquez y Echeandía, cuyo modelo es en todo similar al de su exlibris heráldico.

[1] Miguel Lasso de la Vega López de Tejada (1893-1957), Catedrático y Académico de la Historia (1942), miembro correspondiente de la Hispanic Society of America de Nueva York, reconocido bibliófilo, donó su Biblioteca a la Casa de Velázquez. Más datos sobre su trayectoria en http://dbe.rah.es/biografias/10229/miguel-lasso-de-la-vega-y-lopez-de-tejada [Consulta: 30 septiembre 2019].

Este estudio forma parte de un convenio de colaboración, firmado en 2016, entre la Casa de Velázquez y el grupo Bibliopegia, grupo de investigación sobre encuadernación y el libro antiguo de la Universidad Complutense de Madrid, para el estudio, identificación y catalogación automatizada de las encuadernaciones heráldicas de la colección de la Casa de Velázquez de Madrid[2].

Estudio de los superlibros con armas de miembros de la Casa de Borbón y sus encuadernaciones

Cuando hablamos de superlibros con las armas de Casas Reales, no siempre nos referimos de forma específica a las armas del monarca, sino que también nos encontramos las armas de sus familiares, ya sean su esposa, hijos o bien otros miembros de la Familia Real de ramas menores de la misma, pero que tenían un estatus muy superior al resto de la nobleza, en el caso de Francia eran los llamados Príncipes de la Sangre, cuyas armas eran las Reales a las que se añadían alguna pequeña diferencia denominada brisura. Ahora veremos, por orden jerárquico, las realizadas en Francia y por matrimonio en Italia.

El presente apartado lo iniciamos con un superlibros del rey de Francia Luis XIV (1638-1715), conocido como El Rey Sol y como Luis el Grande. Es considerado uno de los reyes más importantes de la historia francesa, así como el mejor exponente de la monarquía absoluta. Durante su larguísimo reinado (1643-1715) Francia participó en numerosas guerras, que la llevaron a suceder a la Monarquía Hispánica como principal potencia política del continente. Como monarca realizó una relevante labor de mecenazgo de las artes y las letras; durante su reinado se trasladó la corte al Palacio de Versalles. Su reinado fue bautizado por Voltaire como *El Gran Siglo*[3].

[2] Mediante la firma de convenio se realizó el Trabajo Fin de Máster titulado "Las encuadernaciones heráldicas de la Casa Velázquez" en el año 2018 por Yolanda Isabel Bustamante Sampedro, dentro del Máster en Patrimonio Histórico Escrito de la Universidad Complutense de Madrid, tutorizado por los profesores José María de Francisco Olmos y Antonio Carpallo Bautista. Esta colaboración ya ha dado sus frutos con dos artículos cuyas referencias son las siguientes: José María de Francisco Olmos, Antonio Carpallo Bautista, Yolanda Isabel Bustamante Sampedro, «Estudio de las marcas de propiedad de la nobleza laica francesa entre los siglos xvii y xix en la Biblioteca de la Casa de Velázquez de Madrid», *Mélanges de la Casa de Velázquez. Nouvelle série*, 52 (1), 2022, pp. 303-332; y José María de Francisco Olmos, Antonio Carpallo Bautista, Yolanda Isabel Bustamante Sampedro, «Estudio de las marcas de propiedad de miembros del episcopado francés, español e italiano entre los siglos xvii y xix en la Biblioteca de la Casa de Velázquez de Madrid», *Mélanges de la Casa de Velázquez. Nouvelle série*, 53 (2), 2023, pp. 327-356.

[3] Belloc, 1988.

Las encuadernaciones de Luis XIV tienen muchos modelos (Fig. 1), siendo los principales los que muestran los escudos acolados de Francia y Navarra[4], con la inicial real coronada y los collares de las órdenes del Espíritu Santo y de San Miguel (que copia el modelo de su padre Luis XIII); y el de las armas plenas de Francia con los collares de las órdenes citadas, que en muchas ocasiones van rodeadas de una línea ovalada o bien de una gran guirnalda de forma de ovalo, como vemos en estas imágenes[5].

Fig. 1. – Modelos de superlibros de Luis XIV

Foto: Antonio Carpallo Bautista

La encuadernación que se conserva en la Casa de Velázquez con el superlibros real de Luis XIV (Fig. 2) contiene la obra *Les Principaux poincts de la foy catholique defendus contre l'escrit adressé au roy par les ministres de Charenton* del cardenal de Richelieu, publicada en 1642[6]. La encuadernación fue realizada a finales del siglo xvii o principios del xviii. En la guarda de la tapa anterior se muestra un sencillo exlibris de Philippe Louis de Bordes de Fortage (1846-1924), bibliófilo, Secretario General honorario de la l'Académie

[4] Recordemos que los Borbones eran los legítimos herederos de la Casa de Foix-Albret y como tales eran señores de Béarn y reyes de Navarra, trono del que fueron expulsados por la fuerza en 1512 por Fernando el Católico. Ahora bien, nunca renunciaron a sus legítimos derechos y por tanto siempre se titularon y usaron las armas propias del rey de Navarra, en muchos de sus sellos, monedas y como vemos en sus encadernaciones, y así lo hicieron hasta la caída de la Monarquía en época de la Revolución Francesa. Por eso no nos debe extrañar el uso de las armas navarras en el gran escudo de Luis XIV.

[5] Guigard, 1870-1873, T. I, pp. 25-26; Olivier, Hermal, Roton, 1924-1938, Pl. 2494.

[6] Sig. Rés. GF-0038. Les Principaux poincts de la foy catholique defendus contre l'escrit adressé au roy par les ministres de Charenton / Armand-Jean du Plessis, cardenal de Richelieu. — París: Imprenta real del Louvre, 1642. Una reedición tardía, ya que la obra original se realizó en 1617, cuando Richelieu era todavía obispo de Luçon (1606-1624), teniendo posteriormente numerosas reediciones hasta la muerte de su autor (1642). Dimensiones: 386 x 277 x 40 mm. Tal vez la encuadernación de esta obra con las armas reales de Luis XIV pueda estar relacionada con el momento de la revocación del edicto de Nantes (1685).

des sciences, Belles-Lettres et Arts de Bordeaux y Presidente de Honor de la Sociedad de Bibliófilos de Guyenne[7].

Fig. 2. – Escudo y superlibros de Luis XIV

Foto: Antonio Carpallo Bautista y José María de Francisco Olmos

En cuanto a la encuadernación, indicar que sus tapas están recubiertas de piel marrón lisa, igual que el lomo, y encartonadas y con una costura a la francesa o punto salteado con seis nervios naturales; las cabezadas son dobles y de hilos amarillo y crudo y están unidas al lomo y cosidas; las guardas están realizadas al baño, sumergiendo el papel en un líquido mucilaginoso dentro de una cubeta de madera o metal mediante tintas roja, azul, amarilla y negra obteniendo un modelo tipo *peine*; los cortes están dorados con pan de oro.

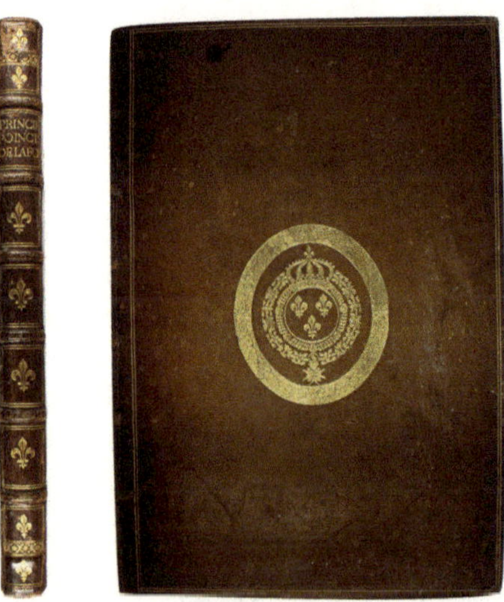

Fig. 3. – Lomo, tapa anterior, superlibros de Luis XIV

Foto: Antonio Carpallo Bautista

[7] Catalá, 1967. A su muerte su biblioteca se dispersó mediante una gran venta pública en tres partes, los años 1924, 1925 y 1927, que aparecen en el magnífico catálogo (3 volúmenes) que se hizo para la venta. Heredó una gran fortuna que le permitió dedicarse a su gran pasión, la bibliofilia, reuniendo más de 15.000 ejemplares en su casa de la rue Billaudel, y ordenando en su testamento que todos se vendieran en pública subasta. También usaba otro exlibris más complejo que mostraba su escudo de armas, *D'azur à un chevron d'or, accompagné en pointe d'un lion de même, au chef cousu de gueules, chargé de trois molettes d'or*, que veremos en otros de los ejemplares citados en este artículo.

La ornamentación de las tapas es muy sencilla con un encuadramiento de dos hilos, seguido de una plancha con el escudo real de Luis XIV (Fig. 3), todo ello dorado. En el lomo los nervios están decorados con una paleta dorada de rombos y círculos; los entrenervios contienen un encuadramiento de dos hilos junto a una flor de lis en el centro; en entrenervio superior inferior se divide en dos espacios mediante una paleta de círculos con una estrella en su interior, todos ellos dorado; en el segundo entrenervio encontramos la leyenda dorada «PRINCIP / POINCT / DE LA FOY».

El estado de conservación es bueno, con abrasiones en los planos y decoloraciones puntuales; alguna mancha negra de goteo en la tapa anterior y cercos variados en la posterior; varias pérdidas de la capa superior de la piel en la posterior, una de ellas desde la esquina inferior exterior hasta el escudo central; las esquinas y los cantos aparecen desgastados, con el encartonado visible; la zona de unión entre las tapas y el lomo, y la piel de los nervios, se encuentran agrietadas, pero en buen estado; la decoración de los nervios se ha perdido en mayor parte, las cofias se muestran rozadas y el papel de guarda aparece con suciedad y con decoloraciones leves.

La segunda encuadernación con un superlibros real francés contiene la obra *Lettres spirituelles de feu Messire Louis-François-Gabriel d'Orléans de la Motte, Évêque d'Amiens*, publicada en París en 1777[8]. La encuadernación fue realizada en el último cuarto del siglo xviii. En ambas tapas encontramos el superlibros (Fig. 4) de María Adelaida de Francia (1732-1800), hija de Luis XV y de su esposa polaca, María Leszczynska (hija del destronado monarca Estanislao I, convertido luego en duque de Lorena), en concreto la cuarta de sus hijas, por lo cual fue conocida como *Madame Quatrième*, y tras la muerte de una de sus hermanas mayores pasó a ser conocida como (1733) *Madame Troisième* y luego Madame Adelaide (1737) o Madame (1755). Curiosamente para la época, Adelaida no se casó nunca, aunque tuvo importantes pretendientes, como su primo el Príncipe de Conti o el Príncipe Francisco Javier de Sajonia. Fue la única de sus hermanas con ambiciones políticas, el 3 de febrero de 1776 compró las tierras de Louvois (que fueron elevadas a la categoría de ducado por Luis XVI), el estallido de la Revolución Francesa la obligó a huir a Italia, muriendo en Trieste[9]. Su superlibros muestra las armas plenas del reino que usa como hija del Rey, colocadas en forma de rombo, bajo corona de Princesa Real (era Hija de Francia) y entre palmas,

[8] Sig. Rés. 8-0009. Lettres spirituelles de feu Messire Louis-François-Gabriel d'Orléans de la Motte, Évêque d'Amiens. / Louis-François-Gabriel d'Orléans de La Motte. — París: P. Berton, librería; impreso por L. F. Delatour, 1777. Dimensiones: 170 x 104 x 30 mm. El autor fue administrador de la diócesis de Senez (1728-1733) y luego obispo de Amiens (1733-1774) hasta su muerte. A pesar de su apellido no está relacionado con los Duques de Orléans, sino que su familia era de origen italiano, y se denominaba Aureliani, y cuando se trasladaron a Francia lo modificaron según la lengua de su nuevo país en Orléans, ya que el nombre latino de esta ciudad era desde época imperial romana el de Aurelianum.

[9] Makcimovich, 2004.

un modelo que es exactamente igual al de sus hermanas menores y que sólo podemos identificar por pequeños detalles de diseño y porque cada una de ellas encuadernaba sus libros en tonos distintos, Adelaida lo hacía en marroquín rojo, su hermana Victoria en marroquín verde u oliva, y su hermana Sofía en marroquín amarrillo o limón[10].

Fig. 4. – Escudo y superlibros de María Adelaida de Francia

Foto: Antonio Carpallo Bautista y José María de Francisco Olmos

En la guarda de la tapa anterior aparecen tres exlibris de Philippe Louis de Bordes de Fortage (a quien el Marqués del Saltillo compró el ejemplar en 1924), el heráldico, el de texto y uno más entintado en la primera hoja de respeto con las iniciales de su nombre enlazadas —PLBF— (Fig. 5). Su biblioteca, formada por más de diez mil ejemplares, fue subastada durante la Revolución.

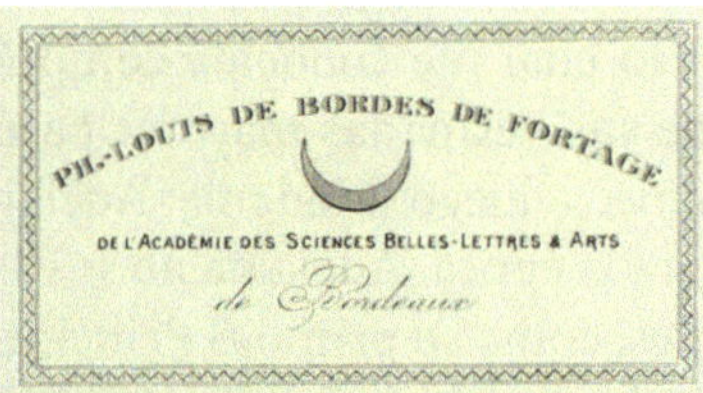

Fig. 5. – Exlibris de Philipppe Louis de Bordes de Fortage

Foto: Antonio Carpallo Bautista

El análisis de la encuadernación (Fig. 6) nos indica que sus tapas están recubiertas de piel lisa color granate, igual que el lomo, y encartonadas y con una costura a la española o punto seguido; el tejuelo es de piel color verde; los cortes están dorados con pan de oro; las cabezadas son sencillas, de color crudo y unidas al lomo y cosidas; las guardas están realizadas al baño, sumergiendo el papel en un líquido mucilaginoso dentro de una cubeta de madera o metal mediante tintas roja, azul, verde y amarilla obteniendo un modelo tipo *peine*; la cinta de registro es de color azul celeste.

[10] Guigard, 1870-1873, T. I, pp. 103-104; Guigard, 1890, pp. 49; Olivier, Hermal, Roton, 1924-1938, Pl. 2494.

Fig. 6. – Tapa anterior y lomo, guarda anterior marmoleada, corte superior dorado

Foto: Antonio Carpallo Bautista

La estructura decorativa de las tapas es simétrica y se inicia con un encuadramiento de tres hilos seguido de una plancha central con el superlibros de María Adelaida de Francia, todo ello dorado. El lomo está decorado con seis entrenervios separados por una paleta de tres hilos y por dos hilos en las bandas verticales; el interior de los entrenervios está ornamentado por una composición con una flor de granada, tres hojas a cada lado, un pequeño motivo de cuatro gránulos arriba y abajo y florones circulares por el campo; en cabeza y pie del lomo encontramos una paleta con cenefa vegetal y una margarita; en el segundo entrenervio observamos un tejuelo con la leyenda «LETTRES / DEM / DE LA / MOTTE». Los contracantos están decoradas con una rueda de triángulos y círculos, los cantos con una rueda de un hilo grueso y las cofias con una paleta de hilos inclinados, todo ello dorado.

El estado de conservación es muy bueno, con ligeros desgastes en las esquinas y en la zona de unión entre el lomo y las tapas y pequeñas decoloraciones en las guardas por las rozaduras, más acusadas en las zonas de unión.

A continuación, estudiamos un interesante superlibros doble, con los escudos de un matrimonio, en este caso el formado por Carlos Fernando de Berry y María Carolina de las Dos Sicilias; la obra[11] que contiene es *Recueil des oraisons funèbres, prononcées par feu Messire Esprit Fléchier, Evêque de Nîmes*, publicada en Lyon en 1780.

En esta encuadernación aparece el doble escudo del matrimonio (Fig. 7) formado por Carlos Fernando de Artois (1778-1820), Nieto de Francia (como hijo menor del Conde de Artois, tercero de los hijos varones del Delfín Luis,

[11] Sig. Rés. 8-0010. Recueil des oraisons funèbres, prononcées par feu Messire Esprit Fléchier, Evêque de Nîmes. / Esprit Flechier. — Lyon: Fraucheux, 1780. Dimensiones: 175 x 100 x 21 mm. El autor es Esprit Fléchier (1632-1710), que fue designado obispo de Laveur (1685-1689) y luego obispo de Nimes (1689-1710), esta obra es una recopilación de sus oraciones fúnebres que tuvo numerosas reediciones.

hijo de Luis XV, y que sucederá en el trono francés a sus hermanos mayores, Luis XVI y Luis XVIII como Carlos X entre 1824 y 1830, y de su esposa María Teresa de Saboya, princesa de Cerdeña, hija de Victor Amadeo III). Recibió el título de Duque de Berry y por ese nombre fue conocido.

Fig. 7. – Escudos y superlibros de Carlos Fernando de Berry y María Carolina de las Dos Sicilias

Foto: Antonio Carpallo Bautista y José María de Francisco Olmos

En 1814 pasa a ser considerado como Hijo de Francia, ya que su padre se convierte en presunto heredero de Luis XVIII, y dado que su hermano mayor, el Duque de Angulema, no tenía hijos varones él era el tercero en la línea de sucesión, usando las armas tradicionales de su ducado[12]. Casó en la catedral de Notre Dame de París el 17 de junio de 1816 con María Carolina Fernanda Luisa de Borbón (1798-1870), princesa de las Dos Sicilias, hija del entonces heredero del reino de las Dos Sicilias, Francisco, Duque de Calabria (luego rey Francisco I en 1825), y de su esposa María Clementina de Austria, hija del emperador Leopoldo II, cuyas armas son las plenas de los Reyes de las Dos Sicilias de la Casa de Borbón[13]. Las esperanzas dinásticas de los borbones estaban puestas en este matrimonio, que en principio solo habían tenido hijas, por lo cual el siguiente en la línea de sucesión al trono francés era el Duque de Orléans. Berry fue atacado a la salida de la Opera de París la noche del domingo 13 de febrero de 1820 por un obrero bonapartista, muriendo al día siguiente a consecuencia de las heridas, pero su mujer estaba embarazada, dando a luz el 29 de septiembre de 1820 a un hijo varón, Enrique de Artois, que recibirá el título de Duque de Burdeos y el sobrenombre del «niño del

[12] Sus armas son: D'azur aux trois fleurs de lys d'or à la bordure engrelée de gueules.

[13] *Parti de deux : I, écartelé : 1 et 4, de Farnèse; 2 et 3, parti d'Autriche et de Bourgogne ancien; sur-le-tout de Portugal; II, coupé de 3, parti de 1 : 1, écartélé de Castille et de Léon; 2, parti d'Aragon et de Sicile; enté en pointe des 1 et 2, de Grenade; 3, coupé : a, d'Autriche; b, taillé de Bourgogne ancien et de Flandre; 4, coupé : a, de Bourgogne moderne; b, tranché de Brabant et de Tyrol; 5, de Naples; 6, de Jérusalem; III, de Toscane; sur-le-tout d'Anjou.* Es decir un terciado con las armas plenas de los Farnesio, las completas de España con los añadidos de Nápoles-Jerusalén, y las armas plenas de los Médici, que muestran su descendencia de Felipe V e Isabel de Farnesio a través del rey Carlos III, que recordemos que en su juventud fue reconocido como heredero de Parma (Farnesio) y Toscana (Médici), y conquistó los reinos de Nápoles y Sicilia, donde gobernó hasta que pasó a ocupar el trono español (1759). Los reinos de Nápoles y Sicilia fueron oficialmente fusionados en diciembre de 1816, pasando a denominarse las Dos Sicilias.

milagro», convirtiéndose en el presunto heredero de la dinastía hasta que fue destronada (1830) y con posterioridad fue Jefe de la Casa Real desde la muerte de su tío, el Duque de Angulema (1844) hasta su muerte (1883)[14].

La Duquesa viuda de Berry, en su residencia de Rosny, había formado una espléndida biblioteca, conocida por la belleza de las ediciones de sus libros y por el lujo de sus encuadernaciones, siendo la mayoría de ellas heráldicas, con los escudos del matrimonio bajo la corona de Príncipe Real de Francia y con distintos adornos exteriores[15].

El estudio de la encuadernación (Fig. 8), realizada con posterioridad a la celebración del matrimonio de sus propietarios el 17 de junio de 1816, nos indica que sus tapas están recubiertas de piel jaspeada color marrón (pasta española), igual que el lomo, y encartonadas y con una costura a la francesa o punto salteado; el tejuelo es de piel color negro; los cortes están decorados mediante salpicado de tinta roja; las cabezadas son sencillas, de color marrón y crudo y unidas al lomo y cosidas; las guardas están realizadas al baño, sumergiendo el papel en un líquido mucilaginoso dentro de una cubeta de madera o metal mediante tintas negra, verde y rosa obteniendo un modelo tipo *shell* mediante unas gotas de aceite de oliva al último color del marmoleado; la cinta de registro es de color rosa.

Fig. 8. – Tapa anterior y lomo, superlibros de Carlos Fernando, duque de Berry, y su esposa María Carolina de Nápoles, guarda posterior marmoleada, corte superior jaspeado

Foto: Antonio Carpallo Bautista

La estructura decorativa de las tapas es simétrica y se basa en un encuadramiento de una rueda de un hilo gofrada, seguida de una plancha dorada con escudo doble de Carlos Fernando, duque de Berry, y su esposa María Carolina de las Dos Sicilias. El lomo está rodeado por dos hilos, como falsos

[14] Makcimovich, 2004.

[15] Guigard, 1870-1873, T. I, pp. 50-51; Guigard, 1890, pp. 105-107; Olivier, Hermal, Roton, 1924-1938, Pl. 2519.

nervios se ha empleado una paleta de greca mostrándose en el pie dos veces, junto a una paleta de dos hilos entrelazados en el medio; el interior de los entrenervios está ornamentado con un florón hexagonal con otro vegetal; en el segundo entrenervio encontramos un tejuelo negro con la leyenda dorada «ORAISONS / FÚNEBRES / DEFLECHI».

El estado de conservación es bueno, con pequeñas lagunas puntuales de la piel en los planos; también desgaste de las esquinas, con el cartón visible, además de pérdidas en la decoración de los cantos, deterioro de la unión entre el lomo y las tapas, con fisura en la unión delantera; el tejuelo se muestra ligeramente desprendido, además de pérdida de las cofias superior e inferior y decoloración en la guarda volante posterior.

La siguiente encuadernación, realizada durante el siglo XVII, con un superlibros relacionado con la Casa Real francesa contiene la obra *Annales de l'eglise catholicque*... publicada en París en 1616[16]. El superlibros muestra las armas de los Borbón-Condé, una rama de la familia Borbón que destacó por defender la fe de los hugonetes durante las guerras de religión, de hecho, eran calvinistas, aunque al final se convirtieron al catolicismo (1571) y cuyo título principal era el de Príncipe de Condé. Cuando su primo y jefe de la Casa de Borbón, Enrique IV, accede al trono francés pasan a ser considerados como el Primer Príncipe de la Sangre siendo conocidos como Monsieur le Prince[17]. Por la fecha y el diseño del escudo podemos decir que su propietario fue Luis II de Borbón-Condé (1621-1686), conocido como el Gran Condé (Fig. 9), que se convirtió en Jefe de su Casa a la muerte de su padre (1646); concentró un enorme patrimonio y los títulos de duque de Enghien, duque de Borbón, duque de Montmorency, duque de Châteauroux, duque de Bellegarde, duque de Fronsac, conde de Sancerre, conde de Charolais, etc.., fue primer príncipe de la sangre y primer par de Francia, gobernador de Berry y de Borgoña. Fue un hombre culto, interesado en las artes, las ciencias y las letras, además de un gran estratega militar, lo que le convirtió en uno de los principales generales franceses durante la Guerra de los Treinta Años, y en el vencedor de Rocroi (1643), acabando con la invencibilidad de los tercios españoles. Fue también uno de los cabecillas de la Fronda de los Príncipes, rebelión surgida a raíz de la Fronda Parlamentaria que se alzó en armas contra la autoridad de la Corona y de su primer ministro el Cardenal de Mazarino, y estos problemas políticos le llevaron a pasar a servir al rey de España, que en las negociaciones del Tratado de los Pirineos impuso como una de sus condiciones que fuera perdonado y restablecido en todas sus dignidades, propiedades y

[16] Sig. Rés. 4-0015. Annales de l'eglise catholicque [i.e. catholique], apostolicque [i.e. apostolique] et romaine mariés avec l'Histoire de France... / Claude Villette. — París: Robet Foüet, 1616. Dimensiones: 250 x 200 x 60 mm. El autor era un canónigo de la iglesia de San Marcel de París.

[17] Sus armas eran d'azur aux trois fleurs de lys d'or au baton péri de gueules. A principios del siglo xviii pierden su título de Primer Príncipe de la Sangre a favor de los Duques de Orléans.

honores, lo cual consiguió (1659), siendo creado caballero de las órdenes del rey el 31 de diciembre de 1661.

Fig. 9. – Escudos de Luis II de Borbón-Condé

Foto: José María de Francisco Olmos

Luis II formó una gran biblioteca a lo largo de su vida, que al final reunió en su castillo de Chantilly, donde se retiró (1675) a pasar los últimos años de su vida acompañado por personalidades como Nicolás Boileau, Molière o Jean Racine[18], sus más de diez mil volúmenes pasaron a su hijo y heredero, Henri-Jules, que la enriqueció considerablemente, pero a la muerte de éste (1709) se dispersó totalmente.

Respecto a la encuadernación (Fig. 10) indicar que sus tapas están recubiertas de piel marrón, igual que el lomo, y encartonadas y con una costura a la francesa o punto salteado con cinco nervios naturales; los cortes están dorados con pan de oro; las cabezadas son dobles y de hilos azul y rosa y están unidas al lomo y cosidas; las guardas están realizadas al baño, sumergiendo el papel en un líquido mucilaginoso dentro de una cubeta de madera o metal mediante tintas roja, azul, verde y amarilla obteniendo un modelo tipo *doble peine*. Fue realizada con posterioridad a que recibiera las órdenes del rey (1661), ya que aparecen destacados los collares de las órdenes del Espíritu Santo y San Miguel.

Fig. 10. – Lomo, tapa anterior, superlibros de Luis II de Borbón-Condé y la cabezada inferior

Foto: Antonio Carpallo Bautista

[18] Cifuentes Lozano; Guigard, 1870-1873, T. I, pp. 34; Olivier, Hermal, Roton, 1924-1938, Pl. 2624.

La decoración de las tapas se basa en un encuadramiento de tres hilos, uno de ellos más separado, seguido de una plancha con el superlibros que muestra las armas coronadas de Luis II de Borbón-Condé rodeadas por los collares de las órdenes del rey. Los nervios están decorados con una paleta de hilos inclinados y los entrenervios contienen un encuadramiento de dos hilos junto a elementos vegetales estilizados en las esquinas, pequeñas florecillas en los espacios vacíos y un florón con una flor de ocho pétalos en el centro, todo ello dorado; en el segundo entrenervio encontramos la leyenda dorada «ANNALES / DE / LEGLISERO»; en la parte superior e inferior del lomo encontramos una paleta dorada con motivos vegetales y florales estilizados; los cantos están decorados con una rueda dorada de motivos vegetales estilizados.

El estado de conservación es bueno, aunque contiene manchas y abrasiones en ambos planos, especialmente el posterior, junto a pérdida de la piel, con el cartón de las tapas visibles, en todas las esquinas, fisuras en las uniones del lomo con las tapas por mal uso del ejemplar, especialmente profunda en las dos estaciones inferiores, con uno de los nervios naturales visible; se observa la pérdida de la cofia superior por la manipulación del ejemplar, y de parte de la inferior, además de ligeras decoloraciones en el papel de las guardas por rozaduras.

El último superlibros con armas reales que vamos a estudiar ya no es francés, es de origen italiano, y pertenece al matrimonio formado por Victor Amadeo III de Saboya-Cerdeña y la Infanta María Antonia Fernanda, hija del rey Felipe V de España, y por tanto miembro de la Casa de Borbón, y lo encontramos en la obra[19] *Uffizio della b. vergine Maria, uffizi de' morti dello spirito S. della croce. sette salmi penitenzili ed una raccolta di divote orazioni con gli argomenti de' salmi dedicati all' altezza reale di Maria Antonia Ferdinanda, infante di Spagna, duchessa di Savoia*, publicado en Roma en 1755. La encuadernación fue realizada en la segunda mitad del siglo XVIII muy posiblemente en Roma.

El superlibros contiene un doble escudo de heráldica sumamente compleja (Fig.11), por una parte el de Víctor Amadeo III (1726-1796), hijo de Carlos Manuel III de Saboya (1701-1773), rey de Cerdeña desde 1730 y de Polixena Felicia Cristina de Hesse-Rotenburg. Tras la Guerra de Sucesión española y los Tratados de Utrecht los duques de Saboya, en la persona de Víctor Amadeo II, se convirtieron en reyes de Sicilia (1713), trono que cambiaron por el de Cerdeña con el emperador Carlos VI (1720), por lo cual desde entonces eran Reyes de Cerdeña y Duques de Saboya. Como heredero de su padre, el matrimonio del duque Víctor Amadeo III se convirtió en una

[19] Sig. Rés. 4-0016. Uffizio della b. vergine Maria, uffizi de' morti dello spirito S. della croce. sette salmi penitenzili ed una raccolta di divote orazioni con gli argomenti de' salmi dedicati all' altezza reale di Maria Antonia Ferdinanda, infante di Spagna, duchessa di Savoja. / Office de la Vierge. — Roma: Hermanos Pagliarini, 1755. Dimensiones: 227 x 161 x 38 mm.

importante cuestión de estado, y con él se querían restaurar las relaciones con los Borbones de España, bastante deterioradas tras los enfrentamientos de años anteriores y que de momento había terminado con la firma del Tratado de Aquisgrán (1748), por lo cual el rey Fernando VI accedió a que se casara con su medio hermana, la Infanta María Antonia Fernanda (1729-1785), hija menor de Felipe V y de Isabel de Farnesio, celebrándose la ceremonia el 31 de mayo de 1750. La pareja fue feliz y tuvieron doce hijos, tres de los cuales fueron Reyes de Cerdeña[20].

Fig. 11. – Escudo del duque Víctor Amadeo III, collar de la Orden de la Annunziata y escudo de la infanta María Antonia Fernanda

Foto: José María de Francisco Olmos

Sus armas son de las más complicadas que podemos encontrar, los Saboya colocan en sus grandes armas los territorios que gobernaban, habían gobernado o tenían pretensión de gobernar, y además las fueron modificando con el paso del tiempo[21], y las de la infanta son el modelo del llamado escudo italiano de los reyes de España, usado en las encuadernaciones reales hispanas realizadas en Italia desde el siglo xvii a finales del siglo xviii, que reproduce las grandes armas oficiales de la Monarquía Hispánica añadiendo en el segundo cuartel las armas de Navarra y Jerusalén (entendidas estas últimas armas como representación del reino de Nápoles) y colocando sobre la parte superior del cortado inferior el escusón con las armas del ducado de Milán, además del escusón de los

---

[20] Villena.

[21] El modelo que aparece en la encuadernación es el que usaba el rey Carlos Manuel III en su moneda de plata (la Lira) hasta 1755 (Fig. 12), siendo su descripción la siguiente: *Écartelé: au I, contre-écartelé: au 1 de Jérusalem; au 2 de Lusignan; au 3 d'Arménie; au 4 de Chypre. Au II, parti de Westphalie (Basse-Saxe) et de Saxe; enté de Angrie; au III, parti de Chablais et d'Aoste; au IV, contre-écartelé: au 1, de Piémont; au 2, de* Montferrat; *au 3, de Genève; au 4, de* Saluces; *enté en pointe de* Nice; *sur-le-tout en chef de* Sardaigne; *sur-le-tout du tout, de une aigle de sable becquée, membrée, couronnée d'or (Savoie-Ancien) chargée de Savoie-Modern.* Todo rodeado por el collar de la Orden de la Annunziata, la orden dinástica de los Saboya. Guigard en su *Armorial*, tomo I, pp. 82-83, nos muestra varios de los superlibris usados por Carlos Manuel III de Saboya, donde uno tiene la misma disposición heráldica que las que hemos comentado aparecen en su moneda, aunque el autor las describe e identifica de forma incorrecta.

Borbones de Francia sin la diferencia de Anjou[22]. Entre ambos, colgando del centro el Collar de la Orden de la Annunziata (Ordine Supremo della Santissima Annunziata), la orden dinástica de la Casa de Saboya. Todo lo anterior nos lleva a pensar que la encuadernación se hizo de forma inmediata a la publicación del libro, que estaba dedicado a la Infanta de España y ahora también Duquesa de Saboya, usando para ello el modelo de armas usado en esos años en la moneda piamontesa de plata por su soberano y suegro Carlos Manuel III y el tradicional modelo italiano del escudo de la Monarquía Hispánica (Fig. 12).

Fig. 12. – Lira (Torino, 1742) del rey Carlos Manuel III de Cerdeña

Foto: José María de Francisco Olmos

En cuanto a la encuadernación, conviene indicar que sus tapas están recubiertas de piel lisa color marrón, igual que el lomo, y encartonadas y con una costura a la española o punto seguido y seis nervios naturales; el tejuelo es de piel color verde; los cortes están dorados con pan de oro y cincelados; las cabezadas son sencillas, de color verde y dorado y alma de cordel; la cinta de registro es de color azul celeste.

Las guardas pertenecen al grupo de los papeles marmoleados o jaspeados al baño (Fig. 13), técnica de origen oriental en la que se produce la transferencia de un diseño creado en la superficie de un líquido al papel; es de tipo *peines*, pues para la creación del motivo decorativo se pasa sobre la superficie del líquido un peine que crea esas columnas de segmentos

[22] Las grandes armas de la Monarquía Hispánica desde la llegada al trono de Felipe V eran las siguientes: *Coupé : I, parti : 1, écartelé de* Castille *et de* Léon*; 2, parti d'*Aragon *et d'Aragon-*Sicile*; enté en pointe du coupé de* Grenade*; II, écartelé : 1, d'*Autriche*; 2, de* Bourgogne moderne*; 3, de* Bourgogne ancien*; 4, de* Brabant*; sur-le-tout du coupé parti de* Flandre *et de Tyrol. Sur-le-tout d'Anjou.* Estas armas en Italia eran modificadas, ahora el segundo cuartel del partido era un cuartelado de Aragón, Aragón-Sicilia, Navarra y Jerusalén (Nápoles), también se colocaba sobre el todo de la parte superior del cortado inferior el cuartelado con las armas del ducado de Milán (cuartelado con el águila del Imperio y la bicha de los Visconti), desplazando hacia abajo el partido de Flandes y Tirol, y sobre el todo en jefe un escusón con las armas de Francia (sustituyendo al de Borbón-Anjou usado en la península). Para ver más datos sobre este peculiar escudo Francisco Olmos (2022)

semicirculares características, hay además algunas caracolas; por los colores de la composición se trata además de un papel *Old Dutch*, en el que se alternan el rojo, el blanco, el azul, el verde y el amarillo; este tipo de papel debe su nombre a que Alemania fue durante el siglo XVIII su mayor productor y exportador.

FIG. 13. – Guarda marmoleada y corte superior dorado

Foto: Antonio Carpallo Bautista

La estructura decorativa de las tapas (Fig. 14) es simétrica y se inicia con una rueda de pequeños motivos vegetales y otra de doble hilo y en las intersecciones se ha colocado un floroncillo circular; a continuación, se ha recorrido el perímetro con rueda de motivos estilizados italianos de esa época; en cada una de las cuatro esquinas aparece un florón de un jarrón del que salen elementos vegetales estilizados. El motivo central de los planos es una plancha con un doble escudo, de Víctor Amadeo III, duque de Saboya y el de su esposa, la Infanta María Antonia Fernanda, hija de Felipe V, a quien se dedica el libro. Además de las armas correspondientes y el collar de la orden de la Annunziata, se incluye en la composición el *motto* de la casa de Saboya «FERT» por cuatriplicado[23]. En cuanto al lomo, los entrenervios están ornamentados con un encuadramiento realizado con una paleta de pequeños motivos vegetales, así como con una de dos hilos; en el centro se ha incluido un florón vegetal y otro más pequeño de hojas rizadas en cada esquina. En el pie se añadió una última paleta más ancha de motivos también vegetales. Los cantos están decorados con una rueda vegetal.

[23] Sobre sus posibles y múltiples significados ver: Padiglione, 1869.

Fig. 14. – Tapa posterior y lomo, superlibros de Víctor Amadeo III de Saboya y de la Infanta María Antonia Fernanda

Foto: Antonio Carpallo Bautista

El estado de conservación es bueno, con diversos arañazos en ambos planos, pérdida de dorado en el escudo de la tapa delantera; el cartón de las tapas se hace visible en las esquinas; también observamos desgaste en el perímetro, con pérdidas en el dorado de los cantos, y en la unión entre el lomo y las tapas, ligeras decoloraciones en las esquinas de las guardas por la manipulación y, en la posterior, manchas grisáceas de adhesivo; encontramos *foxing* en el cuerpo del libro, especialmente intenso en las hojas de respeto tanto delanteras como traseras. En la guarda anterior se muestra una etiqueta de la prestigiosa Librería Antiquaria C. E. Rappaport de Roma[24].

Estudio del superlibros de ciudades y sus encuadernaciones

El último apartado de este estudio lo dedicamos a un superlibros de ciudad, dado que en su heráldica va a llevar las armas de Francia. En la obra en tres volúmenes[25] *Histoire des gaulois depuis les temps les plus reculés jusqu'à l'entière soumission de la Gaule à la domination romaine*, publicada en París en 1828, aparece el superlibros de la ciudad de Rouen, por lo que la encuadernación es posterior a esta fecha y anterior al triunfo de la revolución que expulsó a los Borbones del trono y dio paso al régimen de la Monarquía

[24] Un antiguo establecimiento fundado en 1906 por Carl Ewald Rappaport, que tras trabajar más de diez años en importantes librerías del sur de Alemania, se trasladó a Roma, creando su propia librería, ahora situada en la via Sistina y todavía dirigida por sus descendientes.

[25] Sig. M 944.01 THI 1-3. Histoire des gaulois depuis les temps les plus reculés jusqu'à l'entière soumission de la Gaule à la domination romaine. / Amédée Thierry — París: A. Sautelet y A. Mesnier, 1828. Dimensiones: 215 x 133 x 30 mm (Vol. 1); 215 x 132 x 27 mm (Vol. 2); 215 x 133 x 36 mm (Vol. 3).

burguesa de Luis Felipe de Orléans, rey de los franceses, que prohibió el uso de las lises en la emblemática municipal (ordenanza de 16 de febrero de 1831).

En el centro de las tapas se muestra el escudo con armas de la ciudad de Rouen[26], capital de la región de Normandía[27]. En la guarda anterior del volumen primero encontramos una etiqueta de la «Librairie de Legrand» situada en Rouen[28] (Fig. 15).

Fig. 15. – Superlibros de la ciudad de Rouen y etiqueta de la Librería de Legrand

Foto: Antonio Carpallo Bautista

En cuanto a la encuadernación encontramos que las tapas son de cartón y están recubiertas de piel tipo pasta española, igual que el lomo y encartonadas y con una costura a la francesa o punto salteado; el tejuelo es de piel color granate lisa en las estaciones segunda y cuarta; las cabezadas son artesanales de colores crudo y rosa; la cinta de registro en los ejemplares 2 y 3 es de color rosa; los cortes están marmoleados con tintas azul y rosa y las hojas

---

[26] Sus armas son: *De gueules à un Agneau Pascal au chef de France;* también *de gueules à l'agneau pascal d'argent à la tête contourné nimbée d'or portant un bannière d'argent chargée d'une croisette d'or, la hampe du même; au chef cousu d'azur chargé de trois fleurs de lys d'or.* Más datos en: Decorde, 1872, pp. 383-397, donde defiende que las tres lises en el escudo de la ciudad ocupaban ya su lugar en 1485, fecha en que tenemos testimonios inequívocos de su uso durante la entrada solemne del rey Carlos VIII en la ciudad. Estas armas cambiaron durante la época de la Revolución y el Imperio, pero fueron restauradas por una ordenanza general de 26 de septiembre de 1814 y una específica para la ciudad de 16 de diciembre de 1814.

[27] Los superlibris «municipales» suelen asociarse o bien a libros que ha ordenado encuadernar el consistorio para hacer regalos institucionales a determinadas personalidades, o bien a obras que deben permanecer en la biblioteca municipal como compradas por el ayuntamiento para formar parte de sus fondos.

[28] En esta etiqueta se hace referencia a la Sra. Viuda de Renault y su negocio en la rue de la Ganterie. Jacques Adrien Renault era el titular del negocio (brevet de 1 de enero de 1813 y de 1 de agosto de 1818) hasta su muerte (el 16 de enero de 1825), siendo sucedido por su esposa Marie Clotilde Reine Lecerf, que firma siempre como viuda de Renault (brevet de 11 de octubre de 1825) hasta su dimisión en 1828, siendo sucedida por Eléonor Legrand (nacida en 1802), que llevaba como empleada más de doce años en el establecimiento (brevet de 27 de junio de 1828). Legrand dimitió en abril de 1845 y fue sucedida por Frédéric Arcade Herpin (brevet 19 de abril de 1845). Esta etiqueta nos informa del modo de trabajo en este oficio, ya que desde la época del Primer Imperio se regula la profesión de impresor y de librero a un número de titulares que obtengan el obligatorio «brevet» oficial (decretos de 5 de febrero de 1810, confirmado por la ley de 21 de octubre de 1814, permaneciendo en vigor esta normativa hasta 1870).

de guardas marmoleadas mediante tintas gris azulado y azul verdoso, realizados al baño, sumergiendo el papel y los cortes en un líquido mucilaginoso dentro de una cubeta de madera o metal.

Respecto a la decoración (Fig. 16), indicar que se inicia con una orla exterior de un hilo y elementos vegetales seguido, en la parte central, del superlibros de la ciudad de Rouen, rodeado de flores y hojas entrelazadas, realizado en una sola plancha, todo ello dorado. El lomo está ornamentado mediante seis compartimentos divididos mediante una paleta de tres hilos, el central más ancho, y los entrenervios ornamentados con el cuajada de pequeñas flores de lis; en el segundo compartimento encontramos un tejuelo con la leyenda dorada «HISTOIRE / DES / GAULOIS» y en el cuarto compartimento el segundo tejuelo con el número 2, todo ello dorado; en la parte inferior del lomo localizamos una cenefa de piñas y hojas colgantes; las guardas son al baño, del tipo *stormont*, en las que se añaden gotas de trementina a la pintura para que aparezcan pequeñas celdillas o divisiones en el interior de cada gota; los cantos están decorados con una rueda de cordel.

El estado de conservación de los tres volúmenes es regular con arañazos y abrasiones en la piel de los planos y agrietamiento de la del lomo, con pérdidas en la decoración y desgaste en las esquinas y los cantos, con el cartón de las tapas visible; manchas en el papel de las guardas y amarilleamiento perimetral por el adhesivo; pérdida o gran deterioro de las cofias; desgaste en las esquinas y los cantos, con el cartón de las tapas visible; pérdida de la capa superior de la piel en la zona de unión entre el lomo y las tapas por el uso.

Fig. 16. – Tapa anterior con superlibros, guarda anterior, corte superior y rueda

Foto: Antonio Carpallo Bautista

Cuadro 1. – Tabla de los superlibros y exlibris

Signatura	Casas Reales de Borbón y asociadas	Otras Marcas
Rés. GF-0038	Luis XIV, Rey de Francia (1638-1715)	Exlibris de Philipppe Louis de Bordes de Fortage (1846-1924)
Rés. 8-0009	María Adelaida de Francia (1732-1800)	Exlibris de Philipppe Louis de Bordes de Fortage (1846-1924)
Rés. 8-0010	Carlos Fernando de Artois, Duque de Berry (1778-1820) y María Carolina de las Dos Sicilias (1798-1870)	
Rés. 4-0015	Luis II de Borbón-Condé, Príncipe de Condé, Primer Príncipe de la Sangre (1621-1686)	
Rés. 4-0016	Victor Amadeo III, Duque de Saboya (1726-1796) y María Antonia Fernanda, Infanta de España (1729-1785)	
	Ciudades	
M 944.01 THI 1-3	Ciudad de Rouen	Etiqueta de la Librairie de Legrand

Conclusiones

El análisis de los fondos de la Casa de Velázquez nos ha permitido identificar y estudiar un grupo de encuadernaciones con marcas de propiedad relacionadas con miembros de la Casa de Borbón, ya fueran reyes de Francia o sus familiares, o bien miembros de las familias reinantes en España y las Dos Sicilias que contrajeron matrimonio y colcaron sus armas en el superlibros, además de añadir el estudio del caso del superlibros municipal de la ciudad de Rouen. Se ha podido determinar quiénes fueron los primeros poseedores de las obras, y en muchos casos datar con gran precisión la realización de la encuadernación, y mediante los exlibris, continuar conociendo a otros propietarios hasta llegar a la colección del Marqués del Saltillo, donada por el propio Marqués a la Casa de Velázquez en 1957.

De cada encuadernación se han estudiado también los materiales empleados en la construcción de la encuadernación, sus técnicas constructivas y decorativas, los utensilios empleados en la ornamentación y el estado de conservación de cada ejemplar.

Ha sido imprescindible la consulta de las obras de Joannis Guigard tituladas *Nouvel armorial du bibliophile* de 1890 y *Armorial du Bibliophile* realizada entre 1870 y 1873, también la obra de François-Alexandre Aubert de La Chenaye-Desbois de 1773 titulada *Dictionnaire de la noblesse, contenant les généalogies, l'histoire & la chronologie des familles nobles de France* y por último nos ha sido muy práctico la obra de Olivier titulada *Manuel de l'amateur de reliures armoriées françaises*, todo ello para el estudio de los superlibros y exlibris franceses.

En el trabajo se han estudiado e identificado el superlibros de Luis XIV de finales del siglo XVII o primeros del XVIII; otra encuadernación más contiene el superlibros de María Adelaida de Francia, encuadernación realizada en el último cuarto del siglo XVIII; un superlibro con doble escudo matrimonial es el de Carlos Fernando de Berry y María Carolina de las Dos Sicilias realizado a partir de 1816; un superlibros más de la casa real francesa es el de Luis II de Borbón-Condé del siglo XVII; por último hemos visto el superlibros de origen italiano identificando el escudo matrimonial de Victor Amadeo III de Saboya y la Infanta María Antonia Fernanda de España de la segunda mitad del siglo XVIII. Concluimos con un superlibros (en tres volúmenes) de la ciudad francesa de Rouen del siglo XIX, entre 1828 y 1830.

En cuanto a los exlibris, localizamos el de Louis de Bordes de Fortage del finales del siglo XIX o primeros del XX, en la encuadernación con el superlibros de Luis XIV; también se repiten exlibris de Louis de Bordes de Fortage en la encuadernación del de María Adelaida de Francia; y por último la etiqueta de la Librairie de Legrand del siglo XIX en las encuadernaciones con el superlibro de la ciudad de Rouen.

Finalizamos indicando que este trabajo pueda contribuir a la difusión de las encuadernaciones con marcas de propiedad, tanto superlibros como exlibris, de antiguos poseedores franceses, españoles e italianos de casas reales, eclesiásticos, órdenes religiosas y ciudades, que finalmente terminaron en la Biblioteca del Marques del Saltillo y en 1957 en la Biblioteca de la Casa de Velázquez.

Bibliografía

Belloc, Hilaire (1988), *Luis XIV*, Barcelona, Editorial Juventud.

Bergin, Joseph (1996), *The Making of French Episcopate (1589-1661)*, New Haven, Yale University Press.

Bouillet, Marie-Nicolas & Alexis Chassang (1878), *Dictionnaire universel d'Historie et de Géographie*, París, Libraire Hachette.

Carpallo Bautista, Antonio (2015), *Identificación, estudio y descripción de encuadernaciones artísticas*, México D. F, Secretaria de Educación del Gobierno del Estado de México.

Carpallo Bautista, Antonio & José María de Francisco Olmos (2016), «Estudio de las encuadernaciones de Charles Joachim Colbert de Croissy depositadas en la Biblioteca Complutense», *Revista General de Información y Documentación*, 26 (2), pp. 423-553.

CARPALLO BAUTISTA, Antonio & Manuel SÁNCHEZ MARIANA (2004), «Encuadernaciones heráldicas en la Biblioteca de la Universidad Complutense», *Encuadernación de Arte*, 24, pp. 72-81.

CARPALLO BAUTISTA, Antonio & Antonio VÉLEZ CELEMÍN (2010), *Los papeles decorados en las encuadernaciones del archivo y la Biblioteca de la Catedral de Toledo*, Toledo, Instituto Teológico San Ildefonso, Cabildo primado de Toledo.

CASA DE VELÁZQUEZ, *La historia de la institución.* <https://www.casadevelázquez.org/es/inicio/historia/historia-de-la-institucion> [Consulta: 7 julio 2019].

CASA DE VELÁZQUEZ, *La reserva de la biblioteca.* < https://www.casadevelazquez.org/es/biblioteca/colecciones-patrimoniales> [consulta: 25 de noviembre de 2024].

CATALÁ. J. A. (1967), «Un gentilhomme érudit: Louis Bordes de Fortage», *Bulletin de la Société des Bibliophiles de Guyenne*, 85.

Catalogue de la Bibliothèque d'Anne de Lévis-Ventadour (1662), Bourges. <http://www.bvh.univ-tours.fr/Consult/index.asp?numfiche=964> [Consulta: 25 agosto 2019].

343

CHAPPUIS, Vincent, & Agnès BACH (1997), *Aux origines des collections patrimoniales des bibliothèques universitaires toulousaines. Tome I, Bibliothèque de l'Université Toulouse : catalogue d'exposition* [Toulouse], Service Interétablissenent de Coopération Documentaire.

CHECA CREMADES, José Luis (1998), *Los estilos de encuadernación (siglos* iii *d.J.C.*-xix*)*, Madrid, Ollero y Ramos.

CIFUENTES LOZANO, Andrés, *Luis II de Borbón-Condé (Casa real de Borbón).* https://hipnosnews.wordpress.com/2016/12/15/luis-ii-de-borbonconde-casa-real-de-borbon/ [consultado el: 26 agosto 2019].

CLEMENTE SAN ROMÁN, Yolanda (2016), *Catálogo de las bibliotecas de Charles Le Goux de la Berchère y René François de Beauvau, Arzobispos de Narbona*, Documentos de Trabajo de la U.C.M., Biblioteca Histórica, <https://biblioteca.ucm.es/historica/le-goux-de-la-berchère; https://studylib.es/doc/5046461/catlogo-de-la-biblioteca-de-charles-le-goux-de-la-berchere> [Consulta: 25 agosto 2019].

DECORDE, Adolphe (1872), «Les armoiries de la ville de Rouen», en *Précis analytique des travaux de l'Académie des Sciences, Belles-Lettres et Arts de Rouen pendant l`année 1871-1872*, Rouen, pp. 383-397.

FRANCISCO OLMOS, José María de, & Antonio CARPALLO BAUTISTA (2017), «Estudio de las encuadernaciones de Jacques-Nicolas Colbert depositadas en la Biblioteca Complutense», *Revista General de Información y Documentación*, 27 (2), pp. 551-571.

FRANCISCO OLMOS, José María de (2022), «El escudo italiano de los reyes de España. Un invento de la industria editorial romana (siglos XVII-XVIII)», *Anales de la Real Academia Matritense de Heraldica y Genealogia*, 25, pp. 109-162.

Francisco Olmos José María de, Antonio Carpallo Bautista & Yolanda Isabel Bustamante Sampedro (2022), «Estudio de las marcas de propiedad de la nobleza laica francesa entre los siglos xvii y xix en la Biblioteca de la Casa de Velázquez de Madrid», *Mélanges de la Casa de Velázquez. Nouvelle série*, 52 (1), pp. 303-332.

Francisco Olmos José María de, Antonio Carpallo Bautista & Yolanda Isabel Bustamante Sampedro (2023), «Estudio de las marcas de propiedad de miembros del episcopado francés, español e italiano entre los siglos xvii y xix en la Biblioteca de la Casa de Velázquez de Madrid», *Mélanges de la Casa de Velázquez. Nouvelle série*, 53 (2), pp. 327-356.

Franklin, Alfred (1870), *Les anciennes bibliothèques de la ville de Paris*, París, Imprimerie impériale, 1870, t. 2, pp. 270-275.

Girardot, Auguste-Théodore (1859), *Catalogue des manuscrits de la Bibliothèque de Bourges*, Paris, Didron.

Gros de Boze, Claude (1740), «Éloge de Monsieur l'évesque de Blois», en *Histoire de l'Académie royale des inscriptions et belles-lettres depuis son établissement, avec les éloges des académiciens morts depuis son renouvellement*, París, Hippolyte-Louis Guerin, vol. 3, pp. 159-175.

Guigard, Joannis (1870-1873), *Armorial du Bibliophile*, París, Librairie Bachelin-Deflorenne.

Guigard, Joannis (1890), *Nouvel armorial du bibliophile : guide de l'amateur des livres armoriés par Joannis Guigard*, París, Emile Rondeau.

La Chesnaye-Desbois, François Alexandre Aubert de (1773), *Dictionnaire de la noblesse, contenant les généalogies, l'histoire & la chronologie des familles nobles de France, l'explication de leur armes, & l'état des grandes terres du royaume [...]*, París, La veuve Duchesne.

Les Audois : Dictionnaire biographique (1990), Carcassonne, Association des Amis des Archives de l'Aude, Fédération Audoise des Oeuvres Laïques, Société d'études scientifiques de l'Aude.

Makcimovich, Ivan (2004), *Monarquías de Europa y del mundo.* http://monarquiasdeeuropa.blogspot.com [Consulta: 26 agosto 2018].

Olivier, Eugène, Georges Hermal & Robert de Roton (1924-1938), *Manuel de l'amateur de reliures armoriées françaises*, París, Ch. Bosse.

Pélisson-Karro, Françoise (1998), «La bibliothèque de Pierre-Daniel Huet, évêque d'Avranches, entre la maison professe des jésuites et la Bibliothèque du Roi», en *Mélanges autour de l'histoire des livres imprimés et périodiques*, Paris, BnF, pp. 107-130. <http://comitehistoire.bnf.fr/dictionnaire-fonds/pierre-daniel-huet> [Consulta: 25 agosto 2019].

Padiglione, Carlo (1869), Il F.E.R.T. di Casa Savoia. Memoria araldica scritta per le fauste nozze di Umberto con Margarita di Savoia, Napoli, Tipografia del Giornale di Napoli.

Quérard, Joseph M. (1839), *La France littéraire ou dictionnaire bibliographique des savants, historiens*, París, Firmin Didot père et fils.

Villanueva, Jesús, *La vida del Cardenal de Richelieu. El poder de un favorito.* < https://historia.nationalgeographic.com.es/a/poder-favorito-cardenal-richelieu_11868> [Consulta: 25 agosto 2019].

Villena, Manuel, *Víctor Amadeo III rey de Cerdeña.* https://gw.geneanet.org/lmvillena?lang=enyn=victor+amadeo+iii+rey+de+cerdenayoc=0yp=x [Consulta: 25 agosto 2019].

Williams, George L. (1998), *Papal Genealogy: The Families and Descendants of the Popes,* Jefferson, McFarland & Company.

Yeves Andrés, Juan Antonio, *La heráldica en los libros, encuadernaciones heráldicas.* <http://hispagen.es/encuentro1/encuadernaciones.pdf > [Consulta: 25 agosto 2019].

Yeves Andrés, Juan Antonio (2008), *Encuadernaciones heráldicas de la Biblioteca Lázaro Galdiano,* Madrid, Ollero y Ramos, Fundación Lázaro Galdiano.

Yeves Andrés, Juan Antonio (2019), «Encuadernaciones en los documentos españoles de carácter diplomático de la Biblioteca Lázaro Galdiano: técnicas, tipologías y estilos», en *Documentos con Pinturas. Diplomática, Historia y Arte,* Madrid, Analecta Editorial, Museo Lázaro Galdiano, pp. 161-188.

Yeves Andrés, Juan Antonio (2001), «La heráldica en la encuadernación», en *La encuadernación: historia y arte: I curso: el documento hispánico, Enrique IV-Fernando VII,* Madrid, AFEDA, pp. 233-278.

Yvert, Benoît (1990), *Dictionnaire des ministres (1789-1989),* París, Perrin.

L'objet du crime : entretien avec Jacques Damville, artiste plasticien, ancien membre de l'Académie de France à Madrid-Casa de Velázquez (1972-1974)

Jacques Damville
Plasticien et sculpteur, ancien membre de l'Académie de France à Madrid

Gwladys Bernard
EHEHI-Casa de Velázquez-ArScAn

Jacques Damville est un artiste plasticien né en 1943, ancien élève de l'École Nationale Supérieure des Beaux-Arts de Paris et ancien pensionnaire artiste de la Casa de Velázquez entre 1972 et 1974. En avril 2024, à l'invitation de la directrice de la Casa de Velázquez Nancy Berthier, Jacques Damville est revenu dans l'établissement pour témoigner de sa singulière expérience de résidence en Espagne. À la suite de l'exposition annuelle des pensionnaires artistes de juin 1974, le peintre fut en effet expulsé en France à cause de son œuvre *La piscine de la Casa de Velázquez au crépuscule*[1]. Com-

[1] Delaunay, Jean-Marc, *Des palais en Espagne. L'École des hautes études hispaniques et la Casa de Velázquez au cœur des relations franco-espagnoles du xx*e *siècle (1898-1979)*, Madrid, Casa de Velázquez, 1994, p. 481 : « En juin, lors de l'inauguration de l'exposition des artistes, l'un d'entre eux, Jacques Damville, fut dénoncé aux autorités pour avoir inscrit sur l'une de ses œuvres : *Honte à l'Espagne*. Il fut l'objet d'un arrêté d'expulsion, dont le caractère exécutoire put être « assoupli » grâce à l'entremise des autorités de la Casa. » Les sources de ce passage, données dans la note 182, sont les témoignages recueillis en 1987 des anciens membres Jean-François Botrel et Gérard Chastagnaret, ainsi que de l'ancien secrétaire général (et non membre) Jean-Paul Le Flem.

Pour citer cet article / Para citar este artículo / To quote this article

Jacques Damville, Gwladys Bernard, « L'objet du crime : entretien avec Jacques Damville, artiste plasticien, ancien membre de l'Académie de France à Madrid-Casa de Velázquez (1972-1974) », *Mélanges de la Casa de Velázquez. Nouvelle série*, 54 (2), 2024, pp. 347-359.

ment un tableau photoréaliste de paysage, avec une discrète légende contestataire, a-t-il pu entraîner une telle sanction ? Les entretiens menés avec Jacques Damville ont permis de préparer une *tertulia* intitulée *L'objet du crime*, qui s'est tenue le 12 avril 2024 dans le Grand Salon de la Direction. Cette *tertulia* a réuni deux protagonistes présents à la Casa à l'époque des faits, Jacques Damville et son ancien camarade de la section scientifique Jean-François Botrel, ainsi que la directrice Nancy Berthier et la directrice des études anciennes et médiévales Gwladys Bernard. Cette conférence fera l'objet d'une publication ultérieure, mais il a paru important de rendre compte des entretiens préparatoires dans les *Mélanges*, cinquante ans après l'exécution de Salvador Puig Antich et l'exposition de la *Piscine*, afin de rendre hommage au travail et à l'engagement de Jacques Damville et de permettre aux personnes intéressées de s'emparer de ce matériau.

Les entretiens de l'hiver 2022 et du 11 avril 2024 ont été conduits par Éric du Bellay (EdB), cinéaste amateur de photoréalisme ayant redéniché par hasard l'histoire particulière de la *Piscine*, et Gwladys Bernard (GB) directrice des études anciennes et médiévales de la Casa de Velázquez. Juliette Damville, artiste plasticienne, a accompagné son mari Jacques à chaque étape de ce chemin de mémoire. Les réponses sont présentées ici sous forme condensée, mais veillent à rendre compte des propos exacts de Jacques Damville (JD), transcrits par Camille Guieu, assistante scientifique de l'École des hautes études hispaniques et ibériques. Les notes sont de Gwladys Bernard : elles visent à donner un éclairage factuel.

Fig. 1. – Tertulia du 11 avril 2024. De gauche à droite : Jean-François Botrel, Nancy Berthier, Jacques Damville, Gwladys Bernard et Éric du Bellay. © Casa de Velázquez, 2024.

*

GB – Jacques, comment te définis-tu à ton arrivée à la Casa de Velázquez à l'automne 1972, et pourquoi as-tu cherché à entrer dans cette institution ?

JD – D'abord par nécessité ! C'est simple, j'avais un peu moins de trente ans, j'étais un jeune artiste peintre, père de famille, avec des difficultés matérielles. Tu dois connaître beaucoup de futurs pensionnaires dans ce cas : c'est d'abord la nécessité qui m'a poussé à me présenter, ainsi que le soutien de personnes qui m'avaient déjà aidé dans mon travail, des professeurs rencontrés aux Beaux-Arts, ou des jurés de prix, des académiciens, qui aimaient ma peinture... Il y avait d'abord Georges Cheyssial[2], un type d'une très grande générosité, qui a aidé énormément de jeunes artistes comme moi, seuls, sans relations. Et aussi Lucien Fontanarosa[3], un peintre, ancien Prix de Rome : je suis allé le voir, il m'a encouragé, et je crois que ce sont les deux qui ont imposé ma candidature. Lucien, il me disait « Tu sais, je suis comme toi, je suis parti de rien, mon père était couturier, je dormais sous la table... ». Donc il y a eu un bon « feeling » avec ces deux êtres-là, et je suis arrivé à la Casa, extrêmement comblé quelque part. Et puis ça compensait des problèmes intimes, de couple, qui étaient déjà sérieux.

EdB – Pourquoi la Casa de Velázquez, et pas une autre résidence à l'étranger ? Est-ce qu'il y avait déjà une attirance pour l'Espagne ?

JD – Bonne question. C'est plutôt un hasard. Et c'est aussi déjà un peu lié à la politique. Moi, j'aurais été aussi bien attiré par l'Italie. J'avais essayé le Prix de Rome en 1968, et c'est justement là que l'on retrouve la politique... En fait, j'ai un parcours comme ça, je me suis retrouvé mêlé aux événements politiques, mais presque involontairement, parce que mon ambition intellectuelle et spirituelle était ailleurs, ou au-delà. En mai 1968 donc, j'étais logiste[4] du Prix de Rome. On était enfermés dans ces petites loges, on travaillait quand sont arrivés des huluberlus qui voulaient foutre le feu à nos loges... Je ne comprenais rien. Mais j'ai suivi le mouvement, j'ai arrêté de peindre et le Prix de Rome

[2] Georges Cheyssial (1907-1997), Prix de Rome en 1932, élu à l'Académie des Beaux-Arts en 1958, professeur chargé de cours à l'École Nationale Supérieure des Beaux-Arts (ENSBA) depuis 1962 et membre de la Commission des bourses de l'Académie des Beaux-Arts depuis 1965. Cette commission devient le Conseil Artistique de la Casa de Velázquez en 1972 : voir Delaunay, 1994, pp. 580-582. Les parents de Georges Cheyssial, Léon Cheyssial et Marie Vallet, étaient respectivement cocher et gardienne du Passage du Caire à Paris.

[3] Lucien Fontanarosa (1912-1975), fils d'un couple d'immigrés italiens, ancien élève de l'ENSBA, lauréat de bourses de résidence en Espagne en 1934 et au Maroc en 1935. Prix de Rome en 1936, élu à l'Académie des Beaux-Arts (ABA) en 1955. Il siège à la commission des bourses de l'ABA à partir de 1968, avec Georges Cheyssial, jusqu'à sa mort en 1975 : voir Delaunay, 1994, pp. 580-582 et en ligne.

[4] On appelle logiste les candidats entrant en loge, c'est-à-dire un petit atelier fermé, pour concourir à un prix artistique.

a été annulé[5]... À l'époque, je me disais « Ben, ils sont cons quand même, j'aurais peut-être pu aller à Rome... ». L'été passe et en septembre, l'organisation du Prix de Rome nous refait signe et on nous dit : « Vous allez terminer le Prix de Rome dans les greniers du château de Versailles ». Donc ils ont aménagé les loges dans les greniers de Versailles, on a terminé le concours, mais je n'ai pas eu de prix. Ça a été une vraie déception, que j'ai transmise à Georges Cheyssial. Il m'a dit : « Tu sais, il y a la Casa de Velázquez, ce n'est pas Rome, mais l'Espagne c'est formidable, tu verras ». J'ai été convaincu, je me suis présenté, et j'ai été ravi quand j'ai eu la Casa. Georges est venu d'ailleurs à Madrid. On était allés au Prado ensemble. C'est des moments vraiment formidables, j'avais retrouvé un père... Et je me revois devant les *Ménines* de Velázquez, j'étais complétement sidéré : je me suis dit « mais comment un type a pu faire ça ? »

GB – Comment était l'atmosphère à ton arrivée à la Casa de Velázquez, à l'automne 1972 ?

JD – Quand je suis arrivé à la Casa, bien évidemment ça a été la fête ! On a fait des fêtes extraordinaires, costumées souvent. Les premiers mois étaient formidables. J'ai pas mal voyagé, j'ai beaucoup travaillé, j'étais fasciné par les grands maîtres... Il y a eu une période créative intéressante. L'ambiance madrilène était à la fois étouffante et en même temps populaire, vivante, bouillonnante, dans les bars surtout. On avait à la Casa de Velázquez un jeune professeur d'espagnol absolument génial, qui nous disait : « je veux que vous rentriez dans un bar dans un mois et que l'on ne vous prenne pas pour des *americanos* ! » Il nous faisait faire des exercices de diction, et c'est vrai qu'en un rien de temps, je pouvais rentrer dans les bars, en disant toutes les formules de politesse nécessaires. Mais il y avait un inconvénient, c'est que mes interlocuteurs pensaient du coup que j'étais espagnol... Ils continuaient comme des mitraillettes avec l'accent madrilène, et je ne comprenais plus rien ! Alors je faisais : « *bueno, bueno, está bien* ». Voilà pour les débuts. Et après, ça s'est dégradé sur un plan personnel.

EdB – Comment se passait ta vie familiale ? Et où vivais-tu ?

JD – Bonne question, et très importante parce que, en tant que père de famille, je ne pouvais pas loger à la Casa. Il fallait trouver un appartement au-dehors, pour vivre avec ma compagne de l'époque et mon petit garçon de deux ans. Ce n'est pas évident de se loger comme ça, à l'étranger quand on ne connaît pas bien la langue... Mais j'avais justement un voisin espagnol à Sceaux, où je vivais avant le départ pour l'Espagne : je l'ai contacté et il m'a dit : « For-

[5] Voir *Le Monde*, 5 juillet 1968, article de Jeanne Laurent, « Les prix de Rome et l'Académie des Beaux-Arts », qui commence par ces lignes : « La révolte des étudiants nous aura rendu le service de nous obliger à reconnaître l'urgence d'opérations chirurgicales devant lesquelles nous reculions depuis longtemps. Parmi elles se trouve la suppression des prix de Rome. »

midable, j'ai justement un appartement à Madrid, dans lequel je retourne de temps en temps mais pas très souvent, parce que je n'aime plus du tout la ville, je te le prête ». Cet appartement était… rue Claudio Coello ! C'est une des choses qui a failli me faire foutre en taule : c'est précisément dans la rue Claudio Coello que l'ETA a fait sauter Carrero Blanco[6] ! Mon appartement était quelques numéros à côté… J'ai habité là pendant un ou deux mois à mon arrivée à l'automne 1972 ; j'ai ensuite trouvé une petite maison à las Rosas, où, tous les soirs, après avoir travaillé dans mon atelier dans le jardin de la Casa, j'allais rejoindre ma « famille ». Je dis « famille » entre guillemets, parce qu'on se déchirait avec ma compagne, ça n'allait plus du tout. Elle était isolée, elle ne parlait pas la langue, et chacun a commencé à partir de son côté. Dans les fêtes dont je parlais au début, l'ambiance était très libre, les couples n'étaient pas vraiment fidèles… J'ai fini par tomber amoureux d'une autre femme, mais elle n'était pas libre non plus, et ça a été un échec. À partir de ce moment-là, j'ai commencé à ressentir du désespoir, et également une certaine répulsion par rapport à l'ambiance madrilène. Côté culturel, il ne se passait rien. Comme j'étais, je suis toujours, un passionné de cinéma, j'essayais d'aller voir des films en salle ; mais, à cause de la censure, et aussi du manque de films étrangers, on ne comprenait rien du tout ! Tout ce qui était jugé un peu scabreux sur le plan amoureux était censuré : du coup, c'était impossible de suivre l'intrigue. Par exemple, tu pensais qu'un personnage féminin était la sœur du héros au début du film, alors qu'en fait, au bout d'une heure, tu comprenais que c'était sa maîtresse, mais que toutes les scènes d'amour, ou les allusions à une relation hors mariage, avaient été coupées. C'était désespérant, j'ai arrêté d'aller au cinéma, qui avait toujours été mon refuge avant.

À peu près à la même époque, je me suis lassé aussi de la cantine de la Casa. Les artistes qui vivaient sur place déjeunaient chez eux. À la cantine, il y avait surtout les universitaires qui déjeunaient ; ils formaient un milieu à part, assez fermé. Heureusement il y avait mon ami Jean-François [Botrel][7], que j'ai vite connu et apprécié. J'avais une collection de chansons de Botrel, le chansonnier[8], dont il connaissait très bien les textes ; on s'est rapprochés et on est devenus de grands amis. Il a su voir et il m'a beaucoup aidé quand j'étais au plus mal. Mais, à part avec Jean-François, je m'ennuyais sinon à la cantine de la Casa. Donc, pour changer, je suis à la cantine des Beaux-Arts et là j'ai rencontré des gens qui parlaient un petit peu le français : je me suis fait des amis espagnols, des gens super sympas, dont mon amie Mercédès Vallespin[9].

---

[6] L'attentat a lieu le 20 décembre 1973, à 9h36, à la hauteur du nº 104 de la rue Claudio Coello : voir *infra*, note 15.

[7] Jean-François Botrel, né à Rennes en 1942, est membre de la section scientifique de la Casa de Velázquez entre 1971 et 1974. Il entre en 1967 à la future université de Haute Bretagne - Rennes 2, dont il devient président entre 1982 et 1986. Il est pendant deux ans recteur de l'Académie de Corse (1990-1992).

[8] Théodore Botrel (1868-1925), auteur compositeur interprète breton, de Dinan.

[9] *https://www.arteinformado.com/guia/f/mercedes-vallespin-valle-de-aybar-190205*

Comme je déprimais, ils m'ont dit d'aller à Barcelone, parce que « *es más europeo* ». Alors j'ai demandé à la Direction de la Casa l'autorisation de partir m'installer à Barcelone. Ce n'était pas évident, parce qu'on était censé rester à la Casa et s'y cantonner, mais ils ont fini par me l'accorder, parce que j'étais vraiment très déprimé.

EdB – Est-ce que cette première année à Madrid a été fructueuse sur le plan du travail ? Ou est-ce que l'inspiration était bloquée ?

JD – Ah non, justement, tout le contraire ! Comme ma vie de couple était désastreuse, je passais mon temps à peindre. Mais c'est vrai qu'à Madrid, ce qui m'arrivait, c'était une inspiration très mortifère, avec des vues de parkings souterrains, un radiateur électrique… Comment cela se fait qu'en arrivant dans un pays aussi extraordinaire sur le plan de l'inspiration, on peigne une *estufa* électrique avec un plumard défait derrière ? Comment on peut rester dans un truc aussi mortifère ? Est-ce que ça vaut le coup d'avoir la chance d'être en Espagne, pour peindre des parkings glauques ? Mais en même temps, à ce moment-là, à Madrid, il y avait un peintre extraordinaire qui s'appelait Antonio López García[10]. J'avais déjà vu ses dessins à la Biennale à Paris, c'était lui-même un trentenaire, extrêmement doué ; je l'ai revu à Madrid, son travail m'a beaucoup marqué, donc je continuais un peu dans cet esprit-là. Et c'est ça qui m'a orienté vers le photoréalisme, plus que l'hyperréalisme. Moi je n'ai jamais été un « hyper », mes outils étaient restés des outils de peintre traditionnel, c'est-à-dire le support de toile, le papier, les crayons, les pinceaux, les couleurs à l'huile… Alors que « l'hyper américain » c'était les aérographes, l'acrylique etc. Ce n'était pas mon truc. À Madrid, et encore plus à Barcelone, je me suis vraiment consacré au rapport entre peinture traditionnelle et photographie. J'ai toujours beaucoup aimé la photographie et le cinéma. Et donc je me suis lancé dans cette espèce de provocation, d'être au plus près du visible. Cette ambition du réalisme a d'ailleurs toujours habité les artistes, on le sent bien à la Renaissance. Cette passion du réalisme, c'est arriver à traduire le visible comme le Créateur l'a fait. Et donc ça, avec ces influences, je l'ai poussé très loin.

EdB – Comment s'est passé ton emménagement à Barcelone et comment as-tu travaillé là-bas ?

JD – Je suis parti à la rentrée de l'automne 1973, ma famille est venue avec moi, et j'ai trouvé un appart place du Palais à Barcelone, de 7 pièces ! Bien évidemment, après coup, j'ai compris pourquoi ce n'était pas cher : le bruit était infernal. Pas de double vitrage à l'époque, une route qui passait sur la place du Palais avec des camions toute la journée, tout vibrait ! Dans la journée, impossible de travailler. Donc je dormais, je lisais, j'ai relu Dostoïevski.

[10] Antonio López García, né en 1936, peintre et sculpteur espagnol aujourd'hui reconnu, était en 1974 professeur à la Real Academia de Bellas Artes de San Fernando.

J'ai une photo où je suis au lit en pleine journée avec *L'idiot* entre les mains et mon petit garçon à côté, très mignon, avec ses petites voitures. Je m'occupais de lui et je lisais la journée. La nuit en revanche, je travaillais, c'était formidable. Comme je travaillais d'après des diapositives et projections, la nuit était idéale : je m'étais fait une grande caisse où projeter mes diapositives. Au bout d'un moment, j'ai même projeté directement sur la toile : avec cette technique, j'ai fait un autoportrait dans mon atelier de la Casa de Velázquez, fait uniquement d'après projection. C'est magique parce que tu projettes et tu peins sur ce que tu vois. C'est assez compliqué à réaliser, ça demande vraiment de l'habitude, de la dextérité ; n'importe qui ne peut pas le faire. Mais comme je savais où je voulais aller, ça se passait très bien. Tu éteins la lumière et tu as une espèce de miracle : la diapo qui reste sur la toile. Après, j'ai abandonné cette histoire de projection et je faisais comme si j'étais sur le motif.

Au bout d'un moment, je dirais après l'exécution de Puig Antich [2 mars 1974], mon inspiration a commencé à changer. J'ai continué à peindre des épaves de voiture, j'en avais fait plusieurs auparavant, mais à Barcelone, je suis allé vers… un hérisson écrasé. J'ai fait un tableau d'un hérisson écrasé, presque aussi grand que *La piscine*. C'est aussi à partir de ce moment-là que j'ai commencé à peindre des abattoirs. Les abattoirs, cela traduisait ce qui ressortait de mon enfance, parce que je suis fils de boucher. En banlieue parisienne, jusqu'à mes 7 ans, je jouais avec mon frère dans ce qui était le garage et l'abattoir de la boucherie. On a vécu des choses extrêmement violentes sur le plan familial pendant l'après-guerre, avec un père qui avait très mal vécu la débâcle, qui est devenu alcoolique, qui ne travaillait plus. C'est ma mère qui faisait tout. Vous voyez un peu l'ambiance pour des petits enfants… Et ces souvenirs, ça a commencé à ressortir au moment de l'exécution de Puig Antich. J'ai un peu cette façon de réagir aux épreuves, j'y puise de l'énergie. Cette énergie m'a donné la force de faire ces abattoirs en poussant très loin l'hommage au travail lui-même, parce que je ne peignais pas des choses mortifères et je n'en rajoutais pas sur le plan de la cruauté. Au contraire, je faisais des reportages dans les abattoirs et je choisissais des images où la lumière sublimait l'acte lui-même. Dans certaines de mes toiles, c'est un peu l'image d'un sacrifice, d'un sacrifice avec cette même lumière solaire, pas du tout morbide. C'est vrai que c'est violent, je l'ai vérifié avec des visiteurs, il y en a qui ne supportent pas. Égorger une vache c'est un moment extrêmement fort, ou bien quand un des ouvriers sort le ventre de la bête… Et la nature de mon travail fait que l'on n'est pas dans le monde de Rembrandt. Moi c'était photographique, lui, Rembrandt, il était dans cette atmosphère merveilleuse de la lumière du XVIIe siècle, en clair-obscur, à la bougie. Moi, je suis dehors en pleine lumière, je règle mon Nikon… c'est très différent.

GB – Pourquoi cette exécution a-t-elle eu cette influence majeure sur ta vie et ton travail artistique ? Il y avait eu d'autres exécutions politiques auparavant, et l'exécution de Puig Antich n'est malheureusement pas la dernière du régime franquiste. Pourquoi l'exécution de Puig Antich est particulièrement insupportable pour toi ?

JD – C'est insupportable Gwladys, parce que, déjà, ça arrivait à un moment particulier, où j'avais fait un premier rejet de l'ambiance franquiste, de cette ambiance de Madrid, de la bourgeoisie décadente… le retrait sur Barcelone m'avait redonné de l'oxygène. Ensuite, toute la fin 1973, je guettais, mais aussi le monde entier guettait le procès ; on en parlait régulièrement, et on pensait que la pression internationale éviterait le garrot à Puig Antich. Mais non, bien au contraire. Je vous ai amené la Une du Journal [*El Caso*] du jour de l'exécution : ces salopards ont exécuté Puig Antich en même temps qu'un criminel, pour que le bon peuple se dise « ils l'ont bien mérité ». Comme je reprenais un peu de vie avec ma peinture, ça m'a abasourdi. Je n'étais pas le seul : j'ai une amie, universitaire et poète, Marie-Claire Zimmermann[11], qui est venue en Espagne à cette période me semble-t-il exprès. Elle était outrée, elle me disait : « écoute, ils ont osé, ils l'ont fait ». Et également, c'était un scandale absolu, parce qu'il était tout jeune, 25 ans, moi j'en avais 30 : c'était porter atteinte à la jeunesse. Même s'il y avait eu un policier tué pendant leur échange, la responsabilité de Puig Antich n'était pas absolument certaine. L'exécuter n'allait pas ramener personne de toute façon. Et puis il est beau, il a quelque chose de jeune, de beau, de solaire. Bref, c'est le scandale absolu pour moi, et j'étais remonté, chargé à bloc. Juste après l'exécution, c'est le moment où je terminais *La Piscine*. Le tableau n'était pas tout à fait fini, donc j'ai ajouté les jeans abandonnés, le baigneur désarticulé et j'ai mis la légende « Madrid 73. La piscine de la Casa de Velázquez au crépuscule *// en ce jour, honte sur l'Espagne ! en mémoire de Puig Antich*[12]// achevé à Barcelone le 2 mars 1974 ». Au moment de l'exécution, il y avait deux pensionnaires artistes qui étaient venus me voir à Barcelone ; ils étaient venus pour qu'on prépare et qu'on fasse quelque chose, en tant que Français, au moment de l'exposition pour manifester notre désapprobation devant ce scandale. Donc, moi, de mon côté, j'ai fait ça, j'ai ajouté cette légende, avec le baigneur et les jeans. J'ai fait ça vite, discrètement, sans réfléchir ; je pensais que ça passerait comme ça.

[11] Marie-Claire Zimmermann, née à Brest en 1937, est spécialiste de la poésie classique castillane et catalane ; elle est aujourd'hui professeure émérite de Sorbonne Université.

[12] La mention « en ce jour, honte sur l'Espagne ! en mémoire de Puig Antich » est écrite en écriture spéculaire, ou écriture en miroir, de droite à gauche et avec une inversion des lettres.

Fig. 2. – Madrid 73. La piscine de la Casa de Velázquez au crépuscule. Auteur Jacques Damville.

GB – Que s'est-il passé ensuite, au moment de l'exposition ?

JD – Quand le moment de l'inauguration s'est approché, de la grande Exposition de fin d'année en juin 1974, je suis revenu à Madrid, je me suis tourné un peu vers les copains et là, il ne se passait rien. Personne n'avait rien prévu, c'était l'esprit « chacun pour soi ». Il y avait même un côté « On est en fin de séjour, ce n'est pas le moment de se faire remarquer ». Alors je me dis tant pis, ce n'est pas beau, mais tant pis, pas d'action collective. Arrive le jour de l'inauguration : tout le gratin franquiste était là, autour de M. Chevalier, le directeur, dont on peut quand même dire qu'il n'était pas vraiment de gauche… J'avais accroché mes tableaux comme les autres, dans le patio, avec le hérisson, le radiateur électrique, et *La Piscine*. Une jeune femme espagnole, qui était je crois la fille d'un colonel des « *Grises* »[13], s'approche de mes tableaux. Elle regarde *La Piscine*, et ensuite elle va voir son père et elle lui dit : « *Mira, mira* ». Elle lui fait lire la légende avec son petit miroir de poche et là évidemment ça le fait réagir, parce que « la honte » si j'en crois mes souvenirs en espagnol, c'est la *vergüenza*, et pour eux ça a l'air très grave. Ils me regardent, ils montrent le tableau, ils répètent « *Vergüenza, vergüenza* » et ils ont l'air complètement furieux. Je me souviens très bien de ce moment, avec une précision quasi photographique. Ensuite ils se sont tournés vers les responsables, le Directeur, l'Ambassadeur, qui sont venus me voir, qui m'ont engueulé et qui m'ont dit : « Écoute ce n'est pas difficile, tu as de la chance, tu es à la Casa, on peut passer l'éponge, si tu fais des excuses premièrement, et ensuite si tu

[13] Surnom des membres du Cuerpo de Policía Armada y de Tráfico, créé en 1939.

décroches ton tableau parce que ça les dérange vraiment ». Et là je ne sais pas, j'ai vraiment eu un coup de colère. La haine est ressortie, avec tout ce qui s'était passé. Je n'ai fait aucune excuse, j'ai eu l'énergie de décrocher toute mon exposition, que j'ai retournée contre le mur. Alors, on imagine ce que ça peut faire au moment de l'inauguration de l'expo, où on a tout le travail des artistes exposé, sauf mes tableaux qui restent retournés contre le mur… Après, je ne me souviens pas du reste de la soirée, ou des moments qui suivent. Seulement, j'ai été convoqué à la Sécurité du Territoire très rapidement, je dirai, dès le lendemain. Là, je me suis tourné un peu vers les copains et je leur dis : « mais qu'est-ce qu'il va m'arriver maintenant ? » Il y en a qui sont partis en vacances en Andalousie ; pas grand monde parmi les artistes ne m'a soutenu, sauf un cinéaste, le premier pensionnaire cinéaste, Pierre Gauge[14]. Pierre Gauge me dit : « Non, on ne peut pas te laisser aller là-bas tout seul. Si les gens de la Casa ne veulent pas t'accompagner, moi j'y vais et s'ils te gardent, j'alerte la presse ! » Donc il m'a accompagné à la Sécurité du Territoire ; il a attendu pendant longtemps parce que l'interrogatoire a été long. Les trois policiers qui m'ont interrogé étaient assez mal prévenus à mon encontre ; ils avaient déjà plein de renseignements sur mon parcours. Ils savaient où j'avais habité en arrivant à Madrid, ils savaient que j'avais demandé d'aller à Barcelone à telle date, et pour eux, tout était complètement à charge contre moi. Ils me disaient des choses comme : « Bon, vous arrivez à Madrid, vous louez un appartement rue Claudio Coello, où vous hébergez les gens de l'ETA pour qu'ils préparent tranquillement leur attentat contre Carrero Blanco[15] ». Je leur répondais : « Non, mais attendez, vous êtes complètement fous », dans mon mauvais espagnol. Il y avait trois policiers qui m'interrogeaient, deux brutes, et un, plus raffiné, qui parlait à peu près français. Il me disait « Pourquoi, sur le tableau, vous avez ajouté le baigneur désarticulé, dites-moi un peu ? C'est une référence à l'attentat ? » Ensuite, ils ajoutaient : « Et après l'attentat à Madrid, vous demandez d'aller à Barcelone et bien sûr, juste avant l'enlèvement du banquier[16], ça vous n'en avez pas entendu parler ? » Je leur réponds que non, que je ne sais pas du tout de quoi ils parlent. « Ah vous ne saviez pas que cet enlèvement a été fait avec la complicité d'étudiants français ? ».

[14] Pierre Gauge, né en 1934, premier cinéaste de l'Académie de France à Madrid. Il a notamment par la suite réalisé des portraits de chercheurs et des documentaires dans la collection « Savoir et mémoire » dirigée par Marc Ferro.

[15] L'attentat ayant entraîné la mort du Président du Gouvernement espagnol Luis Carrero Blanco, ainsi que d'un inspecteur de police et d'un chauffeur, a lieu rue Claudio Coello le 20 décembre 1973. Le passage de Jacques Damville rue Claudio Coello a lieu plus d'un an auparavant, à l'automne 1972.

[16] Ce passage fait très probablement référence à l'enlèvement à Paris en mai 1974, soit quelques semaines avant l'interrogatoire de Jacques Damville, d'Ángel Baltasar Suárez, directeur du Banco de Bilbao de Paris, par des militants anarchistes des Groupes d'Action Révolutionnaires Internationalistes (G.A.R.I.). Ángel Baltasar Suárez a été séquestré 19 jours à Paris ; il est mort en 2010, âgé de 80 ans. Les G.A.R.I. ont fait l'objet d'un procès aux assises de Paris en 1981. Les réseaux militants anarchistes conservent la mémoire de l'événement (archives des G.A.R.I. déposées au centre de documentation du CRAS à Toulouse).

J'étais complètement démuni. J'essaie de leur dire que ce sont des soupçons idiots, qu'ils m'accusent de choses très graves, et puis ils me répondent « *en la cárcel* ». Je leur dis : « *¿Cómo en la cárcel?* », ils répondent : « ça suffit, vous ne vous rendez pas compte, mais ça commence à bien faire votre bluff ». Alors je leur dis que j'ai un enfant, j'ai commencé à avoir la trouille. Ils finissent par me dire : « Vous êtes à la Casa Velázquez, vous avez de la chance, vous partez le plus vite possible, et on ne veut plus jamais vous revoir ». Ça c'était quelque temps après l'exposition, donc j'ai réussi à réunir toutes mes affaires et je suis parti le 14 juillet, je me souviens bien de la date, avec femme, enfant et tous nos bagages entassés dans la voiture.

EdB – Et *La Piscine* ?

JD – Le directeur a refusé que je l'emporte, il a dit qu'il restait ici. Moi, j'avais prévu de laisser deux tableaux, je les avais donnés à la Casa, mais surtout pas celui-là que j'aimais bien.

EdB – Et pourquoi ce refus, pour ne pas que ce tableau soit exposé en France ? Quelle a été la suite à ton retour ?

JD – C'est une très bonne remarque, je pense que sans doute c'était pour cacher le tableau, vu le scandale[17]. Quand je suis rentré en France, l'histoire m'a poursuivie. Même l'Institut n'a pas du tout aimé mon attitude, sur le thème « on lui donne une bourse et il nous fout la merde ». Des artistes, qui avaient été des amis proches, m'ont écrit une lettre furibarde, me reprochant de cracher dans la soupe. À Paris, les artistes qui sortaient de la Casa pouvaient obtenir un atelier pour le retour à la Cité des Arts. Souvent c'était le premier pas, pour avoir accès à d'autres ateliers plus grands ensuite. Pour moi, ça a été un premier refus de la Cité des Arts. Ensuite, je demande à la ville de Paris s'il y avait des ateliers disponibles ; je savais qu'il y en avait, et que les artistes de la Casa étaient un peu prioritaires. On me répond encore qu'il n'y a pas d'atelier. Alors là, je me tourne vers Georges [Cheyssial] et il me dit qu'il va arranger ça. J'attends, mais il finit par m'appeler pour me dire qu'il n'y a rien à faire, qu'il a tout essayé, mais que la réponse est non. J'avais déjà pris contact de mon côté avec le service des ateliers ; la secrétaire avait écouté mon histoire, elle y était sensible, mais elle me dit : « Écoutez Jacques, j'essaierai de vous

[17] Un adhésif noir, qui a laissé une marque sur la toile, a été apposé sur la légende en bas du tableau, cachant ainsi le message jusqu'à une date inconnue. Concernant les emplacements successifs du tableau à la Casa de Velázquez, la mémoire orale de l'institution conserve le souvenir d'un premier emplacement de la *Piscine* dans le bureau du secrétaire général. Le tableau, toujours selon la mémoire orale, aurait en effet été réclamé par la Sécurité du Territoire, et aurait été conservé dans un lieu non ouvert au public, pour éviter sa possible destruction. Cet élément est intéressant, mais nécessite confirmation. Une reproduction de la *Piscine* a été incluse dans la *Memoria gráfica* des 75 ans de la Casa de Velázquez ; c'est la dernière œuvre à figurer dans ce livre qui retrace l'histoire de l'institution, mais sans mention de la légende, ni de la fin mouvementée du séjour de Jacques Damville à la Casa de Velázquez.

aider mais votre dossier passe toujours en dessous de la pile, et je ne peux rien faire ». Un jour elle m'appelle pour me dire qu'elle a un atelier dont personne ne veut parce qu'il est mal conçu, mais elle me conseille de le prendre, car il est dans un très bel immeuble. Elle avait raison, j'ai pris l'atelier, petit, avec un vrai défaut d'architecture ; mais cela m'a permis ensuite d'échanger, et d'avoir accès à un autre atelier. Voilà donc le retour, c'est ça. Pas d'atelier, pas de possibilité de revenir en Espagne[18], j'ai rompu avec ma femme… Mais c'est aussi l'engagement politique.

GB – Donc l'engagement politique, c'est après l'exécution et l'affaire de *La Piscine* ?

JD – Tout-à-fait, je n'étais pas engagé avant. En mai 1968, j'étais assez distant, assez critique : je vis 68 avec du recul. En 1968, j'ai vu arriver aux Beaux-Arts des types qui ouvraient très grand leur gueule dans la cour de l'École, qui parlaient très très bien et qui ont été les premiers à solliciter les postes pour remplacer les vieux profs qui s'étaient fait virer…

Mais au retour d'Espagne, je vis différemment l'engagement politique. Je fais partie de plusieurs groupes, j'en ai créé un aussi avec des amis « Peindre et le réel ». Je m'engage notamment dans le groupe antifasciste ; on milite contre la guerre au Vietnam, mais aussi sur d'autres plans, par exemple sur celui de l'accès à la Sécurité Sociale. Les artistes peintres à l'époque n'avaient pas accès au régime général de la Sécurité sociale et des retraites ; une assurance privée et un régime de retraite différent leur étaient imposés. C'était très injuste pour les vieux artistes, qui devaient continuer à travailler, à cotiser, et qui ne touchaient pas de retraite en réalité. On a donc occupé jour et nuit l'ancien Musée d'art moderne, on a occupé aussi une exposition, pour réclamer l'accès au régime général. Des vieux peintres de province nous ont rejoints ; on a réussi à faire se déplacer la Ministre de la Culture de l'époque, qui nous a dit que l'on faisait n'importe quoi, que l'on dormait sous des œuvres de Dubuffet qui valaient plusieurs millions… On lui a répondu que l'on n'en avait rien à faire ! C'était vraiment des moments de joie, avec des soirées marrantes, des chansons, la lutte qui a finalement abouti… Évidemment, il y avait aussi des artistes opportunistes, mais ce dont je me souviens surtout à ce moment-là, c'est de la joie.

[18] Jacques Damville n'est pas retourné en Espagne pendant plus d'une décennie. À l'occasion d'un autre entretien, Jacques et Juliette Damville font part des difficultés rencontrées à plusieurs reprises lors des contrôles de la police aux frontières entre France et Espagne. En 2021, à l'aéroport de Gérone, Jacques Damville est notamment retenu à l'embarquement et interrogé par les autorités, avant d'être autorisé à monter à bord.

FIG. 3. – Jacques Damville devant son tableau, 11 avril 2024.

L'entretien s'est poursuivi les jours suivants, à propos de l'engagement politique dans les années 1970, avec Jean-François Botrel. Ces entretiens et la *tertulia* feront l'objet d'une publication postérieure, sous un autre format.

Actualité
de la recherche

Debate

Monumentos, identidades colectivas y memorias incómodas

David Marcilhacy
Sorbonne Université, CRIMIC

Javier Moreno Luzón
Universidad Complutense de Madrid

Presentación del dossier

La reciente ola de ataques y destrucciones de estatuas, vinculadas de una u otra manera a pasados que resultan incómodos para determinados colectivos, se ha vuelto un fenómeno global e ilustra la fuerza simbólica que conservan los monumentos conmemorativos. En ellos se condensan relaciones de poder y conflictos de memoria, capaces de provocar amplias controversias. Este dossier ofrece una mirada diacrónica a los monumentos y sus usos, desde la estatuomanía decimonónica hasta la iconoclasia del siglo xxi. Centrados en España y en América Latina, los casos aquí abordados analizan, desde una perspectiva transnacional, los modelos estéticos e ideológicos en circulación, las transferencias de ideas y prácticas militantes y los conflictos políticos e identitarios que generan estos homenajes de piedra y bronce.

Pour citer cet article / Para citar este artículo / To quote this article

David Marcilhacy, Javier Moreno Luzón, « Monumentos, identidades colectivas y memorias incómodas », *Mélanges de la Casa de Velázquez. Nouvelle série*, 54 (2), 2024, pp. 363-367.

Introducción

En *El príncipe feliz*, un cuento que Oscar Wilde publicó en 1888, el protagonista es una estatua: una estatua compasiva, que sacrifica las piedras preciosas que adornaban su bastón y sus ojos, e incluso su cobertura de oro, para socorrer a los pobres de la ciudad. Cuando lucía en todo su esplendor, despertaba exclamaciones de admiración, aunque también se la consideraba poco práctica. Al perder su deslumbrante belleza, resultó fea y despreciable, fue fundida y los concejales se pelearon por remplazarla con sus propias efigies. El monumento había cambiado de sentido y tan solo sobrevivió su corazón de plomo. En las últimas dos décadas, decenas de estatuas, no tan generosas como la del príncipe del cuento, han sufrido un destino similar: ya no parecen admirables, ni siquiera admisibles, y se han vuelto ofensivas. Han sido atacadas, rehechas, eliminadas, a veces sustituidas por otros símbolos. El espacio público, sometido a constante revisión, no deja de transformarse, y por el camino han caído los monumentos que recuerdan el colonialismo y la esclavitud, de Estados Unidos a Europa, pasando por América Latina. La reciente ola de desmontaje de estatuas vinculadas con el pasado colonial o con la trata negrera es un fenómeno que se ha vuelto global y que ilustra —si fuera necesario— la fuerza simbólica que siguen teniendo los monumentos públicos hoy en día.

Esta repentina e intensa iconoclasia, con numerosos precedentes en la historia, permite reflexionar de nuevo sobre el significado y la relevancia de los monumentos conmemorativos, sus usos sociales y los conflictos que se han desarrollado en torno suyo. Para ello se celebró en la Casa de Velázquez de Madrid, en febrero de 2024, un coloquio interdisciplinar sobre la materia, que trató diversos casos[1]. La revista *Mélanges de la Casa de Velázquez* nos ofrece ahora la posibilidad de dar a conocer algunas de sus conclusiones, no todas, en su sección *Débats*. En los trabajos aquí reunidos se analizan unas cuantas cuestiones relevantes, todas ellas vinculadas a la historia política de España y de varios países de América Latina, pero también a tendencias transnacionales más que consolidadas. Podrían resumirse en tres: el papel de los monumentos y memoriales en la legitimación de los regímenes y proyectos políticos y en la construcción de identidades colectivas, tanto por parte del Estado como por iniciativa de la sociedad civil; su naturaleza como arenas o campos de batalla entre memorias y opciones políticas enfrentadas, también de continuas negociaciones o ajustes sobre qué y cómo debe representarse y qué no; y la forma y relevancia de las acciones iconoclastas

[1] Coloquio internacional «Construir, renovar y destruir monumentos: identidades nacionales y movimientos transnacionales» (15-16 de febrero de 2024), Sorbonne Université, Casa de Velázquez y Proyecto PID2019-108299GB-C21. Programa disponible en https://crimic-sorbonne.fr/.

Mélanges de la Casa de Velázquez. Nouvelle série, 54 (2), 2024, pp. 363-367. ISSN : 0076-230X.

—«estatuoclastas», diría Bertrand Tillier[2]—, desde la pura destrucción hasta las intervenciones artísticas temporales. Precisamente, esta sección se completa con la opinión de artistas implicados en los debates sobre el asunto.

Las estatuas encarnan, para empezar, las ideas de quienes promovieron su erección: más que del pasado, de los personajes o hechos históricos que supuestamente retratan, hablan del presente. Y también se dirigen al futuro, como supo ver Reinhart Koselleck, uno de los indiscutibles especialistas en el fenómeno, pues se orientan al adoctrinamiento de las generaciones venideras[3]. Cosa distinta es que lo consigan, pues muchas se convierten en objetos invisibles, fundidos con el paisaje urbano, hasta que un día dejan de serlo porque se han trastornado los valores comunes[4]. En los monumentos se condensan relaciones de poder y conflictos de memoria que, de inmediato o con el tiempo, crean controversias. Si bien al levantarlos confluyen en ellos rituales de legitimación y consolidación de la comunidad política, también suscitan desafíos al orden social y a los relatos dominantes. Por el lugar —físico y simbólico— que ocupan en las tramas urbanas, las estatuas condensan luchas por imponer una memoria, un discurso, o, al contrario, para replantearlo, cuestionarlo, subvertirlo o sustituirlo. Existe asimismo una sedimentación de los significados unidos a ellas: el simbolismo que expresan evoluciona con el tiempo, en función de las necesidades sociales de cada momento, y puede ser interrogado, cuestionado, deconstruido. Aunque transmiten una impresión de intangibilidad y perennidad, no son objetos fríos e imperecederos sino cambiantes: viven, se abandonan, se mueven, se destrozan o bien se resignifican.

De finales del siglo XVIII en adelante, la mayoría de los monumentos erigidos se asoció a la nación, fuente de la legitimidad política moderna, que ganó peso de manera quizá irreversible. Se trataba de imaginar y sacralizar la comunidad nacional mediante su concreción en héroes, mártires, padres fundadores o glorias de las artes y las letras que sintetizaban sus virtudes. También su capacidad para expandirse como imperios, con imágenes que hoy tienen connotaciones muy negativas, eurocéntricas, patriarcales y racistas. Cada movimiento político y social, cada localidad o región, labró en cuanto pudo sus propios mitos de origen en mármol y bronce. Tras la Primera Guerra Mundial se desplegaron asimismo memoriales dedicados a los caídos por la patria, como ejemplo del sacrificio que se exigía a los jóvenes y al que rendían culto los monumentos al soldado desconocido. Y, desde el último cuarto del siglo XX, predominan los consagrados a nuevas figuras

[2] TILLIER, Bertrand (2022), *La disgrâce des statues. Essais sur les conflits de mémoire, de la Révolution française à Black Lives Matter*, París, Éditions Payot, p. 21.

[3] FUSARO, Diego (2015), «Reinhart Koselleck y los monumentos como indicadores de los cambios históricos y políticos», *Historia y Grafía*, 45, pp. 95-122.

[4] LOWE, Keith (2021), *Prisioneros de la historia. Monumentos y Segunda Guerra Mundial*, Barcelona, Galaxia Gutenberg, p. 18.

conmemoradas: las víctimas de los horrores históricos —matanzas, genocidios, esclavización masiva, represiones de cualquier tipo—, centro de una oleada memorialística que llega hasta la actualidad. Las protestas recientes cargan contra las esculturas que homenajean a los autores, auténticos o supuestos, de esas infamias.

La legitimación mediante los memoriales monumentales de diversas identidades (sean locales, nacionales o transnacionales) y de los poderes existentes se ilustra aquí a través de varios ejemplos. Como la fusión entre monarquía y nación en la España de Alfonso XIII, a inicios del Novecientos, que no hacía sino imitar modelos europeos; o la persistencia del panteón real como testigo de la continuidad dinástica española, también durante la transición a una democracia que adquirió forma monárquica en 1978. De hecho, las tumbas de algunas personalidades sirven para comparar los procesos de democratización en Chile, donde se abrió paso al recuerdo de demócratas emblemáticos del periodo predictatorial, y España, que prefirió invisibilizar los funerales y tumbas de los responsables de la Segunda República, su primera experiencia democrática en la década de 1930. La problemática transicional afectó incluso a la memoria de las víctimas por antonomasia, las judías de la *Shoah*, confundidas en las conmemoraciones españolas con los deportados republicanos a los campos alemanes, reivindicados por asociaciones y círculos de izquierdas. Junto a las políticas memorialísticas oficiales, y a menudo contra ellas, surgieron empresas de la sociedad civil, de partidos y sindicatos o de confesiones religiosas. La fuerza de la Iglesia pudo comprobarse a ambos lados del Atlántico con campañas como la monumentalización del Sagrado Corazón de Jesús, a finales del XIX y comienzos del XX, que en España valió para apuntalar el nacional-catolicismo monárquico y en México para plantar cara a los gobiernos revolucionarios y laicistas.

Lo que revelan estas fiebres monumentales y antimonumentales es la vigencia de los monumentos como vectores de discursos, imaginarios e ideologías. Mauricio Tenorio señala que, con la actual ola iconoclasta, «los monumentos recuperan visibilidad y ganan beligerancia [...], dejando atrás siglos de olvido»[5]. Las polémicas, difundidas ahora por internet y las redes sociales, reflejan una característica intrínseca: «más que el mármol o el bronce, la materia prima de los monumentos han sido fundamentalmente los pleitos»[6]. Por eso es imprescindible entender las discusiones que acompañaron su construcción y su destino posterior, que, pese a los nexos nacionalistas, conecta casi siempre con corrientes globales. Nada mejor para mostrarlo que la dialéctica entre los defensores de los emblemas esculpidos en honor del Imperio hispánico en América, relacionados en la época contemporánea con las tendencias hispanistas que tendían a reanudar las relaciones entre

---

[5] TENORIO TRILLO, Mauricio (2023), *La historia en ruinas. El culto a los monumentos y a su destrucción*, Madrid, Alianza Editorial, p. 11.

[6] TENORIO TRILLO (2023), p. 43.

las repúblicas hispanoamericanas y su antigua metrópoli, y los movimientos indigenistas o anticolonizadores de los últimos tiempos. Como ocurre con las estatuas a Cristóbal Colón, dianas de ataques y variadas intervenciones en múltiples contextos nacionales; o a Isabel la Católica, la reina impulsora de la epopeya colombina, resignificada de manera temporal y paródica en Bolivia como mujer indígena. No es casualidad que la búsqueda de reconocimiento por las comunidades subalternas se combine con las reivindicaciones feministas, que marcan la evolución de las movilizaciones sociales. Las víctimas se ubican por doquier en el centro de la escena, lo cual tiene en algunos entornos, como México, connotaciones añadidas, pues allí se ha producido la reapropiación de monumentos a los héroes nacionales por parte de las organizaciones de parientes y colectivos de búsqueda de desaparecidas/os en la pugna alrededor del narcotráfico. De una manera u otra, las viejas estatuas toman nueva vida, pierden batallas y en ciertas ocasiones, como el corazón del príncipe feliz, subsisten a pesar de todo.

Los monumentos al Sagrado Corazón, entre Europa y América

Miguel Rodríguez
Sorbonne Université, CRIMIC

«Reino en España»: tal es, con el verbo en presente, la inscripción en el pedestal del monumento al Sagrado Corazón en el Cerro de los Ángeles —cercano a Madrid—, reconstruido a partir de la década de 1940 después de su destrucción durante la Guerra Civil. El monumento original estaba compuesto por dos grupos de esculturas representando diversas figuras de santos, sobre todo dos que son importantes para la devoción al Sagrado Corazón, la cual cristaliza a partir de mediados del siglo XVII: Santa Margarita María de Alacoque, una mística francesa de Paray-le-Monial y el jesuita español Bernardo de Hoyos, que vivió en Valladolid en la primera mitad del siglo siguiente. A este último se le atribuye la revelación y la «promesa» que originalmente se declina en una perspectiva futura: «Reinaré en España y con más veneración que en otras partes»[1].

Con el objetivo de reconstruir un Estado cristiano amenazado por la secularización revolucionaria, por las políticas liberales y luego por las amenazas de las corrientes socialistas, se fue canalizando el culto devocional con fines de movilización de los católicos en la esfera pública. El primer papa que explícitamente lo señala es Pío IX, conocido por su rechazo manifiesto a las dinámicas de la modernidad, seguido por su sucesor León XIII.

[1] URIARTE, José Eugenio de (1880), *Principios del reinado del Corazón de Jesús en España*, Madrid, Imprenta a cargo de D. Blas María Araque.

POUR CITER CET ARTICLE / PARA CITAR ESTE ARTÍCULO / TO QUOTE THIS ARTICLE

Miguel RODRÍGUEZ, « Los monumentos al Sagrado Corazón, entre Europa y América », *Mélanges de la Casa de Velázquez. Nouvelle série*, 54 (2), 2024, pp. 369-374.

Monumentos visibles, centrales y colosales

Si bien el culto al Sagrado Corazón tiene una innegable dimensión espiritual se articula con otros dispositivos simbólicos de la construcción nacional en los diferentes Estados católicos, tanto los monárquicos —en la España de la Restauración borbónica— como los republicanos —ciertos Estados nacionales en Latinoamérica como Ecuador o Colombia reivindican ser «Repúblicas del Sagrado Corazón»[2]—. La consagración de España ante un monumento como el inaugurado por el rey Alfonso XIII en 1919, precisamente el 30 de mayo, día de san Fernando Rey, materializa de modo ostensible y duradera esta práctica. El ritual religioso y la ceremonia política que instauran ese monumento consagran también una entidad, cuya cabeza es a su vez consagrada: el rey. Estas ceremonias, casi siempre en un espacio que, por particular, es significativo, pretenden tener una función performativa al celebrar entidades colectivas, encabezadas —el término es aquí particularmente importante— por un obispo o por funcionarios públicos, por gerentes de empresas o por paterfamilias. Planteamiento esencial es la relación entre la ceremonia de consagración y la erección de un monumento en un lugar preferente y reconocido como central, auspiciado por autoridades religiosas y sobre todo políticas: la capilla mayor en un templo ya existente, la plaza mayor de una localidad, el salón del hogar o la entrada principal de la fábrica o de la escuela, etc. Así, al despuntar el siglo XX, numerosas publicaciones insisten en que la devoción no debe nunca limitarse a ser «una cosa espiritual [...] que por lo mismo debe quedar metida dentro, muy adentro, en el corazón, para el uso particular de cada uno en la iglesia y en su casa»[3]. Ello supone la participación en la acción política a través de las organizaciones de laicos y debe practicarse pública, ruidosa, explícitamente, aun a riesgo de excitar los ánimos y suscitar conflictos, como lo plantea una de esas publicaciones piadosas, difundida por los jesuitas en numerosos países del mundo: *El Mensajero del Sagrado Corazón*.

Al estar situado el monumento en el Cerro de los Ángeles, en el considerado tradicionalmente como corazón de la Península, se subraya su función centralizadora. Su proximidad con la capital del reino, su fácil acceso en los alrededores de Madrid, se agregan a una localización prominente sobre la meseta castellana. La sacralidad de peñascos, promontorios, o colinas que se veneran, siendo meta de peregrinaciones devotas, es bien conocida por los antropólogos de lo religioso. Desde lejos, se confunden los monumentos en

[2] En Ecuador, durante el gobierno de Gabriel García Moreno, en 1873, ver: Marie-Danielle Demélas & Yves Saint-Geours (1989), *Jérusalem et Babylone. Politique et religion en Amérique du Sud*, París, Éditions Recherches sur les civilisations; o en Colombia, en 1902: Cecilia Henríquez (1996), *Imperio y ocaso del Sagrado Corazón en Colombia: un estudio histórico-simbólico*, Bogotá, Altamir.

[3] Minteguiaga, Venancio María (1900), «La política del Corazón de Jesús», *El Mensajero del Corazón de Jesús*, Bilbao, p. 408.

las alturas al Sagrado Corazón con cruces que marcan el horizonte. Y que marcan también el paso del siglo XIX al siglo XX, celebrado desde Roma con la encíclica *Annum Sacrum*, de 1899, que pregona una consagración «universal [ya que] con toda verdad el género humano, sin excepción alguna, está bajo el Señorío de Jesucristo»[4]; en Italia se proyectan diez y nueve monumentos sobre los picos más elevados en memoria de los diez y nueve siglos de existencia de la Iglesia Católica[5]. Los avances de la ingeniería, el gusto por la espectacularidad y las facilidades del transporte para el acceso y la construcción permiten así que el culto del corazón de Jesús deje de reducirse a mostrar su pecho, en imágenes sentimentales como la famosa pintura de Pompeo Batoni, para conquistar en forma escultórica territorios inmensos las gigantescas estatuas, en las que el Redentor abre los brazos y domina el mundo circundante —como en Río de Janeiro (desde 1931)—. La erección de monumentales estatuas a la divinidad cumple funciones que remiten a la política interior y exterior de los estados. Ya en 1902, para celebrar un tratado sobre los límites territoriales entre Argentina y Chile que pone fin a décadas de desacuerdos, los dos vecinos deciden edificar en las cumbres andinas, en el paso montañoso que une Mendoza con Santiago, a cuatro mil metros de altura, un Cristo Redentor, representado no con los brazos abiertos, sino con una gran cruz.

Abordando solo este fenómeno en la Península contamos con una «galería de monumentos» que va desfilando cada mes, en *El Mensajero del Sagrado Corazón* español[6], con un repertorio de fotografías y someras descripciones, confirmando el claro auge en la erección de monumentos en los años veinte, más en particular justo antes de la Segunda República, y durante el pontificado de Pío XI (1922-1939, que orienta la devoción tradicional hacia la figura de Cristo Rey). En estos nuevos monumentos, que vienen a añadirse a capillas ya existentes dentro de los templos, encontramos representados tanto medios urbanos (Bilbao, Santander, Valladolid, Málaga o Murcia) como rurales, a veces situados en la plaza central de la villa, otros en plena naturaleza. Se cuentan unos cuarenta lugares: siete en las provincias del litoral cantábrico, nueve en las dos Castillas, cuatro en Extremadura, doce en el Mediodía, cuatro en las regiones mediterráneas. Parecería que se observan las estatuas más tempranas en Jerez, en bodegas vinícolas[7]. Algunos establecimientos pueden también resultar insólitos: en Fontilles (Alicante), el Sanatorio San Francisco

[4] LEÓN XIII (1899), «Carta Encíclica…», [*Annum Sacrum*] *El Mensajero del Corazón de Jesús en Centroamérica y Colombia* (México), p. 354.

[5] JAESSVER (1901), «El Jubileo del Año Santo», *El Mensajero del Corazón de Jesús* (México), p. 252.

[6] «Monumentos públicos al Sagrado Corazón de Jesús en España» (1926-1929), en ediciones mensuales sucesivas de *El Mensajero del Corazón de Jesús* (Bilbao), que aparecen regularmente desde mediados de 1926 hasta fines de la década.

[7] «Monumentos públicos…» 1928, vol. I, p. 607.

de Borja para Leprosos[8]; o un balneario de aguas termales en la sierra de Córdoba[9]. En terrenos privados, como en Morella (Castellón), en la masía de Colomer, propiedad de los marqueses de Fuente El Sol, se erige en 1928 una estatua de unos seis metros de altura que *El Mensajero* elogia «todo como en el memorable Cerro de los Ángeles»[10]. Esta cartografía de los monumentos en España instalados hasta los veinte podría ser completada con un artículo reciente, limitado a Andalucía, que registra unos ochenta, con una segunda oleada, mucho mayor en los años del primer franquismo[11].

Del «momento 1919» a nuestros días

Muy difundidos a través de la prensa —no solo católica—, el monumento y la ceremonia de 1919 en el Cerro de los Ángeles se insertan así en una coyuntura en que se hace muy visible el culto al Sagrado Corazón, tanto en Europa como en América. En 1926, Joaquín Cardoso recapitula en *El Mensajero* mexicano: en 1917 se habían consagrado Luxemburgo, Nicaragua y Polonia; en 1920, Costa Rica; en 1921, Brasil y Malta; en 1923, Canadá y Australia; en Paraguay en el centenario de su independencia (1911) se había levantado una estatua y en Uruguay se comenzó la erección de un templo votivo. «Tocóle su turno en 1919 a la gloriosa Madre Patria, la nación Española, quien no podía ya contener sus deseos de hacer reinar en ella y con más veneración que en otras partes el Corazón Divino, según le estaba profetizado»[12].

Ese año de 1919 en Bélgica, consagróse el templo votivo al Sagrado Corazón en la colina de Koekelberg, en las alturas de la capital, ante la familia real. Si para conmemorar el cincuentenario de la independencia belga se había considerado hacia 1880 la construcción de un Panteón dedicado a los grandes hombres del nuevo país, tras la Primera Guerra Mundial, la edificación de una Basílica Nacional adquirió una dimensión de unión nacional en torno a Alberto I y de resistencia patriótica frente al invasor[13]. Parece ser su modelo el *Sacré-Cœur* de París, consagrado precisamente en 1919, siendo evidentes sus semejanzas: un mismo objetivo religioso en un lugar prominente de la capital que le permitiera rivalizar con grandes construcciones civiles ligadas al desarrollo urbanístico del siglo: en París, con una elevadísima torre erigida por Eiffel para conmemorar el centenario de la Revolución; en Bruselas, con

[8] «Monumentos públicos…» 1927, vol. II, p. 639.

[9] «Monumentos públicos…» 1929, vol. I, p. 896.

[10] «Monumentos públicos…» 1928, vol. II, p. 1120.

[11] Jiménez de Cisneros y Baudin, Federico-Daniel (2018), «Imágenes monumentales del Sagrado Corazón en Andalucía», *Anuario de Historia de la Iglesia Andaluza*, 11, pp. 151-216.

[12] Cardoso, Joaquín (1926), *El Mensajero del Corazón de Jesús* (México), año 51, tomo 71, pp. 318-319.

[13] Vandenbreeden, Jos & Raoul Maria Puydt (2005), *Basilique Koekelberg, monument art déco*, Bruselas, Racine Lannoo.

el Palacio de Justicia inaugurado en 1883 y que en su tiempo fue considerado como el edificio más gigantesco en el mundo. En semejanza con la del Cerro de los Ángeles, se trata de ceremonias de consagración presididas por familias reales que entronizaban en el espacio nacional al llamado Rey de Reyes, dando una orientación teocrática a ambas monarquías y a los gobiernos que se preciaban de ser liberales —y acordes con sus tiempos—.

En México también, la politización de la devoción tiene importantes consecuencias en un país oficialmente laico desde mediados del siglo XIX. Si bien las ceremonias de «consagración» se limitan al interior de los templos (por ejemplo, en la catedral de la capital a principios de 1914, en plena revolución) o a deseos expresados en la prensa católica, adquiere mayor pujanza durante la «reconstrucción» posrevolucionaria de los veinte. En México se ha insistido, como en España, que el monumento dedicado al Sagrado Corazón se sitúa en el «centro geográfico» del país, en la región, tradicionalmente católica, de Guanajuato. En el cerro del Cubilete, en una agreste montaña, donde empiezan a celebrarse a fines de 1919 ritos religiosos ligados a una «consagración de la nación al «Rey de los cielos» se instala un monumento que apoyan numerosos obispos para su consagración en 1923 —ceremonia que suscitó la expulsión del país del que la presidía, el entonces delegado apostólico, el italiano Ernesto Filippi—. Cronistas e historiadores consideran que este episodio representa el inicio de la violenta rebelión «cristera» de campesinos y de clases medias urbanas contra los gobiernos anticlericales de la posrevolución al grito de guerra «Viva Cristo Rey». La estatua erigida a principios de la década, de proporciones reducidas, fue dinamitada por órdenes del gobierno de Plutarco Elías Calles en enero de 1928.

Como en el cerro de los Ángeles, que vivió en los primeros días de la Guerra Civil un sonado episodio de iconoclastia —un grupo de milicianos habría «fusilado» la estatua—[14], se juzgó milagrosa en el cerro mexicano la conservación de restos de la cabeza y del corazón del Cristo. En ambos casos, en torno a esas ruinas y con una retórica expiatoria se construyeron nuevos monumentos, más imponentes. Sin embargo, las autoridades civiles mexicanas no han usado el simbolismo político del monumento, como sucedió con el santuario madrileño, reconstruido en los cuarenta al lado de las ruinas, en una revitalización encabezada por Franco de la consagración de España. Para el cincuentenario, en 1969, tanto la familia del príncipe Juan Carlos como el gobierno del dictador presidieron una ceremonia conmemorativa.

Ahora bien, las características que le dieron en su momento una gran importancia a esta devoción política, le han hecho evolucionar. Parecería que después del Concilio Vaticano II, aunque el culto sigue existiendo a

[14] Las imágenes del «fusilamiento» fueron resemantizadas ya durante el conflicto y han dado lugar a valiosos comentarios. Como el trabajo de análisis presentado por Rafael R. Tranche y Vicente Sánchez Biosca con el título «Espacios sagrados, usos profanos» en el coloquio organizado en la Casa de Velázquez de Madrid, 15 y 16 de febrero de 2024.

través de esas estatuas colosales que atraen al turista no necesariamente creyente, la figura del Sagrado Corazón parece haber dejado de tener la función defensiva, la beligerancia contra la evolución del mundo. En Latinoamérica, a pesar de que su presencia en templos y altares no se ha borrado, aunque decore a menudo las paredes en el interior de los hogares, ya no es una figura religiosa en que pueda reconocerse el creyente. La devoción como tal parece un culto del pasado. En España, como en la Francia actual, el simbolismo particular que encarnaba el estandarte del Sagrado Corazón —esto es la bandera nacional con un corazón flameante—, se limita a actitudes muy conservadoras que se pueden ver en manifestaciones de extrema derecha. Si comparamos con las vírgenes de diversas advocaciones tradicionales, muy arraigadas a nivel local, observamos que, en cambio, el Sagrado Corazón no moviliza más las capacidades de reacción ante los ultrajes que habría supuesto recientemente el uso paródico de su imagen en eventos artísticos y manifestaciones vanguardistas[15].

[15] Debroise, Olivier, Elisabeth Sussman & Matthew Teitelbaum (1991), *Bleeding Heart, El corazón sangrante*, Boston, The Institute of Contemporary Art.

 ISSN : 0076-230X.

Del Retiro al Cerro de los Ángeles: la deriva monumental del reinado de Alfonso XIII

Javier Moreno Luzón
Universidad Complutense de Madrid

El estudio de los monumentos conmemorativos ayuda a comprender diversos problemas de la historia política, en especial los relacionados con el nacionalismo[1]. Por el significado que se les atribuía en su época, por las tensiones y conflictos que delataban y por los usos a los que se les sometía. Más aún en periodos marcados por la *estatuomanía*, como la Restauración española de 1876-1923, sobre todo durante el reinado efectivo de Alfonso XIII, entre 1902 y 1931. Con cierto retraso, España replicaba un fenómeno ya extendido en Europa y América, donde las estatuas nacionalistas llenaban las ciudades. Esa proliferación pone en duda las interpretaciones historiográficas que enfatizaban la debilidad crónica de la nacionalización española y la atribuían al desinterés de las oligarquías por las herramientas nacionalistas. Es decir, desmiente tanto el fracaso rotundo de la construcción nacional como la excepcionalidad del caso hispano. Recuérdense, por ejemplo, los numerosos grupos escultóricos erigidos en el centenario de la gran epopeya nacional, la llamada Guerra de la Independencia, entre 1908 y 1914.

Los dos monumentos más importantes del reinado de Alfonso XIII daban cuenta de su evolución en el terreno de las políticas nacionalizadoras, pensadas para legitimar a la monarquía: el dedicado a Alfonso XII, su padre, en el parque del Retiro de Madrid, cuya primera piedra se puso en 1902 y se inauguró veinte años más tarde; y el levantado en honor al Sagrado Corazón de

[1] Proyecto PID2019-108299GB-C21. Se pueden ver las referencias completas y otros detalles en Javier Moreno Luzón, *El rey patriota. Alfonso XIII y la nación*, Barcelona, Galaxia Gutenberg, 2023.

Pour citer cet article / Para citar este artículo / To quote this article

Javier Moreno Luzón, « Del Retiro al Cerro de los Ángeles: la deriva monumental del reinado de Alfonso XIII », *Mélanges de la Casa de Velázquez. Nouvelle série*, 54 (2), 2024, pp. 375-382.

Jesús en el Cerro de los Ángeles, a las afueras de la capital, bendecido en 1919. Ambos pertenecían a tendencias globales, pues había pocos fenómenos tan condicionados por corrientes transnacionales como los nacionalistas. Se trataba de la fusión de las coronas con los imaginarios nacionales, que les permitió sobrevivir en la época contemporánea; y de la reconquista católica del espacio público, en lucha con los modernos procesos de secularización. Este par de hitos, tan diferentes, constataba la deriva ideológica de buena parte de las élites españolas, encabezadas por el rey: desde un liberalismo regeneracionista, que exaltaba los valores de la monarquía constitucional, hasta un nacional-catolicismo antiliberal y contrarrevolucionario, que desembocó en una dictadura militar. Importan pues las iniciativas, muy vinculadas al trono, que alumbraron las estatuas, su sentido y su impacto a largo plazo.

I

El conjunto del Retiro se denominaba, en realidad, *Monumento a la Patria española personificada en el rey Alfonso XII*, y formaba parte de una tanda de homenajes monárquicos desplegados en la Europa coetánea, para celebrar a los monarcas como símbolos de naciones e imperios. Reyes y emperadores representaban la grandeza e idiosincrasia nacionales, se ponían a la cabeza de sus comunidades respectivas y garantizaban su unidad. Para mostrar el alcance de esta moda, bastaría con citar las grandes estatuas elevadas en dos Estados recién creados, Alemania e Italia, para honrar a sus primeros soberanos: Guillermo I Hohenzollern y Victor Manuel II de Saboya. Uno en Berlín, junto al palacio imperial; el otro en pleno centro de Roma, el *Vittoriano*, enorme y convertido tras la Gran Guerra en altar de la patria y tumba del soldado desconocido, con un contenido nacionalista renovado y profundo. El madrileño se les parecía mucho: tanto, que el autor del alemán viajó a Madrid para denunciar el plagio, sin éxito alguno.

En España, la iniciativa partió del parlamento tras la temprana muerte en 1885 de Alfonso XII, como un tributo nacional al rey que había encarnado la restauración de la dinastía Borbón tras el sexenio revolucionario y vencido en la guerra civil contra los carlistas. Un proyecto de Estado que no arrancó en realidad hasta 1901, cuando la derrota colonial de 1898 —el *desastre*— animó los planes españolizadores. Llevó la batuta el político conservador Francisco Romero Robledo, famoso por sus malas artes caciquiles pero alejado de la derecha católica y próximo en aquellas fechas al republicanismo moderado. En un concurso controvertido en la prensa, que enfrentó a los escultores más célebres del momento, Romero impuso a su candidato, el arquitecto catalán José Grases Riera, quien escogió un emplazamiento «sublime y pintoresco» en el plano de Madrid —el estanque de su parque más céntrico— y definió la retórica monumental: había que incorporarse a la tendencia europea para exaltar a la patria, representada por un monarca liberal, constitucional y moderno, ubicado por encima de los partidos y al servicio de la paz.

Con ese fin, y siguiendo los modelos citados, se organizó el espacio en torno a una estatua ecuestre y de bronce del rey, la evocación más relevante de la majestad regia desde la Edad Moderna, como señaló Reinhart Koselleck[2]. De uniforme militar y en su papel de *pacificador*, con la espada baja, el retrato se encargó al escultor Mariano Benlliure, moldeador de la imagen oficial de la Restauración (Fig. 1). Don Alfonso se veía rodeado por las provincias españolas, con sus respectivos escudos, por escenas de su vida y alegorías de la paz, el progreso o la libertad. Obra de los principales artistas españoles, se concibió como una especie de catálogo del arte contemporáneo patrio. Llamaba la atención en él la completa ausencia de emblemas religiosos, pues en la España de entonces la vida pública estaba atravesada por el conflicto entre clericales y anticlericales, que se culpaban mutuamente de la decadencia del país.

Fig. 1. – «Monumento a Alfonso XII». Tarjeta postal de Lucien Roisin (s. f.). Museo de Historia de Madrid.

El monumento adquirió toda su importancia pública en mayo de 1902: al día siguiente de jurar la Constitución, ya mayor de edad, Alfonso XIII colocó la primera piedra y dio un discurso, redactado por Romero, en el cual se comprometía a seguir el ejemplo de su padre, siempre respetuoso con la ley. Este acto se integraba en las fiestas de la jura, que exaltaron como nunca la

[2] Koselleck, Reinhart (2003), «Das Ende des Pferdezeitalters» («El fin de la era del caballo»), *Süddeutsche Zeitung*, 25 de septiembre.

identidad entre monarquía y nación. Si Alfonso XII había sido el pacificador, su hijo debía alzarse como *regenerador* de la patria, piloto de una transformación que la convirtiese en una potencia respetada y culta, cohesionada alrededor de su figura (Fig. 2). Así se enlazaban en las estatuas pasado, presente y futuro. El aludido se tomó muy en serio ese papel, que le imponía la misión providencial de salvar a España en contacto con su pueblo, lo cual le condujo a intervenir de manera constante en una política pautada por el turno entre conservadores y liberales. Más soldado-rey que rey-soldado, defendió desde el comienzo los intereses del ejército.

Fig. 2. – «Su Majestad coloca la primera piedra del Monumento a Alfonso XII». Tarjeta postal del Dr. H. Leyden (1902). Museo de Historia de Madrid.

Por otro lado, la construcción sufrió continuos retrasos. Aunque en 1909 se emplazó en su lugar el gigantesco bronce de Benlliure, no se completó hasta una década más tarde. Algo parecido les ocurría a otros monumentos, como el Vittoriano, que consumió un cuarto de siglo. Obstaculizaron el proyecto español su enorme coste, la crónica ineficacia estatal y el empeño oficial en que se financiara a través de una suscripción pública, lo cual le daba su auténtico carácter nacional: las corporaciones o fuerzas vivas (las Cortes, el ejército, la nobleza o el ayuntamiento de la capital) se encargarían de las grandes esculturas, mientras que los ciudadanos corrientes participarían con pequeñas contribuciones de no más de una peseta cada una. Los artistas no cobraban y uno de ellos terminó por tirar sus piezas al lago. A final, la intervención del rey, con dinero parlamentario, salvó la obra.

II

El segundo monumento se situó en coordenadas muy distintas. No fue una iniciativa pública, sino privada, de la sociedad civil católica que, como en todo el mundo, se movilizaba contra liberales y ateos enarbolando símbolos tan potentes como el Sagrado Corazón de Jesús, que anunciaba el reinado social de Cristo. Es decir, el dominio por parte de la Iglesia de la vida social y política. Presente en imágenes de todo tipo, desde estampas hasta plaquitas que se clavaban en la puerta de los hogares, dio lugar a manifestaciones globales y a la erección de templos votivos, además de estatuas, en países donde este culto se fundía con los imaginarios nacionalistas. En el catolicismo español, que libró esa guerra cultural con gran intensidad, se recurría además a una tradición propia, abrazada por carlistas y militantes de derechas: Jesús se había aparecido al jesuita padre Hoyos en el siglo XVIII para anunciarle que reinaría en España «con más veneración» que en otras partes: era la *gran promesa*. A cumplirla se aplicaron la compañía y otras organizaciones, como el Apostolado de la Oración y la Acción Católica que guiaba el marqués de Comillas, padrino del catolicismo social monárquico.

Su idea era alzar un gran testimonio monumental en el supuesto centro geográfico de la Península Ibérica, el Cerro de los Ángeles al sur de Madrid, que encarnara la esencial unidad entre catolicismo y nación española. La suscripción recaudó lo necesario, una sexta parte de lo que costaba el de Alfonso XII, entre personalidades, diócesis y fieles, con muchos «donativos de piedras», de 150 pesetas cada uno. El boceto aprobado era obra del arquitecto Carlos Maura, sobrino del jefe conservador Antonio Maura, y del escultor Aniceto Marinas, conocido pero más modesto que Benlliure. Perfilaba un Jesús misericordioso y dulce, a cuyos pies unos ángeles elevaban el escudo nacional hacia la Inmaculada Concepción de María, patrona de España y advocación asociada de antiguo a la monarquía hispánica, como mediadora ante su hijo. Bajo el lema *Reino en España*, que daba por cumplida la gran promesa. A los lados se situaban alegorías de virtudes cristianas y santos y beatos, entre ellos los españoles Teresa de Ávila y el padre Hoyos (Fig. 3). El mensaje nacional-católico no podía ser más claro —España era católica, o no era— y se transmitía además con un lenguaje monárquico: Cristo, como rey de reyes.

La familia real y la corte estuvieron desde el comienzo implicadas en la construcción del monumento, por ejemplo, a través de la Unión de Damas del Sagrado Corazón, patrocinada por varias infantas. La duquesa de la Conquista, camarera mayor de la reina madre, se encargó de recaudar fondos, con participación cuasi obligatoria de los trabajadores de palacio. El monumento se ejecutó en solo tres años, sin apenas trabas burocráticas, y pudo inaugurarse el 30 de mayo de 1919, día de san Fernando, rey santo de la *reconquista* medieval contra los musulmanes. El acto resultó impactante: Alfonso XIII acudió con sus parientes y su gobierno para consagrar a España al Sagrado Corazón, bajo una bandera nacional. Con palabras solemnes, el jefe del Estado se sometía a su dominio y le pedía protección para los españoles, armonía entre patronos y obreros, ayuda al ejército y amparo a la integridad nacional frente a los nacionalismos en auge (Fig. 4). En todo el país tocaron campanas y se hicieron votos.

Fig. 3. – «Recuerdo del Monumento Nacional al Sagrado Corazón». Tarjeta postal de autor desconocido (s. f.). Museo de Historia de Madrid.

Si en 1902 había predominado el tópico del rey regenerador, en 1919 vencía el del rey católico. La monarquía española nunca había prescindido de la legitimidad que le proporcionaba la Iglesia, evidente en el calendario regio de viajes y ceremonias, pero ahora esta alianza adoptaba fuertes connotaciones contrarrevolucionarias. El rey se había dejado convencer por su amigo Comillas para leer aquel mensaje, en un ambiente de amenazas subversivas que le impresionaban: las revoluciones rusas de 1917, con el paralelo verano convulso español, y la huelga anarcosindicalista de 1919, que paralizó Barcelona y culminó en una fuerte represión militar, con respaldo del monarca, frente a la política negociadora de su gobierno liberal. Los ministros que lo acompañaron al Cerro fueron los derechistas y católicos de Maura.

Fig. 4. – «Acto de consagración de España al Sagrado Corazón de Jesús, por Alfonso XIII. Cerro de los Ángeles (Getafe, Madrid). 1919». Tarjeta postal de autor desconocido (*ca*. 1927). © Patrimonio Nacional.

De inmediato saltó el escándalo político, pues para los liberales, tanto monárquicos como republicanos, aquello era más propio de una monarquía absoluta o de una dictadura clerical que de un régimen liberal y tolerante: España era «el Paraguay de Europa», sentenciaba el diario republicano *El País*. Lejos de contribuir al consenso, alimentaba una pugna ya planteada en la esfera pública de debate. Ese acto simbólico anudaba lazos entre la corona y el poder eclesiástico, un baluarte españolista —como el ejército—frente a la revolución. Un pacto que contribuiría, cuatro años más tarde, a conformar la primera dictadura española del siglo. La Iglesia celebró este vínculo y quiso erigir al pie del monumento una estatua propia a Alfonso XIII, cuyo discurso se recitaba en los templos. Por su parte, el rey no olvidó aquel gesto, lo recordó ante el papa en 1923, cuando se ofreció a acaudillar una nueva cruzada, y hasta en su lecho de muerte, como la cumbre de su existencia.

En definitiva, ambos monumentos sirvieron de resumen simbólico a las dos etapas en que se dividió el reinado. El primero, síntesis de la monarquía constitucional, apuntalaba la imagen de una España renacida y pacífica, presidida por la corona en un marco liberal. El segundo, epítome del nacional-catolicismo, ilustraba la versión española del giro reaccionario que vivió Europa en la primera postguerra mundial, con el monarca inclinado ante el rey de reyes. En la búsqueda de legitimidad para el trono, fusionado con la nación, sus cimientos no dejaron de estrecharse, pues la opción confesional y autoritaria resultaba más divisiva que integradora. Por último, los dos sufrieron destinos muy diversos. El del Retiro se desprendió de connotaciones políticas para fundirse con el paisaje, como una postal turística con pocos usos públicos más allá del paseo y la contemplación. Se hizo algo invisible, como la mayoría de las estatuas, de acuerdo con la aguda observación de Robert Musil: en abril de 1931, cuando se desbordó la iconoclasia antimonárquica, nadie lo tocó[3]. El del Cerro fue durante décadas foco de peregrinaciones y misas, con apoyo de las autoridades dinásticas y luego en pugna con las republicanas, y, nada invisible, acabó por situarse en el centro de propagandas encontradas durante la Guerra Civil. Un pelotón de milicianos lo fusiló en 1936.

[3] Musil, Robert (2006), «Monuments», en *Posthumous Papers of a Living Author*, Nueva York, Archipelago Books, p. 64.

Funerales y memoriales de líderes históricos en las transiciones española y chilena

Guillermo León
Universidad Nacional de Educación a Distancia

Valentina Infante-Batiste
COES & VioDemos

Paloma Aguilar
Universidad Nacional de Educación a Distancia

La monumentalización del espacio público ha estado siempre vinculada a los intentos de legitimación del poder[1]. A partir del siglo XIX proliferaron, sobre todo en el mundo occidental, monumentos a «hombres ilustres» de la nación, llegándose a producir lo que algunos han denominado «monumento-manía». Entre los propósitos de estas estatuas, bustos y conjuntos escultóricos destacaba el deseo de inculcar en la ciudadanía, de forma unidireccional y sin diálogo alguno, los valores que interesaban al poder para su propia legitimación: patriotismo —con frecuencia ligado a la idea de masculinidad y jerarquía social— y obediencia a la autoridad de turno. Tras la Primera Guerra Mundial se fueron incorporando a los monumentos la idea de duelo y la justificación del sacrificio por la patria. Pero no fue hasta mediados del siglo XX que la relación entre la ciudadanía y la monumentalización del espacio público cambió drásticamente. Los gobiernos y las sociedades comenzaron a poner el foco en las víctimas de las atrocidades y a reconocer la imposibilidad de materializar, a través del canon clásico, el

[1] Una versión más extensa de las ideas que contiene este texto será publicada en la revista *Kamchatka* en diciembre de 2024.

Pour citer cet article / Para citar este artículo / To quote this article

Guillermo León, Valentina Infante-Batiste, Paloma Aguilar, « Funerales y memoriales de líderes históricos en las transiciones española y chilena », *Mélanges de la Casa de Velázquez. Nouvelle série*, 54 (2), 2024, pp. 383-388.

dolor y el sufrimiento. Surgieron así «memoriales» —ya no se hablaba tanto de «monumentos»— más abstractos e incluso «contra monumentos»[2]. Estos espacios, aunque continúan siendo herramientas del poder político, han comenzado también a ser instrumentos que permiten reflejar a la sociedad civil visiones del pasado discordantes y rendir tributo a víctimas olvidadas o no reconocidas por el Estado. Este ha perdido el monopolio de la monumentalización y ahora debe competir con otros actores que pugnan por ocupar el espacio público mediante memoriales que, con frecuencia, cuestionan las formas clásicas y los motivos tradicionales. La evocación material del pasado, ya sea a través de opulentos monumentos o de modestos memoriales, es hoy, más que nunca, una arena de lucha política en la que compiten multitud de actores y en la que surge una creciente pluralidad de propuestas, incluidas algunas de duración efímera que las sitúa en las antípodas del monumento canónico.

En esta investigación hemos seleccionado una serie de memoriales funerarios —sitos en los cementerios y con restos humanos— en España y en Chile. En ocasiones permiten la reivindicación sociopolítica; constituyen lugares para el diálogo de elementos de diversa índole (religiosos, políticos, culturales y de género); ofrecen oportunidades de ser visitados en fechas de duelo familiar, pero también en efemérides religiosas, políticas o nacionales; proveen de un espacio para ceremonias y alocuciones (como en los casos de Salvador Allende y de Carlos Prats); y propician la canalización del duelo y el sufrimiento vinculados a las respectivas dictaduras. Su análisis nos proporciona información relevante sobre los procesos de transición en ambos países.

España

A) Francisco Largo Caballero (Madrid, 1869-París, 1946)

Francisco Largo Caballero fue un importante líder del PSOE y de la UGT, ministro de Trabajo durante la República y presidente del Gobierno en la Guerra Civil española. La evolución de este dirigente político y sindical estuvo marcada por su radicalización ideológica a partir de 1933 y su figura fue demonizada durante la dictadura franquista. Muerto en el exilio, sus restos fueron repatriados de París a España en abril de 1978 en una operación liderada por la Unión General de Trabajadores. En Madrid, su féretro tuvo que ser custodiado para evitar atentados de la extrema derecha. El funeral, al que no acudieron autoridades del Estado, se desarrolló sin incidentes y movilizó a unas 400.000 personas que rindieron un sentido

[2] Young, James (1993), *The Texture of Memory: Holocaust Memorials and Meaning*, London, Yale University Press.

homenaje, probablemente más que a Largo Caballero en sí, a un referente de los sectores más obreristas de la izquierda en un contexto marcado por el arrumbamiento de la memoria republicana. La dirigencia socialista no se sintió cómoda con este acto, ya que había decidido dejar atrás todo lo que pudiera asociarla con el radicalismo durante la República. Los organizadores no cejaron en su empeño de homenajear a su líder histórico, pero se esforzaron en mantener el orden, un tono moderado y, además, pidieron que no se exhibiesen banderas republicanas. La tumba en el Cementerio Civil de Madrid es una austera estela de granito que no se ha logrado convertir en un símbolo que movilice la memoria republicana y obrerista.

B) Niceto Alcalá-Zamora (Priego de Córdoba, 1877-Buenos Aires, 1949)

Niceto Alcalá-Zamora fue presidente de la Segunda República entre 1931 y abril de 1936. Su actividad política fue criticada tanto por las izquierdas por su conservadurismo y religiosidad, como por las derechas, que le reprochaban su compromiso republicano y haber disuelto las Cortes dando así pie a las elecciones que acabó ganando el Frente Popular. Cuando comenzó la guerra estaba en el extranjero y, mientras vivió, ya nunca más pudo regresar a su país. En agosto de 1979, la familia de Alcalá-Zamora, siguiendo sus deseos, trasladó los restos al cementerio de la Almudena de Madrid en una atmósfera de gran secretismo impuesta por el gobierno de la UCD, que no quería rendir los honores correspondientes a quien había sido jefe del Estado; ni siquiera los sacerdotes consultados por la familia se atrevieron a ofrecer un responso. El Mausoleo, austero y sin alusión política alguna, movilizó en los primeros años, escasa y discretamente, a un republicanismo vinculado generacionalmente al propio Alcalá-Zamora. Nunca ha sido homenajeado como jefe de Estado y, al haber ejercido como tal en la etapa republicana, no se le ha querido considerar un referente de la idea de reconciliación nacional, a pesar de su carácter moderado.

C) Alfonso XIII (Madrid, 1886-Roma, 1941)

Alfonso XIII fue rey de España entre 1902 y 1931. La última parte de su reinado estuvo lastrada por su apoyo a la dictadura de Miguel Primo de Rivera, militar que protagonizó un golpe de estado en septiembre de 1923. El monarca abandonó España en abril de 1931 tras unas elecciones municipales donde fueron mayoritarias, en las grandes ciudades, las candidaturas republicanas. Muerto en el exilio, sus restos fueron trasladados de Roma a España en enero de 1980. En contraste con Alcalá-Zamora, Alfonso XIII recibió los máximos honores políticos, militares y religiosos, desde su exhumación en Italia, hasta su reinhumación en el Panteón de Reyes de El Escorial. Se ordenó un abrumador despliegue de recursos materiales y un estudiado protocolo de escenificación del cortejo fúnebre. El propósito era legitimar la monarquía, enfatizando la idea de «restauración» monárquica frente a la de «instauración», alejando así a la institución de la sombra del franquismo[3]. Habiendo sido los dos jefes de Estado, llama la atención esta pompa, destinada a quien apoyó soluciones autoritarias, frente a la ausencia completa de reconocimiento de Alcalá-Zamora, que mostró su lealtad a propuestas democráticas.

Chile

Salvador Allende (Santiago, 1918-Santiago, 1973)

Salvador Allende Gossens es uno de los personajes políticos más admirados y controvertidos en la historia del siglo XX chileno. Llegó a la presidencia en 1970 prometiendo una revolución socialista pacífica y dentro del marco constitucional. Sin embargo, su gobierno fue abruptamente interrumpido el 11 de septiembre de 1973 cuando las Fuerzas Armadas y Carabineros llevaron a cabo un golpe de Estado. Ese día, Allende se suicidó en el palacio presidencial y su cuerpo, lejos de recibir un funeral de Estado, fue enterrado clandestinamente en el Cementerio de Santa Inés (Viña del Mar). Cuando Chile recuperó su democracia en 1990, el presidente Patricio Aylwin organizó un funeral de Estado en su honor para rendirle homenaje como ex presidente de la República. Este funeral significó el inicio de una nueva etapa que estaría marcada por el deseo de reconciliación nacional. Allende fue posicionado como un personaje relevante en la historia nacional, lo que se evidencia en la monumentalidad de su gigantesco mausoleo. Aunque durante el funeral predominó la despolitización y la fraternidad, también surgieron tensiones propias de la transición. Por un lado, el gobierno temía incomodar a las Fuerzas Armadas; y, por otro, los familiares de las víctimas y agrupaciones desconfiaban de Aylwin, quien había sido un fuerte opositor del gobierno de Allende. La multitudinaria ceremonia no solo sirvió para rendir tributo al líder, sino también, simbólicamente, a todas las víctimas, y para deslegitimar la dictadura de Augusto Pinochet.

Carlos Prats (Talcahuano, 1915-Buenos Aires, 1974)

Carlos Prats, que fue comandante en jefe del Ejército y ministro de Salvador Allende, renunció a la comandancia en jefe del Ejército en agosto de 1973 sin saber que su sucesor, Pinochet, sería uno de los principales responsables del golpe de Estado. Con posterioridad al mismo —y debido a su defensa de la democracia y la constitución— decidió exiliarse a Buenos Aires.

[3] Agradecemos esta sugerencia a Javier Moreno Luzón.

Allí fue asesinado por la DINA (policía política de la dictadura de Pinochet) en 1975 en un atentado con coche bomba y sus restos fueron repatriados en octubre de ese año. Su funeral estuvo fuertemente vigilado por la DINA, y ni Pinochet ni el Ejército ofrecieron su pésame, lo cual significó una afrenta a su familia. Sin embargo, su memorial funerario, sito en el Cementerio General de Santiago, intenta restituir su memoria: la escultura próxima a su tumba representa a un grupo de personas que rinde homenaje a él y a su esposa (también asesinada en el atentado), y su cenotafio tiene grabado el mensaje: «No ambiciono señor ser héroe ni mártir, sino sólo un hombre que ama y piensa». Esta frase propina una derrota simbólica a Pinochet, quien envidiaba la erudición e intelectualidad del general. Lenta y tímidamente, la conmemoración del general Prats se ha ido haciendo más prominente a medida que avanza la democracia: en 2004 el Ejército le rindió el debido tributo y desde 2023 está previsto erigir un monumento en su honor en su ciudad natal (Talcahuano).

Orlando Letelier (Temuco, 1932-Washington D.C., 1976)

Orlando Letelier es otra figura icónica de la izquierda que se opuso a la dictadura. Fue ministro de Allende en varias carteras y, tras el golpe de Estado, se exilió primero a Caracas y después a Washington D. C. En 1976 —de manera similar a Prats— fue asesinado en un atentado con coche bomba organizado por la DINA. Pocos días después, su funeral en Washington significó un duro revés para la Junta ya que se intensificó la condena internacional por las violaciones de los derechos humanos que estaban teniendo lugar en Chile. Más adelante, el cuerpo fue enterrado en Caracas y, en 1992, fue repatriado a Chile. En ese contexto, el presidente Aylwin estaba llevando a cabo una intensa campaña de verdad y reparación simbólica, iniciada con el funeral de Allende y seguida por la publicación del Informe Rettig sobre ejecuciones y desapariciones forzadas, así que este funeral y entierro significaban un paso importante en aras de la reconciliación buscada por su gobierno. Es probable que la persecución de estos objetivos explique que Letelier haya sido enterrado en un espacio prominente del Cementerio. El epitafio de la tumba reza: «nací chileno, soy chileno, y moriré chileno», un mensaje que supone otra derrota simbólica a Pinochet, quien intentó privarle de su nacionalidad.

*

Los funerales y memoriales funerarios de líderes históricos analizados nos hablan de duelos largamente demorados y, en algunos casos, de las dificultades de rendirles homenaje. El anhelo de reivindicar su memoria contrasta, con frecuencia, con la necesidad de estabilizar las frágiles transiciones. Tanto en Chile como, sobre todo, en España se temió la reacción de grupos ultras;

también generaba aprensión, en ambos casos, que los militares y fuerzas de orden público pudiesen generar algún tipo de reacción violenta. A pesar de estas tensiones, los funerales, cuando pudieron celebrarse públicamente, se transformaron en espacios de movilización política.

En España, la falta de protagonismo visual de los monumentos funerarios de los líderes históricos (exceptuando el caso de Alfonso XIII) y su falta de reivindicación oficial coinciden con una transición en la que abundaron el miedo, el silencio y la cautela por el temor a la repetición de la Guerra Civil, así como el rechazo al precedente democrático de la República. En Chile, sin embargo, a pesar de su transición igualmente pactada, y también en parte limitada por los legados autoritarios, se mostraron más audaces en cuanto a la reivindicación de las víctimas y de la verdad respecto a las violaciones de derechos humanos. Y ello se tradujo en la erección de unos memoriales funerarios más vistosos y explícitos en su condena a la dictadura y en su reivindicación de los líderes históricos de la izquierda que padecieron los rigores de la junta militar.

Para concluir, los memoriales funerarios y funerales de estos líderes históricos emergen como espacios de «doble filo» para las autoridades. Por un lado, facilitan la plasmación de ideas que son consideradas necesarias para propiciar cierto grado de justicia con el pasado y generar condiciones políticas deseables. Por ejemplo, Aylwin participó activamente en el desarrollo del funeral de Allende con la convicción de que eso ayudaría a cerrar las heridas del pasado y a fomentar la reconciliación. Sin embargo, los memoriales funerarios y funerales, al facilitar plataformas de alocución política, pueden también ser vistos por las autoridades como potencialmente peligrosos o, cuando menos, desestabilizadores, sobre todo en períodos de transición. Por otro lado, quienes con frecuencia promueven estos espacios de homenaje y recuerdo —familiares, víctimas, militantes de partido— muchas veces logran, a pesar de todas las cautelas, utilizar estos lugares como plataformas políticas para difundir sus propias ideas y presentar sus interpretaciones del pasado, yendo más allá de las versiones auspiciadas por el poder en cada momento histórico-político.

En Espagne, la mémoire-*donuts* de l'Holocauste et la Shoah

Stéphane Michonneau
Université Paris-Est Créteil-Créteil

COMMENT PARLER de mémoire de la *Shoah* en Espagne alors que ce pays, puissance neutre pendant le second conflit mondial, n'a pas été impliqué dans la destruction des Juifs d'Europe ? Dans son étude sur les Juifs en Espagne, Danielle Rozenberg a posé un paradoxe qui demeure d'actualité[1] : d'un côté, le rattachement de l'Espagne à l'histoire de la *Shoah* ne peut être qu'indirect, de sorte que la figure du déporté, si importante dans le reste de l'Europe d'après-guerre, n'a pas eu, jusqu'à une date récente, d'existence sociale. De l'autre, il existe depuis 2006 une « journée de la mémoire de l'Holocauste et de la prévention des crimes contre l'humanité », preuve que l'Espagne est partie prenante de la mémoire concentrationnaire européenne. Nous soutenons qu'en Espagne, si la mémoire de la *Shoah* est bien l'une des matrices du « retour des mémoires » républicaines depuis le milieu des années 1990, elle constitue paradoxalement un vide dans la mémoire de l'Holocauste.

Avant 1975, ni Buchenwald, ni Auschwitz

Après la Seconde Guerre mondiale, il n'existe en Espagne ni mémoire de la *Shoah*, ni mémoire de la déportation. D'une part, l'invisibilité des Juifs espagnols est un fait structurel jusque dans les années 1960. D'autre part, la

[1] ROZENBERG, Danielle (2006), *L'Espagne contemporaine et la question juive. Les fils renoués de la mémoire et de l'histoire*, Toulouse, Presses Universitaires du Mirail, pp. 7-11 et Danielle ROZENBERG (2015), « L'Espagne face à la Shoah », *Revue d'histoire de la Shoah*, 203, pp. 163-194.

POUR CITER CET ARTICLE / PARA CITAR ESTE ARTÍCULO / TO QUOTE THIS ARTICLE
Stéphane MICHONNEAU, « En Espagne, la mémoire-*donuts* de l'Holocauste et la Shoah », *Mélanges de la Casa de Velázquez. Nouvelle série*, 54 (2), 2024, pp. 389-397.

figure du déporté n'existe pas dans l'imaginaire espagnol : en effet, les 9 328 Espagnols envoyés dans des camps, dont 80 % à Mauthausen, étaient soit des réfugiés espagnols enrôlés dans l'armée française, faits prisonniers au printemps 1940 dans des stalags et déportés à Mauthausen (ces *Rote Spanien* portent un triangle bleu), soit des Espagnols détenus après 1942 par la Gestapo en France pour fait de résistance et envoyés dans différents camps de concentration (ces déportés-là portent un triangle rouge assortie de la lettre S pour *Spanien*)[2]. Mais en 1945, les déportés espagnols ayant survécu ne rentrent pas en Espagne et intègrent les associations françaises.

Ainsi en Espagne, la mémoire de la déportation demeure confidentielle et restreinte à quelques cercles de l'exil. En 1977, la journaliste Montserrat Roig témoigne dans l'un des premiers ouvrages consacrés aux Espagnols dans les camps nazis : « Pour nous qui sommes nés après 1939, les anciens déportés n'ont jamais existé »[3]. Il faut attendre 1962 pour voir fonder en Espagne l'Amicale de Mauthausen, sur le modèle de son équivalente française, reconnue officiellement qu'en 1978. Au nord des Pyrénées par contre, il existe plusieurs associations de déportés espagnols reconnues et aidées par l'État français depuis 1947. Ce sont elles qui érigent un monument à la déportation espagnole à Mauthausen même (1961) puis un autre dans le cimetière du Père Lachaise à Paris (1969). Aussi en France, la mémoire de la déportation et celle de l'exil tendent à se confondre.

Quant à la *Shoah*, le sujet est longtemps ignoré en Espagne. La figure du déporté politique est confinée à l'exil et celle du déporté racial n'existe pas : ni Buchenwald, ni Auschwitz.

La transition démocratique et Mauthausen

Dans les années 1980, l'adhésion de l'Espagne à la CEE normalise les relations diplomatiques jusqu'alors inexistantes avec Israël (1986). Ce rapprochement s'accompagne d'une politique de reconnaissance de l'apport de la culture juive à l'Espagne : en 1992, le roi en visite à la synagogue de Madrid déclare que « L'Espagne est la maison des Juifs », en référence aux Judéo-Espagnols résidant en péninsule au Moyen-Âge. Cette opinion participe du mythe central de la jeune démocratie de la tolérance de « l'Espagne des trois cultures » (chrétienne, juive et musulmane). Ainsi, la réhabilitation culturelle des Juifs d'Espagne permet non seulement de masquer le souvenir de leur expulsion en 1492 mais sert aussi d'écran à la mémoire de la persécution des Juifs d'Europe dans les années 1940.

[2] Bermejo, Benito (2004), « Los republicanos españoles en los campos nazis », *Cuadernos republicanos*, 54, pp. 161-177 ; et José Luis Cifuentes Perea (2020), « De Constantí a Mauthausen, un billete al infierno », *Estudis de Constantí*, 36, pp. 161-211.

[3] Roig, Montserrat (1977), *Els catalans als camps nazis*, Barcelona, Ed. 62, pp. 11-26.

Parallèlement, la mémoire de la déportation espagnole opère un double amalgame entre le sort des Espagnols dans les camps nazis et la Shoah. D'une part, la figure du déporté de Mauthausen s'impose comme la déclinaison locale du système concentrationnaire nazi dont le cœur est Auschwitz. Cette assimilation révèle surtout l'état de méconnaissance de l'opinion publique espagnole sur ces questions. En effet, si Mauthausen-Gusen est bien un ensemble de camps où furent procédés des gazages massifs de prisonniers (dont 500 Espagnols) dans le cadre de l'Opération T4, il n'en demeure pas moins que ceux-ci furent antérieurs à la mise en place de l'extermination au gaz des populations juives. S'il y a bien eu extermination par le travail et par asphyxie, il n'y a pas eu génocide. Mauthausen n'est pas Auschwitz.

D'autre part, l'amalgame entre la mémoire de Mauthausen et celle de l'exil républicain est opérée dès 1977. Il ne rend cependant pas compte de la diversité de la déportation espagnole qui recouvre certes des prisonniers de guerre ex-combattants républicains mais aussi des civils espagnols, parfois des mineurs, et à partir de 1942, des résistants. Ainsi, contrairement à ce qu'affirme l'Amicale de Mauthausen, tous les déportés espagnols ne sont pas des combattants républicains. On peut parler d'une *mauthausenisation* de la mémoire républicaine.

Ce double phénomène se traduit par une première vague d'inaugurations de monuments en souvenir de Mauthausen qui naît en Catalogne en 1978 (Fig. 1 et 2). La légende du monument barcelonais (1987) indique : « Als barcelonins morts als camps d'exterminació nazi » alors que ce dernier terme est en général réservé aux lieux où périrent les Juifs. Ces inaugurations précoces s'étendent ensuite à l'Aragon, à l'Andalousie et à Madrid, selon une géographie qui correspond plus ou moins à l'origine des déportés espagnols.

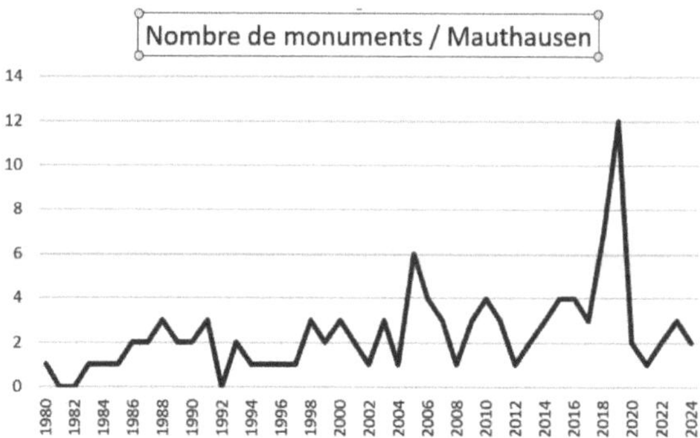

Fig. 1.– Nombre de monuments à Mauthausen-Gusen inaugurés en Espagne entre 1980 et 2024.

FIG. 2. – Emplacements des monuments à Mauthausen-Gusen entre 1978 et 2024.
(● : entre 1978 et 1989 ; ● : entre 1990 et 1999 ; ● : entre 2000 et 2009 ;
● : entre 2010 et 2019 ; ● : entre 2020 et 2024).

Mais cette assimilation rend difficile la reconnaissance de la mémoire de la déportation par la jeune monarchie : en février 1978, Juan Carlos en visite en Autriche fait apposer une couronne au monument de Mauthausen ne mentionnant pas les républicains. En novembre 1983, Felipe González s'y rend. La mémoire de Mauthausen demeure donc en marge de l'histoire de la démocratie espagnole qui tend à nier le rôle de la résistance républicaine au nazisme au nom du consensus politique. Ce vide laisse paradoxalement toute la place à l'Amicale de Mauthausen pour s'identifier pleinement à la mémoire néo-républicaine. Entre 1983 et 2005, aucune autorité espagnole ne visite à nouveau le camp.

La mémoire de la Shoah, matrice de la mémoire républicaine

Le paysage mémoriel espagnol connaît à partir de 1995 un profond bouleversement à la faveur d'une critique du modèle de la transition. La communauté juive espagnole participe à son tour au mouvement mondial de recomposition de l'identité juive autour de la Shoah. Ainsi, en 1995, est inauguré le premier monument à la Shoah d'Espagne, à Barcelone, au Fossar de la

Pedrera, lieu de martyr des opposants à la dictature (Fig. 3)[4]. Cela met l'Etat espagnol en porte-à-faux.

FIG. 3. – Monuments dédiés aux Juifs exterminés dans les camps nazis (1995). Source : Ricard Conesa.

Dans un premier temps, l'État espagnol, sur la défensive, cherche dans les années 1990 à se disculper de toute responsabilité dans la destruction des Juifs d'Europe. Lors d'un voyage en Grèce en 1998, le roi reprend le mythe franquiste, historiquement infondé, d'une Espagne salvatrice de Juifs pendant la Seconde Guerre mondiale[5]. Au cours des années 1980 et 1990, l'État revendique le statut de « pays des Justes » et finit par admettre la « responsabilité indirecte » de l'Espagne, mais sans réparations. Mais comment assumer la mémoire de la Shoah sans assumer la mémoire néo-républicaine qui lui était désormais attachée ?

En effet, la *mauthausenisation* de la mémoire néo-républicaine a continué, comme en témoigne l'extension géographique des monuments dédiés aux camps de Mauthausen-Gusen en Espagne (Fig. 1 et 2)[6]. L'Amicale multiplie

---

[4] CONESA, Ricard (2022), *La ciutat que recorda. Memòries de guerra i dictadura a l'espai públic de Barcelona, 1975-2002*, Barcelona, Universitat de Barcelona, p. 309.

[5] On estime de 20 à 30 000 le nombre de réfugiés juifs en transit en Espagne pendant la Seconde Guerre mondiale. Même si le franquisme n'a pas poursuivi les Juifs pour des raisons « raciales », sa politique d'accueil fut irrégulière, parcimonieuse, soumise à contingentement et conditionnée à un transit notamment organisé par des ONG états-uniennes.

[6] GARCÍA ROVIRA, Ana (2010), « Mauthausen: pasado, presente y memoria, un juego de contraste », dans Carmen FRÍAS CORREDOR, Pedro RÚJULA & Alberto SABIO (éds),

les initiatives commémoratives qui visent à assimiler Auschwitz, Mauthausen et la répression franquiste autour du 5 mai, anniversaire de la libération de Mauthausen. C'est pourquoi en 2006, elle changea de nom : d'*Amical de Mauthausen y otros campos de concentración nazis*, elle devient l'*Amical de Mauthausen y otros campos y de todas las víctimas del nazismo de España*[7].

Parallèlement, les communautés juives d'Espagne promeuvent plusieurs monuments à la Shoah dont le récit sert de matrice à l'histoire de Mauthausen en particulier, et à celle de tous les réprimés du franquisme en général. Le nombre de ces monuments reste toutefois limité : 11 à ce jour (Fig. 4). En 2007 à Madrid, le roi inaugure un monument national à la Shoah dans le Jardin des Trois Cultures : « En memoria de los seis millones de judíos asesinados durante la Shoá por la barbarie nazi, así como de las víctimas españolas, gitanas y otros colectivos igualmente asesinados en los campos de exterminio », formule qui ne distingue pas les déportés raciaux des autres déportés (et donc les camps d'extermination des camps de concentration), sans reconnaître pour autant la mémoire néo-républicaine.

FIG. 4. – Emplacement et dates des monuments à la Shoah ente 1995 et 2024.

Carlos Forcadell: A propósito de la Historia, Zaragoza, Diputación Provincial de Zaragoza-Institución Fernando el Católico, pp. 350-358.

[7] C'est nous qui soulignons.

Un amalgame mémoriel

En 2000, la Communauté autonome de Madrid célèbre un acte d'hommage le 27 janvier, anniversaire de la libération du camp d'Auschwitz. La droite espagnole est la première à revendiquer la mémoire de la Shoah. En 2004, le gouvernement socialiste de Zapatero institue cette journée en *Día oficial de la memoria del Holocausto y prevención de los crímenes de la Humanidad*, comme d'autres pays d'Europe à l'époque. Le terme d'« Holocauste » recouvre ici « Auschwitz » mais plus vaguement, tous les autres camps et possiblement, les victimes de la répression franquiste en Espagne.

En effet, la lecture de l'histoire que l'Amicale a forgée s'impose aux Cortes le 27 janvier 2005. Le président de l'Amicale de Mauthausen, Enric Marcó, y ose un parallèle risqué entre le destin des Juifs et celui des républicains : « Le peuple juif, qui souffrit tant, put créer sa propre patrie. Nous pas »[8]. En fait, la répression des républicains prétend être à l'Espagne ce que la Shoah est au reste du monde. La mémoire de la Shoah est bien devenue la matrice narrative de la mémoire néo-républicaine.

La célébration de la Journée de l'Holocauste par l'État est le creuset où des mémoires au départ distinctes se fondent en un vaste martyrologe. En 2005, Zapatero célèbre le 70e anniversaire de la libération de Mauthausen en présence de l'ambassadeur d'Israël en Espagne et du grand rabbin de Madrid : Mauthausen est une fois de plus associé au paradigme auschwitzien au mépris de toute réalité historique. Lors cette visite en Autriche, le chef du gouvernement salue la célébration de « *notre fin* particulière de la Guerre mondiale ». L'année suivante, le roi et le chef du gouvernement commémorent le « Jour de l'Holocauste » au son de chants sépharades en mêlant l'hommage aux Juifs exterminés, aux Espagnols morts dans les camps nazis, aux Tsiganes et aux Justes. Vaste programme !

En définitive, la Journée de l'Holocauste est l'aboutissement d'une évolution qui embrasse indistinctement la mémoire de la Shoah, celle des déportés de Mauthausen, celle des victimes du nazisme et celle du franquisme dans une sorte d'amalgame mémoriel. Si la mémoire de la Shoah a ouvert la timide reconnaissance institutionnelle de la mémoire républicaine, le processus de *mauthausenisation* de la mémoire républicaine a fini par englober tous les républicains réprimés en Espagne entre 1936 et 1975. Désormais, l'intrication des mémoires est totale et le terme d'« Holocauste » sert de liant.

---

[8] Baer, Alejandro (2001), « Los vacíos de Sefarad. La memoria del Holocausto en España », *Política y Sociedad*, 48 (3), pp. 501-518.

Conclusion : une mémoire-*donuts* ou comment célébrer l'Holocauste sans la Shoah ?

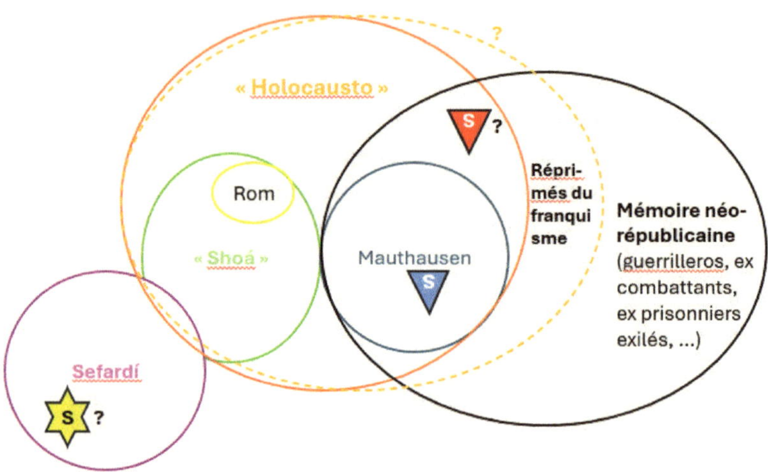

FIG. 5. – Les mémoires de l'Holocauste et de la Shoah en Espagne aujourd'hui. (légende : triangle rouge = déportés politiques espagnols ; triangle bleu = déportés espagnols à Mauthausen-Gusen ; étoile jaune : Hispano-Juifs des Balkans).

La culture de la mémoire de la Shoah, globalisée à l'échelle de l'Europe, est longtemps demeurée un corps étranger à l'Espagne. Le terme inclusif d'« Holocauste » sert à englober toutes les victimes du nazisme et du franquisme. Il est utilisé comme une métaphore de nombreuses souffrances, une hyperbole plastique qui inclut les Juifs sépharades, les républicains, les résistants espagnols, les gitans, les homosexuels, etc. En revanche, le terme de « Shoá », plus exclusif puisqu'il ne commémore que les victimes juives, voire rom, est délaissé, comme en témoigne le nombre restreint de monuments à sa mémoire.

En Espagne, les limites de ce que les Espagnols entendent par « Holocauste » et « Shoah » — termes non équivalents dans ce cas — sont donc particulièrement mouvantes. Elles varient dans le temps, comme on a vu, et dans l'espace, certaines régions se montrant plus sensibles que d'autres — la Catalogne par exemple. Elles varient surtout en fonction des orientations idéologiques : à grands traits, la gauche élargit le terme d'« Holocauste » jusqu'à comprendre Mauthausen et possiblement, toutes les victimes du franquisme dans la péninsule. Ce faisant, elle pose l'expérience espagnole en prémisse de l'expérience européenne : en mai 2004, le président de l'Amicale déclare significativement que les Espagnols furent « les premiers défenseurs de la liberté et de la démocratie en Europe face au fascisme ». La droite, au contraire, en restreint la portée à la seule Shoah, afin d'exclure Mauthausen et surtout les victimes du franquisme, manière de disculper la dictature en la distinguant moralement du nazisme.

Ces lectures impliquent des choix et des oublis : ainsi, la mémoire des Hispano-Juifs des Balkans, livrés à l'extermination nazie en dépit de leur nationalité espagnole acquise dès 1924 est passée sous silence, ce qui ne manque pas d'être paradoxal s'agissant des seuls Juifs de nationalité espagnole assassinés lors de la Shoah. De même, la place de la mémoire des triangles rouges est devenue ambiguë. On peut appeler mémoire-*donuts*, cette mémoire espagnole de l'Holocauste où celle de la Shoah joue un rôle central en tant que matrice narrative mais a une place marginale en tant que célébration.

Mélanges de la Casa de Velázquez. Nouvelle série, 54 (2), 2024, pp. 389-397. ISSN : 0076-230X.

Claiming the presence of the disappeared. The *Glorieta de las y los Desaparecidos* as a site of contestation and appropriation in urban space

Ulrike Capdepón
Universidad de Guadalajara

As a consequence of the spiral of violence sparked by the "war on drugs" since 2006 and the ongoing crime crisis in Mexico, more than 115,000 persons are currently disappeared according to official governmental data[1]. In the face of impunity for these crimes and the lack of public victim's recognition, this contribution draws attention to a memorial in Guadalajara, the second biggest metropolis in Mexico. By analyzing the struggles for remembrance in urban space, denouncing forced disappearance, the case study of the *Glorieta de las y los Desaparecidos* ("Roundabout of the Disappeared") serves as an example for the construction and re-interpretation of this imposing memorial, illustrating the symbolic force that statues and monuments continue to have as manifestation of history and their constant re-signification in urban space.

This article aims to contribute to a growing field of research that puts memorials for the disappeared and the struggles and difficulties for their representation at the center of the analysis. The organizations of relatives and search collectives have added the often-ephemeral intervention in public space or creation of memorials as a vehicle of public memory to their

[1] Registro Nacional de Personas Desaparecidas y No Localizadas: https://consultapublicarnpdno.segob.gob.mx/ [05/08 /2024].

Pour citer cet article / Para citar este artículo / To quote this article

Ulrike Capdepón, « Claiming the presence of the disappeared. The Glorieta de las y los Desaparecidos as a site of contestation and appropriation in urban space », *Mélanges de la Casa de Velázquez. Nouvelle série*, 54 (2), 2024, pp. 399-407.

central protest forms. Thus, analyzing the multiple historical and artistic layers of these sites and current memory struggles allows us to understand the difficulties and challenges of representing disappearances. The relationship between conflicting narratives about the disappeared, and particularly how these narratives interact in a political context of almost total impunity, demonstrates the prominent role grass roots activism has in countering the often stigmatizing and discriminatory official narratives around the disappeared, expressed in symbolic interventions.

FIG. 1. – *The Roundabout of the Disappeared*

The Roundabout of the Disappeared in Guadalajara

Our example is geo-located in a central square, officially called *Monumento de los Niños Héroes* («Monument to the Heroic Children»), situated where Chapultepec Avenue—one of the busiest streets in the city and the center of nightlife and distraction, full of restaurants, bars and nightclubs,—intersects with the Avenues of the Heroic Children and of Mariano Otero. There are also life-size statues of soldiers installed along the avenue commemorating the six *Niños Héroes.*

On March 24, 2018, about three thousand people attended a protest march at the traffic roundabout of the *Niños Héroes*-monument, among them students, relatives and members of search collectives of the disappeared. The reason was the disappearance of three students five days before, —Javier Salomón Aceves Gastélum, age 25, Marco Francisco García Ávalos, age 20, and Jesús Daniel Díaz García age 20, as well—all of them from the Universidad de Medios Audiovisuales (CAAV), the Cinema School, located only a few blocks away from the memorial. While this is not the place to go into detail about their disappearance that involved the *Cartel Jalisco Nueva Generación* (Jalisco Cartel New Generation, CJNG) in Tonalá, where the film students had been working on a movie project, it is presumed that they were mistaken for members of the competing local drug cartel. Their bodies were never found and, according to the official narrative, were dissolved in sulfuric acid, leaving no trace of their human remains.

Their disappearance generated a series of unprecedented protests—12 marches within 27 days—that prompted civil society to re-appropriate and rename the monument. During the marches, the demonstrators put up a banner with the legend *Glorieta de las y los Desaparecidos*, and the name was even altered on *google maps.*

FIG. 2. – *Statue of Cadet Fernando Montes de Oca*

Various mobilizations, starting with those that arose with the Ayotzinapa-movement to the feminist march of the 8-M (8th March), followed by the disappearance of the film students, and many other protests, have historically had this plaza as a starting or ending point. After the disappearance of the 43 *normalistas* of Ayotzinapa, that had occurred in September 2014, the case of these three students once again placed young people as main target of enforced disappearances in local and national media. The protests after the disappearance of the three students generated a specific slogan, the hashtag *#NoSonTresSoMosTodos* ("It's not just the three of them, it's all of us"), an iconic phrase with which thousands of young people recognized and identified as possible victims of enforced disappearance, expressing their solidarity[2]. The experience of the re-appropriation of the Roundabout of the Disappeared has been a united effort thanks to the relentless work of the mothers and the collectives searching for their loved ones, together with students, but not without dispute: not only have conflicts arisen between different search collectives and their memory practices, but they are constantly subjected to surveillance by the police, being accused of vandalizing the monument.

Fig. 3. – Cadetes Memorial

[2] Franco Mígues, Darwin (2018), «#NoSonTresSomosTodos: jóvenes, las principales víctimas de desaparición en México», *Análisis Plural*, 1, pp. 217-229.

Mélanges de la Casa de Velázquez. Nouvelle série, 54 (2), 2024, pp. 399-407. ISSN : 0076-230X. © Casa de Velázquez.

The official history of the monument

In order to understand the changed meaning, it is necessary to go back into the history of this massive statue. The *Monumento de los Niños Héroes*, built in 1950, represents one of the most important national myths of Mexican history: the six young cadets who defended their country against the invasion by the US-army. At the bottom from a wide circular esplanade with two ramps, a column of approximately 50 meters is visible from afar. At the top of the stele we find an allegorical representation of the homeland, the female-maternal figure, that symbolizes this historical episode of the national heroic history. At the base of the monument, there is a sculptural group of young soldiers in bronze, representing the six cadets, one of them is carrying a Mexican flag with an inscription: "They died for the Homeland", with the name of each of them engraved.

Fig. 4. – *Representation of the* Patria

As stated above, in its original meaning, the Monument to the Heroic Children refers to a myth important for Mexican patriotic identity and represents the heroism of teenage soldiers who died defending the honor of the homeland against the US-invasion. The official narrative tells us about the braveness of some teenage cadets, between 14 and 20 years old, close to the age of the three film students, who disappeared 171 years later. According to the national myth, on September 13, 1847, the Chapultepec Castle in Mexico City was attacked by the US-army during its advance on the city. The castle was defended by some cadets of the Military College, which at that time had its headquarters there. In the end, however, the US-army ended up taking Chapultepec Castle, although despite the defeat, the bravery of the six cadets became a myth of heroism, exalting their sacrifice. Until today, the Niños Héroes are commemorated in different monuments throughout Mexico, giving names to multiple squares in many cities and have been the effigy on stamps and Mexican peso bills and coins, establishing a historical myth that has been taught for more than a century over and over again in schools[3].

To this narrative of the patrimonial heritage of Mexican history, since March 2018, the memorial in Guadalajara adds a new layer: A subaltern meaning that reclaims remembering the voids left by the drug cartel violence of the current unofficial war, establishing links between these historic teenage heroes and the men and women who disappear today at the hand of drug cartels, by asking whether the disappeared are a kind of silenced and forgotten group of young, victimized heroes, officially considered as "collateral damage"—as former Mexican president Felipe Calderón (2006-2012) has once called them, as part of his State project[4]—referring sarcastically to the escalation of violence and disappearance unleashed during his administration.

Different forms of contested commemoration

Apart from their local anchorage, the demands of memory and justice have gained greater prominence on a global scale in the last years, when we have witnessed waves of dismantling of statues worldwide. In what follows, an attempt at categorization is made to untangle the terminology of commemorative forms, particularly of disappearances in current Mexico, that is for sure not exhaustive, but that is presented here for discussion, as a brief classification.

[3] Chávez Aguayo, Marco & Daniel Ramírez Silva (2023), "La Glorieta de las y los Desaparecidos. Patrimonio complejo y contestado de Guadalajara, México", in María Elena Bedoya Hidalgo *et al.* (eds.), *Comunidades digitales, museos e historia pública*, Bogotá, pp. 259-300, 270-73.

[4] Vargas, Isaac (2020), "Imágenes y espacios de la desaparición en la guerra contra las drogas desde Guadalajara (México)", *Artefacto visual*, 5 (10), pp. 93-106, 102.

First of all, the dominant and established concept in Mexican debates about current urban intervention as protest is that of the (1) anti-monument defined as a constructed memorial, typically placed during a popular march or protest, that seeks to remember a recent violent event or to claim justice for crimes to which the government has not given a satisfactory response. By drawing attention to social grievances, it can be understood as a claim directed against State violence and impunity.

The case of the Roundabout of the Disappeared can be understood as a form of (2) appropriation of territorial markers where, as in this case, plaques, banners or posters of the disappeared are installed at an already existing memory site, which search collectives also place all over the city that often are taken away almost immediately by the authorities. The (3) re-signification, as in the case of the Glorieta de las y los Desaparecidos, when a new meaning is added, for example through a name change or symbolic intervention, needs to be differentiated from forms of iconoclasm or dismantling of statues in the sense of its destruction, since in our case, the monument itself remains intact. Re-signified spaces, denouncing enforced disappearance similar to the Glorieta, were also installed in Mexico City and Monterrey. Often, these forms of re-semantization include (4) interventions, such as graffiti, performance, or spontaneous assemblies, that are associated with ephemeral ways of commemoration, as protest marches and demonstrations, which can be related to certain (5) commemorative dates that ritualize the protest over the year. For example, Mexican women and mothers organized in search collectives, have redefined Mother's Day, on May 10, by turning it into a day of protest at the Glorieta. Additionally, on August 30, the international day against forced disappearance, massive marches take place here.

This quick overview—surely incomplete—seems useful when trying to contextualize the Roundabout of the Disappeared within the mosaic of urban markers, a phenomenon with globally recognizable aesthetic forms of memory work and protest practices, which travel and circulate transnationally, having their symbolic origins in the resistance against the military dictatorships in Southern Cone of Latin America, as for instance the ostensibly displayed photographs of the disappeared.

Re-signification as a strategy of counter memory

Within their massive protests, people began to place banners and features with photos and data of the disappeared persons of not only Guadalajara, but the State of Jalisco, at the monument. This change in the meaning in public commemoration established a counter memory "from below", relatives of disappeared from all over Jalisco have permanently appropriated the space.

FIG. 5. – *Images of the Disappeared at the laterals of the* Glorieta

The images—which often show the disappeared persons cheerfully in everyday situations—are a powerful tool of visualization and mobilization as an attempt of re-humanization. They are also a way to raise empathy and to increase solidarity, in order to pressure the Mexican authorities to act. Visual images are in essence the tool used in public space to question the underlying logic of disappearance, challenging the notion of a "disposable person" that deserves to disappear, blaming the victims and denying the State's responsibilities.

People have taken the memorial to transform it and denounce the current humanitarian catastrophe that is affecting the social fabric as a whole. The monument erected to honor the Niños Héroes, now commemorates victims, that so far have been excluded from official memory culture: the disappeared who have lost their lives at the hands of a crisis of violence and inequality, without these crimes having been properly and effectively investigated, prosecuted and punished nor being officially recognized. The protests converted the monument into a contested heritage site: on the one hand, with the layer of the institutionally authorized meaning of celebrating the national Independence and, on the other hand, a new meaning that emerged from social resistance, denouncing current enforced disappearances.

When in Guadalajara the memorial dedicated to the memory of the historical teenage soldiers has been re-signified, this change has not occurred institutionally, but arose spontaneously by actions of civil protests, denouncing the multiple disappearances which point to the action of criminal drug trafficking groups, and the complicity of different levels of government with those crimes. Grass roots protests intervened in the appearance of the monument, turning it into a contested urban space, a memorial under permanent construction, as the violence is still ongoing and the number of disappearances increases.

The memorial has become a meeting point to demand the search for the disappeared as relatives have symbolically appropriated it to demand truth and justice. In this way, the re-signification of the space becomes a performative, continuous process, together with tools and repertoires of collective mobilization. Relatives of the disappeared have permanently re-signified the memorial, showing that at any time—depending on the political context of the present—monuments can be questioned, re-appropriated and re-politicized.

Fig. 6. – *Intervention of the search collective* Luz de Esperanza "*The disappeared are missing to all of us*" (June 2024)

Mélanges de la Casa de Velázquez. Nouvelle série, 54 (2), 2024, pp. 399-407 ISSN : 0076-230X.

La iconoclasia anticolombina en las Américas: de la glorificación al odio

David Marcilhacy
Sorbonne Université, CRIMIC

EL CULTO a los héroes tiene un largo recorrido, aunque adquirió nuevos significados durante el siglo XIX: los padres de la patria y hombres ilustres ofrecían a la sociedad los valores, ideales y aspiraciones de sus promotores. Entre estas figuras se contaban algunos héroes transnacionales, que remitían a cierta idea de universalidad y/o se reverenciaban en varios países. Un caso paradigmático lo constituye Cristóbal Colón: en ambas orillas del Atlántico, el culto al llamado «descubridor» de América acumuló, a partir del XIX, abundantes manifestaciones en la estatuaria pública. El IV centenario de 1892 dio lugar a una auténtica «colonmanía», una adulación sin límites que contrasta con la actual ola destructora de los monumentos dedicados al «almirante de la Mar Océana».

Icono y emblema de la empresa de colonización, Colón fue elevado a la categoría de héroe por el romanticismo, que ponderó su genio excepcional, su carácter aventurero y su final trágico. Por su origen supuestamente genovés, sus servicios a la Monarquía hispánica y sus exploraciones, Colón se erige en figura universal, vinculada con las ideas de progreso y modernidad. Entre sus innumerables monumentos, los de Lorenzo Bartolini en Génova (1846-1862) y Salvatore Revelli en Lima (1860) encarnan su arquetipo iconográfico. En ambos casos, Colón aparece erguido, imponente con su poder y su ciencia, mirando al horizonte; a sus pies, América, una mujer indígena desnuda, se muestra vulnerable y sometida. Según esta visión eurocéntrica y paternalista, el hombre europeo lleva la civilización a un continente semivirgen, salvaje pero dócil. Una narrativa colonial que se ha perpetuado hasta hoy.

POUR CITER CET ARTICLE / PARA CITAR ESTE ARTÍCULO / TO QUOTE THIS ARTICLE

David MARCILHACY, « La iconoclasia anticolombina en las Américas: de la glorificación al odio », *Mélanges de la Casa de Velázquez. Nouvelle série*, 54 (2), 2024, pp. 409-414.

Desde el V centenario en 1992, no obstante, se ha cuestionado el significado y la legitimidad de este referente occidental en el espacio público americano, al ser considerado por múltiples colectivos una reminiscencia colonialista y racista. De ahí que muchas de las estatuas que lo homenajean hayan sido objeto de vandalización o iconoclasia, especialmente en Estados Unidos y América Latina. En plena expansión, este fenómeno plantea interrogantes: ¿qué revelan las diversas formas de iconoclasia anticolombina? ¿Cuáles son los factores que motivan esta desacralización? El Colón de piedra y bronce constituye un personaje-pretexto, a través del cual se abordan de modo crítico no solo el pasado colonial, sino también cuestiones candentes que recorren las sociedades referidas[1].

Del V Centenario a Black Lives Matter, la furia iconoclasta como fenómeno globalizado

Desde hace una década, y con mayor intensidad desde 2020, se ha globalizado la llamada «furia iconoclasta». Por ejemplo, contra las estatuas de Leopoldo II en Bruselas, del traficante de esclavos Edward Colston en Bristol o de generales confederados en el sur estadounidense. Este fenómeno arrancó tras la absolución en 2013 de un policía por la muerte del adolescente afroamericano Trayvon Martin, origen del movimiento *Black Lives Matter*, que cobró fuerza con el asesinato de George Floyd en 2020. La gravedad y reiteración de esta policial reabrió la herida racial en Estados Unidos, pero también el debate sobre la simbología en el espacio público. Los ataques se centraron primero en los emblemas de la esclavista América confederada, pero pronto se extendieron a otros asociados al colonialismo, como Cristóbal Colón, la reina Isabel la Católica o fray Junípero Serra, fundador de misiones en California. Desde 2008 hasta fines del 2021 se eliminaron cuarenta estatuas de Colón en Estados Unidos, una tercera parte del total. Ese patrimonio disonante confronta memorias conflictivas, de manera que el «descubridor» sirve para abordar causas actuales, como el antiracismo, la defensa de los inmigrantes, el feminismo o el anticapitalismo.

En América Latina, la polémica empezó mucho antes que *Black Lives Matter*. En torno al V Centenario aparecieron los primeros movimientos que cuestionaban la celebración de la epopeya colombina. Recuérdese la polémica sobre el nombre de la celebración: frente al concepto eurocéntrico de «descubrimiento», se eligió la expresión eufemística de «encuentro entre dos mundos». Y esta tampoco resultó consensual, pues diversos intelectuales y colectivos cuestionaban la legitimidad misma del aniversario, sinónimo para ellos de la extinción de brillantes civilizaciones y del inicio de la explotación

[1] Agradezco a Javier Moreno Luzón sus consejos para la versión definitiva.

del continente. Mientras florecían términos como «etnocidio», «genocidio» o «masacre indígena», el 12 de octubre de 1992 dio lugar a los llamados contrafestejos del V Centenario, protagonizados por organizaciones indígenas: en toda América Latina hubo protestas multitudinarias por los «500 años de invasión»[2]. En la Ciudad de México, se concentraron en el emblemático monumento a Colón del Paseo de la Reforma: jóvenes de cabelleras erizadas le colocaron una manta con el rótulo «V Centenario de la masacre indígena», cubriéndolo de pintura roja y amarilla y gritando lemas como: «Repudio al conquistador».

Desde entonces, este tipo de iconoclasia se ha convertido en un ritual de contrafestejos cada 12 de octubre. Tanto desde la academia como desde los movimientos indígenas, campesinos y anticapitalistas, denunciaron el legado de la «conquista» y el colonialismo europeo. Como respuesta, varios gobiernos latinoamericanos, once en total, revisaron la denominación oficial de la fiesta, conocida como Día de la Raza o Día de Colón, para dar cabida a una pluralidad de memorias.

Algunos líderes regionales han recogido el rechazo social a Colón para movilizar a sus propios partidarios. En 2002, el presidente venezolano Hugo Chávez renombró el 12 de octubre como Día de la Resistencia Indígena. Dos años después, jóvenes chavistas perpetraron un singular acto de iconoclasia, sometiendo a un juicio público la estatua a Colón situada en la Plaza Venezuela de Caracas: autodenominados *Tribunal Popular de la Pachamama*, la acusaron de «genocidio de las poblaciones amerindias hace 500 años» y, en una sesión televisada, la condenaron a «no ser más idolatrada» y ser derribada. Como en otros casos, la dramaturgia adquiere importancia: la efigie fue atada por el cuello y sacada de su pedestal por un camión, siendo increpada por la muchedumbre y arrastrada hasta ser colgada ante los transeúntes, mientras centenares de indígenas realizaban bailes tradicionales. Todo «un acto de justicia simbólica» que recordaba a un linchamiento. La destrucción del icono se acompaña de rituales que dan sentido al acto iconoclasta y construyen memorias colectivas alternativas. El oficialismo integró el acto en su estrategia para aprovechar la fibra antiimperialista latente en muchas sociedades latinoamericanas. No es fortuito que el juicio a Colón coincidiera con el lanzamiento en 2004 de la Alianza Bolivariana para los Pueblos de Nuestra América (ALBA). Por las impactantes imágenes y su amplia cobertura mediática, la iconoclasia anticolombina contribuía al socialismo del siglo XXI, articulando posturas anticolonialistas, una proyección alternativa a nivel diplomático y una forma de oportunismo político.

En la última década, el movimiento *Black Lives Matter* ha dado lugar a una nueva ola iconoclasta globalizada, gracias a lo que Mauricio Tenorio Trillo

---

[2] «Contrafestejos en el 12 de Octubre», *El Tiempo*, 13 de octubre de 1992.

llama la «inmediatez cibernética»[3]. Desde la América andina hasta el Caribe, el ejemplo estadounidense resucitó prácticas nacidas en los años noventa. En Chile, la noticia de que aumentaba el precio del transporte de Santiago en 2019 disparó un estallido social en el que se dañaron unas sesenta estatuas, entre ellas las de Cristóbal Colón y de otras figuras coloniales. En Arica, la ubicada en la plaza Colón fue decapitada, un gesto simbólico que suele marcar un magnicidio o el triunfo sobre un enemigo político. En Bolivia, el monumento a Colón de La Paz fue objeto de pintadas y manifestaciones, hasta que en 2021 unos jóvenes aymaras, del Colectivo Wiphala, intentaron derribarlo. Además de ponerle una cuerda al cuello, atacaron su simbolización eurocéntrica lanzándole pintura negra al rostro y rompiéndole su nariz, emblemática del fenotipo caucásico. En Barranquilla la estatua de Colón fue derribada en 2021 bajo el grito de «¡Colón asesino!», mientras que en Bogotá, el municipio acordó desmontar preventivamente de sus pedestales las dos estatuas dedicadas a Colón e Isabel la Católica que recibían a los viajeros en la avenida El Dorado.

¿Furia irreflexiva o necesario contrarrelato?

Estas acciones se acompañan de intensas polémicas[4]. Sus detractores las definen como ataques al patrimonio, a la historia, al arte o a la identidad, y acusan de vándalos a los protagonistas de la «furia inconoclasta». Al cubrir los eventos, la prensa suele expresar una condena moral, equiparando el acto iconoclasta con un gesto bárbaro, ignorante y desprovisto de sentido... Sin embargo, el «vandalismo» parte muchas veces de un acercamiento crítico y reflexivo tanto al arte como a la historia, y posee una dimensión creativa. Como afirma Enzo Traverso, «la iconoclastia antirracista entraña una nueva conciencia histórica que inevitablemente afecta el paisaje urbano»[5]. El espacio público es el escenario de una permanente pugna entre intereses contrarios, una negociación para llegar a nuevas formas de convivencia. Para los militantes, se trata de revisar el relato histórico asociado a Colón, síntesis de la huella colonial en América. Los riesgos de este proceso consisten en abordar el pasado desde el presentismo y también desde la descontextualización, focalizando los ataques a un personaje, Colón, mientras se elude el racismo sistémico que existe hoy. Un relato tan simplista como el anterior.

---

[3] Tenorio Trillo, Mauricio (2023), *La historia en ruinas. El culto a los monumentos y a su destrucción*, Madrid, Alianza Editorial, p. 22.

[4] Vargas-Álvarez, Sebastián (2021), *Atacar las estatuas. Vandalismo y protesta social en América Latina*, Bogotá, Fundación Publicaciones La Sorda, p. 108.

[5] Traverso, Enzo (2020), «Derribar estatuas no borra la historia, nos hace verla con más claridad», *VientoSur*, 28 de junio.

Mélanges de la Casa de Velázquez. Nouvelle série, 54 (2), 2024, pp. 409-414. ISSN : 0076-230X.

El repertorio de acciones iconoclastas va desde la alteración de lo visible hasta su invisibilización total: grafitis, envoltura, *defacing*, derribo, destrucción parcial o total...[6] Las estatuas de Colón ilustran toda esta gama. El antropólogo Michael Taussig ve en estos actos un «drama de revelación», que vuelve visibles aquellos monumentos que, precisamente por formar parte de nuestro entorno habitual, se han vuelto invisibles. Cuando se remueven, su ausencia se percibe agudamente. Una idea que ilustra el monumento al descubridor genovés del Paseo de la Reforma, parte de un programa escultural al servicio de la historia nacional cuyos hitos son Cuauthémoc (pasado prehispánico), Colón (colonización) y el Ángel de la Independencia. El 10 de octubre de 2020, el Gobierno de la Ciudad de México, del partido Morena, decidió retirar la estatua, alegando su restauración. Al poco tiempo, se anunció su reubicación en un parque y su sustitución por una imponente figura de *Tlali* («tierra», en náhuatl): una cabeza monumental de inspiración olmeca, homenaje del artista Pedro Reyes a las mujeres indígenas. Esta opción inesperada suscitó la controversia, ya que suponía confiar a un artista blanco la representación de una indígena imaginaria, lo cual recordaba al indigenismo de mediados del siglo XX. Al quedar vacío el pedestal, la glorieta fue ocupada por un grupo de feministas, que colocaron en él la frágil silueta de madera de una niña con el puño en alto y pintada de morado. La calificaron de «antimonumenta», a semejanza de los memoriales que elaboraban los colectivos de mujeres o familiares de desaparecidas/os. De nuevo confluyen reivindicaciones anticolonialistas y feministas, articulándose batallas de distinta índole, de raza, historia y género. Pero este paseo, vitrina del relato histórico oficial, no podía ocuparse así: el municipio recurrió a una idea que juzgaba más consensual y decretó la colocación allí de una pieza prehispánica recién descubierta en las obras del Tren Maya: bautizada *La joven de Amajac*, representaba a una mujer indígena destinada a volverse lo que Tenorio llama «la Dama de Elche mexicana», pues se vinculaba a la tierra y a la fertilidad, símbolos de la indigeneidad de la nación.

De monumentos a documentos: resignificar las estatuas

Ante los interrogantes que plantea la destrucción pura y simple de las obras, el historiador Sebastián Vargas se pregunta qué hacer con las huellas monumentales del colonialismo, del fascismo o de la esclavitud, proponiendo conservarlos como testimonios materiales para conocerlos y aproximarnos a ellos críticamente: «La operación radicaría en poder despojarlos de su carga de glorificación, dejar de considerarlos como *monumentos* para pasar

[6] TILLIER, Bertrand (2022), *La disgrâce des statues. Essais sur les conflits de mémoire, de la Révolution française à Black Lives Matter*, Paris, Éditions Payot, p. 23.

a pensarlos como *documentos*»[7]. Propone dos estrategias para conseguirlo: la historia pública, como modalidad de investigación participativa que supone dialogar con la ciudadanía (mediante discusiones públicas en torno a estas obras), y la intervención artística, otra forma de resignificar dichos monumentos en diálogo con la sociedad.

El arte contemporáneo, a través de instalaciones, proyecciones o performances, es un modo de introducir nuevos relatos de memoria en el espacio común, evitando borrar los testimonios existentes, pero permitiendo su contextualización y su resignificación desde un cuestionamiento crítico. Una perspectiva que ilustra la obra «Encubrimiento», de la artista dominicana Joiri Minaya, situada en el casco colonial de Santo Domingo. Toma como objeto el conjunto escultórico que representa a la princesa taína Anacaona, colocada bajo los pies de Colón en actitud sumisa y escribiendo una alabanza al colonizador. La intervención consistió en la envoltura parcial del monumento, con una tela que tapaba a Colón y sólo dejaba visible a Anacaona. Así recubierto, propone una lectura nueva del pasado dominicano. En la descripción que hace de él, la artista comenta que «La obra es una intervención donde se arropa la escultura con un lienzo de tela diseñado con imágenes de plantas medicinales, rituales y venenosas, que eran utilizadas por las y los taínos, [...] y por las y los africanos esclavizados en su lucha contra el colonizador», símbolos de la resistencia que forman parte de la cotidianidad dominicana[8].

El carácter efímero de la intervención expresa una forma de antimonumentalidad que se opone a la permanencia del monumento, concebida como la expresión brutal de una dominación[9]. Frente al riesgo de reduccionismo o de simplificaciones históricas, estas mediaciones artísticas procuran no borrar aquellos pasados «incómodos», sino reflexionar en torno al significado y a las huellas contemporáneas del colonialismo, responsabilizando al observador para dejar libre la expresión de la pluralidad de memorias y sensibilidades.

[7] Vargas-Álvarez, 2021, p. 117.

[8] «Artista Joiri Minaya encubre escultura de Cristóbal Colón y Anacaona», *El Mitin*, 18 de enero de 2021.

[9] Tillier, 2022, p. 151.

Mélanges de la Casa de Velázquez. Nouvelle série, 54 (2), 2024, pp. 409-414. ISSN : 0076-230X.

Isabel la Católica, o la reina chola y globalizada

Françoise Martinez
Sorbonne Université, CRIMIC

Se observa, en estas últimas décadas, una doble tendencia tanto entre los historiadores como entre los y las activistas de América Latina: por una parte, protestas contra símbolos o monumentos dedicados a figuras vinculadas al pasado colonial y que sirvieron mucho tiempo una historia oficial conservadora; por otra, una revisión de las historias nacionales con el fin de visibilizar la participación de grupos considerados subalternos, los tradicionales «olvidados» de las celebraciones y narrativas nacionales[1]. Esta doble tendencia se refleja en la historia poco conocida de la estatua boliviana de Isabel la Católica —obsequio de la comunidad española de Bolivia a la ciudad de La Paz en el primer centenario de la Independencia del país—, y en sus recientes resignificaciones[2].

Este monumento mucho tiempo intocado e intocable, en la plaza que lleva su nombre desde 1950, ha sufrido, en 2020, lo que algunos consideraron una degradación y otros una *performance*. Nos interesa analizar aquí esta labor de resemantización y resignificación destinada tanto a protestar contra lo que podía simbolizar el monumento a Isabel Primera de Castilla, como a visibilizar y exaltar un sector de la sociedad boliviana recién empoderado, el de las cholas paceñas[3]. La historia reciente de este monumento nos muestra que en

[1] Martinez, Françoise (2023), «Les "oubliés" des vitrines commémoratives», *Cahiers des Amériques latines*, 102 [http://journals.openedition.org/cal/18103 ; DOI: https://doi.org/10.4000/cal.18103].

[2] Una versión más larga de la investigación sobre la historia de la estatua está en curso de publicación en *Nueva Sociedad*.

[3] Con el vocablo se designa a mujeres mestizas, generalmente de origen aymara o quechua, que suelen usar una vestimenta tradicional, con polleras y sombrero.

Pour citer cet article / Para citar este artículo / To quote this article

Françoise Martinez, « Isabel la Católica, o la reina chola y globalizada », *Mélanges de la Casa de Velázquez. Nouvelle série*, 54 (2), 2024, pp. 415-421.

vez de seguir la línea de otros muchos, sucesivamente construidos, renovados y destruidos, este ha sido regalado, respetado y recientemente resignificado.

En la primera y segunda décadas del siglo XX, un nutrido grupo de naciones latinoamericanas celebraron el «centenario»[4] de su acceso a la independencia. Si bien las fechas elegidas podían remitir de hecho al inicio de una sublevación aquí, a una batalla ganada allí, o una primera declaración allá, estas «confusiones deliberadas»[5] permitieron legitimar la existencia de los nuevos Estados. Cuando Bolivia se prepara para celebrar el primer centenario de su independencia, en 1925, el país sale de dos décadas de estabilidad política, con gobiernos liberales cuya prioridad fue modernizar la nación según los criterios del momento. La ciudad de La Paz pasó por esa etapa de transformación y necesaria ostentación de su embellecimiento. Fue el momento de la incorporación de monumentos en el espacio urbano. El objetivo: revalorizar a los héroes en la memoria colectiva e insertarlos en la narrativa nacional exitosa que se buscaba promover a pesar de dos guerras perdidas (guerra del Pacífico 1879/1883-tratado de 1904; y guerra del Acre 1903). Este afán estatuario trató de visibilizar, en la ciudad, una historia nacional capaz de consolidar cierto orgullo patriótico.

Pero los proyectos escultóricos del momento centenario también se vincularon con la construcción de alianzas políticas, y armaron lo que Pablo Ortemberg llamó una «geopolítica de los monumentos»[6]. En Bolivia, las colonias extranjeras presentes regalaron obsequios, como pruebas de amistad y homenajes a Bolivia en la celebración de su fecha gloriosa. Dichos obsequios tenían una doble significación: retrospectiva, por una parte, ya que era mantener la memoria de la presencia de un país extranjero en el lugar celebrado; y prospectiva también, ya que se apostaba a buenas relaciones futuras entre dos Estados declarados «amigos». La prensa boliviana se alegró de mencionar las colonias que habían cumplido con el «cortés ofrecimiento» (*La República* 05/08/1926). Entre ellas, la colonia española, se había comprometido a entregar una estatua de Isabel la Católica. Si bien son muchas las que hoy en día se observan, tanto en España como en América, esta Isabel boliviana fue de las primeras en América, después de la que se instaló en Bogotá en 1909. La Sociedad Española de Beneficencia de La Paz decidió erigir y regalar un monumento a la Reina Isabel la Católica para «contribuir a que la raza iberoamericana, unida por fuerte y fraternal abrazo, marchara a

[4] En el sentido estricto de la palabra, la mayoría no había proclamado su independencia cien años antes. Cf. PÉREZ VEJO, Tomás (2010), «Presentación. Los centenarios en Hispanoamérica: la historia como representación», *Historia Mexicana*, 60 (1), t. 237, pp. 7 y ss.

[5] MARTINEZ, Françoise (2024), *Celebrando la nación. México y Bolivia en su primer siglo de vida independiente*, Madrid, Universidad Autónoma de Madrid.

[6] ORTEMBERG, Pablo (2015), «Geopolítica de los monumentos: los próceres en los centenarios de Argentina, Chile y Perú (1910-1924)», *Anuario de Estudios Americanos*, 72 (1), pp. 321-350.

la cabeza de la civilización» según las palabras de su promotor Emilio Bonel[7]. El comité español de La Paz respaldado por un comité boliviano establecido en Barcelona, encargó la obra al escultor balear Jaume Otero Camps.

FOTO 1. – Isabel la Católica, foto de Yolanda Barrientos Cortez, 2018, cc.licence + Detalle del bajorrelieve

En el pedestal de la estatua, es notable la alegoría de la concordia entre la monarquía española y la república de Bolivia que le da su significado al conjunto monumental. El apretón de manos centenario simbolizaba la amistad lograda entre ambos países a los cien años de la guerra que separó políticamente ambos territorios. Otero Camps representó a España con su corona rematada en pequeñas torres de Castilla y extendiendo un brazo protector y fraternal sobre el hombro de su antigua colonia. Bolivia aparece con el gorro frigio del acceso a la independencia y los fasces del pueblo constituido en República. El mensaje era claro y conforme a esos obsequios conmemorativos. La dificultad fue definir dónde se ubicaría la estatua. El Consejo Municipal había decidido, primero, colocarla en la parte centro-sur del eje

[7] «Discurso de Emilio Bonel», *El Diario*, 13/10/1927, p. 4.

troncal de la Avenida Arce que ya reunía varios monumentos, en la plaza denominada «del Óvalo». Pero en La Paz se generaron resistencias: primero porque esto implicaba el desarme de un jardín para niños recién instalado y nuevas obras públicas para poder trasladarlo a otra plaza; segundo, porque se consideró que dicho espacio debía reservarse para héroes más republicanos y más guerreros. El 11 de septiembre de 1926, un artículo de *La República* deploraba una «medida de ornato desacertada»[8] considerando que era preferible «un monumento verdaderamente tal» que «por su magnificencia» se merecería dicho lugar. Isabel, —¿por ser española? o ¿por ser mujer?— no calificaba. El cónsul reaccionó considerando que, si otros monumentos habían encontrado espacio en el centro, la Reina de las Reinas también se lo merecía. Se intercambiaron reclamos y protestas[9]. La pulseta se resolvió a favor del cónsul y la colonia española, y se aceptó que el parque infantil se trasladara a la Plaza Abaroa dejando el espacio libre para la estatua en el Óvalo. Allí se inauguró, dos años después de las celebraciones centenarias, como homenaje a «la memoria de la soberana que con clarividencia admirable hizo posible el descubrimiento de un mundo» y para «materializar el afecto de la colonia española a nuestra patria»[10].

Foto 2. – Plaza Isabel la Católica, foto de la Colección Arq Gismondi, compartida en *Fotos Antiguas La Paz*, cc.license

En los años 1950 la plaza recibió el nombre de Plaza Isabel la Católica. Lo que nos muestra el dato es que durante el proceso revolucionario del

[8] «Una medida de ornato desacertada», *La República*, 11/09/1926, p. 6.

[9] *Resoluciones Municipales. 1924-1928. Libro G, foja 131. In* Yujra Roque, Mario (2004), *La construcción del imaginario histórico nacional a través de la iconografía de monumentos 1900-1930*, tesis universidad Mayor de San Andrés (UMSA), p. 202.

[10] «Hoy será inaugurado el monumento a Isabel la Católica», *El Diario*, 12/10/1927, p. 7.

Movimiento Nacionalista Revolucionario (1952-1964), las referencias memoriales no estuvieron en conflicto. Agregaron algunas nuevas a las existentes, pero sin correr el riesgo de generar conflictos o tensiones cuando lo que buscaban ante todo era unidad nacional[11]. Y en 2016, el Consejo Municipal declaró la plaza y su monumento como patrimonio arquitectónico de la ciudad de La Paz (ley 186/2026).

Pero, el 12 de octubre[12] de 2020, varias activistas del colectivo *Mujeres Creando*[13] atentaron contra el monumento a Isabel la Católica, en particular lanzando pintura roja y vistiendo a la estatua con manta, pollera, bombín y aguayo.

FOTOS 3 y 4. – Isabel la Católica, fotos publicadas en Página «Verne», *El País*, 13/10/2020.

Al tiempo que resignificaron el monumento, también resignificaron la misma plaza bautizándola «Plaza de la chola globalizada». Un objetivo era sin duda romper con el cliché de la mujer chola encerrada en tradiciones coloniales, y asociándola más bien al mundo conectado del siglo XXI. Otro objetivo fue inscribirse, a raíz del movimiento *Black Lives Matter*, en la ola de protesta más generalizada que se plasmó, ese 12 de octubre de 2020, en reivindicaciones por toda América Latina, contra del colonialismo y la conquista de América.

---

[11] VINCENT, Nicolas & Pablo QUISBERT (2014), *Pachakuti: el retorno de la nación. Estudio comparativo del imaginario de nación de la Revolución Nacional y del Estado Plurinacional*, Sucre, PIEB.

[12] El 12 de octubre fue declarado día de la descolonización desde 2011.

[13] El grupo de las *Mujeres Creando* nace en 1992, como grupo feminista, liderado inicialmente por María Galindo y Julieta Paredes. Se han vuelto famosas en el país y fuera del mismo usando los grafitis y performances como modo de acción de su propuesta despatriarcalizadora, anticapitalista, antirracista y anticolonial.

En FaceBook los comentarios fueron miles. Muchos se indignaron ante los actos de un grupo vandálico, su falta de respeto a los monumentos patrios y los futuros gastos de la limpieza. Otros vieron una contradicción, pues para criticar la estatua española, se usaba la vestimenta de la chola, que no era sino otro legado de los españoles. Otros encontraron el *happening* artístico interesante con su propósito de que, por fin, un monumento reflejara al del pueblo. Otros, se molestaron, arguyendo que era una falta de respeto a la chola paceña, quien hubiera preferido que la dejaran en paz…

Nos parece útil aquí la tipología de William García Ramírez[14] para definir un panorama de prácticas descolonizadoras sustentadas en la convicción de que deshacer es el primer paso para un nuevo hacer. Si el primer objetivo que buscan esas prácticas es deshacer para reivindicar una causa, entonces dicho *happening* sí fue una acción performativa contra una narrativa colonizadora impuesta en el espacio público. Cuestionó valores impuestos y defendió que la estatuaria representara a la sociedad y a sus miembros. Puso de realce el lugar

de las mujeres indígenas-mestizas en la sociedad boliviana. La heroína, digna de admiración, al final era ella, con su cuerpo, su vestimenta, sus adornos.

Otra modalidad de esas prácticas es que deshacen para revertir un hecho o un relato. Aquí, en efecto, homenajearon a la mujer chola, quien sustituyó a la reina blanca. Como lo señaló María Galindo: «El colonialismo español trae la figura de la mujer blanca e instaura, en todo el continente, un modelo de mujer, de belleza y de virtud, un sujeto de feminidad muy específico que funciona hasta el día de hoy en las sociedades latinoamericanas. La mujer no blanca es, por excelencia, la fea, la no deseada, la destinada a los trabajos más baratos y duros»[15]. De modo que el *happening* alteró el significado y el sentido original del monumento anulando, parodiando y transformando esas normas del poder colonial.

El tercer objetivo de esas prácticas, según García Ramírez, sería deshacer para reconstruir una memoria. En el caso de la Isabel resignificada, no sólo se trató de darle un espacio a la mujer de pollera, sino de reconocer y valorar el espacio que ya ocupaba en la sociedad boliviana. Así se explica también el cambio de nombre de la plaza Isabel la Católica que pasó a ser «Plaza de la chola globalizada» combatiendo la idea falaz, según María Galindo, de que «la mujer indígena está aprisionada en la cultura originaria alejada del mundo». Y añade ella: «Entonces dijimos: chola sí, pero súpercosmopolita».

En el contexto político particular de octubre de 2020, tras la dimisión forzada de Evo Morales el año anterior, y con Jeanine Añez, presidenta interina muy cuestionada, la performance asumió un claro posicionamiento político. Algunos carteles, críticos ante la presidencia interina controvertida de

---

[14] García Ramírez, William (2023), «Deshacer para rehacer: arquitecturas frente a la decolonización», *Dearq*, 36, pp. 64-86 [https://doi.org/10.18389/dearq36.2023.08].

[15] «Un grupo de activistas interviene la estatua de Isabel La Católica», *El País*, «Lo mejor de Verne», 13/10/2020.

Jeanine Añez, proclamaban: «Ni Jeanine, por ser mujer, ni Isabel, con su poder, representan para las mujeres, libertad y placer». A esas reivindicaciones políticas se sumaron otras, más sociales como «Jubilación para las amas de casa ¡ya!»[16]. Isabel de Castilla, resignificada en chola paceña, se convirtió en un espacio adecuado para expresar nuevas demandas políticas y sociales.

Si bien en los años 1920, la estatua de Isabel la Católica pudo generar algunas reservas en cuanto a su ubicación, impresiona su mantenimiento y estabilidad a lo largo de un siglo. Ni la desplazaron ni la cuestionaron... hasta esta fecha reciente, en la que la intervención transgresora de las *Mujeres Creando* tuvo el mérito de generar un debate público sobre los significados de dicha estatua en la historia nacional y las representaciones colectivas. Las intervenciones y el debate se mantienen actuales, como lo han reflejado, este año 2024, las láminas metálicas de protección, colocadas en la base de la estatua, que acogen tanto las pintadas que repiten el nuevo nombre de la plaza de la chola globalizada, como las que buscan borrarlo.

FOTO 5. – Isabel la Católica, foto cortesía de Pablo Quisbert, 09/02/2024.

[16] «Feministas visten de chola a Isabel la Católica...», post del diario *Opinión*, 12/10/2020.

Una conversación multidisciplinar sobre memoria, historia y arte a propósito del Seminario Internacional: Construir, renovar y destruir monumentos. Identidades nacionales y movimientos transnacionales

Carolina Rodríguez-López dialoga con Nicolás Combarro y Fernando Sánchez Castillo

Carolina Rodríguez-López
Universidad Complutense de Madrid

Nicolás Combarro
Becario de doctorado artístico de la Casa de Velázquez-UPEC

Fernando Sánchez Castillo
Ancien membre artiste de l'Académie de France à Madrid

Durante un par de días, el 15 y 16 de febrero de 2024, en el inmejorable marco de la Casa de Velázquez, un grupo de especialistas de diferentes campos —historiadores, historiadores del arte, antropólogos, sociólogos…— estuvimos reflexionando sobre el valor de los monumentos, su presencia en las ciudades, las lecturas políticas que de ellos se desprenden, la incomodidad que generan, las apropiaciones que de ellos hacen los ciudadanos… sobre cómo son receptáculos de memoria, pero también emanaderos de recuerdos, experiencias, evocaciones familiares… Analizamos sus usos políticos, su inclusión en agendas que determinan

Pour citer cet article / Para citar este artículo / To quote this article

Carolina Rodríguez-López, Nicolás Combarro, Fernando Sánchez Castillo, « Una conversación multidisciplinar sobre memoria, historia y arte a propósito del Seminario Internacional: Construir, renovar y destruir monumentos. identidades nacionales y movimientos transnacionales. Carolina Rodríguez-López dialoga con Nicolás Combarro y Fernando Sánchez Castillo », *Mélanges de la Casa de Velázquez. Nouvelle série*, 54 (2), 2024, pp. 423-437.

debates públicos y que facilitan y/o imponen una narrativa concreta sobre acontecimientos y procesos del pasado. Atendimos a sus diseños y a sus construcciones, a las narrativas que los rodearon para sustentar su necesidad y que se han mantenido, reformulado, apropiado, rechazado, olvidado, reapropiado, silenciado... haciendo de cada caso, de cada monumento o conjunto monumental un artefacto vivo, manipulado en origen y, con el paso del tiempo, por las manos, las miradas y los pensamientos de quienes los han rodeado. Hemos aprendido sobre cada monumento, pero también hemos (des)aprendido tratando de despojarnos de lo que creíamos saber sobre ellos para, con una mirada nueva y fresca, enfrentar lo que también pueden decirnos sin que esa fuera su intención y vocación originarias.

Ninguna de estas reflexiones enumeradas aquí hubieran sido posibles sin el diálogo atento y la mirada esmerada de dos artistas reconocidos y celebrados, que contribuyeron con su obra y su palabra al encuentro descrito. El trabajo de Fernando Sánchez Castillo y el de Nicolás Combarro resulta, en este contexto, más que pertinente. Ambos, desde el arte y desde sus propios lenguajes, especialidades y aproximaciones, se han hecho y se hacen preguntas similares y complementarias a las que los historiadores nos hacemos cuando tratamos de analizar y dar contexto e interpretación a los monumentos que estudiamos. También sus y nuestras respuestas consiguen una especie de diálogo cruzado y superpuesto que ofrece, de nuevo, miradas que se fijan en elementos similares del proceso creador de estos espacios monumentales, en sus significados y consecuencias para la ciudadanía.

Antes de que las reflexiones que ahora se publican fueran redactadas, y de nuestra conversación in situ programada el 16 de febrero en el Seminario mencionado, pudimos visitar y contemplar, con la guía de ambos artistas, algunas de sus obras con contenido más cercano y atinente a lo que aquel encuentro planteó. Pudimos acercarnos, siguiendo la explicación de Fernando Sánchez Castillo a dos de sus obras que se encuentran en los jardines de la Casa de Velázquez. La primera, basada en el conjunto escultórico que sirve de recepción en la escalinata del Congreso de los Diputados en Madrid y la segunda que alude a las gestas de Godofredo de Bouillón. El artista describe los detalles del proceso creador, del mensaje que quería lanzar y de la lectura histórica a la inversa que, con su intervención, quería dar a las lógicas con las que monumentos consagrados se han mantenido fijos en el tiempo, sin ningún cuestionamiento. Con ese paseo por el jardín de la Casa de Velázquez comenzó nuestra conversación.
Carolina Rodríguez-López (CRL): ¿Fernando, podrías explicarnos las dos esculturas de tu autoría que podemos ver en los jardines de la Casa de Velázquez y por qué se encuentran instaladas allí?

Fernando Sánchez Castillo (FSC): Cuando entramos a la Casa de Velázquez, en el jardín frente a la fachada pero en un lateral en posición estable, vemos una estatua en la que percibimos su hosquedad. Parecen las zarpas y los restos de un animal, una fiera. En la base encontramos la leyenda «Fundido con los cañones tomados al enemigo en África». Su fecha, 1860, parece que coincide con las con las incursiones españolas en el actual Marruecos. Tan solo pueden ser fragmentos de los leones que presiden el Congreso de los Diputados como guardianes de la libertad de nuestro país. Nos hemos de hacer una pregunta de carácter ético. ¿Cómo esos cañones que defendían la soberanía de un pueblo sirven ahora para decorar la democracia de otro?

Fotografía 1. – Anamnesis. 2003
© Fernando Sánchez Castillo.

Seguramente esos cañones fueron vendidos en el norte de África, también por europeos para poder defenderse de los españoles y luego habían sido vueltos a la metrópoli y usados como trofeo y materia prima simbólica para ordenar y para construir esculturas llenas de significado propagandístico. Y eso funciona hoy en día. No en los siglos de mayor expansión del imperio, sino de los periodos de mayor decadencia y de mayor, digamos, decrepitud, es cuando se buscaba un enemigo más débil para señalar algún tipo de victoria. En realidad, a Marruecos se iba a extraer minerales, pirita, hierro, sobre todo. Las guerras previas del siglo xix no lo son ya por un motivo ideológico, sino que tienen una inclinación totalmente económica, no es el periodo en el que los grandes inversores generan las bolsas, las empresas, y los ferrocarriles. Se necesitaba un hierro barato y un hierro cercano. De todos estos símbolos, queda en el fondo una realidad: morían los más pobres de los españoles, claro, todos aquellos que no pueden pagar una cantidad de dinero con el que librarse de combatir. Es una historia de lógica capitalista: en África, si pagabas 1500 pesetas, sin importar la quinta en que te tocara, te podrías librar de ir a la guerra. Y eso se daba mucho entre las oligarquías. Se enmascaraban, con historias propagandísticas del nacionalismo en el fondo. Es la primera vez que estas grandes esculturas del siglo xix coinciden con una decrepitud moral o ideológica y también con un alza económica de los países y con oligarquía basada en los intereses económicos.

La segunda de las esculturas es la de Godofredo de Bouillón. Se construye en Bélgica, un país artificial creado para aislar a Napoleón entre los Países Bajos. Es un país que tiene también esa expansión colonial tardía en el siglo xix en África y necesita construirse un pasado mitológico también con base en la monarquía. A ello contribuye ese caballero de Bouillón, que fue el primer rey de Jerusalén y que era conocido por ser capaz de cortar por la mitad, tanto a judíos como a musulmanes. En 1870, más o menos, se construye esta escultura enfrente de la catedral y todavía sigue hoy día. Es decir, cuando estamos revisando todos el pasado colonial y la estatua de Leopoldo, por ejemplo, tenemos aquí la de este considerado héroe cuya metáfora se utiliza para cargarlo de legitimidad. La estatua a mí me parece técnicamente horrible, ya que obedece a las líneas más tradicionales del academicismo, pero hay una parte que es la más bonita, la cola del caballo. Y siempre esas partes, por ser poco importantes, son las que suelen hacer los asistentes de los artistas. Pensaba que esa cola era obra de otro escultor que no sería del mismo maestro. Es esa parte, sin duda, la más evocadora de la estatua. Mi trabajo consiste en salvar esa parte. Podemos investigar cómo objetos que se consideraban meramente decorativos del paisaje urbano, de repente, desde hace pocos años, comenzaron a suscitar el interés y el cuestionamiento popular. Creo que en ese sentido son como pequeños grandes juguetes que estaban puestos en ese espacio urbano para incitar cuestiones que creo que han servido para preguntarnos más cosas.

Fotografía 2. – *Water Plant Crusader*, 2005. Bronce 200x140x85 cms

CRL: Escuchando sus palabras, observamos cómo en la obra de Fernando Sánchez Castillo siempre emerge la crítica a los discursos monumentales, a los mensajes primeros y más evidentes que los monumentos buscan emitir, con el objetivo de cuestionar, reinterpretar y desarticular las imposiciones del poder, las formas en que el dominio se representa y reivindica. Sánchez Castillo se ha especializado en ofrecernos una aproximación personal y alternativa para algunos monumentos, bien sea en forma de intervención sobre monumentos ya existentes o de creación de otros nuevos con una lectura distinta, diferenciada y, en ocasiones, contraria al diseño original que le sirve de base. Las dos esculturas que visitamos de su mano y con su guía son una buena muestra de su interés por reescribir los acontecimientos históricos haciendo consciente al espectador, siempre considerado y tratado como ciudadano, de la complejidad y huella de ese monumento, pero también de las alternativas que, cuestionando el poder, podemos afrontar.

En el hermoso refugio que es la Casa de Velázquez, y al que se refería Sánchez Castillo, estuvo durante el curso 2023-2024 el artista Nicolás Combarro, quien durante el coloquio que dio lugar a esta conversación nos mostró su estudio-taller y el proyecto que desarrolló en la Casa.

Fig. 1. – ST. Campo de internamiento de Gurs (1939-45)
© Nicolás Combarro. 2023.

Nicolás Combarro (NC): En mi trabajo presento algunas de las obras que forman parte de mi actual investigación, con la que llevo ya 4 años, y que se centra en las formas arquitectónicas de la represión en la España franquista, contando también con los campos de internamiento o de concentración que se levantaron en Francia y que estuvieron sembrados de españoles que huían de la guerra y de la persecución y de la represión y donde estuvieron acompañados de prisioneros de otras nacionalidades, como consecuencia del decreto francés de 1938 para el internamiento administrativo de «extranjeros indeseables».

Mi reflexión se basa en las estructuras arquitectónicas y en cómo ellas nos permiten indagar en un sistema represivo, tanto el del franquismo como el de cualquier país fascista o totalitario europeo. Como sabemos, una de las primeras veces que se usa la terminología de concentración (la denominada «reconcentración») es un triste invento español de General Weyler en la guerra colonial de independencia de Cuba. Una parte de mi investigación se ha basado en los campos de concentración en Francia, que empiezan siendo concebidos como unos campos de refugiados pero que, en un contexto de nacionalismo extremo, acaban siendo señalados, por el antes citado decreto de 1938, como extranjeros indeseables, como una amenaza para la nación francesa y que, por lo tanto, deben ser concentrados, aislados y privados de sus derechos. Los campos de concentracion empiezan a construirse en España en el mismo momento en que comienza la Guerra Civil, de hecho, los primeros campos se levantan en Marruecos horas después del golpe militar de Franco. En el caso de regiones donde no hubo resistencia militar, como en Galicia, lo pude investigar también y allí se señalaba a cualquier ciudadano o ciudadana que pudiese ser potencialmente peligroso y, para mantener la estrategia del golpe de Estado, se le recluía en campos de concentración o estructuras carcelarias sin un juicio previo. Yo soy gallego y en la ría de Vigo está la isla de San Simón, que fue también desde los primeros días, un lugar de concentración de población civil, desde personas con puestos políticos o de responsabilidad, (alcaldes, miembros de la policía, etc.), pero también maestros de escuela o cualquier persona sindicada o que fuese sospechosa de tener algún tipo de filiación izquierdista o republicana.

En mi investigación estudié cómo se da una primera fase en la que, para concentrar a los presos, se reutilizan espacios, como la isla de San Simón, que era un lazareto anteriormente, pero también plazas de toros, campos de fútbol, monasterios, fábricas... Y luego hay una segunda fase, a partir de 1937, en la que ya hay conciencia de que la guerra va a durar más tiempo y se empiezan a construir nuevos campos de concentración con clara influencia alemana, en estructuras que incluyen barracones prefabricados. Se suman, además, las cárceles, algunas ya existentes que se reutilizan y otras de nueva creación, como el caso de la cárcel de Carabanchel. Una vez terminada la guerra, el régimen transforma muchos de los campos de concentración en colonias penitenciarias, agrarias, etc. o transfiere muchos de sus presos a estructuras carcelarias. Aun así, siguen existiendo campos de concentración hasta 1947.

Mélanges de la Casa de Velázquez. Nouvelle série, 54 (2), 2024, pp. 423-437. ISSN : 0076-230X.

CRL: Escuchándoos me queda claro que si bien artistas e historiadores, cada uno con su lenguaje, cada uno con el producto final de su investigación, los historiadores con textos y vosotros con objetos, acabamos llegando a metas bastante similares. Entonces me preguntaba, ¿cómo es vuestro proceso a la hora de construir el proyecto? ¿Cómo os documentáis? Los historiadores hablamos de cómo formulamos nuestras preguntas de investigación, pero vuestras preguntas son muy similares a las nuestras. Aunque, el objeto final es distinto, ¿cómo es ese proceso creativo y a la vez investigador? Y por otro lado, me gustaría saber cuáles son y de dónde parten vuestras preguntas, ¿vienen de experiencias personales, de silencios familiares, de relatos familiares? ¿De dónde parte vuestra vocación por visitar la memoria? Ambos abordáis procesos creativos que entran de lleno en los terrenos de la memoria y de la memorialización. En este ámbito, me interesa conocer qué peso tienen las historias familiares de cada uno en vuestras exploraciones temáticas. En definitiva, se trata de explorar de dónde procede vuestra pulsión por relacionaros desde el arte con el pasado impuesto y traumático, con la reciente historia de España.

Fig. 2. – Fotograma vídeo "Arquitectura y represión"
© Nicolás Combarro. 2023.

NC: A nivel metodológico, primero investigo en archivo. De ahí saco toda la información, tanto documental como gráfica que exista sobre los campos de concentración en España, que es donde estoy centrando mi investigación ahora mismo. He encontrado, por ejemplo, más de 30 planos originales de estos campos de concentración y también sus localizaciones; algo sobre lo que también he leído en los trabajos de Javier Rodrigo y de Carlos Hernández de Miguel, entre otros. La idea, más allá de discutir la terminología y saber si se denominaban campos o tenían otra nomenclatura cumpliendo un cometido similar, me interesa indagar en su diseño, en su estructura interna que no es espontánea, sino que era algo estratégico. Voy a los lugares donde estaban estos espacios y fotografío lo que permanece hoy en día. Lo que queda pueden ser restos arquitectónicos, por ejemplo, en el campo de concentración de Castuera que es una de las imágenes que muestro y uno de los casos paradigmáticos que estudié, porque es un campo que se construye a partir del 37 siguiendo el modelo del de Miranda del Ebro, que fue el primero de nueva construcción. Allí hay una escalinata donde estaba la cruz que presidía el campo de concentración y esa escalinata se convierte en símbolo de memoria. Es un símbolo donde van las asociaciones de memoria republicanas a recordar a los allí represaliados. Era un símbolo fascista en su momento y digamos que con esa memorialización la estructura parece cambiar de bando. Yo fotografié los restos de esa escalinata, por la noche, proyectando luz sobre ella y aislándola del contexto del presente. De hecho, el terreno del antiguo campo de Castuera está ahora rodeado de placas solares. Ese aislamiento me permite también redibujar con la luz su estructura. Como decía Fernando, con esta técnica vuelvo a un símbolo que resulta casi fantasmagórico, una imagen espectral. Trabajo en blanco y negro, desprovisto de color, desnudando de elementos contextuales directos, construyendo una imagen atemporal en la cual intento que nos podamos proyectar para, precisamente, formar un puente con lo que ocurrió en su momento.

Fig. 3. – ST. Campo de concentración de Castuera (1939-40)
© Nicolás Combarro. 2023.

Pero hay otras tipologías. La cárcel de Carabanchel es otro espacio represivo sobre que he trabajado desde hace años. En este caso decidí que en lugar de fotografiar los dos restos que quedan (algunos cimientos y la portada que ahora está dentro de una especie de aparcamiento municipal, en fin, un desastre) me fijaría en un pequeño monumento con ladrillo y cemento de metro y medio de diámetro, muy modesto, que las asociaciones de memoria levantaron recordando la estructura radial original de la cárcel, en sí ya característica de una estructura represiva si aplicamos una lectura *foucaultiana*. Habría, además, una tercera tipología, que son los campos de nueva construcción. He fotografiado en este caso el de Miranda de Ebro, en el que queda la torre depósito de agua, por ejemplo.

Fig. 4. – ST. Cárcel de Carabanchel (1944-76)
© Nicolás Combarro. 2023.

Para rescatar lo poco que queda de estos espacios, lo que hago es que trabajo a partir de los planos y con tecnología 3D rehago de manera aproximada, no exacta, partes de la estructura del campo para enfrentaros a esa imagen de los barracones y observar cómo eso nos apela y nos recuerda otros campos que sí conocemos, como pueden ser los campos alemanes y que sí son lugares memorializados. Mi propósito es que quien vea lo que hago enseguida reconozca allí una estructura de represión y pueda insertar en ella todos los datos que luego reciba como: cuándo sucedió todo aquello, cuántas personas estuvieron internadas, hasta cuándo. La idea es que lo que hago sirva como herramienta. El arte permite hacer una llamada a otras disciplinas, a la historia, sin duda, también a la arquitectura, a la arqueología. No solo se desentierran los cuerpos, sino que también se desentierran las estructuras. Y en este desenterrar, redescubrimos elementos que han intentado que olvidemos o que se ha intentado silenciar y que persisten, que siguen existiendo. Decidí que en mi proyecto yo no trabajaría con los cuerpos y las memorias individuales porque me parecían elementos muy sensibles y que, sin embargo, las estructuras arquitectónicas y los documentos sí me servían de base para ofrecer un diálogo o una serie de parábolas artísticas.

FSC: Esto es muy fácil y muy difícil. Nosotros no somos artistas, o, al menos, lo que se entiende por un artista contemporáneo normal y de éxito. Entonces yo te diría que cada proyecto requiere un proceso diferente, tanto de investigación como de formalización. Hay una frase, de Marcel Duchamp, que podemos denominar como un artista padre de lo conceptual que dice que el arte contemporáneo, el arte nuevo, es «un diálogo entre el pasado, las generaciones del pasado y la generación del futuro». Entonces ahí yo creo que estamos haciendo el arte que a mí me interesa. En mi caso personal, yo soy el hijo pequeño de la pequeña de mis abuelos. Mi madre me tuvo con 40 años y su madre la tuvo también con 40 años. Yo hablo de mi abuelo, de un señor que casi estuvo en la Guerra de Cuba y que perdió una pierna en las guerras de África. De ahí mi interés por el león de las Cortes, que en mi obra antes descrita está sin cabeza. Pues quizás sea una herencia, todos tenemos un lado familiar, era algo recurrente en las conversaciones con mi padre, que falleció hace muchísimo tiempo y que ahora tendría casi 100 años, ver cómo estas cuestiones históricas no se han resuelto en su tiempo. Digamos que, en mi caso, que soy más mayor que Nicolás, vengo de un momento en el que hay una explosión por el arte contemporáneo como panacea, como creador de una modernidad, de un país moderno. «Un país moderno». Un país diferente, en el que tenemos de referente a la generación de Barceló, con los que he coincidido en colecciones más que en exposiciones. También se daban momentos de desilusión y otros de gran aparato simbólico como los festejos del «92». Un país en crisis en 1993 por las utopías en 1992. Yo entro en el 1988 a estudiar Bellas Artes y me licencié en el 1992. Justo 1993, es el momento de quiebra y cuando nos preguntábamos si el arte servía o qué era el arte nuevo. Somos una generación que sí conoce muy bien, por así decirlo, la formalidad, es decir, que las piezas tienen un peso, que tienen capacidad de hablar desde el pasado al futuro pasando por el presente. En ese momento se estaban recuperando artistas y otras obras de arte. Dedicarse a ello era casi como un servicio social. Yo siempre digo que el día que deje de hacer escultura, acabaré mi servicio social.

NC: Sí, yo estoy de acuerdo con Fernando. Curiosamente, los artistas de la generación que te toca te influyen muchísimo, para bien y para mal. Yo hice mis primeras exposiciones en un momento, 2007 y 2008, en el que el mercado cae completamente. Estaba alternando mi trabajo artístico con trabajo de comisariado porque, igual que Fernando, me interesa mucho el trabajo de otros artistas y aprender y acompañar sus procesos. Desde entonces siempre trabajo los proyectos con una parte de investigación muy grande, que requiere de la ayuda de becas o residencias artísticas que es algo que desde fuera se ve como algo muy bonito, pero que hace que tengas una vida de nómada, que, de manera positiva, te permite viajar mucho, conocer mucha gente y compartir.

Para mí hay también dos cuestiones importantes. En 2007 se aprueba la primera Ley de memoria histórica y en ese momento es cuando empiezo a trabajar. Yo ya estaba muy interesado en las cuestiones que aborda la ley porque había estado trabajando con los hermanos García-Alix, con Carlos y Alberto, en un documental sobre un anarquista, Felipe Emilio Sandoval, alias doctor Muñiz y ese proyecto me llevó a estar metido en archivo durante 2 años. Estaba fascinado. Al entrar en el archivo me di cuenta de varias cosas, primero, de lo mal que se enseña la Historia en España, no digo en la Facultad de historia, digo en la escuela o el instituto, y la estrategia de desinformación que existe. La Historia de ese periodo, especialmente la del anarquismo y el comunismo no interesa, es mejor que no se sepa y que no se hable. Y después también me doy cuenta de que son muy pocos los artistas y Fernando es de los pocos que se ha atrevido a abordar estos temas. En Alemania o en otros países europeos es casi lo contrario. Recuerdo que en Alemania cuando hice residencias el tema estaba quizás un poco erosionado porque allí ya muchos artistas habían trabajado sobre ello. Pero en nuestro caso, en España, hay un déficit extraño porque, además, cuando se trabaja este período siempre te dicen que si vas a abordar otra historia de la Guerra Civil y se muestra cierto hartazgo, aunque falten tantas cosas por saber. Es una paradoja en la que nos encontramos y en la que, yo, en el plano generacional siento una responsabilidad. Yo no viví la transición y necesito saber por qué se impuso el silencio, yo me revuelvo contra eso y estoy en desacuerdo con algunas decisiones que se tomaron y cómo se tomaron. Al menos por mi parte lo que puedo hacer es investigar sobre ello, intentar conocer cuáles fueron los hechos y si consigo con la herramienta artística llegar a comunicarlos y a establecer el diálogo del que habla Fernando. Si lo consigo querrá decir que el arte vale para algo más que para una cuestión formal que mira solo lo bella e interesante que es la obra de arte en sí misma.

Por otro lado, en el plano metodológico, curiosamente yo estudié biología. A mí me enseñaron el método científico y, además, en las asignaturas de libre configuración escogí filosofía y luego estudié filosofía de la ciencia. Mi formación es, con lo que yo estudié, también científica y humanista y siempre parto de una hipótesis que luego intento comprobar o refutar. El producto artístico final acaba siendo la respuesta a la hipótesis y eso tiene mucha potencia simbólica. Aunque los artistas también somos capaces de crear símbolos nefastos… Yo creo que tenemos una responsabilidad y como tal la abordamos, para bien y para mal.

Fig. 5. – Fotografía instalación centro de arte Maximiliansforum en Múnich
© Nicolás Combarro. 2023.

CRL: Me resultaba también muy interesante saber cómo afrontáis la crítica o la participación ciudadana o la interacción ciudadana con vuestros trabajos, porque en ninguno de los dos casos os mantenéis al margen. El vuestro es un arte que interpela, hay una interpelación directa a la ciudadanía, a lo que sabemos, a lo que no. Me gustaría saber cómo es vuestro diálogo, vuestra conversación con los visitantes o espectadores de vuestras exposiciones o qué feedback habéis ido acumulando a lo largo de vuestra experiencia respecto a los asuntos históricos y a los procesos de memoria que abordáis. También me interesa saber cuál es la acogida internacional que vuestra obra tiene y ha tenido.

FSC: Una cosa que a mí me molesta, que no entiendo y que quizá deberíamos desterrar, es eso del espectador... no hay sujetos pasivos sino activos todos, Nicolás empieza como científico, como biólogo. Yo, gran parte de mi vida fui maestro de niños. Mi método siempre es, por un lado, pensar que todo el mundo tiene una respuesta. Es decir, no la tengo yo la solución, sino que tengo que buscar, tengo que buscar mi propia respuesta quizás no es algo inmediato. [...] Hay que ser proactivo. Otras veces encontramos que la obra viene desde la perspectiva de la confesión. La gente viene y te cuenta un asunto. A partir de ahí, uno empieza a elucubrar cuál es la imagen que se asocia a esa cuestión oculta. Esa confesión, esa pequeña conversación, abre nuevas ideas. En España hay muy poca relación, hay muy poco diálogo entre artistas. Así, tal como estamos haciendo ahora con Nicolás me parece fantástico, pero es verdad que el artista español no se ha prodigado en dialogar. Parece que la sociedad se ha encargado de destruirlo a base de crear mitos. Los artistas Dalí o Miró se asociaron a la locura y a lo formal. Se ha dado mucho la construcción de mitos totalmente inútiles, como las figuras del hiperrealismo, por ejemplo, y eso es lo que el espectador quieren que consuma. Ahora mismo hay una campaña publicitaria y cada vez que abro el ordenador leo que «el pintor realista pinta lo que tiene delante», alguien que es capaz de pintar un vaso y una flor, pero no pensar en la Guerra Civil… o peor aún que nadie piense en la parálisis de la mirada y los artistas. ¿No tiene nada que decir Antonio López de su generación? ¿Lo vemos y nadie hace una lectura más profunda? ¿Esa la única salida que tenemos los artistas contemporáneos…? No sé si estamos voluntariamente siendo autocensores.

NC: Claro, en el caso de Fernando, su trabajo se manifiesta, en ocasiones, en forma de obra pública, lo cual me parece interesantísimo. El espectador se encuentra con la obra de forma inesperada y eso a mí me parece maravilloso. En mi caso, mi trabajo no tiene esa dimensión de obra pública Para ver lo que hago han de ir a una galería, o a un museo, aunque últimamente trabajo mucho también en el medio académico… Yo parto de la idea, obviamente, de que la persona que va a mirar la obra tiene, como dice Fernando, capacidad de lectura autónoma. En ese sentido, mi obra es bastante abierta y accesible. No me considero un artista especialmente críptico y que solamente hable a una élite que conozca los códigos. Me interesa que haya un primer nivel de lectura de la imagen directa. Prácticamente todo lo que yo hago se puede leer y se puede identificar y esto es una cosa que me gusta. Obviamente toda la obra que yo hago viene de un trabajo de investigación y ese trabajo de investigación queda encapsulado en la obra, entonces hace falta una especie de compromiso por parte de la persona que se acerca a la obra de, al menos, leerse el título o la cartela, con un mínimo esfuerzo para entender el contexto, dónde está expuesta la obra, para ver que aquello no es algo simplemente bello… Hay veces que alguien te dice que tu obra es muy bonita cuando en realidad está hablando de algo muy terrible… Eso no es malo, la estética es inherente al arte. Yo siempre pongo el ejemplo del Guernica de Picasso, ya que no hay fotos del bombardeo de Guernica, solo de las consecuencias del mismo, y sin embargo tenemos muy interiorizado el cuadro de Picasso, donde proyectamos el horror de las víctimas y que a la vez es extremadamente estético. El arte también tiene la posibilidad de dar una información desde otro lugar con otros códigos y exige, obviamente, de un compromiso… Pero igual sucede cuando leemos un libro de filosofía, o de poesía, también tengo que conocer sus códigos.

CRL : *Esa posibilidad del arte tiene capas que nos permiten profundizar más allá. Si alguien quiere quedarse en la primera capa, me parece bien, eso nosotros no lo controlamos ni deberíamos controlarlo.*

FSC : Con respecto a lo que decías, Carolina, en relación con la mirada a mi trabajo desde fuera de España, obviamente, el tema que nos ocupa, es un tema que aquí está totalmente significado, tú dices la palabra memoria y ya la gente se pone en guardia. Es una cosa muy, muy extraña cuando en el extranjero es casi lo contrario, en todo el mundo es un tema muy de actualidad, todo el mundo quiere trabajar sobre la memoria... Y mucho más si hablamos de colonialismo... En España parece que vamos con retraso en este y en otros asuntos. Fuera se acoge a artistas que trabajan sobre este tema y que los abordan a partir de hechos históricos que son incuestionables. Luego cada uno los interpreta como quiere, pero que hubo campos de concentración y que hubo miles de presos, eso no lo puede dudar nadie. En Alemania, paradójicamente, está surgiendo alguna corriente negacionista pero, como hay miles de imágenes, hay más recursos para rebatirlo. En España no tenemos imágenes de la violencia en los campos de concentración y lo hace todo más complicado, pero hay documentos y testimonios posteriores... Parece que aquí sigue habiendo miedo a abordar ciertos temas. Hay cierta censura institucional, pero también autocensura. A lo mejor los propios artistas somos los que dudamos de si este tema lo vamos a poder trabajar o tratar, o si se va a entender, eso me ha pasado muchísimo hablando con artistas de mi generación. Parece que te dicen casi como susurrando, me encanta que trabajes este tema. Todavía se dice como en voz baja, es un contexto complejo. Últimamente estoy trabajando mucho con ayuda de Francia y en un contexto francés y allí no me pasa. Pasan otras cosas, pero en España necesitamos seguir madurando este tema.

Fig. 6. – ST. Collage memorial campo de concentración de Los Almendros. Alicante (1939)
© Nicolás Combarro. 2024.

CRL: Creo que todo lo que habíamos acordado abordar y que se contenía en las preguntas que nos propusimos responder ha sido estupendamente cubierto con las palabras compartidas aquí. Si queréis añadir cualquier cosa, sentíos libres de formularla ahora...

NC: Sí, creo que es interesante, Carolina, y muy importante recuperar una idea en la que Fernando y yo hemos estado de acuerdo en esta charla y es que era que nos hemos sentido en un espacio privilegiado, en un lugar seguro, en el que poder hablar, aquí en la Casa de Velázquez. Y a mí esto me está pasando mucho en el medio académico, curiosamente más que en el artístico. Aquí, me estoy sintiendo con más tranquilidad para poder desarrollar un montón de temas y de cuestiones que a veces el arte, y más ahora que ya es algo casi como bulímico, le cuesta más cocinar a fuego lento. Yo creo que experiencias como esta, de intercambio entre diferentes disciplinas, de transversalidad, de hibridación, de retroalimentación es imprescindible. Es algo que no estamos inventando, que lleva décadas ocurriendo en muchísimos países, es algo normal y muy, muy rico. Y creo que, si bien sigue siendo algo para públicos reducidos, sí que es muy importante que estas conversaciones sucedan y yo agradezco mucho la conversación de hoy, la invitación de la Casa de Velázquez, y todo el parapeto que me que me ha dado la Casa de Velázquez para desarrollar mi trabajo.

FSC: Así es como se crea Cultura... cultivando los encuentros de diferentes tipos de visiones del mundo, creando los sustratos.

Mélanges de la Casa de Velázquez. Nouvelle série, 54 (2), 2024, pp. 423-437. ISSN : 0076-230X.

La chronique des livres en ligne

Comptes rendus
https://journals.openedition.org/mcv/ 21776

«Notes»
sur <https://journals.openedition.org/mcv/21776>

 ISSN : 0076-230X.

Procédures et normes éditoriales

Soumission d'un article ou d'un dossier à la rédaction

Les langues acceptées pour la rédaction des articles sont le français, le castillan, le catalan, l'italien, l'anglais et le portugais.

Seuls seront considérés les articles et les dossiers présentant des résultats de recherche inédits.

Les articles et propositions de dossiers seront soumis en ligne à la rédaction à travers les formulaires présents sur <https://www.casadevelazquez.org/publications/soumission-dun-projet-editorial/>.

Les auteurs devront donner leurs nom et institution d'appartenance, ainsi qu'une adresse postale, un courriel et un numéro de téléphone, sur un document à part pour préserver l'anonymat lors de l'évaluation du texte par des pairs.

En cas d'acceptation d'article ou de dossier, l'auteur ou coordinateur s'engage à renvoyer une lettre d'accord de cession de droits signée à la rédaction, dans les délais imposés par cette dernière.

L'envoi d'un texte à la rédaction implique de garantir l'exclusivité à la revue ainsi que l'acceptation et le respect des normes de copyright et autoarchivage en vigueur à la Casa de Velázquez (<https://www.casadevelazquez.org/publications/politique-de-copyright-et-auto-archivage/>).

Les textes envoyés respecteront scrupuleusement les normes rédactionnelles détaillées sur <http://journals.openedition.org/mcv/5088>.

Dossiers thématiques

Le(s) coordinateur(s) (deux maximum) d'un dossier doivent d'abord présenter à la rédaction une fiche de présentation qui comportera les éléments détaillés dans la rubrique « Soumission d'un projet éditorial » (<http://journals.openedition.org/mcv/438>).

Une fois la proposition de dossier acceptée, le dossier complet et aux normes est envoyé pour évaluation à melanges@casadevelazquez.org.

Articles (Dossiers et « Miscellanées »)

Pour être évalué, un article doit comprendre une moyenne de 55 000 caractères, espaces, notes et bibliographie inclus, avec une marge supérieure de 5%.

Chaque article doit comporter une bibliographie, un résumé (800-1000 signes) et six mots-clés.

Actualité de la recherche

« Débats »

Destinée à accueillir la publication de dossiers d'opinion de format court, non évalués par des pairs, cette rubrique propose une réflexion sur les problématiques et contextes actuels de la recherche et sur les questions, d'ordre épistémologique et méthodologique, ou encore historiographique, qui font discussion aujourd'hui au sein de la communauté scientifique.

Dotée d'une introduction (10 000 signes) qui pose les enjeux du sujet et d'un certain nombre de contributions (sans bibliographie finale), cette rubrique a pour seule limite le nombre de signes global (100 000 signes), espaces et notes inclus.

Les articles de cette rubrique seront publiés à la fois dans la version imprimée de la revue et sur <http://journals.openedition.org/mcv/>.

Comptes rendus

Les comptes rendus, qui ont pour but une critique des contenus scientifiques des ouvrages, seront publiés en ligne uniquement.

La rédaction n'accepte pas de propositions spontanées de recensions.

Illustrations

Les auteurs obtiendront, s'il y a lieu, les autorisations concernant la reproduction de documents soumis au droit d'auteur et ils en remettront une copie à la rédaction. Les frais de reproduction de l'iconographie sont à la charge des auteurs.

La Casa de Velázquez décline toute responsabilité en cas de réclamation des détenteurs des droits.

Évaluation des articles et des dossiers

Après un premier examen par le Conseil de rédaction, les articles proposés sont soumis, de façon anonyme, à deux évaluateurs extérieurs à la revue (voir <journals.openedition.org/mcv/6444>).

Une synthèse des rapports d'expertise est communiquée à l'auteur dans un délai maximum de 6 mois après la réception de son article.

Au terme du processus, les articles proposés sont refusés ou acceptés sous réserve que l'auteur y apporte les modifications ou corrections demandées par le Comité de rédaction.

Les auteurs s'engagent à renvoyer les épreuves de leur article corrigées dans un délai de deux semaines.

Les fiches de proposition de dossiers font l'objet d'une première validation par le Conseil de rédaction. Une fois les dossiers rédigés, ils suivent un processus d'évaluation identique à celui des articles. Ne sont traités que les dossiers complets.

Libre accès

La revue est publiée simultanément aux formats papier et électronique, en libre accès (Freemium).

Plus d'information sur <http://journals.openedition.org/mcv/> et sur <www.casadevelazquez.org>

Procedimientos y normas editoriales

Proponer un artículo o un dossier a la redacción

Las lenguas aceptadas para la redacción de artículos son el francés, el castellano, el catalán, el italiano, el inglés y el portugués.

Sólo serán tomados en consideración los artículos y dossiers que presenten resultados de investigación inéditos.

Los artículos y propuestas de dossiers deben presentarse en línea a la redacción a través de la página <https://www.casadevelazquez.org/es/publicaciones/presentacion-de-un-proyecto-editorial/>, rellenando los formularios adecuados.

Los autores deberán proporcionar su nombre y el organismo al que pertenecen, así como una dirección postal, una dirección de correo electrónico y un número de teléfono en un documento aparte para proteger el anonimato durante la evaluación del texto por pares.

En caso de aceptación del artículo o dossier, el autor o coordinador se compromete a enviar una carta de acuerdo de cesión de derechos firmada a la redacción, dentro de los plazos señalados por ésta.

El envío del texto a la redacción implica garantizar la exclusividad a la revista así como la aceptación y el cumplimiento de las normas de copyright y de autoarchivado en vigor en la Casa de Velázquez (<https://www.casadevelazquez.org/es/publicaciones/politica-de-copyright-y-autoarchivo/>).

Los textos enviados cumplirán escrupulosamente las normas de redacción detalladas en <http://journals.openedition.org/mcv/5089>.

Dossiers temáticos

El o los coordinador(es) (dos como máximo) de un dossier deben primero mandar a la redacción una ficha de presentación que incluya los elementos detallados en el apartado «Proponer un proyecto editorial» en <http://journals.openedition.org/mcv/437>.

Una vez aceptada la propuesta de dossier, el dossier completo y conforme con las normas es enviado a melanges@casadevelazquez.org para su evaluación.

Artículos (Dossiers y «Misceláneas»)

Para ser evaluado, un artículo debe tener como media 55.000 caracteres, incluyendo espacios, notas y bibliografía, con un margen no superior al 5%.

Cada artículo debe incluir una bibliografía, un resumen (800-1000 c.) y seis palabras clave.

Novedades en investigación

«Debates»

Concebida para acoger la publicación de artículos de opinión en un formato breve y no revisado por pares, esta sección ofrece una reflexión sobre las preocupaciones y contextos actuales de la investigación y sobre los temas epistemológicos, metodológicos e historiográficos que se están debatiendo actualmente en la comunidad científica.

Esta sección, que incluye una introducción (10.000 signos) que presenta los elementos fundamentales del tema y de un determinado número de contribuciones (sin bibliografía final), tiene como único límite el número de signos global (100.000 signos), incluyendo espacios y notas.

Los artículos de esta sección serán publicados a la vez en la versión impresa de la revista y en <http://journals.openedition.org/mcv/>.

Reseñas

Las reseñas, que tienen como objetivo realizar una crítica de los contenidos científicos de los trabajos, serán publicadas únicamente en línea.

La redacción no acepta propuestas espontáneas de reseñas.

Ilustraciones

Los autores se encargarán de obtener las autorizaciones necesarias para la reproducción de documentos bajo derechos de autor y entregarán una copia de las mismas a la redacción. Los gastos de reproducción de la iconografía corren a su cargo.

La Casa de Velázquez declina toda responsabilidad en caso de reclamación de los poseedores de derechos.

Evaluación de los artículos y de los dossiers

Tras un primer examen a cargo del Consejo de Redacción, los artículos propuestos son presentados, de forma anónima, a dos evaluadores externos a la revista (ver <http://journals.openedition.org/mcv/5430>).

Una síntesis de los informes de evaluación es comunicada al autor en un plazo máximo de 6 meses tras la recepción de su artículo.

Al término de este proceso, los artículos propuestos son rechazados o aceptados bajo reserva de que el autor aporte las modificaciones o correcciones solicitadas por el Comité de Redacción.

Los autores se comprometen a enviar las pruebas de su artículo corregidas en el plazo de dos semanas.

Las fichas de propuesta de dossiers son objeto de una primera validación por el Consejo de Redacción. Una vez redactados los dossiers, siguen un proceso de evaluación idéntico al de los artículos. Sólo son tratados los dossiers completos.

Acceso abierto

La revista se publica simultáneamente en papel y en formato electrónico, en acceso abierto (Freemium).

Más información en <http://journals.openedition.org/mcv/> y en <www.casadevelazquez.org>

Editorial procedures and rules

Submitting an article or a dossier to the editors

The languages accepted for publication of articles are French, Spanish, Catalan, Italian, English and Portuguese.

Only articles and dossiers presenting unpublished research work will be considered.

Articles and proposals for dossiers must be submitted to the journal's editors through the online forms: <https://www.casadevelazquez.org/en/publications/submitting-a-proposal/>.

Authors must give their names and the institution they belong to, plus a postal address, an email address and a telephone number, in a separate document in order to preserve their anonymity when the text is peer-reviewed.

If the article or dossier is accepted, the author or coordinator undertakes to return to the editors, by the deadline stipulated by the latter, a signed letter agreeing to the assignment of rights.

When a document is forwarded to the editors, it is understood that it is sent on an exclusive basis and that the sender accepts and will abide by the rules on copyright and self-archiving applied by Casa de Velázquez at any time (<https://www.casadevelazquez.org/en/publications/copyright-self-archiving-policy/>)

Any documents sent must adhere strictly to the rules detailed in the instructions to authors at <https://www.casadevelazquez.org/en/publications/instructions-to-authors/composition/>.

Thematic dossiers

The coordinator(s) (maximum two) of a dossier must first submit to the editors a presentation form containing the information detailed in <https://www.casadevelazquez.org/en/publications/submitting-a-proposal/submitting-a-mcv-proposal/>.

Once the proposal is accepted, the complete dossier must be sent to melanges@casadevelazquez.org for evaluation.

Articles (Dossiers and «Miscellanies»)

To be accepted for evaluation, an article must contain on average 55,000 keystrokes, including characters, spaces, notes and references, with a header margin of 5%.

Each article must be accompanied by a list of references, an abstract (800-1000 k.) and 6 key words.

The latest research

«Debates»

Conceived for the publication of opinion papers in a short, non-peer-reviewed format, this section offers a reflection on current research concerns and contexts, and on the epistemological, methodological and historiographical issues that are currently being discussed in the scientific community.

It should contain an introduction (10,000 keystrokes) setting out the issues surrounding the subject, and a number of pieces (without end references). The only limitation is the number of keystrokes (max. 100,000 including spaces and notes).

Articles in this section will be published both in the print version of the journal and at <http://journals.openedition.org/mcv/>.

Books reviews

The books reviews, consisting of critiques of the scientific content of works, will be published on-line only, at <http://journals.openedition.org/mcv/>.

The editors will not accept spontaneous proposals for reviews.

Illustrations

Where appropriate, authors must secure permission for the reproduction of documents protected by copyright and forward copies thereof to the editors. The costs of image reproduction shall be borne by the authors.

Casa de Velázquez cannot accept responsibility in the event of complaints by holders of rights.

Evaluation of articles and dossiers

Following a preliminary examination by the editorial board, articles proposed for *Mélanges de la Casa de Velázquez* are submitted anonymously to two outside reviewers (cf. <http://journals.openedition.org/mcv/6444>).

The author will receive a summary of the peer reviews within a maximum of 6 months from reception of the article.

At the conclusion of the process, articles are rejected or accepted on condition that the author carries out any amendments or corrections required by the editorial board.

Authors must undertake to return the corrected proofs of their articles within two weeks.

The proposal schedules for dossiers are passed to the editorial board for initial approval.

Once they are complete, dossiers go through exactly the same evaluation process as articles. Only complete dossiers are reviewed.

More info on <https://www.casadevelazquez.org/en/publications/melanges-de-la-casa-de-velazquez/>.

Evaluation

Each issue of the journal is published simultaneously in paper and electronic format, in open access (Freemium).

More information at <http://journals.openedition.org/mcv/> and at <www.casadevelazquez.org>

MIXTO
Papel procedente de fuentes responsables
Paper from responsible sources
FSC® C105338